Granice

Terminus 40

D1726515

Terminus.

Denique apud auctores colligere est. Terminum sublimitatis et gloriae symbolum esse, atque etiam disciplinarum cognitionem interdum pro symbolo referre. Etnim qui atenue decurso spatio in literis proficerit, et ad tranquillum iam vitae portum applicuerit, undecumque prudentissimus effectus, neque secundis intumescit insolenter, neque adversis perturbatur, atque in utramque fortunam ita se comparat, ut aequum et indomitum ad omnes casus animum praeferat.

Pierio Valeriano, *Hieroglyphica*, Basilea 1556

„Można u autorów wyczytać, że Terminus jest symbolem wzniosłości i chwały, i że również odnosi się niekiedy symbolicznie do dziedzin poznania [wiedzy]. Kto przebywszy swą drogę osiągnął coś w literaturze i przybił już do spokojnej przystani życia, ten, posiadłszy głęboką wiedzę o przyczynach wielorakich zjawisk, ani przez chwilę nie nadyma się pysznie, ani też przeszkody nie wyprowadzają go z równowagi, lecz tak się przygotowuje na przyjęcie zmiennego losu, ażeby w każdym przypadku okazać ducha zrównoważonego i opanowanego".

Robert SPAEMANN

Granice

O etycznym wymiarze działania

Przełożył
Jarosław Merecki

OFICYNA NAUKOWA — WARSZAWA 2006

Podstawa przekładu:
Robert Spaemann, *Grenzen. Zur ethische Dimension des Handelns*
Klett-Cotta, Stuttgart 2001, Przedmowa oraz rozdziały 1–20, 27, 29, 37,
40, 44 wraz z przypisami.
Robert Spaemeann, *Zur Kritik der politischen Utopia*
Ernst Klett, Stuttgart 1977, ss. 104–141, 158–182.

Na okładce i na s. II reprodukowany jest — jako symbol serii — emblem
Terminus wg: Andrea Alciati, *Emblematum Liber*, Leiden 1608
Tekst cyt. za Janem Białostockim, *Symbole i obrazy ze świata sztuki*,
Warszawa 1982, s. 325–326

Redaktor serii
Elżbieta Nowakowska-Sołtan

Słowniczek oraz indeks pojęć przygotowali
Jarosław Merecki i Elżbieta Nowakowska-Sołtan

W porównaniu z oryginałem zredagowała
oraz indeks osób, noty bio- i bibliograficzną przygotowała
Elżbieta Nowakowska-Sołtan

Projekt graficzny okładki i stron tytułowych
Magdalena Maria Gozdek

Publikacja dotowana ze środków
Ministerstwa Edukacji Narodowej, Warszawa

Die Herausgabe dieses Werkes wurde aus Mitteln
des Goethe-Instituts gefördert

Z finansowym wsparciem Fundacji Współpracy Polsko-Niemieckiej

Mit finanzieller Unterstützung der Stiftung für deutsch-polnische Zusammenarbeit

ISBN 83–7459–004–1 (opr. twarda)
ISBN 83–7459–005–X (brosz.)

Spis treści

Część druga
Aktualne tematy

Filozof wobec dziejów

Włoski filozof i polityk Rocco Buttiglione pisał swego czasu, że jednym z niedostatków filozofii rozwijanej przez myślicieli związanych z chrześcijaństwem było zaniedbywanie jej wymiaru historycznego i politycznego. „Zajmuje się ona niebem metafizyki i prawd wiecznych, pomija natomiast sposób, w jaki prawdy wieczne odzwierciedlają się w historii"[1]. Filozofia nowożytna odkryła dziejowość człowieka, stawiając ją z czasem w centrum swojej refleksji. Z drugiej jednak strony zanurzając coraz silniej człowieka w historii coraz częściej gubiła jego wymiar transcendentny. Historyczny był dla niej nie tylko człowiek, ale i jego poznanie i sama prawda, jego działanie moralne i wartości, którymi owa działanie się kieruje. Horyzont dziejów okazywał się horyzontem człowieczeństwa, horyzontem, którego człowiek w żaden sposób nie jest w stanie przekroczyć. Filozofia pokartezjańska coraz częściej rezygnowała z poszukiwania pewności (w tym sensie postmodernizm byłby ostatecznym punktem dojścia tej filozofii i jednocześnie ostatecznym podważeniem jej pierwotnych intencji) lub też poszukiwała pewności i ostatecznej podstawy rzeczywistości jedynie we wnętrzu ludzkiej świadomości (przykładem tego procesu mogłaby być filozoficzna droga Edmunda Husserla).

---

[1] Rocco Buttuglione, *Wprowadzenie*, w: Tadeusz Styczeń, *Solidarność wyzwala*, Towarzystwo Naukowe KUL, Lublin 1993, s. 5.

W takiej logice rozwoju wielkiego nurtu filozofii nowożytnej i współczesnej (oczywiście, nie jest to nurt
jedyny, np. cała tradycja filozofii analitycznej wyznacza inną linię rozwoju filozofii współczesnej) myśliciele
związani z tak zwaną filozofią klasyczną [2] widzieli przede
wszystkim wielką pomyłkę filozofii nowożytnej, która od
czasów Kartezjusza coraz bardziej odrywała się od swoich metafizycznych korzeni i coraz silniej pogrążała się
w analizach ludzkiej świadomości. Widząc w tym rozwoju drogę ku filozoficznemu idealizmowi i moralnemu
relatywizmowi, myśliciele ci postulują powrót do filozofii metafizycznej (przede wszystkim Arystotelesowskiej)
oraz do klasycznego ujęcia etyki.

Jedną z niewątpliwych zalet filozoficznego dzieła Roberta Spaemanna jest to, że nie przyjmuje on takiej
wizji filozofii, w której jej jedynym zadaniem miałaby
być kontemplacja „nieba metafizyki i prawd wiecznych".
Oczywiście, lektura tekstów Spaemanna nie pozostawia wątpliwości co do tego, że w dziedzinie metafizyki
najbliższe mu jest ujęcie Arystotelesowskie (widać to
szczególnie w tekstach, które dotyczą rozumienia natury i właściwej jej celowości). Spaemann potrafi jednak wyrazić to ujęcie w sposób, który nie pomija tego,
co w filozofii dokonało się w ciągu ostatnich wieków.
Dzięki temu Arystoteles może się spotkać z Heglem,
a Platon z Kantem. Spaemann potrafi odnaleźć takie
aspekty myśli tych nowożytnych filozofów, które czynią z nich raczej jego sprzymierzeńców niż przeciwników. Przeciwnikami Spaemanna są natomiast ci myśliciele, którzy radykalnie zrywają z pojęciem rozumu
jako organu poznania tego, co obiektywnie prawdziwe
i dobre, czy też z rozumieniem natury, jako ponadhi-
storycznej podstawy ludzkiego działania. Zdaniem Spa-

---

[2] Wyrażenia „filozofia klasyczna" używam w sensie, w jakim używają go filozofowie związani z tradycją arystotelesowko-tomistyczną
(w Polsce przede wszystkim Mieczysław Albert Krąpiec i jego ucznio-
wie). Zdaję sobie sprawę, że jest to tylko jeden ze sposobów rozumienia tego wyrażenia.

emanna, oderwanie ludzkiego działania od prawdy i dobra oraz od ludzkiej natury jako jego ostatecznej normy w wymiarze politycznym czyni człowieka ofiarą utopijnych eksperymentów, których autorzy kierują się wizją „nowego człowieka".

Szczególne miejsce w polu filozoficznych zainteresowań Spaemanna zajmuje kwestia natury i jej teleologicznego charakteru. Nowożytna nauka odrzuciła Arystotelesowską ideę teleologii, co niewątpliwie przyczyniło się do jej spektakularnego rozwoju. Za tę negację zapłacono jednak ceną redukcji natury do statusu materiału dla ludzkiego działania. Dopiero kryzys ekologiczny uświadomił nam, że natury (natury pozaludzkiej, przyrody, ale także natury ludzkiej) nie można traktować jako zwykłego przedmiotu. Natura ma swoje własne prawa, których nie można bezkarnie ignorować. Dzisiaj zagadnienie natury staje się na nowo aktualne w związku z rozwojem biotechnologii i coraz większymi możliwościami interweniowania w naturę ludzką. I chociaż w dziedzinie ekologii nasza świadomość osiągnęła dość wysoki poziom, to wydaje się, że w dziedzinie ekologii człowieka — rozumianej jako potrzeba szacunku dla jego natury — pozostaje jeszcze wiele do zrobienia. Rozważania Spaemanna zdają się wskazywać na to, że chociaż w dziedzinie politycznej utopia należy (przynajmniej na razie) do przeszłości, to idea stworzenia „nowego człowieka" nie została jeszcze odesłana do lamusa historii. Niezależnie od tego, czy zgadzamy się z wysuwanymi przez niemieckiego filozofa argumentami, na pewno nie można przejść obok nich obojętnie. W tym kontekście warto zwrócić uwagę na znakomity przykład dyskusji między filozofami, którzy reprezentują odmienne stanowiska, a mimo to potrafią — *fortiter in re, suaviter in modo* — dyskutować ze sobą ze wzajemnym szacunkiem i z pożytkiem dla czytelnika: przykładem tym jest zamieszczona w niniejszym tomie wymiana listów pomiędzy Robertem Spaemannem a Jürgenem

Habermasem na temat możliwości stworzenia społeczeństwa wolnego od władzy.

Spaemann nie ogranicza się tylko do dyskusji z teoretycznymi ujęciami problemów. Jego zdaniem, na filozofii ciąży zadanie pokazania, jak „prawdy wieczne odzwierciedlają się w historii". Dlatego często odnosi się do aktualnych problemów naszego czasu — pisze o wojnie, o aborcji, o eutanazji, o karze śmierci czy o ochronie zwierząt. Nawiązując do Hölderlina można by jednak zapytać: „Cóż po filozofie?" Dzieje mają swoją własną logikę i będą jej posłuszne niezależnie od tego, co mówi filozof. „Sowa Minerwy przylatuje o zmierzchu" — powie Hegel. Filozof może co najwyżej spróbować zrozumieć to, co się stało, nie może natomiast bezpośrednio wpływać na dzieje. Dzisiaj myśl ta przybiera formę twierdzenia o nieuchronności postępu, któremu nie powinniśmy się przeciwstawiać. Spaemann godzi się z tym twierdzeniem tylko do pewnego stopnia. Być może prawdą jest, że filozof może niewiele, ale nie oznacza to wcale, że powinien o zrezygnować ze swojej misji. Co więcej, w pewnym sensie misją filozofa jest właśnie przeciwstawianie się postępowi. Filozof zdradza swoje powołanie wówczas, gdy w swoim myśleniu stara się usprawiedliwić wybory, które dokonywane są niezależnie od niego, czy też wówczas, gdy ducha myślenia filozoficznego utożsamia z duchem czasu. Zadaniem filozofa jest właśnie opóźnianie postępu przez wskazywanie na te aspekty rzeczywistości, o których jego rzecznicy nieraz nazbyt chętnie zapominają[3]. Opóźnienie postępu oznacza zyskanie czasu na refleksję, a — jak mawiał Sokrates — tylko życie jest warte przeżycia. Tylko wartości witalne lub utylitarne narzucają się swoją własną mocą. Wartości wyższe wymagają zazwyczaj znacznie większego

---

[3] Wydaje mi się, że można tu widzieć pewne pokrewieństwo z sformułowanym przez Leszka Kołakowskiego — oczywiście w innym kontekście — przeciwstawieniem postawy kapłana i postawy błazna w myśleniu filozofa.

wysiłku ducha, ale to właśnie one nadają sens i autentycznie ludzki wymiar naszemu życiu.

*

Niniejsza książka jest już czwartym dziełem Spaemanna, które otrzymuje polski czytelnik[4]. Powstała ona w wyniku połączenia dwóch zbiorów jego artykułów: *Zur Kritik der politischen Utopie* (Ernst Klett Verlag, Stuttgart 1977) oraz *Grenzen. Zur ethischen Dimension des Handelns* (Klett-Cotta, Stuttgart 2001). Stanowi ona dość wyczerpującą ilustrację filozoficznych zainteresowań i poglądów Spaemanna, choć jej główny akcent spoczywa oczywiście na filozofii praktycznej. Ponieważ okazało się, że część z tekstów publikowanych w książce o utopii zostało powtórzonych w książce *Granice*, w porozumieniu z autorem postanowiliśmy włączyć do tej książki kilka innych tekstów z tego zbioru, jak też dokonać wyboru tekstów zamieszczonych w drugiej części *Granic*, uznając, że niektóre z nich nazbyt ściśle wiążą się wydarzeniami i problemami właściwymi dla obszaru języka niemieckiego.

Jarosław Merecki SDS

---

4 Pozostałe to: *Szczęście a życzliwość. Esej o etyce*, Redakcja wydawnictw KUL, Lublin 1997; *Podstawowe pojęcia moralne*, Redakcja wydawnictw KUL, Lublin 2000; *Osoby. O różnicy między «czymś» a «kimś»*, Oficyna Naukowa, Warszawa 2001.

Granice

Przedmowa

Teksty zamieszczone w tym tomie należą do różnych rodzajów literackich. Są tu rozprawy filozoficzne w sensie ścisłym — dwie z nich nie były dotąd publikowane — eseje i obszerniejsze wykłady, a także artykuły prasowe, okolicznościowe przemowy. Dlatego też zdarzają się w niej powtórzenia. We wszystkich tekstach chodzi o kwestie orientacji w życiu i działaniu. Jak to można przeczytać już u Arystotelesa, przy rozważaniu takich kwestii dążenie do jednorodnej ścisłości metodycznej nie byłoby rozsądne, ponieważ celem takiego namysłu nie jest wiedza i na wiedzy naukowej oparta twórczość, lecz działanie. Zastanawiając się nad etyką nie chcemy się dowiedzieć, jak możemy osiągnąć to, czego chcemy, lecz chcemy sobie uświadomić, czego właściwie chcemy. Do tego należy również zrozumienie tej wewnętrznej struktury chcenia, którą opisujemy słowami „wolno mi" lub „powinienem". Argumenty dyskursu etycznego są *argumenta ad hominem*. Leibniz zwrócił uwagę na fakt, że dotyczy to każdego argumentu. Argumentując nie zaczynamy od niczego. Wszelka nauka zakłada pewien zasób tego, co już uznane. Dyscypliny teoretyczne i techniczne wywołują wrażenie wiedzy koniecznej tylko dlatego, że w ich przypadku zasób ten, czyli „to, od czego wychodzimy", jest dość jednorodny. W przypadku praktyki życiowej istotne są natomiast różnice pochodzenia, socjalizacji, biografii, religii, charakteru i wieku uczestników rozmowy. Dyskurs musi być tym bardziej abstrakcyjny, im większy i mniej określony jest dany krąg adresatów — jeśli chce się znaleźć wspólną podstawę argumentacji, „wspólne zasady". Niniejsze teksty pochodzą z czterech dziesięcioleci i powstawały w różnych kontekstach. Dlatego przy lekturze warto zwrócić uwagę na datę ich publikacji. Teksty te skierowane są do różnych, zazwyczaj zachodzących na siebie kręgów adresatów i dlatego w swojej argumentacji zakładają różne zasoby tego, co już jest uznane i co nie potrzebuje uzasadnienia, różne, chociaż niesprzeczne, supozycje dotyczące obowiązywania twierdzeń i autorytety *prima facie*.

Istnieją jednak przypadki, w których kwestionowane są te założenia — czy to dlatego, że pojawiają się pytania praktyczne i wydaje się, że na podstawie tych założeń nie można udzielić na nie odpowiedzi, czy też dlatego, że same te przesłanki stawiane są pod znakiem zapytania. Tak było na przykład przed 40 laty, kiedy pewni teologowie moralni bronili tezy, zgodnie z którą można usprawiedliwić zniszczenie ludzkości przez bombę atomową wówczas, gdy w grę wchodzi obrona „wyższych wartości", albo wówczas, gry proponowano, aby z Deklaracji Praw Człowieka Organizacji Narodów Zjednoczonych i z Konstytucji Niemieckiej Republiki Federalnej wykreślić pojęcie praw człowieka i zastąpić je „prawami osoby", ograniczając krąg osób w ten sposób, aby nie obejmował on całej rodziny ludzkiej, np. małych dzieci, dzieci nienarodzonych, ludzi ciężko chorych umysłowo i cierpiących na demencję starczą, które bez wątpienia należą do rodziny ludzkiej, a tym samym do rodziny ludzkości. Wówczas właśnie wybija godzina filozofii. Ten, kto argumentuje przeciw tej prowokacji — co staram się tutaj robić — musi opuścić partykularną podstawę argumentacji. Sokrates był wdzięczny Kalliklesowi za zakwestionowanie moralnego *common sense*, co zmusiło go do postawienia pytania o najgłębszą podstawę rzeczy.

Według św. Tomasza z Akwinu właściwością metafizyki jest to, że nie zakłada ona żadnych przesłanek, za które sama nie może wziąć odpowiedzialności, lecz „argumentuje przeciw negacji swoich zasad". Taka argumentacja musi mieć charakter hermetycznego błędnego koła. Podobnie jest w etyce. Jedność metafizyki i etyki, za którą opowiada się Lévinas, tu właśnie ma swoją podstawę, podobnie jak utożsamienie tego, co etyczne, z tym, co mistyczne u Wittgensteina: To, o czym nie można — w sensie *Traktatu* — mówić „jasno", jest jedyną rzeczą, która naprawdę się liczy. Podobnie *Dialektyce Oświecenia* czytamy, że jedynym rzeczywiście przekonującym argumentem przeciw morderstwu jest argument religijny. Wypowiedzi te nie są tak tajemnicze, jak się wydaje. Metafizyczne jest założenie, że ktoś inny jest rzeczywisty, co więcej, metafizyczne jest nawet przejście Kartezjusza od „*cogito*" do „*sum*". Bez tego przejścia nie istnieje jednak to, co etyczne. I odwrotnie: dokonanie owego przejścia *jest* tym, co etyczne.

Metafizyka argumentuje „*contra negantem sua principia*". Ale etyka jako „metafizyka praktyczna" zmierza do działania i dlatego poddana jest ograniczeniom czasu. Ciąży na niej powinność próby powstrzymania zła — z powodzeniem lub nie — bez czekania na koniec dyskusji o tym, czym jest zło. Dlatego może uzasadnić, dlaczego rozumne, tj. moralnie nakazane, jest postawienie granic kwestionowaniu moralnych oczywistości poza ramami seminarium, poza chronioną przestrzenią nauki. Arystoteles pisze, że ten, kto ma wątpiwoąci, czy należy czcić bogów i kochać rodziców, zasługuje nie na argumenty, lecz na napomnienie. Aby to zrozumieć, wystarczy zapytać, czy życzylibyśmy sobie bliskiego obcowania z człowiekiem, który jest zdolny do wszystkiego, o ile tylko ktoś przedstawi mu jakiś prawdopodobny argument, czy też wolimy mieć do czynienia z człowiekiem, którego nie da się namówić do każdej obrzydliwości, gdyż wszyscy z góry wiedzą: Istnieją rzeczy, których ów człowiek nie *może* nigdy zrobić, niezależnie od tego, jak by go ktoś przekonywał? Znamy słowa Himmlera o wysokiej, bezinteresownej i wyzwalającej ludzkość od śmiertelnej zarazy moralności podległych mu morderców Żydów. Himmler rozumiał moralność jako heroiczne wyzwolenie od tego, co dla Greków było jej istotą: αιδος (*aidos*), obawą przed przekroczeniem granic, które postawiono człowiekowi.

Bezdyskusyjne wspólne uznanie takich granic jest tym, co stanowi etos. Etos jest formą normalności, ludzkiej normalności. Normalność stała się podejrzana. Mówi się, że po Oświęcimiu nie może już istnieć. Ale czy rzeczywiście słowa „Nigdy więcej Oświęcimia" potrzebują dyskursywnego uzasadnienia i czy wyrażona w nich nadzieja nie powinna być zakorzeniona w czymś solidniejszym niż intelektualna przewaga w argumentacji? Spór o to zależy w dużej mierze od różnic we wrażliwości, te zaś w moim pokoleniu często są związane z różnymi formami socjalizacji w okresie socjalizmu narodowego. Ten, kto wyrastał w środowisku narodowosocjalistycznym, doświadczył panowania tego światopoglądu jako normalności, roku 1945 jako jej końca, a swojej obecnej tożsamości jako wyniku *reedukacji*. Prowadziło to do wniosku: Niepodważalna normalność nigdy już nie powinna zaistnieć. Etyczne jest to, co zostało uzasadnione w dyskursie uniwersalnym. W rzeczy samej, coś takiego jak normalność należy do warunków życia wszystkich wyższych istot żyjących i normalność tego, co obowiązuje, do *conditio humana*, nawet jeśli nowa normalność nosi nazwę „*political correctness*". Może się zdarzyć, że nawet nieposzlakowany polityk straci swój urząd, jeśli przy cytowaniu określonych słów jego głos nie zadrży w odpowiedni sposób. *Ta* normalność nie odpowiada na kontrargumenty, ale piętnuje już samo ich wysunięcie. Jest niebezpieczna dlatego, że nie uznaje się za taką normalność, lecz przedstawia siebie jako definitywne moralne przezwyciężenie i negację wszelkich form normalności i tym samym chce być czymś więcej niż zobowiązaniem *prima facie*. Ludzka normalność nie chce być niczym więcej, ale też niczym mniej od takiego zobowiązania. Normalność ta implikuje określony rozdział ciężaru uzasadnienia. Ona sama jest natomiast zwolniona od aktualnego przymusu uzasadnienia. Musi odpowiadać tylko na kontrargumenty i obowiązuje aż do uzasadnienia swego przeciwieństwa. Fałszywa jest każda normalność, która raz na zawsze wyklucza próbę uzasadnienia swego przeciwieństwa, nakazując milczenie również na seminarium, każda normalność, która po to, aby się utrzymać, potrzebuje terroru. Nie jest korekturą moralności, lecz jej negacją.

Ci, którzy — tak jak ja — mieli szczęście wzrastać w Trzeciej Rzeszy „po drugiej stronie", nie musieli zadawać gwałtu elementarnym poruszeniom ich serca — oburzeniu wobec likwidacji wolności słowa, wobec prześladowania sztuki, wobec arbitralnego zamykania ich znajomych i przyjaciół w obozach koncentracyjnych, wobec eutanazji dokonywanej na osobach chorych psychicznie, wobec stygmatyzacji naszych żydowskich współobywateli przez obowiązek noszenia opasek z gwiazdą Dawida, a w końcu wobec ich nagłego wywiezienia „na wschód", przy czym nikt nie wiedział, ale każdy przeczuwał, co się tam z nimi działo. Narodowy socjalizm przeżyliśmy jako rewolucyjny zamach na europejską obyczajowość, zainspirowaną przez Ateny i Jerozolimę i rozwijającą się od ponad tysiąca lat; pragnęliśmy całkowitej klęski Trzeciej Rzeszy, a rok 1945 przeżyliśmy jako powrót do normalności. Nie przeżyłem wprawdzie przedtem jej publicznego obowiązywania, ale wiedziałem, że reprezentuje ona nadal „inne środowisko"; jej elementarne zasady odczuwaliśmy jako naturalne dla każdego człowieka. Nie zostaliśmy zreedukowani i dlatego nie dotknęła nas ponowna reedukacja po 1945 roku.

Istnieje fundamentalna normalność, która musi uzasadniać wszelką normalność społeczną. Uważam, że nadal rozumne jest nazywanie jej słowem, które wprowadzili Grecy: *physis*, natura, to, co naturalne. Zakłada to oczywiście teleologiczne pojęcie tego, co naturalne, pojęcie, które pozwala odróżnić to, co naturalne, od tego, co zgodne z naturą, *le naturel* i *le nativ*. Barbarzyńca jest *homme nativ*, Leibniz i Fénelon są *hommes naturels* — pisze Bonald. Istnieje wiele przesądów dotyczących takiego pojęcia zgodności z naturą. Posługujemy się nim jednak nieustannie. Czy rzeczywiście tak trudno jest zrozumieć, co mieli na myśli Grecy mówiąc, że naturze człowieka jako rozumnej i politycznej istoty żyjącej bardziej odpowiada życie w państwie wolnych obywateli niż życie w despotycznym reżimie obcego władcy?

Powrotem do normalności, tj. do *conditio humana*, był również kryzys paliwowy z lat siedemdziesiątych i idący za nim upadek trzystuletniej idei nieograniczonego postępu, którego nie definiował żaden cel i tym samym żadna granica, a tylko negatywnie emancypacja i stopniowe opanowywanie przyrody. Upadek marksizmu był nieuniknionym następstwem odkrycia, że drzewa nie rosną aż do nieba. Sprawiedliwość rozdzielcza jest nadal konieczna, gdyż ograniczoność dóbr jest stałą antropologiczną — również w tym sensie, że człowiek nie odczuwa cenności tego, czego mu nie brakuje.

Wydaje się, że technologia genetyczna, która próbuje podważyć również te stałe, ponownie — tym razem z innej strony — ożywia tę starą ideę postępu. W przyszłości mielibyśmy wziąć ewolucję we własne ręce, a z powodu braku jasnej wizji celu możemy robić wszystko, co potrafimy zrobić, również z nas samych (tak na przykład sądzi Ronald Dworkin). Taka emancypacja z natury jest jednak dialektyczna. Wydaje ona człowieka naturalnemu popędowi ślepego opanowywania przyrody. *Homme de l'homme*, człowiek jako produkt wyobraźni innych ludzi, którzy zatracili pokorę rozumnego stworzenia — oto szczyt horroru. Emancypacja ducha z naturalnej postaci człowieka, ów nowy spirytualizm jest najbardziej podstępną formą naturalizmu. Rozum moralny istnieje tylko jako przypomniana natura. Stawia on granice czysto naturalnemu działaniu.

Najważniejszy zarzut przeciw rozumowi, który stawia także granice, tj. przeciw namysłowi moralnemu, mówi, że taki rodzaj namysłu jest przestarzały. Luhmann nazwał go „staroeuropejskim". (Trafniejsze byłoby powiedzenie „należący do dawnej ludzkości".) Miałby się on opierać na fałszywej ocenie zakresu i przestrzeni ludzkiego działania. wielkie systemowe procesy naszej epoki dokonują się zgodnie z prawami, które wobec namysłu moralnego są neutralne. W ramach tych procesów określone wektorowe czynniki można co najwyżej naładować moralnym patosem, nasilając na pewien czas ich moc sprawczą. Ale również przeciwne siły znajdują argumenty moralne. Wówczas zaś dzieje się to, co i tak się dzieje. Aktualny stan rozwoju sił produkcyjnych ostatecznie decyduje o nadbudowie. Ta część nauki Marksa stała się dzisiaj częścią *common sense*. W etyce dokonuje się „zwrot", przez który etycy starają się pokazać, że są niezbędni również w epoce technicznej. Ten zwrot nosi nazwę „utylitaryzmu", „konsekwencjalizmu" lub „etyki teleologicznej". Kilka tekstów w tej książce poświęconych jest dyskusji z tym typem etyki; niestety muszę dodać, że od 1950 roku aż do dzisiaj musiałem dyskutować również z teologami moralnymi. Przy ponownej lekturze dawnych debat byłem zaskoczony faktem, że przynajmniej moje podstawowe argumenty nie zmieniły się do dzisiaj.

W tym typie myślenia to, co etyczne, nie jest rozumiane jako granica naszej arbitralnej woli, jako przejawianie się rzeczywistości innego, jako jego stawanie się rzeczywistym dla mnie i jako kategoryczny głos: Nie zabijesz mnie! Arbitralna wola, a wraz nią gra i nieograniczona kreatywność zostają tu raczej surowo zdyscyplinowane przez uniwersalną strategię optymalizacji. Nie stawia ona granic technice, ale sama rozumie się jako technologia, jako wskazówka do wytwarzania wartościowych i godnych pożądania stanów. Od tego czasu mamy do czynienia z boomem etyki. Rośnie popyt na „etyków stosowanych". Etycy ci są przydatni, gdyż wobec ślepoty produkcji technicznej przypominają o kryteriach akceptacji i w ten sposób zapewniają akceptację dla tego, co i tak się dzieje. Pomagają tak regulować tempo zmian, aby społeczeństwo mogło się z nimi oswoić. Ponieważ zamiast dobra chcą zawsze tego, co najlepsze, kierują się — podobnie jak kiedyś Lenin, który również pragnął tego, co najlepsze — zasadą: „Nam wszystko wolno". Lenin pamiętał jednak jeszcze o klasycznym pojęciu etyki i dlatego pisał, że w jego ruchu „nie ma ani grama etyki". Stąd najgłębszym usprawiedliwieniem była dla niego zgodność z tym, co i tak się zdarza, z tak zwanymi „prawami biegu dziejów". Również w oczach Hansa Kinga kryterium oceny etyki jest to, czy ma ona „szanse na przyszłość". To jednak, co i tak się zdarza, poddane jest drugiemu prawu termodynamiki, prawu entropii. Wszystko, co ludzkie — podobnie jak wszelkie struktury żyjące — jest wynikiem przeciwstawienia się uniwersalnemu trendowi. Dlatego w końcu przegrywa, podobnie jak lekarz, który chce pozostać lekarzem i nie zmienia frontu przechodząc ze strony życia na stronę śmierci. Etyka, która nie jest gotowa stanąć po stronie przegranych, nie zasługuje na tę nazwę. Ale etyka, która jest do tego gotowa i która nie daje się zastraszyć przez wskazanie na to, co i tak się zdarza, nie jest tak bezsilna, jak się wydaje. Być może nie będzie w stanie niczemu zapobiec, ale może przynajmniej coś powstrzymać. Powstrzymanie oznacza zyskanie czasu. Przyjdzie czas, przyjdzie rada. *Le pire n'est pas toujours sûr.*

Robert Spaemann

Grudzień 2000

Część pierwsza

Pytania podstawowe

1. Czym jest etyka filozoficzna? (1987)

Czym jest etyka filozoficzna? Zapytajmy najpierw, czym nie jest. Nie jest drogowskazem podanym przez autorytet oświeconego mistrza. Takimi mistrzami byli Budda, Konfucjusz, Mojżesz, Mahomet i Jezus Chrystus, który sam nazwał się „drogą". Tego rodzaju nauczycielom ludzkość zawdzięcza więcej niż filozofom. Ukazali oni możliwości dobrego życia, których ludzie dotąd nie przeczuwali. Odsłonili człowiekowi ukryte dotąd wymiary jego serca. Ustanowili żywe tradycje, które przetrwały stulecia. Nauczyciele ci nie argumentowali, lecz wskazywali drogę i gromadzili na niej uczniów. O Jezusie ludzie mówili: „On naucza jak ktoś, kto ma władzę, a nie jak uczeni w Piśmie". Kryterium prawdy tego nauczania nie było teoretyczne, lecz praktyczne: Udane życie tego, kto za nim idzie. „Jeśli będziecie czynić to, co wam mówię, poznacie, że mówię prawdę" — mówi Jezus w *Ewangelii według św. Jana*.

Etyka filozoficzna jest czymś innym. U jej początku znajduje się postać Sokratesa, który twierdzi, iż wie tylko to, że nic nie wie. Sokrates nie mówi nikomu, co ma robić, lecz wciąga ludzi w dyskusje na temat przyjmowanych przez nich poglądów moralnych. Mogłoby się zatem wydawać, że etykę filozoficzną należy rozumieć jako naukową refleksję nad faktycznymi poglądami na temat dobra i zła, jako analizę wyobrażeń moralnych i języka moralnego, jako klasyfikację różnych poglądów i tradycji moralnych z socjologicznego, psychologicz-

nego lub logicznego punktu widzenia. Istnieje pogląd,
że filozofię stać tylko na to, aby być „metaetyką". Sama
filozofia nie powinna wypowiadać się na temat właściwego życia, lecz tylko „obiektywnie" analizować to, co
ludzie myślą i mówią na ten temat, podobnie jak filozofia teoretyczna nie powinna — wedle tego poglądu —
zajmować się rzeczywistością, lecz — jako teoria nauki
— może tylko analizować wypowiedzi nauk przyrodniczych z logicznego i metodologicznego punktu widzenia.

W rzeczywistości etyka zawsze była czymś innym.
Kiedy filozofowie mówili o tym, co przed nimi i niezależnie od nich sądzono, wiedziano, myślano i mówiono na
temat dobrego i właściwego życia, to zawsze włączali się
jednocześnie w rozmowę na ten temat. Nie byli tylko wi-
dzami „komedii ludzkiej", lecz również jej uczestnikami.
Sokrates nie klasyfikował odpowiedzi, które otrzymał
w czasie swoich rozmów, lecz chciał dotrzeć do prawdy.
Od tego czasu filozofowie prowadzą nieustanną, kry-
tyczną, to znaczy kierowaną namysłem rozmowę na temat istniejących poglądów. To właśnie tę rozmowę nazywamy „filozofią", zwłaszcza za „filozoficzną etyką". Filozofia moralna — jest to inna nazwa tej samej rzeczy —
zakłada zawsze doświadczenie moralne. Zakłada, że byliśmy już kiedyś wdzięczni, oburzeni, że podziwialiśmy
już kiedyś czyjś sposób postępowania, a potępialiśmy
inny, że byliśmy już kiedyś szczęśliwi z tego powodu, że
sprawiliśmy komuś radość i że wstydziliśmy się już kiedyś przed sobą samym. Etyka filozoficzna zakłada, że
ze słowem „dobry" wiązaliśmy już kiedyś inny sens niż
„korzystny dla tego lub owego", że słowa tego używa-
liśmy już jako predykatu jednoargumentowego, a nie
tylko jako predykatu dwuargumentowego, tj. używali-
śmy go nie w sensie „dobry dla", lecz w sensie „dobry
po prostu". Jeśli jednak tak jest, to co etyka filozoficzna
dodaje do doświadczeń, które miały miejsce przed nią
i niezależnie od niej? Mówiąc ogólniej: Co dodaje namysł nad naszymi doświadczeniami i nad naszą wiedzą
do tych doświadczeń i do tej wiedzy?

Kiedy dokonujemy namysłu, to łączmy w jedność nasze doświadczenia i naszą wiedzę lub też odkrywamy znajdującą się u ich podstaw głębszą jedność. Owa jedność rzuca następnie nowe światło na to, o czym wiedzieliśmy już wcześniej. Wiemy to teraz w nowy sposób, lepiej to „rozumiemy". Owo rozumienie nie pozostawia jednak tego, co rozumiane, w stanie nienaruszonym. To, co rozumiane, nie jest bowiem zewnętrznym obiektem, lecz jest wręcz rodzajem rozumiejącego odnoszenia się do świata i do nas samych. Prowadząc namysł filozoficzny pouczamy samych siebie. Jako pouczeni, nie jesteśmy już tacy sami jak przedtem. Etyka filozoficzna nie pozostawia zatem tego, co jest przedmiotem jej namysłu, takim, jakim było. Etyka nie jest neutralna.

Jak powiedziałem, namysł filozoficzny zmierza do jedności, i to w potrójnym sensie: 1. Próbuje połączyć w spójną całość nasze często zrazu nieuporządkowane moralne odczucia, doświadczenia i sądy; próbuje sprawić, aby jedne przyczyniały się do rozumienia innych. 2. Próbuje odnieść do siebie, porównać i ocenić moralne uczucia, doświadczenia i sądy różnych ludzi, różnych epok i różnych kultur. 3. Próbuje znaleźć i nazwać wspólną podstawę fenomenów, które nazywamy fenomenami moralnymi i które w taki czy inny sposób mają do czynienia ze słowami „dobry" i „zły".

1. Przekonania moralne mają na początku formę bezpośredniości i bezwarunkowości, która nie dopuszcza żadnej relatywizacji. Nie są zmienne, lecz wytyczają granice tego, co zmienne. Nie mamy tu do dyspozycji sądów sumienia. To prawda, że filozofia czyni z tych przekonań przedmiot rozmowy, ale celem tej rozmowy nie jest skłonienie kogoś do kompromisu w odniesieniu do jego przekonań moralnych. Kompromisy mogą być moralną powinnością, a nawet często nią są. Bezwarunkowość na niewłaściwym miejscu jest niemoralna, a ponadto szkodliwa. „Bezwarunkowe działanie, obojętnie jakiego jest rodzaju, ostatecznie prowadzi do bankructwa" (Goethe). Niemniej jednak miara, którą należy

przykładać do wszystkich naszych działań — to, co moralnie nakazane — nie może być również podatna na kompromis; w przeciwnym wypadku nie byłoby różnicy między dobrymi i złymi kompromisami. W filozoficznej rozmowie chodzi o zrozumienie podstawy swoistej bezwarunkowości tego, co moralne. Próba ta prowadzi oczywiście do kontrowersji, jako że „Każde wypowiedziane słowo wywołuje sprzeciw" (Goethe). W tych kontrowersjach nie chodzi jednak o istnienie moralnego fenomenu, lecz o jego stosowną interpretację. W ramach tej powodowanej namysłem rozmowy nie dysponujemy swoistą bezwarunkowością tego, co moralne, lecz raczej treścią poszczególnych przekonań moralnych. W takiej zmierzającej do zgody z samym sobą lub z innymi rozmowie może się bowiem okazać, że sądy o moralnej jakości pewnych działań są nie do pogodzenia z innymi sądami; może się okazać, że pewne uczucia nie mogą się ostać wobec naszych sądów lub pewne sądy wobec naszych uczuć. Prowadzi nas to wówczas do „sięgnięcia do podstaw", to jest do pytania o miarę naszych przekonań etycznych. Na tej podstawie człowiek może starać się o rozwiązanie konfliktu, aby w ten sposób, jak to mówili Grecy, „zaprzyjaźnić się z sobą samym". Częścią tego procesu jest również to, co nazywamy „krytyką ideologii", to jest odkrycie faktu, że pewne sądy moralne nie mają w rzeczywistości pokrycia w mierze, którą sami uznajemy; próbujemy bowiem nieraz wmówić sobie lub innym, że to, co chcielibyśmy osiągnąć, jest wnioskiem z bezstronnej oceny etycznej, na przykład że jest wymogiem sprawiedliwości. Filozoficzny dyskurs jest w stanie demaskować tego rodzaju łudzenie siebie i innych.

2. Sytuacja staje się jeszcze bardziej dramatyczna wówczas, gdy dochodzi do spotkania różnych grup ludzi lub różnych kultur, których przekonania moralne są zasadniczo odmienne. Owo przeżycie faktycznego pluralizmu etycznego zapoczątkowało etykę filozoficzną. W odróżnieniu jednak od historycznej, socjologicznej, psychologicznej lub etnologicznej „metaetyki", dla której

ów pluralizm jest daną ostateczną, filozofia była próbą obrony moralnej bezpośredniości przed relatywizmem, który sugerowało to doświadczenie. Metaetyk musi bowiem zapomnieć o swoich własnych przekonaniach moralnych wówczas, gdy zajmuje się przekonaniami innych. W przeciwnym razie popada w następujący dylemat: albo — świadomie lub nieświadomie — własne przekonania traktuje jako kryterium oceny przekonań innych, nie uzasadniając, dlaczego właśnie *jego* przekonania miałyby być lepsze, albo otwarcie z tego rezygnuje, czyniąc swoje własne przekonania przedmiotem naukowej obiektywizacji. Wówczas po cichu staje się relatywistą, to znaczy składa w ofierze swoje własne przekonania moralne. Nie istnieje już dla niego dobro i zło, lecz tylko przekonania o dobru i złu. W ten sposób czyni jednak coś paradoksalnego: znacznie radykalniej odcina się od tych, którym przez swój relatywizm chciał oddać sprawiedliwość, niż uczyniłby to wówczas, gdyby wszedł z nimi w spór. Poświęcił bowiem to, co go z nimi łączyło: istotną dla każdego moralnego przekonania bezwarunkowość. Do tego uczynił to bez uzasadnienia. Relatywizm etyczny wymaga jednak uzasadnienia, oddala się bowiem od pierwotnego doświadczenia moralnego. Wskazanie na faktyczny pluralizm przekonań etycznych nie jest takim uzasadnieniem. Ze stwierdzenia faktu pluralizmu można bowiem wysnuć całkiem inny wniosek. Może ono mianowicie prowadzić do etyki filozoficznej. Kiedy w V wieku przed Chrystusem Grecy zauważyli, że różne ludy mają odmienne zwyczaje, postawili pytanie o kryteria, które umożliwiłyby odróżnienie zwyczajów lepszych i gorszych. Spierając się z innymi o to, co słuszne, pozostawali z nimi związani przekonaniem, że to, co słuszne, istnieje, podczas gdy relatywista wykopuje zasadniczą przepaść między sobą a tymi, o których mówi. Może mówić tylko *o* nich, ale nie *z* nimi. Sądy moralne nie mogą bowiem istnieć pokojowo obok siebie, tak jak sądy smaku (*Geschmacksurteile*). Nie chodzi w nich bowiem po prostu o stwierdzenie, że coś mi się podoba lub nie podoba, lecz o sądy dotyczące określonych sposobów działania. Ten, kto odrzuca tortury, nie chce tylko powiedzieć, że on sam nie będzie nikogo torturował lub że tortury są bolesne dla torturowanego — fakt ten nie jest przecież nieznany również dla oprawcy. Chce raczej powiedzieć, że ten, kto torturuje lub pozwala na tortury, uczyniłby lepiej, gdyby tego nie robił — chce powiedzieć, że ktoś taki robi coś złego. Podczas gdy zdanie: „Lubię szpinak" nie pozostaje w sprzeczności z wypowiedzianym przez kogoś innego zdaniem: „Nie lubię szpinaku", to sądy moralne mogą być wzajemnie sprzeczne. Dlatego fakt, że komuś coś innego niż mnie jawi się jako dobre, zawiera w sobie wyzwanie. Ten, kto go unika przez ucieczkę w relatywizm, poświęca sam fenomen moralności.

Etyka filozoficzna podejmuje to wyzwanie. Pyta o powody różnic, poszukując najlepiej uzasadnionego przekonania. Przy okazji zaś odkrywa, że różne zwyczaje i tradycje etyczne nie są tak fundamentalnie odmienne, jak to się wydaje komuś, komu to, co wspólne, jawi się jako tak oczywiste, że wcale tego nie zauważa. Wszędzie na świecie odwaga, hojność, sprawiedliwość, wdzięczność, szczerość i dobroć wywołują aprobatę i podziw; jedynie ich postacie i formy wyrazu okazują się zależne od czasu czy też grupy. Zdrada, tchórzostwo, podstęp, rozwiązłość seksualna, arbitralność, okrucieństwo i skąpstwo wszędzie są pogardzane lub uznawane za złe. Jeśli zwyczaje jakiegoś społeczeństwa przypisują pozytywną wartość którejś z tych postaw, to społeczeństwo to ściąga na siebie pogardę świata współczesnego sobie i świata przyszłego. „Securus judicat orbis terrarum".

Konsekwentny relatywizm etyczny jest zresztą niemożliwy już z tego powodu, że istnieją kultury, których moralność otwarcie wnosi roszczenie uniwersalistyczne, obejmując na przykład postulat przekonywania innych i działalności misyjnej. Taka jest europejska idea praw człowieka. Etyczny relatywista, który z zasady odrzuca roszczenia uniwersalistyczne, wobec takich kultur nie może utrzymać swojego tolerancyjnego powstrzymania się od krytyki. Nie może zatem oddać sprawiedliwości kulturze, która odrzuca relatywizm. Relatywizm etyczny sam okazuje się zatem uniwersalistyczny, chociaż tylko w sensie negatywnym — w sensie odrzucenia bezwarunkowych roszczeń moralnych. Musi je odrzucać wszędzie tam, gdzie je spotyka. W ten sposób musi jednak odrzucić prawie całą faktycznie przeżywaną etykę; faktycznie przeżywana etyka naucza bowiem, że pewne rzeczy należy czynić, gdyż są dobre, a innych należy zaniechać, gdyż są złe. Odrzucenie tego przekonania — dalekie od bycia wyrazem tolerancji — jest w rzeczywistości równoznaczne z zaprzeczeniem pierwotności etycznego wymiaru życia.

3. Gdy etyka filozoficzna broni tej pierwotności przed immoralizmem, to nie dąży do tego, aby człowieka, który jest całkowicie pozbawiony wrażliwości etycznej, przekonać za pomocą argumentów, że słowa „dobro" i zło" mają znaczenie i że mają one jakiś związek z tym, co każdy człowiek powinien czynić i czego powinien zaniechać. Jak już widzieliśmy, etyka filozoficzna zakłada doświadczenie moralne. Nie zgodzi się jednak zbyt łatwo z supozycją, że ktoś może być całkowicie pozbawiony takiego doświadczenia. Taka supozycja byłaby bowiem równoznaczna z sugestią, że ktoś taki nie jest człowiekiem, że nie zasługuje na szacunek, który jesteśmy winni każdemu członkowi społeczności ludzkiej. Konsekwentny immoralista nie mógłby bowiem od nikogo wymagać takiego szacunku bez popadnięcia w sprzeczność z samym sobą: Tego rodzaju wymaganie byłoby już bowiem moralne. Dlatego etyka filozoficzna właściwie nie „uzasadnia" wymiaru moralnego, lecz pokazuje, że jest on rodzajem podstawy, na której stoimy. Pokazuje, jakie byłyby konsekwencje odrzucenia tej podstawy, i oczekuje, że nikt nie jest rzeczywiście gotowy na przyjęcie takich konsekwencji. Nie jest przypadkiem, że w pierwszej księdze *Państwa* Platona konsekwentnie immoralistyczne stanowisko nie jest reprezento-

wane przez przeciwnika Sokratesa, lecz tylko fikcyjnie i hipotetycznie reprezentują je jego przyjaciele, Glaukon i Adejmantos. Platon wskazuje w ten sposób na to, że stanowisko to jest konstrukcją myślową, ekstrapolacją faktycznego, częściowego amoralizmu, ale nie może być przeżywaną rzeczywistością. Dlatego amoralista popada w sprzeczność z samym sobą; pokazanie tej sprzeczności jest zadaniem etyki filozoficznej.

Namysł nad właściwym życiem i właściwym działaniem, namysł nad intuicją, która od dawien dawna wyrażają słowa „dobry" i „zły", wykracza poza wspomniane dotąd problemy i wkracza w dziedzinę filozofii teoretycznej. Filozofia zmierza do wewnętrznej jedności myślenia jako warunku przyjaźni z samym sobą. Wewnętrznej jedności ukierunkowania naszego działania nie da się całkowicie oddzielić od tego, co myślimy o rzeczywistości, czyli od tego, co przed nami i niezależnie od nas jest takie, jakie jest. Nie oznacza to, że ze zdań o zwykłych faktach da się wyprowadzić zdania o powinnościach. Hume i Kant pokazali, że jest to niemożliwe. Mimo to również Kant sądził, że pewne twierdzenia o faktach są nie do pogodzenia z naszą intuicją moralną. Gdybyśmy bowiem musieli je uznać za prawdziwe, to intuicję tę trzeba by uznać za iluzję. Z drugiej jednak strony intuicja, która wyraża się w zdaniach z predykatem „dobry", jest równie silna jak wszelkie intuicje, które opierają się na twierdzeniach o faktach, lub nawet od nich silniejsza. Założeniem, którego nie ma się pogodzić z naszą intuicją moralną, byłby na przykład radykalny determinizm. Da się z nim co prawda pogodzić nagrodę i karę, jeśli rozumiemy je jako sposoby wytwarzania odruchów warunkowych; nie da się z nim jednak pogodzić ani pochwały i nagany odniesionych do działań, na których podmiot nie możemy wpłynąć, ani wdzięczności, ani podziwu i oburzenia, ani pragnienia zrobienia czegoś tylko dlatego, że jest to dobre, ani skruchy i wstydu. Wszystkie te postawy zakładają wolność. Dlatego w swojej *Krytyce czystego rozumu* Kant starał się ograniczyć zakres obowiązywania fizycznego determinizmu, który z racji naukowych uważał za niemożliwy do odrzucenia, do dziedziny „fenomenów", czyli do dziedziny, w której rzeczywistość jawi się jako przedmiot nauki, odróżniając tę dziedzinę od samej rzeczywistości, od „rzeczy samej w sobie". Dzięki temu niezależnie od fizycznego determinizmu mógł utrzymać ważność doświadczenia moralnego, które obejmuje postulat wolności.

Do założeń, które pozbawiłyby naszą intuicję moralną możliwości wpływu na działanie, należy również założenie, że długofalowe skutki naszych działań regularnie i systematycznie — a nie tylko czasami — są sprzeczne z naszymi intencjami. Jeśli się wydaje, że tak jest, to przyczyny tego faktu nie poszukujemy w działaniu moralnego *genius malignus*, w demonicznej konstytucji rzeczywistości, lecz w określonym porządku świata społecznego, który możemy zmienić przez nasze działanie, nie narażając się na to, że zostaniemy znowu w podobny sposób oszukani. Trzecie założenie, które prowadzi do podważenia intuicji moralnej, mówi, że działanie, które wypływa z tej intuicji, w żaden sposób nie da się pogodzić z powodzeniem naszego własnego życia; byłoby ono nie do pogodzenia z tym, co Grecy nazywali *eudaimonią* (εὐδαιμονία), a co w naszej tradycji filozoficznej nazywa się *szczęściem*. Od Platona do Kanta filozofia starała się pokazać, że tak nie jest, tzn. że człowiek dobry nie okazuje się ostatecznie, dlatego że jest dobry, z konieczności głupi. Mogła to uczynić tylko w ten sposób, że ideę szczęścia rozumiała tak, iż moralny sposób działania stanowił jeden z nieodzownych elementów powodzenia życia. Mogła wskazać na to, że impuls moralny stanowi istotną część naszej rozumnej natury. Dlatego amoralizm musi okaleczyć tę naturę, podczas gdy filozofia również w tym przypadku zmierza do „przyjaźni z sobą samym". Napotyka tu ona jednak na granice: Jest tak wówczas, gdy los stawia nas w sytuacji, w której zaspokojenia naszych elementarnych potrzeb, a nawet naszego przetrwania nie da się pogodzić z obowiązkiem czynienia dobra. W tych warunkach zachowanie pełni przyjaźni z sobą samym jest możliwe tylko wówczas, gdy idei udanego życia nadamy wymiar, który przekracza ograniczenia ziemskiej egzystencji, a zatem wymiar teologiczny. Dlatego od Platona do Kanta idea nadziei na życie przyszłe była konsekwencją filozoficznej etyki. Dla Platona nadzieja ta jest istotnym elementem egzystencji filozoficznej. Dla Kanta jest ona obowiązkiem moralnym — dlatego że tam, gdzie nie możemy wiedzieć niczego, jesteśmy zobowiązani myśleć o rzeczywistości w sposób, który służy czynieniu dobra.

Schopenhauer nazwał tę filozoficzną nadzieję nieuzasadnionym „myśleniem życzeniowym", a także niemoralnym egoizmem. Ofiara nie może się „opłacać". Ale cena, którą Schopenhauer zapłacił za rezygnację za nadziei filozoficznej, była wysoka. Musiał bowiem porzucić ideę udanego życia i przyjaźni z sobą samym. To, co moralne, jest dla niego raczej wrogością wobec siebie, przezwyciężeniem woli życia, rezygnacją z „ja", co jaźń i świat pozbawia rzeczywistości. Również założenie wolności zostaje odrzucone, gdyż jest ono jeszcze związane z ideą rzeczywistości. Bodźcem do przezwyciężenia „Ja" nie jest wolna decyzja, lecz współczucie, które opanowuje nas bez naszego udziału. W opozycji do tej recepcji doktryny buddyjskiej szczytem zachodniej etyki filozoficznej — a filozofia, racjonalny dyskurs na temat pytań ostatecznych istnieje tylko na Zachodzie — nie jest „patologiczne", tj. bezwolne współczucie, lecz idea miłości lub wolnej, racjonalnej życzliwości wobec postrzeganego jako rzeczywisty drugiego człowieka, a także wobec samego siebie.

Również ta etyka ma implikacje teoretyczne, ontologiczne. Implikacje te nie są jednak teoretycznymi wglądami w stany rzeczy, z których następnie wyprowadzamy różnorakie powinności — jak tego chce etyka oparta na metafizyce; nie są też — jak sądził Kant —

czystymi „postulatami". W ich zrozumieniu może nam pomóc twierdzenie Platona, że „Dobro jest przyczyną poznawalności rzeczy". Miłość w sensie życzliwości jest postawą, w której to, co w postawie czysto teoretycznej ma charakter przedmiotu, przemienia się w rzeczywistość bytu w sobie (*Selbstsein*). Miłość jest dla człowieka kochającego urzeczywistnieniem tego, co rzeczywiste. Z samego „obiektywnego stanu rzeczy" nie wynika żadna powinność. Dopiero jednak w postawie życzliwości odsłania się to, że słowo „bycie" oznacza coś więcej niż tylko bycie przedmiotem. Bycie w sensie „istnienia" nie ma bowiem obiektywnego „znaczenia"; używając tych słów ustanawia się dla siebie coś poza wszelkim kontekstem znaczenia; jest to ustanowienie czegoś jako własnego centrum możliwych znaczeń. To, że takie bycie-dla-siebie staje się dla mnie rzeczywiste, nie jest konsekwencją „powinności", lecz wszelką powinność poprzedza. Jest to podstawowa intuicja, w której spotykają się teoria i praktyka. Pięknie wyraził to średniowieczny mnich Ryszard od św. Wiktora: *„Ubi amor, ibi oculus"*.

Odwołanie do zasady życzliwości stanowi więc podstawę różnych koncepcji etyki normatywnej. Zanim bowiem zasada ta stanie się punktem odniesienia działania, musi przejść przez różne przełomy. W naszym działaniu mamy do czynienia z wieloma ludźmi i wieloma istotami żyjącymi — i to zarówno z przeszłymi, jak z obecnymi i z przyszłymi. Istnieją ponadto różne stopnie bliskości i oddalenia, z których wynika hierarchia w uwzględnianiu odpowiednich interesów — *ordo amoris*. Wszyscy ci ludzie — a także my sami — mają różnego rodzaju interesy, potrzeby, życzenia, które również należy zhierarchizować. W przyjaźni ze sobą możemy żyć tylko wówczas, jeśli jesteśmy czymś więcej niż tylko równoległobokiem przeciwstawnych pobudek i jeśli decydując się na coś jednego nie żałujemy, że nie wybraliśmy czegoś innego, tj. jeśli możemy rzeczywiście utożsamić się z punktem widzenia, który kieruje naszym wyborem. Zadaniem etyki filozoficznej jest opracowanie tego punktu widzenia.

Próba ta prowadzi do ujawnienia różnorakich podejść. Różnorodność ta jest częściowo następstwem różnych sposobów stawiania pytań i różnych zainteresowań. Pytanie o powodzenie ludzkiego życia — pytanie o *eudaimonię* — jest inne niż pytanie o obiektywne usprawiedliwienie ludzkich działań. Pytanie o to, co sprawia, że działanie jest dobre, jest inne od pytania o własności, które sprawiają, że człowiek jest dobry. Pytanie o wartość dóbr, do których dążymy, jest inne od pytania o normy aprobaty lub dezaprobaty w odniesieniu do działań. Koncepcji etyki, które pojawiły się w dziejach, nie da się zatem zrazu porównywać bezpośrednio; porównanie takie wymaga analizy historyczno-hermeneutycznej. Kiedy Kant krytykuje eudajmonizm, „etykę szczęścia", to ma przede wszystkim ma myśli współczesnych sobie autorów. To, czy jego krytyka dotyczy też Arystotelesa, nie jest równie jasne. Może być przecież tak, że Arystoteles nie dał innej odpowiedzi na to samo pytanie co Kant, ale postawił inne pytanie.

O kształcie filozoficznej dyskusji o etyce decydują między innymi pytania, które dotyczą konkretyzacji zasady życzliwości. W centrum tych dyskusji znajduje się stanowisko, które jego zwolennicy nazywają konsekwencjalizmem, utylitaryzmem, „idealnym utylitaryzmem" lub „etyką teleologiczną", odróżniając je w ten sposób od tak zwanych „etyk deontologicznych". Konsekwencjalizm traktuje moralną ocenę działań jako funkcję strategii optymalizacji. Działanie jest moralnie dobre wówczas, gdy świat staje się dzięki niemu lepszy niż w przypadku każdego innego działania — albo dlatego, że maksymalizuje ono sumę szczęścia ludzkości (J. Bentham, J. S. Mill), albo dlatego, że świat staje się dzięki niemu bogatszy w wartościowe zdarzenia lub stany (G. E. Moore). Dopracowaniu tej koncepcji poświęcono wiele uwagi zwłaszcza w filozofii anglosaskiej. Odpowiada ona bowiem charakterystycznej dla

nowoczesnego społeczeństwa przemysłowego skłonności do zniesienia Arystotelesowskiego rozróżnienia między „ποιεσις (*poiesis*)" i „πρᾶξις (*praxis*)", tj. pomiędzy
wytwarzaniem i tym wzajemnym odchodzeniem się ze
sobą, które poprzedza wszelkie wytwarzanie i w które
wytwarzanie zawsze jest włączone. Tendencja do tego,
aby wszelkie sposoby obchodzenia się z innymi — np.
wychowanie, lekarską troskę o pacjenta itd. — rozumieć zgodnie z modelem procesu optymalizacji, obecna
jest również w modelu etyki konsekwencjalistycznej.
John Rawls i inni pokazali jednak, że np. wymogu sprawiedliwości w dzieleniu obciążeń i korzyści czy zakazu
zabijania lub karania ludzi niewinnych ze względu na
inne cele nie da się wyprowadzić z modelu konsekwen-
cjonalistycznego. Z naszą moralną intuicją nie da się też
pogodzić takiego rozumienia obietnicy, które nakazuje
zachować ją nie z racji zobowiązania wobec tej osoby,
której ją złożyliśmy, lecz z powodu zobowiązania wobec
ludzkości, która z instytucji obietnicy czerpie korzyści
i dlatego osłabienie tej instytucji byłoby dla niej szkodliwe.

W pewnej mierze działanie moralne kieruje się zawsze odpowiedzialnością za konsekwencje i skutki
uboczne naszego działania. Ale za konkretyzację naszej fundamentalnej życzliwości, dzięki której inni —
a także my sami dla siebie — stają się dla nas rze-
czywiści, nie można uznać działania, które rzeczywistego osobowego adresata działania zastępuje abstrak-
tem czasowo i przestrzennie nieograniczonego „całościowego procesu" świata. Obowiązkowi optymalizacji
ze względu na ten proces nie bylibyśmy zresztą w stanie w żaden sposób sprostać.

Konsekwencjalizm jest dlatego tak sugestywny, że
sprawia wrażenie, iż dostarcza nam czegoś w rodzaju
ścisłej zasady kwantyfikacji. Inne formy etyki nie wnoszą natomiast roszczenia do wskazania takich jedno-
znacznych sposobów wnioskowania ze strategicznego
celu w rodzaju ulepszenia świata. W tym wprowadze-

niu nie możemy opisywać tego, w jaki sposób rekonstruują one naszą intuicję moralną. Książka ta (zob. informacje o pierwodruku niniejszej rozprawy na s. 549) stanowi przegląd istotnych etapów tych prób. Niemieckiemu czytelnikowi może brakować tekstu reprezentującego tak zwaną etykę dyskursu, która w ostatnich dwóch dziesięcioleciach wystąpiła z roszczeniem wyrażenia Kantowskiej etyki rozumu w nowym i bardziej nośnym paradygmacie. Według niej moralna ma być taka równowaga pragnień, która została zaakceptowana (lub też można oczekiwań, że zostanie zaakceptowana) w idealnym, otwartym i symetrycznym dyskursie wszystkich zainteresowanych. W rzeczywistości mamy tu jednak do czynienia najwyżej z dodatkiem raczej do Kantowskiej etyki rozumu, z pewnego rodzaju nauką o metodzie. W istocie, żadne rozwiązanie, które nie chce się poddać dyskursywnemu sprawdzianowi, nie może zostać uznane za rozumne. Twierdzenie, że od kogoś można czegoś żądać, implikuje gotowość do usprawiedliwienia tego żądania wobec samego zainteresowanego, obrony go przed jego zarzutami i do zrewidowania go w świetle tych zastrzeżeń. Zasługa etyki dyskursu polega na zwróceniu uwagi na ten fakt. Co jednak zrobić wówczas, gdy nie dojdziemy do porozumienia? Aby zgodzić się na rozwiązanie, które może wymagać ode mnie ofiary, muszę już „myśleć sprawiedliwie". Tego, na czym polega takie myślenie, nie można znów objaśnić dyskursywnie. Aby oddać do dyspozycji zaspokojenie własnego interesu, uczestnicy takiego dyskursu muszą bowiem już *być* moralni. Co więcej: Aby dyskurs w ogóle mógł się odbyć, muszą już dysponować treściową ideą sprawiedliwego zrównoważenia interesów. Dyskursy nie są bowiem źródłem idei sprawiedliwości, lecz zawsze odwołują się do tych idei, które wnoszą do nich ich uczestnicy. O czystych interesach w ogóle nie można dyskutować. Idea sprawiedliwego rozwiązania nie wyniknie nigdy z dyskusji na temat czystych interesów. Jak długo każdy dąży wy-

łącznie do przeforsowania maksimum własnych interesów, tak długo wynikiem może być tylko uwarunkowany układem sił kompromis, ale nie sprawiedliwa decyzja. Innymi słowy: Dyskurs testuje zasadę rozumu,
ale nie może jej zastąpić. Dyskurs zakłada tę zasadę.
Zakłada również coś takiego jak obiektywną hierarchię
interesów. Gdyby hierarchia taka nie istniała (a istniałyby tylko subiektywne oceny wagi własnych interesów), to znów nie byłoby szans na intersubiektywne
porozumienie. Ponieważ zaś wszelki dyskurs poddany
jest również ograniczeniom czasowym, dlatego przejście
od mówienia do działania zawsze jest sprawą działającej
jednostki, która sama, korzystając z własnego rozumu,
musi ocenić, kiedy dana kwestia jest dla niej na tyle
wyjaśniona, że dopuszcza przejście do działania.

Podczas gdy konsekwencjalizm jest rekonstrukcją
intuicji moralnej za pomocą technicznego modelu optymalizacji, to etyka dyskursu — jeśli chce być czymś więcej niż metodycznym dodatkiem do Kantowskiej etyki
rozumu — jest rekonstrukcją tego, co etyczne, za pomocą modelu podejmowania demokratycznych decyzji.
Ponieważ jednak technika i polityka mają się poruszać
w granicach moralności, dlatego też same nie mogą
się stać jej modelami. Moralność nie jest zdolnością
do rozwiązywania zadań i do radzenia sobie z problemami, lecz dyspozycją widzenia tego, jakie zadania są
istotne, które problemy są ważniejsze od innych i w jakich granicach możemy się poruszać przy rozwiązywa-
niu danego typu problemów. Dlatego etyka, która zamiast wskazywać cele oraz granice techniki i polityki,
rozumiana jest jako ich odmiana, rozmija się z istotą
intuicji moralnej.

2. Jak praktyczna jest etyka
(1997)

Dzisiejsza popularność etyki jest podejrzana. Sprawia ona wrażenie opóźnionego usprawiedliwienia wyboru Heideggera, który całkowicie usunął etykę z swojego kanonu nauczania. Uczynił to zresztą również Hegel. *„Amor fati est principium philosophiae moralis"* — temat rozprawy habilitacyjnej Hegla wyklucza możliwość jakichkolwiek specyficznych wskazówek dotyczących tego, co należy robić w określonej sytuacji. Według dawnego powiedzenia, moralność jest tym, co zrozumiałe samo przez się. Kto tę zrozumiałość czyni przedmiotem krytycznej lub apologetycznej refleksji, ten ją tym samym znosi. Każde wypowiedziane słowo wywołuje sprzeciw (Goethe). Na tym przekonaniu opiera się zarówno Heglowskie utożsamienie moralności z rozumnym zwyczajem, w którym to, co należy czynić, i to, czego należy zaniechać, jest już rzeczywistością, jak i Kantowskie potępienie „mędrkowania" w sprawach moralnych. Wydaje się, że ten, kto pozostaje w ramach tej oczywistości, nie uprawia filozofii. Rezygnuje z dyskursywnej analizy roszczeń do obowiązywania (*Geltungsansprüchen*), które wysuwa każdy — również relatywista. Z formalnego punktu widzenia relatywizm jest jedną z form europejskiego uniwersalizmu, prawdopodobnie nawet tą formą, w której ów uniwersalizm w sposób najbardziej arogancki oddala się od moralnego konsensu wszystkich czasów i kultur. Można twierdzić, że zadaniem filozofii jest opracowanie aksjomatycznych podstaw tego konsensu, które wykaże ich „oczywistość". Formalne wysunięcie tego roszczenia natychmiast wywołuje jednak kontrowersje — przede wszystkim dlatego, że od czasów Kartezjusza sama oczywistość przestała być uznawana za niepodważalne kryterium prawdy. Możemy mieć tu przecież do czynienia z idiosynkrazją ludzkiego gatunku — niezależnie od tego, czy ma w niej udział *genius malignus*. Od tego czasu to, co filozoficzne, nie polega już na odwołaniu się do takiej oczywistości, lecz najwyżej na jej usprawiedliwieniu.

Filozofia staje się zatem niekończącym się dyskursem. Jej treścią są wprawdzie — jak powiedział Dieter Henrich — „idee wieńczące", ale owe idee niczego nie kończą, lecz stają się momentami w dyskursie, który wytwarza następne „wieńczące idee". Czy taki dyskurs może ukierunkowywać praktykę? Kartezjusz sądzi, że nie. To, na jakim poziomie refleksji znajdowała się fałszywa wskazówka, za którą poszedł działający, dla praktyki nie ma żadnego znaczenia. Być może trafna wskazówka znajdowała się na niższym poziomie refleksji. Można się z tym zgodzić. Ale jeśli tak jest, to refleksyjny dyskurs w końcu ją odkryje i wyeksponuje. Wcześniej natomiast nie możemy odróżnić wskazówki fałszywej od prawdziwej. Ten zarzut jest uzasadniony wówczas, gdy chodzi o słuszność w sensie technicznym. Tego rodzaju słuszność sprawdza nauka. W rzeczywistości słuszność ta — jeśli się jej bliżej przyjrzeć — nie jest jednak praktyczna, lecz teoretyczna — jest to słuszność założenia dotyczącego relacji przyczynowych, tj. tego, co trzeba zrobić, aby osiągnąć pewien cel. Mamy tu zatem do czynienia z „imperatywem hipotetycznym" w sensie Kanta.

Wielu ludzi uważa, że nauka jest jedynym lub przynajmniej najlepszym sposobem ustalania tej słuszności. Zgodnie z tym przekonaniem ktoś, kto pomyli się w wyniku naukowego błędu, jest usprawiedliwiony — działał bowiem zgodnie z najlepszą wiedzą. Nie wszyscy jednak tak sądzą. Na przykład nie są przekonani co do tego, że naukowa medycyna lub naukowa psychologia dysponuje procedurami, które mogą definitywnie rozstrzygać o słuszności przekonań uzyskanych w inny sposób. Również Kartezjusz był w tym względzie bardzo sceptyczny. Sądził jednak, że pewnego dnia nauka będzie dysponowała takimi procedurami — dopiero jednak wówczas, gdy uzyska swój ostateczny kształt. Przedtem polega ona na *trials and errors*. Dlatego Kartezjusz sądził, że musimy przyjąć reguły moralne, które uniezależnią nas od każdorazowego „stanu nauki". Taki jest właśnie sens tak zwanej „moralności prowizorycznej"[1]. W rzeczywistości moralność ta nie jest prowizoryczna. Chodzi w niej raczej o to, aby wobec nadal prowizorycznej nauki czynić to, co nie jest tylko prowizorycznie słuszne, tj. to, co możliwie najlepsze. Jeśli zaś nie wierzymy, że nauka osiągnie kiedyś swój ostateczny kształt, to — o ile idziemy za Kartezjuszem — nasza moralność będzie zawsze w pewnym stopniu niezależna od stanu nauki.

Problem, który się tu pojawia, jest związany z niewspółmiernością teorii i praktyki. Można ją wyrazić w formule: „*Ars longa, vita brevis*". Twierdzenia, które wnoszą roszczenie do prawdy, mogą zostać zakwestionowane. Kwestia, która raz została rozstrzygnięta, może na nowo stać się przedmiotem dyskusji. Na długiej drodze do prawdy błędy są funkcjami *ars longa*. Nie można zmienić faktu, że pewne twierdzenie zostało wypowiedziane. Nie można zmienić działań jako części *vita brevis*. Teoretyczne twierdzenia interpretują rzeczywistość, która bez tej interpretacji jest taka, jaka jest.

Działania zakładają taką rzeczywistość. Pomyłka medyczna jest etapem na długiej drodze nauk medycznych. Działanie, które z niej wynika, może wyrządzić nieodwracalną szkodę konkretnemu życiu, a nawet je zakończyć. Teoretyczne pomyłki nie są właściwie błę-

---

[1] Por. niżej artykuł 6. w niniejszym tomie (*Pewność prktyczna*).

dami. Według Poppera w procesie uzyskiwania wiedzy naukowej powinniśmy sprawdzać nawet najbardziej nieprawdopodobne hipotezy. Lekarz — nie jako przedstawiciel nauk medycznych, ale jako lekarz — nie może się kierować taką regułą. Musi się starać unikać błędów, zgodnie z maksymą „*nil nocere*". To samo dotyczy inżyniera, pedagoga, prawnika, duszpasterza. Źródła błędów mogą być bardzo różne: naukowa ciekawość, ambicja, niedbałość, lenistwo. Postawy te mają wymiar etyczny dlatego, że pomniejszają wartość człowieka, który się nimi kieruje. Dla tego natomiast, kto ponosi szkodę z powodu działań innych ludzi, to, co etyczne, polega na sposobie, w jaki do tej szkody podchodzi. To, co etyczne, jest zatem w sensie właściwym tym, co praktyczne. Nie chodzi tu o związki przyczynowe, których znajomość decyduje o kształcie naszego działania, lecz o sposób, w jaki zdobywamy tę wiedzę i w jaki przekładamy ją na działanie.

Również tutaj spotykamy przeciwstawienie tego, co słuszne, i tego, co chybione — tym razem jednak nie jako prawdy i fałszu, tego, co celowe, i tego, co niecelowe, lecz jako dobra i zła. Etyka filozoficzna próbuje teoretycznie wyjaśnić sens tego rozróżnienia i nadać mu treść, tj. dobru i złu przyporządkować intencje, postawy i treści działań. Na czym może się przy tym oprzeć? Jaka jest relacja tej refleksji nad praktyką do samej praktyki? Czy etyka może ukierunkowywać działanie? Czy może nam powiedzieć, co powinniśmy czynić? Nie ma jednak *etyki* jako takiej. Są profesorowie etyki. Dlatego pytanie powinno raczej brzmieć: Czy profesorowie etyki mogą powiedzieć innym ludziom, co powinni i czego nie powinni robić? A jeśli tak, to jacy profesorowie? Różni profesorowie etyki zalecają często przeciwstawne rozwiązania, tak że w takiej sytuacji to, co etyczne, polega na wyborze doradcy.

Wydaje się, że etyka ponownie staje się nieskończonym dyskursem, który pozostaje niewspółmierny w stosunku do tego, co należy uczynić tu i teraz. Być może słyszeli Państwo o „logicznym żółwiu", którego wymyślił Lewis Caroll[2]. Luise i Peter sprzeczają się na temat tego, czy *y* jest faktem. Luise mówi: „Tak", Peter: „Nie". Luise udaje się przekonać Petera, aby zgodził się na *y*, jeśli uda jej się udowodnić, że *x*. Następnie Louise wykazuje, że *x* rzeczywiście jest, na co Peter przystaje. Dobrze, mówi Luise, w takim razie godzisz jesz również na y. Peter odpowiada: Dlaczego? Luise tłumaczy mu: Zgodziłeś się, że jeśli *x*, to *y*. Następnie zgodziłeś się, że *x*. A zatem musisz się zgodzić, że *y*. Dlaczego muszę? — pyta Peter. Na podstawie jakiej reguły? Luise: Czy nie jest jasne, że z koniunkcji zdania: „Jeśli *x*, to *y*" i zdania *x* wynika: $y \{[(x > y)^x] > y\}$. To przecież jasne, mówi Peter. A zatem — stwierdza Luise — jeśli to przyznajesz i jeśli już przyznałeś, że *x* jest faktem, to musisz zgodzić się również na *y*. Dlaczego? — pyta Peter. Na podstawie jakiej reguły? Widzimy już, że Achilles nigdy nie dogoni żółwia. Ten, kto zastosowanie jednej reguły chce uczynić kwestią innej reguły, popada w *regressus in infinitum*. Czarnego Piotrusia może wciąż na nowo wówczas odsyłać do teorii. Wezwanie: „Postępuj według tej lub tamtej reguły, gdyż zachodzi to, czego ona dotyczy", nie należy już do teorii. Prorok Natan może powiedzieć Dawidowi: „Ty jesteś tym człowiekiem", ale Dawid musi sam uznać, że tak jest, i powiedzieć: „Zgrzeszyłem".

Twierdzenie, zgodnie z którym teoretyczna wiedza na temat tego, co jest „dobre", prowadzi z konieczności do dobrego działania, określa się w historii filozofii mianem „błędu sokratejskiego". Podstawą wszelkiego zła byłby błąd co do dobra. Trafniejsze jest jednak odwrotne sformułowanie twierdzenia Platona: Wiedza o dobru nie jest nigdy wiedzą czysto teoretyczną, lecz od rozumnej opinii na temat tego samego przedmiotu różni się tym, że owego przekonania w żaden sposób nie da się oddzielić od jej przedmiotu, a zatem nie jest to wiedza „czysto teoretyczna". *Argumentum e contrario* stanowi tu sformu-

---

[2] Por. Lewis Caroll, *What the Tortoise Said to Achill*, w: *The Penguin Complete Lewis Caroll*, 1939.

łowana w *Prawach* definicja *megiste anathia*, „wielkiej niewiedzy". Niewiedza polega na „niezgodności przyjemności i nieprzyjemności z rozumnym przekonaniem"[3]. Wiedza polegałaby zatem na zgodności przyjemności i nieprzyjemności z tym przekonaniem. Nie może też być inaczej. Wiedza różni się bowiem od *doxa* tym, że jest uzasadniona. Ostateczne uzasadnienie polega według Platona na odniesieniu wszelkich treści do dobra, gdyż dobro — jak czytamy w *Państwie* — jest „podstawą poznawalności rzeczy"[4]. Podstawa i uzasadnienie dobra nie są w ogóle możliwe. Wiedza o dobru nie może być uzasadnioną *doxa*, lecz jedynie taką *doxa*, która odrzuciła resztkę pozoru sugerującego, że dobro mogłoby być jakąś szczegółową treścią, którą można by ponownie zrelatywizować przez odniesienie jej do czegoś innego, na przykład do przyjemności lub nieprzyjemności. Dlatego ten, kto przedkłada przyjemność nad dobro, ulega złudzeniu optycznemu. W praktyce uważa on bowiem dobro za jedno z dóbr, czyli za dobro mające swoją cenę, którą można porównać z wartością tego dobra. Wiedzę o dobru ma tylko ten, kto zrozumiał, że dobro nie ma żadnych kosztów zewnętrznych, z którymi można by je porównać. Dopóki ktoś nadal sądzi, że w imię dobra musi poświęcić coś, co ma wprawdzie mniejszą wartość, ale mimo to również jest wartościowe — na przykład jakąś korzyść czy jakąś przyjemność — dopóty żyje w jaskini pozoru. Rozwiązuje to również pozorną sprzeczność, która polega na tym, że Platon najpierw utożsamia cnotę z wiedzą, a potem — w odróżnieniu od stoików — mimo wszystko mówi o wielu cnotach. Wielość cnót odnosi się do tych, którzy żyją jeszcze w jaskini pozorów; dla nich — a taka jest większość ludzi — cnota nie jest wiedzą. Jest to szczególnie jasne w Platońskiej definicji odwagi jako „zachowania

---

[3] Platon, *Prawa* 689 a 8 (tłum. Maria Maykowska, BKF, PWN, Warszawa 1960).
[4] Platon, *Państwo*, 509 b 5 (tłum. Władysław Wytwicki, „Wiedza", Warszawa 1948).

rozsądnej opinii o tym, czego się trzeba obawiać, a czego nie"[5]. Dopóki chodzi tu tylko o opinię, a nie o wiedzę, człowiek zawsze może ją porzucić. Aby nie stało się tak w sytuacji zagrożenia lub pokusy, potrzebuje specjalnej cnoty — odwagi, ἀνδρεία (*andreia*). Ten, kto rzeczywiście wie, nie potrzebuje odwagi, aby zachować ową wiedzę. Wiedza stanowi taką jedność z wiedzącym, że groźba lub pokusa nie mogą tu nic zdziałać. Groźba nie może mnie skłonić do zaprzeczenia temu, co wiem. Jeśli jednak w określonej sytuacji zaprzeczenie wiedzy oznacza zaprzeczenie dobru, o którym również mam wiedzę, to oznacza to, że nie boję się groźby. O tym bowiem, że ktoś uważa coś za warte obawy, świadczy fakt, że się boi albo że w swoim działaniu kieruje się strachem. Dlatego wiedza o dobru i czynienie dobra są jednym i tym samym.

W duchu Platona można by zatem powiedzieć: „Ten, kto ma wiedzę o dobru, postępuje dobrze". I odwrotnie: „Dopóki ktoś nie pragnie dobra, nie może też mieć o nim wiedzy". W dobrym państwie dla większości ludzi wystarczą jednak z jednej strony obyczaje i przekonania, a z drugiej prawa, które wspierają obyczaje skłaniające ludzi do dobrego postępowania. Trzeba przy tym pamiętać, że dla Greków dobro było równoznaczne z tym, co pożyteczne, korzystne, zaspakajające ludzkie dążenia. To, co nazywamy „dobrem moralnym", Grecy nazywali „pięknem". Cała dyskusja Platona z sofistami dotyczy pytania, czy to, co piękne, jest również dobre. Jedynie filozofowie znają tę tożsamość *by acquaitance*. Ze względu na innych ludzi trzeba ustanowić zewnętrzny związek pomiędzy dobrem a pięknem. Dobre jest takie państwo, w którym związek ten istnieje, tak że opłaca się postępować pięknie — w przypadku ludzi szlachetniejszych, strażników, funkcję tę pełni honor, w przypadku ludzi mniej szlachetnych pieniądze i przyjemność, czyli korzyści materialne i zmysłowe.

---

[5] Por. Platon, *Państwo* 429 b 6 [istniejący przekład polski jest skrócony i nie tłumaczy kontekstu wywodu].

Kiedy Platon proponował, żeby państwem rządzili filozofowie, to realizację tej propozycji sam uważał za wielce nieprawdopodobną[6]. Dopóki zaś tak nie jest, filozofia jest „praktyczna" tylko dla filozofa. Filozof będzie żył dobrze również w złym państwie; jeśli będzie musiał przypłacić to życiem, to również to nie stanowi kosztów zewnętrznych, które należałoby porównać z dobrym życiem; częścią dobrego życia jest bowiem to, że śmierci nie widzi się jako zła. Filozofia była zawsze również *ars moriendi*. W obliczu obrazu ukrzyżowanego człowieka sprawiedliwego, przed którym stawiają Sokratesa jego przyjaciele, nie udaje mu się jednak ukazać możliwości pełnej realizacji — w warunkach empirycznych — tożsamości piękna i dobra, a mówiąc za Kantem: zasługiwania na szczęście i szczęścia. Dlatego oczywistość tej tożsamości wraz z empiryczną nietożsamością bycia dobrym i bycia szczęśliwym przenosi nadzieję na jej realizację poza granicę śmierci.

Jak praktyczna jest etyka? Dla Platona, podobnie jak dla stoików, nie ma etyki, lecz tylko filozofia. Filozofia jest zaś bezpośrednio praktyczna dla samego filozofa. Filozofia jest bowiem βίος (*bios*), *a way of life*. Zakłada to treściowe pojęcie filozofii. Filozofami nie są ludzie, którzy posiedli historyczną wiedzę na temat innych filozofów oraz opanowali pewne formalne techniki, chociaż to również stanowi część *curriculum* filozofa. Według Platona filozofia jest zatem nieskończonym dyskursem w tym najwyżej sensie, że istnieją zawsze nowe sposoby kwestionowania intuicji, ale nie w tym sensie, że same intuicje są zawsze tylko hipotetyczne. Tylko taka filozofia, która nie jest hipotetyczna, może być praktyczna także dla niefilozofa jako pomoc w orientacji w życiu. Jak już widzieliśmy, praktyczne pytanie niefilozofa brzmi bowiem: Którego filozofa mam pytać o radę? O odpowiedzi na to pytanie rozstrzyga raczej

6 Por. Robert Spaemann, *Die Philosophenkönige*, w: *Platon. Politeia*, Otfried Höffe (Hrsg.), „Klassiker auslegen", Bd. 7, Akademie Verlag, Berlin 1997, s. 161–178.

kompetencja retoryczna niż rzeczowa. W *Polityku* sam Platon wskazywał jednak na to, że aby móc odróżnić filozofów od pseudofilozofów, od sofistów, ludzie sami musieliby już być filozofami. Obaj — filozof i pseudofilozof — są intelektualistami. Lud zaś słucha najchętniej tych, którzy odpowiadają jego przesądom i utrzymują go w dobrym nastroju.

Taka jest właśnie nasza sytuacja. Wołanie o etykę ma swoje dobre racje. Moralne oczywistości dewaluują się: Po pierwsze dlatego, że zmiana warunków życia i rozszerzenie się możliwości technicznych są tak znaczne, że tradycyjne zasady etyki zawodowej nie obejmują często nowej rzeczywistości; po drugie dlatego, że podstawowe przekonania etyczne, które leżą u podstaw tych zasad, utraciły swoją oczywistość. „bo ci co pytają, czy należy czcić bogów czy nie należy, i czy należy kochać rodziców czy nie należy, zasługują na naganę” — pisze Arystoteles[7]. Co jednak robić wówczas, gdy oczywistości te są uparcie kwestionowane, a wyjątki nie potwierdzają już — zgodnie ze znanym powiedzeniem — reguły, lecz używane są do jej systematycznego podważenia? Woła się wówczas etyków, którzy mają doświadczenie w refleksji nad podstawowymi zasadami i dlatego oczekuje się od nich wyprowadzenia nowych reguł działania z zasad etycznych. Charakterystyczne jest to, że filozofom stawia się dzisiaj rzadko pytanie, które w starożytności kierowano prawie wyłącznie do nich, tj. pytanie o to, jak należy żyć. Dość powszechne jest bowiem przekonanie, że na pytanie o to, na czym polega udane życie, nie da się udzielić prawdziwej odpowiedzi. Prawdziwe mogą być co najwyżej poglądy na temat tego, jak można wywoływać stany subiektywnego zadowolenia. Pytania tego typu nie są jednak pytaniami etycznymi, a odpowiedzi na nie mogą udzielić psychologowie. Są to ostatecznie pytania techniczne, pytania o metody wewnętrznego opanowania natury. Według

---

[7] Arystoteles, *Topiki* I, II 105 a (tłum. Kazimierz Leśniak, BKF, PWN, Warszawa 1978).

tego poglądu obchodzenie się człowieka z samym sobą
nie należy do dziedziny etyki, a obchodzenie się z innymi ludźmi należy do niej tylko o tyle, o ile od innych oczekujemy czegoś, na co oni sami nie zgadzają
się w sposób spontaniczny. *A fortiori* odrzuca się też
orientacyjną funkcję autorytetów religijnych w tej dziedzinie, podczas gdy oczekuje się od nich wskazówek
wówczas, gdy w grę wchodzą kwestie porządku społecznego, tj. kwestie sprawiedliwości. Kiedy jednak słabnie
wpływ autorytetów religijnych, również w tej dziedzinie poszukuje się rady etyków. Mówiąc dokładniej, to,
co etyczne, ogranicza się tu do kwestii sprawiedliwości. Sprawiedliwość nie jest tu pojmowana jednak jako
cnota, lecz jako obiektywna norma działania. Nie stawia
się pytania: „Jak wygląda człowiek sprawiedliwy?", aby
następnie stąd wywnioskować, jak wyglądają sprawiedliwe działania, lecz odwrotnie: Filozof ma powiedzieć,
jakie warunki powinny spełnić działania, aby były sprawiedliwe, tj. oddające każdemu to, co mu się należy.
Dlatego celem tej filozoficznej porady nie jest właściwie
podmiot działania i stan jego duszy, lecz ten, kogo dotyczy działanie. Ponieważ ktoś został zabity, morderstwo
uznawane jest za coś moralnie złego. Starożytni powie-
dzieliby: Morderstwa zdarzają się nieustannie. Tym, co
moralnie złe w morderstwie, nie jest to, że ktoś został
zabity, lecz to, że ktoś stał się w ten sposób mordercą.
Taki jest właśnie sens Arystotelesowskiego odróżnienia pomiędzy *poesis* i *praxis*, pomiędzy wytwarzaniem
i działaniem. Klasyczna filozofia moralna interesowała
się bardziej praktyczną niż pojetyczną stroną życia —
interesowała się nie tym, co człowiek powoduje w świecie, lecz tym, co powoduje w sobie przez to, że coś powoduje w świecie.

Kiedy dzisiaj pytamy o doniosłość etyki filozoficznej
dla *praxis*, to przede wszystkim — lub nawet wyłącznie — chodzi nam o jej kompetencje w kwestiach sprawiedliwości — i to sprawiedliwości rozumianej nie jako
cnota, lecz jako norma działania. „Człowiek sprawie-

dliwy może mimo to popełniać czyny niesprawiedliwe"
— pisze Arystoteles [8]. Na przykład ten, kto popełnia cudzołóstwo, postępuje niesprawiedliwie. Tego jednak, kto
czyni to dla korzyści materialnej, obciąża inna przy-
wara niż tego, kto czyni to z namiętności i nawet za
cenę utraty korzyści materialnych. Jeden jest chciwy,
drugi nieopanowany. W przypadku obopólnej zgody nie
mielibyśmy w ogóle do czynienia z niesprawiedliwością
— gdyż *„volenti non fit iniuria"* — lecz, w sensie etyki
klasycznej, z czymś jeszcze gorszym, a mianowicie ze
wzajemnym sprzyjaniem ludzkiej deprawacji.

Etyka klasyczna nie interesowała się w pierwszym
rzędzie pojedynczymi działaniami, lecz postawami, dys-
pozycjami do działania, czyli cnotami. Według Arystotelesa *cnota* to zdolność do tego, aby w pewnej dziedzinie działań w konkretnym przypadku wybierać to, co
słuszne — i to nie tylko w sensie moralnej władzy sądzenia, ale również w sensie dyspozycji do czynienia tego,
co zostało rozpoznane jako słuszne, tj. uznania tego za
dobre dla mnie tu i teraz. Etyka filozoficzna jest teorią tej władzy sądzenia, ale jej nie zastępuje. Pomiędzy
nią a konkretnym sądem znajduje się z jednej strony
obyczaj (*Sitte*), a z drugiej, tam, gdzie chodzi o działanie
pojetyczne, odpowiednia *lex artis*, a także znajomość
okoliczności. Obyczaju i *lex artis* nie można zresztą
od siebie ściśle (*streng*) oddzielić. To, czego w ludzkich
kontekstach wymaga odpowiednia „sztuka", nie da się
ustalić bez elementów moralnych. I odwrotnie: Obyczaj,
który byłby przeciwny „sztuce", sam jest niemoralny,
a ponadto nie może się długo ostać. Dzisiejsze wołanie
o etykę związane jest z kryzysem obyczaju w dziedzinie
etyki zawodowej oraz z powstaniem nowych problemów
dotyczących sprawiedliwości.

W tym kontekście pojawiło się pojęcie „etyki stosowanej" lub „etyki praktycznej". Mam pewne wątpliwości
co do wizji, która knuje się za tymi pojęciami. Jest ona

---

[8] Arystoteles, *Etyka nikomachejska* 1137a 16 n. (tłum. Daniela
Gromska, BKF, PWN, Warszawa 1956, [2]1982).

wyrazem zawężenia, o którym już mówiłem, redukcji etyki do kwestii sprawiedliwości, czyli tego, co jesteśmy innym winni, lub tego, co w pewien sposób da się, lub powinno się dać, rozstrzygnąć prawnie. U podstaw tego prawnego zawężenia znajduje się zapewne praktyczne stosowanie etyki jako teologii moralnej w służbie spowiedzi. Pozytywne chrześcijańskie duszpasterstwo poprzez kazania, katechezę i osobiste wprowadzenie było w pewnym sensie kontynuacją filozoficznej opieki nad duszą w starożytności. Praktyka pokuty miała jednak charakter sądu. Sakrament pokuty jest procesem sądowym, który z reguły kończy się uniewinnieniem z powodu zadośćuczynienia, którego dokonał już Chrystus. Najpierw jednak trzeba ustalić winę. W takim kontekście nie kultywuje się cnót, lecz osądza się działania. Potrzeba wówczas kazuistyki, która bierze za wzór kazuistykę prawną. Obowiązują tu zasady „*in dubio pro reo*" i „*in dubio pro libertate*", tj. zasady z istoty minimalistyczne. Podporządkowanie całej etyki zasadzie sprawiedliwości było zresztą możliwe tylko w takim miejscu, w którym naruszenie jakiegokolwiek obowiązku moralnego, a zatem również obowiązku w stosunku do siebie samego, jawi się jako naruszenie sprawiedliwości, a mianowicie sprawiedliwości wobec Boga, wobec którego jesteśmy odpowiedzialni również za siebie samych, a nawet przede wszystkim za siebie samych. (Znamienny jest fakt, że w etyce *etsi Deus non daretur* zazwyczaj nie ma miejsca na rozdział o obowiązkach wobec samego siebie. Człowiek nie może być bowiem zarazem przedmiotem i podmiotem odpowiedzialności za siebie samego, ponieważ naruszając tę odpowiedzialność jednocześnie się od niej dyspensuje. Obowiązuje tu zasada: *Volenti non fit iniuria*). Poza kontekstem teologicznym nie da etyki jako refleksji o ludzkiej doskonałości zredukować do etyki jako teorii sprawiedliwości.

Nawet jednak — *supposito, non concesso* — jeśli przyjmiemy takie zawężenie, to konkretyzacja tego, co etyczne, może być nadal tylko sprawą tych, którzy działają. Z rozpowszechnieniem się dyscypliny „etyka stosowana" wiąże się po pierwsze niebezpieczeństwo przesunięcia odpowiedzialności na tak zwanych etyków, a po drugie ukrycie fundamentalnych kontrowersji etycznych. Fachowiec od etyki „praktycznej" lub „stosowanej" swoją kompetencję w pewnej dziedzinie praktycznej może wykorzystać po to, aby w dyskusjach publicznych ukrywać i jednocześnie skutecznie promować swoje podstawowe wybory etyczne. Znamienny jest fakt, że z neutralnymi pojęciami „etyki praktycznej" lub „stosowanej" łączy się dzisiaj stanowiska, które są wyraźnie określone treściowo — przede wszystkim utylitaryzm (czy konsekwencjalizm), a następnie etykę dyskursu. W ramach etyki stosowanej dyskusji z poważną i prowadzoną na całym świecie krytyką tych stanowisk można zawsze uniknąć wysuwając praktyczny i ekonomiczny argument podziału pracy. „To nie jest miejsce ani czas na taką dyskusję. My zajmujemy się konkretnymi problemami". Problemy te rozwiązywane są jednak właśnie na podstawie tych założeń, których etyk nie chce dokładniej badać, chociaż jednocześnie przypisuje sobie prestiż kogoś, kto zna się na etyce ogólnej. Etyka stosowana powinna być zawsze związana z określoną dziedziną — na przykład z medycyną czy gospodarką — i powinna być rozwijana w ścisłej współpracy z odpowiednimi wydziałami i z ludźmi należącymi do tej grupy zawodowej, której etos jest przedmiotem namysłu. Zazwyczaj będą to nie tylko ci ludzie, którzy mają odpowiednią wiedzę w danej materii, lecz przede wszystkim ludzie żyjący etosem, który jest właściwy dla danego zawodu. Ludzie zajmujący się wyłącznie filozofią mogą być tu — jako wolni od zobowiązań intelektualiści — bardzo niebezpieczni. Jako pacjent chętniej zaufam każdemu przeciętnemu lekarzowi niż lekarzowi, który w krytycznym momencie uzależnia swój sąd od decyzji komisji etycznej, której ton nadaje radykalny utylitarysta. Jeśli chodzi o problemy teoretyczne i o podstawowe kwestie etyczne, to miejscem całkowicie wolnej dyskusji, w której może brać udział każdy, jest uniwersytet. Jeśli jednak przechodzimy do dziedziny praktycznej, wszystko zależy od tego, kto i co w niej reprezentuje. Istnieją dobre racje po temu, aby przed sądem przeciwstawnych stanowisk bronili adwokaci, czyli specjaliści od argumentacji prawnej. Żadne jednak z tych stanowisk nie będzie ani o łut bardziej sprawiedliwe przez to, że je reprezentuje dobry adwokat. Podobnie żadne stanowisko etyczne nie staje się lepsze tylko dlatego, że reprezentuje je profesor filozofii lub etyki stosowanej. Kompetencja formalna nie może tu prowadzić do ukrycia fundamentalnie politycznej strony kontrowersji. Jeśli na abstrakcyjnej płaszczyźnie czystej filozofii ktoś utrzymuje, że z powodów rasistowskich wolno zabijać, to można mu na to pozwolić, gdyż w ten sposób daje on okazję do lepszego i głębszego sformułowania racji przemawiających za tym, iż jest to niedozwolone. Przedstawicielowi „etyki stosowanej" nie można jednak na to pozwolić. Przeszkodzić zaś może mu w tym tylko państwo. Jeśli przedstawiciele etyki stosowanej związani są z określonymi zawodami, na których ciąży właściwa im odpowiedzialność, wówczas pomiędzy państwem a nauczycielem akademickim istnieje instancja pośrednicząca, która od samego początku jasno wskazuje na to, co „wykracza poza ramy", podczas gdy czysta filozofia nie zna żadnych ram, poza które mogłaby wykroczyć. Fakt, że pod mianem „etyki stosowanej" rozumie się dzisiaj zazwyczaj stanowisko utylitarystyczne, nie jest przypadkiem. Max Scheler napisał, że społecznie rozpowszechniony, nie nastawiony na osobistą doskonałość etos zawsze będzie faworyzował utylitaryzm[9]. Utylitaryzm lub konsekwencjalizm zawsze będzie punktem widzenia polityka. Będzie to jednak zawsze ograniczony utylitaryzm. Rządzący przysięgają bowiem, że będą służyć dobru swojego kraju, a nie dobru wszystkich ludzi. Dobro własnego kraju powinni wiązać z dobrem możli-

---

[9] Zob. Max Scheler, *Der Formalismus in der Ethik und die materiale Wertethik*, Francke, Bern [5]1966, s. 188.

wie największej liczby innych krajów i z możliwie najmniejszą szkodą dla innych ludzi, ale ich odpowiedzialność ma jednak wyraźnie określone kręgi. Przeciwstawia się to radykalnemu utylitaryzmowi, który chce przyjąć perspektywę Boga i dlatego nie ma w nim miejsca na *ordo amoris*, które opiera się na właściwych bytom skończonym relacjach bliskości i oddalenia.

Utylitaryzmowi zarzucono to, że nie jest on w stanie uzasadnić zasady sprawiedliwości, a nawet ją wyklucza, gdyż według zasady tej liczy się każdy, a nie tylko większość. W rekonstrukcji tej zasady można odwołać się do drugiej z panujących dzisiaj szkół — przynajmniej w obszarze języka niemieckiego — to jest do etyki dyskursu. Może się ona jednak stać praktyczna dopiero wówczas, gdy konkretny dyskurs zostanie rzeczywiście zakończony w taki sposób, że z żadnej strony nie jest już możliwy jakikolwiek zarzut. Tak wszakże nigdy się nie stanie. Aby móc podjąć decyzję, trzeba zatem wyobrazić sobie idealny, wolny od panowania dyskurs, w którym zostaną wyrażone wszystkie interesy. Następnie zaś trzeba ocenić, jaki byłby wynik takiego dyskursu. Jeśli jednak miałby to być możliwe, to sam dyskurs musiałby być poprzedzony przez indywidualny rozum praktyczny, a zatem dyskurs nie może go zastąpić. Trzeba przyjąć, że partnerzy dyskursu nie tylko wyrażają interesy, lecz są również gotowi do ich relatywizacji i podporządkowania kryteriom obiektywnym. W przeciwnym wypadku miejsce takiego kryterium zajęłoby natężenie odpowiedniego pragnienia. Innymi słowy: Sprawiedliwość jest nie tyle wynikiem takiego dyskursu, co jego założeniem. Ponadto interesy ludzi słabych — czyli tych, którzy nie są w stanie wyrazić swoich interesów — w ogóle nie pojawiają się w takim dyskursie, podczas gdy intelektualiści mogą zeń czerpać nieprzyzwoite korzyści. Łatwo mogą oni przydać swoim preferencjom moralną premię oczywistości, strasząc przedstawicieli innych skal [wartości] moralną dyskryminacją.

Czy etyka może być praktyczna? Tak. Ale właśnie dlatego trzeba być ostrożnym. Etycy nie są bowiem moralnie lepsi od innych ludzi. Jeśli otwarcie zastanawiają się nad podstawami etyki, to prowadzą dyskurs, który jest niezbędny dla wolnego społeczeństwa. Jeśli jednak udzielają rad dotyczących bezpośrednio praktyki, to rady te nie są więcej warte niż zrozumiałe dla wszystkich racje, które przedstawiają na ich poparcie. Można wówczas zawsze przedstawić racje przeciwne. Ich pomoc polega na tym, że ci, którzy mają podejmować decyzje, mogą uświadomić sobie jaśniej, dlaczego rozstrzygają tak, a nie inaczej.

Powyższe rozważania brzmią sceptycznie. Sceptycyzm nie dotyczy tu możliwości bezwarunkowo ważnego poznania etycznego, które mogłoby kierować działaniem. Dotyczy on założenia, wedle którego publiczne obowiązywanie, lepszy argument i piękniejszy sposób życia znajdują się w rodzaju przedustawnej harmonii. Ponieważ nie wierzę w taką harmonię, opowiadam się za tym, aby jej nie symulować poprzez zinstytucjonalizowane poradnictwo filozoficzne. Nie znaczy to, że filozofowie nie mogą doradzać politykom. Przygodność tego poradnictwa nie powinna być jednak ukrywana przez jego instytucjonalizację, która nadawałaby mu specjalny status. Filozofia może kwitnąć jedynie w medium anarchii.

3. Teleologia naturalna i działanie (1977)

Dyskusja nad problemem teleologii jest prawie tak dawna jak filozofia. Pytanie brzmi mniej więcej tak: „Czy pochodzące z kontekstu ludzkiego działania pojęcie celu (*Zieles oder Zweckes*), sprzyja naszemu poznaniu przyrody?" Odpowiedź Empedoklesa i Demokryta była negatywna; odpowiedź Platona i Arystotelesa była natomiast pozytywna[1]. Platon i Arystoteles bronili tego, co można nazwać „naturalnym sposobem widzenia świata". Bronili oni poglądu, że finalny sposób mówienia w odniesieniu do procesów przyrodniczych nie jest czystym *façon de parler*. Kiedy Arystoteles stwierdza, że Anaksagoras, który mówił o rozumie w kosmosie, „wydał się człowiekiem rozsądnym, w przeciwieństwie do chaotycznie wypowiadających się jego przeciwników"[2], to w naszych uszach brzmi to dziwnie. W naszym języku teleologicznym nie użylibyśmy tu określenia „rozsądny". To, co ma na myśli Arystoteles, jest jednak jasne: Naukowe próby interpretowania biegu psa do miski bez użycia słowa „głód" i jego szczekania przy powrocie pana do domu bez użycia

---

[1] Na temat problemu teleologii w starożytności zob. Willy Theiler, *Zur Geschichte der teleologischen Naturbetrachrung bis auf Aristoteles*, Zürich und Leipzig 1925.

[2] Arystoteles, *Metafizyka*, A 3, 984 b 17 (tłum. Kazimierz Leśniak, BKF, PWN, Warszawa 1983); por. też Platon, *Fedon*, 97 b (tłum. Władysław Witwicki, PiW, Warszawa 1958, potem w: tenże, *Uczta Eutyfron, Obrona Sokratesa, Krition, Fedon*, BKF, PWN, Warszawa 1982, s. 447).

słowa „radość" graniczą zawsze z fantazją. Podstawowa idea programu niefinalnej rekonstrukcji genezy Sokratesa od momentu Wielkiego Wybuchu jest wprawdzie zrozumiała, ale czytając *Obronę Sokratesa* nie sposób o tym myśleć. Ponadto pozostaje to czystym programem, można go bowiem zrealizować tylko w nieskończonej liczbie kroków. Przechodzi on w ἄπειρον(*apeiron*), co dla Arystotelesa oznacza, że jest on nie do ogarnięcia. Tak więc „chaotycznie wypowiadającym się" jest Empodokles — „wprowadza w błąd", gdy służące przetrwaniu przypadkową mutację i selekcję uważa za wystarczające wyjaśnienie fenomenu istot zorganizowanych celowo[3]. Arystoteles wysuwa zarzut, że nie wyjaśnia to niezmiennej reprodukcji takich istot. To, że same mechanizmy reprodukcji mogą być selektywnym rezultatem przypadkowych procesów, nie było przedmiotem dyskusji, gdyż mechanizmy te nie były jeszcze wówczas znane. Inny zarzut brzmiał: Nie widzimy, aby rośliny rozmyślały. Antycypacja tego, czego jeszcze nie ma, jest jednak wynikiem refleksji. Arystoteles odpowiada: Również sztuka nie myśli [o celu], zwłaszcza wówczas, gdy jest doskonała[4]. Τέλος (*télos*) jest w organizmie niczym fletnista, który gra w półśnie.

Rekonstrukcja myśli Arystotelesa w warunkach nauki nowożytnej nie jest łatwa. *Telos* jest dla Arystotelesa momentem w złożonej strukturze determinacji. O determinacji przyczynowej i determinacji finalnej nie da się w ogóle myśleć w sposób niezależny. „*Cuiuscumque est cusa finalis*" — twierdzi średniowieczny arystotelizm — „*euis est causa efficiens*"[5]. Nowożytność nie uznaje takiej komplementarnej struktury determinacji. Wielkim wyjątkiem jest tu Leibniz. Ale i on nie mówi

---

[3] Empedokles, *Fragmenty* 59–67, w: Diels/Kranz, *Fragmente der Vorsokratiker*, Zürich 1960, Bd. 1, s. 333–337; zob. też: Denis O'Brien, *Empedocles' Cosmic Cycle*, Cambridge University Press, Cambridge 1969.

[4] Por. Arystoteles, *Fizyka* II 8, 199 b 27–33.

[5] Duns Scotus, *Op. Ox* I dist. 8 q. 5, n. 6.

o złożonej strukturze, lecz o dwóch „królestwach", *regnum potentiae* i *regnum sapientiae*[6]. Z czasem jednak *regnum potentiae*, perspektywa przyczynowości sprawczej, stała się samodzielną zasadą metodyczną umożliwiającą skonstruowanie zamkniętego obrazu świata. Dopóki pozostajemy w ramach nauk przyrodniczych, nie musimy wychodzić poza *regnum potentiae*. Musimy tylko zrezygnować ze stawiania określonych pytań lub też musimy ograniczyć znaczenie pytania: „Dlaczego?" W odniesieniu do zdarzeń przyrodniczych nie możemy go stawiać w ten sam sposób, w jaki stawiamy je ludziom, których chcemy zapytać o przyczyny ich działania.

Jakie były przyczyny porzucenia teleologicznego pytania „Dlaczego?" Jest rzeczą jasną, że porzucenia teleologicznego spojrzenia na przyrodę nie wymusiły fenomeny. Dzisiaj wiemy, że zmiany paradygmatu nigdy nie wymuszają fenomeny; przyczyny tej zmiany są metanaukowe. Przyczyny konstrukcji nowożytnej nauki nie są naukowe. Nie możemy tu śledzić drogi jej powstania. Jest to daleka droga, która prowadzi od poznania określanego hebrajskim słowem *jadah* aż do Kartezjańskiego pojęcia *certa cognitio*. „Pan zna drogę sprawiedliwych" — mówi 1. psalm. „Nie znam was" — mówi Sędzia w dniu ostatecznym do potępionych. „Adam poznał swoją żonę, a ona zrodziła mu syna". Jeszcze Franz von Baader wskazywał na związek pomiędzy poznaniem i aktem seksualnym[7]. „Poznanie" oznacza tutaj zjednoczenie z innym, zanik samoświadomości. Na końcu tej drogi znajduje się natomiast pozbawiona okien jasność świadomości, która pozostaje przy sobie, świadomości, dla której przyroda stała się czymś całkowicie obcym.

---

[6] „Regno potentiae per essicientes involvitur regnum sapientiae per finales", G. W. Leibniz, *Opuscules et fragments inédits*, ed. Louis Couturat, Paris 1903, s. 13 (wznowienie: Hildesheim 1961).

[7] Franz von Baader, *Über Analogie des Erkenntnis — und des Zeugungs — Triebes*, w: *Sämtliche Werke*, Bd. 1, Sciencia, Leipzig 1951, s. 39–48.

Najważniejszym etapem dej drogi była teologia stworzenia. W odróżnieniu od całej starożytności przyroda nie jest w niej instancją ostateczną; teologia stworzenia pyta bowiem o jej genezę. Geneza ta rozumiana jest zaś jako wynik działania. Sztuka tkwi w przyrodzie — powiedział Arystoteles. Ale jak się tam znalazła? W jaki sposób sztuka znalazła się we fleciście? Odpowiedź brzmi: przez ćwiczenie, które z kolei jest rezultatem planowych, zamierzonych kroków. Jak zatem sztuka dostaje się do przyrody? Dzieje się to również na podstawie planu i zamysłu. Był to argument, za pomocą którego średniowieczny arystotelizm łączył teleologię z teologią. Zamiar, który prowadzi strzałę do celu, nie tkwi w strzale, lecz w strzelcu — pisze św. Tomasz z Akwinu, wykorzystując teleologię przyrody jako podstawę jednego z dowodów na istnienie Boga[8]. Św. Tomasz rozumiał jeszcze tę analogię *mutatis mutandis*. Ziemski wytwórca może zewnętrzne procesy przyczynowe podporządkować swojemu celowi, podczas gdy Stwórca rzeczywiście „wszczepia" w rzeczy teleologiczną „sztukę". Przykład ze strzelcem miał jednak paradoksalną historię. W późnym średniowieczu — u Ockhama i u Jana Buridana — zostaje on użyty jako argument przeciw teleologii: Celowość istnieje tylko w świadomym działaniu[9]. Podczas gdy cel procesów przyrodniczych znajduje się poza nimi — w świadomości Boga — to *my* możemy spoglądać na nie tylko z punktu widzenia przyczynowości sprawczej. Możemy podziwiać świat jako maszynę wykonaną przez Boskiego Konstruktora; w nim samym odkrywamy tylko prawa mechaniczne, którymi posłużył się Bóg. Teleologia przyrody jest bałwochwalstwem, mechaniczne spojrzenie na

---

[8] „Ea autem quae habent cognitionem, non tenduntur in finem nisi directa ab aliquo cognoscente et intelligente, sicut sagita a sagittante", *Summa Theologiae*, q. 2, a. 3.

[9] Por. obszerną analizę Annelise Maier w: *Metaphysische Hintergründe der spätscholastischen Naturphilosophie*, Edizioni di Storia e Letteratura, Roma 1955, s. 300–355.

przyrodę zaś jest *vindicatio divini numinis* — tak napisze później renesansowy filozof przyrody Sturmius[10]. Francis Bacon stwierdza natomiast, iż teologia jest bezużyteczna[11]. Jeśli chcemy coś zrobić z przyrodą, to na nic nie przyda się nam namysł nad tym, do czego zmierza ona sama. Poznanie przyrody zostaje teraz podporządkowanie wytwarzaniu. Thomas Hobbes pisze, że wyobrażenie sobie jakiejś rzeczy oznacza *„imagine what we can do with it when we have it"*[12]. Teleologia była natomiast sympatetycznym poznaniem przyrody, próbą takiego rozumienia przyrody, w której w pewien sposób widziano ją jako podobną do nas. Takie rozumienie nie miało służyć celom człowieka, lecz było elementem jego rozumienia samego siebie w całości świata. Teologiczne i praktyczne spojrzenie na przyrodę oznacza zarazem zdystansowanie się od niej. Człowiek transcenduje przyrodę i nawiązuje bezpośredni kontakt z Bogiem. W ten sposób przyroda staje się zwykłym przedmiotem użycia, *uti*. U św. Augustyna kosztowanie, *frui*, czyli poznawanie w sensie archaicznym, jest zarezerwowane dla relacji człowiek — Bóg. Dopiero nowożytny, mieszczański świat wyciągnął z tego konsekwencje. Nauka zostaje postawiona w służbie praktyki; nie jest już — jako ϑεωρία (*theoria*) — jej celem. Kontemplacyjna relacja do świata jawi się jako niemoralna. Kiedy przyroda staje się w ten sposób dziedziną ludzkiego wytwarzania, ludzkiego dążenia do celów, trzeba zapomnieć o immanentnych celach przyrody. W dawnym rozumieniu panowania człowieka nad przyrodą nie było ono panowaniem despotycznym, lecz włączone było w hie-

---

[10] Leonhard Christoph Sturmius, *Philosophia eleatica* 1689, Bd. II, s. 359. Por. też R. Spaemann, *Genetisches zum Naturbegriff*, „Archiv für Begriffsgeschichte" XI, 1967, Heft 1, s. 59–74.

[11] Francis Bacon określa teleologię jako „inquisitio sterilis..., et tanquam virgo Deo consacrata, (quae) nihil parit", *De dignitate et augmentis scientiarum* III, 5, w: *The Works of Lord Bacon*, London 1939 n., vol. II, s. 340.

[12] Thomas Hobbes, *Lewiatan*, w: *The English Works of Thomas Hobbes of Malmesbury*, London, 1839 nn., vol. 3, p. 13.

rarchię, w której każdorazowo niższe cele nie są pomijane, lecz znajdują się w przedustawnej harmonii w stosunku do wyższych celów. Również ludzkie cele są naturalne, a nauka o duszy ludzkiej jest częścią *Fizyki*. W tym kontekście znamienna jest dyskusja, którą na początku Platońskiego *Państwa* Sokrates prowadzi z Trazymachem [13]. W celu scharakteryzowania rządzącego państwem Sokrates użył obrazu pasterza. Trazymach wskazuje na to, że pasterz prowadzi ostatecznie owce do rzeźnika, tj. nie ma na celu ich dobra. Sokrates odpowiada, że dla sztuki pasterza taki koniec jest czymś przygodnym. Pasterz jako pasterz troszczy się o dobro owiec. Kryje się za tym fakt, że dla człowieka najlepsze są te owce, które w czasie swojego życia mogły się najlepiej rozwijać jako owce. Sztuka rzeźnika nie definiuje sztuki pasterza. To właśnie zmieniło się w świecie współczesnym. W świecie tym rynek mówi hodowcy, jak powinien hodować zwierzęta; hodowla ta nie ma zaś nic wspólnego z dobrem zwierząt. Cele obrońcy zwierząt nie są celami ich hodowcy i dlatego muszą mu być narzucane „od zewnątrz".

Klasyczna idea hierarchii celów zakładała istnienie obiektywnej teleologii: Rzeczy nie są tylko celem *dla siebie*, lecz *w sobie* są celami przyrody. Nowożytna ontologia uznaje jednak cele tylko jako tendencje do samozachowania, to jest do zachowania tego, co jest. Definicję teleologii jako „tendencji do samozachowania" można nazwać inwersją teleologii [14]. Kiedy nowożytna biologia mówi o teleologii, symulując struktury teleologiczne w cybernetycznych modelach, to „*telos*" rozumiany jest zawsze tylko jako „*telos* danego systemu". Funkcjonalność definiowana jest zawsze przez samozachowanie. Arystoteles interpretował natomiast samoza-

---

[13] Por. Platon, *Państwo* 343 b–345 b.

[14] Por. Robert Spaemann, *Reflexion und Spontaneität. Studien über Fénelon*, Klett-Cotta Verlag, Stuttgart 1963, rozdz.: *Bürgerliche Ethik und nichtteleologische Ontologie*, s. 50. Przedruk w: *Subjektivität und Selbsterhaltung*, Hans Ebeling (Hrsg.), Suhrkamp, Frankfurt/M. 1967, s. 76 n.

chowanie jako pierwszą formę dążenia wszystkich bytów skończonych do udziału w tym, co wieczne. Tendencja do trwania w czasie jest swego rodzaju naśladowaniem nieosiągalnej tożsamości z tym, co wieczne. Filozofia średniowieczna „obiektywną" teleologię próbowała wyrazić w pojęciu *representatio*. W XV wieku filozofia przygotowała destrukcję teleologii. Leibniz i Kant zauważyli jednak, że destrukcja ta jest zrozumiała tylko jako wyraz określonych — chociaż koniecznych — celów rozumu.

Odmienny teoretyczny status wypowiedzi teleologicznych i przyczynowych jako pierwszy zanalizował Kant. Ponieważ „teoria" oznaczała dla niego fizykę, funkcja teleologii była tylko regulatywna, tj. jej funkcją było kierowanie teorią jako praktyką badawczą. Przedmiot fizyki konstytuuje się bez założeń teleologicznych[15]. Inaczej jest z przedmiotem biologii. Przedmiot ten można wprawdzie również badać fizyczne, ale gdyby badanie to było wyczerpujące, to w końcu zniknąłby on jako specyficzny przedmiot. W tym sensie niewystarczająca jest taka rekonstrukcja tezy Kanta, według której teleologia jest dla niego tylko heurystyczną zasadą służącą badaniu przyczyn. Teza ta jest bowiem paradoksalna. Zasada heurystyczna prowadziłaby do badania, w wyniku którego znika jego przedmiot, a tym samym również powód, dla którego badamy ten przedmiot, a nie jakikolwiek inny; np. badamy procesy, które konstytuują gatunek „kaczka", a nie procesy, które doprowadziły do tego, że w pew-

---

[15] Było tak w każdym razie w czasie powstawania *Metafizycznych zasad nauk przyrodniczych.* We wprowadzeniu do *Krytyki władzy sądzenia* przyroda jest *a priori* założona jako system celów dla naszej władzy poznawczej; por. J. Simon, *Teleologisches Reflektieren und kausales Bestimmen,* w: „Zeitschrift für philosophische Forschung" (1976), s. 369–388. W *Opus posthumum* stanowisko to jest jeszcze bardziej oddalone od Kantowskiego pojęcia przyrody z okresu krytycznego; por. K. Hübner, *Leib und Erfahrung in Kants Opus posthumum,* w: „Zeitschrift für philosophische Forschung" (1953), s. 204––219; zob. też: Reinhard Löw, *Philosophie des Lebendigen,* Suhrkamp, Frankfurt/M. 1980.

nym miejscu leżą kowadełko, dwie butelki piwa, trzy kamienie i pięć ździebeł trawy. Kant sądził, że organizmy są przedmiotami szczególnego rodzaju; nigdy nie powiedzie się ich całkowita rekonstrukcja, a tym samym ich usunięcie, tj. nigdy nie pojawi się „Newton źdźbła trawy". Nie potrafił jednak przekonująco uzasadnić tego przypuszczenia.

Hegel wskazał na abstrakcyjność Kantowskiego pojęcia przedmiotu i pokazał, w jakim sensie regulatywna funkcja zasad kierujących poznaniem jest konstytutywna dla konkretnego poznania. Rozdział poświęcony teleologii z Heglowskiej *Logiki* nie wpłynął jednak na dalszy przebieg dyskusji. Dopiero po Heglu antyteleologiczny program nauk przyrodniczych rozwinął cały swój potencjał. Teleologiczny nawrót w formie witalizmu nie osiągnął tego spekulatywnego poziomu, na którym problem został postawiony już przez Arystotelesa i Hegla[16]. Nie problematyzowano formy naukowej przedmiotowości, lecz próbowano pojąć entelechię jako przedmiot w tej właśnie formie. Dlatego pomimo oparcia w fenomenach witalizm nie potrafił przeciwstawić się krytyce naukowej, z jaką wkrótce się spotkał. Istotny punkt tej krytyki był następujący: Jeśli entelechia ma być czymś więcej niż hipotezą *ad hoc*, to musi być sprawdzalna niezależnie od tej funkcji, ze względu na którą została przyjęta. Tak jednak właśnie nie jest. Mówienie o entelechii w przedmiotowym sensie witalistów przypomina zatem mówienie o wilku, który rzekomo podszedł do pewnej osoby. Na pytanie: „Czy to rzeczywiście był wilk?" zainteresowana osoba odpowiada: „Oczywiście, któż inny mógłby poruszać krzakami?" Witalizm pozostał epizodem; przez pewien czas program antyteleologiczny posuwał się dalej. Spróbowano go nawet rozszerzyć na dziedzinę działania. Zamiast przyrodę rozumieć teleologicznie przez analogię do działania, behawioryzm

---

[16] Por. Lothar Samson, *Naturteleologie und Freiheit bei Arnold Gehlen*, Scherz, Freiburg–München 1976, zwłaszcza s. 43–55.

usiłował pojąć działanie jako przypadek nieteleologicznego procesu przyrodniczego, uznając teleologiczne samorozumienie działającego za nieistotne. Program ten musiał jednak upaść najpóźniej wówczas, gdy sama teoria behawiorystyczna została pojęta jako działanie i zinterpretowana behawiorystycznie.

Nowa sytuacja problemowa jest zatem określona nie przez behawioryzm, ale przez genetykę, teorię systemów i cybernetykę. Na pierwszy rzut oka tym, co łączy te podejścia, jest poniekąd powrót do Arystotelesa, skoro przyjmują one bez oporów do wiadomości fenomen procesów ukierunkowanych — szczególnie fenomen upartego dążenia do celu przy zmieniających się warunkach ramowych — starając się jednak oddzielić ów fenomen ukierunkowania od idei świadomej i zamierzonej antycypacji. Różni je to zarówno od średniowiecznej teleologii teologicznej, jak i od nowożytnej antyteleologii, które cel ujmują zawsze jako moment świadomej antycypacji. Z tego jednak powodu stosunek do problemu teleologii jest w tych podejściach dwuznaczny. Można je interpretować jako rehabilitację teleologii, gdyż mamy tu do czynienia z przekonaniem, iż pewnych struktur procesualnych nie da się opisać bez odwołania się do czegoś takiego jak tendencja. Z drugiej jednak strony mamy tutaj do czynienia z próbami takiego opisania tych (jak je nazywa C. S. Pittendrigh) „teleonomicznych struktur" jako wyniku procesów przyczynowo-mechanicznych. Pojęcie „teleonomii" oznacza właśnie ową „przypadkową celowość". W tym sensie teorię systemów i cybernetykę można interpretować jako próby ostatecznej likwidacji teleologii; fenomen celowości nie znajduje się tu bowiem po prostu poza polem uwagi, lecz zostaje podporządkowany wyższemu i niefinalnemu schematowi wyjaśniania. W ten sposób dyskusja ostatnich dwu i pół tysiąca lat dotarła znowu do punktu, od którego wyszła. Wygląda na to, że argumenty się wyczerpały.

W takich sytuacjach zastosowanie znajduje *intentio obliqua*, i to w podwójny sposób: w ramach analizy języka i w wymiarze praktycznym. Zanim powrócimy do sporu o celowe ukierunkowanie procesów przyrodniczych, zapytajmy, co mamy na myśli wówczas, gdy w tego rodzaju kontekstach mówimy o „celu". Wobec faktu, że nie udowodniono ani istnienia, ani nieistnienia przyczyn celowych, zapytajmy o to, jakim interesem kieruje się rozum wówczas, gdy przyjmuje istnienie takiego rodzaju przyczyn lub mu zaprzecza. Kwestia o ciężaru dowodowego wygląda bowiem inaczej zależnie od tego, jaki jest interes wiodący. Odpowiedź na prawie wszystkie pytania filozoficzne zależy ostatecznie od wcześniejszych rozstrzygnięć dotyczących kwestii rozkładu ciężaru dowodowego. Ten stan rzeczy jest podstawą tego, co możemy nazwać „prymatem filozofii praktycznej".

Na temat analitycznego aspektu problemu nie mogę tutaj powiedzieć zbyt wiele. W ostatnich latach dyskusja stała się tak subtelna, że nie da się jej podsumować w kilku zdaniach. Charakterystyczna jest dla niej trudność znalezienia odpowiedniego języka dla wypowiedzi teleologicznych. Wydaje mi się, że trudności tej nie da się przezwyciężyć tak długo, jak długo formalnym modelem wypowiedzi teleologicznych będą powszechnie znane wypowiedzi dotyczące praw przyrody. Teleologię rozumiemy bowiem wówczas jako rodzaj odwróconej przyczynowości sprawczej, można by powiedzieć: „ciągnięcie" zamiast „pchania". Próby tego rodzaju nie mogą się powieść. Również procesy teleologiczne pozostają procesami przyczynowymi, a dokładniej: wiązką procesów przyczynowych, i to taką wiązką, której przypisujemy specyficzną tożsamość. Robimy to w analogii do struktur działania ludzkiego. Dlatego teleologia przyrody jest jej hermeneutyką. Jej celem jest rozumienie — i to w sensie swego rodzaju nałożenia się horyzontów, utożsamienia się z procesami przyrodniczymi. Teleologiczne rozumienie przyswajania płynów przez roślinę oznacza w istocie rozumienie go w dalekiej analogii do naszego pobytu w restauracji. Teleologię łączy z hermeneutyką wysoki stopień ryzyka w interpretacji oraz niemożliwość posłużenia się testem precyzyjnego przewidywania. Wypowiedzi o prawach przyrody różnią się od wypowiedzi teleologicznych tym, że to, co zdarza się niekiedy, sprowadzają do tego, co zdarza się zawsze. Cele nie zawsze są jednak osiągane. Kiedy widzę, że ktoś biegnie na dworzec, ale nie wsiada na nim do pociągu, lecz wyciąga paczkę papierosów, to — nie pytając go — nie mogę wiedzieć, czy nie zdążył na pociąg, czy też biegł tam po to, aby kupić papierosy. Nawet jeśli go zapytam, nie mogę być pewien, czy mówi prawdę. Inny przykład: Popatrzmy na trzepoczące się w sieci ryby: Zakładamy, że chcą się z niej wydostać. To się im jednak prawie nigdy nie udaje[17]. Na czym polega tu interpretacja teleologiczna? Odnosi się ona do ruchu ryb interpretując go przez odniesienie do czegoś takiego jak sytuacja normalna, przyjmując przy tym aprioryczny postulat teleologicznej zrozumiałości tych ruchów. Pytamy: Jak musiałaby wyglądać normalna sytuacja, przez odniesienie do której moglibyśmy zrozumieć te ruchy? Odpowiednikiem prawidłowości w wypowiedziach przyczynowych jest w wypowiedziach teleologicznych normalność. Podobnie przez „zdrowie" rozumiemy normalność — i to również wówczas, gdy mówimy, że większość ludzi jest chora. Normalność nie jest pojęciem statystycznym. Jeśli wszystkich ludzi coś boli, to ból nie staje się przez to czymś „normalnym".

Wniosek z tych rozważań jest taki: Pojęcie celów naturalnych porusza się w nie do końca określonym obszarze pomiędzy pojęciem rezultatu nieukierunkowanych procesów, który jedynie z zewnątrz może być określony jako służący zachowaniu systemu, i pojęciem świadomie zamierzonego działania. Cele — mówi powszechnie znany antyteleologiczny argument — mogą istnieć tylko w przypadku działania, przy którym sta-

---

[17] Por. L. Wright, *The Case Against Teleological Reductionism*, w: „British Journal for the Philosophy of Science" 19 (1968); zob. też: A. Woodfield, *Teleology*, Cambridge 1976, s. 47.

wiamy sobie określone cele[18]. Tak jednak nie jest. U podstaw działania znajduje się raczej bezpośrednie doświadczenie teleologii przyrodniczej, a mianowicie doświadczenie popędu. Jakiekolwiek zamiary możemy powziąć tylko wówczas, gdy cele znajdujemy już wcześniej w nas samych w postaci potrzeb i popędów — niezależnie od tego, czy są one zapośredniczone w sposób naturalny, czy społecznie. Komuś, kto nie przeżywałby siebie jako istoty, która sobie czegoś życzy i czegoś chce, nie dałoby się wytłumaczyć idei celu.

Oczywiście, potrzebę i popęd możemy interpretować jako epifenomeny struktury systemowej, która dzięki nim zostaje wzmocniona. To jednak nie likwiduje problemu. Teorii działania nie można metodycznie podporządkować teorii systemów, gdyż tej ostatniej nie da się nawet wyrazić bez odwołania do teleologii. Czym odznaczają się procesy, przez które określony system się odtwarza, co odróżnia uparte dążenie do celu od nieukierunkowanych procesów? Czym różni się termostat od podmuchu wiatru? Różnica polega jedynie na niezmienności każdorazowych stanów końcowych. Niezmienność, tożsamość jest jednak punktem widzenia, który *my* odnosimy do wyników procesów, przez co stają się one dla nas systemem. To *my* porównujemy stany końcowe i stwierdzamy ich tożsamość i tylko dzięki naszej decyzji stany procesów cyrkularnych stają się „stanami końcowymi". I dopiero wówczas system staje się systemem. Dlatego jest on systemem *dla nas*.

Kiedy suponujemy, że jest on też systemem *w sobie*, nazywamy go systemem żywym i interpretujemy teleologicznie. Co to jednak znaczy „w sobie"? Czy „w sobie" może znaczyć coś innego niż „dla siebie", tj. świadomy? Czy teleologia nie jest zatem mimo wszystko związana ze świadomym działaniem? Tak, ale jako naturalny warunek jego możliwości. Działający podmiot

---

[18] Por. zwł. Nikolai Hartmann, *Teleologisches Denken*, De Gruyter, Berlin 1951, s. 64–78; Wolfgang Stegmüller, *Wissenschaftliche Erklärung und Begründung*, Bd. 1, Springer, Berlin 1969, s. 581–585.

nie jest duchem, który od wewnątrz kieruje maszyną. Nie wiedzielibyśmy nawet, jak mamy to robić. Nie moglibyśmy poruszyć naszego ciała w pewnym kierunku, gdyby owo „skierowanie" (*Gerichtetsein*) nie określało go już „z natury" jako żywego ciała. Nie istnieje czyste działanie w świecie przedmiotów bez zapośredniczenia działania i przedmiotu przez to, co nazywamy „życiem". Nie możemy zredukować życia do przedmiotowości; jest raczej odwrotnie: Przedmiotowość konstytuuje się dla nas tylko w kontekstach teleologicznych. Aby stwierdzić istnienie związku przyczynowego, musimy przyjąć pewien *telos* w sensie stanu końcowego, w odniesieniu do którego inny stan uznajemy za przyczynę[19]. Musimy stworzyć lub w niedowolny sposób ustalić segment, który w taki sposób nie istnieje „z natury". Stan końcowy musi mieć własności, które mają również inne stany końcowe. To, co organiczne, różni się od tego, co nieorganiczne, tym, że stan końcowy nie jest przez nas ustalony w sposób dowolny; stan ten oraz związek pomiędzy stanami początkowymi i stanami końcowymi zakładamy jako istniejący „z natury". To jednak jest właśnie teleologia naturalna.

Działanie jest warunkiem prawidłowości przyczynowej nie tylko przez ustalenie stanów końcowych. Von Wright pokazał, że antecedens staje się przyczyną dopiero przez to, że wyobrażamy sobie działanie, które ingeruje w cały proces, i następnie zakładamy, że następstwem przemiany A będzie przemiana B[20]. Bez idei takiego ingerującego działania nie moglibyśmy w ogóle pomyśleć idei przyczyny, tj. nie moglibyśmy jej odróżnić od jakiegokolwiek regularnie występującego antecedensu. Regularne następstwo dwóch zdarzeń może

---

[19] Por. Thure von Uexküll, *Der Mensch und die Natur*, München 1953, s. 165–168; zob. też: tenże, *Das Bedürfnis der Naturwissenschaft nach einer philosophischen Betrachtungsweise als Problem der Gegenwart*, w: *Der Sinn des Lebens*, Jacob von Uexküll (Hrsg.), Stuttgart 1977, s. 81–117 (Scheidewege, Beiheft 4).

[20] Por. Georg Henrik von Wright, *Erklären und Verstehen*, Frankfurt/M. 1974, s. 67–82.

bowiem stale wynikać z tego, że niezależnie od siebie obydwie wynikają z trzeciego zdarzenia. W przeciwnym bowiem razie piejące koguty byłyby przyczyną wschodu słońca. Jeśli tak jest, to dlaczego związek ten pozostawiamy poza polem uwagi? Na czym polega interes, który prowadzi nas do obiektywizacji usuwającej w cień podstawową strukturę teleologiczną? Tym interesem jest panowanie nad przyrodą. Wiedza przyczynowa jest wiedzą dającą władzę. Jaki jest zaś interes przeciwny? Jest to interes w tym, abyśmy mogli rozumieć siebie jako istoty zarazem naturalne i działające. Jeśli człowiek rozumie siebie przez odniesienie do przyrody, która ze swej strony nie jest rozumiana przez analogię do człowieka, to wraz z przyrodą staje się przedmiotem pozbawionej podmiotu manipulacji. Przykładem jest tu koncepcja Skinnera.

Jeśli na przyrodę patrzymy z czysto teoretycznego punktu widzenia jako na przyrodę „samą w sobie", to problem teleologii pozostaje otwarty — zwłaszcza dlatego, że teleologia odniesiona tylko do samozachowania zawiera w sobie zawsze moment przypadkowości. Istota, która dąży do zachowania swojego bytu, dąży do tego tylko dlatego, że już jest. Przypadek — lub ateleologiczna konieczność — który powołał ją do bytu, mógł wytworzyć również mechanizm reprodukcyjny. W odwróconej teleologii samozachowania Schopenhauer widział oznakę absurdalności świata. Dopiero wówczas, gdy wkraczamy w dziedzinę symbolicznego przekazywania sensu, to, co faktyczne, przekracza siebie w stronę *telosu*, który nie jest ponownie tylko faktyczny. Dlatego dopiero w dziedzinie odniesionego do sensu działania możemy rozstrzygnąć, jak powinniśmy patrzeć na przyrodę. Ostatecznie teleologia jest postulatem rozumiejącego sens rozumu. Wydaje mi się, że ortodoksyjni marksiści słusznie zarzucali neomarksistowskiej teorii społeczeństwa Szkoły Frankfurckiej, że immanencji jej hermeneutycznego podejścia nie da się powiązać z naszą wiedzą przyrodniczą[21]. Nie mogę sobie jednak wyobrazić takiego powiązania bez kategorii teleologicznych. Nagłe włączenie — wraz z człowiekiem — kategorii celu w przyrodę rozumianą wyłącznie przyczynowo stawia przed wiarą w cuda większe wymagania niż wszelkie teleologiczne mówienie o procesach przyrodniczych.

Fakt, iż zaczynamy to dzisiaj widzieć na nowo, jest związany z tym, że proces ślepej ekspansji opanowywania przyrody dochodzi do swego kresu. Świadomość śmiertelnego zagrożenia naszego środowiska zmusza nas do nowego myślenia o relacji działanie — przyroda. Przez wieki przyzwyczailiśmy się do rozumienia celów tylko jako celów ludzkich, to jest jako subiektywnego wyróżnienia pewnych skutków działania. Dzisiaj widzimy, że nie możemy już sobie pozwolić na pomijanie obiektywnych skutków ubocznych. Niepostrzeżenie ze skutków ubocznych przemieniają się one w skutki główne. Musimy je zatem uwzględnić w naszym dążeniu do celów. Ryba, która trzepocze się w sieci, osiąga swym trzepotaniem przeciwieństwo tego, czego by chciała. Jest tak również w naszym przypadku, jeśli niszczymy ekologiczną niszę, w której żyjemy. Dlatego nieodzowny jest powrót do myślenia symbiotycznego. Nie można też — przy niezmienionym etosie — wyłączać skutków ubocznych naszego działania przez coraz szersze planowanie. Nowoczesna teoria planowania pokazuje, że wraz z rozszerzeniem planowania skutki uboczne przyjmują coraz bardziej gigantyczne wymiary[22]. Antropocentryczny sposób myślenia grozi zniszczeniem człowieka. Oczywiście, możemy się zastanawiać, jakie części przyrody, jakie krajobrazy, jakie zwierzęta i rośliny chcemy zachować z tego powodu, że są one dla nas źródłem radości. Jeśli jednak w ten sposób wiążemy

---

[21] Por. *Die „Frankfurter Schule" im Lichte des Marxismus*, hrsg. Johannes Heinrich von Heiseler, Robert Steigerwald, Josef Schleifstein, Frankfurt/M. 1970, s. 91.

[22] Por. Friedrich H. Tenbruck, *Kritik der planenden Vernunft*, Karl Abler, Freiburg/München 1972.

przyrodę z tym, co służy człowiekowi, to znajdujemy się już na fałszywej drodze. Nie ma żadnej racji, która potrzeby techniczne lub estetyczne obecnie żyjącego pokolenia czyniłaby miarą tego, co zechce ono pozostawić przyszłym tysiącleciom[23]. Nie może ono przecież stworzyć żadnego sztucznego ekwiwalentu dla trwającego miliony lat procesu powstawania i rozwoju życia. Na fałszywej drodze jesteśmy już wówczas, gdy rzeczy, których istnienie przynosi nam radość, definiujemy przez odniesienie do tak zwanej potrzeby estetycznej. Jest to równie bezsensowne, jak definiowanie religii przez potrzebę religijną. Tak zwane potrzeby estetyczne i religijne są podstawowymi potrzebami człowieka odnoszącymi się do istnienia tego, co właśnie nie jest definiowane przez te potrzeby. Skąd bierze się smutek, który ogrania nas wówczas, gdy dowiadujemy się, że w jakimś niezamieszkałym regionie świata został wytępiony pewien gatunek zwierząt? Jesteśmy smutni, chociaż wiemy, że nigdy byśmy go nie zobaczyli. Istnieje naturalna transcendencja myślenia antropocentrycznego. Jedynie dla antyteleologicznego myślenia ostatnich stuleci — na przykład dla Thomasa Hobbesa — wszelka miara ludzkich potrzeb jest wobec nich zewnętrzna. Przyszłość będzie zależeć od tego, czy uda się nam w określonej przez ekologię granicy ekspansji naszego panowania nad przyrodą zobaczyć coś takiego jak sensowną granicę, tzn. τέλος (*telos*): granicę, której respektowanie prowadzi nas do urzeczywistnienia tego, czym właściwie jako ludzie jesteśmy. Tylko pod tym warunkiem świadomość ekologiczna stanie się częścią dobrego życia, a nie ideologicznym usprawiedliwieniem dyktatury.

Problem teleologii ma też wymiar polityczny. Dialektykę *prawicy* i *lewicy*, która żywiołowo zapanowała

[23] W tym kontekście warto przypomnieć rozstrzygnięcie jednego z amerykańskich sądów, który zabronił rozpoczęcia użytkowania zbudowanej już tamy z tego powodu, że oznaczałoby to zniszczenie występującego tylko w tym miejscu gatunku ryb.

w ostatnich stuleciach, można interpretować jako dialektykę, która powstała ze zhipostazowania *disjecta membra* teleologii. „*Telos*" oznaczał zawsze dwie rzeczy: Postać, w której dana istota może trwać w optymalny sposób, oraz treściowe wypełnienie właściwych tej istocie możliwości. Momenty samozachowania i autarkii, z jednej strony, oraz samorealizacji i samospełnienia, z drugiej, w wizji nieteleologicznej rozchodzą się[24]. Polityczną prawicę definiuje pierwotnie podporządkowanie bytu warunkom jego zachowania; polityczna lewicę — dążenie do nieograniczonej przez żaden *telos* i żadne warunki zachowania ekspansji zaspokojenia i spełnienia ludzkich aspiracji. Jak wszystkie abstrakcje, obydwa te stanowiska zmieniają się w swoje przeciwieństwo, tak że zwolennicy lewicy mogą się stać autorytarnymi ascetami, a zwolennicy prawicy libertynami. Same w sobie obydwie te abstrakcje są śmiertelne. Wyłączne skupienie się na samozachowaniu prowadzi do śmierci. System, który chciałby zachować siebie w niezmieniony sposób, nie dokona koniecznych przemian, dzięki którym — i tylko dzięki nim — mógłby przystosować się do środowiska i przetrwać. Istnieje oczywiście granica takiego przystosowania, która określona jest przez treść dobrego życia. Czyste samozachowanie, które jest obojętne na treść tego, co ma być zachowane, jest nihilistyczne. I odwrotnie, upaść musi również system, którego częściowe funkcje usamodzielniają się i dążą do zaspokojenia, które nie ma swojej miary w dobru definiującym zarazem to, co ma być zachowane.

Ontologiczny problem teleologii da się ostatecznie rozstrzygnąć tylko wówczas, gdy kwestii tej nie ograniczymy tylko do życia organicznego, lecz problem teleologii pojmiemy ponownie tak, jak go rozumiał Arystoteles, a mianowicie jako pytanie o to, jak w ogóle możemy rozumieć ruch naturalny. Rozstrzygnięcie tego,

---

[24] Por. Robert Spaemann, *Philosophie als Lehre vom glücklichen Leben*, w: *Die Frage nach dem Glück*, Günther Bien (Hrsg.),Frommann––Holzboog, Stuttgart 1978.

czy pojęcia prawa naturalnego ma w ogóle sens, zależy ostatecznie — jak to jasno pokazał Leo Strauss — od tego, jak interpretujemy ruch planet[25]. Bez pojęcia antycypacji tego, co przyszłe, nie można rzeczywiście *pomyśleć* żadnego ruchu. Można go tylko *opanować* za pomocą rachunku nieskończoności, który to, co poruszone, rozkłada na nieskończenie wiele oddzielnych stanów. Ruch przesuwa się wówczas ze strony przedmiotu na stronę podmiotu, który musi dokonać przejścia do nieskończoności. Dlatego nowożytność, która zrezygnowała z teleologicznej interpretacji ruchu, do jego kontroli stworzyła narzędzie rachunku różniczkowego. Jego twórca, Leibniz, znał jednak jego granice. Wiedział, że jeśli chcemy rozumieć ruch jako ruch, to musimy myśleć w pewien sposób w analogii do podmiotów. Można to nazwać „antropomorfizmem", ale rezygnacja z antropomorficznego widzenia przyrody w sposób nieunikniony prowadzi do tego, że sam człowiek dla siebie samego stanie się antropomorfizmem.

---

[25] Por. Leo Strauss, *Naturrecht und Geschichte*, Koehler, Stuttgart 1956, s. 8.

4. Pojedyncze czyny
(2000)

Każde ludzkie działanie włączone jest w podwójny sposób w pewien rodzaj ciągłości. Z jednej strony jest on częścią uniwersum fizycznego, miejscem przecięcia niezliczonych łańcuchów zdarzeń, i to niezależnie od tego, czy owe punkty przecięcia uznajemy jednocześnie za przekładnie wyposażone we własną spontaniczność. Z drugiej strony jest ono częścią pewnej nieprzerwanej indywidualnej praktyki życiowej, która ze swej strony pozostaje w interakcji z życiową praktyką innych ludzi, wpływa na nią i znajduje się pod jej wpływem. Oba te rodzaje ciągłości stanowią punkt odniesienia dla oceny działań, oceny, w której nie bierze się pod uwagę wyłącznie tego, czy dane działanie przyczynia się do osiągnięcia celów (*Ziele*), jakie stawia sobie działający, lub do realizacji jego długofalowych, obiektywnych interesów. Na działania można bowiem również patrzeć — po pierwsze — z punktu widzenia optymalizacji całości wszystkich zdarzeń, która wyglądałaby inaczej, gdyby dane działanie było inne. Po drugie, fakt, że działania włączone są w całość indywidualnej praktyki życiowej, oznacza, iż możemy je oceniać z punktu widzenia tego, czy przyczyniają się one do powodzenia tej praktyki, przy założeniu, że dysponujemy kryteriami oceny tego powodzenia. Św. Tomasz z Akwinu — jako dobry arystotelik — odróżnia *finis totius vitae* od *finis operis* i *finis operantis*. Według niego to właśnie „cel całego życia" definiuje moralny punkt widzenia [1].

---

[1] Św. Tomasz z Akwinu, *Summa Theologiae* I–II, q. 21.

Okazuje się jednak, że w obydwu przypadkach czyny
mogą być poddanie ocenie ze względu na rodzaj ciągłości, do którego należą, jedynie wówczas, gdy patrzymy
na nie zarazem jako na odrębne, indywidualne istności (*Entitäten*) określonego typu. Tylko wówczas, gdy
punkty przecięcia ciągów zdarzeń są zarazem przekładniami, których działanie nie jest jedynie wynikiem działającego na nie równoległoboku sił, mogą być traktowane jako „przyczyny" tego, co po nich następuje, i tylko
wówczas działający mogą być za te następstwa odpowiedzialni. Pojęcie „przyczyny" ma w istocie sens tylko
w związku z takimi wolnymi pojedynczymi czynami. Podobnie rzecz się ma z relacją do *finis totius vitae*. Finis
totius vitae nie odnosi się do celu (*Ziel*) znajdującego się
poza życiem, w relacji do którego życie byłoby środkiem.
Oznacza ono raczej to, że samo życie jest celem — życie,
którego powodzenie jest celem jego poszczególnych epi-
zodów, podobnie jak urzeczywistnienie i zachowanie organizmu jest instrumentalnym celem (*Zweck*) działania
poszczególnych organów czy też realizacja dzieła mu-
zycznego takim celem (*Zweck*) poszczególnych dźwię-
ków. W odniesieniu do tych organicznych jednostek
(*Einheiten*) Kant powiedział, że wszystko jest w nich nawzajem środkiem i celem[2]. Nie tylko części istnieją ze
względu na całość, ale i całość ze względu na części.
W odróżnieniu bowiem od celów, które są zewnętrzne
w stosunku do prowadzących do nich środków, całość
składa się tu ze swoich części, a integralność całości
polega na integralności tworzących ją części. Ocena pojedynczych działań z punktu widzenia *finis totius vitae*
nie oznacza zatem, że ocenia się je z punktu widzenia zewnętrznych wobec nich celów, lecz z punktu widzenia tego, czy mogą się stać częścią właściwego, dobrego życia. Każda etyka „deontologiczna" wyraża powszechną intuicję moralną, że istnieją takie działania,
które — niezależnie od ewentualnych pożądanych skut-

---

[2] Por. I. Kant, *Krytyka władzy sądzenia*, tłum. Adam Landman,
BKF, PWN, Warszawa 1964, [2]1986, B 296.

ków — jako takie nie mogą być częścią dobrego życia; nie można zatem nazwać *udanym* takiego życia, którego częścią są tego rodzaju działania, chyba że postawa, z której one wynikały, została w pewnym momencie zrewidowana. Można by również powiedzieć: Dobre życie nie ma kosztów zewnętrznych, które można by porównać z powodzeniem tego życia. Wszelkie koszty są składnikami tegoż życia. To przekonanie było podstawą utożsamienia cnoty i wiedzy przez Sokratesa czy też Platońskiej interpretacji fenomenu, że „ludzie ulegają przyjemności lub strachowi". Ten, kto ulega przyjemności lub strachowi, rezygnację uważa w tym momencie za zewnętrzny koszt dobra — i to za zbyt wysoki koszt. Jego zaślepienie polega na tym, iż nie widzi, że zarówno zapłacenie, jak nie niezapłacenie tej ceny należy do tej samej rzeczywistości, we względu na którą się tu płaci.

Nasuwa się tu następujący zarzut. Relacja instrumentalny cel-środek w przypadku całości i części w organizmie jest wprawdzie wzajemna, ale całość ma pierwszeństwo wobec części. Poświęcenie jakiegoś organu w celu uratowania całego organizmu jest rzeczą rozumną. Ze względu na powodzenie życia sensowne wydaje się również nazwanie — w pewnym konkretnym przypadku — czarnego białym. Istotna jest proporcja części, która tworzy z nich udaną całość. Oczywiście, nie istnieją zewnętrzne koszty dobra. Istnieją jednak koszty wewnętrzne. Dopóki nie są nazbyt wysokie, trzeba być gotowym do ich zapłacenia.

Każda etyka deontologiczna, która przyjmuje *bezwarunkową* niedopuszczalność konkretnych działań określonego typu, musi zatem przyjąć jeszcze jedno założenie, które wykracza poza analogię z organizmem. Musi założyć, że w odróżnieniu od organizmu całość życia osobowego nie *składa się* z poszczególnych działań, w stosunku do których pozostaje w pewien sposób zewnętrzna, ponieważ pojedyncze działanie nie *jest* przecież całością. Relacja całości do części nie jest tu w ogóle mierzona ilościowo, osoba bowiem jako całość jest obecna w swoich pojedynczych działaniach, które ją wyrażają. Powodzenie lub niepowodzenie życia nie jest sprawą spojrzenia z zewnątrz, które można osiągnąć dopiero na końcu; jest raczej tak, że życie staje się całością w poszczególnych chwilach samego życia. Pewne działania *są* jako takie niepowodzeniem życia. Tylko tak można wyjaśnić fakt, że niektórzy ludzie — i to tacy, którzy z tego powodu cieszą się szczególnym szacunkiem — wolą raczej umrzeć niż uczynić pewne haniebne rzeczy. To, że życie pomimo dokonania takich działań może być jednak ostatecznie w sensie moralnym udane, opiera się na tym samym założeniu. Dopóki życie trwa, istnieje zawsze możliwość stworzenia nowej całości. Ten jednak, kto wolał śmierć niż zdradę, nie postąpił nierozumnie. W chwili dokonywania złego działania nie *można* bowiem widzieć owej nowej całości. Jest ona możliwa tylko przy założeniu, że działający porzuca tę postawę, której wynikiem było złe działanie. Tylko wina, której żałujemy, może się przemienić w *felix culpa*.

II

Powyższe uwagi mają charakter hipotetyczny. Wskazują one na należące do teorii działania założenia lub implikacje różnych stanowisk etycznych. Wobec faktu, że pomimo pewnych wewnętrznych sprzeczności tego stanowiska przedstawiciele tak zwanej „etyki teleologicznej" nie są skłonni by ją porzucić, warto zbadać te założenia i zastanowić się nad ich trafnością. Wydaje mi się bowiem, że o przyjęciu tego stanowiska rozstrzygają założenia, które należą do teorii działania. Wyjątkiem jest tu tylko konsekwencjalistyczna opcja niektórych teologów moralnych, u której podstaw znajduje się często swego rodzaju pastoralnostrategiczne zainteresowanie w rozluźnieniu niektórych z głoszonych przez Kościół norm. Zgoda dotyczy w każdym razie tego, że każdy sąd moralny zakłada coś takiego, jak swobodne działania, czyli że kiedy w grę wchodzą ludzkie działania, to przecięcia szeregów zdarzeń muszą być rozumiane zarazem jako przekładnie wyposażone w różne alternatywne możliwości i że wolność wyraża się w wyborze pomiędzy tymi możliwościami. Zgoda dotyczy tego, że nie możemy zrezygnować z pojęcia pojedynczych działań, z których składa się ludzkie życie. Charakterystyczną cechą konsekwencjalizmu jest natomiast to, co chciałbym nazwać „nominalizmem w teorii działania". Wedle tego rozumienia czyny są wyłącznie jednorazowymi przekładniami dla dalszych ciągów zdarzeń, a swoją moralnie doniosłą tożsamość zyskują przez odniesienie do całości tych ciągów ich optymalizacji (lub jej braku). W tym sensie każde działanie jest wyjątkowe. Dla nominalizmu w teorii działania „typy czynów" — to, co scholastycy określali jako „*species actus*" — są tylko mniej lub bardziej dowolną klasyfikacją, za pomocą której w ciągłości naszej praktyki życiowej zostają wyróżnione i nazwane mniejsze lub większe odcinki, podobne do innych takich odcinków. Jedno jest przy tym jasne: Jeśli typologizacja, czyli opis działania, jest dowolna, to dowolne jest również wyróżnienie pojedynczych działań w całości praktyki życiowej. Idea pojedynczych działań nie ma wówczas żadnego odpowiednika w rzeczywistości. Jak pokazali Peter Geach, D. Wiggins, C. Rapp i inni, z odrzucenia pojęć ogólnych wynika odrzucenie idei możliwych do zidentyfikowania istności. Coś może zostać zidentyfikowane jako to-oto, o ile zarazem zostanie jakościowo określone jako takie-a-takie. Wspomniani autorzy mówili o pojedynczych rzeczach. Ich argument odnosi się jednak również — a nawet tym bardziej — do działań, gdyż w tym wypadku nie mamy do czynienia z żadnym przedpojęciowym postrzeganiem postaci identyfikacji pewnego to-oto. Jeśli jednak działań nie da się zidentyfikować jako indywidualnych jednostek, to nie da się ich również ocenić moralnie jako takich. Moralnej ocenie podlega co najwyżej całość praktyki życiowej. Działania nie muszą być moralnie dobre, aby być częścią moralnie dobrej praktyki życia; ich moralna dobroć wynika wyłącznie z faktu, że są one elementami całości takiej udanej praktyki. Jako fragment życiowej praktyki każde działanie byłoby w ścisłym sensie niepowtarzalne, nieporównywalne z innymi, a zatem tylko w doraźnym i nieistotnym sensie mogłoby zostać ocenione z jakiegoś ogólnego punktu widzenia jako „takie działanie". Z drugiej strony w konsekwencjalistycznym nominalizmie praktykę życiową można ocenić moralnie tylko wówczas, gdy rozumiemy ją jako element ciągłego procesu rozwoju świata, który stara się ona zoptymalizować z aksjologicznego punktu widzenia. Wizja ta jest jednak sprzeczna ze swoistością racjonalnej praktyki życiowej, jej konstytutywną częścią jest bowiem intersubiektywność i dialogiczność. Nasze działanie nie jest wyrazem instynktownej spontaniczności, lecz towarzyszy mu refleksja, „naradzanie się z samym sobą" i „naradzanie się z innymi". Nie jest ono prostą ciągłością, lecz tworzą je ciągle nowe decyzje. Nie zadajemy sobie w sposób ogólny pytania: „W jakim kierunku powinno zmierzać moje życie?", lecz: „Co powinienem teraz zrobić"? Na pytanie to odpowiadamy zaś wskazując konkretną treść, która sprawia, że określone działanie jest tym, czym jest; w języku scholastyki mówiło się tu o „przedmiocie" działania. To treść działania sprawia, że jest ono *tym* działaniem — i tylko wówczas może ono zostać zidentyfikowane jako określone działanie.

Możemy się ze sobą porozumieć tylko w odniesieniu do takich określonych przez pojęcia ogólne i możliwych do zidentyfikowania działań. Tylko takie działania możemy uzasadnić wobec innych. Takiego usprawiedliwienia nie da się w każdym razie uniknąć wówczas, gdy inni zostają dotknięci skutkami mego działania. Gdyby ocenie podlegała wyłącznie całość praktyki życiowej — i to tylko z punktu widzenia uniwersalnej strategii optymalizacji — wówczas towarzyszący praktyce dyskurs moralny, a także takie wypowiedzi moralne, jak pochwała i nagana, byłyby niemożliwe. Nie moglibyśmy „zajrzeć sobie w karty", a każda wypowiedź na temat sensu naszego działania, a nawet każda komunikacja, nie byłaby odniesiona do prawdy, lecz do nakazu optymalizacji świata, a zatem wynikałaby z intencji strategicznej. Życiowa praktyka każdego z nas byłyby nieusuwalnie nieprzejrzysta dla każdego innego. Dotyczyłoby jej to, co religia mówi o działaniu Boga. Działanie to nie składa się z pojedynczych działań, które podlegałyby typologizacji, a jego „przedmiotem" jest *bonum universi*. Działanie to nie wchodzi w relacje z ludzkimi czynami i nie reaguje na nie. Dlatego wyroki Boże są niezbadane; nie możemy ich oceniać z moralnego punktu widzenia, a jedynie czcić w ich niezbadanej naturze.

Ludzka praktyka życiowa jest jednak pewną formą języka. Działając dajemy sobie coś do zrozumienia. Co więcej, dopiero działając uczymy się rozumieć siebie samych. Jeśli język nie ma być jedynie *wyrazem* poczucia życia, lecz intersubiektywnym dyskursem i rozmową, to musi być podzielny na oddzielne części. Musi się składać ze zdań, których prawdziwość lub fałszywość ma się ocenić niezależnie od znajomości całokształtu ich kontekstu życiowego, a nawet kontekstu krótkiej mowy, jako że prawda nie jest funkcją tego kontekstu. Tylko dlatego, że poszczególne zdania mowy (*Rede*) da się ocenić z punktu widzenia ich prawdziwości już przed zakończeniem mówienia i niezależnie od dalszych celów mówcy, ludzie mówiąc mogą odsłonić się dla siebie jako osoby, tj. jako istoty zdolne do poznania prawdy. I tylko w ten sposób możliwa jest rozmowa, do której z istoty należy możliwość „wejścia drugiemu w słowo", kwestionując prawdziwość tego, co zostało powiedziane jeszcze przed końcem jego wypowiedzi. Ścisła zależność od kontekstu istnieje tylko w tekstach fikcyjnych, ale nie w tekstach, które odnoszą się do rzeczywistości. Zdania prawdziwe powinny dać się przenosić w inne konteksty pragmatyczne bez naruszania ich prawdziwości. W przeciwnym razie nie dałoby się sądownie sprawdzić żadnego alibi. Dlatego w przypadku prawdziwych zdań o rzeczywistości mówiący nie musi troszczyć się o spójność swojej wypowiedzi. Troszczy się o nią sama rzeczywistość. Dobrą pamięć musi mieć tylko ten, kto kłamie. Ponadto pomiędzy prawdą i fałszem istnieje swoista asymetria. Prawda zdań złożonych podlega zasadzie: Koniunkcja zdań cząstkowych jest fałszywa jako całość, gdy fałszywe jest jedno z tworzących ją zdań; prawdziwość jednego ze zdań nie czyni jej jednak prawdziwą. Podobnie ma się rzecz z etyczną oceną działań, gdzie obowiązuje zasada Boecjusza: *„Bonum ex integra causa, malum e quocumque defectu"*[3]. Pojedyncze działenie, które zgodnie ze swoim typem jest złe, nie może stać się dobre poprzez włączenie go w ogólniejszy kontekst; taki jednak ogólniejszy kontekst, tj. ożywiana dobrym zamiarem sekwencja działań, może stać się zła z powodu jednego złego czynu. Z dobrymi — zgodnie z ich typem — czynami jest odwrotnie: Zły charakter sekwencji działań — czyli ich zły instrumentalny „cel" — niszczy ich dobroć, podczas gdy one same nie są w stanie uzdrowić moralnego charakteru całej tej sekwencji. Innymi słowy, zły cel niszczy dobroć środków, ale dobry cel nie uświęca złych środków. Teza ta jest zresztą odpowiednikiem prawie powszechnej intuicji moralnej. Prawie każdy czuje się obrażony, jeśli przypisuje mu się maksymę: „Cel uświęca środki", i prawie zawsze ma ona taki sens. Moralny *common sense* uznaje jednak zazwyczaj „dobry zamiar" — na przykład pragnienie zapobieżenia czemuś gorszemu — za okoliczność łagodzącą. Za moralną demaskację uchodzi też powszechnie sytuacja, w której pokazano, że u podstaw „dobrego" — zgodnie ze swoim typem — czynu leżała zła intencja. Dlatego istnieją czyny, których moralną zdrożność można ocenić z zewnątrz bez uwzględniania kontekstu, chociaż nie wydajemy przez to definitywnego osądu o intencji, czyli o moralnej jakości działającej osoby. Również o tym,

---

3 Boecjusz, *De divinis nominibus*, IV, 30 PG 3, s. 729.

że jakieś działanie — zgodnie z jego typem — jest godne pochwały, możemy często rozstrzygnąć z zewnątrz, chociaż jest to zawsze osąd *prima facie*, który może zostać zrewidowany przez wskazanie na kompromitujący owo działanie kontekst.

Chodzi mi tu o pokazanie, że uznanie pojedynczych działań jako oddzielnych istności jest warunkiem etycznego dyskursu, który towarzyszy praktyce życiowej. Ocena osobistych wizji optymalizacji i długofalowych założeń dotyczących przyszłości wraz z opartym na nich rachunkiem optymalizacji u konkretnego człowieka jest bowiem dla nas równie niedostępna, jak jego założenia dotyczące interferencji skutków jego działania ze skutkami działań innych osób oraz ocena intencji jego wypowiedzi na ten temat, które również kierują się konsekwencjalistycznym rachunkiem. Nieznana — również dla samego zainteresowanego — ostateczna postać jego biografii, która — według Arystotelesa — pozwala dopiero stwierdzić, czy jego życie było udane[4]. Jeśli mimo wszystko możemy wyrażać aprobatę lub dezaprobatę wobec naszych działań, to jest tak tylko dlatego, że ich moralna jakość nie jest czystą funkcją takiej całości, podobnie jak prawda wypowiadanych przez nas zdań nie jest funkcją całokształtu retorycznego kontekstu.

III

Otwarta pozostaje nadal kwestia kryteriów odgraniczenia pojedynczych działań, na podstawie których można je jakościowo scharakteryzować, indywidualnie zidentyfikować i dopiero wówczas pragmatycznie i moralnie ocenić. Analityczna teoria działania poświęciła dużo uwagi problemowi tak zwanych „działań bazowych", czyli problemowi najmniejszej, niejako „atomowej" jednostki działania, której nie można już rozumieć jako złożonej sekwencji działań. Wyniki tych badań zo-

---

[4] Arystoteles, *Etyka nikomachejska* I, 10 (tłum. Daniela Gromska, BKF, PWN, Warszawa 1956, [2]1982).

stały tylko w niewielkim stopniu uwzględnione i krytycznie ocenione w etycznej dyskusji. Ze swej strony teoretycy działania w małym stopniu uwzględniali moralny punkt widzenia, chociaż dopiero wymiar moralny i prawny, tj. wymiar normatywny odsłania doniosłość ich badań. Bez tego wymiaru mielibyśmy tu do czynienia tylko ze sporem o słowa. Przez *działania bazowe* rozumiemy tu najmniejsze jednostki działania, za które jesteśmy odpowiedzialni i które same w sobie mogą być już nosicielami predykatów „dobry" lub „zły" w sensie zarówno pragmatycznym, jak i moralnym. Dotychczasowa dyskusja pokazała, że takich atomowych jednostek nie da się zdefiniować i zidentyfikować naturalistycznie, np. jako zwykłych rozpoczynających coś ruchów ciała. Ruchy te można bowiem dowolnie dzielić. Początek ruchu nie istnieje w tym sensie, jako że każde początkowy ruch można znowu podzielić na mniejsze jednostki, które mają swój „początek". Oczywiście, również zwykły ruch ciała *może* być działaniem; jest tak jednak tylko wówczas, gdy jest on przedmiotem pierwszej intencji, czyli tego, co byłoby treścią naszej odpowiedzi na pytanie: „Co robisz?" Św. Tomasz z Akwinu odróżniał *actus hominis* od *actus humani*. Przez *actus humani* rozumiał intencjonalne akty, czyli działania, przez *actus hominis* mimowolne ruchy, których podmiotem jest człowiek[5]. Do takich ruchów należy przy tym zaliczyć również te, które są częścią jakiegoś działania, ale nie są wyraźnie chciane, nie nabierając przez to charakteru „środków". Środki są bowiem zawsze zarazem instrumentalnymi celami (*Zwecke*), czyli „obiektami" działania; są nimi te treści, które wymieniamy, gdy odpowiadamy na pytanie, *co* robimy. Oczywiście, również minimalny ruch ciała może stać się działaniem, np. poruszenie palcem, które jest świadomie wykonywane w ramach ćwiczenia gry na fortepianie. Ruch taki jest jednak działaniem tylko wówczas, gdy zachodzi taka

---

5 Św. Tomasz z Akwinu, *Summa Theologiae* I–II, q. 19, a. 9.

sytuacja. Mówienie o „nieświadomych" działaniach ma sens tylko wtedy, gdy zakładamy nieświadomą intencję, a to oznacza, że możemy sobie tę intencję uświadomić i określić jej przedmiot. Obowiązuje tu ponadto zasada, którą Arystoteles odnosi do ciągłości: To, że jest ona nieskończenie podzielna, nie oznacza, że składa się z nieskończenie wielu części.

Zróżnicowanie naszej praktyki życiowej na dające się zidentyfikować pojedyncze działania zakłada coś takiego, jak jednostki sensu, czyli obiekty aktów świadomości. Takie praktyczne jednostki sensu, czyli treści zamiarów, nie muszą być tożsame z teoretycznymi jednostkami sensu, z których buduje się zdania. Działanie „powiadomienie policjanta o przebiegu wypadku drogowego" może się składać z wypowiedzenia wielu zdań. Wypowiedzenie jednego z tych zdań byłoby pojedynczym działaniem tylko wówczas, gdyby kierował nim konkretny zamiar, na przykład chęć wzbudzenia w policjancie określonego przekonania co do winy. Jeśli tak nie jest, to każde zdanie zachowuje wprawdzie własne warunki prawdziwości i własną wartość logiczną, która nie jest zależna od kontekstu, ale wypowiedzenie tego zdania nie stanowi pojedynczego działania, które poddaje się ocenie moralnej. Jeśli zamiar polega wyłącznie na udzieleniu urzędnikowi zgodnych z prawdą informacji, to wypowiedzenie pojedynczego zdania nie ma praktycznego „przedmiotu", a jego wartość moralna jest funkcją wartości moralnej złożonego działania.

Możemy odróżnić trzy rodzaje złożoności, przez które możliwe do zidentyfikowania pojedyncze działania zostają włączone w szerszy kontekst, nie tracąc przez to swojej tożsamości i nie przestając być możliwym przedmiotem nagany: 1. Złożoność znaczenia, 2. Sekwencja działań, 3. Zapoczątkowane przez działania ciągi zdarzeń.

1. Prawie każde działanie jest włączone w różne konteksty, które albo częściowo się przecinają, albo są uporządkowane hierarchicznie, tak że jedno zakłada i obej-

muje inne. Każdy z tych kontekstów może służyć do opisu działania. Działania złożone to takie, które opisujemy mówiąc, że ktoś robi coś robiąc coś innego lub tego nie robiąc. Ktoś wylewa wodę na ziemię i tym samym podlewa kwiaty. Ktoś nie robi czegoś i tym samym nie dochowuje obietnicy. Ktoś idzie do łóżka z kobietą i tym samym dokonuje cudzołóstwa. Ktoś coś mówi i obraża tym samym kogoś, kto to słyszy — co było jego zamiarem — i mści się tym samym za krzywdę, której doświadczył. We wszystkich tych przypadkach mamy do czynienia nie z różnymi działaniami, lecz z różnymi kontekstami sensu, które mogą stać się częścią opisu danego działania. Weźmy ostatni przykład: „Działanie bazowe" może być podporządkowane dwóm paralelnym zamiarom — zamiarowi poinformowania partnera rozmowy i zamiarowi obrażenia kogoś innego, kto też to słyszy. Ten ostatni zamiar podporządkowany jest zaś zamiarowi zemsty. Taka hierarchia intencji może bez ograniczeń zmierzać zasadniczo aż do tego, co św. Tomasz z Akwinu nazywa *finis totius vitae*, czyli *eudaimonią*. Ważny jest fakt, że nie chodzi tu o dowolne czasowe następstwo przyczyn i skutków, środków i celów, lecz o integrację znaczeń. Relacja *powodzenia życia* do działań, które służą temu *telos*, nie jest relacją instrumentalnego celu do środków, lecz relacją całości do części. Części pełnią swoje funkcje ze względu na całość, ale zarazem stanowią tę całość. Pojedyncze działanie jest jednak częścią całości udanego życia tylko wówczas, gdy samo już jest całością, będąc w określonym momencie manifestacją działającej osoby. Człowiek *jest* tym, kto „coś takiego" robi.

Jak widzieliśmy, opis działania, czyli definicja owego „czegoś", może być różny; nie jest on jednak dowolny. Powracając do poprzedniego przykładu: Mogę o kimś powiedzieć, że „Poinformował Piotra", „Obraził Jana" lub „zemścił się". Opisy te znajdują się jednak w wyraźnej wzajemnej relacji nadrzędności i podrzędności. Zemścił się, obrażając Jana, a obraził Jana mówiąc coś

Piotrowi. Tej kolejności nie da się odwrócić, a przede wszystkim: Późniejszy opis nie znosi opisu wcześniejszego i bardziej podstawowego. Nie można, jak to czyni amerykański teolog moralista Richard McCormick[6], mówić o *„expanded object"*, co pozwala na przedefiniowanie niemoralnego czynu i przemianę go w czyn moralny: Na przykład przemianę zabicia dziesięciu niewinnych ludzi w uratowanie stu innych, którzy musieliby umrzeć, gdyby nie zabito owych dziesięciu. Ta konsekwencjalistyczna lub „proporcjonalistyczna" perspektywa nie tylko znosi identyfikowalne pojedyncze działania w ciągłości sensu, ale — jak wskazywał Pascal — jest również szkołą nieszczerości[7]. Uczy ona sztuki „kierowania intencją". Ten, komu najlepiej uda się przypisać dobry zamiar temu, co robi, usuwając wszystko inne na bok, ma wolną rękę do robienia wszystkiego, co zechce. Pojedyncze działanie nie ma własnej tożsamości i dlatego nie ma też własnej jakości moralnej.

Św. Tomasz z Akwinu nie mówi o *expanded object*, lecz odróżnia *objectum* i *finis* działania. *Objectum* to ta treść znaczeniowa, którą wskazujemy, gdy odpowiadamy na pytanie, *co* robimy. *Finis* jest tym, co wskazujemy wówczas, gdy mówimy, dlaczego robimy to, co robimy. Wprawdzie również *objectum* jest „celem" (*„Ziel"*) — tym celem, który definiuje działanie bazowe. I odwrotnie, motyw działania, czyli jego *finis*, można często włączyć w jego opis. Pytanie o to, dlaczego ktoś coś robi, można rzeczywiście przekształcić w pytanie, co ktoś robi. Możemy powiedzieć: „Paweł powiedział coś Piotrowi, aby obrazić Jana, a obraził Jana dlatego, że chciał się za coś zemścić". Możemy też powiedzieć: „Paweł obraził Jana" lub „Paweł się zemścił". I rzeczywiście

---

[6] Por. *Doing Evil to Achieve Good*, Richard McCormick/Paul Ramsey (ed.), Loyola University Press, Chicago 1978; Richard McCormick, *Some Early Reactions to „Veritatis Splendor"*, w: „Theological Studies" 55 (1994), S. 498. Zob. Martin Rhonheimer, *Intentional Actions and the Meaning of Object: A Reply to Richard McCormick*, w: „The Thomist" 59. 2 April 1995.

[7] Por. Blaise Pascal, *Lettres à un provincial*.

jest tak, że motyw dodatkowo określa moralnie dane
działanie. Nie może wprawdzie sprawić, aby złe działanie stało się dobre, ale działanie, które zgodnie ze swoim
typem jest dobre, może przemienić w złe. Moralna jakość motywu nie jest czymś zewnętrznym wobec działania, lecz nadaje mu dodatkową kwalifikację. W przeciwnym razie pojedyncze działanie nie mogłoby być wyrazem osoby. Byłoby jedynie neutralnym zdarzeniem,
actus hominis, ale nie *actus humanus*, a osobowa jakość moralności przysługiwałaby tylko ogólnemu kon-
tekstowi życia. ponieważ kontekst ten nie jest nam jednak nigdy dany jako całość, dlatego również osoba byłaby z istoty ukryta. Działanie nie mogłoby jej zaprezen-
tować.

Natura treści i motywu, przedmiotu i celu działania nie jest zasadniczo odmienna. Treść czy „przedmiot"
działania jest intencjonalną jednostką sensu jako treść
zamiaru. Jeśli tematyzujemy w refleksji skierowany nań
ruch, czyniąc go w ten sposób osobnym działaniem,
to *Co* z pierwotnego działania bazowego staje się *Dlaczego* nowo powstałego działania bazowego. Na pytanie: „Dlaczego podnosisz rękę do czoła?" możemy odpowiedzieć: „Bo chcę przepędzić muchę", podczas gdy
normalnie przepędzenie muchy określilibyśmy jako *Co*
działania bazowego. *Objectum* danego działania ma zatem samo charakter pewnego *finis*. Nie można jednak
definiować *finis* jako *expanded object*, gdyż sugeruje to,
że w tym rozszerzonym przedmiocie zostaje zniesiony
i znika pierwszy przedmiot, przedmiot definiujący działanie bazowe. Miejsce hierarchicznego porządku wyraźnie odróżnionych znaczeń zajmuje ich ciągłość, która
z istoty jest nieskończona i dlatego — jak to już zauważył G. E. Moore — wymyka się ocenie moralnej[8].

Ze złożonością działań mamy do czynienia zawsze
wówczas, gdy „Co" różni się od „Dlaczego" — i to aktualnie, a nie tylko potencjalnie, gdyż — jak widzieliśmy —

---

8 Por. George Edward Moore, *Principia Ethica*, Cambridge [8]1959;
w wyd. niem.: Reclam, Stuttgart 1970, s 218.

przekształcenie „Co" w „Dlaczego" lub „Dlaczego" w „Co"
jest zawsze *możliwe*. Bazowe działanie podatne na nu-
meryczną i jakościową identyfikację jest zawsze tym
działaniem, którego nie wykonujemy wykonując coś innego, co ze swej strony da się już zidentyfikować jako
działanie.

2. Drugim przypadkiem kompleksu działań jest sekwencja działań. Ściśle biorąc mamy tu do czynienia ze
szczegółowym przypadkiem złożoności sensu. Nie chodzi tu bowiem o każdą dowolną sekwencję działań, lecz
jedynie o taką, która ma zarazem charakter złożoności
sensu, tj. znajduje się u podstaw poszczególnych działań jako ich motyw. Robimy A, aby zrobić B, ale nie tak,
że B robimy jednocześnie z A, lecz tak, że A robimy dlatego, że tylko w ten sposób możemy zrobić B. Działania,
które przez jednostki sensu są zdefiniowane jako intencjonalne treści, trzeba tu odróżnić od zwykłych ruchów
ciała, które są niesamodzielnymi momentami działania
i dlatego nie podlegają kwalifikacji moralnej — podlegają natomiast kwalifikacji pragmatycznej. Określony
ruch ciała można bowiem ocenić z punktu widzenia jego
instrumentalnej celowości (lub jej braku) ze względu na
dane działanie. Kiedy wydajemy taki sąd, to tym samym
czynimy ów sąd treścią działania bazowego, podczas
gdy w przypadku oceny moralnej rzecz ma się odwrotnie: Ocena ta nie powoduje usamodzielnienia (*Verselbstständigung*) nowej jednostki działania, lecz jest dopiero możliwa na jego podstawie. Każdego działania bazowego w ramach sekwencji działań dotyczy jednak to
samo, co powiedzieliśmy w odniesieniu do czystej złożoności sensu lub różnorodności opisu: Działanie bazowe
nie jest czystym „abstrakcyjnym" momentem w ciągłości praktyki życiowej, lecz atomową jednostką, która
jest ukonstytuowana przez określoną treść znaczącą
i daje się zidentyfikować na jej podstawie. Jako takie
potrzebuje ono własnego usprawiedliwienia, które nie
jest tożsame z usprawiedliwieniem sekwencji jako całości. Działanie bowiem zawsze ma również inne skutki od

tych, które działający miał w zamyśle jako cel, skutki, o których może on jednak wiedzieć i dlatego może je porównać z celem i jest odpowiedzialny za to, iż się na nie godzi. Odpowiedzialność ta nie jest jednak tym rodzajem odpowiedzialności, o której mówi konsekwencjalizm. Teoria ta wymaga, aby bezstronnie brać pod uwagę zbiór wszystkich skutków i zawsze czynić to, co może tę całość zoptymalizować. Nie ma tu miejsca na pojęcie „zgody na". Istnieje tylko zbiór wszystkich skutków, którego chcemy w całości. Takie pojęcie odpowiedzialności doprowadziłoby rzeczywiście do zniszczenia pojęcia działania. Działania definiowane są przez cele. *Obranie celu* oznacza wyróżnienie pewnych skutków w stosunku do innych, które zostają sprowadzone do statusu skutków ubocznych. Jeśli wszystkie skutki czynu (*Tuns*) liczą się w taki sam sposób, stając się częścią motywacji, wówczas zostaje zniesiona ta selekcja, która konstytuuje działanie. Podobnie ma się rzecz z pojęciem odpowiedzialności. To, że ktoś jest za coś odpowiedzialny, oznacza, że nie spoczywa na nim taka sama odpowiedzialność za inne skutki jego działania. Odpowiedzialność lekarza za zdrowie pacjenta zostałaby zniszczona, gdyby nie uwalniała ona zarazem lekarza od odpowiedzialności za wszystkie złe rzeczy, jakie dany pacjent może uczynić po wyzdrowieniu. Lekarzowi, który czułby się za nie równie odpowiedzialny, nikt nie powierzyłby chętnie odpowiedzialności za własne zdrowie. Nie oznacza to, że nie ciąży na nas odpowiedzialność za uboczne skutki naszych działań. Oznacza to jednak, że odpowiedzialność ta nie może polegać na zniesieniu odróżnienia instrumentalnych celów i skutków ubocznych i postulowaniu — jak to czyni konsekwencjalizm — odpowiedzialności uniwersalnej.

3. Trzecim sposobem włączenia działania w ogólniejszy kontekst jest przyczynowość. Nasze działania rozpoczynają ciągi zdarzeń, które składają się nie tylko z naszych dalszych działań, lecz również ze skutków, które — chociaż nad nimi nie panujemy — możemy

przewidzieć. Ktoś jest niedyskretny. Opowiada na przykład o wewnętrznych decyzjach przedsiębiorstwa, które zna jako członek rady nadzorczej, licząc na to, że informacja stanie się znana i wpłynie na zachowania giełdy, z których chciałby skorzystać. Na dłuższą metę ciągi zdarzeń, które zapoczątkowujemy, wymykają się naszej kontroli. Ten, kto działa, zdaje się zawsze na łaskę losu i w tym sensie jest zarazem mu poddany. Staje się „winny" temu, co się dzieje. Pojęcie „winy" jest tu jednak dwuznaczne. W szerszym sensie odnosi się ono do faktu, że podmiot działania jest obiektywną przyczyną zdarzeń, które by nie nastąpiły, gdyby nie jego działanie — i to również wtedy, gdy nie mógł przewidzieć tych zdarzeń i gdyby — mogąc je przewidzieć — postąpiłby inaczej. Moglibyśmy powiedzieć, że nie może tu być mowy o winie w sensie moralnym. Stanowi jednak dla nas różnicę, czy — niechcąco i bez zaniedbania z naszej strony — zraniliśmy lub nawet zabiliśmy człowieka, czy też zdarzenie to nastąpiło bez naszego udziału. Różnicę tę da się oczywiście utrzymać tylko wówczas, gdy utrzymamy pojęcie działania. Jeśli mamy do czynienie tylko z nurtem zdrarzeń, to wyróżnienie w nim przyczyn i skutków jest zawsze czymś dowolnym. Mówienie o przyczynach i skutkach ma swoje źródło właśnie w idei działania. Kontrfaktyczne założenie, które znajduje się u podstaw każdego twierdzenia przyczynowego — gdyby nie zdarzyło się A, to nie zdarzyłoby się B — zakłada paradygmat działania, którego moglibyśmy także zaniechać. Obiektywnie podmiot działania jest przez określone działania przyczyną wszystkiego, co z tych działań wynika.

IV

Konsekwencjalista widzi w nim również przyczynę wszystkiego, co się zdarza i co nie zdarzałoby się, gdyby postąpił on w sposób, w jaki w rzeczywistości nie postąpił. Ta rozszerzona w nieskończoność idea „zaniechania" znosi jego sens tak samo, jak uniwersalizacja pojęcia odpowiedzialności. *Zaniechanie działania* można określić jako analogiczny do działania akt, za który ponosimy odpowiedzialność tylko wówczas, gdy odniesione jest ono do realnych, alternatywnych możliwości działania, a nie do nieokreślonej liczby działań. Z reguły nie mamy świadomości bycia przyczyną — nawet mimowolną — wszelkiego zła, któremu moglibyśmy zapobiec przez nadzwyczajne czyny, podczas gdy czujemy się przyczynami zdarzeń, które by nie nastąpiły, gdybyśmy nie postąpili tak, jak postąpiliśmy. Różnica ta zniknie, jeśli słowo „działanie" zastąpimy słowem „zachowanie". Słowo „zachowanie" — w odróżnieniu od słowa „działanie" — odnosi się jednak do tego, co nie jest specyficznie ludzkie. Z zachowaniem mamy do czynienia również w przypadku zwierząt.

W mowach starca Zosimy z *Braci Karamazow* spotykamy rzeczywiście ideę uniwersalnej odpowiedzialności każdego człowieka za wszelkie zło tego świata. Jest to idea „mistyczna"; odniesienie jej do siebie starzec Zosima uznaje za kryterium duchowej doskonałości. W tym miejscu nie chcę analizować prawdziwości tej idei. U Dostojewskiego jest ona jednak dokładnym przeciwieństwem konsekwencjalistycznej maksymy działania. Dostojewski nie zwalnia człowieka z obowiązku przestrzegania ogólnie uznanych deontologicznych norm działania, w naruszeniu zaś takich norm widzi przyczynek do pogorszenia stanu świata; w *Zbrodni i karze* natomiast Raskolnikow uzasadnia swój zbrodniczy czyn konsekwencjalistycznie. Dlatego idea odpowiedzialności uniwersalnej nie ma u Dostojewskiego żadnego treściowego sensu jako punkt odniesienia dla działania. O tym, co mamy robić, wiemy bez konsekwencjalistycznego rachunku. Jeśli nie uczyniliśmy tego, co powinniśmy byli uczynić, to musimy wiedzieć, że pogorszyliśmy stan świata jako całości. Działania nie są dobre lub złe dlatego, że polepszają lub pogarszają stan świata, lecz polepszają lub pogarszają stan świata, gdyż są dobre lub złe. Idea ta zakłada klasyczną, „deontologiczną" moralność i zgodną z nią teorię działania, ale w swojej istocie nie jest to idea moralna, lecz mistyczna.

Gdyby podmiot działania był moralnie odpowiedzialny za nieprzewidywalne, długofalowe skutki swoich działań i gdyby skutki te moralnie określały jego działania, to odpowiedzialne działanie byłoby niemożliwe. Dlatego opis działania może uwzględniać jedynie jego przewidywalne skutki lub świadome podjęcie ryzyka wywołania określonych skutków. Ale i taki opis wykracza już poza definicję działania w sensie ścisłym. Nie jest on wprawdzie moralnie nieistotny. Moralnie istotne są jednak nie tylko ogólna „natura" działania, na której opiera się jego „standardowy opis", lecz również motywy i okoliczności. Chodzi mi tu o wskazanie na niezbędność pojęcia typu działania, który da się zidentyfikować niezależnie od tych dalszych określeń i który zapobiega dowolności w opisie działania. Typ ten ma z reguły charakter kulturowy i jest dla danej kultury specyficzny. Istnieją jednak również niezależne od kultury uniwersalia, które określają tożsamość działań i moralnie wykluczają ich społeczne przedefiniowanie. Krytyka społecznych standardów moralnych, które ignorują te uniwersalia, jest jednym z najważniejszych czynników moralnego postępu.

Przykładem kulturowych typów działania jest przede wszystkim mowa. To, jakim rodzajem działania jest wypowiadanie zdań, zależy z jednej strony od znaczenia słów, z drugiej zaś od konwencjonalnego znaczenia wypowiadania tych słów — jest tak na przykład w przypadku pozdrowienia, zachęty, obietnicy, modlitwy, pochwały, nagany. Akty mowy (*Sprechhandlungen*) pozostają tym, czym są, również wówczas, gdy mówiący nadaje im inny sens przez *restrictio mentalis* i prywatnie przypisuje słowom takie znaczenie, w którym kłamstwo przestaje być kłamstwem. Chrześcijańscy męczennicy pierwszych trzech wieków umierali, gdyż nie chcieli

skorzystać z wybiegu, w którym posypywaniu kadzi-
dła przed obrazem cezara nadawaliby inne znaczenie
niż jego znaczenie konwencjonalne i ponieważ to konwencjonalne znaczenie uważali za niemożliwe do pogodzenia z naturalnym porządkiem rzeczy, w którym
oddawanie boskiej czci przysługuje tylko Bogu. Taki
wybieg byłby możliwy, gdyby wypowiadanym słowom
nadawali inne znaczenie niż to, jakie mają one w języku,
do którego należą. Uważali, że nie mogą zmieniać tego
znaczenia, i czuli się zobowiązani do odmowy wykonania tej czynności. U podstaw tych kulturowych uni-
wersaliów znajdują się niezmienniki „naturalne", antropologiczne. Pozdrowienie, zachęta, pochwała, nagana,
obietnica i modlitwa są właśnie takimi niezmiennikami,
które znajdują swój wyraz w kulturowo określonych ty-
pach działania.

Istnieją czynności realizujące „przedmiot", który je
definiuje, nie w sposób zapośredniczony symbolicznie,
lecz bezpośrednio, chociaż również ta bezpośrednia realizacja jest niemal zawsze włączona w rytualizację kul-
turową. Przykładem jest tu jedzenie, picie, zachowanie
seksualne i zabijanie. Jest rzeczą interesującą, że św.
Tomasz z Akwinu nie zalicza kulturowej formy tych czynów do moralnie doniosłych okoliczności towarzyszą-
cych, lecz do okoliczności, które zmieniają typ czynności, jej „obiekt". Dlatego współżycie małżeńskie jest
dla niego innym rodzajem czynności niż cudzołóstwo,
a kradzież w kościele jest świętokradztwem, tj. innym
rodzajem czynu niż świecka kradzież[9].

Na „naturę czynności" — czyli na to, przez co jest ona
zarazem *tą* i *taką* czynnością — wskazujemy wówczas,
gdy odpowiadamy na pytanie: „Co robisz?" Chodzi tu
zawsze o intencjonalną treść znaczeniową natury teleologicznej. W każdym czynie chodzi bezpośrednio o coś,
co z reguły jest różne od tego, ze względu na co robimy

---

[9] Św. Tomasz z Akwinu, *Summa Theologiae*, I–II, q. 18, a. 5 i q. 18,
a. 10.

to, co robimy, czyli od „motywu". Ta bezpośrednia, definiująca czynność treść różni się od „Po co", czyli od motywu, nie tylko przez to, że jest dalsza lub bliższa, lecz również jakościowo. Motyw jest tym, czego chce sam podmiot czynu, i ze względu na co chce on tego, czego chce. Może też być jednak tak, że działający wcale nie chce „obiektu" czynności, a tylko godzi się nań, aby osiągnąć to, czego naprawdę chce. Ten, kto oddaje swój portfel napastnikowi, nie chce się pozbyć pieniędzy, lecz uratować swoje życie. Nie zmienia to jednak faktu, że mamy tu do czynienia z oddaniem pieniędzy, gdyż działający *chce* oddać pieniądze, aby uratować swoje życie. Podobnie działanie kogoś, kto zabija jednego człowieka lub współdziała przy jego zabiciu, aby uratować życie wielu innych ludzi, nie może zostać opisane — chociaż kieruje nim motyw ratowania życia — jako ratowania życia, lecz jedynie jako zabójstwo. Również ktoś, kto ratuje życie tonącemu, aby wygrać zakład lub aby otrzymać odznaczenie, uratował życie, niezależnie od tego, jakie były jego motywy. To, że dobry motyw nie naprawia złego czynu, ale zły motyw umniejsza lub nawet niszczy dobry czyn, nie zmienia opartej na uniwersalnej treści znaczeniowej tożsamości czynu. W przeciwnym wypadku ludzkie działania utraciłyby swoją — analogiczną do językowej — przejrzystość, stałyby się beznadziejnie monologiczne i pozostawałyby poza polem wszelkiego intersubiektywnego porozumienia.

5. Dwa podstawowe pojęcia moralności

„Moralnością praktykowaną" („*gelebte Moral*") nazywamy uznane reguły zachowania, „etyką" — popularną (*volkstümlich*) lub filozoficzną" — uzasadnienie tych reguł. Uzasadnienie to oddziałuje zazwyczaj zwrotnie na reguły zachowania, a etyka staje się tym samym częścią samej moralności. W poniższych rozważaniach spróbuję przypisać różne treściowe określenia temu, co nazywam „dwoma podstawowymi pojęciami moralności". Wymieniłem już określenia najogólniejsze i najbardziej formalne: reguły zachowania i uzasadnienie tych reguł. Zajmiemy się tu relacją tych dwóch podstawowych pojęć. Staje się ona problemem wówczas, gdy odkryjemy, że uzasadnienie jest późniejsze niż reguły, tj. że przychodzi po nich. To właśnie odkrył Nietzsche:

„Uczucia moralne i pojęcia moralne. — Uczucia moralne udzielają się niezawodnie w ten sposób, iż dzieci dostrzegają u dorosłych silne sympatye i antypatye do pewnych uczynków i jako urodzone małpy sympatye te i antypatye naśladują; w późniejszym życiu, kiedy już przesiąkną tymi wyuczonymi afektami i nabiorą w nich wprawy, jakieś dodatkowe dlaczego? Niejako uzasadnienie tych sympatyj i antypatyj zda się im rzeczą przyzwoitości. Atoli te «uzasadnienia» ani z pochodzeniem, ani ze stopniem uczucia nie pozostają u nich w żadnym związku: jest to po prostu zastosowanie się do prawidła, iż jako rozumna istota winno się posiadać powody swego postępowania, i to takie powody, które mogą być podane i przyjęte. Z tego wynika, iż historya uczuć moralnych jest całkiem różna od historyi pojęć moralnych. Pierwsze powodują nami przed czynem, drugie zaś po czynie, kiedy trzeba zdać z nich sprawę"[1]. Nietzsche sądził, że w ten sposób zdyskwalifikował usprawiedliwiające samouzasadnienie tradycyjnej moralności europejskiej.

Niezależnie od Nietzschego teza o wtórnym charakterze uzasadnienia moralności została obszernie przedstawiona przez socjologa Vilfredo Pareto[2]. To, co nazywam tu „dwoma podstawowymi pojęciami moralności", Pareto określa jako „rezydua" i „derywacje". Przez „rezydua" rozumie Pareto nie-logiczne schematy działania, przez „derywacje" — wtórne teoretyczne usprawiedliwienie i uzasadnienie tych schematów. Na podstawie wielu przykładów, zaczerpniętych choćby z nauki o prawie naturalnym, Pareto próbował pokazać, że w rzeczywistości derywacje nie uzasadniają i nie usprawiedliwiają niczego.

Uzasadnienie moralności w jego pierwotnej formie ma jednak nie tyle tendencję do jej usprawiedliwienia, co do jej demaskowania. W tym sensie demaskująca krytyka mieszczańsko-chrześcijańskiej moralności XIX wieku, przeprowadzona przez Marksa, Nietzschego i Freuda, podejmuje stary temat, temat sofistów z V wieku przed Chr. Zdemaskowanie to znaczy: Odkrycie podstawy panującej moralności, do której nie może się ona przyznać, nie znosząc samej siebie, czyli odkrycie podstawy, która jest kompromitująca. Kompromitująca jest taka podstawa, która nie jest zgodna z opierającą

---

[1] Fiedrich Nietzsche, *Jutrzenka, myśli o przesądach moralnych*, tłum. Stanisław Wyrzykowski, nakład Jakóba Mortkowicza, Warszawa MCMVII, nowe wyd.: Wydawnictwo „bis", Warszawa 1992, s. 41–42 (ortografia jak w cytowanym wydaniu).

[2] Por. Vilfredo Pareto, *Traité de sociologie générale*, I–II, Lausanne 1917–1919. *Traktat o socjologii ogólnej*, tłum. Magdalena Rozpędowska, w: tenże, *Uczucia, działania: Fragmenty socjologiczne*, tłum. Monika Dobrowolska, Magdalena Rozpędowska i Anna Zinserling, BS, Wydawnictwo Naukowe PWN, W-wa 1994, ss. 89–349.

się na niej moralnością, na przykład zazdrość bogów, egoizm silnych lub resentyment słabych. Już *Księga Rodzaju* musiała stawić czoła takiej demaskatorskiej tendencji. Wąż w raju sugeruje, że Bóg zakazuje jedzenia z drzewa życia, gdyż nie chce, aby ludzie stali się mu równi. Zdemaskowaną tu podstawą moralności jest zamysł, cel — i to ukryty cel. Cel musi pozostać ukryty, gdyż jest on sprzeczny z celami, które ta moralność zaleca. Dlatego demaskowanie ukrytego celu i zniesienie obowiązującej moralności jest jednym i tym samym. Usprawiedliwienie jest późniejsze w stosunku owej tendencji do demaskowania. Również w tym przypadku szuka się celu, ale nie jest to cel kompromitujący, lecz legitymizujący. To poszukiwanie jest jednak w zamyśle także krytyczne. Ono również wstrząsa bezpośredniością obowiązujących norm, ale nie przez to, że kompromituje je odkryciem ukrytego celu, lecz przez to, że sprawdza rozumność obowiązujących „tabu" przez porównanie ich z rozumną podstawą. Ów sprawdzian może prowadzić do pełnego usprawiedliwienia lub też do stwierdzenia, że obowiązujące reguły zachowania nie spełniają założonego celu (lub spełniają go w sposób niedostateczny). Ten brak może mieć dwa powody: Albo moralność upadła i oddaliła się od swojej wewnętrznej rozumności, albo okoliczności zmieniły się na tyle, że cel, który znajdował się u podstaw tradycyjnej moralności, wymaga — po to, aby można go było osiągnąć — zmiany jej norm. Przykładem pierwszej tezy, teorii dekadencji, jest Platon. Jego deklaracja o dekadencji jest prosta: Każda sztuka, która nie dysponuje poznaniem własnych celów, staje się czystą rutyną i ulega degeneracji[3]. Przykładem jest tu sztuka budowy okrętów. Tam, gdzie okręty wyszły z użycia, gdzie nie ma marynarzy, którzy wiedzą, dlaczego okręt powinien być zbudowany tak, a nie inaczej, i którzy informują o tym budowniczych, sztuka budowy okrętów upada. Jeśli

---

[3] Por. Platon, *Polityk* (w tenże, *Sofista; Polityk*, tłum. Władysław Witwicki, BKF, PWN, Warszawa 1956), s. 299.

w takim kraju okręty mimo wszystko są budowane, to reguły sztuki będą — bez ich rozumienia — przekazywane przez kilka pokoleń, ale jest rzeczą nieuniknioną, że w trakcie tego procesu ulegną degeneracji. Utrata informacji prowadzi do tego, że ostatecznie buduje się okręty, którymi nie da się już pływać. Tak jest również z moralnością, której nie towarzyszy rozumienie jej podstawy, tj. jej celu. Traci ona odniesienie do swojej podstawy i upada. Stąd bierze się postulat Platona: Prawodawstwo polityczne i moralne musi być w rękach tych, którzy dysponują takim poznaniem, tj. w rękach filozofów.

Ponieważ jednak takie poznanie nie jest dostępne dla wszystkich, filozofowie powinni mieć prawo przedstawić ludowi mit zamiast prawdziwych racji — nie dlatego, że prawdziwe racje są kompromitujące, ale dlatego, że są nazbyt spekulatywne, aby mogły zostać powszechnie zrozumiane[4]. Moralność, której rozumność widzą filozofowie, dla ludu ma mieć zatem nadal charakter etyki tabu. Inaczej jest w chrześcijaństwie. *Nowy Testament*, jak mówi *Ewangelia według św. Mateusza*, jest „spełnieniem" prawa żydowskiego[5]. Oznacza to, że ponownie poszukuje się tu podstawy, na której opierają się „całe Prawo i prorocy". Każdy powinien przyswoić sobie zasadę, podstawę, cel Prawa na tyle głęboko, że uczyni go to wolnym wobec treściowych określeń tego prawa i jego charakteru tabu. „Kochaj i rób co chcesz", *„Dilige et quod vis fac"* — tak streszcza tę intencję św. Augustyn[6]. Każdemu przyznaje się tu tę wolność, która u Platona zarezerwowana jest dla filozofów. W obydwu przypadkach chodzi o przejście — wyrażając to w pojęciach amerykańskiego socjologa Davida Riesmana[7] — od etyki „sterowanej tradycją" do etyki „wewnątrzste-

---

[4] Por. Platon, *Państwo*, 414 c – 415 d (tłum. Władysław Witwicki, BKF, PWN, Warszawa 1958, 2 t.).

[5] *Mt*, 5, 17.

[6] Augustinus, *Ep. Joh.* VII, 7.

[7] David Riesman oraz Nathan Glaser i Reul Denney, *Samotny tłum*, tłum. Jan Strzelecki, BS, PWN, Warszawa 1971 rozdz. V: *Polityka*

rownej". Przejście to jest równoznaczne z próbą racjonalizacji etycznych reguł zachowania przez odniesienie ich do ostatecznej podstawy czy celu, a mówiąc językiem tradycji filozoficznej — do „najwyższego dobra". Ta racjonalizacja obejmuje dwie rzeczy: Moralność staje się zarazem bardziej absolutna i bardziej względna — absolutna przez jej zakorzenienie w uznanej za absolutną zasadzie, względna, gdyż zgodność poszczególnych norm z tą podstawą podlega krytycznej ocenie.

W dalszej części moich rozważań chciałbym zająć się pytaniem o to, na ile powiodła się taka racjonalizacja czy formalizacja etyki, tj. o to, jaka może być tu rola pojęcia celu (*Ziels*) lub najwyższego dobra. Sceptyczna teza Pareto mówiła, że derywacje nie dokonują niczego, a przynajmniej niczego w sensie teoretycznym — niczego w Platońskim sensie usprawiedliwienia i niczego w sofistycznym lub Nietzscheańskim sensie demaskowania i destrukcji rezyduów. Pareto definiuje bowiem rezydua właśnie przez to, że nie są logiczne, funkcjonalne, a zatem nie da się ich w taki sposób ani uzasadnić, ani obalić.

Można zapytać, czy klasyczne pojęcie *telos*, celu lub najwyższego dobra, zostało w ogóle wprowadzone ze względu na taką funkcjonalną dedukcję, czy też chodzi tu o inny rodzaj kontekstu uzasadnienia. Problem, którym chcemy się zająć, został ponownie w sposób najbardziej elementarny przedstawiony przez Platona w związku z pojęciami piękna i dobra. „Pięknymi" nazywa Platon te sposoby działania, które są powszechnie uznawane i pochwalane, a zatem moralne w sensie potocznym. „Dobrymi" natomiast nazywa takie działania, za pomocą których podmiot działania osiąga ten cel, o który mu właściwie chodzi, dobre jest zatem to, co upragnione, pożyteczne, warte dążenia, korzystne. Pytanie, które wciąż na nowo podejmowane jest w dyskusjach z sofistami, dotyczy tego, czy piękno jest również

---

w społeczeństwach sterowanych tradycją, wewnątrzsterownych i zewnątrzsterownych, ss. 223–253.

dobre[8], tj. czy moralnie dobre działanie ma dla jego podmiotu inny sens niż zdobycie poklasku. Jeśli bowiem nie ma ono żadnego innego sensu, to jest dobre niejako *per accidens*; wówczas zaś, argumentuje Platon, tym, co rzeczywiście warte pragnienia, nie jest cnotliwe działanie, lecz jego pozór. Najszczęśliwszy jest wówczas ten człowiek, który jest nawskroś niesprawiedliwy, ale wydaje się nawskroś sprawiedliwy. Platon lubi rozważać ten problem na skrajnym przykładzie czynienia zła i znoszenia zła. Istnieją tu trzy stanowiska. Po pierwsze, *common sense*, który jest zarazem punktem wyjścia sofistów. Obowiązuje tu teza: Znoszenie zła jest co prawda piękniejsze niż czynienie zła, ale czynienie zła jest lepsze. Oznacza to: Czynienie zła jako niemoralne spotyka się z powszechną dezaprobatą, ale dla tego, kto stoi przed taką alternatywą, znoszenie zła jest gorsze. Przy takim stanowisku nie można pozostać. Prowadzi ono albo do krytyki piękna, czyli konwencji moralnej, która jest niezgodna z naturalnymi potrzebami i dążeniami człowieka, albo do krytycznej rewizji pojęć korzyści, przyjemności i dobra. Pierwsza możliwość to stanowisko wczesnej sofistyki, które u Platona reprezentowane jest przez Kalliklesa i Trazymacha. Dla Kalliklesa obowiązująca moralność jest płynącą z resentymentu ideologią słabych[9], dla Trazymacha jest ona ideologią służącą panowaniu silnych[10]. W obydwu przypadkach tradycyjnej moralności przypisuje się kompromitujący cel i na podstawie nowego pojęcia celu żąda się rewizji obowiązującej moralności. Piękno nie jest dobre i dlatego jest piękne tylko na podstawie obłudnej konwencji, a nie w rzeczywistości, nie z natury. Jest raczej tak, że „żyć dobrze to pozwolić pragnieniom, aby były jak największe, i nie osłabiać ich; gdy są ogromne, należy je zaspokajać dzięki męstwu i mądrości, i zawsze speł-

---

[8] Por. np. Platon, *Gorgias*, 474 d, w: tenże, *Gorgias. Menon*, tłum. Paweł Siwek, Wydawnictwo Naukowe PWN, Warszawa 1991.

[9] Por. tamże, 483 n.

[10] Por. Platon, *Państwo*, 339.

niać, czego się pragnie. Ale to, jak sądzę, nie jest możliwe dla tłumu; dlatego potępia takich ludzi ze wstydu, ukrywając własną niemożność; i nazywa szpetnym nieumiarkowanie, jak mówiłem wcześniej, podporządkowując sobie tych, którzy są z natury lepsi; i ci, którzy nie mogą zaspokoić swych namiętności, wychwalają roztropność i sprawiedliwość z powodu własnej niedołężności" [11].

Również Platon w wyniku interesującej argumentacji dochodzi do utożsamienia piękna z dobrem, moralnego obowiązywania (*Geltung*) i tego, co z punktu widzenia człowieka pożądane. Jego wniosek jest jednak odwrotny od wniosku sofistów. Platon nie rewiduje pojęcia piękna na podstawie postulowanego celu naturalnego, np. zachowania życia lub możliwie największej przyjemności, lecz rewiduje i moralizuje pojęcie dobra, tj. dobro, czyli to, do czego warto dążyć, to, co pożądane egzystencjalnie i od zawsze upragnione, określa tak, że piękno ludzkiego zachowania samo staje się integralną częścią owego właściwego i ostatecznego celu działania. Wówczas zaś czynienie zła (*Unrechttun*) jest nie tylko szpetniejsze od jego doznawania, lecz jest również od niego gorsze, tj. jest niekorzystne dla dobrze rozumianego interesu odnośnej osoby. Jak do tego dochodzi? Dzieje się tak w efekcie tego, że interes, który przypisywany jest działaniu, ujęty jest jako już określony przez te treści, które mają być z niego dopiero wyprowadzone. Oznacza to jednak, że te treści, te reguły zachowania nie mogą być wydedukowane z owego celu czy owej formalnej zasady; nie mają się do niej tak, jak środek do celu. To, że czasowo są wcześniejsze, i to, że świadomie wyrażone racje działania moralnego są czasowo późniejsze, jest stwierdzeniem trywialnym. Ale również w odniesieniu do późniejszej refleksji nie można ustanowić takiej dedukcyjnej relacji. Na tym właśnie poległo odkrycie etyki Platońskiej i Arystotelesowskiej:

---

[11] Platon, *Gorgias*, 491e–492b.

Wszelkie treściowo jednoznaczne, wszelkie materialne interpretacje najwyższego dobra, tj. najwyższego celu działania czy tego, co bardziej pożądane, prowadzą do zaniku piękna, tj. moralności, jeśli treści tego, co moralne, nie zostaną z góry włączone w interpretację tego najwyższego celu. W tym samym sensie dwa tysiące lat później Kant pisze, że wszelkie eudajmonistyczne nauki o cnotach zawierają błąd *petitio principii*: „Ażeby przedstawić siebie występnego człowieka jako dręczonego na skutek świadomości swych przewinień niepokojem umysłu, muszą oni, co się tyczy najważniejszej podstawy jego charakteru, już z góry przedstawić go sobie jako człowieka w pewnym przynajmniej stopniu moralnie dobrego, a tego, którego cieszy świadomość [spełnienia] czynów zgodnych z obowiązkiem, [również] już z góry jako człowieka cnotliwego [...]. Nie można więc tego zadowolenia czy niepokoju duszy odczuwać przed poznaniem zobowiązania oraz czynić z nich podstawy zobowiązania. Trzeba być przynajmniej na pół uczciwym człowiekiem, aby móc sobie owe uczucia choćby tylko przedstawić"[12]. Etyka naturalistyczna wielokrotnie próbowała przyjąć jako najwyższe dobro nieintencjonalne, czyli czyste, nie zdeterminowane przez żadną założoną treść pojęcie przyjemności. W *Gorgiaszu* Sokrates kpi z tej próby mówiąc, że najszczęśliwszy byłby wówczas ten człowiek, który ma świerzb i ciągle się drapie[13]. W odróżnieniu od przedplatońskiego hedonizmu etyka Platońsko-Arystotelesowska ujmuje pojęcie szczęścia — w przeciwieństwie do pojęcia przyjemności — tak , że w jego definicji zawarte są już rezydua moralne. Normy moralne nie są wyprowadzane z pojęcia szczęścia, lecz pod pojęciem szczęścia rozumie się kwintesencję udanego życia, przy czym udane życie charakteryzuje się między innymi tym, że jest życiem moral-

---

[12] Immanuel Kant, *Krytyka praktycznego rozumu*, tłum. Jerzy Gałecki, PWN, Warszawa 1984, s. 68.
[13] Por. Platon, *Gorgias* 494 c.

nym. To zaś, czym jest to życie, nie jest wydedukowane, lecz już zastane w moralnej świadomości *polis* [14].

Czy jednak takie pojęcie szczęścia nie jest czystą tautologią? Czy takie pojęcie celu lub najwyższego dobra, dodaje coś do tego, co jest w nim zawarte, ale nie może być z niego wyprowadzone? Etyka klasyczna była przekonana, że takie pojęcie najwyższego dobra dodaje coś do przedfilozoficznej, obowiązującej w sposób bezrefleksyjny moralności. Jest nim mianowicie racjonalny projekt udanego życia jako całości. Etyka przedfilozoficzna składa się z pewnej liczby tabu, z których każde wnosi roszczenie do obowiązywania absolutnego. Potrzeba uzasadnienia pojawia się tam, gdzie owe tabu, owe schematy działania nie ujmują już rzeczywistości życia (*gelebte Wirklichkeit*), tam, gdzie stają się dwuznaczne lub antynomiczne, wchodząc ze sobą w konflikt, a także tam, gdzie dziedziny życia, w których te tradycyjne normy znajdują zastosowanie, stają się wobec nich obojętne, jako że nowa rzeczywistość wymyka się tym normom. Przykładem może tu być tradycyjna nauka o sprawiedliwej wojnie. Ponieważ wszystkie wielkie wojny z racji rozmiarów powodowanych przez nie zniszczeń mają charakter wojen niesprawiedliwych, powstaje sytuacja, co do której tradycyjna nauka nie daje już żadnych wskazówek i w której trzeba zapytać o to, co bardziej podstawowe. To, co w epoce rozpoczynającej się refleksji o „najwyższym dobru" należy uznać za dobre, musi się dać włączyć w całość dobrego życia i dopiero na tej podstawie uzyskuje swoją legitymizację. Idea takiej całości staje się *telos*, celem, miarą wszelkich obowiązujących norm. Nie można ich jednak wyprowadzić z tej idei. Trzeba już wiedzieć lub czuć, że przyjaźń jest istotną częścią ludzkiego szczęścia, aby z dążenia do szczęścia wyprowadzić pragnienie przyjaźni. Etyka Arystotelesa opierała się na tej intuicji i dlatego była hermeneutyczna, a nie aprioryczno-dedukcyjna. Z tego

---

[14] Por. Joachim Ritter, *Naturrecht bei Aristoteles*, Stuttgart 1961, s. 22 n.

też powodu Arystoteles krytykował Platońską ideę najwyższego dobra. Idea ta — twierdził Arystoteles — jest pusta, nie da się z niej wyprowadzić niczego określonego. W tym miejscu nie chcę dyskutować o sensie i zasadności tego zarzutu. W rzeczywistości również Platon treściowe określenie tego, co moralne, przejął z moralności swojego czasu. Arystoteles czynił to w drodze refleksji i w sposób wyraźny. Mówi on o „naturalnej skłonności do piękna", które poprzedza skierowany na całość udanego życia *logos*. W tak zwanej *Etyce wielkiej* czytamy: „W duszy bowiem znajduje się z natury coś takiego, dzięki czemu bez udziału rozumu dążymy do tego, co zapewnia nam powodzenie. A jeżeli zapytamy kogoś, to znajduje się w takim stanie, dlaczego podoba mu się postępować w ten sposób, odpowie: nie wiem, ale podoba mi się, gdy doznaję uczuć podobnych jak ludzie natchnieni"[15].

W innym miejscu Arystoteles pisze: „I nie jest to tak po prostu, jak sądzą inni, że przyczyną doskonałości i jej przewodnikiem jest rozum, ale raczej uczucia. Bo musi się najpierw pojawić jakieś nie wyrozumowane pragnienie piękna moralnego (i to się zdarza), a dopiero później zatwierdza to i o tym rozstrzyga rozum"[16].

Nie chcę tu dyskutować, czy ów pierwszy impuls etyczny należy określić jako naturalny czy jako irracjonalny. W tym kontekście interesuje nas formalna struktura działania etycznego: Po pierwsze, bezpośredniość wartościowania, które nie jest zapośredniczone przez racje, po drugie ostateczne rozstrzygnięcie rozumu, który koordynuje impulsy ku pięknu i ocenia je krytycznie z punktu widzenia celu, jakim jest dobre życie jako całość. W klasyczny sposób strukturę tę przedstawia Ajschylos w *Eumenidach.* Na zakończenie *Orestei* przedstawiony jest początek *polis*, greckiego miasta-państwa. (*Polis* jest natomiast warunkiem po-

---

[15] Arystoteles, *Etyka wielka. Etyka eudemejska*, tłum. Witold Wróblewski, BKF, PWN, Warszawa 1977, 1207 b.
[16] Tamże, 1206 b.

wstania filozofii. Właściwe życie jako całość, o które chodzi w filozofii, jest życiem wspólnoty politycznej. I odwrotnie: W przeciwieństwie do przedpolitycznej moralności rolniczej czy arystokratycznej życie polityczne, obywatelskie potrzebuje racjonalności opartej na refleksji.) Ajschylos opisuje ów początek *polis* jako ustanowienie trybunału, przed którym pojawiają się Erynie, prześladowczynie matkobójcy Orestesa. Erynie, które reprezentują archaiczne tabu matrilinearnej etyki plemiennej, nie mogą zrealizować swojego roszczenia bezpośrednio, lecz jedynie pośrednio — poprzez trybunał. Przed tym trybunałem pojawia się Atena i swoim głosem przeciwstawia się Eryniom. Erynie są oburzone, gdyż nie mogą pomścić zabójstwa matki. Znamienne jest jednak to, że Atena, działającą z mandatu Zeusa, nie przepędza Erynii. Mówi raczej: „Złorzeczenia twego nie zniosę — boś starsza ode mnie. I mędrszaś też w niejednym, to pewne — atoli mnie również nie poskąpił ojciec Zeus mądrości"[17]. Obłaskawia Erynie przyrzekając im uroczyście, że to samo prawo, które teraz zabrania im spełnienia ich pragnień, zapewni im odtąd „spokojne miejsce" w *polis*. Zwracając się zaś do obywateli, wiąże powodzenie miasta z czcią oddawaną dawnym boginiom, które istniały przed jego powstaniem. „Dobrze życzyć wam będą boginie — i wy dobrze życzyć boginiom, nie skąpcie im czci: prawda wonczas i mir, i szczęśliwość zakwitnie na tej ziemi"[18].

Marksistowski historyk literatury George Thompson wysunął zarzut, że Ajschylos nie wyciągnął wszystkich konsekwencji z wystąpienia Ateny[19]. Etyka tradycyjna zostaje wprawdzie odrzucona, ale jej miejsca nie zajmuje żadna inna. W rzeczywistości jej miejsca nie powinna jednak zająć żadna inna etyka. Przyporządkowana *polis* zasada racjonalności odsłania swoją

---

[17] Ajschylos, *Eumenidy*, w: tenże, *Tragedie*, tłum. Stefan Srebrny, Warszawa 1954, s. 478.

[18] Tamże, s. 484.

[19] George Thompson, *Aeschylus and Athens. A Study in Social Origins of Drama*, Lawrence&Wishart, London 1950.

humanizującą i ustanawiającą pokój moc raczej przez to, że jest otwarta — jeśli tak można powiedzieć — „w dół" i „do tyłu", czyli jest otwarta na to, co nie zostało przez nią ustanowione. Pokój, ugoda (*Ausgleich*), sprawiedliwość jako zgodność z prawem i bezpieczeństwo, to wszystko, co tworzy nową, opartą na rozumie etykę *polis* i przez co włącza ona tradycyjne schematy działania w całość dobrego życia, może wypełnić swoją funkcję tylko wówczas, gdy nowa etyka nie stara się zastąpić tych schematów przez swoje własne. Zasada racjonalnej integracji ma jednak skłonność do występowania przeciwko swoim naturalnym i historycznym założeniom, niszcząc je lub podporządkowując je innym funkcjom. Dziejów etyki europejskiej nie można zrozumieć bez uwzględnienia tej skłonności. Przytoczmy tu choćby przykład, na który zwrócił uwagę Schumpeter[20]: Funkcjonowanie produkcji kapitalistycznej opiera się na trwaniu pewnych przedkapitalistycznych struktur i instytucji. Dodałbym do tego również pewne przedkapitalistyczne sposoby zachowania, na przykład fakt, że wielu ludzi pracuje więcej i lepiej niż to wynika z kapitalistycznej zasady racjonalizacji polegającej na minimalizowaniu nakładów. Jednocześnie jednak zasada ta zwraca się przeciw temu założeniu, stopniowo je osłabiając (czego jesteśmy dziś świadkami). Tym samym sama ta zasada popada w kryzys. Znamienne jest to, że dla zapewnienia trwania gospodarki kapitalistycznej jako niezbędne jawią się dzisiaj apele do poczucie wspólnoty, honoru zawodu, czyli do rezyduów przedkapitalistycznych. W przypadku takich apelów ze strony władzy państwowej mamy ponownie do czynienia z racjonalizacją i funkcjonalizacją tych rezyduów — ze względu na cel *zachowania* istniejącego porządku. Państwo, które wobec racjonalności społeczeństwa gospodarczego odwołuje się tu do substancji

---

[20] Por. Josef Schumpeter, *Kapitalizm, socjalizm, demokracja*, tłum. M. Rusiński, PWN, Warszawa 1995.

moralnej, jest jednak samo rezultatem takiej racjonalizacji.

Mamy tu do czynienia z zasadniczą ambiwalencją celu państwa, a tym samym etycznej zasady racjonalności jako takiej: Z jednej strony celem państwa jest *umożliwienie* i *urzeczywistnienie* dobrego życia jako całości, którego treść nie jest określana przez państwo. Z drugiej strony jest nim *zachowanie warunków* tego dobrego życia. O tym jednak, jakie są te warunki, rozstrzyga samo państwo. To jest właśnie sens suwerenności. Racjonalność, która wiąże działanie z warunkami samozachowania państwa, nazywamy racją stanu. Racja stanu, tak jak każda zasada racjonalna, ma skłonność do całkowitego podporządkowania egzystencji (*Dasein*) warunkom swego zachowania, a zatem również treści dobrego życia rzeczywistym lub rzekomym warunkom zachowania dobrego życia, wolności warunkom zachowania wolności itd. Można zapytać, czy ustanowienie „najwyższego dobra" jako „celu" nie jest już wyrazem podporządkowania egzystencji warunkom jej zachowania. Nowa socjologiczna teoria organizacji pokazała, że schemat cel-środki, którym posługiwał się jeszcze Max Weber, nie nadaje się do opisu funkcjonowania otwartego na otoczenie systemu[21]. Istnieje tylko jedna jednoznaczna funkcja celu, która polega na „wskazaniu tych czynności, które system musi wykonać w stosunku do swego otoczenia, aby przetrwać"[22]. W tej perspektywie staje się widoczne, co to oznacza, jeśli funkcja integracyjna w ramach społeczeństwa i jego moralności zostanie ujęta jako „cel". Wnioski z takiej racjonalizacji Wyciągnął Hobbes, który ideę *summum bonum* otwarcie poświęcił na rzecz idei samozachowania, dostarczając tym samym teoretycznej podstawy

---

[21] Por. Talcott Parsons, *General Theory in Sociology*, „Sociology Today", Robert K. Merton, Leonard Bloom, Leonard S. Cottel (ed.), New York 1959, s. 3 n.

[22] Niklas Luhmann, *Zweck-Herrschaft-System. Grundbegriffe und Prämissen Max Webers*, „Der Staat. Zeitschrift für Staatslehre, öffentliches Recht und Verfassungsgeschichte" II, 2, 1964, s. 150.

nowożytnej „racji stanu"[23]. Argument racji stanu wobec anarchii nie poddanych funkcjonalizacji rezyduów lub tabu został po raz pierwszy sformułowany przez Sofoklesa w argumentacji Kreona przeciw Antygonie. Kreon argumentuje z punktu widzenia prawa ojcowskiego przeciwko Antygonie, której myślenie jest matrilinearnie. Przeciwko męskiemu rozumowi Antygona przywołuje dawniejsze, niepisane prawo bogów, o którym mówi: „Nie Zeus przecież obwieścił to prawo, / Ni wola Diki, podziemnych bóstw siostry, / Taką ród ludzki związała ustawą. / A nie mniemałam, by ukaz twój ostry / Tyle miał wagi i siły w człowieku, / Aby mógł łamać święte prawa boże, / Które są wieczne i trwają od wieku, / Że ich początku nikt zbadać nie może"[24]. Prawo to jest niepamiętne, istnieje od zawsze.

Jako takie również dla filozofii jest ono zrazu czymś obcym. Znamienny jest fakt, że w *Antygonie* chodzi o pogrzebanie brata. Kult zmarłych jest w istocie jednym z najstarszych rezyduów, jest konstytutywny dla tego, co ludzkie, i jest zarazem najbardziej oporny na funkcjonalną racjonalizację. Tam, gdzie rezyduum to opiera się przed zapośredniczeniem ze strony skierowanego na całość rozumu, filozofia ma wątpliwości i staje po stronie polityki. I tak Sokrates miał wątpliwości, gdy Ateńczycy chcieli bezceremonialnie skazać na śmierć dowódców floty, którzy odnieśli zwycięstwo pod Arginuzami, gdyż wobec konieczności prowadzenia walki, zaniedbali pogrzebania zmarłych. „Zostaw umarłym grzebanie ich umarłych"[25] — mówi także Jezus w *Nowym Testamencie*. Filozofia nie opowiada się tu jednak nieodwołalnie po jednej stronie. Wielkość filozofii klasycznej polega na tym, że urzeczywistnia ona racjonalność, która nie przeradza się w irracjonalność przez to, że zapomina o swoich naturalnych i historycznych, czyli nieracjonalnych założeniach. Dialektykę ra-

---

[23] Por. Thomas Hobbes, *De homine* XI, 15.
[24] Sofokles, *Antygona*, tłum. Kazimierz Murawski, Łódź 1994, s 19.
[25] *Mt* 8, 22

cji stanu Hegel opisał w następujący sposób: „Ale to, co rzeczywiste, odebrawszy temu, co zewnętrzne, jego cześć i siłę, podkopało tym samym swoją istotę. Duch jawny ma bowiem korzeń swej siły w królestwie podziemnym; spokojna o siebie i dająca poczucie bezpieczeństwa *pewność* narodu ma *prawdę* swej wiążącej wszystkich w jedno przysięgi tylko w nieświadomej i niemej substancji wszystkich — w wodach zapomnienia. Urzeczywistnienie jawnego ducha obraca się przez to w przeciwieństwo i doświadcza on tego, że jego najwyższe prawo jest najwyższym bezprawiem, a jego zwycięstwo — raczej upadkiem"[26].

Przeciwieństwem otwartej racjonalności klasycznej etyki *polis*, którą reprezentuje Atena w *Eumenidach* Ajschylosa, jest Sarastro z *Czarodziejskiego fletu*. Również Sarastro reprezentuje zasadę światła, prawo ojcostwa (patriarchatu), oświeconej racjonalności. Królowa nocy jest zaś odpowiednikiem duchów zemsty, Erynii, które same nazywają siebie córkami nocy. Podobnie jak one, w pierwotnej, bardziej bajkowej wersji *Czarodziejskiego fletu* Królowa nocy była zarazem duchem błogosławieństwa, od którego zależy ocalenie, tak jak od pozostania Erynii w *polis*[27]. Uwidocznia to prosty, często pomijany fakt, że Tamino i Pamina mogą przetrwać próby Sarastra tylko dzięki talizmanowi, który jest darem królowej nocy, tj. dzięki czarodziejskiemu fletowi, od którego pochodzi tytuł opery. W odróżnieniu jednak od Ateny Ajschylosa Sarastro jest w tym kontekście ślepy. Królowa nocy ma być zlikwidowana, jej macierzyńskie prawo do córki nie jest respektowane, a jej pragnienie zemsty zostaje wyszydzone. „W tych świętych miejscach zemsta nie jest znana" — śpiewa Sarastro, kapłan pokoju. Rozum, który reprezentuje Sarastro, stracił jednak moc, dzięki której to, co od niego

---

[26] G. W. F. Hegel, *Fenomenologia ducha*, tłum. Światosław Florian Nowicki, Fundacja Aletheia, Warszawa 2002, s. 307.

[27] Por. Aloys Greither, *Die sieben großen Opern Mozarts*, Verlag Lambert Schneider, Heidelberg 1956, s. 210 n.

inne, mógł pozostawić i potwierdzić w jego inności. Nie
jest już dialektyczny, lecz abstrakcyjny, to znaczy: totalitarny. Szlachetny hymn pojednania kończy się szo-
kującym zdaniem: „Kogo nie cieszą te nauki, ten nie
zasługuje na to, by być człowiekiem": Samo bycie człowiekiem trzeba teraz potwierdzić przez zgodę na jego
racjonalną interpretację. Ale ta interpretacja i wynika-
jąca z niej idea pokoju okazują się tym samym bezsilne:
Idea ta obowiązuje tylko „w tych świętych miejscach",
nie prowadzi do pojednania tego, co rozdwojone, lecz
całkowicie je alienuje przez to, że jedna strona uznaje
siebie za partię pojednania, wykluczając z niego *per definitionem* drugą stronę. Taka wyłączająca racjonalność
staje się w ten sposób równie irracjonalna, staje się równie kwestią dowolnego wyboru, jak wykluczone z niej irracjonalne rezydua. Rozum, który w przypomnieniu nie
zachowuje swoich naturalnych i historycznych założeń,
sam powraca do czystej natury. Cała moralność zróż-
nicowanych cywilizacji opiera się na ustabilizowanym
napięciu między punktem widzenia wartości i punktem
widzenia celu lub — mówiąc językiem klasycznej moralności — „dobra". Innymi słowy, na napięciu pomiędzy
zasadą honoru i zasadą racjonalności.

Widzieliśmy, że wszelka objęta refleksją moralność
włącza w refleksyjną całość właściwego życia bezpośrednio przeżywane wyobrażenia wartości. Ta reflek-
syjna całość, ustanowiona jako najwyższy cel, pozostaje z konieczności w napięciu do bezpośredniego charakteru tych wartości, które są weń włączone. Ma ona
skłonność do tego, aby z moralnych schematów zachowania czynić zwykłe środki do „najwyższego dobra".
Wówczas zaś ten tylko cel uświęca środki. W ten sposób jednak sam ten cel zostaje pozbawiony tych treści,
które czynią zeń cel moralny. Z drugiej strony formy
moralności, które odwołują się do czystej bezpośredniości tradycyjnych wyobrażeń wartości, nie poddając
ich krytycznej ocenie z punktu widzenia możliwości ich
włączenia w całość właściwego życia, są skazane na nie-

skuteczność i na obumarcie. Wszelka moralność musi zatem w pewien sposób stabilizować to napięcie, nie znosząc go.

Zasadę działania zorientowaną na bezpośredniość wartości nazwałem też zasadą honoru. Kiedy Karol V dał Lutrowi list żelazny zapraszając go do Wormacji, to jego rycerski honor wymagał dochowania tej obietnicy. Później miał jednak wątpliwości, czy postąpił słusznie[28]. Dobro *res publica christiana*, chrześcijaństwa i cesarstwa — tak jak je rozumiał i za które był odpowiedzialny jako cesarz — zostałoby być może uratowane przez aresztowanie Lutra; tak właśnie ze względu na wyższy cel złamano słowo, które dano Janowi Husowi. Można by jednak zapytać: Czym byłaby *res publica christiana* i czy warto by jej było bronić jako najwyższego „celu" politycznego, gdyby nie była tym porządkiem, w którym można postępować honorowo, dotrzymując danego słowa? To właśnie w końcu XIX wieku przypomniał Charles Peguy tym, którzy sądzili, że ze względu na dobro Francji należy uznać winę żydowskiego kapitana Dreyfusa, który został niesłusznie skazany za szpiegostwo.

Taką wizję prawdy i honoru, która nie jest odniesiona do całości właściwego życia, tj. do polityki, konserwatywni i klerykalni antysemici uznali za abstrakcyjną. To samo wyrażenie odnosiła do tej samej rzeczy polityczna moralność komunistów. O honorze mówili natomiast ci francuscy oficerowie, którzy w algierskich wsiach dali kolaborantom słowo, że Francja nigdy nie pozostawi ich bez opieki. Dylemat, w jaki popadli, gdy ze względu na wyższy interes Francji wymagano od nich złamania danego słowa, był szczególnie dobitnym wyrazem napięcia między honorem i racjonalnością. Terror OAS[29] pokazał, do czego to prowadzi, kiedy w sprzeci-

---

[28] Prudencio de Sandoval, *Historia de la vida y hechos del emperador Carlos V*, ed. C. S. Serrano, Madrid 1956, III, s. 499.

[29] OAS oznacza: „Organisation de l'Armée Secrète"; była to tajna organizacja (1961–63) nacjonalistycznych Francuzów algierskich

wie wobec niszczącej racjonalności nowożytnego państwa z zasady honoru czyni się aktywną zasadę polityczną. Zasada honoru ustanawia granicę działania politycznego, sama zaś nie jest zasadą możliwego działania politycznego. Widział to również Peguy, protestując przeciwko przemienieniu „dreyfusjanizmu" w broń polityczną. *„Quand et où l'affaire Dreyfus commence, la politique finit. Quand et où la politique recommence, l'affaire Dreyfus finit"* [30]. Napięcie to skupia się szczególnie na żołnierzu: Żołnierz jest funkcjonariuszem, narzędziem, którym władza państwowa posługuje się do realizacji swoich celów. Ponieważ jednak realizując to zadanie żołnierz naraża swoje życie, skłonny jest — aby nie utracić swojego człowieczeństwa przez całkowitą instrumentalizację — do rozwinięcia szczególnie intensywnej formy honoru zawodowego. Honor zawodowy stawia go w pewnym dystansie do racjonalności władzy państwowej, której służy.

Napięcia racjonalności i honoru nie można znieść nie znosząc zarazem samej moralności. Max Weber, który lubił czyste modele, przeciwstawił etykę intencji i etykę odpowiedzialności, racjonalność wartości i racjonalność instrumentalna *(Zweckrationalität)* [31]. Modele te rozdzielają dwa podstawowe pojęcia moralne pomiędzy dwie różne moralności. Czysta etyka intencji kieruje się wyłącznie bezpośrednim wyobrażeniem wartości. Chodzi w niej o to, aby zawsze być w zgodzie z aprobowanym schematem zachowania, nie pytając o jego konsekwencje. Etyka odpowiedzialności kieruje się natomiast odpowiedzialnością za ten stan, który będzie wynikiem działania. W rzeczywistości obydwie te formy etyki w ich czystej formie doprowadziłyby do zaniku moralności. Czysta etyka intencji nie byłaby nawet

---

i członków francuskiej armii algierskiej, która zwalczała algierską politykę de Gaullesa za pomocą terroru (np. uciekając się do zamachów).

[30] Charles Peguy, *Œuvres en prose* I, Paris 1959, s. 639.

[31] Por. Max Weber, *Gesammelte politische Schriften*, Mohr-Siebeck Verlag, Tübingen [3]1971, s. 422 n.

etyką intencji, gdyż każde działanie, które poddaje się ocenie moralnej jako dobre lub złe, jest intencjonalne, tj. zmierza do wywołania skutku, i to dążenie należy do jego definicji. Częścią intencji moralnej jest również uwzględnienie skutków działania. Czysta etyka odpowiedzialności nie byłaby etyką odpowiedzialności, gdyż bez niefunkcjonalnych wyobrażeń wartości nie miałaby być za co lub wobec czego odpowiedzialna.

Obydwa typy, które skonstruował Max Weber, są jednak przydatne, gdyż zwracają naszą uwagę na określone akcenty i tendencje w ramach każdej etyki. Wydaje mi się, że dzisiaj rzeczywiście istnieje tendencja do abstrakcyjnego rozumienia etyki i konstruowania jej jako etyki bezpośredniego ujmowania wartości lub jako etyki najwyższego dobra. Na sowieckim Wschodzie panuje dziś [około roku 1964] etyka odpowiedzialności czy też etyka najwyższego dobra. Najwyższym dobrem jest pewien przyszły stan społeczeństwa, a moralność polega na przejęciu odpowiedzialności za jego realizację. Na Zachodzie panuje ta etyka wartości, którą jako świadomą antytezę zasady racjonalności rozwijał Nietzsche i którą systematycznie opracował Max Scheler. Jeśli pominiemy jej uzasadnienie metafizyczne, to można uznać, że panuje ona dzisiaj w całym świecie zachodnim. Ale właśnie na przykładzie filozoficznej etyki wartości da się zauważyć przemianę jednostronnej etyki bezpośredniości w tejże bezpośredniości utratę. W tej etyce również zasada racjonalności, samozachowania lub włączenia działania w całość właściwego życia zostaje podporządkowana pojęciu wartości. Dialektyczny stosunek bezpośredniości ujęcia wartości i racjonalnego zapośredniczenia staje się hierarchicznym stosunkiem wartości wyższych i niższych. Jedność działania jest zagwarantowana przez tę hierarchię i przez odpowiednie zasady preferencji. To jednak prowadzi do tyranii każdorazowo najwyższej wartości kosztem innych wartości; w ten sposób etyka wartości przeradza się w czystą etykę instrumentalną (*Zweckethik*), która w razie konieczności wszelkie schematy zachowania funkcjonalizuje ze względu na tę najwyższą wartość — na przykład w etyce politycznej ze względu na — uznaną za najwyższą — wartość zachowania wolności[32]. W ten sposób powróciliśmy jednak do czystej etyki instrumentalnej lub etyki najwyższego dobra.

Do tej sprzeczności dochodzi jeden z rzeczywistych sposobów zachowania w naszej cywilizacji. Obserwujemy dzisiaj redukcję decyzji politycznych i moralnych do bezpośredniego poczucia wartości. David Riesman zwrócił uwagę na to, że decyzje polityczne i wybory, czyli te działania, które są w szczególny sposób teleologiczne i podporządkowane odpowiedzialności, dokonywane są dziś nieracjonalnie i zgodnie z impulsem uczuciowym: Nie wybieramy już kogoś z racji jego programu, lecz dlatego, że odpowiada on jakiemuś wyobrażeniu wartości, dlatego, że się nam podoba[33]. Bezpośredniość takich wartościowań okazuje się głęboko zapośredniczona — jednak przez takie cele, które nie są przedmiotem refleksji podmiotu działania, lecz przedmiotem manipulacji zewnętrznej. Odczucie jednostki, które postrzegane jest jako bezpośrednie, w rzeczywistości zostało już poddane funkcjonalizacji i jest środkiem do celu. To, że cel ów nie jest przedmiotem refleksji, nie oznacza, że nie istnieje; oznacza tylko, że nie jest to własny cel podmiotu i że podmiot utracił swoją autonomię. Wolność i oświecenie są nierozdzielne.

Jak widzieliśmy na początku tych rozważań, oświecenie zmierza do racjonalnej, tj. kierującej się uświadomionym celem, krytyki obowiązujących wartości — krytyki w sensie destrukcji, usprawiedliwienia lub modyfikacji. Takie oświecenie jest warunkiem autonomii. Nie jest ono jednak warunkiem wystarczającym, spotykamy dzisiaj bowiem oświecenie, które służy heterono-

---

[32] Por. na ten temat Ernst-Wolfgang Böckenförde, Robert Spaemann, *Die Zerstörung der naturrechtlichen Kriegslehre*, w: *Atomare Kampfmittel und christliche Ethik*, Kösel, München 1960, s. 161.

[33] D. Riesman, *Samotny tłum* (cyt. w przypisie 7), s. 273.

mii, zniewoleniu. Celem tego oświecenia jest dyskwalifikacja wszelkiego oporu czy buntu wobec ustanowionej władzy jako buntu przeciwko rozumowi, jako donkiszoterii. W każdym systemie rządzący mają logikę po swojej stronie wówczas, gdy wskazują jednostce na związek pomiędzy zachowaniem jej istnienia i zachowaniem systemu, w którym żyje. Cywilizacja techniczna sprawia, że związek ten staje się coraz doskonalszy i coraz ściślejszy. Już Thomas Hobbes przekonywał, że pełne oświecenie doprowadzi do pełnego podporządkowania człowieka władzy państwowej, ponieważ oświecenie, ograniczając jego nadmierne pragnienia i nadzieje, wydaje człowieka na pastwę strachu przed śmiercią.

W tej sytuacji wydaje się, że wolność, opór przeciwko całkowitej integracji człowieka płynie z rezyduów, które nie zostały jeszcze sfunkcjonalizowane. Niedopasowana jednostka, dla której nadal sprawą honoru jest to, aby noga stołowa, figura w katedrze czy nylonowa pończocha były wykonane jak najlepiej i były jak najtrwalsze, jest być może rzecznikiem wolności i rozumu, nawet jeśli nie jest to rozum systemu, w którym żyje. Właśnie dzięki nieustępliwości tych, którzy nie chcą pogodzić się z logiką danego systemu, którzy nie zapominają o tym, jaka była swego czasu treść dobrego życia, rozum zostaje zmuszony do pozostanie rozumem substancjalnym i do poszukiwania nie najłatwiejszych, ale ludzkich rozwiązań. Rozum pozostaje rozumem życia, a nie śmierci, jest zmuszony do tego, aby nie zrywać swojego związku z fantazją. Zadaniem filozofii nie jest proponowanie łatwiejszych rozwiązań, lecz stawianie trudniejszych zadań. Funkcjonalność usprawiedliwia tylko to, co usprawiedliwia cel. Aby ten cel i odniesiona do niego racjonalność mogły być bezwarunkowe i tym samym konstytutywne dla wszelkiej moralności, ludzka egzystencja musiałaby w sposób doskonały pomyśleć w nim samą siebie. W celu tym musiałoby być zawarte wszystko, co kiedykolwiek mogłoby być możliwym celem rodzaju ludzkiego. To jednak jest utopią. Nietzsche pisze: „Gdyby ludzkość posiadała powszechnie uznany cel, możnaby zaproponować «należy działać tak a tak»: tymczasem celu takiego niema. Inna rzecz, ludzkości jakiś cel polecać i wówczas cel jest pomyślany jako coś od naszego widzimisię zależnego"[34].

Wniosek Nietzschego można by odwrócić: Ponieważ nie istnieje cel całej ludzkości, nie jest dozwolone to, co byłoby sensowne tylko ze względu na taki cel. Każde ludzkie dążenie do celu jest uwarunkowane naturalnie i historycznie i właśnie dlatego niemoralna jest funkcjonalizacja substancji bezwarunkowości moralnej ze względu na jakikolwiek treściowo określony cel, np. zawieszenie wierności lub uczciwości ze względu na cel stworzenia królestwa ludzkości, społeczeństwa bezklasowego lub tego, co ktoś uważa za chwałę Bożą. Niemoralne jest też angażowanie fizycznego trwania rodzaju ludzkiego jako takiego w walkę o jego określoną polityczną formę; podobnie niemoralne jest zużywanie jego moralnej substancji jako kapitału zakładowego w takiej walce. Wiedzieli o tym wszyscy wielcy nauczyciele moralności. Kiedy Platon mówi, że idea dobra jako najwyższego celu działania znajduje się „poza istotami", to oznacza właśnie to: Idei najwyższego celu nie wolno wypełniać żadną określoną treścią, jakąś „wartością", gdyż w przeciwnym razie utraci ona swoją bezwarunkowość. Chrześcijaństwo, o ile nie przeradza się kościelny utylitaryzm, rozumie ideę królestwa Bożego w ten sposób, że nie można z niego wyprowadzić treści działania moralnego tak, jak środka do celu. Królestwo to rozumiane jest raczej jako spełnienie tego, co wcześniej istniało w świadomości jako dobre i piękne[35]. Rozumiane jest ono ponadto jako królestwo, które już nadeszło, tj.

---

[34] F. Nietzsche, *Jutrzenka* (cyt. w przypisie 1), s. 107 (ortografia jak w cytowanym wydaniu).

[35] Por. Św. Tomasz z Akwinu, *Summa contra gentiles* III, 122: „Non autem videtur esse responsio sufficiens, si quis dicat quod facit iniuriam Deo. Non enim Deus a nobis offenditur nisi ex ceo quod contra nostrum bonum agimus".

jako już obecny punkt odniesienia wszelkiego działania, które niezależnie od niego uznawane jesz za dobre i słuszne. W obliczu współczesnych etyk najwyższego dobra przypomniał o tym ponownie Kant. Jako filozof dziejów Kant myślał o ustanowieniu światowej republiki czystego prawa człowieka. Ale treścią imperatywu kategorycznego nie jest to, co prowadzi do ustanowienia tej republiki, lecz to, co należałoby do życia w takiej republice, gdyby on istniała, to wszystko, w stosunku do czego można chcieć, aby stało się maksymą powszechnego prawodawstwa. Jak zauważył później Hegel, nie można tego jednak wywnioskować z owej formalnej maksymy, jeśli nie wie się tego już wcześniej, tj. gdyby rzeczywiście dany *way of life* nie zawierał dostatecznie dużo substancji moralnej, dzięki której formalizm imperatywu kategorycznego można wypełnić historyczną treścią. Filozofia musi być istotnie retrospektywna, jeśli nie chce popaść w zarozumiałość i stać się ideologią, która wskazuje drogi ku przyszłości.

Mówiłem tu do dotychczasowej moralności, a dokładniej o tej moralności, która jest przedmiotem refleksji etyki filozoficznej. Nie mówiłem zatem np. o archaicznej moralności tabu, która nie zna jeszcze racjonalizującej integracji. Nie mówiłem jednak również o tym, co może nadejść. W epoce rosnącej współzależności wszelkiego działania, rosnącej funkcjonalizacji wszelkich schematów zachowania i rosnącego sterowania z zewnątrz można sobie wyobrazić, że etyka filozoficzna utraci swój specyficzny przedmiot. W takiej epoce jest bowiem możliwe, że przedracjonalne rezydua, bezwarunkowość honoru, która jest zawsze związana z określonym statusem społecznym, zostaną zniesione i zanikną. W swojej wydanej w 1935 roku książce *Człowiek i społeczeństwo w dobie przebudowy* Karl Mannheim tak opisuje ten proces:

„W rozważaniach nad moralnością możemy również posłużyć się pojęciami funkcjonalności i substancjalności wprowadzając tylko pewne modyfikacje. Funkcjonalny aspekt dyscypliny moralnej danego typu stanowią wzory, których realizowanie zapewnia niezakłócone działanie społeczeństwa. Istnieje wiele typów takich wzorów, różniących się w zależności od struktury społeczeństwa.

Na moralność substancjalną składają się pewne konkretne wartości, jak nakazy wiary i różne rodzaje uczuć, w zasadzie całkowicie irracjonalne. Na przestrzeni całej historii, od czasów pierwotnych do dnia dzisiejszego, można wyróżnić dwa typy nakazów oraz dwa typy zakazów; pierwsze zabezpieczają funkcjonowanie danego społeczeństwa, drugie są wyrazem swoistych postaw emocjonalnych, tradycji, a nawet nawyków danej grupy.

Im bardziej funkcjonalnie racjonalne jest nowoczesne społeczeństwo masowe, tym bardziej dąży do neutralizowania moralności substancjalnej lub do zepchnięcia jej w sferę «prywatności». W sprawach publicznych stara się ograniczyć do uniwersalnych wzorców mających znaczenie czysto funkcjonalne. Idea tolerancji jest właśnie filozoficznym ujęciem tendencji do wyłączania z dyskusji publicznej wszystkich subiektywnych czy sekciarskich wierzeń, tj. do odrzucenia irracjonalności substancjalnej, a zachowania jedynie tych zwyczajów, które ułatwiają harmonijne układanie się stosunków społecznych"[36].

Trzeba sobie uświadomić, że wraz z usunięciem wszelkiej substancjalnej moralności w sensie Mannheima z tego, co publicznie doniosłe, również racjonalność w sensie świadomie uznanych celów rozpływa się w pozbawionym celu, ale doskonałym sprzężeniu zwrotnym ludzkich zachowań, których nie opisuje już etyka filozoficzna, lecz opierające się na modelu cybernetycznym socjologia i psychologia. Jedynym celem pozostaje funkcjonowanie. To jednak, kto ma być członkiem takiego kontekstu funkcjonowania (*Funktionszusammenhang*), pozostaje całkowicie nieokreślone. Na przykład tego, że Brazylia nie powinna rozwiązywać problemu integracji żyjących w puszczy Indian przez ich wytępienie, nie da się uzasadnić moralnością funkcjonalną, lecz jedynie substancjalną. „Możliwe największe szczęście możliwie największej liczby" — formuła, która zo-

---

[36] Karl Mannheim, *Człowiek i społeczeństwo w dobie przebudowy*, tłum. Andrzej Rażniewski, PWN, Warszawa 1974, s. 100–101.

stała niedawno przypomniana przez znanego socjologa — nie musi stać w sprzeczności z takim „rozwiązaniem ostatecznym", podobnie jak program eutanazji w Trzeciej Rzeszy. Bez kryteriów substancjalnych formuła ta pozostaje bowiem pusta. Można by zapytać: O ile większe musiałoby być szczęście większości, aby liczba tych, którzy w ogóle uczestniczą w roszczeniu do szczęścia, mogła być nieco mniejsza? W przypadku pełnego zwycięstwa moralności funkcjonalnej również państwo utraciłoby swoją funkcję. Państwo zajmuje bowiem miejsce pomiędzy archaicznym światem obyczaju, który reprodukuje sam siebie, i technokratycznym społeczeństwem, które organizuje się automatycznie. Powstałaby wówczas sytuacja paradoksalna: Same idee rozumu i wolności stałyby się anarchicznym, zakorzenionym w tym, co niepamiętne, rezyduum, którego pochodzenia nikt nie zna. Zapowiedź tej sytuacji mamy już u Hegla, który pisze, że filozofia musi przynieść ze sobą ideę rozumu, aby móc ją odnaleźć w rzeczywistości[37].

Nietzsche przyznaje, że również jego pasja, pasja radykalnego przedstawiciela Oświecenia, zakorzeniona jest wciąż w chrześcijańskiej i platońskiej idei absolutności prawdy i w moralnym rezyduum prawdziwości[38]. Nietzsche był przekonany, że nowe wartości będą się mogły pojawić dopiero wówczas, gdy podstawa ta zaniknie, robiąc miejsce dla nowego kłamstwa, tj. dla nowego twórczego projektu egzystencji (*Daseinsentwurf*).

Od czasu Nietzschego nieustannie mówi się o poszukiwaniu nowych wartości. W istocie, mamy tu do czynienia z kwadraturą koła. Z jednej strony w pojęciu wartości człowiek poszukuje czegoś, co od niego większe, co nie pozostawia mu wyboru, co przez swoją oczywistość zmusza go do tego, aby chcieć tak, a nie inaczej. Z drugiej jednak strony nieskończona reflek-

---

[37] Georg Wilhelm Friedrich Hegel, *Wykłady z filozofii dziajów*, tłum. Adam Zieleńczuk, DeAgostini, Warszawa 2003, s. 27.

[38] Por. Friedrich Nietzsche, *Wiedza radosna*, tłum. Leopold Staff, Wydawnictwo Zielona Sowa, Kraków 2003, s. 185.

sja nowożytnej świadomości potrafi natychmiast podważyć wszelką taką oczywistość. Od czasu Nietzschego związek wartości i wartościowania tak wrósł w naszą świadomość, że nie zawsze potrafimy od razu rozpoznać uwarunkowanie każdej tak zwanej wartości. Samo pojęcie wartości stało się wtórnie pojęciem refleksyjnym, nie jest różdżką, za pomocą której moglibyśmy znaleźć wodę. W obliczu tego pojęcia opinia publiczna waha się jednak pomiędzy poszukiwaniem pozostałości tradycyjnych reguł zachowania, które piętnowane są jako tabu, i skrytym poszukiwaniem takich tabu, które byłyby na tyle potężne, że nie można by się było im nie poddać. W obu tych tendencjach mamy do czynienia z ucieczką przed konkretną wolnością. Tam, gdzie emancypacja nowożytnej świadomości zdystansowała się od przyrody i historii jako bezpośrednio działających sił życiowych, filozofia ratuje je od zapomnienia i przypomina jako założenia ludzkiej egzystencji (*Dasein*). Historyczne i naturalne rezydua moralności dawno pozbawione już zostały charakteru tabu. Dokonało się tu już zresztą wraz z chrześcijaństwem. Dopiero wówczas pojawia się jednak możliwość wybierania tego, czym jesteśmy, i swobodnego przejmowania z zastanych sposobów życia tego, co ma dla nas sens, tj. to, co może stanowić część całości życia, które jest przeżywane dzisiaj. Kategorii sensu, podobnie jak kategorii wolności, nie da się oczywiście ukonstytuować *a priori*, opierają się one bowiem na przypomnieniu. W swojej krytyce Sartre'a Merleau-Ponty napisał: „Bez przyjęcia propozycji płynącej ze świata, wolność nie może stać się czynem"[39]. „To, co być powinno, nie może się obejść bez przypomnienia" — pisze przedstawiciel lewicy heglowskiej, Max Horkheimer. Platon, a później Hegel, rozumieli filozofię jako przypominające powtórzenie. „Praca filozofa — pisze Wittgenstein — polega na gromadzeniu przypo-

---

[39] Maurice Merleau-Ponty, *Phénoménologie de la perception*, Paris 1945, s. 501.

mnień w określonym celu"[40]. Filozofia może przeciwstawiać się beznadziejności jedynie wówczas, gdy zachowuje siłę przypomnienia.

---

[40] Ludwig Wittgenstein, *Dociekania filozoficzne*, tłum. Bogusław Wolniewicz, BKF, PWN, Warszawa 1972, ²2005, punkt 127, s. 76.

6. Pewność praktyczna
Prowizoryczna moralność Kartezjusza
(1968)

Stosunek teorii do praktyki w idei nauki uniwersalnej Kartezjusza polega na swoistym odwróceniu ich tradycyjnego stosunku. Teoria zostaje w radykalny sposób oderwana od wszelkich związków, w których znajduje się myślący podmiot, związków, które łączą podmiot z jego światem. W *cogito* oderwana od świata, myśląca podmiotowość staje wobec całości rzeczywistości. Z drugiej strony jednak owej emancypacji czystej teorii przyświeca praktyczny zamysł. W tradycji arystotelesowskiej czysta teoria była celem samym w sobie, najwyższą formą ludzkiej praktyki. U Kartezjusza tak nie jest. Metafizyka nie jest celem, lecz punktem wyjścia nauki. Cel polega natomiast na tym, aby człowiek stał się *maître et possesseur de la nature*. Kartezjusz sądził, że metafizyczny fundament położył raz na zawsze. Jest on jednak tylko korzeniem drzewa nauki. Jego pniem jest fizyka; jej właśnie dotyczą wytrwałe starania filozofa. Owoce — pisze Kartezjusz — zbieramy jednak dopiero z gałęzi. Są nimi: medycyna, mechanika i moralność (*Moral*) [1]. Te dyscypliny praktyczne mogą jednak przyjąć formę nauki dopiero wówczas, gdy drzewo w pełni się rozwinie. W międzyczasie życie nie stoi wszakże w miejscu. Musimy nadal działać. Nie możemy zawiesić działania aż do dnia pełnego rozwoju

---

[1] René Descartes, *Zasady filozofii*, tłum. Izydora Dąbska, BKF, PWN, Warszawa 1960, (*Autor do tłumacza książki* [książka Claude Picota] *List, który może tu służyć jako Przedmowa*), s. 367.

nauki. Wątpienia, uniwersalnego zawieszenia sądu nie możemy zatem rozciągnąć na reguły naszego zachowania. Dlatego Kartezjusz przedstawia kilka reguł *morale par provision*. Jak bowiem pisze: „Przed rozpoczęciem odbudowy domu, w którym mieszkamy, nie dość jest zburzyć go tylko, zaopatrzyć się w materiały oraz zamówić budowniczych lub też samemu ćwiczyć się w sztuce budowania [...] należy się także wystarać się o jakiś inny dom, w którym dałoby się wygodnie zamieszkać w czasie, gdy tamten będzie budowany; podobnie, aby nie pozostać zupełnie niezdecydowanym co do swych czynów w czasie, gdy rozum zniewala mnie ku temu w mym sądzeniu, oraz, aby nie zaprzestać od owej chwili żyć najszczęśliwiej, jak tylko można, urobiłem sobie moralność tymczasową, składającą się zaledwie z trzech czy czterech reguł postępowania"[2]. Streszczę tu krótko maksymy Kartezjusza: Pierwsza z nich dotyczy treściowej strony moralności (*Moral*). Kartezjusz wyciąga konsekwencję z zamiaru zawieszenia własnych przekonań. Owo zawieszenie sądu, owo wątpienie nie ma natury czysto metodycznej, lecz w intelektualnych ćwiczeniach — Kartezjusz mówi o medytacjach — praktykowane jest jako postawa. Ten, kto żyje w takiej postawie naukowej *epoché*, w swoim działaniu nie może naiwnie kierować się własnym dogmatycznym przesądem. Co zastępuje owe przesądy? Odpowiedź Kartezjusza jest następująca: 1. Prawa danego kraju, 2. odziedziczona religia, 3. przekonania najbardziej rozsądnych ludzi z własnego kręgu. Zazwyczaj przekonania te są też najbardziej umiarkowane. W odniesieniu do rozsądnych ludzi można by wysunąć zarzut: Kartezjusz chce tu przyjąć jako miarę ludzi, którzy najwyraźniej są mniej rozsądni niż on sam. Jeśli bowiem rzeczą najbardziej rozumną jest zawieszenie własnego przekonania aż do pojawienia się teorii naukowej, to dlaczego owi rozsądni ludzie

---

[2] René Descartes, *Rozprawa o metodzie*, tłum. Wanda Wojciechowska, Państwowe Wydawnictwo Naukowe, Warszawa 1988, s. 27.

tak właśnie nie czynią? Najwyraźniej żywią oni przekonania, gdyż w przeciwnym wypadku Kartezjusz nie mógłby uznać ich za miarę. W odniesieniu do Kartezjusza zarzut ten nie jest jednak trafny. Kartezjusz pisze, że nie chce kierować się tym, co rozsądni ludzie uznają za swoje przekonania, lecz tym, o czym rzeczywiście są przekonani. O tym zaś, o czym rzeczywiście są przekonani, świadczy ich działanie. Kartezjusz zakłada zatem, że nie zawsze zreflektowane przekonania wyrażają rzeczywiste motywacje naszego działania. Rzeczywiste motywacje mogą być gorsze; w przypadku ludzi rozsądnych są zaś lepsze i bardziej godne zaufania.

Druga maksyma mówi: Należy iść raz obraną drogą tak długo, jak długo nie udowodniono słuszności jej przeciwieństwa; należy również — dopóki nie możemy zdobyć wiedzy pewnej — podążać za wątpliwymi opiami tak, jak gdyby były one słuszne.

Trzecia maksyma mówi: Lepiej jest chcieć zmiany własnych pragnień niż porządku świata i przez wytrwałą medytację granice ludzkiej natury uczynić granicami własnych pragnień.

Takie są trzy maksymy. W tym kontekście mówi się o prowizorycznej moralności Kartezjusza. Zazwyczaj nie poświęca się jej większej uwagi. Wydaje się, że nie ma dla niej miejsca w budowie systemu Kartezjusza i że ma ona raczej charakter prywatny, zwłaszcza że sam Kartezjusz zdaje się przypisywać jej tylko tymczasowe znaczenie. Chciałbym podważyć to twierdzenie. W XVII wieku *morale par provision* znajduje się w dokładnie określonym kontekście dyskusyjnym. Ponadto zaś dokładnie określa ona problem i miejsce filozofii praktycznej w ramach nowożytnej nauki. Sam Kartezjusz mógł nie przypisywać jej tego znaczenia. Na horyzoncie widział on jeszcze ideał etyki naukowej. Ideał ten jest jednak nierozłącznie związany z ideą doskonałej nauki uniwersalnej. My natomiast nie podzielamy już tego założenia. Nauka dawno już porzuciła nie tylko ideę doskonałości nauki, ale również Kartezjańską ideę akumulacyjnego przechodzenia od pewności do pewności. Każde rzeczywiste twierdzenie naukowe jest doraźne. Każda weryfikacja — w odróżnieniu od falsyfikacji — jest podważalna. Podanie warunków falsyfikacji należy natomiast do istoty każdego twierdzenia naukowego[3]. Oznaką postawy naukowej jest zaś ocena akceptacji danego twierdzenia stosowna do jego zasadniczo prowizorycznego charakteru, to jest otwarcie na przyjęcie jego obalenia, a nawet jego poszukiwanie. Inaczej jest natomiast w przypadku działania. Działanie jest nieodwołalne. Treść twierdzeń można poddać rewizji, nie można jednak odwołać faktu, że zostały wypowiedziane. Ten fakt jest definitywny. Działanie — również wówczas, gdy chodzi o poznawczą symbolizację rzeczywistości, czyli o teorię — jako takie jest rzeczywistością. Jest jednak taką rzeczywistością, która wymaga uzasadnienia. Uzasadnienie, którego wymaga działanie, różni się od teoretycznego uzasadnienia jakiegoś stanu rzeczy — różni się od niego przede wszystkim tym, że praktyczny zamysł z konieczności wymaga uwzględnienia całości kontekstu uzasadnienia. W nauce tak nie jest. Stan rzeczy jest tu z góry dany. Tym, czego poszukujemy, jest teoria, która pozwoli zinterpretować ten stan rzeczy w systematycznym związku z innymi stanami rzeczy lub wywnioskować go z innych stanów rzeczy. Stopień ogólności teorii zależy z jednej strony od celu badań, z drugiej od stanu danej nauki. Wszelkie tworzenie teorii, wszelkie poszukiwanie przyczyn zatrzymuje się w pewnym miejscu. Nauka nie zmierza do tego, aby — tak jak Bóg Leibniza — każde wydarzenie zobaczyć w świetle całości jego warunków i dedukcyjnie pokazać, że zabicie Cezara w Idy Marcowe jest koniecznym elementem najlepszego z możliwych światów, tj. świata, w którym obowiązują zasady ekstremalne. Ideę Leibniza możemy zrozumieć tylko wówczas, gdy zobaczymy, że kryje się za nią zamysł zbudowania *teody-*

---

[3] Por. Karl R. Popper, *Logika odkrycia naukowego*, tłum. Urszula Niklas, Państwowe Wydawnictwo Naukowe, Warszawa [2]2002.

cei. Leibniz dobrze widział, że tego rodzaju całość kontekstu uzasadnienia musiałaby być koniecznym postulatem uzasadnienia istnienia Boga. Dlatego twierdzenie o racji dostatecznej musiał odnieść do świata jako całości, włączając domenę prawd faktycznych do domeny prawd rozumowych. Świat istnieje jednak również wówczas, gdy nie uda się go nam uzasadnić jako wyniku działania Bożego. Nauka nie musi *per definitionem* służyć zamysłowi budowy teodycei. Tam jednak, gdzie usprawiedliwienie jest konieczne, tj. tam, gdzie sami działamy, tam, gdzie nie wyjaśniamy rzeczywistości, lecz ją tworzymy lub zmieniamy, tam potrzebujemy tej nadającego sens całości uzasadnienia, z której teoria naukowa może i musi zrezygnować. Potrzeba bezwarunkowego uzasadnienia odpowiada nieodwołalnemu charakterowi działania. Uzasadnienie zmierza do nadania sensu i usprawiedliwienia. Częściowe usprawiedliwienie to jednak tyle, co żadne. Słusznie zarzucono to tym, którzy kierując się wyuczonym poczuciem obowiązku transportowali ludzi do krematoriów. Na ich rzecz mogłoby przemawiać Kartezjańskie założenie pierwszej maksymy, zgodnie z którym władza włącza partykularny sens w sens uzasadniony bezwarunkowo. Kartezjusz mówi jednak nie tylko o prawach danego kraju, ale i o religii oraz o rozsądnych ludziach. Ponadto pierwsza maksyma nie jest jedyna; istota odpowiedzialna nie może też uniknąć pytania o usprawiedliwienie tego założenia. Pytanie to prowadzi jednak do zapośredniczenia obiektywnej integracji działania w określony kontekst sensu — ale znów w sposób obiektywny. Również ten, kto jest posłuszny, musi przyjąć na siebie odpowiedzialność za swoje posłuszeństwo. W tym sensie nie istnieje działanie prowizoryczne. Nie istnieje prowizoryczne usprawiedliwienie działania, a zatem nie istnieje prowizoryczna moralność.

Pomimo dwuznacznej nazwy *morale par provision* Kartezjusza nie wypływa z zapomnienia o tej okoliczności, lecz z jej odkrycia. Wyrażenie „*morale par provision*"

jest skrótem. Akcent nie spoczywa w nim na tymcza-
sowości (*Vorlaufigkeit*), lecz na znaczeniu słowa „*provision*" jako „prowiantu". Kilka wierszy wcześniej Kartezjusz napisał, że nie wystarczy „*de faire provision des
matériaux*", czyli skrzętne zgromadzenie zapasu materiałów na nowy dom; potrzeba też tymczasowego pomieszczenia, to jest *morale par provision*. Rozstrzygające dla tego pomieszczenia jest to, że jest ono — tym-
czasowo czy też nie — w odróżnieniu od wielkiej nowej budowy gotowe, to, że ma już dach. W trzeciej części *Rozprawy o metodzie* chodzi zatem o odpowiedź na
pytanie: Jak jest możliwe całkowicie usprawiedliwione
działanie w sytuacji, w której budowa nauki nie jest
jeszcze zakończona? Lub też: Jakie są dobre racje działania przy założeniu, że z powodu niepełnej nauki całość następstw naszych działań jest przed nami ukryta?
Czy w końcu: Co daje nam pewność, że działamy słusznie przy założeniu, że nauka nie uzyskała jeszcze pewności w kwestiach istotnych dla naszej *praxis*? Kartezjusz mówi tu bowiem wyraźnie o pewności: „Tak samo
też jest prawdą zupełnie pewną, jako że czynności życiowe nie znoszą zwłoki, że winniśmy się trzymać mnie-
mań najbardziej prawdopodobnych, skoro nie jest w naszej mocy rozpoznanie najprawdziwszych; a nawet, jeśli nie dostrzegliśmy więcej prawdopodobieństwa w jednych aniżeli w drugich, musimy jednakowoż opowiedzieć się przy jednych spośród nich i traktować je w na-
stępstwie nie jako wątpliwe, w tej mierze, w jakiej odnoszą się do praktycznego działania, lecz jako zupełnie
prawdziwe i pewne"[4]. Prowizoryczną moralność Kartezjusza interpretuje się zazwyczaj tak, że w kwestiach
moralności Kartezjusz zadowala się czystym prawdopo-
dobieństwem. Interpretacja ta jest nietrafna już z tego
powodu, że Kartezjusz mówi nawet o przypadkach,
w których teoretyczne prawdopodobieństwo, że określony sposób działania jest słuszny, wynosi tylko 0,5.

---

[4] R. Descartes, *Rozprawa o metodzie*, s. 29–30.

Kiedy jednak mówi, że podstawa naszej decyzji jest prawdziwa i pewna oraz że prawdą pewną jest to, iż jest rzeczą słuszną podejmowanie decyzji i następnie uznawanie jej treści za z pewnością słuszną, to staje się jasne, że w przypadku wyrażonej tu moralnej pewności nie chodzi o zmierzające aproksymatywnie do 1 prawdopodobieństwo — jak często nietrafnie interpretowano pewność moralną — lecz o pewność absolutną, która w dziedzinie praktycznej osiągnęła już to, do czego nauka teoretyczna zmierza jako do swego ideału.

Czym jednak jest tu pewność? Pojęcie pewności teoretycznej uzyskuje u Kartezjusza specyficzne znaczenie przez przeciwstawienie go możliwości wątpienia. Pewne jest to, o czym nie można wątpić. Słuszność danego działania można jednak podać w wątpliwość. Czym zatem jest pewność moralna? Ją również trzeba rozumieć poprzez relację do jej przeciwieństwa — w tym wypadku miejsce wątpliwości zajmuje wyrzut sumienia, skrucha, zarzut. Moralnie pewne jest to, co — jeśli nawet później zostanie uznane za fałszywe — nie może stać się powodem do stawiania zarzutów samemu sobie. Kartezjusz pisze: „I to [tj. przyjęcie pierwszej maksymy prowizorycznej moralności] właśnie od tej chwili zdołało mnie uwolnić od wszelkiej skruchy i wyrzutów, które zazwyczaj wstrząsają sumieniem umysłów słabych i chwiejnych; z właściwą sobie niestałością czynią jako coś dobrego to, co następnie oceniają jako złe"[5]. W pewności praktycznej trzeba zatem odróżnić dwa momenty. Momentem treściowym jest materialna słuszność działania. Kartezjusz określa ją w sposób klasyczny, tj. jako zdatność do urzeczywistniania szczęścia jako najwyższego dobra. Zdatność ta jest jednak w najlepszym przypadku tylko prawdopodobna, ale działający powinien traktować ją jako pewną. To, że w działaniu słuszne jest uznanie tego, co obiektywnie jest tylko prawdopodobne za pewne, jest jednak w najwyższym stopniu prawdziwe

---

[5] Tamże, s. 30.

i pewne. Ta objęta refleksją pewność jest drugim momentem w Kartezjańskim pojęciu pewności praktycznej. W pewności tej spotykają się prawdy teoretyczne i praktyczny imperatyw. Mianem *certitude morale* określa natomiast Kartezjusz to wystarczające do działania prawdopodobieństwo, którego przyjęcie w praktyce jest z pewnością słuszne — i pewność ta jest bezwarunkowa. Tą moralną pewnością Kartezjusz zajmuje się na zakończenie *Zasad*. Widzimy tam, że w całej dziedzinie nauk realnych pewność moralna zajmuje miejsce pewności absolutnej, która jest osiągalna jedynie w metafizyce i matematyce. *Certitude morale* musi wystarczyć zarówno w fizyce, jak i w dyscyplinach, które opierają się na interpretacji tekstów. Modelem jest tu interpretacja tekstu. Co się wówczas dzieje — pyta Kartezjusz — gdy odczytujemy jakiś zaszyfrowany tekst? Jesteśmy pewni, że znaleźliśmy odpowiedni kod, jeśli tekst staje się sensowny. Przede wszystkim zaś, jeśli mamy do czynienia z dłuższym tekstem, to nie uważamy za „moralnie" wiarygodne, że przy innej interpretacji litery uzyskają również spójny sens. Interpretacja, która jest sensowna, jest zatem moralnie pewna. To samo odnosi się jednak do nauk przyrodniczych. „Więc ci, którzy zauważą, jak wiele z tak nielicznych zasad wywnioskowałem tutaj o magnesie, o ogniu, o budowie całego świata, choćby nawet sądzili, że te zasady przyjąłem tylko przypadkowo i bez [dostatecznej] racji, może jednak przyznają, że prawie zdarzyć by się nie mogło, by tyle rzeczy równocześnie się zgadzało, gdyby te zasady były fałszywe"[6]. Oznacza to: Miejsce oczywistości zajmuje tu sprawdzenie teorii jako potwierdzenie hipotez, na których się ona opiera. Subiektywnym odpowiednikiem tego sprawdzenia jest *certitude morale* — pewność moralna.

Pojęcie *certitudo moralis* nie jest wynalazkiem Kartezjusza. W XVI wieku używano go w dyskusjach pro-

---

[6] R. Descartes, *Zasady filozofii*, tłum. Izydora Dąbska, Wydawnictwo Antyk, Kęty 2001, s. 231.

wadzonych w ramach teologii moralnej. Kajetan, komentator św. Tomasza z Akwinu, wyraźnie krytykuje tych, którzy „nie potrafią odróżnić pewności moralnej od pewności matematycznej, uznając w wszystko za czystą «opinię»"[7]. „*Probabilis certitudo sufficit in moralibus*"[8] — na poparcie tej tezy J. Nyder, podobnie jak sto lat później Vitoria i wielu innych autorów, przywołuje rzekomą uwagę Arystotelesa z *Etyki nikomachejskiej*, zgodnie z którą w etyce nie można osiągnąć tego samego stopnia pewności, co w matematyce. Różnica w stosunku do Arystotelesa staje się jednak jasna, gdy zobaczymy, że w rzeczywistości Arystoteles nie mówi o różnych stopniach pewności, lecz dokładności αχριβια (*akribia*)[9]. Arystoteles w ogóle nie podejmuje dyskusji na temat tego, czy to, co mniej dokładne, jest również mniej pewne. Chrześcijańskim teologom moralnym chodziło jednak o problem pewności. Ich podejście zrozumiemy lepiej, jeśli uwzględnimy fakt, że punktem odniesienia była dla nich coraz bardziej praktyka spowiedzi. Prowadziło to do zasadniczo prawniczego ujęcia problemów. Pytanie o kwestie prawne jest jednak bardziej skupione na granicznym przypadku przekroczenia prawa niż na normalnej praktyce właściwego życia. Innym momentem myślenia prawniczego jest zainteresowanie w pewności prawnej. Pewność ta musi być obecna również wówczas, gdy obiektywna pewność co do *questio iuris* i *questio facti* jest nieosiągalna. Wypływają stąd liczne reguły prawne dotyczące postępowania w wątpliwych przypadkach, np. znane twierdzenie „*In dubio pro reo*" czy też mniej znane, ale jeszcze bardziej fundamentalne twierdzenie prawa cywilnego, które znajdujemy już w 88 *Regulae iuris* Bonifacego VIII: „*In pari delicto*

---

[7] Cajetan, *Summula de peccatis*, Roma 1525. Cyt. w: Thomas Deman, *Probabilisme*, w: *Dictionnaire de Théologie Catholique XIII*, 1, s. 455.

[8] J. Nyder, *Consolatorium timoratae conscientiae*, cyt. za: Th. Deman, cyt. wyżej.

[9] Arystoteles, *Etyka nikomachejska*, tłum. Daniela Gromska, BKF, PWN, Warszawa 1956, [2]1982, 1094 b.

vel causa potior est conditio possidentis". Problem *igno-rantia iuris* [10] stanie się później jednym z głównych wąt-ków wielkiej dyskusji etycznej w XVI wieku — sporu o tak zwany probabilizm. Podstawowy postulat jest za-wsze ten sam: Działający musi być pewien, że ma ra-cję, nawet wówczas, gdy treściowego pytania o słusz-ność działania nie da się rozstrzygnąć w sposób, który nie budziłby wątpliwości. Autorzy późnego średniowie-cza — św. Albert, św. Tomasz z Akwinu, Duns Szkot — bronili twierdzenia, że w przypadku wątpliwości na-leży wybrać pewniejszą drogę. Pewniejsze jest jednak to, co *"quod habet minus de periculo"* [11]. Oznacza to, że narażanie się na uczynienie czegoś moralnie złego jest moralnie złe. I odwrotnie: Jak pisze Duns Szkot, również w przypadku wątpliwości działający może mieć pewność — wówczas, gdy przez cały czas unika ryzyka przekroczenia prawa [12].

To nastawienie, które później znalazło wyraz w insty-tucji tutora, powoli zostało zneutralizowane przez pyta-nie: Jak bardzo musi być uzasadniona wątpliwość co do dopuszczalności działania, aby działanie to musiało zostać uznane praktycznie za niedozwolone? W przeciw-nym bowiem razie skrupulant grzeszyłby nieustannie, gdyż ciągle ma wątpliwości. J. Gerson zaleca drogi usu-wania wątpliwości — rozstrzygającą rolę odgrywają tu odwołania się do panujących obyczajów i do rady sza-nowanych osób [13]. Hiszpańscy teologowie Medina i Su-arez ostatecznie odwracają relację pomiędzy osądem i ciężarem dowodu. Jest to całkowite zwycięstwo no-wożytnego myślenia prawniczego. Logika Suareza jest nie do odparcia: Ciężar dowodu spoczywa na oskar-życielu. Prawo, które nie zostało ogłoszone w sposób

---

[10] Por. Odon Lottin, *Le problème de l'ignorantia iuris de Gratin à saint Thomas*, „Rech. de théol. Anc. et mediév." V, 1933.

[11] Tomasz z Akwinu, *Summa Theologiae*, III, q. 83, a 6, ad 3.

[12] Por. Duns Scotus, *In 1 um Sent.* prol. q. II, u. 15.

[13] Por. Th. Deman, cyt. wyżej, s. 119, przyp. 7.

wystarczający, nie może obowiązywać[14]. Uzasadniona wątpliwość co do istnienia zobowiązania moralnego daje prawo uznania jej za nieistniejącą. W przypadku wątpliwości obowiązuje twierdzenie: *melior est conditio possidentis*. Z tego dawnego twierdzenia wyprowadza się teraz domniemanie na korzyść wolności jednostki, gdyż w odniesieniu do wolności człowiek jest w sytuacji posiadającego[15]. Odniesienie do sędziowskiej perspektywy spowiednika i jej przeniesienie na sytuację działającego stają się najbardziej widoczne w twierdzeniu, zgodnie z którym wolno działać wbrew własnemu przekonaniu moralnemu, jeśli na rzecz przeciwnego i bardziej zgodnego z interesem przekonania racje przedstawia uznany autor. Taka neutralizacja własnego przekonania, które staje się jedną z wielu opinii, obowiązuje sędziego. Powinien on wziąć pod uwagę przekonanie jednej strony również wówczas, gdy nie jest ono zgodne z jego własnym przekonaniem. *In dubio pro reo* obowiązuje również wówczas, jeśli sam sędzia przekonany jest o winie oskarżonego. Czasami powinien on uznać *dubium* również tam, gdzie on sam nie ma wątpliwości.

Kartezjańskie pojęcie pewności praktycznej trzeba widzieć w kontekście tych dyskusji. Jeśli w stosunku do opinii z podręczników teologii moralnej jego stanowisko jest tak proste i wolne od kazuistyki, to jest tak dlatego, że idzie on do końca drogą, na którą wkroczyły tak zwane refleksyjne systemy moralne. Skomplikowanie i wątpliwa szczerość kazuistyki, którą Pascal na zawsze wystawił na pośmiewisko, wypływały bowiem z tego, iż opierała się ona na antynomii. Z jednej strony znajdował się obszar obiektywnych norm, zasadniczo dostępnych intuicji teoretycznej, których prawne ujęcie było syntezą stoickiej nauki o prawie naturalnym, biblijnego pojęcia prawa i dyscypliny kościelnej. Z drugiej strony zaś znajdowała się *proxima regula morali-*

---

[14] Francisco Suarez, *De bon. et mal. hum. act.*, disp. XII, sect. 5, w: *Opera omnia*, ed. Vivés, t. IV, s. 448.
[15] Tamże.

tatis, tj. sumienie. Z początku rozumiano wprawdzie sumienie jako organ, poprzez który przemawia obiektywny porządek moralny. Szybko pojawił się jednak problem tak zwanego błędnego sumienia, które według nauczania uznanych autorów nie może po prostu przestać obowiązywać. Nauka o błędnym sumieniu stanowi właśnie *missing link* pomiędzy klasyczną etyką prawa naturalnego i nowożytną filozofią podmiotowości. Jeśli bowiem sumienie zobowiązuje również wówczas, gdy myli się co do obiektywnych zobowiązań, to wydaje się, że źródłem jego obowiązującego charakteru nie mogą być owe obiektywne zobowiązania. W konsekwencji Kant traktuje pojęcie błędnego sumienia jako *contradictio in adjecto*. Decydujący krok dokonuje się jednak u Kartezjusza. Problem obiektywnej słuszności działania, tj. jego zdatności do osiągnięcia najwyższego dobra, zostaje tu wyraźnie odłożony na bok jako na razie nierozwiązywalny. *Certitudo moralis*, która za pomocą coraz bardziej skomplikowanych manewrów rozluźniła więź z teoretyczno-obiektywną pewnością, zrywa ją teraz prostym ruchem.

Owo oderwanie praktycznej pewności od pewności teoretycznej oznacza odejście od klasycznego eudajmonizmu. Również ten proces można obserwować u Kartezjusza. W listach do księżniczki Elżbiety i do królowej Krystyny Szwedzkiej nawiązuje on najpierw do starożytnych doktryn moralnych i ich nauki o dobru najwyższym, a jego celem jest synteza koncepcji perypatetyckiej, stoickiej i epikurejskiej. „[...] dobrem najwyższym wszystkich ludzi jest ogół czy zbiór wszystkich dóbr zarówno duchowych, jak cielesnych oraz związanych z pomyślnością losu — które mogą posiadać niektórzy ludzie"[16]. W liście do Elżbiety owa pełnia dóbr zostaje utożsamiona z Arystotelesowską eudajmonią i określona jako „wszystkie doskonałości, do jakich

---

[16] R. Descartes, *List do Krystyny, królowej Szwecji z 20 sierpnia 1647*, w: tenże, *Listy do księżniczki Elżbiety*, tłum. Jerzy Kopania, BKF, Wydawnictwo Naukowe PWN, Warszawa 1995, s. 122.

natura ludzka jest zdolna"[17]. W ten sposób eudajmonia pozbawiona zostaje swojego zakorzenienia w *polis*, a staje się utopijno-uniwersalną zasadą dobrobytu całej ludzkości. Tym samym jednak traci swój konkretny, praktyczny wymiar. „[Takie rozumienie] nie jest przydatne do naszego użytku"[18], tj. do określenia aktualnej *praxis* jednostki. Dlatego najwyższe dobro „każdego człowieka z osobna" jest „czymś innym" i „polega na silnej woli czynienia dobra i na zadowoleniu z tego płynącym"[19]. Pierwsza zostaje utożsamione z zasadą moralną Zenona, przyjemność zaś jest zasadą moralną Epikura. Oderwanie subiektywnej moralności od powszechnej eudajmonii wypływa z tych samych racji, co oderwanie praktycznej pewności od stanu wiedzy teoretycznej. Jeśli pewność praktyczna jest stanem, w którym człowiek jest zabezpieczony przed czynieniem samemu sobie zarzutów, to działanie moralne nie może być wówczas definiowane przez bezpośrednie odniesienie do powszechnej eudajmonii. Odniesienie to nie zapewnia bowiem bezpieczeństwa; nie zależy od nas. Ani dobra ciała, ani bogactwo nie zależą ostatecznie od nas. Podobnie poznanie nie zależy często od naszych wysiłków. Jedynym dobrem, które w sposób absolutny zależy od nas, jest dobra wola. Polega ona na tym, aby „mieć mocną i niezmienną wolę czynienia wszystkiego, o czym sądzimy, że jest najlepsze, i używania całej mocy naszego intelektu, by o tym trafnie osądzać"[20]. Na tej dobrej woli i na towarzyszącym jej z konieczności „zadowoleniu" polega — w przeciwieństwie do obejmującej wszelkie dobra szczęśliwości — najwyższe dobro praktyczne. Związek tej subiektywnej moralności dobrej woli z obiektywnym celem powszechnego dobrobytu jest tylko pośredni, chociaż jest on jednoznaczny — jest on dany na okrężnej drodze postulatu teorii na-

---

[17] Tamże, *List do Elżbiety z 18 sierpnia 1645*, s. 44.
[18] Tamże.
[19] Tamże, *List do Krystyny*, s. 122.
[20] Tamże, *List do Elżbiety*, s. 46

ukowej. Koniecznym elementem zdecydowania dobrej woli jest zaangażowanie wszelkich sił w poznanie tego, co najlepsze. Poznanie to nie polega już jednak na wysiłku rozumu praktycznego, który ukierunkowany jest konkretną sytuacją, lecz na oddalonej od *praxis* nauce. Jedynie od niej — jako jej ostatecznego owocu — można oczekiwać wglądu w te związki przyczynowe, od których zależy ludzki dobrobyt, wglądu, który stanie się podstawą naukowej medycyny i moralności. „Wystarcza więc sądzić właściwie, by czynić dobrze, a sądzić najlepiej jak można, by czynić też to, co da się najlepszego, to znaczy, by zdobyć wszelkie cnoty, a zarazem wszystkie pozostałe dobra nam dostępne"[21]. Dlatego prowizoryczna moralność, którą Kartezjusz przedstawia w *Rozprawe o metodzie* i która polega na zawieszeniu własnego sądu w sprawach moralnych, jest usprawiedliwiona wyłącznie przez leżący u jej podstaw zamiar, aby „zdobyć pewność"[22], tj. aby praktykować metodyczną naukę. Dopóki warunki ogólnego największego dobra nie są dostępne teoretycznie i praktycznie z absolutną pewnością, jest to jedyny realnie możliwy przyczynek jednostki do jego urzeczywistnienia. Ten, kto uprawia naukę, wnosi jedynie możliwy przyczynek do przyszłej racjonalnej cywilizacji powszechnej, to zaś zwalnia go od zaangażowania na rzecz przemiany całości w ramach obecnej *praxis*. Wolność badań naukowych byłaby zatem jedynym Kartezjańskim postulatem w stosunku do istniejącego porządku, którego kształt jest poza tym obojętny. Działanie w ramach tego porządku kieruje się trzema maksymami prowizorycznej moralności, które dają działającemu bezwarunkową pewność moralną.

Muszę zrezygnować z nasuwającego się porównania z Kantowskim sposobem podejścia do etyki. Na zakończenie chciałbym przedstawić jedynie kilka uwag na temat aktualności podejścia Kartezjusza. Wydaje się, że

21 R. Descartes, *Rozprawa o metodzie*, s. 33.
22 Por. tamże, s. 34.

certitudo moralis najmniej sporna jest tam, gdzie chodzi o tak zwane sumienie naukowe. Tu właśnie jest
jej właściwe miejsce. W nauce mamy bowiem z jednej strony przepaść pomiędzy tymczasowością wszelkich teorii i koniecznością przyjęcia jej sprawdzenia się
jako weryfikacji, a z drugiej strony ów „pewny krok",
który nie budzi w nas wątpliwości co do tego, jaki jest
stan nauki. Tutaj mamy do czynienia z tą wolnością
od żalu — również w przypadku tego, kto się pomylił — która stanowi o istocie *certitudo moralis*. Inaczej
rzeczy się mają wówczas, gdy w grę wchodzi działanie.
W tym przypadku wiedza o tym, że również błąd pełni
metodycznie ważną rolę w postępie nauki, na nic się
nie przyda. Dla medycyny nieudana terapia może być
wartościowym etapem. Dla pacjenta jest czymś zupełnie innym, a mianowicie końcem jego życia. Skończo-
ność egzystencji i nieskończoność postępu sprawiają,
że wartości te są niewspółmierne. Dlatego też Kartezjusz nie chciał uzależniać decyzji egzystencjalnych od
każdorazowego stanu nauki, lecz całkowicie wyłączał
je z procesu naukowego. Dla nas nie jest to już możliwe. Z jednej strony angażujemy się w rozwój nowoczesnej medycyny, z drugiej strony jednak nie czynimy
tego bez zastrzeżeń. Nawet jej jednomyślne zalecenia
nie są nieomylne. Często musimy wybierać pomiędzy
poglądami różnych szkół, które w samej nauce są kontrowersyjne. Aby móc podejmować takie decyzje, musimy zatem rozwinąć kryteria nienaukowe. Tak, istnieją
nieortodoksyjne drogi do sukcesu, drogi, które później
zostają wprawdzie włączone w metodyczny tok nauki,
ale związane z nimi sukcesy były możliwe właśnie dlatego, że pewne jednostki wybrały drogi, które nie były
aprobowane przez naukę. Nie inaczej ma się rzecz z pra-
wodawcą i politykiem. W większości przypadków musi
on podejmować decyzje nie dysponując pełną wizją ich
konsekwencji. Wiemy dzisiaj, że kara śmierci nie działa
odstraszająco. Ale wiemy to dlatego, że wiele krajów
zdecydowało się na jej zniesienie, zanim można było od-

powiedzieć na to rozstrzygające pytanie. Wszelkie działania, których skutki są długofalowe, wymagają przyjęcia założenia, na które wskazał Georg Edward Moore[23], a mianowicie, że skutki dobroczynne krótkofalowo przekładają się na skutki dobroczynne również długofalowo.

Wspomniane rodzaje niepewności dotyczą *questiones facti*. Nie inaczej jest jednak z *questiones iuris*. Cała etyka polityczna świata zachodniego jest moralnością prowizoryczną w sensie Kartezjusza. Dzisiaj nazywamy ją pluralistyczną. Mamy w niej do czynienia z regułami współżycia przy założeniu, że pytania o ostateczne zobowiązania są kontrowersyjne. Wydaje się, że w ten sposób pytania, ze względu na które niegdyś umierano lub zabijano, po cichu tracą swoje praktyczne znaczenie. Tym, co pozostaje, jest złota reguła. Ale natychmiast również ona staje się podstawą nowych konfliktów[24]. Staje się ona dzisiaj narzędziem, za pomocą którego problem etyczny staje się na nowo problemem należącym do sfery politycznej, z której swego czasu został wyłączony. Istnieje wiele sposobów działania, które służą dobru wspólnemu, ale są sensowne tylko wówczas, gdy porządek polityczny wymusza ich powszechne przestrzeganie. Na tym właśnie polegała fundamentalna intuicja Thomasa Hobbesa. Ten, kto w okresie przegrzanej koniunktury z towarzyszącą jej tendencją inflacyjną odpowiada na publiczny apel o rezygnację z konsumpcji, działa moralnie wówczas, gdy może zasadnie oczekiwać, że większość obywateli zachowa się tak samo. Jeśli tak nie jest, to oszczędzanie przynosi jednostce szkodę, a nikomu nie przynosi korzyści. Nie wystarczy móc chcieć, aby maksyma własnego działania stała się maksymą powszechną prawodawstwa, jeśli to chcenie postrzegamy jako skazane na bezsilność. Obchodzenie

---

[23] Por. George Edward Moore, *Principia Ethica*, Cambridge [8]1959; wyd. niem.: *Principia ethica*, Reclam, Stuttgart 1970, s. 150 n.

[24] Na temat dialektyki neutralizacji por. Carl Schmitt, *Das Zeitalter der Neutralisierungen und Entpolitisierungen*, w: tenże, *Der Begriff des Politischen*, Berlin 1963.

trawnika, aby go nie zniszczyć, jest bezsensowne, gdy codziennie przechodzi nim tysiące ludzi. To jest właśnie miejsce, w którym kwestionuje się dzisiaj rozdział moralności prywatnej i politycznej eudajmonii w ramach społeczeństwa obywatelskiego. Nowa rewolucyjna moralność rozumie siebie jako otwartą negację moralności prowizorycznej, jako ostateczną, opartą na nauce *praxis*, która zmierza do ustanowienia racjonalnej cywilizacji światowej już nie w sposób pośredni, lecz bezpośredni. Nie podziela ona domniemania, że to, co lepsze jest następstwem tego, co dobre, lecz zakłada, że najpierw musi być gorzej, aby później było lepiej. Jako negacja „relacji naturalnych" jest ona zarazem negacją tych trzech instancji, które w pierwszej maksymie Kartezjusza stanowią moralną legitymizację działania. Prawa danego kraju i religia nie mogą być podstawą legitymizacji, gdyż to raczej one właśnie są przedmiotem zmierzającej do ich przemiany *praxis*. Jeśli zaś chodzi o przykład rozsądnych ludzi, to jako „*bien pensants*" ludzie ci, również poza ruchem rewolucyjnym, dawno już zostali poddani krytycznej relatywizacji. Istnieją oni co prawda po obu stronach „światowej wojny domowej", gdyż po obu stronach istnieje *establishment*. Ze społecznego i psychologicznego punktu widzenia ich struktura jest podobna, nawet jeśli ich oficjalne maksymy są sprzeczne. Kartezjusz radził jednak, aby za miarę brać nie oficjalne maksymy, lecz rzeczywiste zachowanie. Ale w miarę, jak zachowanie to zaczyna rzeczywiście wykazywać wspólne rysy, zostaje ono poddane nowej powszechnej krytyce, która kwestionuje cały *establishment*, niezależnie od miejsca, w którym się znajduje. Mao-Tse-Tung nie jest rozsądnym człowiekiem w sensie Kartezjusza, ale nie są też nimi Gandhi, Charles de Foucauld czy Albert Schweitzer. Wszyscy oni stali się jednak powszechnymi wzorcami moralności, których nie pojmują się jako prowizoryczne.

Również trzecia maksyma Kartezjusza: „Należy raczej ograniczyć własne pragnienia, niż dążyć do zmiany porządku świata" nie jest już gwarancją *certitudo moralis*. Porządki społeczne stały się dynamiczne i opierają się między innymi na tym, że przez mobilizację pragnień wytwarza się produktywne niezadowolenie. W tym kontekście Kartezjańska maksyma wydaje się konserwatywna, należąca do cywilizacji myślącej statycznie, a zatem i ona nie może być źródłem pewności praktycznej. Wydaje się, że tylko druga maksyma jest zawsze podstawowym warunkiem wszelkiego sensownego działania, chociaż ma ona charakter bardzo formalny: Należy iść raz obraną drogą dopóty, dopóki jej fałszywość nie zostanie udowodniona. Chcenie jest równoznaczne z ustanowieniem pewnej ciągłości. Chcenie, którego jego podmiot nie uznaje za wiążące, lecz w każdej chwili dopuszcza dowolną zmianę celów, nie jest chceniem, lecz bezsilnym pragnieniem (*Wünschen*). Dopóki nie mam lepszych racji dla mego działania, wystarczającą racją jego kontynuowania musi być fakt, że chciałem go w pewnym momencie w przeszłości. Dopiero przez to konstytuuje się ponadczasowa jedność działającego podmiotu. Rzuca to również nowe światło na sens pierwszej maksymy. Istnienie instytucji jest bowiem w równej mierze zależne od tego, czy domniemanie przemawia na korzyść tego, co istnieje, a ciężar dowodu spoczywa na tym, kto pragnie zmiany. *Potior est conditio possidentis*. Jeśli wola zmiany chce odwrócić ciężar dowodu i zmierza do radykalnej przemiany, to — o ile nie chce zaprzeczyć samej sobie i przekształcić się w pielęgnowanie bezsilnego niezadowolenia — musi się sama zinstytucjonalizować i stworzyć rewolucyjną ciągłość. Owa tak trudna do podważenia maksyma pokazuje jednak zarazem, że nie można odciąć się biegu tego świata, tworząc sobie zamknięte królestwo moralnej pewności siebie. Nie da się podważyć maksymy, że powinienem zawsze czynić to, co najlepsze, a od tego, co robię, powinienem odstąpić tylko ze względu na to, co w oczywisty sposób jest lepsze. Kartezjusz sądził, że tym samym osiągnął to ostateczne zabezpieczenie przed żalem, o które mu chodziło. Zamiar, aby nigdy nie mieć powodu do żalu, jest równoznaczny z zamiarem, aby nigdy nie wystawiać się na doświadczenia, które dotyczą egzystencji, aby nie chcieć nauczyć się niczego więcej o sobie samym. Dla Kartezjusza oznaczało to postanowienie, aby odtąd bez zakłóceń uprawiać naukę, a doświadczenie dopuszczać tylko jako zaplanowany eksperyment, nie dopuszczając jednak do kwestionowania samego planu. Co jednak mamy robić wówczas, gdy niezaplanowane doświadczenie człowieka z samym sobą dotyczy tego właśnie postanowienia? Jeśli postanowienie to — tak jak to było w przypadku Pascala — dotyczy nauki? Jeśli podczas wykonywania planu jego założenia zaczynają się chwiać? Wobec doświadczenia, które stało się dialektyczne, *certitudo moralis*, która ukonstytuowana została jako *refugium* od losu i historii, staje się ponownie „stadium na drodze życia".

7. Dwuznaczność szczęścia (1990)

Dwuznaczne jest najpierw niemieckie słowo „szczęście" („*Glück*"). Po pierwsze znaczy ono „mieć szczęście" (łac. *fortuna*). Jest to szczęście, którego przeciwieństwo nazywamy „pechem". Odnosi się ono do przypadku, który sprzyja temu, czego pragniemy. Bajka o rybaku i jego żonie ilustruje jednak to, o czym wszyscy wiemy: Gdy to, czego pragniemy, spełni się, wówczas niejednokrotnie okazuje się, że pragnęliśmy nie tego, co trzeba. Nie tego, co trzeba — ale ze względu na co? Ze względu na dalsze, ogólniejsze pragnienia, które uświadamiamy sobie być może dopiero wówczas, gdy widzimy, że są daremne. Czy szczęście polega zawsze na tym, że mamy szczęście? W tym pytaniu słowo „szczęście" użyte jest w innym jeszcze sensie — w sensie *beatitudo, felicitas,* (gr. *eudaimonia*). Przeciwieństwem tak rozumianego szczęścia nie jest „pech", lecz „nieszczęście". „Szczęście" oznacza tu „bycie szczęśliwym". Można mieć szczęście i być nieszczęśliwym, można też mieć pecha, ale być szczęśliwym. Czy pojęte w tym sensie szczęście może również okazać się nie tym, co trzeba? Wydaje się to absurdalne. — Młody człowiek wyznaje swojemu ojcu, że chce poślubić Cilly. Ojciec jest temu przeciwny, gdyż dziewczyna niczego nie ma. Syn odpowiada, że tylko z nią może być szczęśliwy. Zarzut ojca: „Być szczęśliwy — a co z tego masz?" Dlaczego mamy tu do czynienia z żartem? Ponieważ „coś z czegoś mieć" oznacza tyle, co „być dzięki temu szczęśliwym". Z bycia szczęśliwym nie możemy ponownie „czegoś mieć".

Intuicję tę znajdujemy u początków filozofii, systematycznej refleksji o ludzkich sprawach w V wieku przed Chr. *Eudaimonia* — mówi Arystoteles — jest tym, czego nikt nie może nie chcieć. Jest ona miarą tego, czy rzeczywiście chcemy tego, czego poza tym chcemy, czy też chcemy tego tylko dlatego, że nie wiemy, iż nie da się owego czegoś pogodzić z tym, czego *chcemy naprawdę*. Czy jednak istnieje coś, czego *naprawdę chcemy*? Czy nie chcemy po prostu tego lub tamtego? Na rzecz istnienia takiego „najwyższego dobra" filozofowie greccy przytaczali dwa argumenty. Po pierwsze fakt, na który już wskazywałem: Rzeczy, których pragniemy, często nie dotrzymują tego, co obiecują. Jak to możliwe? Najwidoczniej rzeczy obiecują coś, co je przekracza. To, co obiecują, Grecy nazywali *eudaimonią*. Po drugie, ktoś, kto pragnie raz tej, a raz tamtej rzeczy, czasami zaś pragnie rzeczy, których nie da się ze sobą pogodzić, nie żyje w zgodzie z samym sobą; jak mówili starożytni, nie żyje ze sobą „w przyjaźni". Ma poczucie, że nie ma tego, czego pragnie, i że nie znajduje tego, czego szuka. Ktoś taki musiałby się nauczyć jedności chcenia. Platon pisze, że istnieje forma jedności chcenia, która jest w pewnym sensie przeciwieństwem *eudaimonii* — jest to chcenie tego, kto znajduje się pod panowaniem jakiejś namiętności. Narkomanowi chodzi w istocie tylko o jedno: O zdobycie i o zażycie narkotyku. Tylko to pozostało dla niego ze szczęścia. Owo tyrańskie pragnienie wypiera wszelkie inne pragnienia. *Eudaimonia* nie jest natomiast celem, który wypiera wszelkie inne cele. Umożliwia ona raczej integrację wszystkich ludzkich bodźców i energii.

Czym jednak jest *eudaimonia*, którą w języku niemieckim tłumaczymy na sztuczne słowo „szczęśliwość" (*Glückseligkeit*)? O ile wiem, słowo to przeszło do języka potocznego tylko w Kolonii, gdzie ludzie życzą sobie „szczęśliwego (*glückseliges*) Nowego Roku". Marcus

Terentius Varro, a za nim św. Augustyn, wyliczyli 288 odpowiedzi na pytanie, czym jest szczęśliwość. Według św. Augustyna, liczba tych odpowiedzi jest wskazówką, że pojęcie ziemskiej szczęśliwości jest kwadraturą koła. Iluzoryczne są przede wszystkim wysiłki tych filozofów, którzy chcieliby uzależnić bycie szczęśliwym od tego, czy ktoś „ma szczęście" (*fortuna*). Ten, kto ma wielkiego pecha, np. jest bardzo depresyjny, nie może być jednocześnie szczęśliwy. To, co w sposób nieunikniony antycypujemy w pojęciu szczęśliwości, obejmuje wolność od trosk i dlatego nie może być zrealizowane w warunkach ziemskich. Tę realizację trzeba przesunąć poza granicę śmierci. Jako taka przekracza ona zatem obszar kompetencji filozofii. Filozofia może wprawdzie uzasadnić taką nadzieję i czyniła to od Platona do Kanta. Nie może jednak ująć treści takiego pojęcia szczęścia. Obowiązują tu słowa: „To, czego oczy nie widziały i czego uczy nie słyszały; co nie stało się udziałem żadnego ludzkiego serca". Jeśli jednak tak jest, to pojęcie to nie może stanowić ram i kryterium oceny tego, jakie działania i postawy są dobre, a jakie złe. Moralność nie jest już definiowana jako kwintesencja tego, co czyni nas szczęśliwymi, lecz jako kwintesencja tego, co — jak mówi Kant — sprawia, że zasługujemy na szczęście. Dobro moralne nie jest już tym, czego każdy naprawdę chce, lecz tym, co każdy powinien czynić. Cnota nie jest definiowana jako element szczęśliwego życia; to szczęście staje się nagrodą za cnotę. O tym szczęściu mówią religia i teologia, etyka nie zajmuje się natomiast tym, czego naprawdę chcemy, lecz tym, co powinniśmy. Pojęcie powinności staje się podstawowym pojęciem etycznym. Teza Kanta, zgodnie z którą przestrzeganie tego, co moralnie powinne, jest ostatecznie podstawą zasługiwania na szczęście, jawiła się później Schopenhauerowi jako powrót do tradycji eudajmonistycznej. Intuicja moralna musi obowiązywać również ateistę, który sądzi, że wszystko kończy się wraz ze śmiercią. Dlatego trzeba ją całkowicie oddzielić od idei szczęścia. Co więcej, człowiekiem rzeczywiście moralnym jest wówczas dopiero ateista, gdyż czyni on dobro bez oglądania się na zapłatę.

Rzeczywiście, dopiero w etyce ateistycznej dokonuje się pojęciowy rozdział dążenia do szczęścia i powinności. W tradycji chrześcijańskiej natomiast ten, kto nakazuje, czyli ten, którego chcenie przyjmuje dla nas charakter powinności, mówi jednocześnie do Mojżesza „Ja będę twoją nagrodą"[1]. Po drugie w rozumieniu tradycji chrześcijańskiej treść prawa moralnego rozumiana jest zawsze jako to, co służy urzeczywistnieniu istoty ludzkiej i dlatego może być poznane również bez znajomości dziesięciu przykazań. Po trzecie, najgłębszy motyw moralności leży również u podstaw szczęśliwości — jest nim bowiem miłość. Dlatego mówi się o niej, że w odróżnieniu od wiary i nadziei nigdy się kończy, lecz jest tym, co łączy życie po tej i po tamtej stronie granicy śmierci. Kant natomiast odrzuca miłość jako motyw moralny. Jedynym motywem jest „poszanowanie prawa". Powiązanie moralności i szczęścia w sensie zasługiwania na szczęście jest tylko zewnętrzne. Jeśli chcę tego, co powinienem, to otrzymuję to, czego chcę. Problem polega na tym, że czyste pojęcia powinności, które nie jest zakorzenione w poprzedzającym je chceniu, jest ideą, która nie jest w stanie się ostać. Zachęca do tego, aby ją zdemaskować. Takim demaskatorem był Nietzsche. Postawił on pytanie o chcenie, które kryje się za taką powinnością. I podobnie jak Platoński Kalikles sądził, że chcenie to odnalazł w resentymencie słabych wobec silnych. Moralność jest środkiem, za pomocą którego słabi bronią się przed naturalnym prawem silniejszych. Argument Sokratesa był zaś następujący: Jeśli masa słabych jest na tyle silna, aby narzucić mniejszości silnych cugle moralne, to oznacza to, że są oni silniejsi. Co zatem jest tu nie w porządku? Konsekwentny amoralizm w ogóle nie może być krytyczny,

---

[1] *Rdz.* 15, 1.

lecz musi — tak jak fizyk — patrzeć na każdy stan jako na wynik działania równoległoboku sił. Stwierdzenie, że coś powinno być inne, niż jest, zakłada już perspektywę nie fizyczną, lecz moralną. Dotyczy to również tego, kto mówi, że moralność nie powinna istnieć. „Powinność" jest tu co najwyżej *quasi-*fizycznym, psychologicznym narzędziem manipulacyjnym tego, kto chciałby doprowadzić do zaniku idei powinności. Jeśli mu się powiedzie, to dobrze. Jeśli nie, to twierdzenie, iż właściwie to on miał rację, nie ma sensu. Rację ma tylko ten, kto potrafi się przebić.

Los, który spotkał ideę czystej powinności, traktujemy jako okazję do ponownego przyjrzenia się wyrzuconej z etyki idei tego, czego naprawę i właściwie chcemy, czyli idei szczęścia jako podstawowego pojęcia moralnego. Nie chodzi nam przy tym o chcenie, które kryje się za powinnością i dlatego musi być zdemaskowane, lecz o chcenie, które leży u podstaw wszelkiej powinności. To właśnie chcenie jest jedyną instancją, która jest w stanie uprawomocnić powinność.

Jeśli to, co powinienem, nie ma nic wspólnego z tym, o co chodzi mi w życiu, wówczas przestaje mnie to ochodzić. Mogę zawsze powiedzieć: „Dlaczego powinienem?" A kiedy ktoś próbuje mi to wyjaśnić, wówczas mogę odpowiedzieć: „Ale dlaczego powinienem chcieć tego, co powinienem? Wcale tego nie chcę" Odpowiedź: „Ponieważ powinieneś" nie wystarcza. Uzasadnienie powinności porusza się w kole i nie ma z niego żadnego przejścia do tego koła, w którym kręci się ten, kto zamyka się w swoim niewrażliwym na racje chceniu.

Ten, kto chce odnowić ideę *eudaimonii,* szczęścia, jako tego, czego wszyscy naprawę chcemy, musi najpierw przyjrzeć się powodom, ze względu na które idea ta została swego czasu porzucona. Powody te płyną z wewnętrznych sprzeczności tej idei, z dwuznaczności szczęścia. Idąc za Varro można by przecież wyliczyć 288 teorii najwyższego dobra.

Tę wieloznaczność chciałbym teraz nieco rozjaśnić.

1. Kiedy w V wieku przed Chrystusem Grecy po raz pierwszy postawili pytanie, czego właściwie i naprawę chcemy, to pierwsza odpowiedź nie różniła się od tej, z jaką często spotykamy się również dzisiaj: Tym, o co chodzi każdej istocie żyjącej, a zatem także człowiekowi, jest ἡδονή (hedone), przyjemność. Powiedzmy ogólnie: subiektywnie dobry stan (Wohlbefinden). Chcemy czuć się dobrze. Na początku naszych rozważań mówiłem, że bywa tak, iż to, do czego dążymy, nie daje nam tego, co obiecuje. Fenomen ten można ławo zinterpretować: Osiągnęłyśmy to, czego chcieliśmy, a mimo to nie czujemy się dobrze. A zatem — wnioskowali sofiści — w istocie chodziło nam o to, aby czuć się dobrze, a to, do czego dążyliśmy, było tylko środkiem do tego celu. Filozoficzny hedonizm, który w sposób najbardziej subtelny został opracowany przez Epikura, jest sztuką maksymalizacji przyjemności. Poucza on, aby nie dać się pochłonąć rzeczom, dobrom i wartościom, lecz uświadomić sobie to, o co ostatecznie i wyłącznie może nam chodzić: o eudaimonię, szczęśliwość. To zaś może znaczyć tylko jedno: maksymalne subiektywne dobre samopoczucie (Sichwohlfühlen). Słowo „dobrostan" („Wohlbefinden") byłby już słowem niestosownym. Obejmuje ono bowiem coś takiego, jak pełnia zdrowia. W perspektywie hedonistycznej również zdrowie jest jednak tylko środkiem. Choroba jest zaś tylko o tyle złem, o ile zagraża ciągłości dobrego samopoczucia. Nawiasem mówiąc, hedonizm doprowadził Epikura do wyciągnięcia wyraźnie ascetycznych konsekwencji. Zauważył on, że przyjemności nie można dowolnie mnożyć; znajduje się ona bowiem w pewnej relacji do potrzeb człowieka. Ten, kto konsekwentnie prowadzi proste, ubogie w potrzeby życie, czuje się z kawałkiem chleba z serem i szklanką wody równie dobrze, co wyrafinowany smakosz spożywający najbardziej wymyślny posiłek — a jeśli ma dobry apetyt, to prawdopodobnie nawet lepiej. Głód jest najlepszym kucharzem. Mądre jest zatem takie ograniczanie własnych potrzeb, aby ich zaspokojenie było

łatwe i regularne. Ponadto należy prowadzić spokojne
życie z niewielką liczbą przyjaciół, unikając wszelkich
zaangażowań politycznych. Wikłają one bowiem człowieka w procesy zależne od nazbyt wielu czynników,
nad którymi nie można zapanować i dlatego nieustannie zagrażają one naszemu dobrostanowi. Wolność od
nadziei i obaw stanowi istotny element hedonistycznego
szczęścia.

Ale czy rzeczywiście jest tak, że naprawę i przede
wszystkim chodzi nam o przyjemność, czyli o to, by
czuć się dobrze? A nade wszystko: Czy jest tak, że naj-
większa radość jest udziałem tego, komu zawsze chodzi
wyłącznie o własną radość? W pewnym miejscu Epikur stwierdza, że swoją teorię opracował na podstawie obserwacji zwierząt i niemowląt, czyli tych istot,
których sposób życia jest wprawdzie całkowicie eks-
trawertyczny, ale właśnie dlatego znajdują się zawsze
w centrum swojego otoczenia, kierując się wyłącznie zasadą przyjemności, ponieważ obiektywne cele, ku którym kieruje je ta zasada, poczynając od zachowania
własnego istnienia oraz istnienia własnego gatunku, dla
nich nie istnieją. Ptak, który czuje potrzebę zbudowania
gniazda, nie musi myśleć o swoim potomstwie. Specyficznie ludzka radość — w odróżnieniu od stanów czysto
fizycznej przyjemności — jest jednak z istoty intencjo-
nalna. Nie jest ona jedynie radością czymś *spowodo-
waną*, lecz radością *z powodu* czegoś. Radość ta jest
najbardziej intensywna wówczas, gdy jej tematem nie
jest ona sama, lecz to, z powodu czego się radujemy.
Zauważył to również Epikur stwierdzając, że do szczęśliwego życia należy posiadanie dobrych przyjaciół. Dobrych przyjaciół człowiek może mieć tylko wówczas, gdy
sam jest dobrym przyjacielem. Dobrym przyjacielem jestem jednak tylko wtedy, gdy zależy mi na dobru mego
przyjaciela, który nie jest dla mnie tylko środkiem do
mego dobrego samopoczucia. Jeśli ktoś — pisze Epikur — chce być dobrym przyjacielem, to musi być gotowy do tego, aby w razie konieczności oddać życie za

swoich przyjaciół. Dokładnie takie same słowa czytamy w *Ewangelii według św. Jana*. Konsekwentny hedonizm znosi sam siebie. Ostatecznie odkrywa intencjonalną, obiektywną stronę szczęścia jako warunek strony subiektywnej. Co więcej, odkrywa, że warunek ten spełniony jest tylko wtedy, gdy chodzi nam o niego samego — a nie tylko o ile jest on warunkiem dobrego, subiektywnego samopoczucia. „Kto straci swoje życie, ten je ocali". Jeśli hedonizm podpisuje się pod tym twierdzeniem, to nie jest już hedonizmem. Epikur widział jednak, że musi się pod nim podpisać. Jeśli zaś tak jest, to szczęśliwość nie może być równoznaczna z maksymalizacją przyjemności. Taki wniosek wyciągnęli z tej intuicji już Platon i Arystoteles.

Aby to sobie lepiej uzmysłowić, proszę sobie wyobrazić następującą, należącą do gatunku *science fiction* sytuację: Pracownik służby medycznej — bo nie chciałbym nazywać go „lekarzem" — proponuje Państwu następującą optymalizację waszej sytuacji życiowej: Pod narkozą może otworzyć Państwa czaszkę i do określonych miejsc w mózgu podłączyć kable, przez które będą przesyłane impulsy elektryczne. Podrażnienie określonych partii mózgu doprowadzi do tego, że będą się Państwo znajdować w nieustannym stanie intensywnego dobrego samopoczucia — aż do euforii. Prawdopodobnie — z zewnątrz nie można tego powiedzieć z całą pewnością — towarzyszyć im będą niezwykle przyjemne obrazy, wyobrażenia i przekonania dotyczące rzeczywistości. Ów sta będzie trwał do 85. roku życia i zakończy się bezbolesną śmiercią.

Postawmy sobie teraz pytanie: Czy ktoś z nas byłby gotowy przyjąć tę propozycję po przyjrzeniu się kilku pacjentom, którzy leżą w prywatnej klinice zaślinieni i szczęśliwi? Szczęśliwi? Jeśli szczęście oznacza stan tego, z kim byśmy się chętnie zamienili, to czy mamy tu do czynienia ze szczęściem? Próba zrozumienia szczęścia jako całkowicie subiektywnego stanu upada. Zdarza się, że komuś umierającemu nie mówimy o defi-

nitywnym niepowodzeniu projektu, któremu poświęcił
całe życie, a umierającemu królowi nie mówimy o miaż-
dżącej klęsce, o której jeszcze nic nie wie. Czy jednak
znaczy to, że po śmierci nazwiemy go szczęśliwym dlatego, że umarł żywiąc przyjemne złudzenia? Arystoteles
sądził, że po śmierci danego człowieka nawet los jego
dzieci decyduje o tym, czy możemy go nazwać definitywnie szczęśliwym. Szczęście, *eudaimonia*, rozumiane
jest tu najwidoczniej inaczej, a mianowicie jako spełnienie życie, którego najwyższych kryterium nie jest czyste poczucie spełnienia. Jeśli życie istoty rozumnej ma
być spełnione, to musi mieć coś wspólnego z prawdą.
„Raduje się z prawdą" — jak mówi słynny 13. rozdział
Pierwszego Listu do Koryntian.

    Czy jednak subiektywne przeżycie spełnienia, czyli
radość, nie jest częścią tego, co nazywamy „szczęśliwością"? Tak, mówią Platon i Arystoteles, ale tylko jako
element wtórny, drugorzędny. Do godności człowieka
należy pragnienie, aby nie być oszukiwanym. Gdybyśmy musieli wybierać, to wolelibyśmy, aby to, na czym
nam zależy, spełniło się, nawet jeśli nie mielibyśmy się
o tym dowiedzieć, niż żeby wmówiono nam, iż tak się
stało, podczas gdy w rzeczywistości wcale tak nie było.
Oznacza to: To, czego w gruncie rzeczy chcemy — szczęście — ma stronę zewnętrzną, obiektywną, której nie
można przełożyć czy przeformułować na język subiektywny. Tę stronę chcę tu nazwać „spełnieniem życia".

    Cóż jednak może znaczyć „spełnienie życia"? Nie
może znaczyć, że dane życie było korzystne tylko dla innych. W przeciwnym razie życie niewolnika mogłoby być
życiem spełnionym w najwyższym stopniu. Arystoteles
mówi natomiast, że szczęśliwe życie w ogóle nie może
być udziałem niewolnika. Dlaczego? Ponieważ niewolnik nie robi tego, co chce. Wprawdzie również życie
w posłuszeństwie może być szczęśliwe — wówczas, gdy
posłuszeństwo jest dobrowolne, jak to jest na przykład
w przypadku zakonnika lub żołnierza. Ktoś taki, gdy
jest posłuszny, robi to, czego w gruncie rzeczy i naprawę

chce. Dlatego jego życie, mierzone miarą wewnętrzną, może być spełnione. Nie jest tak w przypadku niewolnika, który był pożyteczny tylko dla innych, ale z owego pożytku nie uczynił sensu własnego życia.

2. W pojęcie spełnionego życia pojawia się jednak to samo napięcie, które doprowadziło do jego powstania. Idea spełnionego życia zakłada, że ludzkie życie może być całością. Ale również na życie zwierzęcia, a nawet rośliny, możemy spojrzeć jako na całość, która zaczyna się od poczęcia i kończy się śmiercią. Ta jedność i całość jest jednak jednością i całością tylko dla nas, tj. dla tych, którzy patrzą na nie od zewnątrz i łączą ze sobą jego poszczególne fazy. Zwierzę nie przeżywa swojej biografii jako całości. Dlatego człowiekowi nie wolno narzucać zwierzętom sposobu życia, który stoi w sprzeczności z ich istotą, ale wolno mu je zabijać. Tam bowiem, gdzie nie istnieje wewnętrzna całość, tam nie ma również nieuprawnionej w nią ingerencji. To, czy życie zwierzęcia jest krótsze czy dłuższe, nie jest decydujące, o ile na jego długość patrzymy tylko z punktu widzenia zwierzęcia. Jeśli z wewnętrznego punktu widzenia tylko ludzkie życie ma charakter całości, to jest tak dlatego, że sami *przeżywamy* je jako całość — w przypomnieniu i w antycypacji przyszłości i śmierci, o której nieuniknioności wiemy. Sens tej całości nie jest zamknięty aż do końca. Znaczenie, jakie mają przeszłe przeżycia i przeszłe działania dla całości naszego życia, nie jest zależne tylko od nas. Znaczenie to może się zmieniać. Powiadamy: „Lubimy bóle, które minęły". I przeciwnie — przypomnienie przeszłego szczęścia może być źródłem bólu. Nie istnieje coś takiego, jak obiektywny bilans życiowych przyjemności, tak że za najszczęśliwsze można by uznać to życie, w którym było najwięcej miłych chwil. Całość życia ma bowiem charakter wektorowy. Nie jest w nim obojętne, czy ów wektor poruszał się w górę, czy w dół. Zasada: *Respice finem* należy do klasycznych reguł życiowych. Innymi słowy: Połączenie się w całość wielu momentów życia nie jest obiektyw-

nym procesem, który rozgrywa się poza nimi, lecz dokonuje się ono w chwilach, które same stanowią część życia. Całość staje się częścią siebie samej. Przypominamy sobie i integrujemy to, co przypomniane, przez to, że ciągle na nowo określamy jego znaczenie przez odniesienie do projektu przyszłości. Projekt ten jest ze swej strony ponownie określony przez przypomnianą i nieprzypomnianą przeszłość. Integracja życia w całość nie stawia nas zatem poza obszarem radykalnej przygodności. Przez nieustanne nadawanie struktury i jej przekształcanie w ramach różnych kontekstów określonego *rozumienia siebie* tworzymy wzorzec, nadajemy znaczenie poszczególnym działaniom i zdarzeniom. Nie mamy jednak wizji całości tego wzorca. Rozumienie siebie jest tylko momentem w procesie życia, który dla samego siebie nie jest przejrzysty jako całość. W każdym rozumieniu suponujemy, antycypujemy sens całości. Bez niego rozumienie nie byłoby możliwe, ale jednocześnie wymyka się on spod władzy rozumiejącego. Jeśli w takich chwilach życie łączy się w spełnioną całość, to możemy powiedzieć, że są to szczęśliwe chwile. Ludzie, którzy znajdowali się na granicy śmierci, opowiadają o takich szczęśliwych chwilach, w których życie łączyło się w sensowną całość, oraz o niezadowoleniu, jakie towarzyszyło powrotowi do rozproszenia normalnego życia. Dwuznaczność polega tu a tym, że z jednej strony spełnionym i w tym sensie szczęśliwym możemy nazwać tylko życie jako całość, ale z drugiej strony życie staje się całością tylko w chwilowym przeżyciu.

Inna wersja tej antynomii jest taka: Szczęście nie jest tożsame z refleksją nad szczęściem. Przeciwnie! Wydaje się, że najszczęśliwszy jest ten, kto jest całkowicie zatopiony i zagubiony w tym, co stanowi o jego szczęściu. Dlatego właśnie zapomnienie o sobie, które towarzyszy aktowi płciowemu, stało się dzisiaj paradygmatem ludzkich wyobrażeń o szczęściu. Z drugiej jednak strony: Czy można być szczęśliwym nic o tym ni wiedząc? Czy refleksja niszczy lub pomniejsza szczęście? Oznacza-

łoby to, że człowiek nigdy nie możne wiedzieć, że *jest*
szczęśliwy; może sobie tylko przypominać, że tak było.
Wiersz portugalskiego poety Fernando Pessoa zawiera taką refleksję:

> „O, górski pasterzeu, tak mi daleki ze swymi owcami —
> cóż to za szczęście, którego zdajesz się doświadczać —
> czy jest ono twoje czy moje?
> Pokój, który odczuwam patrząc na ciebie, należy do mnie
>   czy do ciebie?
> Nie, pasterzu, ani do mnie, ani do ciebie.
> On należy tylko do szczęścia i do pokoju.
> Ty go nie masz, ponieważ nie wiesz, że go masz.
> Ja go nie mam, ponieważ wiem, że go nie mam.
> Pokój jest tylko pokojem i spada na nas jak słońce"[2].

3. Z jeszcze innej strony antynomia intencjonalno-
ści i refleksyjności odsłania się w nieusuwalnym przeciwieństwie autarkii i spełnienia. Spełnienie (powodzenie)
życia wydaje się nieoddzielne od autarkii. Autarkia wy-
maga samopotwierdzenia w przygodności bytowania tu
oto (*Daseins*). Stoicyzm zradykalizował tę ideę. Stoicki
mędrzec jest wolny od namiętności. Jest samowystar-
czalny, gdyż wszelkie dobra, które *Fortuna* może mu
dać lub zabrać, są mu obojętne. Takie samopotwierdzenie wolności nawet wobec bogów ma uniezależnić
powodzenie od Fortuny, bycie szczęśliwym od tego, czy
ktoś ma szczęście. Ale tym samym powodzenia nie da
się też pogodzić z stanem błogosławieństwa, ze spełnieniem. W wyraźnej opozycji do stoicyzmu chrześcijaństwo wyraziło moment spełnienia w idei błogosławieństwa, która zakłada rezygnację z autarkii w zapominają-
cej o sobie *amor benevolentiae*. Stoicką namiastką spełnienia, „szczęśliwości" jest zadowolenie (*Zufriedenheit*).
Również epikurejski hedonizm zaleca ostatecznie tę na-
miastkę.

Zaletą zadowolenia wydaje się to, że podmiot pozostaje w nim zawsze przy sobie. *Libido* wyrywa go z sie-

---

[2] Fernando Pessoa, Alberto Caeiro, *Dichtungen. Ricardo Reis,
Oden*, übersetzt von G. R. Lind, Zürich 1986, s. 95.

bie, wikła go w sytuacje, nad którymi podmiot nie panuje. Thomas Hobbes nauczał, że szczęście w sensie spełnienia jest z istoty związane z niezadowoleniem: Jest przechodzeniem od żądzy do żądzy. Cywilizacja nowożytna zawdzięcza swój postęp przede wszystkim systematycznemu wytwarzaniu niezadowolenia. Nawet słowa „Chwilo trwaj, jesteś tak piękna" wyrażają sięgającą w przyszłość zachłanną żądzę — absurdalną żądzę zatrzymania czasu. Zadowolenie wydaje się natomiast czymś na swój sposób ostatecznym i nieobalalnym. Jak długo ktoś jest zadowolony, tak długo nie dotykają go argumenty, które mówią, że rozmija się z tym, co najlepsze. Argumenty te nie mogą go dotknąć — aby to było możliwe, musiałby być już bowiem niezadowolony ze swojego zadowolenia. Zadowolenie jest zamknięciem się podmiotowości w sobie samej.

Tego stanu nie da się oczywiście pogodzić ze wstrząsem miłości. Kochający nie chce się zamienić z kimś, kto jest zadowolony, ale bez miłości — i odwrotnie. Również różnica między zadowoleniem a szczęśliwością zakorzeniona jest w różnicy między refleksją a bezpośredniością, która jest konstytutywna dla świadomego życia. Człowiekowi zadowolonemu — dopóki jest on zadowolony — nie brakuje niczego. O ile uda mu się zamknąć się w wewnętrznej przestrzeni swojej autarkii, uznając wszystko, co się zdarza jemu i innym za ἀδιάφορα (*adiaphora*), i nie porównując spełnienia swojego życia ze spełnieniem życia innych, tak długo wszelkie zarzuty pozostają jedynie zarzutami stawianymi z zewnątrz; nie dotykają go. Silny ból cielesny może jednak wstrząsnąć prawie każdym zadowoleniem. Potrzeby organizmu nie są bowiem czymś czysto wewnętrznym. Nie możemy nimi swobodnie dysponować. Nie możemy ich jednak również zaliczyć do czystych *adiaphora*, do obiektów. Dlatego stoicy radzili, żeby dobrowolnie zakończyć życie, które w taki sposób zagraża niewzruszoności człowieka. Samobójstwo staje się w ten sposób ostateczną formą samopotwierdzenia autarkii. Jednocześnie jednak odsłania ono wewnętrzną sprzeczność ideału autarkii. Aby potwierdzić swoją podmiotowość, ten, kto zabija samego siebie, zamienia się w zwykłą rzecz. Ponieważ za wszelką cenę chce zachować swoje zadowolenie, jest niezadowolony z samego istnienia (*Dasein*), gdyż uniemożliwia ono pełne zadowolenie.

Przede wszystkim zaś człowiek zadowolony musi się zabezpieczyć przed wtargnięciem rzeczywistości innego, przed wstrząsem, który powodują miłość i współczucie, ale również przed wstrząsem wywołanym przez wielką sztukę. Zadowolenie jako namiastka szczęścia jest możliwe dzięki temu, że to, co inne, nie jest dla niego rzeczywiste. Jeśli zaś tak się zdarzy, to człowiek nie może już powrócić do zadowolenia, nie może tego nawet chcieć. Szczęście jako spełnienie wprowadza podmiot na nieskończoną drogę, która w warunkach skończoności jest z konieczności związana z bólem niespełnienia. Dlatego antynomii zadowolenia i błogosławieństwa nie da się usunąć.

Jak powiedziałem, dwuznaczność szczęścia jest wyrazem konstytutywnej dwuznaczności *conditio humana*. Na czym polega ta dwuznaczność? Polega ona na tym, że człowiek jest z jednej strony istotą żyjącą, zwierzęciem, czującym organizmem znajdującym się zawsze w centrum swojego otoczenia, wyposażonym w popędy, które poprzez dążenie do homeostazy, czyli do subiektywnego dobrostanu, zapewniają zachowanie jego własnego istnienia oraz istnienia jego gatunku. Jest istotą, która wszystkiemu, z czym się spotyka, nadaje to znaczenie, które przysługuje mu w ramach jego własnych interesów życiowych. Z drugiej strony człowiek jest istotą, która to wie. Wiemy, że rzeczy, zwierzęta i ludzie, których spotykamy, nie są tylko tym, czym są dla nas. Wiemy, że ze swej strony stanowią oni centrum własnego otoczenia, i wiemy, że my sami jesteśmy elementami tego otoczenia. Język wraz ze swoimi swobodnymi możliwościami semantycznymi zakłada, że mówiący antycypuje rozumienie słuchającego i że jest w stanie spojrzeć na siebie niejako od zewnątrz. Innymi słowy: Istnieje dla nas rzeczywistość jako taka, istnieją dla nas nie tylko przedmioty, ale i byt (*Sein*). Oznacza to, że jesteśmy istotami rozumnymi. Pragnienie, aby nie stracić żony czy przyjaciela, można zawsze interpretować w ramach egzystencji biologicznej. Jednak naklejka „Pomyśl o swojej żonie, jedź ostrożnie" jest wyrazem rozumnej życzliwości, gdyż zachęca mnie do tego, abym spojrzał na siebie jako na część świata kogoś innego i nie patrzył na innych tylko jako na część mego świata. Jako istoty rozumne żyjemy w horyzoncie, którego ośrodkiem nie jesteśmy my sami, chociaż witalnie, a zatem również optycznie ustanawiamy zawsze horyzont, w którym się poruszamy. Spojrzenie rozumu jest natomiast spojrzeniem znikąd.

Ta podwójna perspektywa naszego bycia — z jednej strony perspektywa centrum, a z drugiej brak perspektywy w *view from nowhere* — prowadzi do tego, że również idea powodzenia życia jest dwuznaczna. Dlatego Arystoteles mówił o dwóch rodzajach szczęścia. Istnieje obywatelskie szczęście życia w *polis*, które polega na rozwijaniu ludzkich predyspozycji i zdolności w racjonalnej, społecznej *praxis*. Jest to — jak zaskakująco stwierdza Arystoteles — „tylko ludzkie" szczęście; jest ono nieustannie zagrożone, jest zależne od czynników zewnętrznych i ma zawsze charakter kompromisu. Temu szczęściu Arystoteles przeciwstawia „szczęście jako takie", szczęście, które polega na realizacji perspektywy uniwersalnej, na uczestnictwie w rzeczach wiecznych. To szczęście nie realizuje się w życiu obywatelskim, lecz w filozoficznej ϑεωρία (*theoria*), w kontemplacji tego, co ma swój sens w sobie samym. Ponieważ jako skończone, zmysłowe istoty nie *jesteśmy* tym, co absolutne, szczęście uczestniczenia w nim jest czymś, co „pojawia się" tylko w pewnych chwilach lub okresach naszego życia; nie może ono jednak konstytuować całości naszego życia, nie może go przemienić. Dlatego istnieją zawsze dwa rodzaje szczęścia.

Platon sądził, że dla niektórych możliwa jest przemiana. Chrześcijaństwo wierzy, że możliwa jest ona dla wszystkich. Również buddyzm uważa przemianę za możliwą, ale jest to taka przemiana, która nie prowadzi do *eudaimonii*, szczęścia, lecz do przekonania o jego niemożliwości. Dla chrześcijaństwa — podobnie jak dla Platona — człowiek jest w stanie przekroczyć samego siebie, jest w stanie wyjść z centralnej perspektywy nie tylko jako istota myśląca, ale również jako istota czująca i chcąca, cieszyć się z tymi, którzy się cieszą, i płakać z tymi, którzy płaczą. Oznacza to, że człowiek budzi się do rzeczywistości, że rzeczywistość staje się dla niego naprawdę rzeczywista. Owo urzeczywistnienie się rzeczywistości jest dla mnie tym, do czego odnosi się słowo „miłość", *amor benevolentiae*. W takiej miłości zostaje zniesione przeciwieństwo chcenia i powinności. Możliwe jest w niej szczęście, które jest doskonałe przez to, że kpi z samego siebie. Jeśli takie doskonałe szczęście jest utopią, to najwyżej w tym sensie, że rzadko jesteśmy doskonale uważni i rzadko mamy to szczęście, iż odkrywamy, że życie żyje tylko miłością i że żyjąc zawsze „mamy szczęście".

To właściwie już wszystko. Chciałbym jednak dołączyć jeszcze pewien komentarz i postawić pewien zarzut. Rzeczy wydaje się bowiem paradoksalna. Czy nie mamy tu do czynienia z grą słów? Szczęśliwy jest ten, kto zauważa, że jest już szczęśliwy. Cóż to może znaczyć? Czy nieszczęście jest tylko pomyłką? Czy komuś nieszczęśliwemu możemy powiedzieć, że nie zauważa, iż jest szczęśliwy? Jeśli mamy do czynienia z kimś ciężko cierpiącym, z kimś, kto doświadcza wielkiego bólu, kto jest w depresji lub kto stracił kogoś bliskiego, to sprawia to raczej wrażenie cynizmu. Jeśli bycie szczęśliwym oznacza radość z życia, to dlaczego życie, które nie jest źródłem radości, mielibyśmy mimo wszystko nazywać „szczęśliwym"? Czy powodem do radości nie jest raczej dopiero określona jakość życia? Czy sam Arystoteles nie odróżniał *życia* od *dobrego życia*, ζῆν (*zen*) od εὖ ζῆν (*eu zen)*? Oczywiście, ale czym jest dobre życie? Nie jest ono czymś, co dochodzi do życia, lecz intensyfikacją samego życia. Owa intensyfikacja, o której Arystoteles mówi, że doświadczają jej tylko ludzie dorośli i dlatego tylko oni mogą być szczęśliwi, ma strukturę refleksyjną i zarazem transcendującą, tj. zintensyfikowane, czyli szczęśliwe życie jest życiem świadomym i przepojonym miłością. *"Qui non intelligit non perfecte vivit, sed habet dimidium vitae"* — mówi św. Tomasz. „Ten, kto nie jest świadomy, nie żyje w pełnym sensie tego słowa, lecz żyje tylko połową życia"[3]. Św. Tomasz mówi tu, że świadomość, a także miłość, nie są czymś, co dochodzi do życia, lecz są samym życiem, są życiem, przekraczającym siebie i powracającym do siebie.

Określona jakość życia może być warunkiem naszej radości z życia; szczęście, intensyfikacja życia, może polegać też na poświęceniu życia jako takiego ze względu na dobre życie. Hegel pokazał, że jeśli ktoś nie jest w stanie tego uczynić, jest tym, kogo Arystoteles nazywa „niewolnikiem z natury". Niewolnikiem z natury jest ten, kto kurczowo trzyma się życia, czyli ten, kto nie potrafi ofiarować życia ze względu na jego intensyfikację. W właśnie tym sensie słowa pieśni bojowej Bertolda Brechta mówią: *Bardziej bójmy się naszego złego życia niż śmierci.* Nawet jeśli określona jakość życia może być warunkiem naszej miłości do życia, to jednak tym, co kochamy, nie jest owa jakość, lecz samo życie. Po raz pierwszy precyzyjnie opisał to Rousseau, mówiąc w tym kontekście o *sentiment de l'existence.*

Najlepiej można to znowu pokazać na przykładzie miłości. Nie zaczęlibyśmy kogoś kochać, gdyby nie posiadał on pewnych cielesnych, psychicznych lub duchowych cech, poprzez które go postrzegamy. Ale fałszywe byłoby twierdzenie, że kochamy go z powodu tych jakości lub że to one właśnie są tym, co kochamy. Ten, kto rzeczywiście kogoś kocha lub rzeczywiście jest czymś przyjacielem, zazwyczaj nie potrafi odpowiedzieć na

---

[3] Por. Komentarz do *Etyki nikomachejskiej.*

pytanie, dlaczego kocha owego kogoś lub co w nim kocha. Osoby nie kochamy wprawdzie niezależnie od jej jakości, ale „kochać osobę" nie oznacza kochać coś, lecz kochać kogoś w jego numerycznej tożsamości. Kiedy kochamy, ów *ktoś*, to określone, jedyne i niepowtarzalne życie, stało się dla nas rzeczywiste, a tym samym stało się przedmiotem bezwarunkowej afirmacji jego egzystencji (*Dasein*).

I odwrotnie — szczęście polega na przeżywaniu własnego życia jako całości, a nie tylko na świadomości, że poszczególne zalety i dokonania są przedmiotem radości i afirmacji ze strony kogoś innego, zwłaszcza kogoś, kogo sami kochamy. Kochać oznacza doświadczać, że samo życie jest podstawą szczęścia i że nie potrzebuje ono żadnej innej podstawy, lecz jedynie usunięcia przeszkód, które utrudniają to doświadczenie i rozpraszają uwagę. Muzyka gra zawsze. Szczęście polega na otwarciu uszu. Do tego jednak trzeba mieć znowu szczęście.

8. O pojęciu godności człowieka

W sporze o uzasadnienie praw człowieka mamy do czynienia z pozornie nieusuwalną alternatywą: Albo prawa człowieka rozumiane są jako roszczenie, które z natury przysługuje każdemu człowiekowi na podstawie jego bytu, przynależności do gatunku *homo sapiens* czy też na podstawie określonej aktualizacji ludzkich cech gatunkowych; albo prawa człowieka są roszczeniami, które przyznajemy sobie wzajemnie poprzez konstrukcję systemów prawnych, przy czym do twórcy systemu prawnego należy arbitralna decyzja, na czym polegają owe roszczenia i jak limitowany jest krąg tych, którym one przysługują, tj. kto jest „człowiekiem" w sensie prawa stanowionego, a kto nim nie jest. Przedstawiciele pierwszego stanowiska — wyrażającego ideę „prawa naturalnego" — mogą zwracać uwagę na to, że idea praw człowieka różni się od idei praw obywatelskich właśnie tym, że wyraża owo minimum, które znajduje się poza zakresem arbitralności władzy prawodawczej. Bez takiego przedpozytywnego wymiaru prawa nie ma sensu mówienie o „prawach człowieka", gdyż roszczenie, które w każdej chwili może zostać anulowane przez tych, dla których oznacza ono obowiązek, nie zasługuje na nazwę prawa. Pozytywistyczne prawa człowieka nie są niczym innym, jak możliwymi do odwołania edyktami tolerancji. Przeciwnicy tego stanowiska mogą natomiast zwracać uwagę na to, że powinność wynika z bytu tylko wówczas, gdy sam byt rozumiany jest jako zakorzeniony w pewnych chceniu. Takiego metafizycznego założenia nie podzielają jednak wszyscy i dlatego nie może ono uzasadniać obowiązków tych, którzy go nie przyjmują. Ponadto prawo istnieje tylko wówczas, gdy nie jest zależne od subiektywnego przekonania tego, kto ma je respektować. Prawem staje się dopiero dzięki instancji nakładającej sankcje. Jeśli to zrozumiemy, to zobaczymy, że uzasadnienie metafizyczne — niezależnie od jego treści — staje się tylko zbytecznym dodatkiem, gdyż bez pozytywizacji nie ma ono żadnego znaczenia prawnego.

Stanowiska te nie muszą oczywiście być tak przeciwstawne, jak to się wydaje na pierwszy rzut oka. I tak pozytywista może przyznać, że przekonania dotyczące istnienia prawa naturalnego, które znajdują się u podstaw pozytywizacji praw człowieka, mają istotne znaczenie faktyczne. Doda tylko, że one same nie mają charakteru prawnego i dlatego porządek prawny nie może uznać ich za wiążące bez naruszania istotnego prawa człowieka, a mianowicie prawa do wolności myślenia. Obrońca inspirowanego filozofią Arystotelesa prawa naturalnego uzna natomiast pozytywizację prawa za wymaganie płynące z prawa naturalnego. W końcu istnieje też wizja prawa naturalnego rozwinięta w ramach filozofii transcendentalnej, która nie zakorzenia wprawdzie powinności w bycie, ale wychodząc od niepodważalnego faktu powinności poddaje ochronie jego konieczne założenie w formie praw człowieka jako uniwersalnych praw wolnościowych, tj. z czystej formy prawa dedukuje jego minimalną treść. Tej odmianie prawa naturalnego można by znowu przyporządkować odpowiednią odmianę pozytywizmu, tę mianowicie teorię prawa w ramach socjologii funkcjonalnej, dla której prawa człowieka nie są logicznymi warunkami możliwości, lecz funkcjonalnymi warunkami rzeczywistości rozwiniętego systemu prawa w nowoczesnym, opartym na wielości ról i podziale pracy społeczeństwie, a to oznacza, że nie są wytworami dowolnych opcji.

Przeciwstawne stanowiska w ramach filozofii prawa wydają się dotyczyć raczej uzasadnienia praw człowieka niż ich treści. Prawo do swobodnego wyrażania swoich opinii wobec kogokolwiek bez obawy o sankcje prawne jest prawem, którego bezwarunkowa ważność może być sporna; treść tego prawa jest w każdym razie wystarczająco jednoznaczna i jako taka niezależna wobec jej uzasadnienia. Inaczej rzecz się ma z treścią artukułu 1, ustęp 1. *Konstytucji Republiki Federalnej Niemiec*: „Godność człowieka jest nienaruszalna". Treść tego artykułu nie jest w równym stopniu niezależna od kontekstu uzasadnienia, w którym zostaje umieszczona i który stanowi punkt odniesienia dla jej interpretacji. Pojęcie godności człowieka — podobnie jak pojęcie wolności — jest pojęciem transcendentalnym. Nie odnosi się ono do określonego prawa człowieka, lecz zawiera uzasadnienie czegoś takiego jak „prawa człowieka w ogóle". To, co zostaje w nim wyrażone, jest bardziej pierwotne niż to, co wyraża pojęcie „prawa człowieka". Inny jest również stopień jego operacjonalizacji. Widać to wyraźnie na przykładzie twierdzenia: „Godność człowieka jest nienaruszalna". Czy oznacza ono, że godności człowieka nie da się naruszyć, czy też, że nie wolno jej naruszać? Dwuznaczność tego sformułowania wskazuje na to, że pojęcie godności człowieka należy do obszaru, który poprzedza dualizm bytu i powinności. Wyjaśnienia wymaga też fakt, dlaczego pojęcie godności, które jest znacznie starsze od nowożytnych praw człowieka i które sprawia pośród nich wrażenie reliktu dawnych czasów, dopiero w XX wieku stało się częścią skodyfikowanego porządku prawnego. Czy płynie to stąd, że dopiero w tym stuleciu godności człowieka nadano przysługujący jej status prawny, czy też stąd, że nigdy dotąd nie była ona tak zagrożona? A może jest tak, że obydwa te twierdzenia są słuszne i że powiązane są one w sposób, który wymaga wyjaśnienia?

Jaka jest relacja godności człowieka i prawa człowieka? Czy istnieje prawo do godności? Czy też jest odwrotnie, tj. godność jest podstawą wszelkich praw? Bez wątpienia idea godności człowieka jest starsza od idei praw człowieka. Treść słowa „godność" trudno jest ująć w pojęciu dlatego, że wyraża ono niedefiniowalną, prostą jakość. Jej intuicyjne ujęcie można jedynie ułatwić przez przykłady lub parafrazy. Tego rodzaju pierwotne fenomeny charakteryzuje również to, że można je spotkać nie tylko w *jednej* dziedzinie rzeczywistości, lecz w analogiczny sposób występują one w bardzo odległych od siebie regionach. O „godności" mówimy w odniesieniu do lwa lub zebu, mówimy o niej też w odniesieniu do samotnego, wiekowego dębu. Z drugiej strony mówimy o „nadaniu godności" króla, ale zarazem mówimy, że ktoś ową nadaną godność nosi z „godnością" lub „bez godności". Powiedzenie Szekspira „Jest królem w każdym calu" wyraża taką odpowiedniość pomiędzy osobą i urzędem. Ale również wówczas, gdy „godność" rozumiemy jako jakość osobową, mamy zrazu na myśli coś widzialnego, sposób zachowania — taki sposób zachowania, który przeżywany jest jako bezpośredni wyraz wewnętrznej postawy. Niuanse mogą świadczyć o tym, że pokazywana na zewnątrz godność nie jest przeżywana z taką oczywistością, jaka stanowi istotną cechę wszelkiej godności. W takim przypadku to, co wzniosłe, tylko jeden krok dzieli od tego, co śmieszne. To, że zawód aktora uważany był długo za pozbawiony godności, wiąże się zapewne z tym, że aktor inscenizuje sposób, w jaki prezentuje się innym, tak że nie jest on bezpośrednim wyrazem jego bytu. I odwrotnie — godność porusza nas i narzuca nam się w prawie nieodparty w sposób wówczas, gdy zewnętrzne środki jej wyrażania zostają drastycznie zredukowane. Kent, który spotyka króla Leara żyjącego w stanie nędzy, nie rozpoznając go mówi: „Jest coś w waszej twarzy, co chętnie uznaję za mego pana"[1]. Królewska godność nie płynie z władzy króla; stanowi ona wprawdzie podstawę

---

[1] William Szekspir, *Król Lear*, akt 1, scena 4.

jego roszczenia do władzy, ale istnieje niezależnie od tego, czy roszczenie to zostanie spełnione. Również na najniższym szczebli skali społecznej spotykamy przykłady „godności". Istnieje specyficzna godność służenia, która nie dopuszcza, aby ten, kto ją posiada, był zwykłym „funkcjonariuszem" swego pana. Godność ta — nie tylko ogólna „godność człowieka" — sprawia, że sługa ma wobec pana specyficzną samoświadomość. Cywilizowana ludzkość zawsze uznawała natomiast zawód kata za zawód pozbawiony godności, podczas gdy skazany ma wielką szansę, aby w chwili wykonywania wyroku śmierci zachować się z godnością i stać się przedmiotem szacunku.

Istnieją sposoby zachowania, działania i sytuacje, które w szczególny sposób są nosicielami tej jakości, oraz inne, gdzie skojarzenie z godnością wywołałoby spontanicznie poczucie śmieszności i afektacji; istnieją też takie zachowania, działania i sytuacje, z którymi związany jest brak godności jako jakość negatywna i które poniżają działającą osobę. Brak godności w sensie negatywnym jest własnością, która przysługuje tylko działaniom i postawom osób, tj. wolnych istot, którym przypisujemy pewien stopień godności, aby nie czuć przykrego zakłopotania i nie musieć się za nie wstydzić. Resentyment, nienawiść, fanatyzm to postawy, które intuicyjnie uznajemy za sprzeczne z godnością; celowe poniżanie słabszych jest działaniem tak samo pozbawionym godności, jak płaszczenie się przed silniejszymi. Godność człowieka jest nienaruszalna w tym sensie, że nie można jej człowieka pozbawić od zewnątrz. Człowiek może ją utracić jedynie sam. Ten, kto jej nie szanuje, nie pozbawia godności drugiego człowieka, lecz traci swoją własną godność. Godność utracili nie o. Maksymilian Kolbe i ks. Jerzy Popiełuszko, lecz ich mordercy.

Drugiego człowieka można jednak pozbawić możliwości *wyrażania godności*. Jeśli prawo rzymskie zakazywało krzyżowania obywateli rzymskich, to było tak nie tylko dlatego, że śmierć na krzyżu powoduje więcej cierpienia niż ścięcie, ale przede wszystkim dlatego, że skazanego zmusza do trwania w takiej pozycji, która wystawia go na spojrzenia innych, pozbawiając go jakiejkolwiek możliwości wyrażania siebie. Skazany staje wobec innych, ale dla niego konfrontacja ta nie może mieć charakteru ukazywania siebie, który należy do istoty komunikacji osobowej. Sytuacja taka jest obiektywnie pozbawiona godności. Również sens zwyczaju stawiania kogoś pod pręgierzem polegał na stawianiu ukaranego w sytuacji obiektywnego braku godności. Sztuka chrześcijańska wielokrotnie powracała do owego „opornego przedmiotu" (Goethe), starając się ukazać godność Ukrzyżowanego w sytuacji obiektywnego braku godności. Ukrzyżowany wydany jest w ten sposób przez wieki na spojrzenia innych — ale jako przedmiot czci. Krzyż jest krokiem do radykalnego uwewnętrznienia pojęcie godności, do zastanowienia nad tym, co się zarazem ukazuje i ukrywa w fenomenie człowieka pełnego godności.

Co zatem stanowi *tertium comparationis* w różnorakich przejawach fenomenu godności? Chodzi w nim zawsze o wyrażenie wewnętrznego spokoju, wewnętrznej niezależności — i to nie w sensie kompensacji słabości, nie w sensie postawy lisa, dla którego winogrona są zbyt gorzkie, lecz w sensie wyrazu siły, w sensie, który wyraża przejście obok winogron przez tego, komu na nich nie zależy, a kto jednocześnie wie, że gdyby zechciał, to w każdej chwili mógłby je mieć. Jedynie silne zwierzę jawi się nam jako wyraz godności, ale też tylko w sytuacji, w której dominującym motywem nie jest żądza. Jako godne jawi się nam ponadto tylko takie silne zwierzę, którego fizjonomii nie charakteryzuje widoczne przyporządkowanie do przedłużania czasu życia, tak jak to jest na przykład w przypadku krokodyla z jego ogromną paszczą lub olbrzymiego owada z rozrosłymi kończynami. Godność ma coś wspólnego z potęgą bytu; jest jej wyrazem. Ewangelie starają się przedstawiać Jezusa tak, aby jego niemoc ukazać jako dobrowolną rezygnację z potęgi, podkreślając w ten sposób Jego godność. Przed pojmaniem Jezusa żołdacy słysząc słowa „Ja jestem" padają najpierw na ziemię, a kiedy Jezus nakazuje Piotrowi schować miecz do pochwy, to wskazuje na to, że gdyby zechciał, to mógłby mieć dwanaście legionów aniołów do obrony.

Arystoteles przedstawił intrygujący opis człowieka godnego pod hasłem *megalopsychia*[2]. Jako zewnętrzne oznaki godności wymienia: niski głos (we wszystkich muzycznych przedstawieniach pasji partię Jezusa śpiewa bas), powolny krok, oszędna w słowa i nieśpieszna mowa. We wszystkim tym wyraża się fakt, że człowiek wielkoduszny ma tylko wielkie i dlatego nieliczne cele. Uważa się za godnego wielkich honorów i dlatego nie zależy mu na oklaskach od byle kogo. Honor ceni jednak wyżej niż życie. Ponadto nie ekscytuje się. Nie biegnie, aby zdążyć na pociąg. Rzeczy, które są dla niego ważne, nie zależą od tego, czy pojedzie teraz czy później.

Godność wymaga czegoś takiego, jak dystans. Wymaga go, gdyż nosiciel godności zdobył dystans do siebie jako istoty naturalnej. To właśnie nadaje mu absolutność, z którą nie mogą równać się absolutność dębu czy lwa. Idea, że człowiek jako człowiek, a nie dopiero jako nosiciel określonej roli ma godność, która wymaga bezwarunkowego szacunku, jest stosunkowo późna. Pojawia się dopiero wraz ze stoicyzmem i z chrześcijaństwem. Słynny tekst ze starożytnej liturgii rzymskiej zaczyna się od słów: „Boże, który cudownie stworzyłeś godność ludzkiej natury, a jeszcze cudowniej ją odnowiłeś..." Jaka jest podstawa tej idei? Jaka jest podstawa wymagania, aby każdy traktował człowieka jako cel sam w sobie, który należy szanować bezwarunkowo? Traktować człowieka jako cel sam sobie oznacza traktować go jako coś, co istnieje w sobie i swojego sensu

---

[2] Por. Arystoteles, *Etyka nikomachejska* (cyt. wyżej, s. 119, przypis 9), IV, 3.

nie uzyskuje dopiero ze względu na funkcję, jaką pełni w stosunku do czegoś innego. Czy tą podstawą jest fakt, że egzemplarzom naszego gatunku przyznajemy pierwszeństwo dlatego, że jest to nasz gatunek? Nie odróżniałoby to nas od innych istot żyjących, które dla siebie samych są również celem samym w sobie. Pojęcie godności wyraża jednak swoistość istoty, która nie jest tylko „dla siebie celem samym w sobie", lecz jest „celem samym w sobie po prostu". To, że coś jest dla siebie ostatecznym „Ze względu na co" (*„Umwillen"*), nie wystarcza, aby dla innych istot nie mogło się ono stać zwykłym środkiem do zewnętrznego wobec siebie celu. Mysz jest dla siebie celem ostatecznym, ale nie jest to powód, aby był ona takim celem dla kota. To, że człowiek za wszelką cenę chciałby żyć, nie jest dla lwa wystarczającym powodem pozostawienia go przy życiu. Wszelkie próby tylko takiego rozumienia człowieka jako celu dla siebie (*Selbstzwech*) w ten sposób, że człowiek jest dla człowieka najwyższą istotą ziemską, że jest on dla siebie najwyższym celem, nie docierają do tego, co specyficzne w pojęciu godności człowieka. W próbach tych zwyczaje wyrażające wzajemny szacunek i porządki prawne (*Verfassungen*), które kodyfikują te zwyczaje, mogą być pojmowane tylko jako zmowa gatunku *homo sapiens* w stosunku do reszty świata, zmowa, która zresztą nie odróżnia człowieka od reszty świata. Stanowisko to, które chciałbym tu nazwać „antyontologicznym", nie może być też podstawą przekonującego argumentu przeciw bezbolesnemu zamordowaniu po cichu człowieka pozbawionego krewnych. Jeśli bowiem człowiek ten jest wartością tylko dla samego siebie, ale nie jest „w sobie" celem dla siebie, to o popełnionym na nim doskonałym mordzie można powiedzieć: Jeśli podmiot, dla którego jego własne życie ma wartość, został usunięty, to nie można mówić o stracie, o „pomniejszeniu wartości". Wartość życia zależna była bowiem od podmiotu, dla którego było ono wartościowe. Podobnie ma się rzecz ze zniszczeniem ludzkości przez ogromną katastrofę ato-

mową. Jeśli wartość istnieje tylko ze względu na war-
tościujące podmioty, to zniszczenia wszystkich wartościujących podmiotów nie można nazwać zbrodnią. Zni-
kając, podmioty te nie tracą bowiem niczego. Istnienie
nie jest własnością, której utrata czyni człowieka uboższym, gdyż nie można być uboższym, jeśli się nie istnieje. Tylko przy dwu założeniach rzeczy mają się inaczej: Albo wówczas, gdy człowiek żyje po swojej fizycznej
śmierci, tak że podmiot, któremu wyrządzono krzywdę,
nadal istnieje; albo jeśli istnieje Bóg, o którym psalm
116 mówi: „Cenna jest w oczach Pana śmierć Jego świętych". Cenność człowieka „w sobie", tj. nie tylko dla samego człowieka, sprawia, że jego życie staje się czymś
świętym, i to dopiero ona nadaje pojęciu godności ten
wymiar ontologiczny, bez którego nie można w ogóle pomyśleć tego, co wyraża owo pojęcie. Pojęcie „godność"
odnosi się do czegoś sakralnego: Jest ono w istocie pojęciem religijno-metafizycznym. Widzieli to dobrze Horkheimer i Adorno pisząc, że ostatecznie jedynym argumentem przeciw morderstwu jest argument religijny[3].
Nie jest to oczywiście argument na rzecz morderstwa,
lecz na rzecz religijnej wizji świata. Ów błąd pokutuje
aż do dzisiaj: Sądzi się, że można porzucić religijną wizję rzeczywistości nie tracąc jednocześnie wielu innych
rzeczy, z których nie łatwo byłoby nam zrezygnować.

Dotychczasowy argument na rzecz niefunkcjonal-
nego rozumienia pojęcia godności wydaje się jednak
dowodzić zbyt wiele. Prowadzi on ostatecznie do tego,
że wszystkiemu, co istnieje, przypisujemy coś takiego,
jak samoistną wartość (*Selbstwelt*). Twierdzenie Kanta:
„Postępuj tak, byś człowieczeństwa tak w twojej osobie, jako też w osobie każdego innego używał zawsze
zarazem jako celu, nigdy tylko jako środka"[4] wydaje
się zmieniać tu swoją postać: „Postępuj tak, abyś ni-

[3] Max Horkheimer, Theodor Adorno, *Dialektyka Oświecenia*, tłum.
Małgorzata Łukasiewicz, Wydawnictwo IFiS PAN, Warszawa 1994.
[4] Immanuel Kant, *Uzasadnienie metafizyki moralności*, tłum. Roman Ingerdan, BKF, PWN, Warszawa 1953, ²1984, s. 62.

czego na świecie nie traktował wyłącznie jako środka". Otóż wydaje mi się, że ta odmiana twierdzenia nie jest fałszywa. Nasuwa nam ją dzisiaj z naciskiem świadomość ekologiczna, i to w następującym sensie: Wyrwanie rzeczy naturalnej z przestrzeni, w której znajduje się ona z natury i w której może być tym, czym z natury jest, i przeniesienie jej w obce dla niej środowisko — zazwyczaj za cenę jej zniszczenia — wymaga zawsze usprawiedliwienia. W usprawiedliwieniu tym musimy wziąć pod uwagę specyficzny byt tej rzeczy jako dobro — i to w różny sposób, zależnie od jej miejsca w „skali bytów". Na przykład eksperymenty na zwierzętach wymagają usprawiedliwienia, a cierpienie zwierzęcia musi być uwzględnione w rachunku dóbr. Jeśli zaś uświadomimy sobie, że w nieunikniony sposób również siebie nawzajem używamy nieustannie jako środków do własnych celów, to na czym polega zasadnicza różnica pomiędzy charakterem celu dla siebie wszystkiego, co istnieje, i specyficznym charakterem celu dla siebie, który nazywamy „ludzką godnością", uznając ją za nienaruszalną?

Wydaje mi się, że różnica ta jest następująca: Istoty pozaludzkie nie mogą uczynić własnym kontekstu celu, w który zostają włączone. Muszą pozostać centrum swojego własnego bytu i wszystko inne odnoszą do tego centrum, do siebie samych, do swoich genów lub do swojej populacji. Doświadczają tego, co same wyrządzają innym: Inne istoty włączają je jako elementy w proces realizacji swojego bytu. Anaksymander mówił o tym twierdząc, że swoim zniszczeniem rzeczy płacą za wyrządzoną sobie nawzajem niesprawiedliwość. Hegel wyraził tę samą ideę w ten sposób: Istoty pozaludzkie przez swoją śmierć oddają cześć prawdzie o nicości tego, co skończone. Człowiek jest istotą, która może samą siebie postawić na drugim planie, zrelatywizować. Człowiek może — jak to wyraża język chrześcijański — „umrzeć dla samego siebie". Innymi słowy: Człowiek może włączyć swoje własne interesy w dyskurs usprawiedliwienia (*Rechtfertigungsdiskurs*), którego wynik jest otwarty, gdyż interesy innych — zależnie od ich rangi i wagi — może on uznać za równie ważne, jak swoje własne. Człowiek nie traktuje wszystkiego innego tylko jako swego własnego otoczenia; może bowiem realizować ideę, że on sam jest elementem otoczenia innych i że jest dla innych. Ale właśnie poprzez tę relatywizację własnego skończonego Ja, własnych pragnień, interesów i zamiarów, osoba rozszerza się i staje się czymś absolutnym. Staje się niewspółmierna. Może oddać się w służbę sprawy, która zrazu jest dla niej obca, aż do złożenia w ofierze samego siebie. Mówiąc za św. Augustynem — jest zdolna do *amor Dei usque ad contemptum sui*. Z racji tej zdolności osoba — nie jako istota naturalna, ale jako istota potencjalnie moralna — staje się absolutnym celem dla siebie. Ponieważ może zrelatywizować swoje własne interesy, ma prawo żądać, aby szanowano jej absolutny status podmiotu. Ponieważ sama może w sposób wolny przyjąć obowiązki, nikt nie ma prawa czynić ją niewolnikiem, który — jak słusznie zauważył Kant — nie może mieć żadnych zobowiązać wobec swojego pana. Ponieważ człowiek jako istota moralna jest reprezentacją tego, co absolutne, dlatego — i tylko dlatego — przysługuje mu to, co nazywamy „ludzką godnością".

Wynika stąd — po pierwsze — że godność rozdzielona jest nierówno. Po drugie — że żaden żyjący na ziemi człowiek nie jest całkowicie pozbawiony godności. Jeśli często powtarza się, że wszyscy ludzie w taki sam sposób uczestniczą w ludzkiej godności, to twierdzenie to jest słuszne tylko wówczas, gdy słowo „godność człowieka" oznacza to minimum godności, poniżej którego nikt nie może zejść. Twierdzenie o równości ludzkiej godności jest jednak wówczas tautologią. Jeśli zaś chodzi o nierówność w godności, to wynika ona bezpośrednio z tego, co powiedzieliśmy. Istnieje nierówność instytucjonalna i nierówność osobowa. Jeśli godność polega na zdolności do wycofania się na drugi plan, do rezygnacji z siebie jako najwyższym wyrazie wolności, to specyficzną godność posiada ten, kto rzeczywiście ponosi większą odpowiedzialność za byt innych i za byt tego, co inne. Istnieje godność urzędu, godność króla, sędziego, nauczyciela, mistrza. Godność tę można jednak utracić, jeśli osoba sprawująca dany urząd nie spełnia płynących zeń wymogów moralnych i wykorzystuje go w służbie interesów prywatnych. Nierówność godności osobowej płynie z różnic w moralnej doskonałości człowieka. Im bardziej człowiek zatopiony jest w swojej naturalnej podmiotowości, wydany swoim popędom lub skupiony na własnych interesach, im mniej ma dystansu do samego siebie, tym mniej ma godności. W swoim bunkrze głodowym o. Maksymilian Kolbe miał więcej godności niż jego kaci, ale też więcej godności niż ów porządny człowiek, za którego oddał swoje życie. Heroizm świętości jest najwyższą godnością, jaką można osiągnąć.

Dlaczego jednak nie można utracić owego minimum godności, które nazywamy „godnością człowieka"? Nie można go utracić, gdyż nie można utracić wolności jako możliwości działania moralnego. Dopóki człowiek żyje, możemy i musimy przypisywać mu zdolność do akceptacji dobra. Akceptacja ta może się dokonać tylko w warunkach wolności. Zarówno przypisanie tej akceptacji, jak i pozostawienie przestrzeni, w której może się ona dokonać, są fundamentalnymi aktami szacunku dla godności człowieka.

Z tego, co powiedzieliśmy, wydaje się jednak wynikać, że godność człowieka przysługuje tylko tym istotom, które rzeczywiście posiadają tę własność, ze względu na którą przypisujemy sobie nawzajem posiadanie godności, tj. rozumność i zdolność do moralnego samostanowienia (*Selbstbestinung*). Czy utrwalony błąd nie polega na tym, że najpierw opieramy ludzką godność i wynikające z niej prawa człowieka na jego osobowości, która wypływa z jego rozumności i wolności, a następnie godność człowieka przyznajemy mimo wszystko wszystkim egzemplarzom gatunku *homo sapiens*, również tym, które w sposób oczywisty nie posiadają tych własności — embrionom, małym dzieciom, debilom, ludziom ciężko chorym psychicznie? Klasyczne uzasadnienie ontologiczne tego faktu jest takie: Wszelkie jakości empiryczne są tylko zewnętrznymi objawami substancji, która sama w sobie się nie przejawia. Stanowisko to wydaje się ściśle powiązane z Platońsko-Arystotelesowską ideą rzeczywistości tego, co ogólne. To, co w określonym gatunku przejawia się *„ut in pluribus"*, „zazwyczaj", wskazuje na to, co zawsze związane jest z tym gatunkiem, gdyż należy to do jego istoty. Nominalizm nie przyjmuje tego założenia. Dlatego nominaliście trudno jest przyznać osobowość tej istocie, w której nie przejawia się ona poprzez określone cechy. Mimo to również w tym przypadku możliwe jest następujące — chociaż słabsze — uzasadnienie. To, co nazywamy „Ja", nie zaczyna się w pewnej dokładnie kreślonej chwili ludzkiej biografii. Jest ono rezultatem ciągłego rozwoju z organicznej natury człowieka. Dlatego też mówimy: „Urodziłem się w tym dniu", chociaż wówczas nie mówiliśmy jeszcze „Ja" i nie potrafimy sobie przypomnieć chwili urodzin. Dlatego zawsze, gdy mamy do czynienia z istotą pochodzącą od człowieka, musimy respektować w niej jako godność możliwość pojawienia się „Ja", wolności. Dochodzi do tego następująca rzecz: Gdybyśmy na podstawie rzeczywistych własności byli włączani w ludzką społeczność przez innych ludzi, to definicja własności, na podstawie których ktoś posiada ludzką godność i może cieszyć się prawami, zależałaby od swobodnej decyzji większości innych ludzi. To jednak w ogóle zniosłoby ideę praw człowieka. Idea ta zakłada bowiem, że każdy człowiek z urodzenia jest członkiem ludzkości i jako taki staje wobec innych; to zaś oznacza, że jedynie biologiczna przynależność do gatunku *homo sapiens* może uzasadniać to minimum godności, które nazywamy „godnością człowieka". W ten sposób refleksja transcendentalno-pragmatyczna pro-

wadzi nas praktycznie do tego samego wyniku, co metafizyczna doktryna o osobowej duszy każdego człowieka.
Jaki jest ów praktyczny wynik? Co wynika z pojęcia godności człowieka? Na czym polega jej nienaru-
szalność? Odpowiedź na te pytania jest sporna. Istnieją
odpowiedzi minimalistyczne i maksymalistyczne, niektóre należą do filozofii transcendentalnej, inne mają
charakter bardziej empiryczny. Przykładem odpowiedzi
maksymalistycznej są tezy Wernera Maihofera. Według
Maihofera z 1. artykułu *Konstytucji* można wyprowadzić nie tylko zasadę państwa prawa, zasadę państwa
społecznego i zasadę demokracji; uważa on ponadto,
że artykuł ten nakłada na państwo zadanie „zniesienia
wszelkich warunków, również ze sfery pozapaństwowej,
które mogą naruszać godność człowieka"[5]. Na minima-
listycznym krańcu tej skali znajduje się katolicki teolog moralności Bruno Schüller, który broni twierdzenia,
zgodnie z którym pojęcia godności nie na się w ogóle
zoperacjonalizować. Nie da się bowiem jednoznacznie
określić, kiedy człowiek traktowany jest tylko jako środek, a nie jako cel dla siebie. Jedyne jednoznaczne naruszenie godności człowieka polega na skłonieniu go
do tego, aby sam naruszył swoją godność przez to, że
wbrew swemu sumieniu postąpi w sposób z moralnego
punktu widzenia obiektywnie fałszywy. Z pojęcia godności człowieka jako osoby nie da się jednak wywnioskować, na czym polega takie postępowanie. Dlatego
kazuistyczne wnioskowania Kanta z formuły imperatywu kategorycznego stwierdzającej, iż człowiek jest celem dla siebie, są czymś naciąganym[6].
    Bliższy prawdy jest Bruno Schüller, gdyż wychodzi
on od fundamentalnie moralnej natury godności człowieka. Tylko ona jest w stanie uzasadnić coś takiego jak

---

[5] Werner Maihofer, *Die Würde des Menschen*, Hannover 1968,
s. 41.
    [6] Por. Bruno Schüller, *Die Personwürde des Menschen als Beweis-
grund in der normativen Ethik*, „Theologie und Philosophie" 53 (1978),
s. 538 n.

autonomia; wynika z niej też, że w pewnym sensie godność człowieka jest rzeczywiście nienaruszalna. Zniszczyć może ją tylko ten, kto ją posiada. Maihofer wychodzi natomiast od tego, że godność człowieka może być zagrożona nie tylko przez działania lub zaniedbania innych ludzi, lecz również przez „procesy i prawidłowości pozaludzkie"[7]. Z ideą tą można się zgodzić tylko wówczas, gdy godności człowieka utożsamimy z jego samourzeczywistnieniem się w ogólnym, pozamoralnym sensie. Idea Maihofera, zgodnie z którą również zaniechanie aktów solidarności w sytuacjach potrzeby może naruszyć godność człowieka, jest wprawdzie słuszna. Ale naruszenie godności nigdy się nie sprowadza do materialnej potrzeby człowieka, do „procesów i prawidłowości pozaludzkich", lecz może co najwyżej polegać na pogardzie, która wyraża się w odmowie udzielenia pomocy. Ludzka godność może być naruszona tylko przez istoty, które potrafią ją dostrzec, czyli przez ludzi.

Wynika to stąd, że „godność człowieka" jest pojęciem moralnym; jeśli mówimy o tym, że z prawnego punktu widzenia jest ona rozdzielona równo i jej naruszenia można dochodzić prawnie, to mamy na myśli tylko to minimalne pojęcie, które wyraża ostateczne, nieusuwalne rezyduum bycia sobą (*Selbstsein*) jako możliwości samostanowienia. Jeśli — tak jak to czyni Maihofer — pojęcie to zostaje rozszerzone, to pierwszy artykuł *Konstytucji* przekształca się w „utopię prawną, w koncepcję polityczną, której celem jest godność człowieka nie jako coś już istniejącego i ustalonego, lecz jako coś jeszcze nie zrealizowanego i otwartego" — jak pisze Maihofer powołując się na Ernsta Blocha[8].

Idea ta jest niebezpieczna dlatego, że ochronę minimum zastępuje programem optymalizacji, podczas gdy w pierwszym artykule *Konstytucji* chodzi o wyznaczenie tej granicy, której państwu i jednostkom nie

---

[7] Por. W. Maihofer, *Die Würde...*, s. 40.
[8] Tamże, s. 80.

wolno przekraczać przy realizacji ich celów optymalizacji. Jeśli w pojęciu godności człowieka chcemy zawrzeć obie te rzeczy, wówczas stajemy wobec problemu rachunku dóbr: O ile musimy wysunąć do przodu godność człowieka „w całości", aby móc ją naruszyć w konkretnym przypadku? Wymagania bezwarunkowego szacunku dla godności człowieka nie da się pogodzić z wymaganiem jej maksymalnego aktywnego popierania. Nikt nie wiedział tego tak jasno jak Kant. Z twierdzenia o tym, że człowiek jest celem dla siebie, Kant nigdy nie wyprowadza wniosku, że ów „cel" powinien być w jakikolwiek sposób popierany czy „urzeczywistniany". Cel ten wyraża raczej ograniczający warunek, któremu muszą być poddane wszelkie nasze instrumentalne czynności (*Zwecktätigkeiten*). Godności człowieka — podobnie jak godność Boga — nie można „urzeczywistniać"; można ją tylko respektować jako już daną. Ten ograniczający warunek dotyczy również działań, które mają służyć dobru człowieka. Z tego powodu na przykład zmuszanie kogoś do przyjmowania pokarmów narusza godność człowieka, chociaż służy ono ratowaniu życia, a ponadto zapobiega zamachom.

W ten sposób doszliśmy jednak do problemu, który stanowi przesłankę pytania Schüllera: Czy godność człowieka można w ogóle naruszyć przez konkretne sposoby działania, i to niezależnie od jakiegokolwiek rachunku dóbr? Schüller — a wraz z nim większość niemieckich katolickich teologów moralności — zaprzecza temu twierdzeniu. Wyraża on opinię, że godność osoby jako transcendentalna zasada moralności jest niewspółmierna z wszelkimi empirycznymi, czyli relatywnymi wartościami, dlatego też nie można jej naruszyć przez brak respektu dla jakiejś konkretnej wartości empirycznej. Moralność polega na właściwym preferowaniu wartości pozamoralnych. Wśród tych wartości godność osoby w ogóle się nie pojawia. Trudno jest na przykład jednoznacznie stwierdzić, kiedy człowiek używany jest tylko jako środek, a nie jest zarazem respektowany jako cel. U podstaw tego rozumowania znajduje się słuszna idea: Każda moralnie odpowiedzialna decyzja jest taka, że możemy oczekiwać, iż każdy na nią przystanie. Jeśli zatem w wyniku odpowiedzialnego rachunku dóbr interesy jednego człowieka zostają naruszone, bo postawione na drugim planie w stosunku do interesów kogoś innego, to nie dzieje się wówczas nic, na co ów poszkodowany jako istota rozumna i moralna nie mógłby przystać. Z tego właśnie powodu jego charakter bycia celem dla siebie i tym samym jego ludzka godność nie zostają tu naruszone.

Schüller nie zauważa jednak, że „aprioryczna" zasada moralności jest rzeczywista jedynie w empirycznej egzystencji konkretnych ludzi, transcendentalna zasada dobra moralnego jest rzeczywista jedynie w kategorialnej postaci *homo sapiens*. Nie można respektować prawa moralnego bez kategorycznego wykluczenia pewnych sposobów postępowania wobec człowieka, których nie można usprawiedliwić również w sytuacji, w której sam zainteresowany godzi się na nie. Świadomie nie mówię: bez określonych pozytywnych sposobów działania. Każdy pozytywny nakaz jest bowiem zależny od spełnienia określonych warunków. Musi być fizycznie wykonalny; mogą też zawsze zaistnieć takie okoliczności, w których określony sposób zachowania nie byłby na miejscu. Każdy konkretny pozytywny imperatyw obejmuje całość okoliczności danego działania: „*Bonum ex integra causa, malum ex aliquo defectu*". Niektórych działań nie da się natomiast nigdy pogodzić z godnością człowieka i dlatego pozostają one poza wszelkim rachunkiem dóbr. Odmowa ich wykonania jest zawsze możliwa. Na początku lat pięćdziesiątych niemiecki Sąd Najwyższy skazał lekarzy, którzy aktywnie uczestniczyli w selekcji przeznaczonych do zabicia ludzi psychicznie chorych. Lekarze ci wskazywali na to, że podczas wykonywania swojej działalności uratowali wielu psychicznie chorych i że w przypadku ich rezygnacji ich miejsce zajęliby nazistowscy lekarze, którzy zabiliby więcej chorych. Sąd Najwyższy nie uznał jednak tej argumentacji stwierdzając, że według chrześcijańskiego i europejskiego rozumienia aktywnego uczestnictwa w zabijaniu niewinnych ludzi nie może usprawiedliwić żaden rachunek dóbr.

Oprócz morderstwa, tj. świadomego i bezpośredniego zabicia człowieka, który w aktywny i nieusprawiedliwiony sposób nie zagraża mojej osobie, chciałby tu wymienić tylko trzy przykłady: Po pierwsze tortury, tj. próbę wpłynięcia na wolę drugiego człowieka przez ból fizyczny w celu pozbawienia go możliwości decydowania o sobie i zmuszenia do działań, których — gdyby nawet mógł chcieć — nie chciałby wykonać nawet pod groźbą śmierci. Po drugie adresowaną do anonimowego odbiorcy seksualną ekshibicję w filmach pornograficznych lub peep-showach. Trzeci przykład nie spotka się z równie ogólną akceptacją, chociaż wydaje mi się, że jest nie mniej przekonujący: produkcja ludzi w probówkach. W tym miejscu mogę o tym jedynie wspomnieć. Człowiek posiada nie tylko postać przestrzenną, której respektowanie jest wymogiem godności człowieka. Posiada również postać czasową. Do tej postaci jako reprezentacji tego, co bezwarunkowe, należy to, że jej początek i jej koniec nie są wynikiem instrumentalnych zabiegów innych ludzi. Sztuczne przedłużanie życia, które z życia ludzkiego organizmu czyni jedynie funkcję działania aparatów, pozbawia człowieka godnego człowieka końca podobnie, jak gwałtowne zakończenie tego życia, które w istocie wynika z tej samej mentalności, co jego przedłużanie na siłę. Podobnie ma się rzecz z początkiem życia. Do czasowej postaci ludzkiej osoby należy to, że jego początek nie jest wynikiem instrumentalnego działania ludzkich rąk, lecz ma miejsce w ramach ludzkiego aktu, który w pełni jednoczy dwoje kochających się ludzi i którego bezpośrednim celem nie jest wytworzenie tego „dzieła". Tylko wówczas człowiek rozpoczyna życie na mocy własnego prawa, „z natury", jako stworzenie Boga lub przyrody, ale nie jego rodziców. *Geni-*

tum non factum, zrodzony, a nie wyprodukowany w probówce. Oczywiście, jeszcze gorzej rzeczy mają się wówczas, gdy w tym kontekście pewni ludzie Kościoła mówią o „owocu miłości" i interesują się tylko tym, czy tak zwani rodzice są małżonkami — tak jakby każde poczęcie pozamałżeńskie nie było bardziej godne człowieka niż ta procedura.

Dochodzę tutaj do ostatniego punktu. Chciałbym bronić następującej tezy: Współczesna cywilizacja stanowi takie zagrożenie dla godności człowieka, jakiego jeszcze dotąd nie było. Dawniejsze cywilizacje lekceważyły godność poszczególnych ludzi lub całych grup ludzkich. Cywilizacja współczesna doprowadziła do przyjęcia w ramach prawa idei równych warunków minimalnych dla wszystkich. Istnieje w niej jednak zarazem silna tendencja do zniesienia idei godności jako takiej. I to z powodu, który uwidocznia wspomniany przykład produkcji dzieci w probówkach. Centralną siłą we współczesnej cywilizacji jest pewien typ nauki — typ kartezjański. Naukę tę znamionuje radykalna redukcja jej przedmiotów do ich przedmiotowości, wykluczenie wszelkiego podobieństwa między *res extensa* i *res cogitans*, zakaz antropomorfizmu, którego miejsce zajmuje radykalny antropocentryzm. Antropocentryzm ten rozszerzył panowanie człowieka nad przyrodą do nieznanych dotąd rozmiarów. Idea, zgodnie z którą prowadzi to z konieczności to coraz większego wyzwolenia człowieka, zakłada jednak, że sam człowiek nie jest częścią przyrody. W międzyczasie naukowe uprzedmiotowienie dotknęło także samego człowieka jako istoty naturalnej. Tym samym również dotknął go zakaz antropomorfizmu. Sam człowiek staje się antropomorfizmem. Ludzkie spojrzenie na człowieka jest nienaukowe i ma co najwyżej wartość heurystyczną. Antropologia biologiczna, psychologia, socjologia mogą interpretować sztukę, moralność, religię, a nawet samą naukę tylko z punktu widzenia strategii przeżycia. Wówczas zaś, jak pokazał słynny psycholog Skinner, archaiczna idea godno-

ści stanowi jedynie przeszkodę. W świecie, który swój
jedyny cel widzi w naukowym organizowaniu warunków dla dobrego samopoczucia możliwie największej
liczby ludzi, idea, która podkreśla to, co łączy naukowca
z obiektami jego manipulacji — na przykład coś takiego, jak wspólny etos — jest niecelowa. Sam etos staje
się obiektem, który można przekształcać z racji instrumentalnych czy z racji funkcjonowania systemu. Nauka
jako nauka nie ma etosu. Jeśli jednak etos naukowca
sam staje się przedmiotem nauki, to równa się to radykalnemu wyzwoleniu ze środowiska tego, co ludzkie,
czyli z tego, co jest warunkiem godności. Nikt nie opisał
tego równie wymownie, jak Clive Staples Lewis w swoich trzech wykładach, które zostały opublikowane już
w 1943 roku w książeczce *The Abolition of Man*. Nie
jest przypadkiem, że Skinner uznawał Lewisa za jednego z głównych wrogów swojej wizji świata.

To, o co tu chodzi, chciałbym pokazać na dwóch
przykładach: Jeden pochodzi z życia codziennego, drugi
zaś jest radykalnie utopijny. Cywilizację naukowo-
-techniczną znamionuje to, że likwiduje ona ciężką
pracę fizyczną, ale jednocześnie wiele ludzkich działań
pozbawia ich wewnętrznej struktury sensu, a tym samym możliwości wyrażenia w nich ludzkiej godności.
Służący racjonalności instrumentalnej rozkład pracy
na małe jednostki, z których każda wzięta osobno nie
ma niczego z sensowej postaci, sprawia, że pojęcie
godności pracy staje się bardzo abstrakcyjne. Astro-
nauci — ściśle przystosowani do z góry przygotowanej
aparatury, zmuszeni do poruszania się w środowisku
dalekim od ekologicznej niszy, w której rozwinął się
ludzki organizm — reprezentują wprawdzie kolektywną
emancypację ludzkości z jej naturalnych warunków życia, ale prezentują bez wątpienia mniej godności niż Be-
duin, który mieszka w swoim namiocie z podobnymi do
siebie ludźmi. Ludzka potęga, która się tu realizuje, jest
bowiem z istoty kolektywna. Godność natomiast jest
ściśle związana z indywidualnymi osobami.

Aby jednak pokazać, co ostatecznie wchodzi w grę, przytoczę tu przykład, który świadomie jest utopijny i skrajny, ale właśnie dzięki temu dobrze ukazuje tendencję, o której tu mówię. Wyobraźmy sobie świat, w którym ludzka reprodukcja jest w zasadzie zagwarantowana przez aparaty. Jest ona zagwarantowana przede wszystkim dlatego, że środki reprodukcji ludzkości zostały skrajnie zredukowane, a koordynacja ich zachowania nie stanowi problemu. Ludzie „poczynani" są w probówkach, rozwijają się w sztucznej macicy, a kiedy osiągają określone stadium rozwoju, amputuje się im głowy i umieszcza się je w odżywczym roztworze, podłączając kable do ich mózgów. Przez kable te przesyłane są impulsy, które wytwarzają w świadomości stan ciągłej euforii. Owe *res cogitantes* są subiektywnie w pełni zadowolone. Nie oczekują też szacunku dla swojej godności, gdyż nie odczuwają jej braku. Kilku naukowców utrzymuje ów system w działaniu. Tylko oni są jeszcze „ludźmi" w tradycyjnym sensie, ale z powodu emancypacji z ogólnego „*Tao*" — jak je nazywa Lewis — właściwie i oni już nim nie są. Wiedzą, że tym, co składnia ich do wywoływania euforii zamiast bólu, są tylko wyuczone przesądy; dlatego w celach badawczych lub dla rozrywki wywołują również ból i rozpacz. Oni też decydują o zakończeniu życia poszczególnych głów. Ta przerażająca utopia prawdopodobnie nigdy nie zostanie zrealizowana. Wraz ze wzrostem zagrożenia wzrósł też opór przeciwko scjentystycznemu upodlaniu człowieka. Organizuje się obronę swobodnych struktur interakcji przed naukową kontrolą. Ale jak dotąd impulsem do buntu i obrony elementarnej anarchii jest raczej niejasne poczucie, np. w dziedzinie ochrony danych. Ponieważ jednak ludzie często nie wiedzą dokładnie, czego i przeciw komu mają bronić, obrona ta przyjmuje nieraz cechy nieracjonalne, np. jako sprzeciw wobec spisu ludności. To znowu prowadzi do tego, że sam opór zostaje uprzedmiotowiony naukowo i przekształcony w problem wywoływania „akceptacji", co na nowo neutralizuje etos jako ogólne medium porozumienia, zastępując go psychologią społeczną. Idea godności jest natomiast ideą fundamentalnie etyczną i z istoty nie poddaje się jakiemukolwiek naukowemu uprzedmiotowieniu. Nie oznacza to, że pozostaje ona poza wszelką refleksją teoretyczną. Gdyby tak było, to idea godności byłaby bez reszty wydana naukowemu uprzedmiotowieniu i mogłaby się mu opierać tylko w postawie fanatycznego sprzeciwu. Postawa taka byłaby godna pochwały, ale byłaby też wyrazem bezsilności i braku uzasadnienia. Teoretycznego uzasadnienia idei godności człowieka i jej nienaruszalności dostarcza jednak tylko metafizyczna ontologia, tj. filozofia tego, co absolutne. Dlatego ateizm definitywnie pozbawia ideę godności człowieka jej uzasadnienia, a tym samym możliwości teoretycznego ostania się w danej cywilizacji. Nie jest przypadkiem, że zarówno Nietzsche, jak i Marks uważali, że godność jest czymś, co trzeba dopiero powołać do istnienia, a nie czymś, co należy respektować.

Obecność idei tego, co absolutne, w społeczeństwie jest koniecznym, ale nie wystarczającym warunkiem tego, aby uznano bezwarunkowość godności także tej jego reprezentacji, jaką jest człowiek. Do tego potrzeba spełnienia jeszcze innych warunków, między innymi kodyfikacji prawnej. Cywilizacja naukowa — z racji obecnego w niej immanentnego zagrożenia — potrzebuje tej kodyfikacji bardziej niż kiedykolwiek.

9. To, co naturalne, i to, co rozumne

Para pojęć, którą chcemy się tu zająć, w interesujący sposób różni się od innych przeciwstawień, w których występuje słowo „naturalny": „naturalny" — „sztuczny", „naturalny" — „dobrowolny", „naturalny" — „historyczny" bądź „naturalny" — „konwencjonalny". Przeciwstawienia te nadały profil pojęciu tego, co naturalne. Pojęcie tego, co naturalne, lub natury można ostatecznie oddzielić od tych przeciwstawień i powiedzieć: „Wszystko jest naturą". „Jestem wielkim wszystkim, całością" — tak mówi natura u Woltera. W zdaniu tym słowo „natura" straciłoby jednak wszelkie specyficzne znaczenie i stałoby się trywialne, gdyby nie była w nim zarazem obecna milcząca negacja, która stanowi jego właściwą pointę — negacja teologicznego pojęcia „tego, co nadnaturalne (nadprzyrodzone)". To późnośredniowieczne pojęcie przygotowało naturalizm. Teologiczne przeciwstawienie tego, co naturalne, i tego, co nadnaturalne, niwelowało bowiem wszelkie klasyczne przeciwstawienia, w których występowało pojęcie tego, co naturalne. W relacji do Bożego objawienia i do „nadnaturalnego" wyniesienia człowieka do stanu przyjaźni z Bogiem sztuka, wola, społeczeństwo, historia przesuwają się w stronę czystej natury. Również w tym przeciwstawieniu pojęcie tego, co naturalne, uzyskuje specyficzny sens, chociaż jest on już inny w stosunku do wspomnianego wcześniej, dawnego sensu. Nie odnosi się on już do αρχή (*arché*), która jako to, co potężniejsze — jako że ostatecznie jest ona źródłem wszystkiego — obejmuje zarazem to, co jest jej przeciwstawione. W przeciwstawieniu „naturalny — nadnaturalny" natura jest jedynie biernym warunkiem możliwości objawienia: *„gratia supponit naturam"* (łaska zakłada naturę). Wolne samoobjawienie się Boga może mieć miejsce tylko w takiej przestrzeni, która sama z siebie, tj. z natury, ma charakter „prześwitu", w przestrzeni natury rozumnej. Natura ta pochodzi oczywiście z tego samego źródła, które potem w sposób nadnaturalny oddziałuje na naturę. W tym sensie w przeciwstawieniu „naturalny — nadnaturalny" odwraca się relacja, która określała jego klasyczne rozumienie. Natura nie jest już źródłem, które teleologicznie obejmuje to, co jest jej przeciwstawione, lecz sama staje się tym, co wtórne: Reprezentacją pierwotnej wolności Boga i jako taka jest warunkiem możliwości jej objawienia. W odróżnieniu od przeciwstawień klasycznych opozycji „naturalny — nadnaturalny" nie da się ukazać fenomenalnie, lecz jedynie spekulatywnie i jako spekulatywna została ona systematycznie rozwinięta w filozofii niemieckiego idealizmu. Jeśli — tak jak to jest u Woltera — zostanie ona odrzucona, to pozostaje jedynie natura, której okazuje się teraz wszystkim. To jednak oznacza, że pojęcie natury jest w istocie puste i pozbawione funkcji. Nowożytne nauki przyrodnicze już dawno z niego zrezygnowały. Rezygnacja z pojęcia natury jest zresztą starsza niż rezygnacja z pojęcia tego, co nadnaturalne. Jest też systematycznie bardziej brzemienna w skutki. Już Sturmius krytykował pojęcie natury jako pogański relikt. Kiedy zaś Malebranche i pokartezjańscy okazjonaliści — wraz z Leibnizem — zaprzeczali wszelkiej przechodniej (*transeunte*) przyczynowości sił naturalnych, tj. wszelkiemu bezpośredniemu przekazywaniu energii, sprowadzając wszelkie procesy w świecie wyłącznie do kierowanego prawami działania Boga, to trzeba w tym widzieć źródło tego nowożytnego rozwoju nauk przyrodniczych, w których pojęcie przyczynowości zostaje zastąpione pojęciem prawa. Dla nauki empirycznej jest obojętne, czy powiemy: „Wszystko jest naturalne" czy „Wszystko jest nadnaturalne". Spinozjańska formuła *Deus sive natura* jest już odzwierciedleniem tej sytuacji.

Powiedziałem, że opozycja „naturalny — nadnaturalny" odwraca fenomenalnie ukazaną strukturę klasycznych przeciwstawień, w których słowo „naturalny" odnosi się zawsze do pierwotnego, silniejszego początku, obejmującego to, co od niego inne. W naszym języku przeciwstawienia te zachowały się aż do dzisiaj; przymiotniki „naturalny", „sztuczny", „dobrowolny", „rozumny" okazały się znacznie bardziej trwałe niż leżące u ich podstaw rzeczowniki: „natura", „sztuka", „wola", „rozum". Jeśli przyjrzymy się tym parom pojęć, to najpierw zwraca naszą uwagę to, że słowo „naturalny" ma zawsze podwójne znaczenie. Jest to po pierwsze pojęcie genetyczne, które wyraża pewną relację pochodzenia; po drugie jest to pojęcie normatywne, które wskazuje na kryterium oceny dążeń, działań, lub stanów. Możemy to uwyraźnić na przykładzie przeciwstawienia „naturalny — sztuczny". Sztuczne zęby to takie zęby, które w odróżnieniu od zębów naturalnych nie wyrosły same. Ich wytwórca stara się, aby były tak naturalne, jak to tylko możliwe, tj. jak najbardziej podobne do naturalnych. Być może nawet stara się, aby były jeszcze lepsze — z tym tylko, że miarę tego, co w tym przypadku jest „lepsze", można ponownie znaleźć tylko w naturze, tj. w naturalnej funkcji, która pozwala nam na odróżnienie dobrych i złych zębów.

Czy woskowe plastry pszczele są „naturalne"? Są naturalne w tym sensie, że ich budowanie jest dla pszczół czymś naturalnym. Są natomiast sztuczne w tym sensie, że nie rosną same, lecz przystosowują się do formy, która materiałowi została nadana od zewnętrz, a zatem z punktu widzenia natury materiału jest przypadkowa. Forma jest celowa z punktu widzenia interesu pszczół; dzięki swemu przystosowaniu do pojęcia rozumu jest też — jak to wyraził Kant — „celowa formalnie". Ale czy z punktu widzenia swojego materiału „sztuczna" nie jest również każda roślina? Plan jej budowy polega bowiem na określonej strukturyzacji materiału. Strukturyzacja ta nie płynie jednak z samego materiału, lecz z nasiona, które organizuje otaczający je materiał. Różnica polega wszakże na tym, że dany system organizuje się tu sam z siebie, podczas gdy twór sztuczny otrzymuje swoją strukturę z zewnątrz i tylko ze względu na coś innego. Dla Arystotelesa kryterium tego, co naturalne, była *samoorganizacja*, kiedy pisał: „Gdyby sztuka budowania okrętów była w drzewie, to okręt byłby czymś naturalnym". Sztuka budowania okrętów nie jest w drzewie, ale sztuka leczenia jest w lekarzu, który leczy samego siebie. Wydaje się, że Arystoteles chce tu powiedzieć: Lekarz, który leczy samego siebie, staje się z natury zdrowy. Mamy ochotę zaprzeczyć: Czym innym jest przypadek, w którym organizm lekarza zdrowieje sam z siebie, a czym innym przypadek, gdy zdrowieje on dzięki środkom, które należą do sztuki lekarskiej, zostały przyswojone w wyniku nauki i wymagają zastanowienia. Arystoteles nie zgodziłby się z tym zarzutem: Zastanawianie się nie należy z istoty do sztuki. Dowodem tego jest fakt, że im lepiej ktoś opanował sztukę, tym mniej się zastanawia. Sztuka stała się jego drugą naturą.

Wydaje się zatem, że opozycję „naturalny – sztuczny" można sprowadzić do opozycji „zewnętrzny – wewnętrzny". Taka definicja byłaby jednak zbyt szeroka. Przeciwstawienie „naturalny – sztuczny" utożsamiałaby ona z innym przeciwstawieniem, które również znajdujemy już u Greków, a mianowicie z przeciwstawieniem „naturalny – wymuszony". Wymuszony jest dla Greków ten ruch, który nie wynika z natury tego, co poruszane. Fizyka nie przyjmuje już tego odróżnienia. Na każdy ruch można spojrzeć jako na wypadkową równoległoboku sił lub jako na następstwo prawa ciążenia. Pomimo tego — w sensie, który nie różni się od starożytnego — nadal odróżniamy śmierć naturalną od śmierci gwałtownej. Dla lwa, który pożera człowieka, spowodowanie śmierci jest czymś naturalnym; dla jego ofiary śmierć jest wymuszona. Przeciwstawienie tego, co naturalne, i tego, co wymuszone, zakłada zawsze teleologiczną wizję tego, co naturalne; zakłada dążenie, popęd lub wolę, gdyż tylko w stosunku do nich coś można nazwać wymuszonym. Czy jednak wówczas prawie każda śmierć — oprócz samobójstwa — nie byłaby wymuszona? Kiedy jakiś proces (*Vorgang*) nazywamy sztucznym, to patrzymy nań nie tyle z punktu widzenia tego, kto doznaje, co z punktu widzenia sprawcy, który w szeregu kroków wywołuje określony rezultat, kroków, które *nie* dokonują się same z siebie, ale mimo to są uporządkowane dokładnie tak, jak uporządkowałaby je natura, gdyby to ona zmierzała do tego rezultatu. Oznacza to, że szereg kroków wynika z pewnej zasady ekonomii. Tym bardziej coś jest ekonomiczne, tym bardziej jest zgodne z zasadami sztuki. Góra, która jęczy i rodzi mysz, jest metaforą braku biegłości w sztuce. W przypadku rezultatów, które osiągnięte zostają w sposób skrajnie nieekonomiczny, rodzi się podejrzenie, że nie mamy tu w ogóle do czynienia z czymś zamierzonym, lecz z dziełem przypadku. Dobry strzelec trafia natychmiast w środek tarczy. Ten, kto nie potrafi strzelać, zużyje wiele naboi zanim w końcu uda mi się trafić w dziesiątkę.

Jak jednak pojęcia „naturalny" i „sztuczny" mogą stanowić przeciwstawieństwo, jeśli to, co sztuczne, jest tym doskonalsze, im bardziej zbliża się do tego, co naturalne? Daje tu o sobie znać dwuznaczność tych pojęć — ich znaczenie genetyczne i normatywne. W naszym współczesnym języku „sztuczny" ma przede wszystkim znaczenie genetyczne. Oznacza, że coś zostało świadomie wytworzone przez człowieka. W użyciu normatywnym słowo „sztuczny" na wydźwięk raczej negatywny. Oznacza ono, że wytwór sztuczny nie jest tak doskonały, tak funkcjonalny, tak *quasi* oczywisty, jak by sobie tego można życzyć. Jeszcze w wieku XVIII było inaczej. „Chwała Panu, który cię tak pięknie i pomysłowo (*künstlich*) stworzył" — mówi pieśń kościelna. My użylibyśmy w tym przypadku słów „kunsztownie" lub „zgodnie z regułami sztuki". O pajęczej sieci czy o plastrach woskowych mówimy, że są „kunsztowne". „Kunsztowny" nie jest pojęciem genetycznym, lecz normatywnym, które w pewien sposób jest obojętne wobec genetycznej sztuczności lub naturalności. Kroki baletnicy są sztuczne, ale „kunsztowne" są tylko wówczas, gdy nie sprawiają wrażenia sztucznych, lecz naturalnych. Oznacza to, że sztuka chce sprawić, aby zapomniano o jej źródle. Doskonała jest tylko wówczas, gdy jej się to udaje. Strawiński miał powiedzieć, że jego muzyka ma działać tak, jak nos.

W sztukach plastycznych ostatnich dziesięcioleci takiej tendencji nie było, rozumiały się one bowiem jako dokumentacja, jako „zabezpieczenie śladów" swego procesu twórczego. Pojawiła się jednak inna perspektywa. Rozwinęła się ona zresztą równolegle do ewolucjonistycznego rozumienia przyrody, w którym organizm nie jest już substancjalną konkretyzacją pewnego gatunku, lecz przejściowym stadium i reliktem ciągłego procesu rozwoju życia.

Podobnie rzecz się ma z relacją tego, co płynie z decyzji woli, do tego, co naturalne. Również w tym przypadku mamy do czynienia z pojęciami zarówno genetycznymi, jak i normatywnymi. Ale czy słowo „wola" w ogóle odnosi się do czegoś takiego, jak własne źródło. Odnosi się ono raczej do *sposobu*, w jaki robimy to, co robimy, np. do przeciwieństwa tego, co dobrowolne, i tego, co niedobrowolne, tj. tego, co robimy chętnie, i tego, czego nie robimy chętnie, lub też tego, co przemyślane, i tego, co spontaniczne, tj. tego, co robimy z zastanowieniem, i tego, co się dzieje przez nas lub z nami niejako samo przez się, a w końcu tego, co rozumne, i tego, co po prostu naturalne. W każdym przypadku staramy się o ukrycie związku z wolą, staramy się, aby to, co płynie z decyzji woli, jawiło się jako naturalne. Kiedy o jakimś działaniu lub postawie mówimy, że „sprawia wrażenie wydumanego", oznacza to tyle, że właściwie nie osiągnęliśmy właściwie tego, czego chcieliśmy. Chcemy, aby tak nie było. Cel osiągamy dopiero wówczas, gdy to, co nienaturalne, jawi się jako naturalne.

Dopiero bowiem wówczas mamy wrażenie, że nasze chcenie jest zgodne z samym sobą. Ową zgodę woli z sobą stoicy nazywali „zgodą z naturą". „Żyć w zgodzie" oznaczało dla nich: „Żyć w zgodzie z naturą". To właśnie jawiło się im jako rozumne. Ale owa ὁμολογία τε φύσει (*homologia te physei*), zgoda z naturą, nie dokonuje się *physei*, nie „z natury". Nie pojawia się sama z siebie. Prowadzi to do następującego paradoksu: Dopiero wówczas, gdy chcenie oderwie się od tego, co naturalne w sensie genetycznym, będzie „naturalne" w pełnym, normatywnym sensie. Tę pośrednią naturalność nazywamy „rozumną".

Czym jednak owa naturalność różni się od naturalności bezpośredniej, zdefiniowanej przez „z siebie"?

Aby odpowiedzieć na to pytanie, warto przyjrzeć się jeszcze jednemu przeciwstawieniu, które w starożytności w sposób najbardziej dramatyczny wyrażało problem tego, co naturalne — przeciwstawieniu „φύσις (*physis*)" i „νόμος (*nomos*)", natury i prawa stanowionego. Możemy w nim zrazu odkryć tę samą strukturę, którą spotkaliśmy już w przeciwstawieniu φύσις (*physis*) — tauέχνη (*techne*): „To, co naturalne" oznacza po pierwsze to, co nie jest różne od ludzkiej πρᾶξις (*praxis*), to, co nie jest jej wynikiem. Po drugie, jako takie jest ono założeniem, które dopiero umożliwia ową *praxis*. Po trzecie jednak — i w tym miejscu rozpoczyna się odwieczna kontrowersja filozoficzna — oznacza ono miarę powodzenia owej *praxis*.

To, co istnieje z natury — φύσει ὄν (*physei on*) — poprzedza wszelki ludzki νόμος (*nomos*). *Physei on* musi już istnieć, aby mógł zaistnieć *nomos*. Jednocześnie jednak sofistyka rozumie *nomos* jako taki porządek zdarzeń, który nie jest tożsamy z porządkiem danym „z natury". Co to może znaczyć? Czy *nomos* wyłamuje się z natury? Jakie byłoby zatem jego źródło? Odpowiedź sofistów brzmiała tak: Źródło *nomos* jest zapewne naturalne, to znaczy jest *physei*, z natury. Mowa, *logoi*, przez które zostaje on powołany do istnienia, są πράγματα (*pragmata*), rzeczami, za pomocą których jedne istoty naturalne wpływają na inne istoty naturalne, kształtując warunki ramowe ich *praxis*. Owe *pragmata* zasadniczo nie różnią się od innych narzędzi oddziaływania na innych. Nie zmieniają one naturalnego prawa, które formułuje Gorgiasz w swojej *Pochwale Heleny* — Ἑλένης ἐγκώμιον (*Helenes enkomion*): „Z natury jest tak, że to nie słabszy powstrzymuje silniejszego, lecz silniejszy panuje nad słabszym i nim kieruje, tak że silniejszy przewodzi, a słabszy jest posłuszny"[1]. Kiedy jednak człowiek fizycznie słabszy okazuje się silniejszy dzięki zdolności — jak mówi Gorgias — „przymuszania mową", to właśnie on *jest* silniejszy, a tym samym nie pozbawia mocy naturalnego prawa silniejszego. Jeśli wszelkie *nomos* jest w tym sensie „z natury", to co wówczas oznacza sofistyczne przeciwstawienie *physis* i *nomos*? Oznacza ono, że obowiązywanie *nomos* zostaje zredukowane do naturalnej siły, która go wytworzyła. To, co dodaje on do owej siły, tj. pozór czegoś takiego, jak prawomocność (*Legitimität*), jest iluzją. Dlatego iluzją jest także przekonanie, że jeden *nomos* jest lepszy od innego. Każdy *nomos* jest wyrazem splotu sił, które go wytworzyły, i w tym sensie jest naturalny. Jego rewolucyjne przekształcenie jest jednak równie naturalne, jednakże również za nim stoją siły i interesy. Sofistyka jest oświeceniem w tym sensie, że niszczy iluzję wspólnego interesu, iluzję dobra wspólnego (*Gemeinwohl*). Dobrem wspólnym jest to, co jednostkom jawi się jako takie lub to, do czego uda się im przekonać innych jako do takiego dobra. Jeśli ktoś został przekonany wbrew wła-

---

[1] Gorgias von Leontinoi, *Reden, Fragmente und Testimonien*, hrsg. von Thomas Buchlein, Meiner, Hamburg 1989, s. 3n.

snemu interesowi, tj. jeśli moralno-prawne przekonanie nie sprzyja, lecz ogranicza aktywizację (*Geltendmachung*) jego potencjału siły, to można powiedzieć, że *dla niego* ów *nomos* jest nienaturalny.

Mamy tu zatem do czynienia z różnicą w pojęciu *physei on*, tego, co naturalne. „Naturalny" może z jednej strony odnosić się do źródła i oznaczać „z natury"; w tym sensie dla sofistyki każdy *nomos* jest ostatecznie naturalny. Z drugiej jednak strony może oznaczać określoną miarę, miarę „tego, co naturalne"; wówczas zaś to, czy jakiś *nomos* nazwiemy naturalnym, czy nienaturalnym, zależy od punktu widzenia i od rozkładu interesów. Dla człowieka gwałtowana śmierć różni się od śmierci naturalnej. Dla lwa, który pożera człowieka, spowodowanie jego śmierci jest naturalne.

Pojęcie tego, co naturalne, rozkłada się zatem na pojęcie „tego, co powstało naturalnie" (*naturwüchsigen*) — jak to nazywają posthegliści — i „tego, co zgodne z naturą". Jedno pojęcie wskazuje na genezę, drugie ma sens normatywny. Wydaje mi się, że na tę dwuznaczność pojęcia natury po raz pierwszy wskazał de Bonald — pierwszy systematyczny krytyk Rousseau — proponując, aby odróżniać *naif* od *naturel*. Jak mówi de Bonald, Irokez to *homme naif*, Leibniz, Fénelon i Bossuet to *homes naturels*.

Platon odwraca sofistyczną tezę o naturalnym źródle i antynaturalnym, tj. złudnym charakterze obowiązywania *nomos*. Teza Platona jest następująca: Istnieje *nomos* naturalny, istnieje to, co sprawiedliwe z natury, podstawą jego obowiązywania jest zaś jego naturalność. Naturalność ta nie jest jednak naturalnością pochodzenia, lecz naturalnością odpowiedniości, jest „zgodnością z naturą". Dostrzeżenie odpowiedniości jest sprawą rozumu. Kto takiego wglądu nie ma, ten pyta o genezę; trzeba mu więc opowiedzieć „wzniosłe kłamstwo", czyli mit o pochodzeniu, który rozumność rzeczy przemienia w opowieść o jej początku.

Jak to możliwe, że komuś brak takiego wglądu? Czyż każdy człowiek nie jest najlepszym znawcą swoich naturalnych interesów? Platon temu zaprzeczał. Jako przykład przytacza często zdrowie. Mamy co prawda naturalny interes, aby być zdrowymi, ale lekarz ma lepszy wgląd w warunki zdrowia niż laik. Decydującym powodem tego, że nie wiemy z natury, tj. sami z siebie o tym, co dla nas dobre, tj. korzystne, jest jednak to, że do istoty naszej natury należy pośredniość relacji do siebie. Skoro człowiek — jak mówi Arystoteles — jest z natury istotą mówiącą, rozumną i polityczną, oznacza to zatem, że dla jego *praxis* konstytutywne jest uznanie subiektywnych stanowisk innych i że może on świadomie interesować się ramowymi warunkami wspólnego działania i zaspokojeniem interesów wszystkich ludzi. Sofiści sądzili, że człowiek może interesować się tym wszystkim tylko w tym sensie, że ukształtowanie tych warunków musi rozumieć jako funkcję swego interesu indywidualnego. Platon natomiast twierdził, że dobro, które zostanie odsłonięte, jest κοινòν (*koinon*), czyli jest tym, co wszystkim wspólne. To, co wszystkim wspólne, można zaś według niego nazwać „tym, co sprawiedliwe z natury". Argument na rzecz tego, że istnieje to, co sprawiedliwe z natury, tj. że dobro jest czymś wspólnym, zaczerpnął Platon z teorii samych sofistów. To, co wspólne, musi istnieć jako idea, gdyż sami sofiści z niej korzystają. Zaprzeczają oni istnieniu czegoś takiego, jak ponadindywidualna prawda, ale jednocześnie ją zakładają, skoro mówienie rozumieją jako „pokonywanie słowami". Czy można kogoś pokonać słowami inaczej niż przez to, że ten, kto te słowa słyszy, uznaje je za znaki tego, co prawdziwe? Również ten, kto *grozi* słowami, może kogoś „pokonać" tylko wówczas, gdy słuchacz uznaje za prawdziwe, że spełni on swoją groźbę. Jak silniejszy może narzucić *nomos* słabszemu — lub słabszy silniejszemu — jeśli nie w ten sposób, że z góry już zakładają już ideę prawomocności? Może być tak, że rzeczywistość zapożycza od tej idei, najczęściej nielegalnie, pozór swojej słuszności. Ale od czegoś, co nie istnieje, nie można zapożyczyć pozoru. *Prawa* są projektem rzeczywistości, które w sposób usprawiedliwiony może wysunąć roszczenie do prawomocności. W całkowicie innych warunkach zanalizował ten stan rzeczy Rousseau, który przedstawił dwa projekty umowy społecznej: W drugim *Discours* umowę, która za pomocą ideologii dobra wspólnego wiąże ubogich z interesem bogatych, a w *Contrat social* umowę, która ideę dobra wspólnego traktuje poważnie i przedstawia porządek, który rzeczywiście odpowiadałby tej idei.

Kluczowa dla zniesienia antagonizmu natury, w której pożeranie jest naturalne, a bycie pożartym nienaturalne, jest rozmowa Sokratesa z Polosem w *Gorgiaszu*, w której Sokrates broni twierdzenia: „Jakie jest działanie, taki jest jego skutek"[2]. Łatwo się z tym zgodzić, że dotyczy to siły uderzenia, temperatury spalania, ostrości krojenia. Polos przyznaje jednak, że dotyczy to również sprawiedliwości, piękna, dobra karania. Według Kalliklesa wpada on w ten sposób w pułapkę, którą zastawił na niego Sokrates. Sokrates utożsamił tu bowiem — według Kalliklesa w sposób nieuzasadniony — *nomos* natury z *nomos*, którego twórcą jest człowiek. W wizji Kalliklesa, która została odnowiona w wieku XVI, *nomos* natury może być jedynie odmianą *selfish system*, wynikiem równoległoboku sił naturalnych. Sokrates natomiast podkreśla, że istnieje κοινὸν ἀγαθον (*koinon agathon*), wspólne dobro — i to nie tylko jako wynik kompromisu, tj. dopóki siły równoważą się, ale jako specyficzny interes rozumnych ludzi: „Dobro, które się odsłania, jest wspólne dla wszystkich". Odsłanianie tego, co dobre dla wszystkich, nazywamy „rozumem". Ponieważ zaś rozum należy do natury człowieka, to zniesienie antagonizmu naturalnych interesów nie jest nienaturalne. Rozum nie jest

---

[2] Platon, *Gorgias*, w: Platon, *Gorgias. Menon*, tłum. Paweł Siwek, Wydawnictwo Naukowe PWN, 476 d.

tożsamy z naturą. Ale to, co rozumne, jest odsłanianiem się prawdy o tym, co naturalne, a to odsłanianie należy do teleologii natury. Wzajemny stosunek czegoś, co po prostu naturalne, do czegoś innego naturalnego jest antagonistyczny. Prawda o tym, co naturalne, jest jednak wspólna, a jeśli istoty naturalne jako rozumne są zainteresowane tą prawdą, to bezpośredni antagonizm zostaje zniesiony. Ta podstawowa idea Platona nie jest jedną z wielu idei filozoficznych; jest to idea, która konstytuuje filozofię. Jednak właśnie jako taka jest kwestionowana. Nowszym przykładem kwestionowania tej idei jest Michel Foucault. Według niego prawda nie jest tym, co wspólne; jest ona raczej narzędziem dyscyplinowania dyskursu, narzędziem wykluczania i wyznaczania granic. Foucault broni natomiast dyskursu sofistycznego jako „dyskursu skutecznego", „dyskursu rytualnego", „dyskursu, który charakteryzują siła i uczucia"[3].

Rozum nie odsłania natury, lecz ją gwałci. „Nie powinniśmy sobie wyobrażać, że świat zwraca ku nam możliwe do odczytania oblicze, które my mamy jedynie odcyfrować. Świat nie jest wspólnikiem naszego poznania [...] Dyskurs trzeba pojąć jako gwałt, który zadajemy rzeczom"[4]. Jeśli dyskurs — każdy dyskurs — zadaje gwałt rzeczom, gdyż nie istnieje natura, która by się w nim odsłaniała, to również każdy uczestnik dyskurs zadaje gwałt każdemu innemu jego uczestnikowi. Jeśli bowiem to, co sobie komunikują, nie jest treścią, która różniłaby się od ich subiektywno-kognitywnego stanu, lecz jest jedynie funkcją ich woli mocy, to nie da się również odsłonić tych stanów. Te stany rzeczy nie różnią się istotnie od tych rzeczy, o których się mówi, i są równie jak one nieprzejrzyste.

---

[3] Michel Foucault, *Ordre du discours*, Gallimard, Paris 1971; cyt. wyd. niem: *Die Ordnung des Diskurses*, Fischer Verlag, München 1974, s. 43.
[4] Tamże, s. 36 n.

Dyskurs jest tylko jednym ze sposobów wzajemnego oddziaływania na siebie, sposobem, który zasadniczo nie różni się od innych form takiego oddziaływania. Podobnie widzi to zresztą Ralf Dahrendorf w swojej *Lob des Thrasymmachos* (*Pochwale Trazymacha*), w której mówi o ciągłości, która wiedzie od wojny domowej do debaty parlamentarnej: Dyskurs jest kontynuacją wojny innymi środkami[5].

Stanowisko to wyraża niejako prawdę w lustrzanym odbiciu: Jeśli dyskurs ma być w ogóle możliwy, to pomiędzy tym, o czym mówimy (*Worüber*), i tym, czym się posługujemy w mowie (*Womit*), nie może być nieprzekraczalnej przepaści. I tak jest rzeczywiście: W rozmowie, w której biorą udział trzy osoby, każda z nich może w każdej chwili z partnera rozmowy przemienić w jej temat (*Worüber*). W rozmowie z lekarzem pacjent jest zarazem partnerem i przedmiotem dialogu. Jeśli nie mógłby zwrócić ku lekarzowi „możliwego do odczytania oblicza", to można by było w ogóle nie zaczynać tej rozmowy. Rozmawiamy z niemowlętami tak długo, aż zwrócą nam swoje „możliwe do odczytania oblicze". Rozmawiamy z psami, z końmi i ze świniami. W swoim roszczeniu do prawdy nasze mówienie o nich jest określone istotnie przez to, że są one zarazem naszymi partnerami w empatycznym kontekście życia. Wszelką kognitywną relację do *actual entities* Whitehead opisywał jako integrację ich *feelings*. Gdyby nasze przedmioty nie miały jakiejś choćby rudymentarnej i elementarnie teleologicznej podmiotowości, wówczas rzeczywiście byłoby tak, że nie moglibyśmy powiedzieć niczego o *nich*, a mówilibyśmy jedynie o naszych stanach kognitywnych. Ale i wówczas nie moglibyśmy wnosić roszczenia do prawdy, gdyż rozumiejąc je jako stany kognitywne, rozumielibyśmy je fałszywie. Nie moglibyśmy w ogóle

---

[5] Por. Ralf Dahrendorf, *Lob des Thrasymmachos*, w: *Arbeiten zur Theorie und Methode der Soziologie* (*Gesammelte Abhandlungen* I), Piper, München 1967, s. 294–312.

mówić o naszych stanach; moglibyśmy je tylko wyrażać. Nikt jednak nie byłby w stanie zrozumieć tych wyrażeń. W ten sposób stajemy przed alternatywą: Albo partnerzy dyskusji są tylko rzeczami, a rzeczy są radykalnie nieprzejrzyste, albo rzeczy są także partnerami w kontekście życia, także je charakteryzuje współ-bycie, a nie tylko poręczność (*Zuhandenhed*) lub obecność (*Vorhandenheit*), tj. są *naturą*. Tylko wówczas, gdy to, co naturalne, istnieje jako byt (*Seinde*) istniejący sam z siebie, z własnym po-co (*mit eigenem Umwillen*), może istnieć rozum. Tylko taki byt może się bowiem odsłonić. Odsłonienie tego, co naturalne, odsłonienie naturalnego bycia sobą (*Selbstsein*) jest właśnie tym, co nazywamy „rozumnością". To, co naturalne, i to, co rozumne, są pojęciami ściśle skorelowanymi. Jednego nie da się wyprowadzić drugiego: Rozumu nie da się wyprowadzić z natury, gdyż pozostawienia bytu w jego byciu nie da się wyprowadzić z tej pierwotności bycia sobą, którą nazywamy „naturalną": *natura semper recurva in se ipsa*[6] — stwierdza Albert Wielki, tj. natura jest zawsze zwrócona ku samej sobie. Transcendencja wszelkiego poznania przerywa ten zwrot. Wszelkie rekonstrukcje naturalnych, a zwłaszcza organicznych jednostek, przeprowadzane w ramach teorii systemów, mogą symulować jedynie *recurvatio in se ipsum*, ale nie owo pierwotne bycie sobą, które jako rozumne może wycofać samo siebie, uznając bycie sobą tego, co inne. Dla systemu to, co inne, nie jest niczym innym, jak jego „otoczeniem" („*Umwelt*"). Poznawcze ujęcie jego struktury oznacza rozwinięcie odpowiadającej mu złożoności stanów wewnętrznych. I tak Armstrong pisze: „Zakładam, że świadomość nie jest niczym innym, jak uświadomieniem sobie wewnętrznych stanów mentalnych przez osobę, która ich doznaje [...]. Jeśli tak jest, to świadomość jest po prostu następnym stanem mentalnym, który skierowany jest ku pierwotnemu stanowi

---

[6] Albertus Magnus, Summa theolgiae, II, tract. 4, q. 14, a. 2.

mentalnemu"[7]. W tej perspektywie nie da się odróżnić świadomości i symulacji świadomości, ponieważ symulacja staje się miarą świadomości. Dla przebudzenia się do rozumu charakterystyczne jest natomiast odkrycie, że istnieje to, co inne, to, czemu nie odpowiadają moje własne wewnętrzne stany mentalne, lecz co uświadamiam sobie właśnie jako niezrozumiane. Kleszcze rozumieją świat bez reszty. Nie zanalizowano jeszcze dostatecznie faktu, że w półśnie rozumiemy świat również w pełni. Jeśli ktoś zasypia przy muzyce, którą rozumie tylko częściowo, to po przebudzeniu się zauważy, że w stanie półsnu rozumiał tę muzykę w pełni. Każda muzyczna fraza była zrozumiała. Wszystko łączyło się w jedno znaczenie. Zauważy jednak zarazem, że znaczenie to nie miało nic wspólnego z rzeczywistym znaczeniem tej muzyki. Drzemiąc w pociągu w pełni rozumiem śmiech grupy młodych ludzi i ich rozmowę w obcym języku, a każdy głos stanowi sensowny wkład w znaczącą grę. Budząc się zauważam, że nie mam pojęcia, o czym ci ludzie mówią i z czego się śmieją. Dopiero rozum tworzy puste miejsca tego, co niezrozumiałe, ponieważ *nie* zadaje rzeczom gwałtu.

W odniesieniu do rozumu, który staje się praktyczny, Kant sądził, że to, co rozumne, jest treściowo tożsame z tym, co naturalne, a mianowicie jako doskonała republikańska konstytucja i wieczny pokój. Oświecona własna korzyść (*Eigenutz*) — „ród diabli" — dojdzie do tej samej rozumnej konstytucji państwa i międzynarodowego porządku prawnego, co czysty rozum praktyczny: „Natura nieodmiennie chce, aby prawo dostąpiło w końcu najwyższej władzy"[8]. Natura osiąga jednak

---

[7] „I suggest that consciousness is non more than awareness if inner mental states by the person who's states they are... if this is so then consciousness is simply a further mental state, as state directed towards the original state", David M. Armstrong, *A Materialist Theory of Mind*, Routledge, London 1968, s. 94.

[8] Immanuel Kant, *O wiecznym pokoju. Zarys filozoficzny*, tłum. Feliks Przybylak, Wydawnictwo Uniwersytetu Wrocławskiego, Wrocław 1993, s. 61.

ten cel poprzez antagonizm interesów, który ostatecznie znosi sam siebie. Rozumność praktyczna, tj. wewnętrzne przezwyciężenie naturalnej *curvatio in se ipsum*, należy raczej rozumieć jako następstwo dokonanego już rzeczywistego przezwyciężenia antagonizmu, ale *mimo to* nie można jej wywnioskować z tego przezwyciężenia. Również w porządku rzeczywistego dobra wspólnego możliwe jest zachowanie pasożytnicze. Nie byłoby też ono czymś nienaturalnym. Wiemy dzisiaj, że równowaga sił w populacjach zwierzęcych umożliwia zachowania pasożytnicze, a ostatecznie je neutralizuje. Dopiero fakt, że jednostka przyjmuje bezpośrednio to, co ogólne, jako część swego własnego interesu, odpowiada pojęciu rozumu, czyni z niej istotę, której należny jest bezwarunkowy szacunek, istotę przeciwstawiającą się takiemu lekceważeniu jej samostanowienia, które czyni ją środkiem do ogólniejszego celu. Jednostka taka jest w emfatycznym sensie *rzeczywista*, ponieważ wszystko jest dla niej rzeczywiste. Nie jest już dla samej siebie centrum, w stosunku do którego wszystko inne jest mniej rzeczywiste, tj. jest jego otoczeniem. Zdaje sobie sprawę (*realisiert*), że ona sama należy do otoczenia innych. Uświadomienie sobie tego stanu rzeczy można co prawda również symulować. Kantowski „diabli ród" symuluje rzeczywisty porządek rozumu. Zdolny do uczenia się system może uwzględniać reakcje innych systemów, które stanowią jego otoczenie. Może próbować kształtować je w korzystny dla siebie sposób. Istota czysto naturalna może przywiązać się emocjonalne do innych istot, może niejako rozszerzyć swoją tożsamość i empatycznie postrzegać to, co inne, jako część samego siebie.

Bliższa niemożliwej do symulowania rozumności jest już napominająca nalepka: „Pomyśl o swojej żonie. Jedź ostrożnie!" Inny nie jest tu bowiem postrzegany jako część mnie samego; od adresata tego napomnienia oczekuje się, aby siebie samego wyobraził sobie jako część świata kogoś innego, uznając to za motyw troski o siebie samego. To odwrócenie perspektywy jest równoznaczne z opuszczeniem postawy czysto teoretycznej. W postawie tej inny jest bowiem z konieczności przedmiotem, który definiuje relacja do uprzedmiotowującego podmiotu. Pojmowanie czegoś nie jako przedmiotu, ale jako bycia sobą, jest tym, co w języku tradycji filozoficznej nazywane jest „rozumną miłością" lub *amor benevolentiae*. *Amor benevolentiae* — w odróżnieniu od *amor concupiscentiae*, od miłości pożądającej — nie dąży w pierwszym rzędzie do zjednoczenia; miłość ta jednoczy przez to, że zachowuje dystans. Sprawia, że bycie-dla-siebie innego staje się byciem dla mnie. Wszelka naturalistyczna interpretacja tej transcendencji jest z konieczności redukcjonistyczna. Nie istnieje też adekwatne behawiorystyczne rozumienie rzeczywistości *amor benevolentiae*. Św. Tomasz z Akwinu napisał, że nie istnieje żadne ożywiane miłością działanie, które nie mogłoby być spełnione również bez miłości. Również Kant sądził, że urzeczywistnienia czystej moralności nie da się zweryfikować empirycznie. Jest ona ideą rozumu, niezależną od wszelkiej weryfikacji.

Dopiero rozumna miłość w sensie *amor benevolentiae* odsłania przed nami rzeczywistość oraz niesie w sobie *nomos*, który jest naturalny właśnie o tyle, o ile nie wypływa z natury. Formuła, według której jest on boski, wyraża tylko to, że opuszcza on perspektywą skończoności przez to, że ją odsłania i wszystkiemu, co skończone przyznaje jego własną perspektywę. Można skonstruować historię naturalną *amor benevolentiae*. Prowadzi ona do niej niejako w nieskończonym przybliżeniu. Ostatecznie pozostaje jednak zawsze skok, nagła zmiana pozycji, nawet jeśli nie jest zauważalna empirycznie, a w każdym razie fizjonomicznie. Jak mówi Arystoteles, rozum przychodzi ostatecznie zawsze z zewnątrz — ϑύρατεν (*thyrathen*). Nie istnieje też racjonalny argument na rzecz tej zmiany pozycji. Nie oznacza to, że jest ona irracjonalna. Aby jednak zrozumieć jej rozumność, trzeba jej już dokonać. Wszelka etyka, która zasługuje na tę nazwę, już z góry zakłada taką zmianę pozycji. Dopiero wówczas, gdy inny stanie się dla nas rzeczywisty, można postawić pytanie o to, na ile wolno go uprzedmiotowić i jakie są granice jego nieuniknionej instrumentalizacji.

Rozumności *amor benevolentiae* nie można też konstruować jako narzędzia rozwiązywania konfliktów. Jest raczej tak, że to dopiero ona prowadzi do powstawania konfliktów. Ten, kto zobaczył, że Murzyni są również ludźmi, kto chciał uznać ich za podmioty dyskursu, ten był raczej przyczyną pojawienia się konfliktów — i to w podwójnej formie: po pierwsze konfliktów z dotychczasowymi uczestnikami dyskursu co do uznania nowych istot za podmioty; po drugie konfliktów z owymi nowymi podmiotami, które ze swej strony powiększyły jeszcze potencjał możliwych konfliktów. Otrzymały one bowiem teraz status kogoś, kto może domagać się usprawiedliwienia. Można tu jednak przytoczyć bardziej aktualne przykłady. Jeśli ktoś domagał się, aby zwierzęta traktować jako przedmioty namysłu na temat tego, co wolno im wyrządzić, tj. aby w tym sensie traktować je jako „byt", naruszał istniejący jeszcze do niedawna konsens. Konsens ów narusza również ten, kto domaga się poszanowania życia ludzi nienarodzonych. Oczywiście, w głębszym sensie rozum praktyczny sprzyja pojednaniu. Obnaża tylko fałszywe formy pojednania, które opierają się na tym, że ogromna liczba istot zostaje wykluczona z kręgu tych, z którymi należy się pojednać. Solipsysta nie musi się jednać z nikim; rozum oznacza pojednanie z tym, co znajduje się przed nim: z naturą.

Klasyczna teoria uznania idealizmu niemieckiego jest teorią uznania, które opiera się na wzajemności. Dlatego uznanie należy się tylko tym istotom rozumnym, które ze swej strony zdolne są do aktu uznania. Zapomina się przy tym, że już starożytna teoria natury była teorią uznania; przyznawała ona bowiem temu, co istnieje z natury, samoistny byt (*Selbstsein*) oraz strukturę określonego Po-co (*Umwillen*), które stanowią podstawę tego, iż znajdujemy się z nim we wspólnocie istot naturalnych. Samych siebie doświadczymy bowiem jako istot, o których tożsamości stanowi świadoma realizacja danej już organicznej i przeżywanej jedności.

Przede wszystkim jednak uznanie innej istoty rozumnej może dokonać się tylko jako uznanie istoty wyposażonej w określoną naturę. Jeśli bowiem uznaję ją tylko jako istotę rozumną, to w gruncie rzeczy nie uznaję innego podmiotu, ale moje własne kryteria rozumności, których ucieleśnienie dostrzegam w nim. Jeśli zaś ich nie dostrzegam, to odmawiam mu uznania — jako niedojrzałemu dziecku, jako choremu psychicznie, jako dysydentowi, jako komuś niemoralnemu. To, że uznanie za osobę jesteśmy winni każdej należącego do naszego gatunku jednostce, oznacza, że rozumność musimy traktować jako naturalną cechę gatunkową. W związanych z nią przywilejach ma udział każdy, kto uczestniczy w ludzkiej naturze. Tylko przy tym założeniu można w ogóle mówić o prawach człowieka. Tylko bowiem przy tym założeniu nie może być tak, że pewni ludzie przyznają prawa człowieka lub odmawiają ich innym ludziom.

Również formą uznania istot rozumnych może być jedynie szacunek dla ich natury, dla ich ciała, dla ich seksualności, dla ich języka. Ponieważ w swojej partykularności reprezentują potencjalną całość, nasz szacunek musi odnosić się właśnie do niej.

Nie możemy wyobrazić sobie niczego, co jest z natury rzeczywiste, a co nie byłoby ukonstytułowane przez moment wewnętrzności, a tym samym totalności i skończoności. Dlatego imperatyw czystego rozumu praktycznego można wyrazić tylko tak: „Postępuj tak, abyś natury zarówno w twojej osobie, jak i w osobie każdej innej istoty naturalnej nie używał nigdy tylko jako środka, lecz zawsze zarazem jako celu". Tylko w tym imperatywie człowiek okazuje się czymś więcej niż natura,

gdyż tylko w tym imperatywie przekracza on czystą solidarność gatunkową, którą dzieli z wszystkimi istotami
żyjącymi.
Tym samym okazuje właśnie samemu sobie najwyższą formę szacunku. Również w stosunku do siebie samych możemy pozostać w stanie czystej *amor
concupiscentiae*. Kochamy siebie wówczas, gdyż jesteśmy dla siebie ważni, przyjemni, pożądani. Podmiot takiej oceny pozostaje całkowicie ukryty, pozostaje czystą, nieodsłoniętą naturą. Człowiek ma wartość, ponieważ ma wartość dla człowieka — dla siebie lub dla innego człowieka. — Z tego punktu widzenia nie da się
sformułować racjonalnego argumentu przeciwko bezbolesnemu i nie ustanawiającemu precedensu zabiciu
człowieka pozbawionego krewnych, a tym bardziej przeciwko zniszczeniu całej ludzkości. Wraz z nią zniknąłby
bowiem również jedyny podmiot, dla którego ludzie
mają wartość. To, że — jak mówi Kant — człowiek nie
ma wartości, lecz godność, oznacza, że jego egzystencja, egzystencja pewnego „bycia-dla-siebie", jest dobra
sama w sobie jako reprezentacja tego, co bezwarunkowe. Jeśli człowiek kocha siebie w sposób rozumny,
to kocha siebie nie tylko — jak sądził Schopenhauer
— ślepą *amor concupiscentae*, która sprawia, że człowiek trzyma się egzystencji tak, jak innych dóbr, ale
jako istota rozumna może przeklinać egzystencję wraz
z tym, że jej się trzyma. O złym posiadaczu fatalnego
pierścienia Tolkien mówi: „Nienawidził Pierścienia i zarazem kochał go, tak jak siebie samego zarazem kochał
i nienawidził. Nie mógł się go wyrzec. Nie zależało to
już od jego woli"[9]. Jest to opis *amor concupiscentiae*.
Miłość w sensie *amor benevolentiae* — zarówno w stosunku do samego siebie, jak i w stosunku do innych —
nie polega na uzależnieniu od popędu, lecz jest wolna.
Dopiero dla niej rzeczywistość staje się w pełnym sen-

---

[9] John Ronald Reuel Tolkien, *Władca Pierścieni*, tłum. Maria Skib-
niewska, „Atlantis", 3 tomy, Warszawa 1992, część I: *Wyprawa*, ks. I,
rozdz. 2; *Cień przeszłości*, s. 48.

sie rzeczywista: rzeczywistość innego i nasza własna rzeczywistość. Owo urzeczywistnienie się rzeczywistości poprzedza wszelką powinność; u Platona wyraża to wyjście z jaskini. *Amor benevolentiae* jest tym, co w pełnym sensie rozumne. Miłości tej dotyczy to, co Arystoteles w *Etyce nikomachejskiej* mówi o mędrcu: „Mędrzec najbardziej kocha samego siebie". Nie musi to oznaczać: „Mędrzec kocha siebie bardziej niż innych", lecz „Mędrzec kocha siebie bardziej niż inni — a mianowicie nierozumni — są w stanie kochać siebie lub innych".

10. Znaczenie tego, co w prawie naturalne (1992)

Przeciwko idei tego, co sprawiedliwe (*Gerechte*) z natury, wysunięto zarzut, że opiera się ona na nieznajomości względnego charakteru ludzkich wartościowań, na nieznajomości faktu, że — jak pisał Pascal — o prawie i bezprawiu rozstrzyga stopień szerokości geograficznej[1]. Prawdziwe jest jednak twierdzenie przeciwne. Twierdzenie, że istnieje to, co sprawiedliwe z natury, jest odpowiedzią Greków z V wieku przed Chr. na odkrycie tego faktu. Doświadczenia podróży i spotkania z innymi kulturami wywołały zdziwienie. Grecy utracili naiwne przekonanie, że ich własne obyczaje są lepsze od innych, zwłaszcza że ich własna kultura znajdowała się w momencie przełomu, co uświadomiło im zmienność ich własnych norm. W tej sytuacji pojawiło się pytanie, czy nie istnieje ponadkulturowa miara, która umożliwiałaby ocenę kulturowych przemian, odróżnienie zmiany na lepsze od zmiany gorsze, obyczajów lepszych od obyczajów gorszych. Taką ponadkulturową miarę Grecy znaleźli w pojęciu φύσις (*physis*). Według definicji Arystotelesa *physis* jest zasadą spoczynku i ruchu danej rzeczy[2]. Rzeczy, które tę zasadę, czyli źródło spontaniczności, mają w sobie, są rzeczami naturalnymi. U podstawy wszelkich sztucznych rzeczy

---

[1] Por. Blaise Pascal, *Myśli*, tłum. Tadeusz Żeleński (Boy), PAX, Warszawa 1953, dział V, fragment 294, s. 110 n.

[2] Por. Arystoteles, *Fizyka*, 192 b 13–14, tłum. Kazimierz Leśniak, PWN, Warszawa 1968, II, 1.

leży *physis* rzeczy naturalnych. Samochód porusza się dzięki naturalnym własnościom tworzących go materiałów, zwłaszcza dzięki temu, że benzyna ulega spalaniu. Człowiek jest rzeczą naturalną. Naturalny jest νόμος (*nomos*), który umożliwia ludziom działania odpowiadające ich naturze. Obyczaj, który nakazuje zniekształcanie kobietom stóp przez zakładanie im zbyt małych butów, jest mniej naturalny od obyczaju, który czegoś takiego nie nakazuje. Ale być może jest tak, że widok kobiet stawiających małe kroki, odpowiada spontanicznemu pragnieniu mężczyzn? *Nomos* koordynuje działania. Czy koordynacja ta nie mogłaby być naturalna dla kogoś jednego, a nienaturalna dla kogoś innego? Jeszcze dzisiaj o kimś, kogo pożarł wilk, mówimy, że nie umarł śmiercią naturalną, lecz gwałtowną. Chociaż bycie pożartym nie jest czymś naturalnym, to dla wilka pożeranie jest naturalne. Ponieważ zaś wilk był silniejszy, całe zdarzenie miało najwidoczniej podstawę w naturze. Dlatego też jedno z najwcześniejszych twierdzeń prawa naturalnego mówiło, że tym, co słuszne (*Rechte*) z natury, jest prawo silniejszego. W stosunku do siebie wilki zachowują się jednak inaczej. Nie mają naturalnej skłonności do tego, aby się wzajemnie pożerać. Tworzą sforę, troszczą się o słabsze młode wilki. Ludzie natomiast są istotami wspólnotowymi, na co wskazuje już ich język. Jak wielka może być jednak wspólnota, w której pojawia się coś takiego, jak „my", wspólny interes? Nie może być ona dowolnie wielka. Ateńczycy nie czuli się związani takim wspólnym interesem z Melijczykami i dlatego twierdzili, że nie rozumieją argumentu ze sprawiedliwości, który kierowali do nich Melijczycy[3]. To, co słuszne z natury, wyraża dla nich raczej twierdzenie *homo homini lupus*.

Odpowiedź na pytanie o to, co słuszne z natury, nie jest niezależna od odpowiedzi na pytanie o to, jakie są fundamentalne interesy człowieka, tj. do czego

---

[3] Por. Thucydides, *Wojna peloponeska*, tłum. Kazimierz Kamaniecki, „Czytelnik", Warszawa 1988, V, 89; s. 336.

ludzie dążą z natury. Pierwszą odpowiedzią na to pytanie był hedonizm. Każdemu chodzi o to, aby czuć się jak najlepiej (*Wohlbefinden*). Wynikała stąd etyka indywidualna, ale nie nauka prawa. Owa etyka indywidualna jest etyką hedonistycznego rachunku. Jednym z jego elementów jest niewątpliwie pojęcie tego, co dla człowieka „naturalne", gdyż trudno sobie wyobrazić, aby ktoś mógł się w sposób trwały czuć dobrze, jeśli nie jest posłuszny tym prawom, które wynikają z jego *physis*. Jednakże uwzględnienie w motywacji moich działań dobrego samopoczucia innych ludzi wynika stąd jedynie w sposób bardzo ograniczony[4]. Człowiek nie może wprawdzie być szczęśliwy bez przyjaciół. Jeśli ktoś chce mieć dobrych przyjaciół — pisze Epikur — to sam musi być dobrym przyjacielem, a zatem do pewnego stopnia musi być bezinteresowny. Owa bezinteresowność (*Selbstlosigkeit*) ogranicza się jednak do tych ludzi, których przyjaźń sprzyja mojemu dobremu samopoczuciu. Postulatu sprawiedliwości, który wychodziłby poza to wymaganie, nie da się uzasadnić hedonistycznie. Można wprawdzie — jak się to dzisiaj nieraz robi — zalecać ogólną bezstronność jako długofalowy warunek własnego powodzenia. Już Platon zwrócił jednak uwagę na to, że tam, gdzie najwyższym dobrem jest indywidualna przyjemność, zachowanie pasożytnicze nie jest naganne samo w sobie, lecz jedynie wówczas, gdy ktoś zostanie na nim przyłapany[5].

Platon, Arystoteles i stoicy wprowadzili jednak nowe pojęcie tego, co słuszne z natury. Opiera się ono na dwu przesłankach. Pierwsza z nich mówi, że w naturze subiektywna przyjemność ma zawsze swoją funkcję, tj. jest zakorzeniona w obiektywnej teleologicznej konstytucji indywidualnej φύσις (*physis*). Głód i przyjemność płynąca z jego zaspokojenia jest funkcją zachowania życia, rozkosz seksualna jest funkcją zachowa-

---

[4] Por. Robert Spaemann, *Szczęście a życzliwość*, tłum. J. Merecki SDS, RW KUL, Lublin 1996.

[5] Por. Platon, *Państwo*, 366 b (cyt. wyżej, s. 86, przypis 4).

nia gatunku, zadowolenie płynące z wykonywania pewnego rzemiosła jest funkcją obiektywnej teleologii tego rzemiosła itd. Przyjemność jest subiektywnym sposobem przeżywania realizacji obiektywnego *telos*. Druga przesłanka jest taka: Człowiek — w odróżnieniu od innych istot żyjących — może uświadomić sobie tę funkcję, która w innych przypadkach pozostaje ukryta. Dlatego też może ją obejść, odłączyć subiektywną przyjemność od osiągnięcia *telos*, którego πάϱηϱγον (*parergon*) — wtórny rezultat — należy do jej istoty, i dążyć do niej nie pośrednio, lecz bezpośrednio[6]. Takie postępowanie jest jednak destrukcyjne i według Platona jest przyczyną wszelkiego kulturowego upadku. Dlaczego jednak nie możemy być destrukcyjni, jeśli sprawia nam to przyjemność? Odpowiedź Platona była taka: Istota rozumna realizuje swoją istotę poprzez wyraźną tematyzację tego, co obiektywnie dobre, znajdując w tym szczęście, wobec którego szczęście hedonisty przestaje wchodzić w rachubę. Hedonista nie potrafi sobie jednak tego wyobrazić, dopóki mieszka w swojej jaskini[7]. Dla tego, co obiektywnie dobre, jak mówi Platon — dla „dobra samego w sobie", swoiste jest to, że nie można go zdefiniować przez odniesienie do usytuowania jednostki, lecz przeciwnie — szczęście jednostki określone jest przez odniesienie do dobra. Nawiązując do przykładu Arystotelesa możemy powiedzieć, że nieszczęśliwy jest ten człowiek, który umiera w iluzorycznym przekonaniu, że jego cele życiowe zostały osiągnięte, podczas gdy w rzeczywistości jest przeciwnie. Arystoteles nie jest pewien, czy można go nazwać szczęśliwym w sytuacji odwrotnej[8]. Szczęście nie jest wprawdzie tożsame z poczuciem szczęścia, ale szczęśliwym nie nazwalibyśmy

---

[6] Por. Platon, *Gorgiasz*, 464 c n. (cyt. wyżej, s. 179, przypis 2).

[7] Por. Platon, *Państwo*, 582 a n.; Immanuel Kant, *Krytyka rozumu praktycznego*, „Trzeba być przynajmniej na pół uczciwym człowiekiem, aby móc sobie owe uczucia choćby tylko przedstawić", tłum. Jerzy Gałecki, PWN, Warszawa 1984, s. 68.

[8] Por. Arystoteles, *Etyka nikomachejska*, tłum. Daniela Gromska, BKF, PWN, Warszawa 1956, [2]1982, I, 2.

też nikogo, kto sam czuje się nieszczęśliwy i uważa się za nieszczęśliwego. Do obiektywności dobra jako przedmiotu rozumnego poznania należy również to, że dobro, które nie da się zdefiniować przed odniesienie do przeżywania jednostki, jest z zasady neutralne wobec jego podmiotu. „Dobro, jeśli się odsłania, jest wspólne wszystkim" — mówi Platon w *Gorgiaszu*[9]. Radość istoty rozumnej można porównać z radością z proporcji dzieła sztuki. Kiedy zresztą Grecy mówią o neutralnym wobec podmiotu aspekcie dobra, używają raczej słowa „piękno". W języku greckim słowo „dobro" ma zawsze aspekt *bonum mihi*, tego, co korzystne i pożyteczne.

To, co słuszne z natury, jest zatem dla człowieka tym, co zgodne z jego naturą. Jego natura jest jednak naturą rozumną. Dla człowieka zgodność z naturą musi oznaczać zgodność z rozumem. Prawo naturalne jest prawem rozumu. Tego, co jest słuszne i sprawiedliwe (*Rechte und Gerechte*) z natury, nie da się odkryć na podstawie obserwacji zwierząt, lecz można je odsłonić jedynie w racjonalnym dyskursie, który w pewnych okolicznościach może być również rozmową z sobą samym.

Od XV i XVI wieku obydwie wymienione powyżej przesłanki klasycznej idei prawa naturalnego stają się problematyczne. Już filozofia nominalistyczna zaprzeczała możliwości wglądu w teleologiczną konstytucję natury. Nowe nauki przyrodnicze albo odrzucały konstytucję teleologiczną, albo uznawały jej analizę za pozbawioną znaczenia dla nauki[10]. Jeszcze ważniejsza była jednak nowa wizja ludzkiej wolności. Jeśli nawet istnieją tendencje naturalne, to należą one do *res extensa* i są czystym materiałem dla naszej wolności. Aby móc normować naszą wolność, teleologiczny język natury musiałby zawierać skierowany do nas boski

---

[9] Platon, *Gorgiasz*, 505 e (tłumaczenie odbiega od wersji w wydaniu polskim).

[10] Por. Francis Bacon, *De dignitate et augmentis scientiarum* III, 5, w: *The Works of the Lord Bacon*, London 1858n., vol. 2, s. 340: „Nam causarum finalium inquisitio sterilis est, et tamquam virgo Dei consecrata, nihil parit".

nakaz, *lex naturae* musiałoby być interpretowane jako *lex divina*. Teoretycy prawa naturalnego z XVI i XVII wieku chcieli jednak mówić o prawie „*etsi Deus non daretur*"[11]. Wówczas jednak nie może być tak, że naturalność pewnego porządku jest już wystarczającą racją jego obowiązywania. Duchowa wyższość człowieka — mówi Pufendorf — nie daje mu prawa do rządzenia innymi[12]. Prawomocność nie pojawia się jako wynik jakości naturalnych. Abraham Lincoln wyraża to tak: „*Non man is good enough to govern another man without other's consent*". Dlatego nowożytne teorie prawa naturalnego są teoriami umowy. Prawnie obowiązujące jest tylko to, co można przynajmniej zrekonstruować jako element umowy. W pojęciu *volontégénérale* Rousseau próbuje połączyć koncepcję woluntarystyczną z racjonalnym prawem naturalnym. *Volontégénérale* ma niearbitralną, obiektywną strukturę, która wynika z warunków przetrwania danego społeczeństwa. Jeśli jednak faktyczny konsens obywateli porusza się poza tymi warunkami, to nie ma nikogo, kto mógłby udzielić głosu tej niemej woli. Pozostaje ona niema, a państwo popada w chaos aż do chwili, w której konsens powróci do obiektywnych warunków przetrwania, tj. do chwili, dopóki „niezwyciężona natura nie odzyska panowania"[13]. Słowo „natura" oznacza tu to, co Rousseau nazywa też „*nature de la chose*", a co prawnik nazywa „naturą rzeczy", czyli jej wewnętrzną logiką. Hegel napisał wprawdzie słynny traktat o prawie naturalnym, ale później zaproponował, aby w tym kontekście zrezygnować z pojęcia „natury". Tego, co słuszne (*rechte*), nie można bowiem według niego określić jako tego, co naturalne,

---

[11] Por. np. J. St. Leger, *The „etiamsi daremus" of Hugo Grotius*, Roma 1962.

[12] Por. Samuel von Pufendorf, *De jure naturae et gentium libri octo*, Frankfurt/M. 1967 (wznowienie wydania Frankturt/M.–Leipzig 1759), s. 686.

[13] Jean-Jacques Rousseau, *Umowa społeczna*, tłum. Bohdan Struminski, w: J.-J. Rousseau, *Umowa społeczn oraz...*, tłum. Bronisław Baczko i in., BKF, PWN, Warszawa 1996, s. 64.

lecz jako to, co wynika z pojęcia rozumnej woli jako konieczna postać jej rzeczywistości [14]. Chciałbym bronić tu twierdzenia, że zastąpienie pojęcia natury i tego, co naturalne, przez pojęcia rozumu i tego, co rozumne, oraz redukcja pojęcia natury do pojęcia „natury rzeczy" pozbawia treści pojęcie tego, co rozumne, a rezygnacja z pojęcia natury człowieka czyni ideę prawa naturalnego bezbronną wobec krytyki ze strony pozytywizmu prawnego. Chcę to zrobić w dwu prostych rozumowaniach. Pierwsze odwołuje się do niemożności rezygnacji z pojęcia normalności w odniesieniu do wszelkiego ludzkiego współżycia, wszelkiego prawnego działania i wszelkiego postępowania sądowego. Normalność jest podstawą przed-sądów (*Präjudizen*). Bez przed-sądów, bez wcześniejszych przekonań i przesądów ludzkie współżycie jest niemożliwe. Co prawda w pooświeceniowych państwach wszelkie odziedziczone normy są możliwym przedmiotem dyskursywnej tematyzacji, ale nigdy wszystkie na raz. Przede wszystkim zaś wszelka dyskursywna analiza określonej normy jest możliwa tylko na podstawie fundamentalnej zgody co do innych norm i innych danych. Dyskursy zakładają pewien zbiór tego, co wspólne, bez którego w ogóle nie dałoby się odnosić do siebie punktów widzenia, a argumenty trafiałyby w próżnię. Argumenty mogą funkcjonować tylko wówczas, gdy zakładamy zbiór tego, na co bez kwestionowania przystajemy. Jest tak zwłaszcza tam, gdzie chodzi o konflikty interesów i ich rozwiązywanie. Wszelki dyskurs na temat sprawiedliwego rozwiązania konfliktu interesów zakłada pewną miarę oceny ich wagi. Miarą tą nie może być subiektywna energia, którą kontrahenci wkładają w identyfikację i obronę swoich intere-

---

[14] Por. Georg Wilhelm Friedrich Hegel, *Encyklopedia nauk filozoficznych*, tłum. Światosław Florian Nowicki, BKF, PWN, Warszawa 1990, § 502, s. 505; tenże, *Vorlesungen über Rechtsppihilosophie*, hrsg. von Karl-Heinz Ilting, Fromman–Holzboog, Stuttgart 1973–1974, Bd. 1., s. 239.

sów. Identyfikacja ta może być arbitralna i nieupraw-
niona, może być „fanatyczna". Rozwiązanie konfliktu
interesów oznaczałoby wówczas po prostu to, że zwy-
cięża ten interes, którego obrońca jest najbardziej fanatyczny. W rzeczywistości suponujemy jednak, że istnieje niezależny od subiektywnej oceny porządek interesów oraz skala pilności ich zaspokojenia. Porządek
ten jest do pewnego stopnia specyficzny dla danej kultury. Według obowiązującego orzecznictwa w obecnej
normalności już telewizor należy do tego minimum egzystencji, którego nie wolno zająć. To pojęcie normalności wypływa jednak w podwójny sposób z pojęcia natury
człowieka. Po pierwsze dlatego, że egzystencjalna doniosłość czegoś takiego, jak normalność, wypływa z natury
człowieka jako istoty żyjącej. Możemy wyobrazić sobie
osoby charakteryzujące się tak wielką kreatywnością
i tak wielką spontaniczną zdolnością empatii i gotowością do niej, że mogłyby się obyć bez normalności
i do każdej sytuacji podchodziłyby bez przed-sądów, ze
świeżością i twórczo odpowiadając na jej swoistość. Nie
znamy jednak takich osób i sami nimi nie jesteśmy.
Mamy naturę, która zmusza nas do normalności. Po
drugie jednak sama ta natura ustanawia zarazem podstawową normalność. Pozostając przy przykładzie minimum egzystencji — nie stanowi ono w pełni wykładni
kultury. Z telewizora możemy w razie konieczności zrezygnować. Istnieje jednak podstawowe antropologiczne
minimum tego, co normalne. Istnieje najniższa i najwyższa znośna temperatura powietrza, minimalna ilość
kalorii, elementarne wymogi dotyczące jakości pożywienia, powietrza i wody, istnieje stopień zanieczyszcze-
nia, który dla każdego człowieka stanowi dolegliwość.
Istnieje minimum ludzkiego ciepła, bez którego przede
wszystkim dzieci nie mogą się rozwijać. Dzieci, które
Fryderyk II von Hohenstaufen kazał wychowywać bez
kontaktu językowego, zmarły przed osiągnięciem wieku
dojrzałego. Dlatego w kwestii pozbawiania prawa opieki
nad dziećmi, oprócz minimum związanego z kulturą,

w odniesieniu do którego liberalne państwo może być bardzo liberalne, istnieją antropologicznie niezmienne kryteria usprawiedliwienia. Są to właśnie te kryteria, które nazywamy „naturalnymi".

Naturą jest ta podstawowa normalność, która — w odróżnieniu od normalności zabarwionej kulturowo — nie tylko faktycznie, ale z zasady znajduje się poza dyskursywną problematyzacją. Odnosi się to dzisiaj przede wszystkim do ekologicznych warunków przetrwania ludzkości lub poszczególnych kultur. Owe warunki przetrwania są takie, jakie są. Konsens społeczny i polityczny musi — jeśli nie chce ulec rozpadowi — uzgodnić się z tymi niezależnymi od niego warunkami. Tego właśnie dotyczą słowa Matthiasa Claudiusa: „Prawda, mój synu, nie dostosowuje się do nas, to my musimy się dostosować do prawdy"[15].

Przytoczę tu jeszcze jeden przykład natury jako pierwotnej normalności niekwestionowanej, nie wymagającej usprawiedliwienia: Fakt, że trwanie rodzaju ludzkiego związane jest z ciążą kobiet, oznacza, że na nich spoczywa też najpierw bezpośredni obowiązek troski o ludzkie życie. Rodzina, społeczeństwo, państwo mogą tu przyczynić się do bardziej równego rozłożenia obowiązków. Ich pierwotne nierówne rozłożenie w fazie ciąży jest *physei*, jest z natury, i dlatego nie potrzebuje usprawiedliwienia, chociaż płyną z niego obowiązki prawne.

Dlaczego, to co jest *physei*, co jest z natury, może być podstawą obowiązków? Nowożytna tradycja prawa rozumu pojmuje prawo jako normatywny porządek, którego sednem jest wzajemny szacunek okazywany sobie przez osoby jako podmioty wolności. Do tego nawiązuje moja druga uwaga.

---

[15] Matthias Claudius, *Brief: An meinen Sohn Johannes*, 1799, w: tenże, *Worauf es ankommt. Ausgewählte Werke. Nach Gattungen geordnet. Mit Einleitungen und einem Nachwort*, hrsg. von Winfried Freund, Gerlingen 1995, s. 250–254, cyt. ze s. 251.

1. Szacunek można okazywać osobom tylko wówczas, gdy w ramach materialnego świata przyznaje się im należącą do nich sferę. Bycie osób polega na posiadaniu takiej sfery. To, co ją tworzy, jest do pewnego stopnia przygodne. Własność jest zmienna i konstytuuje się dopiero w kontekście prawnym. Wszelkie posiadanie (*Haben*) opiera się jednak na tym, że ludzie mają najpierw swoje ciało. Dlatego *habeas corpus* jest fundamentalną formułą uznania osób jako podmiotów wolności. Człowiek respektowany jest najpierw w integralności swojej cielesnej *physis*. Fakt, że pomoc w samobójstwie i zabicie na życzenie są karalne, płynie stąd, że woli zniknięcia z materialnego świata — niezależnie od tego, co sądzimy o moralnej dopuszczalności takiej woli — nie wolno wspierać od zewnątrz. Od zewnątrz nie możemy bowiem oddzielić podmiotu wolności od jego fizycznej egzystencji jako pierwszej sfery jego wolności — tak aby móc respektować wolność niszcząc egzystencję fizyczną. Osobę jako podmiot wolności możemy respektować tylko wówczas, gdy uznajemy za tabu sferę, w której osoba pojawia się: jej bytowanie (*Dasein*) jako naturalnej istoty żyjącej. Owo naturalne bytowanie osób ma określoną postać, która określona jest nie tylko funkcjonalnie przez warunki zachowania własnego życia i zachowania istnienia gatunku; jest ona bowiem zarazem formą ich wyrażania. Respektowanie praw człowieka oznacza respekt dla tej naturalnej postaci i jej wewnętrznych prawidłowości. Formy wyrażania osobowej wolności są w dużej mierze uwarunkowane kulturowo. Również w tym przypadku istnieją jednak podstawowe struktury, które musimy nazwać naturalnymi i które dają o sobie znać przede wszystkim w skrajnych sytuacjach. Do natury człowieka należy na przykład to, że jest ona dziedziczona od określonej pary rodziców, a do godności człowieka należy dostęp do wiedzy o tym jej naturalnym początku, tj. to, aby swojego istnienia nie zawdzięczać anonimowemu bankowi nasion. Do struktury ludzkiej natury należy to, że jej fi-

zyczne samozachowanie zależy od wolnych działań, tj. od jedzenia i picia, które — w odróżnieniu od oddychania — nie są odruchowe. Tak jak z tym, co z natury słuszne, sprzeczne jest zabicie człowieka na jego życzenie, podobnie sprzeczne z jego naturalnymi prawami jest zmuszanie go do życia przez przymusowe odżywianie w sytuacji, w której w sposób świadomy i wolny odmawia on przyjmowania pokarmów. W tym sensie jego życie fizyczne jest nienaruszalną sferą jego wolności, której trwanie jest z natury następstwem jego wolnych działań.

2. Mówiłem dotąd o sytuacjach skrajnych. Natura jest jednak również istotnym założeniem normalnego sposobu ludzkiego samourzeczywistniania się poprzez działania. Ludzie nie są duchami, które od wewnątrz poruszają pewną maszynę. Są istotami żyjącymi, a to oznacza, że ich podmiotowość nie jest czystą, transcendentalną wolnością, która staje wobec świata faktów zewnętrznych. Gdyby tak było, to sposób powstawania motywacji działania byłby zupełnie niezrozumiały. Dlaczego mielibyśmy reagować na fakty tak, a nie inaczej? Dlaczego mielibyśmy chcieć tego, zamiast czegoś innego? Dlaczego mielibyśmy dążyć do tych celów, a nie do innych? W rzeczywistości wcale nie *ustanawiamy* celów, lecz znajdujemy je już w sobie i w innych — znajdujemy je w postaci popędu. Możemy się co prawda od niego zdystansować. Fakt, że jesteśmy głodni, nie zmusza nas do jedzenia. Z drugiej jednak strony głód nie jest neutralnym faktem, z którego nie wynika żadna wskazówka dla działania. Głód jest raczej wystarczającą racją tego, aby jeść, o ile nie przemawia przeciw temu inna racja. Podobnie wrażliwość na ból u zwierząt jest racją, aby nie sprawiać im bólu, o ile nie przemawia za tym jakaś ważniejsza racja. Popęd jest naturalnym faktem, który ma już charakter wektorowy, sensownie ukierunkowany (*Richtungssinn hat*). Dlatego popęd uzasadnia regułę, która rozkłada ciężar uzasadnienia. Bez takiej fundamentalnej reguły nie moglibyśmy działać, gdyż

wysuwanie racji i przeciwracji nigdy nie miałoby końca. Jeśli jednak nie istnieje racja przeciwna, popęd jest jednak wystarczającą racją działania. Jak mówi Arystoteles, u podstaw wszelkich działań znajduje się *orexis*, do której dołącza się rozum[16]. Prawna ocena działań i prawne wyważenie rangi interesów są możliwe tylko wtedy, gdy ludzi nie traktujemy jako podmiotów transcendentalnych, które stają wobec neutralnego aksjologicznie świata faktów, lecz jako istoty, które są określone przez proces życiowy i których wolność polega na zajęciu stanowiska wobec przynaglających propozycji ich natury. Bez uwzględnienia tych propozycji nie moglibyśmy ocenić działań i wyważyć rangi interesów.

3. Ostatnio zaproponowano, aby idąc za Johnem Lockiem oddzielić bycie człowiekiem od bycia osobą i nie mówić o „prawach człowieka", ale o „prawach osoby", prawach, które nie przysługują wszystkim ludziom. Nie przysługują one ludziom nienarodzonym, dzieciom przed ukończeniem pierwszego roku życia, ludziom umysłowo upośledzonym czy cierpiącym na demencję starczą. Trzeba by jednak dodać: również ludziom śpiącym. Według tej teorii bycie osobą jest bowiem stanem, a nie predykatem, który przysługuje pewnym istotom z racji ich natury. Ludzie śpiący nie znajdują się w tym stanie. Zakaz ich zabijania można uzasadnić jedynie przez powołanie się to, że ci, którzy nie śpią, chcą zasypiać z uzasadnionym oczekiwaniem, że się obudzą. Singer[17] i Hoerster[18] wyciągają jednak jedynie wnioski z takiej etyki umowy społecznej czy etyki dyskursu, która wszelkie zobowiązania opiera na wzajemnym uznaniu uczestników dyskursu, czyli osób, które same wyrażają swoje interesy, a ich zaspokojenie pozostawiają w gestii wymiaru sprawiedliwości. Małe

---

[16] Arystoteles, *Etyka nikomachejska*, VI, 2; II 39 a 32–33; II 39 b 4–5 (cyt. wyżej, s. 193, przypis 8).

[17] Por. Peter Singer, *Practical Ethics*, Cambridge University Press 21993, zwłaszcza rozdz. 4.

[18] Por. Norbert Hoerster, *Neugeborene und das Recht auf Leben*, Suhrkamp, Frankfurt/M. 1995.

dzieci, ludzie chorzy psychicznie, przyszłe pokolenia nigdy w byli partnerami tak pojętej umowy. Jeśli mimo wszystko są podmiotami prawa, to jest tak dlatego, że należą do tego gatunku naturalnego, którego normalne, dorosłe osobniki mają te własności, w których wyraża się bycie osobą[19]. W tym miejscu nie mogę szerzej uzasadniać, dlaczego tak właśnie powinniśmy używać pojęcia osoby i dlaczego nadal powinniśmy mówić o prawach człowieka, a nie o prawach osoby. Niemiecki Sąd Konstytucyjny wyraził to tak: „Jeśli gdzieś istnieje ludzkie życie, to przysługuje mu godność. Nie jest rzeczą rozstrzygającą, czy podmiot jest jej świadomy i czy sam potrafi jej strzec" (*BVG* 39, 2n./41). Poważne racje przemawiają za tym, aby tak pozostało. Tylko pojęcie ludzkiej natury sprawia, że z pojęcia godności osoby da się wyciągnąć konsekwencje praktyczne.

---

[19] Por. David Wiggins, *Sameness and Substance*, Basic Blackwell, Oxford 1980, s. 188: „[...] a person is any animal the physical make-up of whose species constitutes the species' typical members thinking intelligent beings".

11. Egzystencjalne zrelatywizowanie wartości

Nikt, kto się uważa za intelektualistę, nie mówi dzisiaj o dobru i złu. O wartościach mówią wszyscy. Partie prowadzą debatę na temat podstawowych wartości. Naszą konstytucję interpretuje się jako porządek wartości. Dyskutuje się, czy żyjemy w okresie rozkładu wartości, czy przemiany wartości. Kościoły usprawiedliwiają swoje miejsce w społeczeństwie nie tyle przez roszczenie, że głoszą wolę Boga i świadczą o zmartwychwstaniu umarłych, ile przez to, że stabilizują społeczeństwo przez przekazywanie wartości i dają orientację młodzieży. NATO ma służyć obronie zachodniej wspólnoty wartości, a ostatnio również jej ofensywnemu rozszerzaniu. Wydaje się zatem, że filozofia wartości stała się wiodącą filozofią świata zachodniego. Nie sądzę jednak, że ucieszyłoby to Maxa Schelera. Przypominają się tu słowa Heinego na temat filozofii Hegla: Filozofia Hegla była coraz to bardziej rozwodniona i ostatecznie objęła całe Niemcy. Sam Hegel napisał, że tym, co egzoteryczne i w społecznie wpływowe, jest w filozofii zawsze to, co w niej niefilozoficzne. „Tłum nigdy nie będzie filozofem" — tym cytatem z Platona rozpoczyna Scheler swój ostatni esej *Światopogląd filozoficzny*[1].

---

[1] Max Scheler, *Światopogląd filozoficzny*, tłum. Stanisław Czerniak, w: tenże, *Pisma z antropologii filozoficznej i teorii wiedzy*, tłum. Stanisław Czernak, Adam Węgrzecki, BKF, PWN, Warszawa 1987, s. 411; wyd niem.: *GW*, Bd. 9, s. 73. Dzieła Schelera cytujemy według

Wprowadzeniu pojęcia wartości do filozofii od początku towarzyszyła pewna dwuznaczność. Można je bowiem interpretować jako kompensację deficytu — i to kompensację naznaczoną jego teoretycznym ograniczeniem — lub jako myślowe i pojęciowe zróżnicowanie, które niesie ze sobą teoretyczny zysk. Kompensacja odnosiłaby się do nowożytnej redukcji bytu do samego bycia obecnym (*Vorhandensein*), które wyraża na przykład Humeowska antyteza bytu i powinności. Redukcja ta sprawia, że wyeliminowany z bytu aspekt *bonum* wprowadzany jest do rzeczywistości niejako z zewnątrz jako „wartość". Łatwo jest przy tym uznać ten aspekt za wynik dokonywanego przez podmiot wartościowania, aspekt, który jest niejako nakładany na rzeczywistość. Zróżnicowanie ma natomiast sens pozytywny: Aby klasyczne twierdzenie „*omne ens est bonum*" wznieść ponad status pustej formuły, trzeba pojęciowo oddzielić to, co wyraża *ens*, od tego, tego, co wyraża *bonum*. Pojęcia *bonum* nie utożsamiano przy tym nigdy — z wyjątkiem stoików — z pojęciem dobra moralnego, lecz było to pojęcie nadrzędne, które obejmowało pojęcie dobra moralnego. To samo dotyczy pojęcia wartości w sensie, jaki wiązał z nim Scheler. Nie wszystkie wartości są wartościami moralnymi. Ponadto dla pojęcia wartości u Schelera istotne jest to, że obejmuje ono nieskończoną liczbę wartości. Wartości tych nie można utożsamiać z dobrami, gdyż są one przedmiotami formalnymi, ze względu na które rzeczy mogą dopiero jawić się jako dobre. Podobnie twierdzenie „*omne ens est verum*" jest sensowne tylko wtedy, gdy świat nie zwraca ku nam nieczytelnego oblicza, które składa się z niezwiązanych ze sobą pojedynczych wrażeń (*Impressionen*), tj. tylko wtedy, gdy wrażenia te są apriorycznie ustrukturowane. Rzeczy możemy liczyć, ale możemy to robić tylko wtedy, gdy dysponujemy liczbami, których nie wyabstrahowaliśmy z rzeczy. Filozofia wartości chętnie porównywała

---

wydania: *Gesammelte Werke*, hrsg. Von Maria Scheler und Manfred S. Frings, Francke, Bern–München 1954 n.

wartości z liczbami. Liczbom i wartościom wspólne jest to, że są nieskończone, tj. jest ich więcej niż to aktualnie poznajemy i dlatego możemy odkrywać ciągle nowe liczby i wartości. Można by powiedzieć, że znaczenie Schelera dla wglądu w istotę wartości jest takie, jak znaczenie Fregego dla wglądu w istotę liczby.

Jeśli chodzi o pojęcie wartości, to sposób jego użycia w dyskursie publicznym określony jest przez pierwszą ze wspomnianych wyżej alternatyw, tj. przez alternatywę. „kompensacyjną". U podstaw mówienia o wartościach znajduje się niejasne wyobrażenie, że nowoczesne, *per definitionem* materialistyczne przyrodoznawstwo mówi nam o tym, czym jest rzeczywistość. Do wspólnego życia, porozumiewania się i działania ludzkie społeczności potrzebują jednak ponadto czegoś takiego, jak wspólnych ocen wartości. Ponieważ nie istnieją jednak obiektywne racje tych ocen, ich najwyższym kryterium jest faktyczny konsens w ramach określonej cywilizacji, a w cywilizacji zachodniej jest to ponadto przekonanie o możliwości uzyskania konsensu ze strony wszystkich ludzi dobrej woli. Już w tym miejscu chciałbym wskazać na błąd *petitio principii*, jaki tkwi w tej koncepcji. Wartości służą tu bowiem wspólnemu celowi, np. pokojowi, współpracy, zaspokojeniu podstawowych interesów tych wszystkich, których dotyczy działanie innych. I tak na przykład dla Hansa Künga pokój i przetrwanie ludzkości są celami, ze względu na które wszelki etos pełni funkcję instrumentalną[2]. Trzeba przy tym założyć, że pokój i przetrwanie ludzkości są wartościami — i to najwyższymi wartościami; nie można tego jednak wyrazić teoretycznie. Mówi się dziś: „Potrzebujemy wartości". Dopóki jednak wartości są czymś, czego potrzebujemy, a nie tym, co decyduje o tym, czego potrzebujemy, nie mówimy w rzeczywistości o tym samym, o czym mówił Scheler.

---

[2] Por. Hans Küng, *Projekt Weltethos*, Piper, München 1990.

I

Chciałbym tu pokazać fundamentalną różnicę pomiędzy etyką wartości Schelera i funkcją pojęcia wartości we współczesnym dyskursie publicznym. Chciałbym to zrobić na przykładzie centralnego dla każdej etyki problemu relacji absolutnego charakteru sfery moralnej oraz wielości historycznych form etosu i ich względności. We współczesnych debatach publicznych relacja ta ma charakter antynomiczny i dialektyczny. Sąsiadują tu ze sobą opozycyjne stanowiska: relatywizm w etyce i absolutyzacja własnego, tj. późnomieszczańskiego, indywidualistycznego etosu cywilizacji zachodniej; każde z tych stanowisk nieświadomie przyczynia się do pojawienia się stanowiska przeciwnego, a tym samym do zniesienia własnego. I tak relatywizm, rezygnacja z bezwarunkowego roszczenia do prawdy, ma być warunkiem pokojowego współistnienia. Współistnienie to ma być jednak — w sensie zupełnie niehipotetycznym — uznane przez wszystkich bez dyskusji za wartość najwyższą. Inny przykład tej dialektyki: W debacie o prawach człowieka państwa zachodnie wnoszą płynące z prawa naturalnego roszczenie, przypisując mu powszechne obowiązywanie. Inne państwa, np. Chiny, odrzucają to roszczenie powołując się na argument, który również pochodzi z Europy: argument *relatywizmu kulturowego*, i to z roszczeniem do powszechnego obowiązywania. Mówi się, że europejska idea prawa naturalnego jest wyrazem zachodniego systemu wartości, a tymczasem inne systemy zasługują w swoim własnym kręgu na równy szacunek. (To, że inne systemy wartości zasługują na szacunek, jest jednak również twierdzeniem uniwersalistycznym, które można relatywistycznie zakwestionować). Ponieważ w świecie zachodnim panującą doktryną jest relatywizm etyczny, Europa musi albo zrezygnować ze swego roszczenia, albo próbować narzucać swój system wartości bez dalszego usprawiedliwienia, co równa się kulturowemu

imperializmowi i co pozbawia nas możliwości odróżnienia pomiędzy rzeczywiście powszechnymi prawami
każdego człowieka i ich europejską, indywidualistyczną
formą. Ukształtowana w dobie Oświecenia indywidu-
alistyczna koncepcja prawa naturalnego jest bowiem
znacznie bardziej etnocentryczna niż koncepcja Arystotelesa, w której jest dużo miejsca dla cywilizacyjnej
różnorodności. W ten sposób we współczesnych debatach mamy do czynienia na przemian z indywiduali-
zmem i europocentryzmem, aksjologicznym absolutyzmem i relatywizmem.

Inaczej jest u Schelera. Twierdzenie o absolutnym
charakterze wartości i ich hierarchii oraz odkrycie głębokiej różnorodności historycznych form etosu wzajemnie się warunkują i wspierają. Metafizyka wartości i socjologia kultury tworzą u Schelera jedną spójną teorię. Schelerowska krytyka panującego relatywizmu, dla
którego wartości są projekcjami subiektywnych wartościowań, opiera się zrazu na fenomenologicznej analizie, która jest odpowiednikiem analizy Husserla. Najważniejszym jej odkryciem, czy też ponownym odkryciem, jest odkrycie intencjonalności odczuwania. Mówię tu o ponownym odkryciu, ponieważ fenomen ten
znany był już dawniej; usiłowano go jednak umieścić
w Prokrustesowym łożu dualizmu myślenia i chcenia,
co prowadziło do jego zniekształcenia. Warto jednak
przypomnieć, że na przykład w końcu XVII wieku Arnauld sprzeciwił się dominującemu poglądowi, że radość jest subiektywnym stanem, który może mieć różne
przyczyny. Arnauld pisał, że radość ma nie tylko różne
przyczyny, ale i różne formalne obiekty, które decydują
o jej charakterze. Radość jest zawsze radością z czegoś,
a owo „z czegoś" — pisze Arnauld — jest *causa formalis*,
a nie *causa efficiens* radości[3].

Analiza przeżywania wartości pokazuje, że wartości
nie są ani produktami, ani przyczynami, lecz przed-

---

[3] Antoine Arnauld, *Dissertation sur le prétendu bonheur des plai-
sirs des sens*, Œuvres, Lausanne 1775–83, vol. X, s. 62.

miotami naszego odczuwania. Temu intencjonalnemu odczuwaniu nie musi zawsze towarzyszyć odpowiedni stan uczuciowy. Możemy na przykład boleśnie postrzegać rozdźwięk pomiędzy blaskiem i radością wiosennego poranka i naszym przygnębieniem. Gdyby czyjaś radość z naszego prezentu była tylko przyczyną, a nie przedmiotem naszej radości, wówczas jakakolwiek egotyczna przyjemność nie różniłaby się zasadniczo od naszej radości. Temu, kto daje nam bukiet kwiatów, moglibyśmy tylko powiedzieć, że cieszymy się z tego, że w tak miły dla nas sposób sprawił sobie radość. Nikomu nie musimy dziękować za to, co dla nas robi. Wszystko to sprzeciwia się całkowicie naszym intuicjom. Jest to teoretyczna konstrukcja, która opiera się na fałszywym opisie tego, co ma być wyjaśnione. W przeprowadzonej przez Schelera krytyce interesujące jest przy tym to, że w etycznym relatywizmie kulturowym Scheler widzi ukrytą, europocentryczną absolutyzację porządku wartości nowożytnej epoki mieszczańskiej (por. *GW*, Bd. 2, s. 305 n.).

Myśl Schelera jest to taka: Jeśli w odczuwającym postrzeganiu wartości nie postrzegamy rzeczywiście niczego obiektywnego, tj. jeśli wartościowania są świadomymi lub nieświadomymi ustanowieniami wartości, to muszą istnieć racje takich ustanowień, które różnią się od postrzeganych wartości. Jeśli ludzie ustanawiają lub wybierają wartości, to musi im w tym o coś chodzić, a tym, o co im chodzi, nie może być znów wybrana wartość, gdyż ona wynika dopiero z aktu jej ustanowienia. O co zatem ludziom chodzi? Chodzi im o optymalizację zachowania ich życia, o subiektywne zadowolenie, o sprzyjanie działaniom i własnościom, które są społecznie korzystne w określonej sytuacji historycznej. Użyteczność w tym względzie jest więc według Schelera charakterystyczną cechą etosu epoki mieszczańskiej i kapitalizmu. W tym, że owo kryterium etyczne przypisywane jest wszelkim innym epokom, wyraża się panujący relatywizm jako absolutyzacja moralności własnego społeczeństwa, które niejako wnosi roszczenie do wyrażania prawdy wszelkich innych społeczeństw. Etyka mieszczańska rozumie siebie jako realizację właściwych motywacji człowieka, jako emancypację naturalnej podstawy etosu wszystkich wcześniejszych epok. Jest w tym zresztą bardzo podobna do greckiej sofistyki, która twierdziła, że odkryła to, o co w gruncie rzeczy wszystkim ludziom chodzi i zawsze chodziło. Schelerowski pluralizm i kulturalizm jest natomiast znaczniej bardziej radykalny. Scheler nie zakłada, że wszyscy ludzie, niezależnie od ich kulturowej różnorodności, w gruncie rzeczy to samo cenią i to samo odrzucają. Zna wprawdzie Nietzscheański demaskatorski gest, o czym świadczy przede wszystkim jego esej o resentymencie. Ale owo zdemaskowanie zawsze jest u niego poprzedzone przez *intentio recta* fenomenologa, który próbuje patrzeć w tym samym kierunku, co człowiek, o którego sposobie widzenia mówi, pytając, co można w ten sposób zobaczyć. Jeśli bowiem ktoś sądzi, że coś widzi, to widzi owo coś nawet wówczas, gdy jest to wynik halucynacji. Scheler przekonująco dowodzi, że również halucynacje są przedmiotami, a nie stanami. Halucynacja zawsze jest aktem intencjonalnym, którego nie można opisać bez opisania odpowiedniego przedmiotu intencjonalnego (*GW*, Bd. 3, s. 217 n.). Scheler poważnie zatem traktuje różnice pomiędzy historycznymi porządkami wartości, z których wynikają odpowiadające im systemy norm. To, co człowiek — a nawet zwierzę — przeżywa jako wartość, *jest* wartością. Musimy zatem przyjąć, że królestwo wartości jest nieskończone. W ramach teorii wartości zasadę „*omne ens est bonum*" można wyrazić tak: We wszystkim, co istnieje, przez odpowiednie akty odczuwania mogą odsłaniać się coraz to nowe jakości. Możemy wyobrazić sobie osoby, które mają inną niż ludzka naturę i które postrzegają takie jakości aksjologiczne, które dla nas pozostaną na zawsze ukryte. Specyficzne wartości osobowe odnosiłyby się jednak również do nich. Nie musimy jednak robić takich hipotetycznych założeń. Konkretnego przykładu dostarcza nam rozwój sztuki. Sztuka XX wieku odsłoniła nam estetyczne jakości przedmiotów i powierzchni, które przedtem były nieznane. Ponieważ jednak jakości te są obiektywne, mamy dostęp również do tych jakości, które stały w centrum uwagi w poprzednich epokach. Możemy nauczyć się widzieć to, co wówczas widziano. Ze względu na odkrycia sztuki współczesnej możemy też dostrzec w dawniejszych dziełach jakości, których być może nie dostrzegali sami ich twórcy. Tak jak artysta uczy widzenia, podobnie geniusz moralny może pierwszy i jedyny odkryć pewną wartość moralną, którą następnie, przede wszystkim przez swój przykład, odsłania również innym.

Taki nowy wgląd nie znosi całkowicie reguł preferencji należących do dawniejszego etosu; etos ten ulega jednak relatywizacji. Dla wielkich nauczycieli chrześcijańskich, takich jak św. Augustyn czy św. Tomasz z Akwinu, w mocy pozostaje ten starożytny porządek wartości, gdzie człowiek, któremu w jego działaniu chodzi o honor i sławę, jest szlachetniejszy od tego, kto kieruje się zmysłowym egoizmem — a zatem mecenas jest szlachetniejszy od skąpca, a odważny wojownik jest szlachetniejszy od tchórza. Etos ten zostaje jednak zrelatywizowany przez to, że z punktu widzenia miłości Boga prawa ręka nie powinna wiedzieć tego, co robi lewa, a zatem działanie ze względu na sławę jest jeszcze jedną — chociaż szlachetniejszą — formą egoizmu. Dlatego św. Augustyn pisze, że ze względu na ich chwalebne czyny Rzymianie są szlachetnym ludem i że zasłużyli na sławę, jaką się cieszą. Dotyczą ich natomiast słowa Ewangelii: „Otrzymali zapłatę swoją" (*Mt.* 6, 2), tj. ponieważ cieszą się sławą, na którą zasłużyli, mają to, czego chcieli, i nie mogą oczekiwać, że wejdą również do Bożej chwały[4]. Również w Dantejskiem *Piekle* spotykamy ludzi bardziej szlachetnych i nieszlachetnych.

---

[4] Por. Św. Augustyn, *Państwo Boże*, (*De civitate Dei*), tłum. Władysław Kubicki, Antyk, Kęty 1998, ks. V, rozdz. 14–16, zwł. s. 204.

Podobnie jest z chrześcijańską pokorą, dla której nie ma miejsca w etyce Arystotelesa. Tylko ten, kto potrafi docenić wartość honoru, może posiadać cnotę, która każe zrezygnować z dobra honoru ze względu na wyższe dobro. Podobnie, zalecając rezygnację z użycia siły, myślał również Gandhi. Rezygnacja z użycia siły była dla niego najwyższą formą odwagi; dlatego wielokrotnie podkreślał, że woli użycie siły niż rezygnację z jej użycia, która płynie z tchórzostwa lub połączona jest z nienawiścią i resentymentem.

Bogatszy, oparty na szerszej intuicji wartości etos nie oznacza negacji, lecz relatywizację aksjologicznych intuicji niższego etosu. Wielokrotnie oznacza jednak również krytykę właściwych mu reguł preferencji, a mianowicie wówczas, gdy opierają się one na złudzeniach, których źródła da się odkryć. Tymi źródłami są zawsze subiektywne interesy, które stają na drodze wglądowi w wartości. Najważniejszym z fałszujących wartości interesów jest dla Schelera — podobnie jak dla Nietzschego — resentyment, czyli interes słabego w tym, aby polepszyć poczucie własnej wartości i swój status przez przewartościowanie wartości. Wedle mojej wiedzy pierwszym myślicielem, który próbował dowieść, że właściwym źródłem zła jest słabość, był Rousseau. Dla Rousseau dobroć Boga wynika analitycznie z jego wszechmocy[5]. Dla Schelera byłaby to jednak już teoria płynąca z resentymentu, gdyż zło nie jest tu właściwym złem, lecz nieuniknioną konsekwencją właściwego zła, tj. nierówności. Dla Schelera natomiast dopiero ta konsekwencja słabości jest zła, ale może być tak tylko wówczas, jeśli nie jest to konsekwencja konieczna, lecz możliwa. Człowiek może bowiem kierować się hierarchią wartości również wbrew własnemu interesowi. Jeśli człowiek rezygnuje z fałszowania wartości, które mogłoby polepszyć jego status, to świadczy to już

---

[5] Por. Jean-Jacques Rousseau, *Emil czyli o wychowaniu*, tłum. Wacław Husarski (t. 1) i Eugeniusz Zieliński (t. 2). Ossolineum, Wrocław 1955; tu por. t. 2, s. 111.

o pewnej sile jego „Ja", które poczucia własnej wartości nie czerpie z porównania siebie z innymi. Według Schelera nie tylko pluralizm historycznych form etosu, ale też pluralizm wszelkich reguł preferencji wartości, opiera się na różnorodności interesów. Wartości nie są jednak dla niego — tak jak np. w marksizmie — wyłącznie wyrazem interesów. Takie ujęcie stało się przedmiotem radykalnej krytyki w dziele Schelera *Formalismus in der Ethick*. Dlaczego — pisze Scheler — robotnik, który z osobistych powodów nie uczestniczy w strajku, narażony jest na naganę i pogardę ze strony swoich kolegów? (por. *GW*, Bd. 2, s. 187n.) Powiada się: „Ponieważ szkodzi wspólnej sprawie". Dlaczego jednak ma go interesować wspólna sprawa, jeśli korzystniej wychodzi na jej zignorowaniu? W interesie grupy można go od tego odwieść sprawiając, że przestanie mu się to opłacać. Ale skąd bierze się moralna pogarda i nagana? Ponieważ — odpowiada Scheler — solidarność jest wartością, której nie można wywieść z interesów. Wartość ta jest jednak uznawana tylko wówczas, gdy na drodze temu uznaniu nie stają fundamentalne interesy społeczeństwa.

W ten sposób dochodzimy do Schelerowskiego wyjaśnienia pluralizmu etycznego. Scheler zdecydowanie broni twierdzenia, że formy etosu uzyskują społeczną wagę tylko wówczas, gdy sprzyja to podstawowemu, stabilizującemu społeczeństwo zaspokojeniu potrzeb. Dlatego wypowiada się pochlebnie o utylitaryzmie jako o teorii, która rozgłasza tę tajemnicę (por. *GW*, Bd. 2, s. 188). Pożytek jest fundamentalnym kryterium selekcji moralności społecznych. Ale mówienie o tym nie jest pożyteczne. Utylitaryzm — podobnie jak wszelki konsekwencjalizm — podważa sam siebie w tym sensie, że realizacja tego, co pożyteczne, jest znacznie bardziej stabilna, gdy rekomenduje się jako „dobro" rozumiane w sensie nie powiązanym z pożytkiem. Dlatego absolutystyczni władcy nie patrzyli życzliwie na teorię państwa Thomasa Hobbesa, chociaż teoria ta usprawiedliwiała absolutyzm. Ponieważ jednak boskie prawo królów wyprowadzała z dobrze rozumianego egoizmu obywateli, pozbawiała go tego blasku, które zgodnie z ówczesnymi przekonaniami bardziej nadawał się do jego stabilizacji niż racjonalna dedukcja jego rozumności. Jak pokazuje Scheler, przydatność nie jest istotą wartości — i to nawet tych wartości, które są uznawane w społeczeństwie, a zatem pożyteczne. Chrześcijańscy męczennicy, którzy dawali świadectwo swojej wierze, nie myśleli o żadnej korzyści, nawet o korzyści Kościoła. Jest tak jednak również w przypadku kogoś, kto poświęcając własne interesy czyni to, co społecznie pożyteczne, np. odważnego żołnierza, który broni swego kraju przed zewnętrznym wrogiem, lub uczestnika ruchu oporu, który broni go przed władzą tyrana. Będzie się cieszył chwałą nawet wówczas, jeśli przegra swoją walkę — i to nie tylko ze względu na przyszłą walkę, lecz również wówczas, gdy nie można już na nią liczyć. W takim przypadku publiczna chwała jest jednak mniej pożyteczna i dlatego prawdopodobnie powoli zaniknie. Nie zaniknie jednak szacunek i podziw ze strony tych, którzy nadal potrafią dostrzec wartość bezinteresownej ofiary. Mówienie o „przemianie wartości" jest dla Schelera tak samo bezsensowne, jak mówienie o przemianie liczb czy kolorów. Tym, co się zmienia, są zawsze tylko społecznie doniosłe reguły preferencji i normy.

Kulturalizm Schelera jest zatem bardziej radykalny niż panujący obecnie relatywizm. Nie opiera się on bowiem na założeniu, że we wszystkich kulturach chodziło ostatecznie zawsze o to samo. Tylko przy selekcji tego, co społecznie doniosłe, chodziło zawsze o to samo. Odwaga, która prowadzi do narażania własnego życia, jest wartością, której nigdy nie da się zredukować do płynącego z niej pożytku społecznego. Znajdujący się w Lucernie pomnik żołnierzy szwajcarskich, którzy zginęli w obronie Tuilerie, nie jest apoteozą *Ancien Régime*. Umieszczono na nim napis *„pro fide ac virtute"*. Można by powiedzieć — to cnoty wtórne. Ale nawet jeśli cnoty wtórne przestają być cnotami, gdy świadomie zostaną postawione w służbie złej sprawy, to ich wartość nie płynie z dobrej sprawy, której służą; przeciwnie — dopóki służą dobrej sprawie są wartościowe same w sobie. Wiedziano o tym zawsze. Zawsze istniał honor służby, który wiązał się z poczuciem własnej dumy wobec tego, komu się służy. Wyrażają to dobrze słowa pruskiego generała: „Do króla należy moje życie, ale nie mój honor. Honor oficera polega na tym, że jego życie należy do króla. Ale ów honor nie należy do króla. Chociaż zatem wartość odwagi żołnierza nigdy nie płynęła wyłącznie z jej przydatności dla społeczeństwa, to odczuwanie tej wartości utraci swoją społeczną doniosłość, gdy ta forma odwagi utraci swoją funkcję ze względu na to, że przestaje być potrzebna.

Radykalność Schelerowskiego relatywizmu kulturowego jest zatem ściśle związana z aksjologicznym absolutyzmem. Tylko wówczas, gdy przyjmiemy, że wartości i ich zhierarchizowanie obowiązujące w danym społeczeństwie mają obiektywny i absolutny charakter, musimy traktować je poważnie i nie możemy ich redukować do rzekomo wspólnych dla wszystkich ludzi struktur interesów. Tylko wówczas, gdy kreatywność danej kultury nie polega na tworzeniu wartości, lecz na ich selekcji, może dojść do tego, co Hans Georg Gadamer nazywa „zlewaniem się horyzontów", tj. tylko wówczas spotkanie z innymi kulturami umożliwia rozszerzenie naszego postrzegania wartości.

II

Ścisła obiektywność wartości oraz uwarunkowany interesami perspektywizm ich postrzegania i selekcji — relację tych dwu określeń u Schelera można jednak rzeczywiście wyjaśnić dopiero wówczas, gdy bliżej określimy, co oznaczają dlań „obiektywność" czy też „absolutność" wartości. W tym celu przydatne będzie przyjrzenie się Schlerowskiej krytyce recepcji jego teorii u Nikolaia Hartmanna. W drugim wydaniu *Formalizmu* Scheler odnosi się do tej recepcji i rozwinięcia jego teorii w *Etyce* Hartmanna, która w stosunku do *Formalizmu* chce być tym, czym Kantowska *Metafizyka obyczajów* jest w stosunku do *Krytyki rozumu praktycznego*. Scheler docenia wiele aspektów tego przedsięwzięcia. Z niezwykłą ostrością odrzuca jednak sposób, w jaki Hartmann pojmuje „obiektywny" byt królestwa wartości, uznając go za niefilozoficzny. Scheler mówi o „zmrażającym życie ducha obiektywizmie i ontologizmie", o „nazbyt dotykalnym realnym ontologizmie i obiektywizmie istoty wartości". Następnie zaś stwierdza: „Mówiąc ogólnie, muszę pozostawić przed progiem filozofii istniejące niezależnie od istoty i możliwej realizacji ludzkich aktów duchowych powinnościowe niebo idei i wartości — niezależne nie tylko od człowieka i ludzkiej świadomości, lecz od istoty i aktywności wszelkiego żyjącego ducha" (*GW*, Bd. 2, s. 21). Jakiego rodzaju bytem jest „byt" wartości? Pytanie to Hartmann rozstrzygnął już w swojej metafizyce, krytytując rozróżnienie pomiędzy uposażeniem jakościowym *(Sosein)* i istnieniem (*Dasein*). Według niego nie ma różnych sposobów istnienia, bycia. Ludzie, zwierzęta, liczby, idee, wartości są albo ich nie ma. Istnienie oznacza zawsze to samo. Odnosi się to oczywiście również do aktów, w których ujmowane jest owo bycie-w-sobie. Hartmann pisze: „Myślowe ujęcie idealnego bytu-w-sobie znajduje się na tym samym poziomie, co myślowe ujęcie realnego bytu-w-sobie"[6]. Istnienie nie oznacza więc nic innego, jak niezależność, odrębność pewnego uposażenia jakościowego. Jeśli więc wartości nie są ustanowieniami i nie są kwestią subiektywnych ocen, to *per definitionem* oznacza to, że we wszelkim możliwym do pomyślenia sensie *są* one „bytem". Hartmann nie zaprzecza przy tym, że z określonymi wartościami zawsze związane są określone relacje.

---

[6] Nikolai Hartmann, *Ethik*, Walter de Gruyter, Berlin 1926, s. 138. Por. na ten temat rozprawę Beaty Kita, *Phänomenologie und Pragmatismus*, München 1998.

Wartość cnoty implikuje odniesienie do człowieka jako jej możliwego nosiciela, wartość tego, co pożyteczne, relację do istoty żyjącej, dla której jest to pożyteczne. Relacja ta jest jednak idealna, należy do bytującej-w--sobie wartości. „Bycie-dla-mnie dóbr opiera się już na byciu w sobie wartości tych dóbr"[7]. Egzystensja tych wartości jest jednak nie tylko niezależna od rzeczywistej egzystencji ich nosicieli, ale również od możliwości duchowych aktów, w których stają się one obecne. Jak pisze Hartmann, królestwo wartości jest „zarówno poza rzeczywistością, jak i poza świadomością"[8]. Protest Schelera dotyczy właśnie tego punktu. Wartości, podobnie jak liczby, są przedmiotami intencjonalnymi, których byt może się stać przedmiotem aktów intencjonalnych. Bez odniesienia do tej możliwości mówienie o wartościach nie ma sensu, podobnie jak bez odniesienia do możliwości widzenia nie ma sensu mówienie o kolorach. Teza ta nie ma nic wspólnego z twierdzeniem, że kolory są „tylko subiektywne", że są stanami organów zmysłowych, które zostały pobudzone przez określone częstotliwości. Kolory są obiektywnymi jakościami, a nie subiektywnymi stanami. Jakości te istnieją jednak tylko ze względu na ich możliwe postrzeganie przez istoty żyjące wyposażone w odpowiednie organy zmysłowe. Wyjaśniając swoją tezę w *Idealismus und Realismus* Scheler korzysta w Heidegerowskiego pojęcia „poręczności" (*„Zuhandenheit"*) jako sposobu bycia, który jest zrelatywizowany do ludzkiego istnienia (*Dasein*) (por. *GW*, Bd. 9, s. 199). Ścisłą obiektywność zrelatywizowanych do istnienia (*daseinsrelative*) wartości można łatwo pokazać na przykładzie tego, co pożyteczne, i tego, co szkodliwe. Szkodliwość jest zawsze zrelatywizowana do istot żyjących, na przykład do człowieka. To jednak, czy określona substancja jest dla mnie trująca, w ogóle nie zależy od mojego osądu. Zrelatywizowanie wartości do istnienia nie ma nic wspól-

---

[7] N. Hartmann, *Ethik*, s. 127.
[8] Tamże, s. 140.

nego z subiektywnością sądów o wartości, a tym bardziej z subiektywnością sądów o faktycznym zachodzeniu jakiegoś stanu rzeczy w sferze wartości.

Max Scheler rozwija swoje pojęcie zrelatywizowania do istnienia — które pojawia się najpierw w *Formalismus*, a następnie rozwijane jest w *Erkenntnis und Arbeit* — wychodząc od Kantowskiego pojęcia „zjawiska" i od pojęcia „obrazu", *„image"* Bergsona. Zjawiska są u Kanta czym innym niż pozór. Wprawdzie dla Schelera również pozór jest obiektywny, ale jego obiektywność jest zrelatywizowana do istnienia poszczególnych jednostek lub kolektywnych podmiotów empirycznych. Jego powstawanie jest przedmiotem psychologii. Zjawisko nie jest natomiast przedmiotem psychologii, neurologii lub biologii ewolucyjnej; nie może nim być, gdyż przedmioty tych dyscyplin same są zjawiskami, tj. są zrelatywizowane do istnienia postrzegających zmysłowo podmiotów rozumnych. Według Schelera, coś takiego jak ewolucyjna teoria poznania, którą rozpoczął Konrad Lorenz próbując zobaczyć „drugą stronę lustra"[9], wyjaśniając Kantowskie kategorie i formy naoczności jako wytwory rozumianej po Darwinowsku ewolucji, narusza podstawową zasadę teorii poznania, którą wyraża on w ten sposób: „Oczywiste twierdzenie ogólnej teorii poznania głosi, że *x*, do którego istnienia zrelatywizowany jest pewien przedmiot — a jego poznanie jest przez to zrelatywizowane do poznania tego podmiotu — nie może być wyjaśniony przez te same zasady ontologiczne i poznawcze, co sam ów przedmiot, z drugiej zaś strony musi być możliwe poznanie *x*, jeśli zrelatywizowanie do istnienia *x* ma być poznawalne" (*GW*, Bd. 8, s. 271). Zdaniem Schelera zasługą Kanta jest to, że w pojęciu „zjawiska" po raz pierwszy ujął on taką zrelatywizowaną do istnienia obiektywność. Dla Schelera jest to jednak tylko początek. Kant uznaje jedynie zre-

---

[9] Por. Konrad Lorenz, *Die Rückseite des Spiegels. Versuch einer Naturgeschichte menschlicher Erkenntnis*, Deutscher Taschenbuch Verlag, München 1973.

latywizowanie do istnienia zmysłowo postrzegających podmiotów rozumnych. Zjawiska istnieją o tyle, o ile istnieją rozumne podmioty, przy czym ich istnienie nie zależy od konkretnego aktu spostrzeżenia. Twierdzenie, że schody w mojej sieni przestają istnieć, gdy nie ma tam nikogo, kto je widzi, jest absurdalne.

Scheler rozszerza jednak krąg zrelatywizowanych do istnienia przedmiotów poza zrelatywizowanie do rozumu. Istnieją przedmioty, które są zrelatywizowane do istnienia określonych jednostek i które można nazwać fikcjami tylko wówczas, gdy uznaje się je za niezrelatywizowane do istnienia. Jest zrelatywizowanie do istnienia tego, co ożywione, i zrelatywizowanie do istnienia osób. Do życia zrelatywizowane są takie wartości, jak wartość zdrowia, siły czy pożytku. Do osób zrelatywizowane są takie wartości, jak wartość dobra czy najwyższa z wartości, czyli świętość. Upostaciowanie rzeczy zrelatywizowane jest do istot postrzegających. Nawiązując do Bergsonowskiego pojęcia *images* Scheler mówi o „obrazach cielesnych" (por. *GW*, Bd. 8, s. 294). Są one jednocześnie transcendentne wobec świadomości i irrealne. Nie są też tożsame z poszczególnymi spostrzeżeniami. Aktualne spostrzeżenie ujmuje bowiem zawsze jedynie w sposób zdekomponowany, częściowy, perspektywiczny. Bergson tak pisał o *images*: „Przez obraz rozumiemy takie istnienie (*Existenz*), które jest czymś więcej niż to, co idealista nazywa reprezentacją, a jednocześnie czymś mniej niż to, co realista nazwa rzeczą, coś, co znajduje się pomiędzy reprezentacją a rzeczą. Dla *common sense* przedmiot istnieje w sobie samym, a z drugiej strony jest w sobie czymś w rodzaju obrazu, w jakim go postrzegamy"[10]. Zrelatywizowany do istnienia w tym sensie jest dla Schelera cały świat nowożytnej nauki. Abstrakcyjny projekt tego świata wypływa z ludzkiej woli opanowania przyrody. Scheler opowiada się tu za pragmatyczną interpreta-

---

[10] Henri Bergson, *Matière et memoire*, Alcan, Paris 1896, *Préface*, s. II.

cją nauk przyrodniczych. Nauka redukuje swoje przedmioty do tych aspektów, za pomocą których można podporządkować przyrodę ludzkim celom. Dlatego nauka nie jest aksjologicznie neutralna, lecz skonstruowana jest z punktu widzenia możliwego pożytku i tak jest realizowana. Z tego właśnie powodu naukowe wyjaśnienie życia jest niemożliwe. Mechanizmy, za pomocą których wyjaśniane jest życie, są bowiem rzeczywiste tylko w odniesieniu do życia i jego woli panowania. „Konstrukcja, którą życie buduje ze względu na swoją spontaniczną wolę panowania, nie może być ponownie zastosowana do samego życia" (*GW*, Bd. 8, 271). Dlatego również obrazów cielesnych nie można wyjaśnić przez wskazanie na oddziaływanie świata zewnętrznego na organizmy czy nawet na mózgi. Organizmy i mózgi są bowiem same obrazami cielesnymi, tj. „zjawiskami", a jako takie zrelatywizowane są do istnienia istot postrzegających.

Owego zrelatywizowania do istnienia nie można interpretować przyczynowo w sensie właściwej nowożytnej nauce przyczynowości formalno-mechnicznej. Przyczynowość ta sama raczej należy do obszaru „zjawisk" i dlatego — jak to zarzucał Kantowi już Jakobi — nie może przyczynić się do jego wyjaśnienia. W odróżnieniu od Kanta Scheler dysponuje jednak pojęciem przyczynowości, które on sam nazywa „metafizycznym" i które nie ma nic wspólnego z prawidłowym wynikanie konsekwencji wedle określonej reguły. Dla Schelera bowiem — inaczej niż dla Kanta — rzeczy same w sobie nie są czystymi *x*, wymykającymi się wszelkiemu dalszemu określeniu myślowemu, lecz „siłami". Prawdziwy świat nie jest światem kształtów, lecz światem sił. Siły te działają realnie, wywołując zarówno obrazy cielesne, jak i ich formalne powiązanie przyczynowe.

Nie będę tu bliżej analizował Schelerowskiej metafizyki sił, która związana jest ściśle z jego ideą „naporu" i „popędu" jako rzeczywistości pierwotnej. Chciałbym tu dodać tylko krótką uwagę na ten temat. Z interpretacji pierwotnej, niezrelatywizowanej do istnienia rzeczywistości jako siły wynika to, że dla Schelera doświadczeniem doniosłym ontologicznie, właściwym doświadczeniem bytu, jest doświadczenie oporu. W doświadczeniu tym empirycznie ujawnia się rzeczywistość jako istniejąca niezależnie od nas. Nie ujawnia się ona jako danie pewnego uposażenia jakościowego, lecz jako swego rodzaju źródło ślepego oporu, które przeciwstawia się naszemu własnemu naporowi, rozwijaniu naszego własnego istnienia. Tezę tę uważam za poważny błąd wielkiego fenomenologa. Scheler wyraźnie dostrzegał granice fenomenologii — rozumiał, że obiekt intencjonalny Husserla może być interpretowany zarówno realistycznie, jak i idealistycznie — wbrew przekonaniu Husserla i wbrew przekonaniu fenomenologów realistycznych, którzy sądzili, że Husserlowskie „rzeczy same w sobie" są z definicji realne. W swojej interpretacji doświadczenia rzeczywistości jako doświadczenia oporu Scheler próbuje jednak ustalić fenomenalny stan rzeczy jako wskazówkę rzeczywistości. Najprostszym argumentem przeciw tej tezie jest fakt, że opór możemy również śnić. Kiedy się obudzimy, stwierdzamy, że nie mieliśmy do czynienia z niezależną od nas rzeczywistością. Wierząc w to, łudziliśmy się. Ale nie łudziliśmy się przeżywając opór. W śnie mieliśmy bowiem rzeczywiście takie przeżycie. Byt nie jest fenomenem. Byt nie jest też jednak tym samym, co irracjonalny opór. Każde zwierzę doświadcza oporu. Ale żadne zwierze nie ma doświadczenia bytu. Byt, niezależna od naszej podmiotowości rzeczywistość, zakłada spontaniczną transcendencję, przejście od otoczenia do świata jako wyrazu tego, co od nas inne. Transcendencja ta — daleka od przeżycia tego, co irracjonalne — jest fundamentalnym aktem rozumu. Rzeczywistość nie ma się jednak do tego skierowanego ku niej aktu tak, jak przedmioty intencjonalne mają się do aktów, które je ujmują. To, co domniemane w takim akcie, znajduje się bowiem poza wszelką intencjonalną przedmiotowością: Jednak nie w sensie napotkania irracjonalnego oporu, lecz w sensie uznania innego samoistnego bytu. Mam wówczas świadomość tego, że sam jestem dla innego kimś innym, poza wszelką przedmiotowością, w jakiej się dla niego jawię. Dla Schelera poza wszelką możliwą przedmiotowością jest tylko byt osoby. Moim zdaniem Scheler nie dostrzegł jednak tego, że byt osób nie jest teoriopoznawczym przypadkiem granicznym, lecz paradygmatem wszelkiego poznania niezależnej, samoistnej rzeczywistości. Byt materii nieożywionej jest natomiast rzeczywiście teoriopoznawczym przypadkiem granicznym, jako że nie możemy właściwie powiedzieć, co miałaby tu znaczyć „samoistność" i czy ten byt nie jest zawsze zrelatywizowany do istnienia, wyczerpując się w byciu otoczeniem tego, co żyjące — chyba że, tak jak u Whiteheada, sam ten byt interpretowany będzie wedle paradygmatu tego, co żyjące.

Mutatis mutandis analogicznie jest z bytem wartości. Wartości są zrelatywizowane do istnienia — do życia albo do istot rozumnych, do zmysłowo postrzegających albo do czystych podmiotów rozumu, a w końcu do osób. Nie są one jednak relatywne w tym sensie, że — tak jak materia nieożywiona — otrzymują swój byt przez to, iż wkraczają w konteksty znaczeniowe istot żyjących; przeciwnie, ich byt polega na nadawaniu sensu życiu czy też na tym, że stanowią one i definiują strukturę znaczeniową tego, co żyjące. Dlatego zrelatywizowanie do istnienia nigdy nie oznacza jednostronnej zależności wartości od wartościujących podmiotów. Stąd wartości nie są też wybierane, lecz doświadczane w odczuciu. Ten, kto wybiera, musi mieć już jakieś kryterium wyboru, motyw, we względu na który wybiera to, a nie co innego. Wartość, która określa to kryterium, ten motyw, jest w rzeczywistości wartością wiodącą, a nie wybraną. W pojęciu „projektu etosu światowego" absurdalne jest to, że etos traktowany jest tu jako przedmiot projektu, a nie jako to, co skłania nas do tworzenia projektów i co określa ich kierunek.

III

Jeśli wartości nie są wytworami aktów wartościujących, lecz tym, co dopiero umożliwia takie akty i je definiuje, i jeśli mimo to byt wartości ograniczony jest do bycia możliwym przedmiotem dla aktów wartościujących, to pojawia się tu nowy problem, którego Scheler — o ile mi wiadomo — *explicite* nie podjął, choć wynika on z jego ogólnych zasad ontologicznych. Jedna z tych zasad mówi, że wszystko, co jest zrelatywizowane do istnienia, zakorzenione jest w tym, co absolutnie realne. Stąd jednak wynika, że wszędzie tam, że zachodzi *wzajemne* zrelatywizowanie, żaden z bytów nie jest realny. Dlatego trzeba przyjąć coś trzeciego, do czego odniesione są obie wzajemnie się warunkujące rzeczywistości. Owo „trzecie" musi jednak — tezę tę rozwija Scheler przede wszystkim w *Erkenntnis und Arbeit* — mieć charakter świadomości. Dwie idealne treści mogą bowiem zostać połączone tylko w świadomości. Scheler uznaje zatem za oczywisty aksjomat, według którego „wszystkie te rzeczywistości wzajemnie zrelatywizowane, nie mogą istnieć *extra mentem*" (*GW*, Bd. 8, s. 243). Wynika stąd następujące pytanie: Jeśli w przypadku aktów postrzegania wartości akt i przedmiot aktu ze sobą ściśle skorelowane, to żadnej z tych rzeczywistości nie można uznać za coś istniejącego absolutnie, w stosunku czego byłaby zrelatywizowana druga z tych rzeczywistości. Obydwie muszą być zrelatywizowane do bycia czegoś trzeciego, czegoś, co musi mieć charakter świadomości. Czy jest owa trzecia rzeczywistość? I jak można uniknąć, aby ta trzecia rzeczywistość, której byt polega ponownie na daniu w akcie intencjonalnym, nie potrzebowała czwartej i piątej rzeczywistości i tak dalej *in infinitum*? Regres w nieskończoność byłby tu bowiem zabójczy. Zniósłby on całkowicie ideę czegoś takiego, jak absolutna rzeczywistość. Mówiąc za Fichtem, mielibyśmy do czynienia tylko z „obrazami obrazów obrazów".

Jak wiadomo, Kartezjusz powstrzymał ten regres przez to, że w *cogito me cogitare* znalazł akt, w którym akt i przedmiot, νόησις (*noesis*) i νόημα (*noema*) są tożsame, tak że iteracja zostaje powstrzymana. Ale jest tak tylko w odniesieniu do tego jednego aktu. Pozostałe akty nic na tym bezpośrednio nie zyskują. Również oczywistość do niczego tu nie prowadzi. Radykalna wątpliwość odnosi się bowiem również do niej. Jeśli świadomość jest skończona, to oczywistość może być idiosynkrazją, łudzeniem przez złośliwego ducha lub też, w wersji współczesnej, przejawem ewolucyjnego przystosowania. Aby dojść do rzeczywistości, Kartezjusz potrzebuje tu idei Boga. Idea Boga była tym, co umożliwiło radykalne wątpienie, gdyż dopiero na tym tle *cogito* pojmuje siebie jako skończone i podległe złudzeniom. Ta sama idea potrzebna jest jednak również do usunięcia wątpliwości co do prawdziwości tego, co oczywiste[11]. Przywołuję tę analogię z Kartezjuszem, gdyż wskazuje ona kierunek, w którym być może należałoby szukać odpowiedzi na postawione powyżej pytanie. Tożsamość aktu i przedmiotu aktu urzeczywistniona jest tylko w νόησις νοήσεως (*noesis noeseos*). Kartezjańskie *cogito* jest *noesis noeseos*, ale owa *noesis noeseos* jest w sobie niczym, jest pusta, chwilowa, nie zawiera w sobie niczego poza sobą, żadnego przypomnienia, a tym samym również czegoś takiego, jak „tożsamość osoby". Pytanie brzmi następująco: Czy rzeczywistość osoby jako centrum aktów jest tą absolutną rzeczywistością, która umożliwia te skorelowane istności (*Entitäten*), jakimi są akt i przedmiot aktu? Nie wydaje mi się, aby tak było. Osoba nie doświadcza bowiem siebie jako przyczyny (*Grund*) apriorycznych przedmiotów jej aktów; doświadcza siebie tylko jako centrum swoich aktów. Nie doświadcza też jednak siebie jako przyczyny tych aktów. Akty te mają bowiem swoją przyczynę w swoich

---

[11] Por. Robert Spaemann, *Die Bedeutung des «sum» im «Cogito sum»*, „Zeitschrift für philosophische Forschung", 41 Jg., 1897, s. H. 3.

przedmiotach. Wynika to z tezy o wzajemnym odniesieniu (*Korrelativität*). Osoba zna te przedmioty tylko dzięki swoim aktom. Dlatego przyczyną relacji aktu i przedmiotu aktu, która — jak mówi Scheler — musi być rodzajem świadomości, może być tylko świadomość absolutna, *intellectus archetypus*, którego tożsamość nie jest pusta — tak jak to jest w przypadku skończonego *cogito* — lecz zawiera w sobie nieskończoną pełnię wszelkich treści aksjologicznych w taki sposób, że zarówno nią jest, jak i o niej wie — i to tak, że jej bycie i wiedza stanowią jedno. Dlatego odczuwanie wartości przez skończone osoby musi być pojmowane jako inspirowane przez ową absolutną istotę aksjologiczną uczestnictwo w tej samoprezentacji (*Selbstgegenheit*). Realność, do której istnienia z konieczności zrelatywizowane są akty i przedmioty aktów, może być tylko realnością absolutną, której świadomość nie może już być pojmowana intencjonalnie, gdyż w przeciwnym razie odniesienie do bardziej podstawowej rzeczywistości musiałoby się powtarzać w nieskończoność.

Sam Scheler nie rozwinął tej spekulatywnej myśli. Jest ona jednak zgodna z jego wcześniejszymi rozważaniami, nie pozostając jednocześnie w sprzeczności z rozważaniami późniejszymi. Nie wiem, w jaki sposób można iść za intuicjami Schelera dotyczącymi absolutności wartości i ich zrelatywizowania do istnienia, nie dochodząc do takiego wniosku.

12. Moralność i przemoc

W swojej *Philosophie politique* Eric Weil pisze: „Pierwszym fundamentalnym przestępstwem w nowożytnym państwie jest użycie przez jednostkę przemocy (nawet w sposób pośredni). Tylko państwu wolno zmuszać". Weil pisze dalej: „W przekonaniu tym wyraża się intuicja, która pojawiła się dość późno w życiu grup i poszczególnych ludzi"[1]. Czy ta późna intuicja jest zarazem intuicją ostateczną? W dziesięć lat po opublikowaniu książki Weila pytanie to pojawia się na nowo[2]. Monopol państwa na stosowanie przemocy jest skutecznie kwestionowany. Szerzy się stosowanie przemocy przez jednostki. — i to nie tylko w formie zwykłej przestępczości, ale i tak, że ci, którzy stosują przemoc, odwołują się do usprawiedliwienia moralnego. Zależnie od tego, kto stosuje przemoc, chodzi albo o lepszy świat, albo o zachowanie obecnego dobrego świata, któremu zagraża monopol państwa na stosowanie przemocy. Taki cel uświęca zasadniczo wszelkie środki. Dlatego problem przemocy nie jest już problemem moralnym, lecz

---

[1] Eric Weil, *Philosophie politique*, Vrin, Paris 1956 (wyd. niem. *Philosophie der Politik*, Neuwied/Berlin 1964, s. 169n.; zob. Georg Wilhelm Friedrich Hegel, *Die Verfassung Deutschlands. Schriften zur Politik und Rechtsphilosophie*, hrsg. von G. Larsson, s. 113 n.: „Największym czy też nawet jedynym przestępstwem przeciw państwu jest wprowadzanie anarchii".

[2] Chodzi tu o publiczne usprawiedliwianie bezprawnej przemocy po roku 1968.

jedynie taktycznym. Jeśli przemoc zbliża nas do celu, to jest usprawiedliwiona.

Czy jest tak rzeczywiście? Problem ten należy do filozofii praktycznej. Filozofia praktyczna zajmuje się działaniem w aspekcie jego intersubiektywnego usprawiedliwienia. Czy przemoc może być przedmiotem moralnego, tj. intersubiektywnego usprawiedliwienia?

O pojęciu przemocy

Co rozumiemy przez przemoc? Przez przemoc rozumiemy określony sposób oddziaływania przez ludzi na innych ludzi w celu skłonienia ich do wykonania określonych działań lub ich zaniechania. Chciałbym tu odróżnić trzy rodzaje takiego oddziaływania.

1. Oddziaływanie przez przemoc, tj. bezpośrednie fizyczne oddziaływanie na ludzi, których chce się zmusić do określonego zachowania. Zazwyczaj chodzi przy tym nie o wywołanie, lecz o udaremnienie określonych działań. Do wykonania działania potrzebna jest bowiem jakaś forma własnej motywacji. Wbrew przysłowiu, nie można zmusić psa do polowania. Z udaremnieniem działań spotykamy się nieustannie. Na miejscu, na którym siedzę, nie może jednocześnie usiąść ktoś inny. To, czy moje siedzenie zostanie nazwane przemocą, zależy przede wszystkim od tego, czy ktoś inny ma prawne roszczenie do tego miejsca. Kiedy zamykam mój dom, nie dokonuję aktu przemocy, ale dokomuję go wówczas, gdy przed kimś zamykam drzwi *jego* domu. Wydaje się zatem, że pojęcie przemocy można sformułować jasno tylko przez odniesienie do obowiązującego porządku prawnego, tj. jako przemoc niezgodną z prawem. Definiowanie przemocy bez odniesienia do założonego porządku byłoby tylko subiektywne: Przemocą byłoby to, co ktoś odczuwa jako ograniczenie jego wolności ruchu. Nie istniałyby tu kryteria intersubiekywne.

2. Drugim sposobem oddziaływania jest oddziaływaniem przez mowę. Próbujemy przez nią bezpośred-

nio wpłynąć na motywację kogoś innego. Idealna mowa jest przeciwieństwem bezpośredniej przemocy fizycznej. Jest to taka mowa, która opiera się na założeniu wyrażonym przez Platona w sposób następujący: „Dobro, jeśli się odsłania, jest wspólne wszystkim"[3]. Przy takim założeniu mogę powiedzieć innemu, dlaczego chcę, aby zachował się on w określony sposób. Mogę to zrobić w nadziei, że ta sama racja może się stać również jego motywem. Mowa retoryczna jest natomiast innego rodzaju. Próbujemy w niej skłonić innych do określonego zachowania za pomocą argumentów *ad hominem*, tj. wskazując na racje różniące się od tych racji, ze względu na które chcemy, aby zachowali się oni w określony sposób. Na takiej retoryce opiera się wszelka reklama.

3. Pomiędzy tymi dwoma sposobami oddziaływania — przemocą i mową — znajduje się jego trzeci rodzaj: władza społeczna, rodzaj, który ma punkty styczne zarówno z jednym, jak i z drugim sposobem oddziaływania. Polega on na takim oddziaływaniu na okoliczności życia, które motywują ludzkie zachowanie. Na przykład instrumentarium nowoczesnej polityki kształtowania koniunktury nie polega na wywoływaniu społecznie korzystnego zachowania przez to, że każdemu przypomina się o dobru wspólnym, zachęcając wszystkich uczynienia zeń motywu własnego działania, lecz na tworzeniu — przez politykę podatkową i kredytową — okoliczności, które sprawiają, że interes prywatny skłania każdego do zachowań, których życzy sobie rządzący. Państwo może prowadzić politykę natalistyczną udzielając finansowego wsparcia z racji posiadania dzieci lub też podwyższając podatki tym, którzy mają więcej niż określoną liczbę dzieci. W tym sensie władzę sprawuje ten, kto jest w stanie wiązać pozytywne lub negatywne konsekwencje z określonym zachowaniem innych ludzi, wpływając na to zachowanie poprzez uświadomienie tych konsekwencji. Przekonanie kogoś z jednej strony,

---

[3] Platon, *Gorgiasz*, 505 e (cyt. wyżej, s. 179, przypis 2).

a przemoc fizyczna z drugiej, są dwoma skrajnymi przypadkami takiego oddziaływania.

Jeden z głównych argumentów na rzecz usprawiedliwienia pozaprawnej przemocy polega na tym, że władzy w tym sensie nie uznaje się za specyficzną klasę oddziaływania, lecz widzi się w niej tak zwaną ukrytą przemoc. W ten sposób fizyczna przemoc, która zmusza do ujawnienia się przemoc ukrytą, może być rozumiana po prostu jako przemoc o znaku przeciwnym.

Pytanie o to, czy obietnica i groźba, wywoływanie lęku i nadziei są równoznaczne z przemocą polegającą na przymusie, pojawia się w filozofii w formie pytania, czy działania, które podejmowane są pod takim wpływem, są wolne. Istnieją dwie klasyczne odpowiedzi na to pytanie — jedna to odpowiedź Arystotelesa, druga zaś to odpowiedź Hobbesa. Thomas Hobbes odpowiada bez wahań: Takie działania są wolne[4]. Istnieje tylko jedna forma zniewolenia, a zatem również jedna forma przymusu: przemoc fizyczna. Również wywołania lęku przed śmiercią nie można nazwać przemocą, gdyż także działanie z lęku przed śmiercią jest wolne. Wolne znaczy dla Hobbesa — zdeterminowane nie przez oddziaływanie mechaniczne, lecz przez fizyczny równoległobok sił motywacji. Niezależnie od tego, czy ktoś rezygnuje z wykonywania ćwiczeń na linii wysokiego napięcia — chociaż chętnie by to zrobił, gdyby nie było to niebezpieczne — czy też z lęku przed śmiercią oddaje napastnikowi swój portfel, w obydwu przypadkach zachowanie motywowane jest w podobny sposób, a ponieważ w ogóle jest motywowane, tj. zdeterminowane fizycznie, a nie mechanicznie, jest wolne[5]. Fizyczna przemoc i groźba przemocy lub lęk przed nią nie są tym samym, są nawet sobie przeciwstawne. Lęk zamienia przemoc

[4] Thomas Hobbes, *Lewiatan czyli materiał, forma i władza państwa laickiego i świeckiego*, tłum. Czesław Znamierowski, BKF, PWN, Warszawa 1954, cz. I, rozdz. 6, s. 53; [w przekładzie polskim: „są [...] działaniami rozmyślnymi, czyli aktami woli"].

[5] Tamże.

w motywację. Dzięki temu jest „początkiem mądrości". Rozum zakorzeniony jest w lęku przed przemocą. Państwo jest natomiast takim stanem, w którym zamiast przemocy rządzi lęk przed nią, czyli rozum. W państwie bowiem lęk przed przemocą prowadzi do zabezpieczenia przed nią. Kto z lęku przed gwałtowną śmiercią jest posłuszny prawom, korzysta z ich ochrony. Lęk przed przemocą wcale nie zniewala, lecz jest warunkiem jedynej wolności, jaka istnieje: wolności od przemocy, a to znaczy wolności działania. Formy oddziaływania, które nazwałem „władzą", nie stanowią dla Hobbesa osobnej klasy, lecz są wynikiem dialektyki przemocy i lęku. Z jednej strony władza sama jest zmonopolizowana przemocą, ale z drugiej strony jej monopolizacja jest równoznaczna z urzeczywistnieniem rozumu, czyli z końcem przemocy.

Arystoteles widział ten problem mniej dialektycznie, ale w sposób bardziej zróżnicowany. W pierwszym rozdziale trzeciej księgi *Etyki nikomachejskiej*, w którym omawiany jest problem dobrowolności działań, Arystoteles stwierdza wyraźnie, że istnieje obszar działań o „naturze mieszanej"[6]. Są to działania podejmowane z obawy lub w nadziei na „uratowanie wielkiego dobra". Arystoteles przytacza przykład tyrana, który wymusza godny potępienia czyn pod groźbą zabicia rodziców lub dzieci, a także przykład kogoś, kto podczas sztormu wyrzuca swoje dobra za burtę, aby uratować swoje życie[7]. Czy takie działania są dobrowolne? Arystoteles mówi: Można mieć co do tego wątpliwości. Ostatecznie Arystoteles decyduje się na uznanie tego rodzaju działań za przypadek specjalny. Działania te są dobrowolne, gdyż ich zasada znajduje się w samym działającym, tj. w jego motywacji. Można wprawdzie grozić takimi rzeczami, których zniesienie przekracza ludzką naturę. Groźba

---

[6] Arystoteles, *Etyka nikomachejska*, III0 a, (cyt. na s. 193, przypis 8).

[7] Ten ostatni przykład rozważa również Hobbes we wspomnianym wyżej (przypis 4) fragmencie *Lewiatana*.

taka nie jest jednak bezpośrednim przymusem. Istnieją bowiem działania, takie jak zamordowanie matki, których nie może usprawiedliwić żaden przymus, tj. takie działania, których wykonania trzeba odmówić nawet za cenę męczeńskiej śmierci. Ogólnie można powiedzieć, że istnieją rzeczy, które robimy dobrowolnie, ale tylko *rebus sic stantibus*, tj. dlatego, że są mniejszym złem. Nie robilibyśmy ich, gdyby wobec nich alternatywne nie były gorsze. Takie działania są dobrowolne w relacji do danych okoliczności, ale nie są dobrowolne same w sobie, gdyż „nikt nie wybrałby ich ze względu na nie same". Aby działanie nazwać w pełni wolnym, dla Arystotelesa nie wystarcza zatem fakt, że jest ono motywowane psychicznie. Do wolności należy jeszcze coś innego niż tylko nieobecność zewnętrznego przymusu, a mianowicie: Jedność chcenia z sobą samym, „przyjaźń z samym sobą", „pragnienie czegoś z całej duszy"[8]. Działania podejmowane z obawy nie są wolne nie dlatego, że w jakiś sposób są uwarunkowane, lecz dlatego, że (i o ile) nie jest w nich obecna jedność chcenia.

„Działania mieszane", czyli takie, które wykonywane są ze względu na przewagę zasady rzeczywistości nad zasadą przyjemności, są w naszym życiu najczęstsze. Odpowiada im ten pośredni obszar oddziaływań, który nazwałem „korzystaniem z władzy". Różni się on od przymusu, który prowadzi do działań niedobrowolnych, oraz od przekonywania za pomocą argumentów w mowie, która prowadzi do określonej wizji tego, co jest *samo w sobie* godne pożądania i która odwołuje się bezpośrednio do dobrowolności. Pokrywa się on częściowo z tym, co wyraża pejoratywny termin „manipulacja". W pojęciu tym zawarty jest jednak zazwyczaj moment nieświadomego sterowania innym, podczas gdy posiadający władzę może otwarcie pokazać, w jakim celu używa swoich środków. Arystoteles różni się od Hobbesa przede wszystkim tym, że problemu

---

[8] Arystoteles, *Etyka nikomachejska*, 1166 a.

wolności i przymusu nie chce rozpatrywać na przykładzie przypadków skrajnych. O ile zagrożenie torturami trzeba umieścić w pobliżu przymusu, gdyż zdolność ludzkiej natury do zachowania wolności zastaje tu przekroczona, o tyle śmieszne byłoby nazywać pozbawionym wolności to wszystko, co dokonuje się ze względu na przyjemność lub na dobro[9]; możemy zatem wysunąć wniosek, że śmieszne byłoby nazwanie przemocą wszystkich tych oddziaływań na rzeczywistość, które z określonymi działaniami wiążą pewne gratyfikacje lub sankcje.

Co zatem sprawia, że sprawowanie władzy staje się przymusem, przemocą? Odpowiedź może tu polegać jedynie na odwołaniu się do podmiotowości tych, których to dotyka: O przemocy, o przymusie trzeba mówić wówczas, gdy oddziaływanie na działającego niszczy jego jedność z samym sobą, jedność jego chcenia. Dopóki system gratyfikacji i sankcji akceptowany jest jako całość przez tego, kto w nim działa, tak długo zachowana jest jedność, nawet jeśli w konkretnym przypadku nie odpowiada to jego wyobrażeniom czy udaremnia spełnienie jego życzeń. Jest to podstawa stoickiej reguły mówiącej, że należy pogodzić się z koniecznością, której nie można zmienić. Jeśli system zostanie odrzucony, to dla odnośnej osoby zamienia się w przymus. Nie mówi to jeszcze niczego o usprawiedliwieniu przymusu. System może bowiem zostać odrzucony zarówno ze względu na swoją oczywistą niesprawiedliwość, jak i ze względu na to, że odnośne osoby odrzucają również te ograniczenia ich arbitralnej woli (*Willkür*) swobody działania, które są możliwe do przyjęcia, pragnąc wyłącznie nieograniczonego zaspokojenia swoich skłonności. Dlatego porządek społeczeństwa hedonistycznego może być tylko represyjny i despotyczny.

To tyle na temat płynnej granicy pomiędzy sprawowaniem władzy i przemocą. Podobnie nieostra jest rów-

---

[9] Por. tamże, III0 b.

niż granica pomiędzy mową, która zmierza do przekonania, i sprawowaniem władzy. Znamy pojęcie *self--fulfilling prophesy*, a przede wszystkim wiemy, że posługiwanie się mediami, które umożliwiają mówienie do wielkiej liczby ludzi, zawiera w sobie moment sprawowania władzy. Już Platon twierdził, że mowa retoryczna — w przeciwieństwie do rozmowy naukowej — jest formą woli władzy. Dlatego rozmowa, której celem jest wiedza, jest — w przeciwieństwie do mowy retorycznej — rozmową pomiędzy kilkoma, a najlepiej dwoma partnerami, którzy znają się na rzeczy. Wynika stąd na przykład to, że postulat dyskusji, w której uczestniczy wiele osób, może być motywowany tylko postulatem równowagi sił, a nie postulatem naukowej intersubiektywności i kontroli.

Chciałbym się teraz zająć problemem przemocy fizycznej i spojrzeć nań z punktu widzenia jej usprawiedliwienia moralnego. Działanie jest usprawiedliwione moralnie wówczas, gdy od każdego można oczekiwać jego akceptacji. Czy jednak mogę wymagać, aby ktoś, w stosunku do kogo używam przemocy, zaakceptował tę przemoc? Przemoc stosowana jest przecież po to, aby doprowadzić do stanu, którego ktoś inny właśnie nie akceptuje. To, że go nie akceptuje, nie oznacza oczywiście, że nie mogę od niego żądać takiej akceptacji. Tym, czego rzeczywiście nie mogę od niego żądać, jest zaakceptowanie przemocy bez zaakceptowania jej celu. Przemoc zakłada bowiem brak akceptacji i staje się zbędna, gdy pojawia się zgoda co do jej celu.

Dlatego — *prima facie* — moralne usprawiedliwienie przemocy stanowi *contradictio in adjecto*. Przemoc jest zerwaniem komunikacji, która jest medium wszelkiego możliwego usprawiedliwienia. Z tego uzasadnienia wynika jednak, że istnieją okoliczności, w których przemoc nie jest objęta potępieniem moralnym. Jest tak po pierwsze wówczas, gdy komunikacja została już przerwana przez przemoc ze strony drugiego człowieka, tj. wówczas, gdy przemoc jest po prostu odpowiedzią na przemoc. Po drugie jest tak wówczas, gdy zdolność do komunikacji, tj. poczytalność drugiego człowieka znajduje się jeszcze na tak niskim stopniu rozwoju, że inni ludzie muszą wtedy interpretować jego długofalowe interesy i realizować je przeciw jego aktualnej woli. Zakłada się tutaj późniejszą zgodę partnera na przemoc, której używa się wobec niego. Tak ma się rzecz z opiekunem niepełnoletniego.

W państwach przed- i postliberalnych przemoc stosowana przez władzę państwową usprawiedliwiana jest jako przemoc opiekuńcza, w państwach liberalnych — włączając w nie państwo Hobbesa — jako kolektywna odpowiedź na przemoc jednych ludzi wobec innych ludzi. Słabość koncepcji opiekuńczej polega na tym, że kuratela państwa nie jest ograniczone czasowo, tak że nie ma tu miejsca na późniejszą zgodę tych, którzy z czasem stają się dojrzali.

Swoistością ostatnich aktów indywidualnej przemocy pozaprawnej jest to, że ich obrońcy powołują się na obydwie te formy usprawiedliwienia. Swoją przemoc definiują po pierwsze jako odpowiedź na „ukrytą przemoc" władzy publicznej. Po drugie, wobec swoich współobywateli przypisują sobie prawa opiekuńcze, tj. zawężają krąg ludzi, których możliwa akceptacja ich działania jest doniosła, przyjmując ostrzejsze kryteria dojrzałości niż te, które stanowi prawo. Stosując przemoc są przekonani, że działają w dobrze rozumianym interesie tych, którzy są powierzeni ich opiece, a ponieważ u podstaw ich wizji opiekuńczości znajduje się ideologia emancypacji, oczekują, że z czasem udzielą im oni swojej zgody.

Paradoksalne jest to, że obydwa argumenty na rzecz przemocy pozaprawnej łączy zaostrzony moralizm. Ci, którzy ją stosują, odrzucają z zasady władzę i panowanie ludzi nad ludźmi. Wydaje im się, że komunikacja, którą przerywają, w ogóle jeszcze nie istnieje, gdyż nie jest pozbawiona elementów władzy. Przerywają zniekształconą komunikację, aby przy użyciu przemocy usunąć przyczyny zniekształcenia. Wolna od władzy komunikacja wszystkich ze wszystkimi nie jest rozumiana jako zagwarantowana przez władzę wolna przestrzeń dla ewentualnej konsultacji, lecz jako ideał organizacji całego społeczeństwa. Wszystko, co stanowi przeszkodę w realizacji tego ideału, jest z istoty przemocą, odpowiedź przemocą jast zarem usprawiedliwiona przez tenże ideał. — Nie chcę tu pytać, czy realizacja takiego ideału jest możliwa; chciałbym tylko poddać analizie pierwszy z argumentów na rzecz pozaprawnej przemocy stosowanej w służbie tego ideału. Drugi argument próbowałem zbadać krytycznie w innym miejscu[10].

Kantowska krytyka prawa do buntu

Pierwszy argument chciałbym zbadać w nawiązaniu do rozważań Kanta na temat prawa do buntu i do rewolucyjnej przemocy. Rozważania te zostały wprawdzie przeprowadzone już prawie dwieście lat temu, ale dotąd nie przedstawiono ich przekonującej krytyki. A ponadto również w filozofii nie trzeba zawsze zaczynać od początku. Teoria prawa do buntu od średniowiecza rozwijana była w ścisłym związku z teorią tyrana. Rozróżnienie, które znajduje się już u św. Tomasz, jako pierwszy terminologicznie ujął Bartolus: Jest to rozróżnienie pomiędzy *tyrannus ex defectu tituli* i *tyrannus ex parte exercitii*[11]. Pierwszy jest tyranem dlatego, że jego władza nie ma żadnej legitymizacji prawnej, drugi — dlatego że jego rządy są sprzeczne z dobrem wspólnym. W obydwu przypadkach średniowieczna i renesansowa nauka o państwie uznaje — chociaż z różnymi zastrzeżeniami — prawo do obalenia władcy przemocą. Przemoc rozumiana jest w tym przypadku jako odpowiedź

---

[10] Por. Robert Spaemann, *Autonomie, Mündigkeit, Emanzipation. Zur Ideologisierung von Rechtbegriffen*, „Erziehungswissenschaft" 1971, s. 317 n.

[11] Coluccio Salutati, *Tractatus de tyranno. Kritische Ausgabe mit historisch-juristischen Einleitung von F. Ercole*, Berlin 1914.

na przemoc. Rządy tyrana nie są panowaniem prawnie usprawiedliwionym, lecz przemocą. Dlatego św. Tomasz z Akwinu pisze, że rebelia, *seditio*, jest wprawdzie zasadniczo niedozwolona, ale powstanie przeciw tyranowi nie jest *seditio*, gdyż to raczej tyran jest buntownikiem, który sprzeciwia się porządkowi prawnemu[12]. Św. Tomasz uzależnia jednak prawo ludu do odpowiedzi na przemoc między innymi od tego, czy odpowiedź ta rzeczywiście wystarcza do obalenia tyrana, gdyż w przeciwnym razie prowadziłaby tylko do wewnętrznego chaosu i do pogorszenia tyranii.

Thomas Hobbes postawił tej teorii bezlitosne pytanie: *Quis judicabit?* Prawo do buntu sprawia, że ostatecznie każdy jest sędzią w własnej sprawie i tym samym prowadzi do zaniku podstawowego *bunum commune*: wewnętrznego pokoju, pewności obywateli co do korzystania z ich praw obywatelskich. Ten, kto jest w stanie je zagwarantować, tego panowanie jest *eo ipso* uprawomocnione. Nie pojawia się tu już problem tyrana — ani *ex defectu tituli*, ani *a regimine*. Skuteczność panowania, tj. fakt, że jest ono w stanie wymusić wewnętrzny pokój, jest równoznaczna z jego legitymizacją.

Teoria Hobbesa, zgodnie z którą głowa państwa nie może wyrządzić krzywdy obywatelowi, Kant nazywa „straszliwą", o ile Hobbesa rozumie się „w sposób ogólny". Jest ona jednak według Kanta „całkiem słuszna", „jeśli przez krzywdę rozumiemy taką obrazę, która przyznaje obrażonemu prawo do stosowania przymusu wobec tego, kto wyrządza mu krzywdę"[13]. Takiego prawa do użycia przymusu, prawa do oporu z użyciem siły, nie ma żaden członek porządku prawnego. Dlaczego? Kant odróżnia stan prawny od stanu zgod-

---

[12] Św. Tomasz z Akwinu, *Summa Theologiae* II–II, q. 42, a. 2 ad 3.

[13] Immanuel Kant, Akademie-Texausgabe, Unveränderter photomechanischer Abdruck des Textes der von der Prußischen Akademie der Wissenschaften 1902 begonnenen Ausgabe von Kants gesammelten Schriften, Bd. 1–8, Walter de Gruyter & Co., Berlin 1968 (cyt. dalej jako *AA*), Bd. 8, s. 303 n.

nego z prawem [14]. Stan prawny to taki, w którym istnieją ustawy prawne (*Gesetze*) oraz gwarantująca ich przestrzeganie władza publiczna. Stan zgodny z prawem to taki, w którym prawa (*Gesetze*) są sprawiedliwe. Rozróżnienie to pokrywa się zasadniczo z nowszym rozróżnieniem pomiędzy legalnością i legitymizacją. Teza Kanta jest taka: Tam, gdzie istnieje już stan prawny, stany zgodny z prawem może być wprowadzony tylko w sposób prawny. Oznacza to zatem, że Kant odrzuca wszelkie prawo do czynnego oporu. Powód tego odrzucenia jest następujący: Dopiero w stanie prawnym konstytuuje się kolektywny podmiot możliwego wspólnego chcenia [15], dopiero wówczas opuszczamy stan natury. Postulat opuszczenia stanu natury, „w którym każdy kieruje się własnym osądem", i poddania się wraz z innymi publicznemu, prawnemu, zewnętrznemu przymusowi, jest pierwszym postulatem prawnym, bez którego trzeba by odrzucić wszelkie inne pojęcia prawne [16]. Ten, kto chciałby uzależnić respektowanie ustroju prawnego od materialnej zgodności z prawem obowiązujących w nim ustaw, nie wiedziałby, czego żąda. Powstanie stanu prawnego nie jest bowiem procesem prawnym, lecz płynącym z natury (*naturwüchsig*). Oznacza to, że u podstaw porządku prawnego znajduje się akt przemocy, „a na płynącym z niego przymusie oparte zostaje następnie prawo publiczne" [17]. Ostatecznie zatem na każdej głowie państwa ciąży *defectus tituli*. Przemoc jest z istoty niesprawiedliwa. Dlatego według Kanta sprawiedliwy porządek liberalny może zostać urzeczywistniony tylko przez stopniową reformę stanu początkowego, którego prawny charakter polega na razie wyłącznie na istnieniu monopolu państwa na użycie przemocy. Monopolizacja przemocy jest zmianą jakościową. Nawiązując do naszych początkowych rozważań mo-

---

[14] Tamże, s. 373, przypis.
[15] Tamże, s. 371.
[16] Kant, *AA*, Bd. 6, s. 312.
[17] Kant, *AA*, Bd 8, s. 371; por. też Bd. 6, s. 372.

żemy powiedzieć, że jawna przemoc przemienia się zostaje tu przemieniona w przemoc ukrytą, czy też lepiej: przemoc przemienia się w suwerenne panowanie. Jego charakterystyczną cechą jest zdolność do samoograniczenia, ponieważ nie znajduje się ono pod przymusem ciągłego samopotwierdzania. Już Rousseau powiedział, że wszelka złośliwość pochodzi ze słabości, a dobroć jest koniecznym następstwem Bożej wszechmocy[18]. Dopiero suwerenna władza może sobie pozwolić na luksus wzięcia pod uwagę aspektów moralnych i punktów widzenia rozumu praktycznego, przeprowadzając powoli wspólnotę z formacji naturalnej do rozumnej i sprawiedliwej.

Przemoc rewolucyjna oznacza natomiast usunięcie podmiotu wszelkich możliwych reform, zarzucenie już osiągniętej rozumności i powrót do stanu naturalnego, to jest do stanu czystej naturalnej przemocy. Skoro bowiem po odrzuceniu państwowego monopolu na użycie przemocy nie może istnieć żadna prawna regulacja dotycząca tego, co niezgodne z prawem, to nie istnieje sędzia, który mógłby rozstrzygnąć, czy określone użycie przemocy jest prawomocne, czy nie. Każdy staje się sędzią we własnej sprawie. Rozstrzygnięcie jest rezultatem starcia sił fizycznych, tj. niezależnie od tego, jak bardzo obydwie strony są przekonane o tym, że reprezentują sprawiedliwość i rozum, w rzeczywistości sprawiedliwość i rozum nie mają tu nic do powiedzenia. Dlatego dla Kanta najmniejsza próba buntu jest zdradą stanu, tj. próbą zabicia własnej ojczyzny, a za taką próbę może grozić tylko najwyższa kara.

Inaczej mają się rzeczy wówczas, gdy rewolucja się powiedzie i doprowadzi do nowego monopolu państwa na użycie przemocy. Odnosi się wówczas do niej to samo, co dotyczy każdego porządku prawnego. Naturalność jej pochodzenia nie podważa jej prawomocno-

---

[18] Jean-Jacques Rousseau, *Emil, czyli o wychowaniu*, tłum. Wacław Husarski (t. 1) i Eugeniusz Zieliński (t. 2), Ossolineum, Wrocław 1955; tu: t. 1, s. 53.

ści. Rząd rewolucyjny ma taki sam uprawomocniający tytuł prawny, jak każdy inny rząd. Dlatego nowy porządek może wymagać takiej samej lojalności, co stary, tj. lojalności, która wynika z tego, że nowe państwo jest państwem. Z politycznego punktu widzenia w odniesieniu do niedawnej Rewolucji Francuskiej Kant opowiada się za republiką i przeciw wszelkim próbom restauracji i interwencji. Jeśli jednak nowe państwo próbowałoby treściowo uzasadnić swoje wymaganie lojalności, tj. wyprowadzić je ze swego rewolucyjnego charakteru, to przemieniłoby się tyranię w stosunku do przekonań. Jeśli bowiem lojalność obywateli opiera się na zgodzie dotyczącej treści praw państwowych, to państwo musi zrobić wszystko, aby uzyskać tę zgodę, a otwarty sprzeciw wobec swojego prawodawstwa musi rozumieć jako odmowę lojalności, prześladując ją jako wezwanie do nieposłuszeństwa. *Tylko tam, gdzie posłuszeństwo wobec praw jest czym innym niż zgoda na ich treść, można pozwolić na taką ich krytykę, która może prowadzić do ich ulepszenia.* Dostrzegł to już Spinoza, który w swoim *Tractatus Theologico-Politicus* postuluje nieograniczoną wolność opinii i wypowiedzi. Tylko jedną opinię stawia Spinoza poza obszarem tolerancji, a mianowicie opinię, według której wolno odmówić posłuszeństwa władzy wówczas, gdy nie zgadzamy się z jej prawami czy rozporządzeniami [19]. Jeśli krytyka władzy ma być dozwolona, objawy (*Außenung*) tej opinii powinny być niezgodne z prawem.

Według Kanta polepszenie relacji między ludźmi może się dokonać na trzy sposoby: Albo przez zmierzające do tego świadome działanie, albo przez przypadek, albo przez naturalny proces ewolucyjny. Możliwym przedmiotem usprawiedliwienia może być tylko świadome działanie, które zmierza do takiego ulepszenia. Działanie tego rodzaju zakłada jednak istnienie porządku prawnego i jest możliwe tylko w jego ramach.

---

[19] Baruch Spinoza, *Tractatus Theologico-Politicus*, Opera, hrsg. von Carl Gebhardt, Bd. III, s. 242.

Rewolucyjna przemoc nie może przeto zostać uznana za takie zmierzające ku polepszeniu stosunków międzyludzkich działanie. Dlatego rewolucja nie jest dla Kanta aktem politycznym, lecz wydarzeniem naturalnym — i to takim, któremu polityk musi zapobiec odpowiednimi środkami społeczno-eudajmonistycznymi. (Jeśli zasada państwa prawa zostaje u Kanta uzupełniona przez państwowo społeczny rozkwit, to jest tak dlatego, aby „zabezpieczyć stan prawny przede wszystkim przed zewnętrznymi wrogami ludu", „gdyż państwo, w którym lud nie jest zasobny, nie miałoby dość sił, aby oprzeć się wrogom zewnętrznym czy też przetrwać jako wspólnota"[20].

Jeśli tak się rzeczy mają, to czy możliwe jest — a tak rzeczywiście było — aby Kant pochwalał Rewolucję Francuską? Jest to możliwe, ponieważ według Kanta Rewolucja Francuska nie była w istocie rewolucją[21], lecz radykalną z góry idącą reformą. Zmiana porządku dokonała się w ramach legalności. Król sam zrezygnował z uprawnień legislacyjnych[22] i podpisał konstytucję z roku 1791.

O ścięciu Ludwika XVI Kant pisze jednak z najgłębszą odrazą jako o podważeniu fundamentalnych zasad prawa — i to właśnie z tego powodu, że mord dokonał się z zachowaniem procedur sądowych. Zamiast skazywać króla na śmierć, lepiej byłoby go po prostu zamordować. Ścięcie króla Kant porównuje z grzechem przeciwko Duchowi Świętemu, który nie zostanie wybaczony ani w tym, ani w przyszłym świecie[23]. Skąd bierze się takie porównanie? Ponieważ tutaj — inaczej niż w przypadku każdego niemoralnego działania — nie tylko dokonuje się wyjątku w regule, lecz sama reguła, samo prawo miałoby umożliwiać akt przemocy przeciw

---

[20] Kant, *AA*, Bd. 8, s. 298 n.
[21] Kant, *AA*, Bd. 7, s. 87.
[22] Por. Kant, *AA*, Bd. 6, s. 341.
[23] Tamże, s. 320 n., przypis.

założeniu wszelkiego prawa, tj. przeciw nienaruszlności jego strażnika.

Ponadto Kant sądzi, że również rewolucje w sensie właściwym nie zamykają ostatecznie drogi do zgodnego z prawem porządku republikańskiego, ale muszą w jego wprowadzaniu współdziałać. Jest to możliwe dlatego, że powrót do natury nie jest dla Kanta równoznaczny z wydaniem rozwoju zdarzeń na łaskę ślepego przypadku. Kant jest przekonany — przekonania tego nie możemy tutaj bliżej uzasadniać — że sama natura zmierza do wytworzenia doskonałego republikańskiego porządku dla wszystkich ludzi i że potrzebuje do tego nie tyle moralnych, bezpośrednio na ten porządek skierowanych działań ludzi, lecz posługuje się właśnie ich przewrotnymi skłonnościami i wynikającymi z nich antagonizmami. Do urządzeń, za pomocą których natura osiąga swój cel, należą też rewolucje. Są one niejako przypadkiem granicznym. Jeśli sprzyjają dobru, to nie dlatego, że chcieli tego rewolucjoniści. Dobre zamiary rewolucjonistów nie mają tu nic do rzeczy. To, co robią rewolucjoniści, nie jest lepsze od tego, co robi każdy prowadzący wojnę tyran, a nawet jest gorsze. Usuwają oni istniejącą już podstawę rozumnego działania. Mimo wszystko przyczyniają się jednak do wprowadzania politycznego dobra najwyższego, podobnie jak to jest w przypadku wojen: jako wydarzenia naturalne, które niezależnie od działających ludzi sprzyjają realizacji celu ludzkości. Czynią to jednak w sposób znacznie bardziej powolny i kosztowy niż bezpośrednio skierowane na ten cel działania, tj. odgórne reformy — dlatego też Kant wzywa mądrość polityczną (*Staatsweisheit*), aby rewolucje jako „wołanie natury" wykorzystała do wprowadzenia poprzez dogłębne reformy porządku prawnego opartego na zasadach wolności[24]. Jeśli to wołanie natury nie zostanie wysłuchane i rozpadnie się instytucjonalna podstawa ludzkiej kooperacji, wówczas władzę —

---

[24] Kant, *AA*, Bd. 8, s. 373.

w formie wzajemnej przemocy — przejmuje sama natura i sama realizuje *telos*, którego ludzie nie chcieli zrealizować poprzez kooperację[25]. To jednak, aby natura czyniła rzeczy, których my nie czynimy, nie może być celem naszego chcenia. Jeśli już raz postawiliśmy sobie za cel wprowadzenie stanu rozumu i sprawiedliwości przez ustanowienie władzy państwowej, to nierozumne jest powracanie do stanu natury przez użycie przemocy, usuwając podmiot wszelkiego świadomie realizowanego postępu. Dlatego w ramach publicznie ukonstytuowanej wspólnoty ten, kto sam nie uczestniczy w sprawowaniu władzy, może — wedle Kanta — przyczyniać się do ulepszania danej wspólnoty tylko przez publiczną krytykę.

Upoważnienie do niej wynika z tego samego założenia, które znajduje się również u podstaw stanowionego przez państwo prawa: Jest nim fundamentalny wspólny interes. Ponieważ sprawujący władzę może wprawdzie rościć sobie prawo do monopolu na użycie przemocy, ale nie do monopolu na wiedzę, nie wolno ukrywać przed nim — o ile nie ma podstaw do przypuszczenia, że świadomie chce postępować niesprawiedliwie — co, gdyby miał tę wiedzę, sam byłby zmienił. Ukrywanie tej wiedzy oznaczałoby, że „wprowadza się go w sprzeczność z samym sobą"[26]. Widzieliśmy, że Kant odrzuca twierdzenie Hobbesa, że sprawujący władzę w państwie nie może postępować wbrew prawu. Do kogo można się jednak odwołać, gdyby tak było? Odpowiedź brzmi: do niego samego. W przeciwnym wypadku mielibyśmy do czynienia nieskończonym ciągiem instancji apelacyjnych. Publiczna krytyka przy jednoczesnym przestrzeganiu praw jest jedynym sposobem uniknięcia alternatywy despotyzmu uznanej za nieomylną władzy (monarchicznej lub republikańskiej) i wojny domowej. Idea

---

[25] „Natura w sposób nieodparty pragnie, aby prawo zyskało ostatecznie urzeczywistnione. To, co zostanie w tym względzie zaniedbane, samo się ostatecznie dokona, tyle że w sposób znacznie bardziej przykry" (tamże, s. 367).

[26] Tamże, s. 304.

ta odwołuje się do klasycznej figury prawnej — wezwania *a judice male informato ad judicem melius informandum*. Również tam, gdzie tłumi tego rodzaju krytykę, aktywny opór jest według Kanta nieuprawniony. Jako powrót do stanu natury oznaczyłby on bowiem całkowite zniszczenie warunków życia w ramach ustawodawstwa służącego wolności. O zniszczenie to należałoby co prawda obwinić przede wszystkim samego rządzącego, ale nie legitymizuje to jeszcze rewolucyjnej przemocy. Dla Kanta istnieje tylko *jedno* takie uprawomocnienie, uprawomocnienie *ex post*, i jest nim zwycięstwo rewolucji. Tylko bowiem zwycięstwo rewolucji dowodzi, że władza państwowa nie była nieobalalna. Nieobalalność jest jednak jedynym i wystarczającym tytułem prawnym jej legitymizacji. „Nie istnieje żadna wspólnota prawna bez władzy, która niweczy wszelki wewnętrzny opór, gdyż opór taki kierowałby się maksymą, która, gdyby stała się powszechna, zniszczyłaby wszelki porządek obywatelski oraz wszelki stan, w którym ludzie mogą mieć jakiekolwiek prawa"[27]. Oznacza to: Ponieważ bezprawna przemoc jest czymś całkowicie nierozumnym, podstawą prawomocności państwa jest to, że może mu zapobiec. Jeśli tak nie jest, to państwo traci swoją legitymizację, a rewolucyjna przemoc staje się *ex post* prawomocna przez to — ale też tylko przez to — że okazała się zwycięska. Rewolucjonista, któremu się nie powiodło, zostaje skazany na śmierć; jeśli mu się jednak powiedzie, posiądzie najwyższą władzę. Nie ma w tym niesprawiedliwości, gdyż rewolucja zostaje usprawiedliwiona przez swój sukces, który jest zarazem dowodem na to, że dotychczasowa władza była zbyt słaba, aby jej zapobiec. Sama ta słabość podważa prawomocność władzy, gdyż żąda ona posłuszeństwa, choć nie jest w stanie zapewnić ochrony[28].

---

[27] Tamże, s. 299.

[28] „... ponieważ ten, kto nie ma dość siły (*Macht*), aby każdą należącą do ludu jednostkę bronić przed innymi, nie ma też prawa do tego, aby jej nakazywać" (Bd. 8, s. 382 n.).

Według Kanta przejście od przemocy do prawa dokonuje się zatem przez monopolizację przemocy. Tylko dlatego, że danej przemocy nie przeciwstawia się inna przemoc, może się ona stać władzą i tym samym może realizować wspólną wolę. Wszelka przemoc, która współzawodniczy z innymi formami przemocy, nie prowadzi już do pożądanego rezultatu, lecz staje się jednym z wektorów w równoległoboku sił naturalnych. Gdyby na dłuższą metę naturalny antagonizm sił nie prowadził do takiego samego wyniku, do którego nie potrafił doprowadzić zjednoczony rozum zainteresowanych osób, jako że nie potrafiły się one zjednoczyć, rezultat byłby wówczas podobnie niemożliwy do przewidzenia, jak przebieg partii szachów.

Przypomnijmy tu sobie powód, dla którego omawiamy teorię Kanta. Chodziło o problem moralnego usprawiedliwienia pozaprawnej przemocy, a dokładniej o takie usprawiedliwienie, które opiera się na twierdzeniu, zgodnie z którym sam porządek prawny jest ukrytą przemocą. Z rozważań Kanta wynika najpierw taka odpowiedź: Tym, co pozwala przemocy na stanie się przemocą ukrytą, jest zmiana jakościowa, czyli jej monopolizacja. Taka monopolizacja przemocy jest podstawą wszelkiego możliwego prawa, w ramach którego jednostki tworzą wspólnotę. Tam, gdzie monopol na przemoc zostanie złamany, jego miejsce zajmuje „rewolta" (*Rottierung*), tj. stan anarchii lub „niesprawiedliwość, którą jedna część narodu wyrządza innej"[29] wówczas, gdy chce jej narzucić przemocą pewien porządek. W takim stanie odwołanie się do większości głosów nie stanowi żadnego rozwiązania. W stanie naturalnym większość nie ma bowiem żadnych praw w stosunku do mniejszości. Zgoda na podporządkowanie się decyzji większości zakłada już, że wszyscy tworzą instytucjonalną wspólnotę. Wspólnota jako taka nie może jednak powstać przez decyzję większości. Jeśli powstaje

---

[29] Tamże, s. 302.

ona na nowo w wyniku nowego monopolu rewolucyjnego, to oznacza to późniejsze uprawomocnienie *ex post* rewolucji.

Filozofia dziejów i moralność

Czy teza Kanta stanowi odpowiedź na nasze pytanie? Według Arystotelesa celem filozofii praktycznej jest nie wiedza, lecz działanie. Teza o późniejszej, dziejowej legitymizacji rewolucyjnej przemocy nie daje nam wiedzy właśnie wówczas, gdy jej potrzebujemy, tj. przed działaniem. Jest faktem, że Kant zna odróżnienie spojrzenia moralnego i spojrzenia z punktu widzenia filozofii dziejów. Postęp w rozwoju ludzkich sił jest dla Kanta z istoty konsekwencją antagonizmów dziejowych. „Bez niezbyt w sobie miłej cechy nietowarzyskości (*Ungeselligkeit*), która jest źródłem oporu, jaki każdy musi z konieczności napotkać w realizacji egoistycznych roszczeń, w arkadyjskim życiu pasterskim, w pełnej zgodzie (*Eintracht*), dostatku i wzajemnej miłości, wszelkie talenty pozostałyby na zawsze ukryte w stanie zarodkowym". „Człowiek chce zgody, ale natura wie lepiej, co jest dobre dla jego gatunku: Ona chce niezgody (*Zweitracht*)"[30]. Dla Kanta nie istnieje przedustawna harmonia moralności i dziejów. Co prawda z teoleologicznego punktu widzenia obydwie te perspektywy zbiegają się, ale spojrzenie takie ma charakter teoretyczny, a nie praktyczny. Kant pisze: „Jeśli mówię, że natura chce, aby zdarzyło się to czy tamto, to nie oznacza to, że natura zobowiązuje nas, abyśmy to uczynili (to może bowiem czynić tylko wolny od przymusu rozum praktyczny), ale że czyni to samo, czy tego chcemy czy nie"[31]. Jeśli słowo „natura" zastąpimy słowem „Bóg", to okaże się, że Kant powtarza tu klasyczny topos teologiczny, tj. teorię o działaniu Bożej Opatrzności w dziejach. We-

---

[30] Tamże.
[31] Tamże, s. 365.

dług tej teorii, ten sam Bóg, w którego wierzymy jako w źródło zobowiązań moralnych, kieruje również biegiem rzeczy i jest w stanie „pisać prosto na krzywych liniach", prowadząc dzieje świata do dobrego końca, jeśli nie przez dobre czyny ludzi, to przez ich złe czyny.

Wizję tę przedstawił następnie Hegel w swojej teorii rozumu w dziejach. Wraz z całą tradycją chrześcijańską Kant i Hegel byli jednak przekonani, że nauka o Opatrzności czy też filozofia dziejów nie mogą być punktem orientacyjnym dla działania, ponieważ z istoty są retrospektywne. Doniosła dla działania może być tylko taka teoria, która żadnemu działającemu nie pozwala pojmować siebie i aktualnej sytuacji jako pozbawionych znaczenia odpadków dziejowej katastrofy. Przeciwnie, teraźniejszość przedstawia ona działającemu zawsze jako „dzień zbawienia". Jest ona również doniosła dla działania, dlatego że, i o ile, odciąża przyszłe działanie. Pozbawia ona działającego odpowiedzialności za całą złożoną, niemożliwą do przewidzenia przyszłość, w której realizacji jego działanie jest tylko jednym z wielu czynników. Idea totalnej odpowiedzialności byłaby nie do zniesienia i uniemożliwiłaby wszelkie świadome celu działanie lub też musiałaby prowadzić do próby utożsamienia się z opatrznością i do podporządkowania moralności filozofii dziejów. Jeśli rewolucyjna przemoc szuka legitymizacji w filozofii dziejów, tj. uznaje się za realizatorkę tworzącego sens trendu dziejowego, wówczas odróżnienie moralności i dziejów zostaje zniesione. W rzeczywistości oznacza to jednak, że zrezygnujemy z tego, co moralne, ponieważ fundamentalna zasada moralności mówi, iż nawet najlepszy celnie uświęca wszelkich środków. Dlaczego nie? Ponieważ możliwym celem działania nigdy nie możemy uczynić całości ludzkiego potencjału bytu. Nie możemy antycypować przyszłych dziejów ludzkości pojętej jako całość, jej przyszłego poznania, jej przyszłych form wrażliwości. Wszelkie cele, jakie stawiamy sobie po to, aby móc działać w rzeczywistości, której nie da się przewidzieć w jej całej złożoności, są tylko wyróżnieniem pewnych skutków działania w stosunku do innych, które uznane zostają za „skutki uboczne" lub „koszty"[32]. Umożliwia to działanie, które pozostaje się w relacji z działaniem innych i z czynnikami naturalnymi. Jego wynik nie musi z konieczności odpowiadać postawionemu celowi. Ten, kto rozpoczyna wojnę, może ją również przegrać. Te proste stwierdzenia zmuszają nas do tego, aby nie absolutyzować żadnych skończonych celów, tj. aby nie uznawać wszystkiego za środek do takiego celu. Z punktu widzenia filozofii dziejów funkcją moralności jest zapobieganie stawianiu wszystkiego na jedną kartę, zapobieganie nieustannemu przerywaniu komunikacji ze względu na przyszłą, idealną komunikację, której realizacji nikt nie jest w stanie zagwarantować, gdyż wymaga ona właśnie tej zjednoczonej woli wszystkich, która ma być dopiero urzeczywistniona. Wobec celów poszczególnych grup i pokoleń moralność ma chronić długofalowe życiowe interesy ludzkości przez to, że nie pozwala na ich pomieszanie — a więc nie przez uznanie owych dotyczących całości interesów za pozytywny cel działania. To właśnie czyni uprawomocniająca się moralnie przemoc — usprawiedliwia siebie przez swój cel. Ponieważ chce wprowadzić prawodawstwo, którego maksyma może być zgodna z maksymą każdego człowieka, uważa, że na razie jest zwolniona z powinności działania zgodnego z maksymą, która mogłaby być maksymą powszechnego prawodawstwa. Kant natomiast widział, że moralne usprawiedliwienie działania nie może być teleologiczne — również wówczas, gdy cel, do którego dążymy, jest moralny. W rozprawie *O wiecznym pokoju* Kant pisze: „A wówczas mówi się: «przede wszystkim trzeba wpierw szukać królestwa czystego, praktycznego rozumu i jego sprawiedliwości, a cel wasz (dobrodziejstwo wiecznego pokoju) sam się ziści». Moralność ma

---

[32] Por. Niklas Luhmann, *Zweckbegriff und Systemrationalität. Über die Funktion von Zwecken in sozialen Systemen*, Mohr, Tübingen 1968.

bowiem to do siebie, że w obliczu zasad publicznego prawa (również w stosunku do rozpoznawalnej *a priori* polityki), w swoim postępowaniu zmierza do pewnego celu, np. do dobra fizycznego lub moralnego, jakie sobie zakłada, a tym bardziej wiedzie do niego, im bardziej również i ona sama harmonizuje się z ową korzyścią ogólną; bowiem wola ogólna dana *a priori* determinuje to, co jest prawem (albo w jednym narodzie, albo w stosunkach różnych narodów między sobą); jedność woli wszystkich, byleby tylko stosowana była w praktyce konsekwentnie, również może w ostateczności przynieść skutek zgodnie z mechanizmem natury i zapewnić pojęciu prawa stosowny efekt"[33]. Wszelkie próby moralnego usprawiedliwienia pozaprawnej przemocy polegają na uznaniu danego przypadku za wyjątkowy i nieporównywalny, na bezpośrednim odniesieniu go do całości. Używający przemocy uważa, że znajduje się w sytuacji Abrahama, któremu Bóg nakazuje zabicie syna. Jest to klasyczna definicja fanatyzmu. To nie maksymie brakuje wymaganej ogólności, lecz sytuacja jest nieporównywalna. Dlatego do moralnego usprawiedliwienia rewolucyjnej przemocy należy zawsze swego rodzaju teoria ostatniego boju. Ponieważ żaden porządek polityczny nie może akceptować w przyszłości stosowanej wobec niego przemocy, dlatego przemoc, która prowadzi do powstania tego porządku, musi jawić się jako ostatni przypadek, jako przemoc, która służy tylko temu, aby odtąd wszelka przemoc stała się zbędna. Moralny punkt widzenia polega natomiast na relatywizacji własnego przypadku, który staje się przypadkiem w ramach tego, co ogóle. Z tego punktu widzenia pozaprawna przemoc nie jest jednak niczym innym, jak powrotem do stanu naturalnego, podczas gdy pierwszym postulatem sprawiedliwości jest wyjście z tego stanu. Taki powrót jednak się dokonuje.

---

[33] Immanuel Kant, *O wiecznym pokoju. Zarys filozoficzny*, tłum. Feliks Przybylak, Wydawnictwo Uniwersytetu Wrocławskiego, Wrocław 1993, s. 75.

Kryteria usprawiedliwienia oporu z użyciem przemocy

Trzeba zapytać, kto jest odpowiedzialny za powrót do przemocy? Zarówno dla Kanta, jak i dla Hobbesa samo postawienie takiego pytania jawi się jako bezsensowne, gdyż sensem państwa jest właśnie to, aby przez monopolizację przemocy wysunięcie takiego pytania oznaczało jednocześnie likwidację jego przedmiotu. Pytanie to ma jednak sens. Ten, kto sprawuje władzę państwową, może utracić swoje roszczenie do lojalności na dwa sposoby: przez tolerowanie anarchii i przez despotyzm. Pierwszy przypadek zachodzi wówczas, gdy państwo rzeczywiście nie monopolizuje przemocy, tj. gdy nie chce lub nie potrafi chronić swoich obywateli przed przemocą fizyczną i wymusić posłuszeństwa prawom. Nie stosując swojej represyjnej siły państwo pozostawia słabszego bez obrony wobec bezprawnej arbitralności silniejszego. Jeśli jakaś przemoc okaże się równa lub większa niż przemoc państwa, wówczas państwo przestaje istnieć. Jeśli państwo nie było w stanie zdusić buntu w zarodku, ale od pewnego momentu zaczyna mu się przeciwstawiać, wówczas dochodzi do wojny domowej. W takim przypadku obywatel musi na nowo opowiedzieć się po którejś stronie, musi zdecydować, czyją sprawę uzna za własną i czyjej ochronie się podda. Sam fakt dopuszczenia do takiej sytuacji pozbawia sprawującego władzę państwową roszczenia do bezwarunkowej lojalności. Nie jest ważne, czy państwo uznane zostanie za pokonane przez tego, kto łamie prawo, czy też za jego wspólnika, czy też ewentualnie samo łamie prawo. Ten ostatni przypadek to przypadek despotyzmu. Z despotyzmem nie mamy do czynienia już wówczas, gdy państwo nakłada na swoich obywateli jakieś zobowiązania, które są zbędne lub służą jedynie partykularnemu interesowi pewnej grupy. Na ten temat można się zawsze spierać, a sposobem oswajania tego sporu jest właśnie państwo. Państwo przestaje być jednak państwem, czyli formą możliwego zjednoczenia żyjących w nim podmiotów woli we wspólną wolę, wówczas, gdy nie zobowiązuje jednostek lub grup ludzi, ale stawia ich w sytuacji, w której nie mogą już być podmiotami praw, a tym samym również obowiązków, lecz stają się tylko przedmiotami pozbawionej uwarunowań dowolności. Jak mówi Kant, niewolnik nie ma obowiązków, nawet wówczas, jeśli sam oddał się w niewolę. Kontrakt, który ustanawia bezwarunkowe podporządkowanie, likwiduje bowiem podporządkowanego jako podmiot wolności. Obowiązki mogą zaś istnieć tylko tam, gdzie istnieje wolność. Państwo, które pozbawiłoby ludzi ich praw — prawa do życia, prawa do nabywania własności, prawa do zawierania ważnych kontraktów itd. — na podstawie cech, których posiadanie nie należy do kompetencji czyjejkolwiek arbitralnej woli, a zatem nie może też być zakazane (np. określone przekonania religijne, nieuleczalna choroba, przynależność do pewnej rasy lub klasy), przestałoby być państwem. Ludzie wróciliby wówczas do stanu naturalnego: Jedni ludzie są w nim wrogami innych ludzi. W takiej sytuacji nie tylko odeszlibyśmy od stanu „zgodnego z prawem" w sensie Kanta, ale ów stan „prawny" zostałby zniszczony.

W tym sensie istnieją trzy kryteria, które podważają domniemanie, iż sprawujący władzę publiczną czyni to zgodnie z prawem. Pierwszym jest zniesienie wolności wypowiedzi. Na sferę kształtującej stosunki władzy można wpływać na dwa sposoby: przez krytykę i przez przemoc. Jak słusznie zauważył Kant, wolność krytyki wynika z założenia, że władza państwowa zasadniczo zmierza do *bonum commune* i dlatego powinna być zainteresowana w uzyskiwaniu wiedzy na jego temat. Jeśli władza tłumi krytykę, to można przyjąć, że nie chce lub nie potrafi usprawiedliwić stosowanych przez siebie środków. To jednak usprawiedliwia wniosek, że cele władzy są wyłącznie partykularnymi celami rządzących, sprzecznymi z dobrem wspólnym, tj. że rządzący świadomie wstąpili na drogę secesji. Dlatego obowiązek posłuszeństwa prawom stanowionym jest związany z prawem do ich krytyki, a tłumienie wolności wypowiedzi wydaje mi się wystarczającym, obiektywnym i treściowo neutralnym kryterium *tyrannis ex parte exercitii*. Nawiasem mówiąc, nie oznacza to, że państwo nie ma prawa do zapewnienia sobie uprzywilejowanej pozycji w korzystaniu ze środków masowego przekazu. Media same w sobie należą już do sfery władzy. Dlatego istnienie państwowego monopolu radiowego — niezależnie od tego, jak wielkie wątpliwości może budzić — nie jest jeszcze dowodem na istnienie tyranii i nie może być prawnym usprawiedliwieniem sprzecznej z prawem przemocy. Nie przesądza to też niczego na temat tego, kiedy, jak i wobec kogo muszą się usprawiedliwiać sprawujący władzę państwową i jak mają reagować na krytykę. Wystarczy, że nie mogą przeszkodzić w jej wyrażaniu, a także nie dopuszczają, aby naruszały ją grupy niepaństwowe stosując akty przemocy.

Drugim kryterium przywracania przez władzę państwową tych, którzy jej podlegają, do stanu naturalnego, jest w okresie pokoju zakaz emigracji dotyczący obywateli, przeciw którym nie toczy się postępowanie sądowe. Dlaczego? Czy samo niezadowolenie z uchwalonych zgodnie z prawem ustaw uprawnia jednostkę do usunięcia się z obszaru ich obowiązywania? Czy żądanie wyjścia ze stanu naturalnego i poddania własnej arbitralnej woli warunkom jej prawnego uzgodnienia z arbitralną wolą innych, a więc poddania się porządkowi prawnemu, nie jest żądaniem, które wolno postawić każdemu? Rzeczywiście, ale żaden z istniejących dzisiaj porządków prawnych nie jest prostym przeciwieństwem stanu naturalnego. We wszystkich tych porządkach obecny jest moment naturalności w tym sensie, że krąg tych, którzy wzajemnie ograniczają swą arbitralą wolę, jest ograniczony, tj. jest przygodny historycznie, a także przestrzennie. To, że mieszkam w *tym*, a nie w *innym* państwie, jest rzeczą przygodną[34]. I nawet jeśli można przyjąć, że zgoda na życie we wspólnocie prawnej jest moim obowiązkiem, to zgodę na życie w *tym* państwie i na poddanie się *tym* prawom można założyć tylko wówczas, gdy mogę jej odmówić, czyli wyemigrować. Tam, gdzie takie prawo nie istnieje, ten, kto chce wyemigrować, może uważać, że państwo jest jego wrogiem; jest więziony, choć nie popełnił winy, nie jest obywatelem, a zatem jest uprawniony do użycia przemocy. Monopol państwa na interpretację *bonum commune* jest obojętny dla tego, kto nie chce należeć do danej *communitas*. I w tym przypadku nie oznacza to, że państwo nie może utrudniać emigracji, np. wymagać zachowania określonych terminów po to, aby wiedzieć, jak wielu obywateli będzie miało w określonym okresie.

Ostatnim kryterium braku prawa jest istnienie takiego prawa stanowionego, które w sposób „prawny" uniemożliwia wprowadzenie stanu „zgodnego z prawem", a więc konstytucyjne uniemożliwienie takiej zmiany praw, która prowadzi do usunięcia dyskryminacji. Platon mówi tu o państwie oligarchicznym wówczas, gdy dostęp do urzędów związany jest z określonym majątkiem. Państwo takie, jak mówi Platon, „nie może być jedno, tylko się zaraz zrobią dwa: jedno państwo ubogich, a drugie państwo bogatych. Ci ludzie siedzą na tym samym terenie i wciąż dybią jedni na drugich"[35]. Sam fakt religijnej, rasowej lub społecznej dyskryminacji nie usprawiedliwia jeszcze — jako braku „zgodności z prawem" — pozaprawnego oporu. Jak już widzieliśmy, stan prawny jest pierwszym krokiem do stanu zgodnego z prawem. Jest nim jednak tylko wówczas, gdy jako taki

---

[34] „Od wolnego wyboru każdego zależy, czy chce żyć w tym konkretnym państwie czy nie, ale jeśli chce żyć wśród ludzi, to nie zależy od niego, czy zechce żyć w jakiś państwie czy też pozostać swoim własnym sędzią", Johann Gottlieb Fichte, *Grundlage des Naturrechts*, w: *Johan Gottlieb Fichtes Sämtliche Werke* (hrsg. von Immanuel Herman Fichte), Bd. III, Berlin 1945, s. 14.

[35] Platon, *Państwo*, 551 e (tłum. Władysław Witwicki, Wydawnictwo Akme, Warszawa 1991).

nie uniemożliwia jego realizacji. Jeśli konstytucja nie relatywizuje przeciwieństwa klasowego, ale utrwala je, czyniąc zeń przeciwieństwo państwowo-polityczne, na przykład przez związanie prawa wyborczego z warunkami, których z zasady nie mogą spełnić wszyscy, wówczas wykluczeni mogą dojść do wniosku, że panujące prawa są tylko prawami panujących.

Przypadek ten występuje w sposób szczególnie wyraźny w państwach, które nie są etnicznie homogeniczne. Demokratyczna zasada większości nie wystarcza tam, gdzie większość określona jest przez stałe, na które nie można swobodnie wpływać. Tam, gdzie obyczaje, tj. konkretna treść wolności, są bardzo odmienne, niezróżnicowane zastosowanie zasady większości — bez zasady proporcji, bez autonomii regionalnej itd. — może oznaczać, że wola państwa w odniesieniu do mniejszości jest wolą partykularną, obcą, co może usprawiedliwić secesję zmierzającą do utworzenia własnej wspólnoty politycznej. — Nie da się *a priori* określić treści warunków, które usprawiedliwiają secesję, gdyż nie można *a priori* wydedukować, jakie kwestie ludzie uznają za polityczne kryterium podziału na wrogów i przyjaciół[36]. Rzecz ma tu się podobnie, jak w przypadku prawa do emigracji. Wielość państw dowodzi, że z wszelką władzą publiczną związany jest moment naturalnej przygodności. Dlatego próba wyjścia poza ramy konkretnego państwa przez secesję nie jest po prostu przejściem od stanu prawnego do stanu naturalnego, lecz próbą zmiany przygodnej, naturalnej struktury wspólnoty państw. W secesji nie chodzi o urzeczywistnienie imperatywów moralnych, lecz o samopotwierdzenie wspólnot historycznych. Dlatego secesja jest takim modelem kolektywnej pozaprawnej przemocy, którego nie można z góry dyskwalifikować moralnie.

---

[36] Por. Carl Schmitt, *Der Begriff des Politischen*, Duncker & Humblodt, Berlin 1963.

Moralność walki

Wydaje się, że wymienione powyżej kryteria, które usprawiedliwiają przemoc pozaprawną, podważają skierowany przeciw niej werdykt Kanta. Pojawiają się natomiast na nowo pytania Hobbesa: *„Quis judicabit?"* i *„Quis interpretabitur?"*. Pytania te trzeba potraktować poważnie. Nie da się zaprzeczyć: Uznanie prawa do oporu wobec państwa oznacza, że ponownie każdy zostaje uznany sędzią we własnej sprawie. W rzeczywistości oznacza to, że najwyższy sędzia nie istnieje. To jednak jest definicja tak zwanego „stanu naturalnego". Stan naturalny charakteryzuje to, że nie stawia się w nim pytania o to, co jest słuszne, a co niesłuszne, a każda ze stron rezygnuje z usprawiedliwiania swojej sprawy przed drugą. Jak widzimy, nie istnieje definitywne, nieodwołalne zakończenie tego stanu. Panujący mogą prowadzić wojnę z poddanymi, tak jak Spartanie przeciw Helotom. Może też być tak, że poddani dojdą do *przekonania*, iż panujący prowadzą z nimi wojnę. Moralność nie polega wówczas na obowiązku rezygnacji z obrony. Wyraża się ona w tym, *jak* prowadzi się wojnę. Pierwszy postulat jest taki, aby w takim przypadku nie używać jako broni prawa i moralności. Jeśli przestajemy usprawiedliwiać się przed innym, a zaczynamy go zwalczać, to również od drugiej strony nie możemy oczekiwać, aby uznała to, co uważamy za słuszne i zrezygnowała z użycia przemocy. Przeciwnie, musimy uznać jej prawo do walki o własną sprawę. Usprawiedliwienie jest kwestią rozmowy i zmierza do tego, aby pozyskać uznanie drugiego na podstawie rozpoznania. Jeśli przestajemy rozmawiać, jeśli sięgamy po przemoc, to usprawiedliwienie traci swój sens. Jego sensem jest już tylko samopotwierdzenie. Każdy, kto przemocą przerywa komunikację, uznaje już tylko zasadę *„Right or wrong, my country"*. Moralność może wówczas polegać tylko na tym, że nie przypisuje się jej jedynie własnej sprawie, że nie pisze się na klamrach: „Bóg z nami". Moralność

może wówczas oznaczać tylko tę wspólną własność,
która łączy ze sobą walczących: wzajemne uznanie siebie za walczących. Tylko tam, gdzie mowa i przemoc są
od siebie wyraźnie oddzielone, można w ogóle postawić
pytanie o usprawiedliwienie moralne[37]. Mowa, która
jest ukrytą przemocą, jest równie niemoralna jak przemoc, która rozumiana jest jako kontynuacja mówienia. Moralny patos usprawiedliwienia przez cel, przez
słuszną sprawę, jest sensowny tak długo, jak długo
walka jest walką na słowa, tj. jak długo nie uciekamy się
w niej do przemocy. Gdy sięgamy po przemoc, musimy
zrezygnować z moralnego nadęcia, musimy uznać, że
weszliśmy na płaszczyznę, na której ludzie — mierząc
swoje fizyczne siły — są dla siebie wrogami. Powód sięgnięcia po przemoc może być mniej lub bardziej słuszny
— tam, gdzie zaczyna się przemoc, powód ten zostaje
zrelatywizowany i teraz istnieje już tylko jedna sprawiedliwość: wzajemne uznanie wrogów za strony prowadzące wojnę. Panująca władza ma słuszne powody,
aby próbować do tego nie dopuścić i prześladować re-
belię jako przestępstwo. Celem przemocy rewolucyjnej

---

[37] Jeśli socjolog Ralf Dahrendorf mówi o „ciągłości konfliktu", roz-
ciągającego się od debaty parlamentarnej po wojnę domową, to znika
wówczas przedmiot wszelkiej możliwej filozofii prawa. Ponadto teza
o ciągłości sprzeciwia się naturze ludzkiej mowy. Założeniem *impli-
cite* każdej dyskusji dotyczącej spraw praktycznych jest to, że istnieje
coś takiego jak *bonum commune* i że wszyscy uczestnicy dyskusji
chcą je odkryć przez wspólną naradę i wymianę argumentów, również
wówczas, gdy zderzają się ze sobą ich przeciwstawne interesy. Sensem debaty może być tylko pokazanie relacji partykularnego interesu
do „dobra ogólnego", np. przez poddanie zaspokojenia interesu mierze sprawiedliwości, przy czy trzeba zakładać, że partnerzy dyskusji
w ogóle chcą tego, co ogólne. Założenie przemocy jest przeciwne. Teza
Dahrendorfa opiera się w istocie na odrzuceniu idei dobra wspólnego.
Ostatecznie istnieją dla niego tylko panujący i poddani — oraz ich interesy. Trzeba jednak zapytać, jaki sens mają wówczas polityczne
debaty pomiędzy przeciwnikami politycznymi. Ściśle biorąc ich celem
może być jedynie wprowadzenie innego w błąd. Mówienie jest czystą szermierką pozorami, a szczerą formą konfrontacji byłaby jedynie
przemoc; por. Ralf Dahrendorf, *Pfade aus Utopia. Arbeiten zur Theorie und Methode der Soziologie* (*Gesammelte Abhandlungen* I), Piper,
München 1967, s. 294–312.

musi być natomiast ostateczne zerwanie więzi, która łączy ją z panującą jeszcze władzą, tak aby przeciwstawić się jej jako suwerenna siła, czyli jako siła ukonstytuowana, zdolna do przyjęcia zobowiązań, do zawierania kontraktów, kompromisów i układów pokojowych. Jak długo rewolucjoniści korzystają z tego, że są zarazem obywatelami i wrogami, jak długo chcą korzystać zarówno z praw obywatelskich, jak i z prawa wojennego, ich sposób działania nie spełnia podstawowego wymagania wzajemności, które jest konstytutywne dla wszelkiej moralności. Przemiana wojny w wojnę domową — ta wypełniona moralnym patosem formuła była zawsze formułą Lenina. Jeśli w grę wchodzi moralne usprawiedliwienie wojny domowej, to może być ona powiązana tylko z tendencją do jej odwrócenia: z przemianą wojny domowej w wojnę.

Jako pierwszy sformułował to z zaskakującą jasnością teoretyk syndykalizmu Georges Sorel w roku 1906. Sądził on, że proletariacka walka klasowa, w przeciwieństwie do Rewolucji Francuskiej, może pojąć siebie jako wojnę. Sorel pisze: „Proletariackie akty przemocy [...] są w pełnym sensie działaniami wojennymi, są militarnymi manifestacjami i służą wyraźnemu ukazaniu rozdziału klas. Wszystko, co jest związane z wojną, dokonuje się bez nienawiści i ducha zemsty; na wojnie nie zabija się zwyciężonych, bezbronne istoty nie muszą płacić za cierpienia, których armie mogły doświadczyć na polach bitew; siła rozwija się zgodnie ze swoją naturą, nie próbując zapożyczać niczego od prawniczych metod, które społeczeństwo stosuje przeciw przestępcom. Im bardziej syndykalizm będzie się rozwijał, porzucając dawne przesądy, które za pośrednictwem literatów, profesorów filozofii i historyków rewolucji płyną z Ancien Régimu i z Rewolucji Francuskiej, tym bardziej konflikty społeczne przyjmą charakter czystej walki, podobnej do tej, jaką prowadzą armie na polach bitew. *Nigdy nie można dostatecznie pogardzać ludźmi, którzy nauczają lud, że powinien on wypełnić Bóg wie jak wielki idealistyczny nakaz zmierzającej ku przyszłości sprawiedliwości.* Ludzie ci starają się zachować te dotyczące państwa idee, które wywołały krwawe wydarzenia z roku 1793: Wizja walki klasowej przyczynia się natomiast do oczyszczenia wizji przemocy"[38]. Walter Benjamin mówi w tym kontekście o „głębokiej, moralnej i prawdziwie rewolucyjnej koncepcji"[39] Sorela. Wydaje mi się, że Benjamin jest tu głębszy niż Herbert Marcuse, który — wychodząc od jednowymiarowo teleologicznego rozumienia moralności — twierdzi, że Sorel próbował „uwolnić walkę klasową od wszelkich rozważań moralnych"[40]. Słowa Sorela pochodzą z roku 1906. Wówczas Sorel mógł jeszcze przeciwstawiać wówczas ideał „wojny w ramach prawa" (*gehegter Krieg*) pseudo-prawnemu terrorowi z roku 1793 i od marksistowsko rozumianej walki klas oczekiwać ocalenia agonalnych cech wojny. Cechy te miały później coraz bardziej zanikać w wojnie państw wyradzającej się w światową wojnę domową.

Mechanizacja nowoczesnej wojny, która już dawno objęła też wojnę domową, ukazuje czystą istotę przemocy: przemoc *jest* mechaniczna. Jako taka może służyć tylko samopotwierdzeniu tego, co już jest. Przemoc, czyli prawo silniejszego. Przemiana relacji prawnych z użyciem przemocy może tylko oznaczać dopasowanie ich do faktycznej relacji sił. *Może* to oznaczać wprowadzenie relacji bardziej sprawiedliwych, ale może też oznaczać wprowadzenie ich przeciwieństwa. Z jednej strony bowiem tylko silniejszy może chronić, ale z drugiej wszelkie prawo polega na powstrzymaniu nagłego zapanowania siły fizycznej. Przemoc utrwala charakter dziejów jako procesu naturalnego. Za *ultima ratio*

---

[38] Georges Sorel, *Réflexions sur violance*; wyd. niem.: *Über die Gewalt*, Insbruck 1928, 127 n. (podkreślenie autora).

[39] Walter Benjamin, *Angelus Novus*, Suhrkamp, Frankfurt/M. 1966, s. 57.

[40] Herbert Marcuse, *Kultur und Gesellschaft 2*, Suhrkamp, Frankfurt/M. 1965, s. 139.

uznaje ona zawsze niepowodzenie rozumu. Jeśli przemoc jest akuszerką tego, co nowe, to w rzeczywistości oznacza to, że to, co nowe, jest tylko odmianą starego.

13. Nienawiść Sarastra
(1998)

I

Nienawiść i przemoc mają coś wspólnego. Ich relacja nie jest jednak jednoznaczna. Czasami nienawiść prowadzi do przemocy, przemoc prowadzi do nienawiści. Niekiedu zaś płynie z bezsilności, z niezdolności do odpowiedzi przemocą na przemoc. Istnieje przemoc bez nienawiści i istnieje nienawiść bez przemocy. W końcu istnieją przypadki świadomego budzenia nienawiści, która ma podnieść skuteczność przemocy. Przemoc jest zjawiskiem społecznym, nienawiść — psychicznym. Przemoc jest formą działania, nienawiść — stanem ducha, uczuciem.

Jak powstaje to uczucie? Powstaje ono poprzez przeżycie słabości. Słabość nie jest wielkością absolutną, lecz względną. O ile wiem, Rousseau jako pierwszy pokazał, że polega ona na braku równowagi pomiędzy własnymi potrzebami i siłami potrzebnymi do ich zaspokojenia. W takich przypadkach mówimy o *frustracji*. Jej przyczyną może być zarówno to, że siły są bardzo ograniczone, jak i to, że potrzeby są wygórowane. Również tyran może być słaby wówczas, gdy chce usunąć wszelki możliwy opór i wszelkie możliwe przeszkody, które stoją na drodze do realizacji jego planów, i nie może tego uczynić. Wówczas i w nim budzi się nienawiść.

Zazwyczaj nienawiść nie jest jednak uczuciem silnego, lecz bezsilnego, nie bogatego, lecz kogoś biednego, nie tego, kto bezceremonialnie wyrządza krzywdę, lecz tego, kto jest jej ofiarą. Jest ona nagromadzoną agresją bezsilnego. „Nie przed wolnym człowiekiem drżę, ale przed niewolnikiem, który rozrywa kajdany swe" — pisze w jednym ze swoich wierszy Schiller.

Kiedy czytamy przemówienia Hitlera z okresu przed przejęciem władzy, to wodzimy, że nie są to przemowy władcy, ale grające na uczuciach przemówienia przywódcy ludzi, którzy są przekonani, że wyrządzono im krzywdę. Bez poczucia, że Niemcom wyrządzono krzywdę, nie da się wyjaśnić niewiarygodnej ustępliwości Zachodu wobec Hitlera. Ponieważ nienawidzącego spotkała krzywda, sprawiedliwie myślący ludzie są skłonni do usprawiedliwienia jego nienawiści i do wyrozumiałości wobec niego. Kto czyta słowa psalmu „Córo Babilonu, niszczycielko, szczęśliwy, kto ci odpłaci za zło, jakie nam wyrządziłaś! Szczęśliwy, kto schwyci i rozbije o skałę twoje dzieci" (137, 8n.), ten zadaje sobie pytanie: Co musi spotkać człowieka, aby był zdolny do takiego wybuchu nienawiści?

Nienawiść jest przede wszystkim szkodzeniem sobie samemu, ograniczeniem własnego rozwoju duchowego; jest w tym podobna do strachu. Inną przewrotną prawdą jest to, że przemoc może być środkiem, który pozwala uniknąć takiego szkodzenia własnej osobie. W czasie mojego pobytu w Izraelu w 1962 roku po kilku chwilach rozmowy byłem niemal pewien, czy dany mój rozmówca mógł walczyć w czasie wojny, czy nie. Jeśli trudno mu było w miarę swobodnie rozmawiać z młodym Niemcem, to prawie zawsze był jednym z tych, którzy nie mogli walczyć. Oczywistość, z jaką Hans Jonas obchodził w naszym kręgu swoje 80. urodziny, była bezpośrednio związana z tym, że w mundurze zwycięzcy wkroczył do kraju, który opuścił przed wielu laty z powodu prześladowań. Jeden z czeskich kolegów zauważył niedawno, że bestialskie okrucieństwo Czechów przy wypędzaniu Niemców płynęło zapewne z tego, że przy wkroczeniu Niemców nie stawiali oporu. Oczywiście, opór był wówczas bezsensowny i doprowadziłby tylko do niepotrzebnych ofiar. Być może jednak złagodziłby późniejszy wybuch nienawiści.

Trudność mówienia o nienawiści i przeciw nienawiści polega na tym, że musimy mówić przede wszystkim o ludziach i do ludzi, którzy są przestraszeni, upokorzeni, ciemiężeni, oczerniani i krzywdzeni lub też tak się czują, doświadczając zagrożenia własnej tożsamości. Nienawiść do cudzoziemców nie kwitnie w willowych dzielnicach klasy politycznej, lecz na przedmieściach, gdzie miejscowe dzieci widzą, że wobec większości dzieci ludzi przybyłych z zagranicy przypada im rola mniejszości. Kwitnie ona jednak również tam, gdzie prawie nie ma cudzoziemców, a zatem nie ma też okazji do praktykowania życzliwości wobec obcych. Przeciw obcym nie występuje *jeunesse dorée*, lecz bezrobotne *enfants humiliés*.

Istnieje jednak taki rodzaj frustracji, który szczególnie sprzyja nienawiści: zazdrość. Taka zazdrość z powodu korzystnego położenia (*Vorteile*) innych istnieje również wówczas, gdy uprzywilejowanie to nie jest przyczyną własnego niekorzystnego położenia (*Nachteile*). To ostatnie jest poczuciem nieuzasadnionej nierówności. Poczucie to najtrudniej jest zmienić wówczas, gdy w grę wchodzi zazdrość egzystencjalna, nienawiść wobec tego, kto w ludzkim wymiarze znajduje się wyżej od nas. Nienawiść taka istnieje również wówczas, gdy wyższość pozostaje w odwrotnym stosunku do hierarchii społecznej. Przypomnijmy sobie opowiadanie *Billy Budd* Melville'a!

Trudność występowania przeciw nienawiści sprowadza się do tego, że trzeba pouczać i oskarżać ludzi cierpiących. Ich nienawiść jest i pozostaje bowiem złem, nawet jeśli jest to nienawiść tego, komu dzieje się krzywda. Trudność polega na tym, że istnieje tylko *jeden* rodzaj napomnienia, który dotyka korzeni nienawiści: napomnienie wzywające do miłości nieprzyjaciół. Takim kaznodzieją był Gandhi. Gandhi zawsze uważał, że przemoc jest lepsza od nienawiści i tchórzostwa. Sądził jednak, że wyrzeczenie się przemocy, które płynie z przezwyciężenia nienawiści, jest potężniejsze od nienawiści. Jest tak dlatego, że ten, kto nienawidzi, nie może być szczęśliwy, a ten, kto jest szczęśliwy, nie odczuwa nienawiści. Wittgenstein pisze, że istnieje tylko świat ludzi szczęśliwych i świat ludzi nieszczęśliwych, „można powiedzieć, że dobro i zło nie istnieją". Gdyby człowiekowi nienawidzącemu udało się pokazać, na czym polega szczęście, wszystko by się zmieniło. To jednak jest trudne. Często nie możemy zrobić nic innego oprócz obrony i ucieczki.

Powiedziałem, że miłość nieprzyjaciół jest jedyny sposobem przezwyciężenia nienawiści, który sięga jej korzeni. Miłość nieprzyjaciół jest jednak cnotą trudną i rzadką. Zamiast niej zaleca się często coś łatwiejszego, a mianowicie to, aby nie mieć nieprzyjaciół, czy też — jak się dzisiaj mówi — aby „likwidować obrazy nieprzyjaciół". Rada ta płynie z dobrej woli, ale jest głupia. Po 1933 roku wielu Żydów zrobiłoby dobrze *tworząc* sobie odpowiadający rzeczywistości obraz nieprzyjaciela, tak jak to na przykład robił Dietrich von Hildebrand, który już w 1934 roku pisał z Wiednia, że z narodowymi socjalistami nie da się zawrzeć kompromisu czy pokojowego układu, lecz należy dążyć do ich całkowitego politycznego zniszczenia. Obrazy nieprzyjaciela, tak jak wszelkie obrazy dotyczące rzeczywistości, muszą być jej jak najbliższe. Musimy je likwidować lub tworzyć zależnie od sytuacji; zawsze zaś musimy je konfrontować z rzeczywistością i wciąż na nowo korygować. Często jest to trudne. Obrazy nieprzyjaciela mają tendencję do autonomizacji, wpływają na rzeczywistość zamiast się na nią otwierać. To, czy ktoś ma nieprzyjaciół, nie zależy jednak w pełni od niego. Kiedy jakiś człowiek, lud, państwo czy grupa światopoglądowa stykają się z otwartą wrogością, to sposób radzenia sobie z nią jest kwestią roztropności i relacji sił. Najlepsza droga polega zawsze na złagodzeniu wrogości i przemienieniu wrogów w przyjaciół. Nie zawsze jednak jest to możliwe. Zawsze można jednak uniknąć najgorszej drogi — drogi nienawiści. Najmocniejszym argumentem przeciw tej drodze jest to, że wkraczając na nią człowiek wyrządza największą szkodę sobie samemu. Być wydanym na pastwę własnej nienawiści to straszny los. Nienawiść zaślepia.

W tej konferencji nie chodzi o nienawiść indywidualną, o nienawiść z powodów prywatnych, z powodu osobistego zranienia czy osobistej frustracji, lecz o nienawiść kolektywną. Czy coś takiego istnieje? Nienawiść jest uczuciem indywidualnym, pewni ludzie mają do niej większą skłonność niż inni. Nie jest jednak rzeczą obojętną, czy uczucie to ma również powody indywidualne. Istnieje nienawiść pozbawiona takich powodów, nienawiść płynąca z sympatii do tych, którym — jak sądzimy — wyrządzono krzywdę, nienawiść z powodu oburzającej niesprawiedliwości lub okrucieństwa również wobec takich ludzi, którzy są nam obcy. Przestępstwa seksualne wobec dzieci wywołują zazwyczaj falę nienawiści. Istnieje nienawiść płynąca z przynależności do grup, które uważają się za zagrożone, upokorzone lub pokrzywdzone. Czasami takie negatywne doznania doświadczane są indywidualnie i konkretnie, a następnie postrzegane jako typowe dla grupy i prowadzą do czegoś takiego, jak nienawiść kolektywna. Taka kolektywna nienawiść może być jednak całkowicie niezależna od tych doświadczeń i właśnie z tego powodu łatwo jest wywołać ją w sposób sztuczny. Istnieją antysemici, którzy nigdy nie widzieli Żyda, nigdy nie zostali przez Żyda pokrzywdzeni i nie znają osobiście nikogo, kto zostałby przez Żyda pokrzywdzony — tym bardziej zaś przez wielu Żydów i na wielką skalę, co mogłoby w jakiś sposób wyjaśniać skojarzenie krzywdy z przynależnością jej sprawcy do określonej wspólnoty religijnej. Dziwna wrogość młodych Holendrów wobec Niemców, nad którą niedawno ubolewał holenderski ambasador w Bonn, jest odwrotnie proporcjonalna do osobistych doświadczeń tych młodych ludzi z ich niemieckimi sąsiadami.

Trzeba jednak odróżnić kolektywne antypatie — niezależnie od tego, jak bardzo mogą być one irracjonalne
— od kolektywnej nienawiści. Oczywiście, w sprzyjających po temu okolicznościach mogą się one przerodzić
w kolektywną nienawiść i w tym sensie także one są
niebezpieczne. Przejście to nie jest jednak nieuchronne
i zdarza się raczej rzadko; i tylko jeśli się przydarzy,
rzuca złowrogie światło na antypatię. Przeciętny antysemityzm w Europie Środkowej pomiędzy, powiedzmy,
rokiem 1850 i 1925 wydaje się nam tak nieznośny
dlatego, że narodowi socjaliści mogli się nim posłużyć
i rzeczywiście się nim posłużyli. Przedtem sami Żydzi
uznawali go za tak nieszkodliwy, że nie dostrzegli na
czas nadchodzącego niebezpieczeństwa. Twierdzę, że
relację grup etnicznych i religijnych można uznać za
normalną dopiero wówczas, gdy fakt, iż ktoś nie lubi
specjalnie innej grupy nie nasuwa od razu skojarzeń
z morderstwem, naruszaniem praw człowieka czy obywatela. Dopiero wówczas można bowiem rzeczywiście
cenić inność innego, nie wywołując odwrotnych mechanizmów skojarzeniowych — podejrzenia o stłumienie,
kompensację, o chęć przypodobania się innym, o *political correctness* itd. Dopóki gwarancje państwa prawa
są zależne od sympatii, należy poszukać możliwości
emigracji, zwłaszcza wówczas, gdy należymy do grupy
mniejszościowej. Gwarancje istnieją bowiem właśnie ze
względu na przypadek braku sympatii, tak jak prawo
małżeńskie istnieje w pierwszym rzędzie ze względu na
źle funkcjonujące małżeństwa. Ponieważ w Niemczech
od tysiąca lat władze państwowe i kościelne chroniły
Żydów przed wybuchami nienawiści motłochu, nie byli
oni przygotowani na to, że samo państwo może popaść
w tegoż motłochu ręce.

II

Chciałbym się tu zająć jedną kwestią, a mianowicie pytaniem: Czy istnieje jednoznaczne przyporządkowanie kolektywnej nienawiści do konkretnych światopoglądów, religii, przekonań politycznych bądź identyfikacji społecznych? Wydaje się, że tak właśnie jest, i pewien rozpowszechniony przesąd wskazuje również w tym kierunku. Nienawiść kojarzona jest z wszelkiego rodzaju partykularyzmem, przezwyciężenie nienawiści ze stanowiskiem uniwersalistycznym, nienawiść kojarzona jest z fundamentalizmem, tolerancja z oświeceniem, nienawiść kojarzona jest z bezwarunkowymi roszczeniami prawdy, przezwyciężenie nienawiści z filozoficznym lub religijnym relatywizmem czy też z nadaniem wszelkim przekonaniom charakteru hipotez.

Za ujęciem tym przemawia *prima facie* to, że przedmiotem nienawiści są zawsze „inni". Przekonania uniwersalistyczne i relatywistyczne osłabiają te identyfikacje, które stoją u podstaw pojęcia „innych"; wydaje się, że w ten sposób usuwają przedmioty nienawiści, zastępując je uniwersalnym braterstwem. Miejsce fanatycznego obstawanie przy swoim zdaniu zajmuje dialog, który opiera się na założeniu, że nikt z nas nie ma uprzywilejowanego dostępu do prawdy. Musimy jej szukać wspólnie. Miejsce zemsty zastępuje pojednanie, miejsce dzielących wspomnień wspólna przyszłość. „Kto nie przyjmuje takich nauk, nie zasługuje na to, aby zwać się człowiekiem" — to zakończenie arii Sarastra wydaje się wyrażać coś, co jest oczywiste. Zakończenie to nasuwa jednak zarazem wątpliwości co do słuszności tej wizji. Odmówienie komuś prawa do bycia człowiekiem, uznanie go za podczłowieka oznacza bowiem ukryty powrót nienawiści, za której przeciwieństwo uważa się Sarastro.

Jedną z największych zdobyczy europejskiej nowożytności, a dokładniej XVII i XVIII wieku, było złagodzenie fenomenu politycznej wrogości przez pozbawienie go wymiaru moralnego. Nieprzyjaciel przestał być złoczyńcą, został natomiast uznany za *iustus hostis*; tym samym przekonanie o własnej racji zostało zrelatywizowane. Również inny ma prawo do analogicznego przekonania. Jak pisze Kant, wszelką wojnę należy prowadzić tak, aby w przeciwniku widzieć już teraz widzieć przyszłego partnera traktatu pokojowego. W czasie pierwszej wojny światowej rosyjscy żołnierze przychodzili na Wielkanoc z białymi flagami do swoich niemieckich wrogów, aby wraz z pozdrowieniem „Chrystus zmartwychwstał" przynieść im wielkanocne ciasto — Anglicy opowiadają, że na Boże Narodzenie niemieccy żołnierze we Flandrii zachowywali się podobnie. Świadczy to tym, że nienawiść nie była głównym motywem walki. Podobne przypadki koleżeństwa pomiędzy wrogami zdarzały się podczas drugiej wojny światowej.

Można tu zaoponować: „W ten sposób unieszkodliwia się masowe zabijanie". Cóż za pożytek ma żołnierz z wielkanocnego ciasta, które daje mu ktoś, kto go jutro zastrzeli? Protest taki po raz pierwszy sformułował Lew Tołstoj. Wojna była dla niego czymś straszliwym — przede wszystkim jednak wojna sformalizowana, gdyż opiera się ona na uznaniu wojny za stan prawny. *Każdy* środek przeciwstawianie się takiej wojnie uznaje on za usprawiedliwiony. I tak powieść *Wojna i pokój* wysławia wojnę, którą lud prowadzi z gorącą nienawiścią i bez przestrzegania żadnych reguł, wojny, w której wrodzy żołnierze zabijani są kosami i toporami. Nie ma tu pardonu, jeńców się nie bierze. Triumfuje *iusta causa*, słuszna sprawa, likwidując ideę *iustus hostis*, słusznego nieprzyjaciela. U podstaw tej wizji znajduje się utopia „ostatniego boju", czyli wojny, która zakończy wszelkie wojny; jej okrucieństwa nie mogą zatem oddziaływać jako precedensy, podczas gdy „ujęcie wojny w ramy prawne" bierze pod uwagę przyszłe wojny, tak aby uratować przynajmniej minimum człowieczeństwa. Szlachetna idea pacyfizmu usprawiedliwia powiedzenie: Kto nie przyjmuje takich nauk, nie zasługuje na to, aby

zwać się człowiekiem. Jeśli zaś połączy się ona z nienawiścią prześladowanych, to wkrótce okaże się, że ten,
kto jej nie przyjmuje, niebawem rzeczywiście przestaje
już być człowiekiem. Człowiek — o czym wie również Sarastro — może przestać być człowiekiem tylko wówczas,
gdy przestanie być. „Kto nie przyjmuje takich nauk",
tak trzeba przetłumaczyć ten wers, „nie jest właściwie
człowiekiem, lecz podczłowiem i dlatego nie zasługuje
na to, by istnieć".

Mamy tu do czynienia ze swoistą dialektyką: Nie-
oswojone, archaiczne moce zostają tu postawione
w służbie utopijnej wizji dobrego życia. W *Czarodziej-
skim flecie* moce te są jeszcze antagonistyczne. W przypadku Sarastra to matka, królowa nocy, czarownica,
bogini zemsty nie chce zgodzić się na to, aby zabrano jej
córkę, która miałaby otrzymać lepsze, bardziej oświe-
cone wychowanie. Partykularne, czysto naturalne relacje muszą ustąpić przed słońcem rozumu. To, że ktoś
jest czyjąś matką, musi zostać odwołane podobnie jak
fakt istnienia dziecka, które nie było planowane; również to, że ktoś ma ojczyznę, podobnie jak to, że ktoś
ma przekonania religijne, których nie można dyskursywnie i w sposób niepodważalny przekazać innym. Jak
pisze Marks, to nie „obecny człowiek" jest istotą najwyższą, która zasługuje na respekt, lecz dopiero wyzwo-
lony przyszły człowiek, a emancypacja Żydów nie może
oznaczać emancypacji tego, co żydowskie, lecz uwolnienie Żydów i tym samym ludzkości od tego, co żydowskie. Dopiero przestając być Żydami, Żydzi staną
się ludźmi[1]. Czym w takim razie są dotąd? Najwidoczniej podludźmi. „Lecz oto w pełni oświecona Ziemia —
piszą Horkheimer i Adorno w swojej *Dialektyce Oświecenia* — stoi pod znakiem triumfującego nieszczęścia"[2].

---

[1] Por. Karol Marks, *O kwestii żydowskiej*, w: Karol Marks, Fryderyk
Engels, *Dzieła*, t. I, KiW, Warszawa 1962.

[2] Max Horkheimer, Theodor Adorno, *Dialektyka Oświecenia*, tłum.
Małgorzata Łukasiewicz, Wydawnictwo IFIS PAN, Warszawa 1994,
s. 19.

Gilotyna, szalone masowe mordowanie ludzi, pierwsza planowa zbrodnia przeciw ludzkości dokonana na kobietach i dzieciach w Wandei dokonały się w imieniu uniwersalistycznej idei wolności, równości i braterstwa. Hakatomby zabitych w latach władzy sowieckiej, miliony ofiar rewolucji kulturowej w Chinach, powiązane z niewysłowionym upokorzeniem ludzi, dokonywały się w imię przezwyciężenia, wyzwolenia człowieka w imię rozumu, w imię światopoglądu naukowego, wyzwolenia z dotychczasowego świata.

Wydaje się, że narodowy socjalizm jest tu wyjątkiem. Można sądzić, że był on raczej ruchem antyuniwersalistycznym, buntem przeciw rozumowi i oświeceniu w imię niemieckiej partykularności. Rzecz jest jednak bardziej skomplikowana. Po analizach Ralfa Dahrendorfa powszechnie uznaje się, że narodowy socjalizm był niemiecką drogą przejścia do nowoczesności. Nie czynił tego jednak niejako nieświadomie i wbrew własnej ideologii, lecz w zgodzie z nią. Już Nietzsche dostrzegł, że pełne oświecenie zniszczy również pojęcie rozumu jako ewolucyjnego błędu, robiąc miejsce dla nowej mitologii. Światopoglądem Hitlera był naukowy naturalizm. Nienawidził on religijnej i politycznej tradycji Niemiec i Europy jako zalania przez obcy element prawdziwej rzeczywistości — rzeczywistości rasy. Historia jest w rzeczywistości historią naturalną, ta zaś jest walką korzyści dla własnych genów — jedynie to wyrażenie nie było jeszcze wówczas używane. Śmiertelna nienawiść jest częścią tej walki. Ostatecznie nie chodzi też o los konkretnego narodu, nawet narodu niemieckiego, lecz o to, aby zwyciężył najsilniejszy. W imię tej wyższej rozumności historii Hitler był gotów nie tylko zgodzić się na zniszczenie własnego narodu, lecz nawet na przyczynienie się do tego zniszczenia. Do tego służyła mu nienawiść. Wydaje się, że jedynie nienawiść do Żydów nie była dla niego motywem instrumentalnym, lecz pobudką pierwotną — dlatego, że jako naród bez ziemi — co miałoby być skutkiem dziedzictwa genetycznego — Żydzi stoją na przeszkodzie naturalnemu biegowi rzeczy, tj. naturalnemu rozwojowi sił narodowych, przez pasożytnicze wkradanie się w pierwotne, rasowo określone kolektywy. Hitlera charakteryzuje uniwersalistyczne uzasadnienie partykularyzmu. Uniwersalna jest tylko walka, a fanatyzm, tak samo jak nienawiść, jest postawą, która daje przewagę w tej walce. Ponieważ zaś walka jest wieczna, wieczna jest również nienawiść.

Tymczasem rozwiały się już iluzje, które chciano nam wpoić, że nienawiść w służbie zniesienia nienawiści miałaby być jej lepszą, moralnie uprzywilejowaną formą, nienawiścią, która zasługuje przynajmniej na wyrozumiałość. Tak właśnie widzi ją Bertolt Brecht w swoim wierszu *Do potomnych*: „Również nienawiść wobec podłości, wykrzywia twarz/ Również gniew wobec krzywdy./ mówi ochrypłym głosem. Ach/ chcieliśmy przygotować grunt dla braterstwa/ ale sami nie mogliśmy być tacy./ Gdy jednak wreszcie człowiek stanie się bliźnim człowieka/ wspomnijcie nas z wyrozumiałością"[3]. Wyrozumiałość dla Stalina, Pol Pota, wyrozumiałość dla maoistowskiej pogardy dla człowieka — tylko dlatego, że mordowali oni w imię przyszłego człowieka, który będzie pomagał drugiemu człowiekowi i dlatego zasłuży sobie dopiero na miano „człowieka"? Sam Marks i późniejsi przywódcy marksistowscy uznawali siebie za krzewicieli światopoglądu naukowego. Kierowali się raczej cynizmem niż nienawiścią. Ich przeciwnicy, kapitaliści, byli w ich oczach przez pewien czas nosicielami postępu. Lenin nienawidził przede wszystkim księży, którzy kwestionowali pojęcie postępu jako takie. To oni byli przedstawicielami królestwa nocy.

Poza tym przywódcy marksistowscy próbowali wywoływać i instrumentalizować nienawiść mas — już od przedszkola. Motywacją, która miała wywoływać nienawiść, było jednak głęboko zakorzenione w ludziach

---

[3] Bertolt Brecht, *Die Gedichte von Bertolt Brecht in einem Band*, Franktuft/M. 1981, s. 725 (trzecia strofa wiersza).

pragnienie sprawiedliwości. W *Krytyce programu gotaj-skiego* Marks pisze, że idea sprawiedliwości jako taka jest ideologiczna. Nie istnieje coś takiego, jak sprawiedliwe rozwiązanie konfliktów interesów. Problem sprawiedliwości wymiennej, podobnie jak problem sprawiedliwości rozdzielczej, można rozwiązać jedynie przez zniesienie wymiany i rozdziału, tj. przez produkcję nadmiaru, co umożliwi korzystanie z dóbr każdemu bez uwzględniania interesów innych. Marksistowska teoria historii nie nadaje się jednak do wywoływania nienawiści. Potrzebuje ona natomiast nienawiści jako siły napędowej procesu dziejowego, a w jej wytwarzaniu trzeba się posłużyć ideą sprawiedliwości i wizją walki ze złem.

Stanowiska partykularystyczne, nacjonalizmy, tradycyjne grupy etniczne lub religijne generują nienawiść wówczas, gdy czują się zagrożone w swojej tożsamości lub w swoim tradycyjnym stanie posiadania. Konstytutywna jest dla nich relacja „my i inni". Relacja ta może być pokojowa, ale może też być wroga i może rodzić nienawiść. W ramach tych nienawiści jest akceptowana, otwarcie wyznawana, ale dlatego też można ją zwalczać z powołaniem się na etykę, która jest czymś więcej niż moralność grupowa. Przypominam sobie kazanie biskupa Münster, grafa von Galena. W 1944 roku występował on przeciw żądaniom zemsty za zniszczenie niemieckich miast i w ogóle przeciw wszelkiej propagandzie nienawiści. Nie pocieszymy żadnej niemieckiej matki — napominał — mówiąc jej: „Również angielskim matkom zabijemy ich dzieci". Nienawiść nie jest postawą godną chrześcijańskiego żołnierza. Specjalnie wspominam tu biskupa, który wobec moralnej dopuszczalności tej wojny miał bardzo wątpliwe, konwencjonalnie patriotyczne poglądy, sądząc, że można pominąć przy tym wojenne cele Hitlera. Tym większe wrażenie robi jego jednoznaczne potępienie wojny totalnej i związanej z nią propagandy nienawiści. Znamienny jest też fakt, że niczym innym nie wywołał takiej skierowanej przeciw sobie nienawiści rządzących, jak tym jej potępieniem. Potępienie to wypowiedziane zostało w imię etosu, który przez tysiące lat uznawany był w Europie za obowiązujący i wyższy niż wszelka moralność grupowa, nawet jeśli nieraz bywał ignorowany.

III

Nienawiść Sarastra, nienawiść ze strony uniwersalistycznych stanowisk, które *per definitionem* rozumieją siebie jako moralne, jest problemem bardziej skomplikowanym. Nienawiść ta nie chce bowiem przyznać, że jest nienawiścią. Uważa, że jest tylko nienawiścią nienawiści: nienawiścią tych, którzy są dobrzy, skierowaną przeciw tym, którzy są źli i stoją na drodze ostatecznemu zwycięstwu dobra. Nienawiść nie odnosi się do nieprzyjaciela, gdyż obrazy nieprzyjaciół zostały zdekonstruowane. Odnosi się do tych, którzy tego nie uczynili. Nie dotyczy człowieka, lecz podczłowieka. Przypomnę tu tylko nienawiść Woltera do Żydów. Również ta nienawiść płynie ze słabości. Jest to podwójna słabość. Płynie ona najpierw z doświadczenia niemocy nadania uniwersalnej ważności temu, co powinno obowiązywać uniwersalnie. Przedstawiciel stanowiska uniwersalistycznego widzi, że wbrew własnej woli jest członkiem określonej grupy, która przeciwstawia się innym grupom, podczas gdy wcale nie chciał reprezentować jednej strony, lecz całość. W ten sposób pojawia się w nim nienawiść wobec tych, którzy mu w tym przeszkadzają, „nie przyjmując jego nauk". Musi odkryć, że wszelki uniwersalizm, który staje się konkretny, staje się jednym z wielu stanowisk. I tak jedni oskarżają dzisiaj rozumowy uniwersalizm Oświecenia o europocentryzm, a inni o męski szowinizm, co zresztą w przypadku *Czarodziejskiego fletu* jest słuszne.

Ta nieprzyjemna sytuacja wszelkich stanowisk uniwersalistycznych zostaje jeszcze wzmocniona przez to, że stanowi ona nie tylko przeszkodę zewnętrzną, lecz również zagrożenie wewnętrzne. Wszelka oczywistość, w której coś jawi się jako niewątpliwa prawda — nawet jeśli jest to prawda relatywizmu, który jest również formą bezwarunkowego przekonania o prawdzie — urażona jest tym, że inni wcale nie przeżywają tej oczywistości: Uważają oni z za prawdę to, w co ja wątpię, a wątpią w to, co ja uważam za prawdę. Być może również uraża ją to, że inni w ogóle uważają coś za bezwarunkową prawdę, podczas gdy relatywista to właśnie uważa za bezsensowne. Już sam ten fakt wstrząsa roszczeniem uniwersalistycznym, wydaje się bowiem, że w ten sposób staje się ono idiosynkrazją, wyrazem jakościowego uposażenia tego, kto ma takie przekonanie. To jednak jest zagrożeniem własnej tożsamości i pewności, a na coś takiego człowiek reaguje nienawiścią wówczas, gdy jego tożsamość nie jest wystarczająco silna, aby dać sobie radę z tym zagrożeniem — czy to przez elastyczność, czy to przez hipertrofię samoświadomości.

Religie uniwersalistyczne nieustannie stoją wobec wyzwania, które polega na tym, że nie przyjmują ich ci wszyscy, do których zwracają się one ze swoim roszczeniem. Już dawno rozwinęły one jednak strategie radzenia sobie z tym wyzwaniem. „Panie, czyż nie mam nienawidzić tych, co nienawidzą Ciebie" — te słowa 139. psalmu należą do wcześniejszej i zasadniczo przezwyciężonej fazy historii religii, pomijając islamski integralizm, który błędnie bywa nazywany „fundamentalizmem". Dzisiejsza nienawiść religijna i walki religijne w Europie nie mają nic wspólnego z uniwersalistycznymi i absolutnymi roszczeniami do prawdy, a zatem nie mają również nic wspólnego z działalnością misyjną. Świadkowie Jehowy bywają czasami natrętni, ale nie agresywni. W walkach religijnych np. w Irlandii, na Bałkanach czy w dawnym Związku Radzieckim wspólnoty religijne występują raczej jako partykularne *quasi* grupy etniczne, które bronią swojej hegemonii na określonym terytorium.

W pierwszych wiekach swego istnienia chrześcijaństwo rozwiązało problem wewnętrznego zagrożenia

przez zewnętrzne zakwestionowanie na trzy sposoby:
po pierwsze przez przekonanie, że wiara nie jest wiedzą konieczną, lecz oczywistością, którą zawdzięczamy
nadprzyrodzonej łasce. Dlatego fakt, że inni nie wierzą, nie musi budzi wątpliwości w człowieku wierzącym,
chociaż pragnienie żydowskiego psalmisty, aby „poga-
nie nie mówili, gdzie jest ich Bóg" (Ps 115), jest oczywiście także pragnieniem chrześcijan. Drugim motywem
jest przekonanie, że na końcu czasów oczywistość wiary
będzie miała po swojej stronie również faktyczność, że
ludzie wierzący będą po stronie zwycięzców i to — paradoksalnie — nawet wówczas, jeśli nie zwyciężyli na
Ziemi. Ta świadomość usuwa słabość, z której rodzi się
wszelka nienawiść. Istnieje wewnętrzna suwerenność,
bez której nie da się wypełnić nakazu miłości nieprzyjaciół. Chrześcijańscy męczennicy pierwszych wieków
modlili się za swoich nieprzyjaciół i — ku zdziwieniu
otoczenia — uważali swoich katów za mimowolnych do-
broczyńców. W naszym stuleciu doszedł do tego jeszcze
trzeci motyw. Wiara w Jezusa Chrystusa jako uniwersalnego Odkupiciela łączy się z przekonaniem, że dialog
z innymi religiami raczej odsłania niż zamazuje uniwersalną postać Jego przesłania. Uniwersalizm nie oznacza
tu ani dogmatyzmu ani relatywizmu, lecz to, że nigdy
nie wyczerpiemy jego bogactwa.

Niechęć, antypatia, polemika, opozycja, a nawet
wrogość są tak samo elementami ludzkiego życia, jak
życzliwość, sympatia, współpraca i przyjaźń. Antypatia
prowadzi do tego, że człowiek próbuje narzucić swoje
interesy czy poglądy, wrogość prowadzi do walki lub
do negocjacji, których celem jest usunięcie zagrożenia
przez wroga. Nienawiść zmierza do zniszczenia, zazwyczaj tylko w myślach, ale czasami również w rzeczywistości. Nienawiść jest mordercza, gdyż człowiek, który
nienawidzi, uważa, że on sam lub to, z czym się utożsamia, jest zagrożone nie tylko przez działania innych,
lecz przez ich istnienie. Psychologia głębi nauczyła nas
widzieć nas samych, stłumioną część naszej własnej

istoty w tym, czego nienawidzimy. Dlatego nienawiść i nienawiść do samego siebie są często tożsame. Wiemy, że zarówno rodzice, jak i dzieci reagują szczególnie nerwowo na własności drugiej strony, w których rozpoznają samych siebie. Dlatego przemoc może wprawdzie zostać pokonana przez inną przemoc, ale przemoc, pogarda, nienawiść nie mogą pokonać nienawiści. Nowoczesne ruchy polityczne, które występują w imię oświecenia, rozumu, nauki i postępu, w morderczej skuteczności prześcignęły i usunęły w cień wszystko, co chciały przezwyciężyć. Już prześladowanie czarownic płynęło z przymierza religii i racjonalizmu we wczesnej nowożytności. Dziś stało się to modne. Przezwyciężenie nienawiści może polegać tylko na przezwyciężeniu słabości, z której ona wypływa, na uznaniu równości drugiego również wówczas, gdy jest on wrogiem, z którym musimy walczyć.

Sarastro, który upokarza królową nocy, nie przezwyciężyy jej nienawiści śpiewając arie skierowane przeciw duchowi zemsty. Takie przezwyciężenie ilustruje inny obraz, który pochodzi z początków dziejów Europy: Atena z *Orestei* Ajschylosa. Córki nocy, Erynie, żądają krwi matkobójcy Orestesa. Matka zabiła ojca, ponieważ ofiarował córkę bogom. Archaiczny i matriarchalny krąg zemsty zostaje przerwany nie przez mężczyznę, lecz przez kobietę, przez Atenę, która, narodzona bez matki z głowy Zeusa, łączy w sobie zasadę męską i żeńską. Atena uśmierza Erynie, rozmawia z nimi życzliwie i gwarantuje im wieczne uznanie we właśnie założonym *polis*. Mówi, że powodzenie miasta będzie zależało od tego, czy owe córki nocy będą w nim miały święte miejsce — już nie jako Erynie, duchy zemsty, lecz jako boginie błogosławieństwa, Eumenidy. Oznacza to, że Atena nie potępia duchów zemsty. Ich nienawiść stoi przecież w służbie sprawiedliwości. Atena jest jednak wcieleniem wyższej sprawiedliwości, racjonalnej sprawiedliwości *polis*. Do niej zaś należy przezwyciężenie nienawiści. W państwie prawa wydawanie i wykonywanie wyroków nie należy do ofiar i ich przedstawicieli. Należy jednak odpowiedzieć na roszczenia ofiar. (Współczesną odmianą mądrości Ateny jest Komisja prawdy w Afryce Południowej, jeden z niewielu twórczych i mądrych wynalazków tego budzącego odrazę stulecia.) Narzędziem Ateny nie jest niepodważalne obalenie, lecz namysł, dobre słowo, nie zwalczanie, lecz uśmierzanie. Nienawiści nie można pokonać, a tym bardziej wykorzenić. Nienawiść można jednak uśmierzyć. Ten, komu się to powiedzie, dokona wiele.

14. Utopia wolności od panowania

Podstawowym problemem filozofii politycznej jest problemy uprawomocnienia panowania. Co skłania nas do posłuszeństwa nakazom innych ludzi? Na pytanie to można udzielić dwu skrajnych odpowiedzi, przy czym w obydwu przypadkach są to odpowiedzi niepolityczne. Pierwsza odpowiedź brzmi: Słucham tylko takich poleceń, które uważam za dobre, a mówiąc dokładniej: za najlepsze z możliwych. Oznacza to jednak, że w ogóle nie jestem posłuszny, ale co najwyżej pozwalam się przekonać. W każdym razie robię tylko to, co chcę zrobić niezależnie od nakazu kogoś innego.

Odpowiedź tę możemy nazwać *anarchiczną*. Jest ona niepolityczna. Nie zna problemu uprawomocnienia panowania. Nie zna różnicy pomiędzy panowaniem prawomocnym i nieprawomocnym, gdyż za nieprawomocne uznaje panowanie jako takie. Taki sposób myślenie jest dzisiaj szeroko rozpowszechniony. Dla wielu ludzi samo wyrażenie „rządzący" jest już wyrażeniem krytycznym, a nawet rodzajem obelgi. Anarchizm staje się polityczny wówczas, gdy przekształca się w ruch, który ma na celu obalenie istniejącego panowania wbrew woli innych. W tym celu anarchizm sam stara się zdobyć panowanie, nawet jeśli według jego samorozumienia jest ono tylko tymczasowe.

Druga niepolityczna odpowiedź brzmi: Jestem posłuszny ze strachu, nie mam bowiem innego wyjścia. Straty, jakie przeniosłoby mi nieposłuszeństwo, przeważają w każdym razie nad stratami związanymi z posłuszeństwem. Jest to odpowiedź niewolnika. On również nie stawia sobie bowiem pytania o uprawomocnienie panowania. Jego posłuszeństwo nie ma nic wspólnego z uznaniem. Dlatego — jak mówi Arystoteles — panowanie nad niewolnikiem jest przeciwieństwem panowania politycznego.

Ideę prawomocnego panowania politycznego łączy z anarchizmem to, że nie dopuszcza ono otwartej heteronomii: Zasadniczo nikt nie musi robić niczego bez własnej zgody. Przedmiotem zgody nie jest tu jednak treść poszczególnych działań, lecz uprawnienie określonych ludzi do wymagania pewnych działań, czyli ich panowanie. Idei prawomocnego panowania odpowiada idea dobrowolnego posłuszeństwa. Stosowanie przymusu nie jest sprzeczne z tą ideą, gdyż od każdego można oczekiwać dobrowolnego zachowywania postawionych mu granic, o ile jest pewien, że wobec niego uczynią to również wszyscy inni. Można też od niego oczekiwać, że w swoim działaniu zaufa nieznanym mu ludziom, jeśli jest pewien, że z reguły spełniają oni swoje obowiązki. Tę pewność może mieć jednak tylko wówczas, gdy w razie konieczności posłuszeństwo wszystkich może zostać wymuszone.

Zgoda na to, aby panowali *ci* ludzie, może dwojakiego rodzaju. Możemy sądzić, że właśnie oni najlepiej się nadają do panowania, to jest ze wszystkich, którzy wchodzą w grę, podejmą najwięcej takich decyzji, z którymi się zgadzamy. Możemy też nie zgadzać się z tymi konkretnymi panującymi, ale mimo to uznawać ich prawo do panowania, gdyż uznajemy reguły, dzięki którym doszli oni do panowania. I tak jesteśmy posłuszni demokratycznie wybranemu rządowi, nawet jeśli na niego nie głosowaliśmy — uznajemy bowiem system demokratycznych wyborów. Podobnie jesteśmy posłuszni prawomocnemu następcy tronu, chociaż jego młodszego brata uważamy za inteligentniejszego — uznajemy bowiem system pierworództwa, dzięki któremu naczelna władza państwowa nie jest przedmiotem sporów partyjnych.

Możemy pójść nawet o jeden krok dalej. Czasami jesteśmy posłuszni i dezaprobujemy nieposłuszeństwo, chociaż reguł przekazywania władzy nie uważamy za optymalne. Jako monarchiści jesteśmy posłuszni władzy demokratycznej, a jako demokraci jesteśmy posłuszni królowi — chociaż chcielibyśmy zmienić obowiązujący system. Dlaczego? Ponieważ różne systemy panowania są lepsze od stanu wojny domowej, w którym, jak mówi Kant, „obywatele chcą narzucić sobie konstytucję przemocą"[1]. Do tych lepszych systemów władzy należą przede wszystkim te, w ramach których możliwe jest dokonywanie zmian bez naruszania ich wewnętrznych reguł. Oczywiście, jeśli panowanie respektowane jest tylko jako zło mniejsze od wojny domowej, to relacja rządzących do rządzonych zbliża się do relacji panów i niewolników. Niewolnik zgadza się bowiem na tę relację, ponieważ woli ją od gwałtownej śmierci. Trwa w niewoli tylko dlatego, że bardziej od niewoli boi się śmierci.

Ta właśnie obawa przed gwałtowną śmiercią, która dla filozofii klasycznej była przeciwieństwem wolności, u Thomasa Hobbesa — w filozofii państwa wczesnej nowożytności — staje się początkiem mądrości. Pytanie klasycznej filozofii politycznej o sprawiedliwość jako uprawomocnienie panowania zawiera w sobie nieustanne zagrożenie wojną domową. Dlatego musi ono ustąpić przed pytaniem o skuteczność rządów, tj. przed pytaniem o skuteczność rządów w wymuszaniu wewnętrznego pokoju. Państwo nie istnieje już ze względu na dobre życia, lecz ze względu na samo utrzymanie życia. Brak wolności politycznej jest ceną, którą mieszczańska jednostka płaci za nieznaną dotąd wolność w sferze ekonomicznej. Epoka, która zaczyna się od absolutyzmu i której zwieńczeniem jest liberalizm jest za-

---

[1] Immanuel Kant, *Akademieausgabe*, (cyt. wyżej, s. 239, przypis 13), Bd. 8, s. 302, przypis.

razem epoką rozdzielenia polityki i gospodarki — a tym samym obojętności państwa wobec pytań o dobre życie. Dzisiaj jesteśmy świadkami końca tej epoki. Tym samym jednak pytanie o uprawomocnienie panowania politycznego pojawia się na nowo. Na pytanie to są dwie przeciwstawne odpowiedzi. Pierwsza z nich jest odpowiedzią klasycznej filozofii politycznej i można ją wyrazić tak: Prawomocne jest panowanie, które jest sprawiedliwe i dlatego może być przedmiotem konsensu. Druga odpowiedź, którą jest odpowiedzią upolitycznionego anarchizmu, brzmi: Panowanie powinno zostać zastąpione przez uniwersalny konsens. Prawomocne jest tylko wówczas, gdy jego celem jest samolikwidacja.

Idea klasyczna: Rozumne panowanie

Co to znaczy, że panowanie jest sprawiedliwe? Znaczy to, że rozdziału obciążeń i przywilejów dokonuje ona wedle innego kryterium niż kryterium największej korzyści dla rządzących, tj. wedle kryterium, które jest dobre dla *wszystkich* zainteresowanych, gdyż każdy może się na nie zgodzić. Mówiąc dokładniej: może się na nie zgodzić każdy, kto jest gotowy na przyjęcie kryterium, które może być przedmiotem konsensu. Takie kryterium możemy również nazwać kryterium rozumnym.

Jeśli panowanie jest sprawiedliwe w tym sensie, to czy jeszcze jest panowaniem? Oczywiście tak. Nie wystarczy wytłumaczyć każdemu, jaki jest klucz podziału, aby następnie mógł z niego korzystać. Nie jest to wystarczające dlatego, że w człowieku — dopóki zasoby są ograniczone — istnieją dwa przeciwstawne popędy: popęd rozumny, któremu chodzi o sprawiedliwość, i popęd nierozumny, który skierowany jest na maksymalizację własnego udziału w szansach zaspokojenia. Popęd ten Platon nazywał πλεονεξία (*pleonexia*), pragnieniem posiadania więcej. Nie a wątpliwości co do tego, że popęd ten jest nader rzeczywisty. Nawet osąd większości ludzi na temat tego, co jest sprawiedliwe, nie jest niezależny od ich własnych interesów. Dlatego ten, kto panuje sprawiedliwie, nie może liczyć na faktyczny konsens wszystkich ludzi. Musi natomiast antycypować ich rozumny konsens.

U podstaw Platońskiej idei sprawiedliwego panowania znajdują się trzy założenia, które dla Platona są oczywiście czymś więcej niż założeniami — są bowiem podstawowymi wglądami. Pierwsze założenie jest takie: Istnieje fundamentalny, wspólny interes ludzi, który można odsłonić w rozumnej rozmowie i co do którego można zasadniczo osiągnąć konsens. To znowu zakłada, że ludzkie interesy można poddać kryterium prawdy, a z tego z kolei wynika, że istnieje wspólny interes w objaśnieniu prawdziwych interesów, tj. wspólny interes w poznaniu prawdy. Drugie założenie brzmi: Faktyczny konsens większości ludzi nie zawsze jest wyrazem tego wspólnego interesu. Trzecie założenie brzmi: Można zasadniczo oczekiwać, że ludzie podporządkują swoją *praxis* rozumnemu interesowi. Konsekwencją tych trzech założeń jest to, że panowanie jest potrzebne i że powinno być sprawowane przez takich sprawiedliwych i rozumnych ludzi.

Pierwsze założenie odsłania się jako analityczne dla każdego, kto zaczyna o nim rozmawiać. W *Gorgiaszu* Platona wyraża je Sokrates: „Jest bowiem naszym wspólnym dobrem objaśnianie tego"[2]. „Tego", czyli odpowiedź na pytanie o to, co jest lepsze dla duszy: Czy kierowane regułą rozumu opanowanie, czy też rozwiązłość? Kallikles — przeciwnik Sokratesa, który gotowy jest na przyjęcie wszelkich konsekwencji — bronił twierdzenia o represyjnym charakterze sprawiedliwości. Żądanie sprawiedliwości oznacza przemoc wobec tego, kto jest z natury silniejszy, tj. uniemożliwienie bezwzględnej realizacji jego siły. W trakcie rozmowy z Sokratesem Kallikles zostaje zmuszony do przyznania, że w dialogu nie da się bronić stanowiska czystego

---

[2] Platon, *Gorgias*, 505e, w: tenże, *Gorgias. Menon*, tłum. Paweł Siwek, BKF, PWN, Warszawa 1991, s. 101.

interesu. Ten, kto rozpoczyna dialog, przyznaje tym samym, że nie istnieją wyłącznie interesy indywidualne, lecz przynajmniej jeden wspólny interes, a mianowicie interes, który dotyczy poznania prawdy. Jeśli uznajemy istnienie tego interesu, to tym samym przyznajemy, że indywidualne zaspokajanie popędów musi zostać czasami poddane warunkom ograniczającym. Mówiąc dokładniej: Przyznajemy, że powiedzenie, iż coś się powinno, ma w ogóle sens.

Kallikles zauważa, że rozpoczynając dialog popełnił błąd, i przerywa go. Nie istnieje wspólny interes w poznaniu prawdy. Ale nawet tego Kallikles nie chce wyrazić w sposób teoretyczny, gdyż wówczas na nowo podjąłby dialog. Mówi po prostu do Sokratesa: „Mów, co chcesz". Wydaje się zatem, że sytuacja się odwraca na niekorzyść Sokratesa. Twierdzenie, że rozumna rozmowa jest medium, w którym odsłania się to, co jest, można bronić tylko w ramach rozumnej rozmowy. Jeśli jednak przeciwnik przerywa tę rozmowę, to wydaje się, że likwiduje on tym samym medium rozumu, medium możliwej prawdy. U Platona tak jednak nie jest. Wydaje mi się, że z naszego punktu widzenia na tym właśnie polega sedno tej historii. Sokrates nie może pokonać Kalliklesa, ponieważ ten przerywa dialog. Ale i Kallikles nie może pokonać Sokratesa, gdyż Sokrates nie rezygnuje z rozumnej rozmowy, lecz sam kontynuuje dialog. Na podstawie swojej tezy o tożsamości i wspólnym charakterze interesu rozumu Sokrates jest gotowy i jest w stanie przejąć rolę Kalliklesa (chociaż bez jego przeciwnej strategii) i antycypować konsens, którego faktyczne urzeczywistnienie nie jest możliwe z powodu oporu Kalliklesa[3].

---

[3] Na końcu tradycji europejskiej metafizyki Nietzsche próbował powrócić do stanowiska Kalliklesa, ale nie, jeśli tak można powiedzieć, w sposób pogańsko-niewinny, tj. nie przez odmowę dialogu, pogardę dla filozofii i przejście do praktycznej polityki, ale na sposób teoretyczny. Dla Nietzschego nie istnieje żadna wiążąca prawda poza dzielącym pozorem. Nie ma żadnego ogólnego interesu, jest tylko szczególny. Nie ma żadnego światła poza oświetleniem jaskini. Ist-

Drugim podstawowym założeniem tradycji platońskiej jest to, że konsens nie jest *a priori* rozumny i że faktyczny konsens większości nie zawsze jest antycypacją rozumnego konsensu wszystkich. Rzeczywiście uniwersalny konsens byłby oczywiście zarazem rozumny, gdyż obejmowałby też konsens ludzi rozumnych. Jak można by argumentować przeciw niemu, jeśli przystają nań wszyscy ci, którzy są zdolni do wysuwania argumentów? Wszyscy nie mogą być nierozumni. Ale „większość" może być nierozumna. Dlatego większość nie jest *a priori* reprezentacją wszystkich. Może się zdarzyć, że większość chce tego, czego ludzie rozumni nigdy nie mogliby chcieć. Ludzie rozumni chcą jednak tego, czego zasadniczo mogliby chcieć wszyscy. To jest właśnie definicja ich rozumności. Rozumny jest tylko *taki* konsens, który jest wynikiem wolnego od przemocy dialogu. Dla Platońskiego Sokratesa kryterium prawdy nie jest opinia tłumu, lecz wyłącznie zgoda tych, którzy biorą udział w takim dialogu. Krąg takich ludzi jest z konieczności niewielki, gdyż tylko w takim kręgu, który jest wprawdzie zasadniczo otwarty dla wszystkich, ale fak-

nieje tylko życie silne i słabe, rozwijające się i rozkładające się oraz panowanie jednego nad drugim. Idea tego, co rozumnie ogólne, jest tylko szczególną formą panowania. Również w tym wypadku Nietzsche podejmuje myśl Kalliklesa. Moralne przymuszenie do wolnego od przymusu dialogu jest dla niego tylko sztuczką, przez którą koalicja słabych stara się oswoić silne życie i oszukać jego *intentio recta*. Oczywiście, ostatecznie daremnie, gdyż to oswojone, ogrzewające się poczuciem swego konsensu stado, jest materiałem, którego „nadczłowiek" potrzebuje do swojego stawiającego sobie wielkie cele działania.
　　Jaki interes kieruje owym radykalnym oświeceniem, którego stara się dokonać Nietzsche? Interesem tym jest poznanie prawdy. Sam Nietzsche zauważył sprzeczność polegającą na tym, „że i my poznający dzisiejsi, my bezbożni i antymetafizycy, także swój ogień jeszcze czerpiemy z pożaru, który wznieciła tysiące lat licząca wiara, owa wiara chrześcijańska, która była też wiarą Platona, że Bóg jest prawdą, że prawda jest boska" (Fryderyk Nietzsche, *Wiedza radosna*, tłum. Leopold Staff, nakład Jakóba Mortkowicza, Warszawa 1910–
–1911, reprint: Wydawnictwo „bis", Warszawa 1991, s. 291). Prawda zwraca się przeciw pojęciu konsensu, staje się monologiczna. Chwilę, w której się to staje, Nietzsche pojął jako przejście. Podmiot, który je myśli, jest skazany na szaleństwo.

tycznie zawsze musi pozostać niewielki, rozmowa może mieć naukowy charakter, tj. może zmierzać do odkrycia prawdy.

Inne warunki dialogu, który zmierza do odkrycia prawdy, są następujące: 1. Dialog ten nie może być ograniczony czasem, gdyż każdy musi mieć możliwość zarówno pełnego rozwinięcia swoich argumentów, jak i wysłuchania i przyjęcia argumentów swoich rozmówców, co z kolei prowadzi go do wyciągnięcia nowych wniosków; 2. Uczestnicy dialogu muszą kierować się wzajemną życzliwością, muszą zakładać, że ich partnerzy chcą dojść do poznania. Dlatego przeciwieństwem rozmowy naukowej jest dla Platona retoryka. Kieruje nią interes, aby inni jak najszybciej przyjęli ustaloną już wcześniej opinię. Ponieważ zarówno prawda praktyczna, jak i prawda teoretyczna może być zasadniczo przedmiotem uniwersalnego konsensu, dlatego z istoty nikt jako podmiot nie jest z niego wykluczony. Platon jest jednak przekonany, że faktycznie tylko niewielu ludzi chce i jest w stanie go osiągnąć.

Przekonanie to wydaje się pesymistyczne. Dla sofistycznych rozmówców Platona, jak i dla większości naszych współczesnych, jest ono jednak zbyt optymistyczne. Teza Sokratesa jest dla nich prowokacyjna już dlatego, że według niej interes rozumu może u pewnych ludzi uzyskać wymiar praktyczny. To jest właśnie trzecie założenie teorii Platona. Według sofistów istnieją tylko interesy partykularne. Dlatego nie istnieje panowanie prawomocne lub nieprawomocne, sprawiedliwe lub niesprawiedliwe, lecz tylko faktyczne. Mówienie o sprawiedliwości służy tylko uwewnętrznieniu panowania w świadomości tych, którzy są mu poddani, co zaś służy interesowi panujących[4]. W świetle innej politycznej optyki — ale w ramach tej samej filozofii — służy ono afirmacji interesu ludzi słabych, którzy chcą nało-

---

[4] Por. Platon, *Państwo*, 338 a–339 b (tłum. Władysław Witwicki, BKF, PWN, Warszawa 1958, 2 tomy).

żyć ograniczenia na ludzi silnych[5]. Komu bowiem służy taki klucz podziału szans zaspokojenia interesów, który mógłby być przedmiotem konsensu? Temu, kto bez takiego klucza byłby w gorszej sytuacji! Co jednak może skłonić silnych do rezygnacji z ich przywilejów? Pytanie to zadali już Ateńczycy w dialogu melijskim u Tucydydesa.

Odpowiedź Platona jest następująca: Władzę powinni mieć ci, którzy czerpią przyjemność z matematyki i dialektyki, czyli ci, dla których na przykład znalezienie i realizacja klucza podziału, który mógłby być przedmiotem powszechnego konsensu, sprawia radość. Innymi słowy: ludzie teorii. Ponadto, nie powinni oni mieć żadnych innych szans maksymalizacji dóbr oprócz owego zadowolenia, na przykład nie powinni mieć rodziny i własności. Ta Platońska idea filozofa-króla jest skrajną konsekwencją założenia, że interesy mogą być odniesione do prawdy; rozum może być zatem praktyczny, chociaż nie zawsze tak jest. Nie u każdego człowieka wola jest wyrazem rozumu praktycznego. Powołany do panowania jest według Platona ten, kto na podstawie swojej nieegoistycznej mądrości potrafi antycypować rozumny konsens.

Jak jednak mądrość ma dojść do władzy? Nie można tu wskazać żadnej procedury, gdyż jej ustanowienie zakładałoby już istnienie rozumnego konsensu, a ten przecież ma być dopiero ustanowiony. Platon wskazuje jedynie na szczęśliwy przypadek. W ogóle jego *Państwo* z ideą filozofa-króla jest jedynie typem idealnym. W *Prawach* Platon rozwija natomiast model, który uwzględnia warunki realizacji panowania rozumu. Model ten zaleca *regimen mixtum*, rząd mieszany. Panować nie powinna opinia tego czy innego mędrca, lecz ogólne prawa. Jako procedura wyłaniania tych, którzy najlepiej potrafią antycypować rozumny konsens, w grę wchodzi tylko realny konsens rządzonych, czyli wybory. Ci, którzy zo-

---

[5] Por. Platon, *Gorgiasz*, 482–486, w: tenże, *Gorgias, Menon* (cyt. wyżej w przypisie 2), s. 63–68.

staną wybrani, nie mają być natomiast odpowiedzialni wobec rzeczywistej woli wyborców, lecz wobec ich prawdziwej woli; wobec tego, czego by chcieli, gdyby mieli pełną wiedzą o ich rozumnym interesie. Rządy — o ile rządzą sprawiedliwie — interpretują tę prawdziwą wolę — są zatem, jak to w duchu klasycznej idei sprawiedliwego panowania wyraża nasza Konstytucja, odpowiedzialni tylko wobec własnego sumienia, tj. wobec tego, co uważają za „regułę rozumnego, w sobie i dla siebie ważnego, ogólnego sposobu postępowania"[6]. Rządzą tym sprawiedliwiej, im bardziej ich decyzje odpowiadają ewentualnym rozstrzygnięciom filozofii.

Jaki jest sens tego rozróżnienia pomiędzy faktycznym chceniem (*Willen*) i prawdziwą wolą (*Wollen*), na którym ostatecznie opiera się uprawomocnienie panowania? Jest to najpierw fakt, że długofalowe interesy jednostki i interesy zachowania gatunku nie są u człowieka zapośredniczone przez instynkty, przez bezpośrednio doświadczane potrzeby. Przeciwnie, często muszą się im przeciwstawiać — czy to przez samoopanowanie, czy to przez poddanie się zinstytucjonalizowanemu panowaniu. Podczas gdy bezpośrednio odczuwane potrzeby nie są odniesione do prawdy — ich prawdą *jest* fakt, że są odczuwane — to owe długofalowe, indywidualne i wspólnotowe interesy są możliwym przedmiotem rozumnego dyskursu. Panowanie zaś, które troszczy się o te interesy, może być rozumne lub nierozumne, sprawiedliwe lub niesprawiedliwe. Może na przykład poświęcić troskę o długofalowe interesy gatunku na rzecz krótkofalowych interesów panujących lub też — co się najczęściej zdarza — stabilizację określonych przywilejów nielicznej grupy może uczynić warunkiem przetrwania wszystkich. Platońska teza o panowania rozumu przez panowanie ludzi rozumnych, tj. o ich prawie do antycypowania rozumnego konsensu, obowiązuje tylko przy założeniu odniesienia interesów

---

[6] Georg Wolfgang Friedrich Hegel, *Zasady filozofii prawa*, tłum. Adam Landman, BKF, PWN, Warszawa 1969, § 137 (uwaga).

do prawdy. Platon mówi, że faktyczny konsens, arytmetyczna równość, jest wymaganiem komplementarnym, które wypływa z braku empirycznego kryterium rozumności[7]. Ludzie rozumni nie mogą nadawać przywilejów samym sobie. Dlatego uprawnienie do antycypowania konsensu wszystkich, które mają niektórzy ludzie, musi móc się oprzeć na faktycznym konsensie większości.

Teza nominalistyczna: Faktyczne panowanie

Podstawowe tezy Platona zostały po raz pierwszy zakwestionowane przez nowożytną mieszczańską filozofię prawa. Słynne zdanie Thomasa Hobbesa: *Non veritas sed auctoritas facit legem* stwierdza, że słuszność i sprawiedliwość autorytatywnych decyzji nie stanowi już ich uprawomocnienia. Rozumny konsens co do tej słuszności nie jest bowiem możliwy. Interesy nie są odniesione do prawdy, a *bonum commune* nie istnieje. W tym odrzuceniu klasycznej tradycji rozumu filozofii politycznej spotykają się nominalistyczny indywidualizm późnej scholastyki, właściwy naukom przyrodniczym program niefinalnego spojrzenia na świat i doświadczenie religijnej wojny domowej, w którym spór o prawdę dobrego życia śmiertelnie zagroził bezpieczeństwu życia jako takiego. Rozumny konsens może jednak dotyczyć tylko tego bezpieczeństwa, tj. tego, że ludzie muszą się poddać warunkom swego przetrwania, czyli zasadzie rzeczywistości. Realizacja tego celu wymaga skutecznej monopolizacji władzy. Odpowiedzi na pytania o sprawiedliwość nie są natomiast odniesione do prawdy, a zatem nie są również przedmiotem konsensu. Tylko sama represyjna przemoc (*Repressionsgewalt*) może rozstrzygać, co jest konieczną, a co zbyteczną formą represji. Gdyby ocena taka miała zależeć od poddanych, to postawiłoby to pod znakiem zapytania

---

[7] Por. Platon, *Prawa*, 757 a–e. Zob. też R. C. Maurer, *Platos Staat und die Demokratie*, Berlin 1970.

wewnętrzny pokój, a w każdym razie samą konieczną represję.

Konsekwencją jest usunięcia prawa do oporu i usunięcie inkwizycji, to znaczy politycznej kontroli nad osobistymi przekonaniami dotyczącymi prawdy: Przekonania te stają się politycznie obojętne. Pufendorf wyraźnie odrzuca jako uprawomocnienie roszczenia do panowania to, że ktoś jest mądrzejszy lub że lepiej nadaje się do rządzenia[8]. Nikt nie może wnosić roszczenia do autentycznej interpretacji interesów innych ludzi, ich prawdziwej woli. „Każdemu to, co mu się należy" nie może już oznaczać: Każdemu to, co mu się sprawiedliwie należy, lecz: Każdemu to, co ma. Nie istnieje kryterium, które pozwoliłoby odróżnić konsens rozumny od nierozumnego. Panowanie może jedynie oznacza „panowanie faktyczne", a konsens może być jedynie „faktycznym konsensem". Dlatego też teorie polityczne od XVII do XIX wieku wszelką prawomocność politycznego panowania opierają na założeniu faktycznego konsensu wszystkich w postaci pierwotnej umowy. Treścią tej umowy nie jest jakiś wspólny wgląd w to, co stanowi o wspólnym dobrym życiu, lecz interes każdej jednostki w zachowaniu jej życia. Dlatego na przykład Hobbes przyznaje każdemu żołnierzowi prawo do tchórzostwa w obliczu wroga, a każdemu skazanemu na śmierć prawdo do ucieczki: Jeśli *raison d'être* państwa jest ochrona życia, to nie może ono oczekiwać od nikogo oddania życia.

Rousseau, jeden z wielkich krytyków społeczeństwa liberalnego, próbował pogodzić ów polityczny nominalizm z klasyczną ideą prawdziwego chcenia (*Wollens*), wyrażając na nowo relację konsensu rozumnego i faktycznego w pojęciach *volonté générale* i *volonté de tous*. Pojęcie *volonté générale* jest pojęciem konsensu opartego na wolnym od przymusu i od namiętności rozumie. Jego treść jest niezależna od tego, jak wielu ludzi uczyni ją rzeczywiście treścią swojej woli (*Wille*). To,

---

[8] Por. Samuel Pufendorf, *De jure naturae et gentium*, s. 686.

co dla wszystkich jest złe, pozostaje złe również wówczas, gdy chcą tego wszyscy. Zła dla wszystkich jest natomiast utrata wolności; to wolność bowiem — a nie rozum — stanowi o istocie człowieka. Warunki zachowania wolności nie są wprawdzie niezmienne, ale nie są też dowolne.

Sposób rozumienia przez Rousseau relacji faktycznego i rozumnego konsensu zmienia się jednak w ramach samej *Umowy społecznej*. W pierwszej księdze *volonté générale* pojmowana jest jeszcze jako wypadkowa wszystkich indywidualnych aktów woli, bez potrzeby uprzedniej komunikacji. Skrajności powinny się przy tym wzajemnie znosić. Później jednak *volonté générale* pojmowana jest jako wynik faktycznego konsensu cnotliwych obywateli, tj. takich obywateli, którym rzeczywiście chodzi o to, co ogólne, i których interesy ekonomiczne są wprawdzie konkurencyjne, ale nie antagonistyczne.

Co jednak zrobić wówczas, gdy taki rozumny konsens nie dochodzi do skutku, gdyż obywatele nie głosują *jako* obywatele? W odpowiedzi na to pytanie Rousseau różni się od tradycji platońskiej. Jego odpowiedź bywała często źle rozumiana. Rousseau mówi: *volonté de tous*, faktyczny konsens większości, jest jedyną reprezentacją *volonté générale*, konsensu rozumnego. Nie reprezentuje go jednak z konieczności i nie reprezentuje go zawsze; jeśli zaś go nie reprezentuje, to *volonté générale* pozostaje niema. Innymi słowy: to, co złe, pozostaje zawsze złe, nawet jeśli wszyscy tego chcą, ale dobro nie jest dobrem, dopóki nie chcą go wszyscy. Nikt nie może sobie rościć prawa do reprezentowania *volonté générale* wbrew większości obywateli. Platon twierdził, że najlepszą rzeczą jest rządzenie się własnym rozumem. Jeśli jednak nie jest to możliwe, to najlepiej jest być rządzonym przez rozum kogoś innego. Taki sposób myślenia jest starożytny. Nowożytność, która dobro pojmuje jako stanowienie o sobie, nie uznaje żadnego dobra, które zostaje narzucone człowiekowi. Teoria Rousseau, według której *volonté de tous* może się mylić, jest odpowiednikiem chrześcijańskiej nauki o błędnym sumieniu, która została sformułowana przez św. Tomasza z Akwinu: Ten, kogo sumienie się myli, nie może czynić dobra. Jeśli ktoś działa obiektywnie dobrze, ale postępuje wbrew swemu sumieniu, to nie działa dobrze, ponieważ nie czyni świadomie dobra jako dobra. Jeśli zaś jest posłuszny swemu sumieniu, to również nie działa dobrze, gdyż dobro jest czymś, co obowiązuje samo w sobie.

Nauka o błędnym sumieniu stanowi *missing link* pomiędzy klasyczną nauką o prawie naturalnym i nowoczesną filozofią podmiotowości. Zakłada ona jeszcze dobro w sobie, o którym można coś powiedzieć w sposób rozumny, czyli w dialogu. Dobro to pojmuje ona jednak tak, że jest ono dobrem tylko wtedy, gdy jest przedmiotem świadomości i woli podmiotu, tj. gdy subiektywna antycypacja wyniku takiego uniwersalnego dyskursu pokrywa się z wynikiem rzeczywistym. Zakłada się przy tym, że dobro jest odniesione do prawdy, czyli że ostateczny wynik takiego uniwersalnego dyskursu jest z góry dany. Proces komunikacji wydaje się wówczas zewnętrzny wobec prawdy; jego sens polega na odsłonięciu tego, co zasadniczo może zostać poznane przez wszystkich. Wydaje się, że ci, którzy już teraz posiadają wiedzę, są powołani do panowania. Jeśli natomiast wynik jest przygodny, wówczas sprawiedliwość należy do *contingentia futura*, których już według Arystotelesa nie da się sformułować w zdaniach, którym przysługuje wartość logiczna. Moralność może wówczas polegać jedynie na subiektywnie dobrym zamiarze antycypacji takiego konsensu.

Obydwie te alternatywne propozycje chciałbym nazwać idealistyczną i nominalistyczną. Idealistyczna opiera uprawomocnienie panowania na tym, co w sobie i dla siebie prawdziwe — jego poznanie uprawnia do antycypacji rozumnego konsensu wszystkich. Nominalistyczna może pojmować prawomocność tylko jako totalną dominację panujących lub jako realny, empiryczny konsens wszystkich. Kiedy zaś mówi o rozumnym konsensie, to tylko w tym znaczeniu, że poddanie się tej totalnej dominacji jest dla każdego rzeczą rozumną i jednocześnie jest pożądane, aby uczynili to również inni. Znaczy to: Do takiej podstawy uprawomocnienia może wnosić roszczenie każde efektywne panowanie.

Epokowa koncepcja Rousseau polegała na połączeniu tych dwóch alternatywnych propozycji. Wraz z tradycją idealistyczną Rousseau odróżnia dobry i zły porządek polityczny. Mówi nawet o niezależnym od ludzkich konwencji zakorzenieniu tego rozróżniania w naturze rzeczy lub też w Bogu. Tego kryterium nie można jednak zoperacjonalizować. „Gdybyśmy jednak potrafili przyjmować ją [sprawiedliwość] z takich wyżyn, nie potrzebowalibyśmy rządu ani ustaw"[9]. Rozumność konsensu wynika raczej ze sposobu jego realizacji, a jego treścią nie jest nic innego, jak to, co go umożliwia, tj. zgodność wolności wszystkich.

W tym sensie również teoria Rousseau jest mieszczańsko-liberalna. Treścią praw państwowych nie jest już szczęście, którego ogólnych wystarczających warunków nie da się sformułować i które z tego powodu przestało być odniesione do prawdy, lecz wolność wszystkich. Miejsce idei rozumnego i sprawiedliwego panowania zajmuje idea *wolnego od panowania konsensu* jako tego, co spełnia pojęcie rozumu. Jest to zatem konsens będący wynikiem czasowo i osobowo nieograniczonego dyskursu, który nie jest zniekształcony przez żadne uprzywilejowane pozycje. Dopiero społeczeństwo zorganizowane według tego modelu mogłoby wnosić roszczenie do prawomocności. Ponieważ jednak nie ma w nim już asymetrii w podziale uprawnień normatywnej władzy (*Macht*), nie potrzebuje ono żadnego uprawomocnienia. Prawomocność jako taka jest właściwie niepra-

---

[9] J. J. Rousseau, *Umowa społeczna*, (cyt, wyżej, rozdz. 10, s. 195, przypis 13), II, 6, s. 44.

womocnym pojęciem. Panowanie mogłoby być uprawomocnione tylko wówczas, gdyby służyło zniesieniu panowania. Byłoby prawomocne o tyle, o ile zasadniczo negowałoby możliwość prawomocności.

Nowe próby odejścia od idei rozumnego panowania

Idea wolnego od panowania i dlatego prawdziwego i rozumnego konsensu stała się aktualna jako wiodąca idea krytyczna za sprawą Jürgena Habermasa. Jego stanowisko: Rozum = prawdziwy konsens *versus* panowanie można schematycznie przeciwstawić stanowisku dwóch innych niemieckich socjologów: Ralfa Dahrendorfa i Niklasa Luhmanna.

Dahrendorf napisał *Pochwałę Trazymacha*, w której odrzuca Platońską ideę prawdziwego konsensu, ideę dobra wspólnego, co do której można by się porozumieć w sposób rozumny[10]. Idea ta implikuje według Dahrendorfa wyobrażenie stanu równowagi, który warto by było ustabilizować. Ponieważ jednak każdy dający się opisać stan społeczny ze względu na nieskończoną różnorodność ludzkich potrzeb ma rysy represji, nie istnieje polityczne *summum bonum*, lecz jedynie *summum malum*: Uniemożliwienie zmiany społecznej. Istnieje też tylko jedna sprawiedliwość — ta, która według Anaksymandra polega na tym, że wszystko, co istnieje, ostatecznie ponownie zapada się w nicość. Zmianę społeczną powoduje jednak właśnie asymetria w szansach na władzę, tj. panowania. Panowanie istnieje zawsze, ale nigdy nie jest ono sprawiedliwe. Sprawiedliwość polega raczej na tym, że ci, którzy wynoszą panujących, już stoją za drzwiami. Są to nowi panujący. Schematyczna formuła brzmiałaby zatem: Panowanie *versus* rozum.

---

[10] Por. Ralf Dahrendorf, *Lob des Thrasymachos*, w: *Pfade aus Utopia*, 1970.

Luhmann natomiast sądzi, że teoria systemów sprawi, iż pojęcia panowania i rozumu staną się przestarzałe[11]. Mówienie o panowaniu sugeruje, że złożone systemowe struktury nowoczesnego społeczeństwa przemysłowego dadzą się jeszcze odnieść do podmiotów panowania, które „stałyby ponad strukturami", podczas gdy od dawna wszelkie sprawowanie władzy można zrozumieć jedynie jako funkcję systemu. Podobnie przestarzała jest idea rozumnego konsensu. Opiera się ona na założeniu, że całość systemu społecznego można odnieść do celów działania, co do których w wyniku rozumnej dyskusji dałoby się osiągnąć konsens. Ale selektywną, umożliwiającą działanie funkcję subiektywnych celów należy rozumieć przez odniesienie do systemu, a nie odwrotnie. Zróżnicowane systemy społeczne potrzebują uprawomocnienia przez odniesienie do oczekiwań rozumnie dyskutujących podmiotów; uprawomocniają je sprawnie funkcjonujące procedury, tj. procedury produkujące nieustannie taką liczbę alternatyw, które mogą zaspokoić oczekiwania lub też odnieść je do zgodnych z systemem ekwiwalentów. Jeśli procedury te działają sprawnie, to pytanie o konsens w ogóle się nie pojawia.

Wydaje mi się, że wszystkie trzy tezy: rozum *versus* panowanie, panowanie *versus* rozum, system *versus* panowanie i rozum są w pewien sposób słuszne jako wzajemne przeciwstawieństwa. Dlatego chciałbym zaproponować ponowne przemyślenie alternatywnej możliwości, której nie uwzględniają wszyscy trzej autorzy: klasyczną ideę filozofii politycznej, ideę rozumnego panowania.

---

[11] Por. na ten temat debatę Habermas-Luhmann w: Jürgen Habermas, *Theorie der Gerechtigkeit oder Sozialtechnologie*, Suhrkamp, Frankfurt/M. 1971.

Problem antycypacji konsensu

Propozycję tę wyjaśnię przede wszystkim w odniesieniu do koncepcji Jürgena Habermasa. Jest on najbliższy tej idei, gdyż jako jedyny zachowuje klasyczną ideę praktycznego, nie instrumentalnego rozumu. Jej urzeczywistnieniem jest jednak dla Habermasa: „Organizacja społeczeństwa wyłącznie na podstawie wolnej od panowania dyskusji" [12]. Habermas określa to jako cel społecznego procesu wychowania, stając tym samym na linii klasycznej filozofii idealistycznej, zwłaszcza Fichtego, dla którego autonomia, uniwersalna samoczynność, jest celem wszelkiego moralnego działania. Habermas nie może jednak uniknąć samej rzeczy, do której odnosi się pojęcie rozumnego panowania. Często mówi o antycypacji celu wolnego od panowania dochodzenia do konsensu. Rozumne panowanie jest jednak niczym innym, jak właśnie taką antycypacją — z tym tylko, że teoria klasyczna wyraźnie mówi o różnicy antycypacji i urzeczywistnienia, która w teorii wolnego od panowania konsensu w dziwnie naiwny sposób uznana zostaje za *quantité négligeable*. Różnica ta nasuwa problem, który u Habermasa pozostaje niewyjaśniony.

Antycypacja może bowiem oznaczać dwie rzeczy: 1. Projekt pewnego celu działania i strategiczne działania zmierzające ku temu celowi. Rozumne panowanie byłaby wówczas panowaniem awangardy, która nie zwracając uwagi na faktyczny konsens (uznany za nierozumny) stosuje wszelkie środki, by wprowadzić stan wolności od panowania, gdzie faktyczny konsens jest *eo ipso* rozumny, a przez to uprawomocnia rewolucyjne działanie, które do niego doprowadziło. Kiedy Habermas mówi o organizacji społeczeństwa na podstawie wolnej od panowania dyskusji, to wydaje się, że jej warunkiem jest tego rodzaju panowanie. — 2. Z drugiej

---

[12] Jürgen Habermas, *Erkenntnis und Interesse*, Suhrkamp, Frankfurt/M. 1968.

strony antycypacja rozumiana jest jako normatywne wyprzedzenie idealnej sytuacji: jako działanie według maksymy, która byłaby wynikiem rozumnego ustalania konsensu, gdyby takiego rodzaju ustalanie miało miejsce. Habermas mówi o tym w swojej rozprawie o komunikacyjnej kompetencji[13]. Jego teza jest następująca: Nawet jeśli warunki idealnej sytuacji rozmowy nie są empirycznie spełnione, to wspólna rozmowa i działanie są możliwe tylko wówczas, gdy kontrafaktycznie założymy istnienie takiej idealnej sytuacji. Musimy brać siebie nawzajem poważnie, nawet jeśli nigdy nie należałoby nas brać poważnie; w przeciwnym razie nie możemy w ogóle nawiązać komunikacji. Znamienne jest jednak to, że w określeniu tej antycypacji Haberamas jest niezdecydowany. Z jednej strony jest ona „konstytutywnym, transcendentalnym pozorem", a z drugiej „przebłyskiem pewnego sposobu życia" — ten jednak jest tylko hipotetyczny, gdyż nie wiemy, czy taki sposób życia będzie kiedykolwiek możliwy. Możemy tylko działać tak, jakby maksyma naszego działania była maksymą ogólnego prawodawstwa. Rozumnym byłoby wówczas takie panowanie, które w stosunku do każdego ze swoich normatywnych aktów pyta — jak mówi Kant — czy lud mógłby sam coś takiego postanowić. Ale nie takie, którego celem jest to, aby lud sam o sobie stanowił.

Jak widzimy, marksizm i kantyzm znajdują się tu na przeciwnych pozycjach. Kantowski imperatyw nakazuje traktować każdego człowieka jako cel sam w sobie. Albo od początku zakładamy i respektujemy autonomię, albo w ogóle jej nie ma. Wolność nie może być wynikiem manipulacji. Marks natomiast wyraźnie zaprzeczył twierdzeniu, że człowiek — „taki jaki jest" — jest najwyższą istotą[14]. Idea ta jest wprawdzie demokratyczna, ale nie emancypacyjna: człowiek „taki jaki jest" jest bowiem

[13] Por. Habermas, *Theorie der Gerechtigkeit oder Sozialtechnologie*, Suhrkamp, Frankfurt/M. 1971.

[14] Karol Marks, *W kwestii żydowskiej*, w: Karol Marks, Fryderyk Engels, *Dzieła*, t. I, KiW, Warszawa 1962, ss. 436 i 446.

istotą zdeformowaną. Prawdziwy będzie dopiero ten człowiek, który pozbędzie się historycznych deformacji, składających się wyłącznie ze śladów panowania, człowiek, który nie będzie Niemcem, Żydem itd., lecz jedynie człowiekiem. W porównaniu z nim człowiek niewyempancypowany jest odnowieniem Arystotelesowskiego „niewolnika z natury". Może być obiektem panowania, którego celem jest jego wyzwolenie i tym samym zniesienie panowania, ale jednocześnie człowiek niewyempacypowany nieustannie go reprodukuje. Jeśli u Kanta rozumny konsens jest konieczną, kontrfaktyczną antycypacją moralnie, tj. autonomicznie działającego podmiotu, to dla Marksa jest to stan, który należy dopiero wytworzyć. Jak już wspomnieliśmy, zapowiedź syntezy obydwu tych stanowisk, do której zmierza reformizm Habermasa, można znaleźć przede wszystkim u Fichtego. Również dla Fichtego działanie moralne ma sens teleologiczny: Moralne jest takie działanie, które wywołuje proces emancypacyjny. Może go jednak wywołać tylko wówczas, gdy kontrfaktycznie zakłada już w każdym człowieku tę autonomię, którą ma pomnażać. Jeśli wolność nie byłaby już dana, to nie moglibyśmy ani wyzwalać, ani być wyzwalani. Dany w ten sposób związek moralności z emancypacyjnym celem jest jednak dla Fichtego oparty na przesłance teologicznej, którą musimy przyjąć, jeśli chcemy utrzymać ten związek. Chodzi tu o założenie przedustawnej harmonii historii i moralności oraz o założenie, że z dobra wypływa dobro. Na przykładzie kłamstwa Fichte próbuje pokazać, że realizacja sytuacji rozmowy, której nie pojmuje się jako idealnej, nie jest nigdy uzasadniona. Rezygnacja z nadziei tu i teraz nie może zostać uprawomocniona przez żadną bardziej odległą nadzieję. Niezależnie jednak od tego, jak pojmujemy tę antycypację — dopóki uniwersalny konsens jest tylko idealnym kryterium lub przyszłym celem działania politycznego, dopóty mamy do czynienia z panowaniem, panowaniem tych, którym przyznaje się prawo antycypowania konsensu (lub tych, którzy sami je sobie przyznają) i do tego, aby na podstawie tej antycypacji zmuszać innych do robienia czegoś, czego z własnej woli by nie zrobili.

Habermas nie uwzględnia tej asymetrii. Powołuje się w tym miejscu na Platona, który pomija różnicę pomiędzy antycypacją i realnym konsensem, gdyż w idealnym przypadku polityka jest dla niego nauką podobną do matematyki: Jej rozpoznania są obojętne w stosunku do podmiotów, które je realizują. To ujęcie zakładało, że zarówno potrzeby, jak i warunki przetrwania są niezmienne, „naturalne". Niewolne działania, które poświęcone są reprodukcji gatunku, są w swojej strukturze równie niezmienne, jak natura, która jest ich przedmiotem. Czynności te wykonywane są przez niewolników, a później przez chłopów pańszczyźnianych. Do nich należy reprodukcja czystego życia; o kwestiach dobrego życia rozstrzyga się na innym poziomie. Zmienia się to wraz z pojawieniem się nowożytnego mieszczaństwa. Po raz pierwszy teoria, nauka zaczyna służyć pragnieniu pomnażania posiadanych dóbr i pracy. Cel postępującego opanowywania przyrody zmienia strukturę samej pracy. Relacja społeczeństwa do jego naturalnego substratu staje się dynamiczna; zarówno potrzeby, jak i warunki przetrwania stają się zmienne.

Habermas sądzi, że na nominalistyczno-materialistycznej podstawie da się ponownie pominąć różnicę pomiędzy konsensem antycypowanym i rzeczywistym, czyli panowanie: Jest tak wówczas, gdy celem panowania jest stworzenie warunków możliwości rzeczywistej komunikacji, która byłaby od panowania wolna. To jednak zakłada, że każdemu jako oczywisty interes przypisywane jest pewne rozumienie dojrzałości. Wielokrotnie Habermas interpretuje proces emancypacji za pomocą modelu psychoanalizy, tj. stopniowego refleksyjnego przepracowywania i usuwania historycznych lub indywidualno-genetycznych przeszkód w komunikacji. Jest to model intelektualisty, ale nie robotnika, artysty czy polityka. Rozumienie wolności jako procesu re-

fleksji, jako normatywnej rekonstrukcji własnej pato-
logicznej historii nie jest czymś oczywistym. Z punktu
widzenia krytyki ideologii można by je potraktować jako
ideologię panowania intelektualistów, którzy jako te-
rapeuci społeczni definiują kryteria dojrzałości. Wolność można jednak rozumieć zupełnie inaczej. W dawnej Grecji rozumiano ją jako możliwość życia w ustalo-
nym porządku, do którego opuszczenia zmusza tyran.
Lub też odwrotnie: Można ją rozumieć jako kreatywność
i spontaniczność, jako zdolność do innowacji. W tym
ostatnim przypadku cel wolności od panowania nie jest
jednak oczywisty. Za Marksem Habermas stwierdza, że
założeniem wolności od panowania jest przezwyciężenie
ograniczoności dóbr, obfitość. Jeśli każdy może sięgnąć
po to, czego chce, to represyjna idea sprawiedliwości
nie jest już potrzebna. Zniesienie ograniczoności dóbr
byłoby jednak możliwe tylko wówczas, gdyby człowiek
był istotą, którą można zaspokoić, tj. istotą, która nie
wytwarza wciąż na nowo braku równowagi pomiędzy
pragnieniami i możliwościami ich zaspokojenia.

Kant i Fichte krytykowali ideę oparcia legitymizacji politycznej na faktycznym konsensie uniwersalnym
jako idei demokracji bezpośredniej. Dla Kanta jest ona
równoznaczna z despotyzmem; co więcej, w odróżnieniu
od despotyzmu nie można jej zreformować, lecz jedynie
obalić przez rewolucję[15]. Dlaczego? Ponieważ uniwersalny konsens i „szeroka podstawa konsensu" nie są
tym samym, a w bezpośredniej, niereprezentacyjnej demokracji większość zajmuje bezpośrednio miejsce całości. Konsens uniwersalny byłby zawsze rozumny, gdyż
obejmuje ludzi rozumnych, słabych oraz tych, których
udział w szansach zaspokojenia potrzeb zostaje przez
konsens ograniczony. Konsens większości natomiast
— jeśli nie dotyczy wyboru reprezentantów, lecz treściowych decyzji — jest egzekwowaniem panowania —

---

[15] Por. Immanuel Kant, *O wiecznym pokoju. Zarys filozoficzny*, tłum.
Feliks Przybylak, Wydawnictwo Uniwersytetu Wrocławskiego, Wrocław 1993, s. 41.

panowania dziewięćdziesięciu dziewięciu ludzi nad jednym, setnym człowiekiem, który był przedmiotem decyzji. Większość Brazylijczyków mogłaby w każdej chwili podjąć decyzję, że należy zabić pierwotnych, indiańskich mieszkańców ich kraju. A czy większość obywateli nie mogłaby się ogłosić rzecznikami praw mniejszości — etnicznej, wyznaniowej, wiekowej, ideologicznej czy biologicznej? Mogłaby to wprawdzie uczynić, ale w takim przypadku nie mogłaby już wyartykułować swoich własnych interesów, a zatem byłaby w gorszej pozycji od mniejszości. Zazwyczaj zdarza się jednak coś przeciwnego: Wola większości rozumie siebie jako bezpośredni wyraz woli ogólnej i — w odróżnieniu od wybranego reprezentanta — nie relatywizuje ze względu na nią swojej „woli prywatnej". Prywatna wola większości staje się wówczas najwyższym prawem. Nie można jej nigdy pozbawić prawa reprezentowania całości.

To właśnie jest despotyzm. Przywilej większości musi się zatem ograniczyć do możliwości mianowania tych, którzy reprezentują wolę ogólną, nakładając ograniczenia na wolę większości. *Prawo jest zawsze ograniczeniem woli większości; jej spełnienie nie potrzebowałoby bowiem żadnego prawa, jako że a priori dysponuje ona siłą.* Dlatego uniwersalność konsensu, który leży u podstaw danego porządku i go uprawomocnia, w rzeczywistości może się wyrazić tylko negatywnie, tj. można wyrazić jego brak przez nieposłuszeństwo wobec praw i przez emigrację. Państwo, które opiera się na konsensie większości, może wymuszać posłuszeństwo bez utraty podstawy swojej prawomocności wówczas, jeśli pozwala na emigrację. Jeśli natomiast państwo nie uznaje prawa do emigracji, to nie opiera się na antycypowanym konsensie uniwersalnym.

Można by wysunąć zarzut, że wraz z ideą nieograniczonego dyskursu wszystkich obywateli założenie przeciwstawienia: większość i mniejszość staje się zbędne. Żadnej mniejszości nie wolno tu wyrządzać gwałtu, a wszelkie sprzeczności interesów mają zostać zrelatywizowane w procesie racjonalnej komunikacji. Tylko te interesy, które ze swojej natury nie dają się pogodzić z ogólnością — na przykład interes tego, kto chce wykorzystywać innych — muszą z konieczności zniknąć. Tego zarzutu nie da się jednak utrzymać. Po pierwsze, istnieją interesy, które same z siebie nie ujawniają się w takim uniwersalnym dyskursie, ale nie są z tego powodu nieuzasadnione: na przykład interesy dzieci lub prawo do życia osób chorych psychicznie; te interesy oddane są gestii reprezentantów. Po drugie, wspomniana już istotna ograniczoność zasobów oznacza, że jedne interesy mogą być zawsze zaspokajane kosztem innych interesów — takich zasobów naturalnych, jak woda, powietrze i ziemia, nie da się pomnożyć. Po trzecie, postulat dogadania się co do priorytetów w nieograniczonym dyskursie można by spełnić tylko wówczas, gdyby czas nie był ograniczony, tak że można by wyczerpująco rozważyć wszystkie wchodzące w grę racje.

Wszystkie te założenia są w ścisłym sensie nierealne. Wyczerpująca dyskusja jest możliwa tylko w nauce, która nie podejmuje istotnych dla działania decyzji. Proces odkrywania prawdy jest ze swej istoty nieskończony. Obowiązuje tu zasada: *Ars longa, vita brevis*. Każdy z tych, którzy przychodzą później, może na nowo podjąć dyskusję nad przesłankami, zakwestionować już osiągnięty kompromis. Nie może tego jednak zrobić wówczas, gdy między nauką i społeczeństwem dochodzi do krótkiego spięcia, a w celu oparcia całego społeczeństwa na zasadzie wolnego od przymusu dyskursu podejmowanie decyzji zostanie przeniesione ze sfery politycznej do nauki. Przestrzeń wolnego od przymusu dyskursu ma dla społeczeństwa żywotne znaczenie, ale przestrzenią tą jest „szkoła", a nie „państwo" w sensie *polis*[16]. Umożliwienie i zabezpieczenie wolności dyskursu opiera się zawsze na decyzji społeczeństwa,

---

[16] Por. G. Bien, *Die Grundlegung der politischen Philosophie bei Aristoteles*, Freiburg 1973.

które samo jest polityczne i które nigdy nie przedyskutowało wszystkich alternatywnych możliwości przed jej podjęciem. Podjęcie decyzji politycznej oznacza jednak „zakończenie debaty", czyli „realnym egzekwowaniem panowania".

Trzeba to podkreślić, gdyż tylko wówczas widzimy, że interpretacja dobra wspólnego i antycypacja uniwersalnego konsensu nigdy nie jest jego realną samoartykulacją i dlatego może być kwestionowana. Na to właśnie słusznie wskazuje Dahrendorf — chociaż wyciąga z tego wniosek, że można w ogóle pominąć pytanie o to, czy chodzi tu o antycypację konsensu, a więc różnicę między panowaniem sprawiedliwym a niesprawiedliwym.

W pojęciu antycypacji uniwersalnego konsensu chodzi ostatecznie o to samo, co w klasycznym pojęciu sprawiedliwości. Według Arystotelesa sprawiedliwość nie jest miarą oceny działań, którą dałoby się zobiektywizować, lecz ludzką cnotą. Jest ona gotowością i zdolnością do tego, aby w wymianie i podziale przed własnym interesem postawić bezstronność. Antycypacji nie da się zrazu formalnie odróżnić od samowolnej dominacji interesów. Nie istnieją dające się zoperacjonalizować kryteria, które pozwoliłyby odróżnić sądy sumienia od sądów kierowanych innymi motywami — oprócz nakazanej przez sumienie gotowości do przyjęcia poważnych negatywnych konsekwencji. Dla panującego taką poważną konsekwencją jest utrata faktycznej podstawy konsensu, która wspiera jego władzę. Powstaje zatem paradoksalna sytuacja — tylko gotowość do pogodzenia się z utratą konsensu większości byłaby oznaką tego, że sprawujący władzę opiera swój praktyczny rozumny interes na antycypacji konsensu uniwersalnego, tj. na sądzie sumienia. Ten, kto działa politycznie, właśnie w antycypacji uniwersalnego konsensu pozostaje samotny, nie ma żadnego faktycznego zabezpieczenia.

W tym miejscu problem polityczny staje się problemem moralnym. To jednak ponownie oznacza, że powołanie się na sumienie nie może służyć za uprawomocnienie panowania, gdyż antycypacji uniwersalnego konsensu dokonuje się na własne ryzyko. Jak już powiedzieliśmy, nie istnieje żadne dające się zoperacjonalizować kryterium odróżnienia słusznego i błędnego sumienia. Dlatego ostatecznym wnioskiem starożytnej mądrości politycznej był *regimen mixtum*: Prawo do nadania normatywnej mocy własnemu wyobrażeniu o tym, co jest słuszne, powinno być związane z faktycznym konsensem większości. Większość nie reprezentuje całości, ale nikt nie może rościć sobie prawa do reprezentowania całości wbrew większości — nawet wówczas, gdy działa w imię przyszłego konsensu, który — jak twierdzi — adekwatnie antycypuje na mocy teorii naukowej. Naukowe antycypacje nazywamy hipotezami. Hipotezy nie uprawniają tego, aby ludzi — bez ich zgody — używać jako środków do ich weryfikacji lub falsyfikacji. W przeciwnym wypadku podział ludzi byłby rozłączny: z jednej strony mielibyśmy technokratycznych lub emancypatorskich inżynierów społecznych, a z drugiej ich ludzki materiał.

Idea *regimen mixtum* i odwoływalności uprawomocnienia panowania liczy się z skończonością wszelkiego konsensu. *Właśnie dlatego, że uniwersalny konsens nie może znieść panowania, musi być ono kontrolowane przez „wielu"*. Natomiast utopijny cel zniesienia panowania uprawomocnia niekontrolowane panowanie, gdyż ewentualni kontrolerzy jako „niewolnicy z natury", tj. jako istoty niewyemancypowane, nie są podmiotami politycznymi. Cel zastąpienia panowania przez wolny od panowania konsens staje się teorią uprawomocnienia nieograniczonego i niekontrolowanego panowania.

— Oczywiście, Habermasowi z pewnością nie o to chodzi. Moja teza nie dotyczy jednak intencji autora, lecz zakorzenionych w samej rzeczy konsekwencji sposobu jego myślenia.

Nowa antyteza: Teoria systemów — rozum

Na zakończenie jeszcze kilka uwag na temat podjętej przez Niklasa Luhmanna próby przezwyciężenia pojęć panowanie, rozum i konsens w ramach teorii systemów. Wydaje mi się, że argument Luhmanna przeciw elementowi panowania w bardziej złożonych systemach społecznych najlepiej nadaje się do tego, aby pokazać interes praktycznego rozumu w jego utrzymaniu. Obrona tego praktycznego interesu rozumu przez Habermasa okazuje się nazbyt skomplikowana i za słaba dlatego, że interes ten utożsamia on z interesem demokratyzacji. Taki interes Luhmann może bez trudności włączyć w ramy teorii systemu. W swoim dziele *Legitimation durch Verfahren* Luhmann pochwala demokratyzację polityki, gdyż służy ona redukcji hierarchii. Hierarchia, symbolizacja całości przez jej szczyt, jest jednak „przedstawieniem prawomocności" — to natomiast z punktu widzenia stabilizacji systemu okazuje się kontrowersyjne, gdyż „całość zostaje w ten sposób przedstawiona przez pewną rolę, czyli na niebezpiecznie konkretnej płaszczyźnie, i w tej roli może być kwestionowana"[17]. Dzięki panowaniu zatem — o ile jest ona odpowiedzialną antycypacją konsensu uniwersalnego, dyssens w ogóle może być wyartykułowany. Konsens i dyssens można bowiem wyartykułować tylko w odniesieniu do pewnej propozycji. Jeśli całość istniejącego porządku społecznego nie jest dana w postaci zobowiązującej propozycji, która — aż do jej odwołania — jest podstawą działania, to dyssens zostaje uciszony przez odrzucenie alternatywnych sposobów zaspokojenia — albo staje się chorobliwym niedopasowaniem. To zaś oznacza: Tam, gdzie nie da się wyartykułować dyssensu, nie istnieje również konsens.

Nowoczesne społeczeństwa przemysłowe zmierzają być może do stanu nieobecności panowania. Tę tenden-

---

[17] Niklas Luhmann, *Legitimation durch Verfahren*, Neuwied am Rhein, Luchterhand Verlag, 1969, s. 152.

cję można przyjąć do wiadomości. Twierdzę jednak, że nie można wskazać żadnego rozumnego interesu w realizacji tej tendencji. Jest to bowiem zarazem tendencja do anonimowych, coraz bardziej ukrytych nacisków systemowych, które sprawią, że odróżnienie konsensu i dyssensu i w ogóle pojęć rozumu i odpowiedzialności staje się puste. Przeciwstawienie dopasowania i niedopasowania nie jest dobre, gdyż jest ono eliminującą podmiotowość namiastką przeciwstawienia posłuszeństwa i nieposłuszeństwa. Jest raczej tak, że „wielkie nieszczęście człowieka polega na pozbawieniu go możliwości nieposłuszeństwa"[18].

---

[18] Julien Freund, *L'essence du politique*, Paris 1965.

15. Utopia dobrego władcy
Dyskusja Jürgena Habermasa z Robertem Spaemannem[1]

Szanowny Panie Profesorze,

W sposób niezależny, ale pozbawiony natarczywości i skostniałego tradycjonalizmu, który często charakteryzuje współczesnych rzeczników prawa naturalnego, kieruje Pan filozofię polityczną ku jej źródłom: ku idei rozumnego panowania. Wskazuje Pan na wyższość tradycji wobec rozwiniętej za Hobbesem empirystycznej filozofii społecznej; w odróżnieniu od tej ostatniej nie neguje ona, że kwestie praktyczne mogą być odniesione do prawdy, lecz wskazuje na to, że między prawomocnością i prawdą, czyli między zdolnością do trwania prawomocnego panowania i roszczeniem do uzasadnialności faktycznie obowiązujących norm istnieje związek, który nie jest czysto subiektywny.

Nie wspomina Pan oczywiście o trudnościach, które doprowadziły do tego, że odwołująca się do Platona i Arystetelesa nauka o polityce została porzucona — i dzisiaj dałoby się ją zrehabilitować tylko na siłę. Jeśli dobrze widzę, to dwa najważniejsze zarzuty przeciw niej płyną po pierwsze z doświadczenia, że prawomocne panowanie stabilizowane jest z reguły kontrfaktycznie, wbrew bijącemu w oczy wykorzystywaniu i uciskowi, po drugie z problematycznego statusu poznania istotowego, tj. intuicyjnego dostępu do prawdy, którego — pomimo wysiłków Leo Straussa — nie da się już dziś

---

[1] Na temat wyżej opublikowanego artykułu Roberta Spaemanna *Utopia wolności od panowania.*

zrehabilitować za pomocą nauki o ideach czy metafizyki.

Miałem właśnie wziąć się za lekturę tekstów ze zbioru *Imperialismus und strukturelle Gewalt* (Edition Suhrkamp 563), gdy przypadkowo trafiłem na numer pisma „Merkur", w którym znalazłem Pański artykuł. W tym kontekście cytat z Franza Fanona, z którego zaczerpnąłem motto do jednego z tych tekstów, traci wszelki posmak sentymentalizmu:

„Miasto kolonialnego władcy jest stabilne, całe z kamienia i żelaza. Jest to oświetlone, wyasfaltowane miasto, gdzie kosze na śmieci przepełnione są zawsze nieznanymi, niespotykanymi resztkami, o których nawet by się nie śniło. Stopy kolonialnego władcy są niewidzialne, można by je ewentualnie dostrzec nad morzem, ale tam nikt się nie zbliża. Chronią je solidne buty, chociaż drogi ich miast są czyste, gładkie, nie ma na nich ani dziur, ani kamieni. Miasto kolonialnego władcy jest dobrze odżywione, leniwe, jego brzuch jest zawsze pełen dobrych rzeczy. Miasto kolonialnego władcy jest miastem białych, cudzoziemców. Miasto ludzi skolonizowanych, lub przynajmniej miasto tubylców, miasto Murzynów, Medyna, rezerwat, jest miejscem o złej sławie, zamieszkałym przez ludzi o złej sławie. Człowiek rodzi się w nim byle gdzie i byle jak. Człowiek umiera w nim byle gdzie i na byle co. Jest to świat pozbawiony przestrzeni, ludzie siedzą w nim jeden na drugim, chaty postawione są jedna na drugiej. Miasto ludzi skolonizowanych jest wygłodzone — jest głodne chleba, mięsa, butów, węgla, światła. Miasto ludzi skolonizowanych jest przykucnięte, na kolanach, skulone. Miasto Murzynów, miasto *bicots*. Spojrzenie człowieka skolonizowanego na miasto kolonialnego władcy jest spojrzeniem pożądliwej zazdrości" (F. Fanon, *Die Verdammten dieser Erde*).

Skrajny przypadek tak zwanych peryferii rzuca światło na normalną sytuację naszych metropolii. Fanon unaocznia, że prawomocne panowanie oznacza zazwyczaj zarazem usprawiedliwienie systemu instytucji, który w nierówny sposób rozdziela obciążenia i społeczne rekompensaty, szanse zaspokojenia potrzeb i ryzyko. Gdyby — zróbmy taki eksperyment myślowy — podlegli temu panowaniu, uczestniczyli w dyskursywnym kształtowaniu woli, „prawomocne" panowanie nie spotkałaby się zapewne z niewymuszonym konsensem. Kategoria panowania jest nierozumna również wedle Pańskiego kryterium — ale utrzymuje się właśnie dzięki uprawomocnieniu. Fenomen, który wymaga wyjaśnienia, polega zatem na skutecznym ustanowieniu pozoru usprawiedliwienia, który faktycznie istniejącym instytucjom zapewnia pozbawione przemocy uznanie. Tę strukturalną przemoc próbuję wyjaśnić przez systematyczne ograniczenie kształtujących wolę dyskursów.

Pan natomiast stara się pokazać konieczność mądrego władcy. Ponieważ licznym brak kompetencji, by brać udział w dyskursie i rozpoznać swój prawdziwy interes, powinni powołać tego, „kto na podstawie swojej nieegoistycznej mądrości potrafi, antycypować rozumny konsens wszystkich"[2]. Jest to nowa wersja teorii politycznej panującej w ostatnich latach w USA, a także u nas w Niemczech, która w zaskakujący sposób wspiera Tocqueille'a Platonem. W swojej książce o teorii demokratycznego panowania elit (*Europäische Verlagsanstalt*, Frankfurt 1970) Peter Bachrach poddał ją przekonującej — moim zdaniem — krytyce.

Co skłania Pana do przyjęcia, że ludzie usytuowani w strukturach panowania, którzy zazwyczaj są uprzywilejowani nie tylko dzięki posiadaniu władzy, łatwiej uwalniają się od partykularnych interesów niż masa ludzi nie uprzywilejowanych lub usytuowanych całkiem podrzędnie? To nie jest kwestia antropologicznego pesymizmu lub optymizmu. Sądzę, że w ogóle nie możemy dać antropologicznej odpowiedzi na pytanie o to, na ile bez przekraczania granic pojemności systemu osobowości można przeforsować dyskursywne kształtowanie woli jako zasadę organizacyjną społeczeństwa: Nie wiemy tego i dlatego nie dysponujemy żadnym teoretycznym usprawiedliwieniem zaniechania, dyskryminowania czy udaremniania takich prób, niezależnie od tego, na jak bardzo pesymistycznym poziomie oczekiwań są podejmowane. Z drugiej strony znajduje się

---

[2] Por. wyżej, poprzedni artykuł, s. 283.

bowiem dobrze uzasadniona historycznie oczywistość, że poza „ogólnymi" interesami, które uprawomocniają panowanie, znajdują się partykularne interesy panujących grup. Nie podejmuje Pan zresztą nasuwającego się w sposób oczywisty pytania o kryteria wyboru panującego. Gdyby istniał uprzywilejowany dostęp do prawdy, to po czym moglibyśmy poznać kogoś uprzywilejowanego? Pytanie to prowadzi nas do innego zbioru trudności, z którymi spotyka się ożywiony na nowo platonizm. Nowsza filozofia, nie tylko nominalizm, tak zasadniczo zerwała wszelkie związki z metafizyką, że filozofii praktycznej nie można odnowić przez proste odwołanie się do tradycji klasycznej. W tym kontekście znajdują próby stworzenia konsensualnej teorii prawdy, która pojęcie prawdy pojmuje szeroko i obejmuje roszczenie do obowiązywania zarówno twierdzeń, jak i norm. Według tej teorii sens obowiązywania normy polega na roszczeniu, zgodnie z którym wszyscy zainteresowani, gdyby brali udział w odpowiednim praktycznym dyskursie, musieliby się zgodzić na zawarte w niej zalecenie. Ta nie-klasyczna teoria prawdy ma uniknąć trudności (między innymi również) ontologicznych teorii prawdy. Nie da się jej pogodzić z Pańską tezą, według której to, czy norma może stać się przedmiotem konsensu zależy od jej (poznawalnej w sposób uprzywilejowany) słuszności (czy „prawdy"). Konsensualna teoria prawdy obstaje raczej przy tym, że sens roszczenia do praktycznego obowiązywania polega na możliwości jego dyskursywnego potwierdzenia.

Konsensualna teoria prawdy uzasadnia wprawdzie odnoszenie do prawdy pytań praktycznych, ale pozostaje zarazem fallibilistyczna, gdyż wyklucza zewnętrzne kryterium prawdy; nigdy nie możemy być pewni, że nasza empiryczna mowa, która jest w naszym zamyśle dyskursem, rzeczywiście spełnia warunki idealnej sytuacji rozmowy. Co najwyżej później możemy stwierdzić, że i dlaczego łudziliśmy się w tym lub innym przypadku. Oczywiście, nie mamy innego wyboru — zawsze, gdy chcemy prowadzić dyskurs, musimy wzajemnie zakładać, że naszą mowę charakteryzują formalne własności niezniekształconej komunikacji, która dopuszcza wyłącznie swoisty niewymuszony przymus lepszego argumentu i nie kieruje się innym motywem poza kooperacyjnym poszukiwaniem prawdy. W tym kontekście mówiłem o tym, że normatywny fundament rozumnego porozumienia ma z konieczności charakter antycypacji i jako antycypowana podstawa jest też skuteczny (*Theorie der Gesellschaft oder Sozialtechnologie*, Suhrkamp 1971, s. 140).

Normatywnego pojęcia dyskursu, za pomocą którego w ramach teorii prawdy wyróżniam strukturę rozumnej mowy, nie da się bezpośrednio traktować jako pojęcia filozofii praktycznej; chociaż etyka komunikacyjna musi się odwołać do podstawowych norm rozumnej mowy, jeśli ma dostarczyć nie tyle zasad działania, ile raczej formalnych warunków możliwości ich uzasadniania. Oczywiście, dokonująca się niepostrzeżenie transpozycja pojęcia z jednej płaszczyzny na drugą ma niespodziewany efekt — i to zazwyczaj komiczny, jak to pokazuje dowcipny artykuł Haralda Weinricha (*System, Diskurs oder die Diktatur des Sitzfleisches*, w tym samym numerze, s. 810 n.). Trzeba jednak oddzielić kwestie związane z wprowadzeniem pojęcie dyskursu w ramach teorii konsensu i kwestie związane z instytucjonalizacją dyskursów; normatywne pojęcie dyskursu staje się częścią rzeczywistości społecznej dopiero wówczas, gdy istnieje ogólne i obowiązujące oczekiwanie, że przy spełnieniu pewnych warunków można prowadzić dyskurs. Chciałbym tu odróżnić pytanie *historyczne*: Jak zinstytucjonalizowano praktyczne dyskursy na określonych obszarach? Pytanie *zasadnicze*: Jak w określonych warunkach empirycznych można realizować takie dyskursy? Oraz pytanie *polityczne*: Jak w określonej sytuacji dyskursy mogą się stać zasadą organizacyjną kształtowania woli?

W stosunku do każdego z tych trzech pytań wysuwa Pan zarzuty, które wiążą się z tym, co jawi się Panu jako „utopia wolności od panowania". Moja odpowiedź jest następująca:

a) Mogę sobie wyobrazić historię powszechną, która napisana jest w aspekcie ewolucyjnych kroków; w tej historii instytucjonalizacje częściowych dyskursów dotyczących określonych obszarów zostałyby zapisane jako bogate w konsekwencje, innowacyjne zdobycze. Dramatycznym przykładem jest instytucjonalizacja dyskursów, w których po raz pierwszy można było systematycznie kwestionować i sprawdzać roszczenie do obowiązywania mitycznych i religijnych interpretacji świata: Moment ten jest dla nas początkiem filozofii, a w pewien sposób również początkiem akademickiego nauczania i badań. Innym krokiem jest instytucjonalizacja nauk doświadczalnych w dyskursach, w których można było systematycznie kwestionować i sprawdzać roszczenia do obowiązywania przekazanej zgodnie z etyką zawodową i dającej się zastosować technicznie wiedzy świeckiej. W tym szeregu znajduje się też rozciągnięcie dyskursywnych mechanizmów uczenia się na dziedzinę decyzji politycznych. Obywatelska demokracja miała wszelkie politycznie brzemienne w skutki procesy decyzyjne związać z prawnie zakorzenionym dyskursywnym kształtowaniem woli obywateli państwa.

Przykład ten pokazuje, że instytucjonalne związanie politycznego panowania z dyskursami, w których *ma* być osiągnięty uzasadniony konsens, ma formę demokratyzacji. Dlatego nie rozumiem Pańskiego zarzutu, jakobym mieszał zainteresowanie rozumną regulacją kwestii praktycznych z demokratyzacją.

Roszczenie demokracji obywatelskiej pozostało jednak fikcją, chociaż fikcją bogatą w skutki; również dzisiaj ci, którzy — czy to raczej neoliberalnie w imię teorii elit, czy też raczej technokratycznie w imię teorii systemów — otwarcie podważają obywatelskie ideały, stoją naprzeciw tych, którzy nie chcą nazbyt pośpiesznie twierdzić, że natura ludzka lub imperatywy złożonych systemów nie pozwalają na rozciągnięcie twórczego dyskursywnego mechanizmu uczenia się na dziedziny kształtowania woli politycznej. Wraz z bogatym w tradycję zarzutem utopijności przejmuje Pan na siebie ciężar dowodu.

b) Pański zasadniczy zarzut jest taki, że bogatego w skutki polityczne dyskursywnego kształtowania woli nie da się w ogóle wyobrazić w świecie empirycznym. Najpierw zwraca Pan uwagę na to, że przy ograniczonych zasobach niektóre interesy da się zaspokoić jedynie na koszt innych interesów — nie wszystkie interesy, które obejmuje decyzja polityczna, da się uogólnić. Nie da się temu zaprzeczyć, ale nie widzę sposobu, w jaki można by stąd wyprowadzić argument przeciw możliwości dyskursywnego kształtowania woli. Według logiki dyskursu uzasadniony konsens może zostać osiągnięty bez przymusu tylko w stosunku do tych interesów, którą są wspólne jego uczestnikom (i tym, którzy są nim objęci); osiągnięcie równowagi pomiędzy partykularnymi interesami wymaga kompromisów, a zatem pozycji władzy, które pozostają ze sobą w napięciu. Jak jednak możemy sprawdzić *zdolność* interesów do ich uogólnienia, jeśli nie w dyskursie? Co mogłoby skłonić obywateli do *uwierzenia* panującej elicie, że — jak ona zawsze twierdzi — jej szczegółowe interesy pokrywają się z interesami ogólnymi? Pomijam okoliczność, że ramy teorii działania, w których obydwaj argumentujemy, nie odpowiadają konstytucji systemów politycznych w rozwiniętych społeczeństwach. Dziedzin, w których kwestie praktyczne mogą być rozstrzygane dyskursywnie, w których muszą być rozstrzygane przez kompromis lub w których (co pokazuje przykład negatywnych praw wolnościowych) powinny zostać pozostawione prywatno-autonomicznej trosce o interesy, nie można rozdzielić bez uwzględnienia stanu rozwoju systemu społecznego — i sam ten rozdział powinien móc stać się przedmiotem dyskursów praktycznych.

Następnie przypomina Pan o przymusie podjęcia decyzji, któremu poddane są polityczne procesy kształtowania woli w odróżnieniu od dyskursu naukowego.
Wszelkie dyskursy są procesami empirycznymi i jako
takie podlegają restrykcjom przestrzeni i czasu, a także
ograniczeniom psychologicznym i społecznym, przygodności dostępu do informacji, osobistym wpływom itd.
Również system nauki nie jest całkowicie oderwany od
procesów życia: Dyskursy są zawsze wyspami na morzu
praktyki. Oczywiście, istnieją tu różnice: Do rozstrzygania kwestii politycznych nie mamy tak wiele czasu,
jak do rozstrzygania kwestii teoretycznych. Ale i w tym
przypadku nie potrafię zrozumieć Pańskiego wniosku.
Pisze Pan: „Podjęcie decyzji politycznej oznacza jednak
«zakończenie debaty», czyli «egzekwowanie panowania»"
(wyżej s. 299). Oczywiście, podjęcie i przerwanie dyskursu zależą od decyzji. Jeśli w pewnych dziedzinach
dyskursy są zinstytucjonalizowane, możemy wiedzieć,
w jakich warunkach przerywamy działanie i podejmujemy dyskurs (czy też możemy go podjąć). To jednak,
czy uczestnicy sami zasadnie rozstrzygają o przerwaniu dyskursu w obliczu alternatywy: podjąć decyzję lub
ją odłożyć, czy też przesądzi o tym autorytet, stanowi
istotną różnicę. Dlaczego miałaby istnieć tylko ta druga
możliwość? Dlaczego tylnymi drzwiami mielibyśmy ponownie wprowadzać decyzjonizm?
    Weinrich wskazuje na to, że rzecz może zostać „za-
gadana"; każdy przeżył takie rozmowy, w których nie
pojawiają się już nowe argumenty lub w których trzeba
podjąć decyzję, zanim rzecz zostanie gruntownie prze-
dyskutowana — czas jest zasobem, który, podobnie jak
inne ograniczenia, wymusza regulacje. Luhmann wymienia również inne restrykcje, np. konieczność organizacji dyskusji, tj. zabezpieczenie i ograniczenie dopływu
informacji, oddzielenie tematów i przyczynków do dyskusji, ustalenie ich kolejności itd. Hierarchizacja w sensie stopniowego upraszczania problemów jest oczywiście formą przymusu, któremu poddany jest każdy dys-

kurs. Deliberujące zgromadzenie, które formalizuje takie reguły, narzuca sobie pewien porządek działania. Należą do niego sposoby podejmowania uchwał, takie jak zasada większości, ochrona mniejszości, klauzule dotyczące odroczeń lub prawo do reprezentowania; należą do niego też takie kwestie organizacyjne, jak sposób tworzenia komisji, wymuszenie podejmowania tematów lub ich zdejmowanie z porządku obrad, powtarzanie dyskusji itd.; związane jest z nim również zabezpieczenie uczestników przed sankcjami zewnętrznymi — zarówno prawnymi, jak i społecznymi. Wszelkie regulacje tego rodzaju mają pragmatyczny (co nie znaczy nieistotny) status; mają one w danych empirycznie ograniczonych warunkach umożliwić praktyczny dyskurs. Nie można ich sformułować raz na zawsze, gdyż mają one zabezpieczyć ogólną strukturę rozumnej rozmowy, którą widzę w równym podziale szans wyboru określonych aktów mowy pomiędzy wszystkimi uczestnikami. Jest to prawie zawsze trudne i często faktycznie nieosiągalne, ale nie jest też z zasadniczych powodów niemożliwe.

Nie widzę, dlaczego kwestie reprezentacji, delegacji i rotacji, które dzisiaj znowu uzyskały pewną aktualność w perspektywie przeciwstawienia parlamentaryzm kontra konstytucja kraju rad lub demokratyczne uczestnictwo, nie mogłyby być rozpatrywane na tym poziomie kwestii organizacyjnych. Sądzę, że są one związane nie tyle z tworzeniem elit, ile ze złożonością wymagającej uregulowania materii, czyli ze zwiększoną koniecznością selekcji, z podziałem pracy i ze zróżnicowaniem strukturalnym. Czy i jak w złożonych społeczeństwach można rozszerzyć uczestnictwo aż do progu politycznie skutecznych dyskursywnych procesów kształtowania woli politycznej, czy i jak możliwe jest demokratyczne planowanie — wszystko to są pytania, które na przykład w *policy sciences* od kilku lat stanowią przedmiot debaty o „złożoności i demokracji". Wielu autorów

(Renate Mayntz, Frieder Naschold, Claus Offe) daje na nie odpowiedź nie tak sceptyczną jak Luhmann.

c) Jeśli zaś chodzi o politykę przejścia, która zmierza do demokratyzacji, to wysuwa Pan wobec mnie zarzut, który zawsze kierowany był przeciw dogmatycznym filozofiom dziejów: Utopijny cel zniesienia panowania służy jako uprawomocnienie niekontrolowanego panowania samozwańczych mędrców. Przyznaje Pan, że zarzut ten nie dotyczy mojej intencji; nie dotyczy on też jednak konsekwencji mego myślenia — a to Pan twierdzi (s. 300). W nasz system instytucjonalny — w jak w każdy dotąd znany system — wbudowana jest strukturalna przemoc, która przeciwstawia się próbom rozszerzenia demokratycznego uczestnictwa. Ta ukryta przemoc opiera się na cichym działaniu form uprawomocnienia, na systematycznym, ale niewidocznym ograniczeniu komunikacji kształtującej wolę polityczną, przez co pewne tematy i pewne rodzaje materii w ogóle nie są przedmiotem publicznej debaty i publicznych rozstrzygnięć. Uważam, że warto badać funkcjonowanie ograniczonej komunikacji i świadome przełamywanie takich ograniczeń komunikowania na podstawie modelu, który daje nam psychoanaliza. Udane procesy oświecenia, które są zorganizowane według tego modelu, wyzwalają z przemocy, która czerpie swoją siłę z oszukiwania samego siebie czy też, jak mówiono dawniej, z zaślepienia. Analityk posługuje się technikami dyskursu tylko po to, aby stworzyć warunki początkowe do możliwych dyskursów; na tym bowiem polega sukces terapeutyczny i właściwe dokonanie samorefleksji. Ten proces, który zmierza do usunięcia zależności, przekształci się w panowanie tylko wówczas, gdy naruszy swoją własną logikę, *narzucając* interpretacje — adresaci muszą mieć bowiem jednoznaczną szansę wolnego od przymusu przyjęcia lub odrzucenia proponowanych interpretacji. Oświecenie, które nie kończy się wglądem, tj. przyjętą bez przymusu interpretacją, nie jest w ogóle oświeceniem.

W polityce przejścia model ten może znaleźć tylko ograniczone zastosowanie. Rozmowy analityczne i krytyka ideologii mają wspólne struktury — możemy powiedzieć, że organizują oświecenie. Ale praktyka polityczna nie może posługiwać się modelem terapii już z tego powodu, że organizacja oświecenia i strategiczne działanie to rzeczy różne i nigdy nie można ich dokonać *uno actu*. Ponieważ w tradycji europejskiego ruchu robotniczego, zwłaszcza w Leninowskiej teorii i Stalinowskiej praktyce, obydwa te zadania nałożone zostały na jedną organizację, tj. na partię, ich specyficzne różnice mogły zostać w zgubny sposób zatarte. W moim wprowadzeniu do nowego wydania *Theorie und Praxis* (Suhrkamp 1971) przedstawiam błędy kategorialne, do których musi prowadzić obiektywizujące zastosowanie teorii refleksyjnych — błędy, za które w praktyce trzeba słono płacić. Są to jednak właśnie niekonsekwencje, które Pan próbuje przedstawić jako konsekwencje.

Łączę serdeczne pozdrowienia

Jürgen Habermas

Szanowny Panie Profesorze,

serdecznie dziękuję za Pański list. Temu, kto jeszcze o tym nie wiedział, pokazuje on, że słowa o wolnym od panowania dyskursie nie są w Pańskich ustach bronią, która ma służyć do autorytatywnego zakończenia rzeczywistego dyskursu i zdyskwalifikowania tego, kto wyraża wątpliwości. Pańska teoria, która w każdej rozmowie każe zakładać sytuację idealną, powala Panu na przekroczenie „straszliwej przepaści" pomiędzy polityką i moralnością i na cierpliwą konfrontację z dyssensem, bez konieczności przyjmowania postawy demaskatora, z powodu której już lektura wielu tekstów Marksa jest tak przykra.

Pańskie argumenty, podobnie jak wszystko, co Pan pisze, zmusiły mnie do zastanowienia, ale mnie nie przekonały. Pisze Pan: „Dyskursy są zawsze wyspami na morzu praktyki". Jest to dokładnie to, co chciałem powiedzieć. Sądzę jednak, że twierdzenie to stoi w sprzeczności z celem ostatecznej likwidacji panowania przez „dyskursywne kształtowanie woli jako zasady organizacyjnej społeczeństwa". Powie Pan, że dla urzeczywistnienia Pańskiego ideału wystarczy, aby takie dyskursy były w każdej chwili możliwe. Pytam: Czy na żądanie każdego i tak długo, aż nikt nie będzie żądał ich kontynuacji? Postawienie tego pytania oznacza zaprzeczenie mu. Zaprzeczenie mu oznacza jednak uznanie panowania za konieczność. Powie Pan: Reguły, zgodnie z którymi podejmujemy i kończymy dyskursy, muszą móc być przedmiotem ogólnej zgody. Zgadzam się z tym. To jest właśnie moje kryterium prawomocnego panowania. Oczywiste jest również to, że w dyskursie bierze udział tylko ten, kto chce. (Dlatego tam, gdzie nie ma prawa do emigracji, nie można w ogóle mówić o prawomocności). Ale czy reguły rzeczywiście muszą być przyjmowane jednomyślnie? Jeśli tak, to praktyka byłaby wówczas co najwyżej wyspą w morzu dyskursu, a ponieważ tak być nie może, sam dyskurs stałby się praktyką, z tym tylko, że stałby się praktyką bez dyskursu, walką o władzę. Jeśli jednak nie, to kwesta możliwości przyjęcia przez wszystkich nie może być rozstrzygana przez wszystkich. To zaś oznacza panowanie.

Wnikliwie analizują Pańskie argumenty, muszę odrzucić najpierw ten paradygmat prawomocnego panowania, który Pan przywołuje, tj. paradygmat panowania kolonialnego. Panowanie kolonialne nie jest tym skrajnym przypadkiem, którzy rzuca światło na przypadki normalne. Jest ono raczej przeciwieństwem panowania prawomocnego. Również tam, gdzie w pewien sposób uprawomocnia się „pedagogicznie" — „Murzyni nie dojrzeli jeszcze do samostanowienia" — zachowuje ten zasadniczy defekt: Ludzie poddani, tacy jacy są, z zasadniczych powodów nie nadają się na kontrolerów panowania — analogicznie do skłonności do wykluczenia

człowieka — takiego „jakim jest" — jako podmiotu politycznego u Marksa czy też wykluczenia przez rewolucyjne awangardy tych jej poddanych, których uznano za
jeszcze nie wyzwolonych. Kryteria dojrzałości w obydwu
przypadkach są różne. Wspólne jest im to, że mamy tu
do czynienia z pedagogiczną władzą nad ludźmi niedoj-
rzałymi, a nie z politycznym panowaniem nad wolnymi
ludźmi, przy czym w przypadku panowania kolonialnego uprawomocnienie pedagogiczne ma na celu jedynie ukrycie na wskroś obcego zarządzania, które służy
panującym. Ten, komu zrównanie struktury uprawomocnienia panowania kolonialnego i rewolucyjnej wyda
się demagogiczne, powinien przeczytać słowa, którymi
Engels broni amerykańskiego kolonializmu w Ameryce
Środkowej.

To, że idea prawomocnego panowania politycznego
często służy ukrywaniu prawdy, jest jedynym z Pańskich argumentów przeciwko tej idei. Czy nie jest jednak tak, że zło zawsze próbuje się uprawomocnić pozorem dobra? *Abusus non tollit usum* oraz *corruptio optimi
pessima*. Czy powinniśmy porzucić ideę sprawiedliwego
panowania dlatego, że tyran każe wychwalać siebie jako
sprawiedliwego pana? Byłoby tak tylko wówczas, gdyby
trafny był inny z Pańskich zarzutów, tj. że idea sprawiedliwego panowania z góry stawia granice emancypacji,
powołując się na stałe antropologiczne, które jednak
można rzeczywiście sprawdzić dopiero wówczas, gdy
spróbujemy pójść drogą wolności od panowania. Jeśli
twierdzę, że ideał wolności od panowania jest w ścisłym sensie utopijny, to nie czynię tego na podstawie
przyjętych granic systemu osobowości, lecz odwrotnie:
ponieważ — jak mi się wydaje — granic tych nie da się
sztywno ustalić, ponieważ struktura ludzkich potrzeb
i możliwe społeczne i kulturalne układy interesów są
nieskończenie zmienne, dlatego przy ograniczonych zasobach nie da się równocześnie zaspokoić wszystkich
potrzeb. Dlatego też w czasie, który możemy sensownie

przeznaczyć na dyskurs, realny konsens wszystkich co do hierarchii interesów nie zawsze da się osiągnąć.

Nie jest przypadkiem, że Noam Chomsky postuluje powrót do „idei wrodzonych" uzasadniając to tym, że tylko wówczas, gdy idee takie istnieją, anarchizm jest możliwy. Ponieważ jednak moim zdaniem „naturalny system" XVIII wieku jest znacznie głębiej przezwyciężony niż metafizyka, dlatego nie rozumiem, w jaki sposób chce Pan wyłączyć element decyzjonistyczny. Przecież postulat dyskursywnego zapośredniczania sam Pan ogranicza do dających się uogólnić interesów. Interesy partykularne mogą być natomiast zaspokajane tylko na drodze kompromisów. Wydaje mi się jednak, że odróżnienia interesów, które dają się uogólnić, i interesów partykularnych, nie da się zoperacjonalizować. Dopóki dyskurs nie doprowadzi do porozumienia, różne poglądy na temat prawdziwych ogólnych interesów same są interesami partykularnymi i jako takie mogą być realizowane przez strategiczne działanie, a nawet muszą być tak realizowane, jeśli czas jest ograniczony. Z drugiej strony pokojowy system zaspokajania partykularnych interesów sam jest interesem ogólnym, co do którego można próbować porozumieć się w dyskursie. Prawdopodobnie jednak ci, których partykularne interesy na tym ucierpią, będą się starali zmienić system reguł, a nawet reguły dyskursu. Tak czy owak w pewnym momencie nieuchronnie na nowo pojawia się decyzja. Kiedy Pan mówi, że uczestnicy dyskursu sami powinni decydować o jego przerwaniu, to może to znaczyć tylko jedno: większość uczestników. To jednak ponownie znaczy: decyzja, czyli panowanie.

Nie jestem z tego powodu szczęśliwy. Wydaje mi się jednak, że ważne jest, abyśmy przyjmowali do wiadomości to, czego nie możemy zmienić; tylko wówczas możemy to bowiem ulepszyć. Gdyby było tak, że na drodze do zorganizowanej wolności od panowania, nawet jeśli wolność taka jest utopią, osiągalibyśmy przynajmniej panowania bardziej sprawiedliwe, tj. że — jak to się dzisiaj często twierdzi — należy dążyć o utopii, aby osiągnąć to, co jest osiągalne, to każde słowo przeciw utopii byłoby zbyteczne. Nie istnieje jednak żadna racja, aby tak sądzić. Panowanie, które uważa siebie za narzędzie służące ustanowieniu wolności od panowania, może bowiem obyć się bez tych środków, które podejmujemy wówczas, gdy musimy pogodzić się z jego trwałością i wyrzec się utopii. Jeśli zaś przyjmiemy, że panowanie czerpiące swoje uprawomocnienie z utopii również — wbrew swojej intencji — nastawione jest na trwanie, to jesteśmy gorzej oszukiwani niż w przypadku panowania, które otwarcie uznaje swoją trwałość. Ci, którzy chcą znieść panowanie, nie uznają środków, które sprawiają, że panowanie jest sprawiedliwsze. Dobrze to rozumieją ci młodzi rewolucjoniści, którzy chętnie widzieliby otwarty faszyzm, a reform nie znoszą ze względu na ich stabilizujące skutki.

Dlatego jak największego zbliżenia się do utopii nie da się osiągnąć na drodze, która do niej zmierza. Tak było już w przypadku modelu Platona. Największe zbliżenie do utopii bezpośredniej obecności tego, co prawdziwe, przez nieograniczone panowanie doskonałego mędrca nie polega na nieograniczonym panowaniu dostatecznie życzliwego tyrana, lecz na unikaniu wszelkiej nieograniczonego panowania, na *regimen mixtum* państwa konstytucyjnego. Podobnie największe zbliżenie do utopii wolnego od panowania konsensu wszystkich nie polega ani na nieograniczonym panowaniu większości, ani też awangardy, która czerpie swoje uprawomocnienie z utopii, lecz ponownie na *regimen mixtum* konstytucyjnego państwa.

Pański trzeci zarzut wyraża pytanie: Stąd czerpię przekonanie, że rządzący są bardziej bezinteresowni niż rządzeni? Pytanie to można by równie dobrze odnieść do każdego sędziego meczu piłkarskiego. Ma Pan jednak rację twierdząc, że w odróżnieniu od sędziowania ci, którzy usytuowani są w strukturach panowania, nie są uprzywilejowani wyłącznie przez posiadanie władzy, tj. nie są bezstronnymi sędziami pomiędzy konkurującymi interesami.

Osiągnęlibyśmy już wiele, gdybyśmy się zgodzili, że warto mieć bezstronnych sędziów. Nie oznacza to, że sędzia ma uprzywilejowany dostęp do prawdy i że jego orzeczenia zawsze są rozumne. (Nigdy nie mówiłem o takim uprzywilejowanym dostępie do prawdy.) Oznacza to jednak, że samo ustanowienie panowania może być usprawiedliwione w rozumnym dyskursie.

Wydaje mi się, że ponadto moglibyśmy się zgodzić co do tego, że przywilej władzy powinien być możliwie niezależny od innych przywilejów. Bylibyśmy wówczas zgodni co do tego, że również w warunkach państwa socjalnego nie należy sobie życzyć utożsamienia państwa i społeczeństwa. Na przykład przy rozstrzyganiu pytania, czy pierwszeństwo należy dać indywidualnym środkom lokomocji czy też postawić na rozbudowę transportu publicznego i swobodny rozwój człowieka pieszego, istniejący wpływ przemysłu samochodowego jest zły. Jego interes bowiem w aspekcie pytania o hierarchię potrzeb jest tu zupełnie obcy. Zgodnie z naturą rzeczy nie może się on w pierwszym rzędzie kierować antycypowanymi „prawdziwymi" interesami uczestników ruchu. Jego *potestas indirecta* nie jest zatem prawomocna. Prawomocne byłoby natomiast zakorzenione w konstytucji panowanie ludzi, którzy próbują wprowadzić w tej sprawie to, co dla większości jest najlepsze, co wszyscy mogą zaakceptować, i których sąd w tej sprawie nie jest zakłócany przez partykularny interes zupełnie innego rodzaju.

Oczywiście, również panowanie takich ludzi jest panowaniem. Nie można bowiem czekać, aż wszyscy dojdą do zgody, a nie jest też wcale powiedziane, że w takim przypadku decyzje byłyby „obiektywnie" najlepsze. Antycypacji tego, co najlepsze, panujący dokonują zawsze na własne ryzyko. Na przykład — aby obywatele uświadomili sobie pewne alternatywy, które dopiero pozwolą im na samodzielne decyzje, ktoś musi dysponować władzą. Władze muszą czasami zamknąć na jakiś czas śródmieście dla ruchu — dopiero wówczas ludzie zauważają, że ich życie staje się bardziej ludzkie, a nawet handlarze widzą, że wcale gorzej nie zarabiają.

Aby jednak domniemanie, że reprezentuje się ogólny interes, nie stało się czczą uzurpacją, sprawowanie władzy przez tych niewielu, którzy podejmują takie decyzje, musi być potwierdzone przez wielu. Aby potwierdzenie to było to rzeczywiste, musi istnieć komunikacja, a jej strukturalne ograniczenia muszą zostać usunięte. W tym się z Panem zgadzam. Należy do tego na przykład również to, że ludzie na swoich osiedlach mogą wspólnie oglądać telewizję, a ulica przed domem jest miejscem spotkań, a nie parkingiem. Miałbym jednak wątpliwości, czy usunięcie tych przeszkód należy utożsamiać z „demokratyzacją". Przez demokratyzację rozumie się bowiem dzisiaj różnego rodzaju upolitycznienie, które nieformalnie tworzące się i przebijające opinie wprowadza bezpośrednio — a nie poprzez filtr zapośredniczenia instytucjonalnego — w wymiar brzemiennej w skutki praktyki politycznej. To jednak musi prowadzić i prowadzi do tego, że dopiero co ustanowiona wolność wymiany spotyka się z większymi przeszkodami niż dotąd.

Nie muszę się nad tym rozwodzić. Przykłady zna Pan równie dobrze jak ja. W nowym wprowadzeniu do *Theorie und Praxis* przekonująco pokazuje Pan, jak zgubny dla samej teorii jest bezpośredni wpływ na nią polityczno-organizacyjnych punktów widzenia. Widzi Pan w tym niekonsekwencję w odniesieniu do zasady emancypacji, której Pan broni, i zarzuca mi Pan, że próbuję interpretować ją jako konsekwencję. Chciałbym nieco sprecyzować mój punkt widzenia. Wydaje mi się, że polityczna przemoc nie tylko teorii, ale i każdej formy praktycznego dyskursu, jest konieczną konsekwencją próby nadanie teorii bezpośredniego wymiaru praktycznego. Sądzę, że „formalna", reprezentatywna demokracja polityczna stanowi gwarancję, iż szerzące się opinie — prawdziwe i fałszywe — będą miały na dłuższą metę konsekwencje praktyczne. Jeśli skracamy drogę od dyskursu do praktyki politycznej, to niestety również droga powrotna staje się krótsza. Jeśli zgadza się Pan ze mną w tym miejscu, to wydaje mi się, że znika też różnica między nami.

Drogi Panie Profesorze! Aby dotknąć sedna naszej kontrowersji, musiałbym podjąć analizę proponowanej przez Pana konsensualnej teorii prawdy. Właśnie ją rozpocząłem, gdy otrzymałem od Pana manuskrypt, w którym teoria ta przedstawiona jest jeszcze subtelniej i zabezpieczona przez różnymi zarzutami. Serdecznie dziękuję. Wnikliwsze szczegółowe dywagacje na ten temat przekraczałyby ramy tej wymiany korespondencji.

Pozwolę sobie tylko na bardzo ogólną uwagę dotyczącą przypuszczalnej różnicy między nami. Już raz, podczas kongresu w Düsseldorfie w 1969 roku, znalazłem się w dość szczególnej sytuacji, kiedy mój zarzut odrzucił Pan jako niefilozoficzny i „czysto empiryczny". Również w swoim liście podkreśla Pan, że Pańska teoria prawdy nie jest sprawą filozofii praktycznej, ale — dodaję — Pańskie rozważania znajdują się na płaszczyźnie filozofii transcendentalnej. Rozwija Pan coś w rodzaju materialistycznej filozofii transcendentalnej. Z jednej strony zatem, kiedy mówię o prawdzie, może Pan wyrazić wobec mnie podejrzenie o uprawianie metafizyki, ale z drugiej strony, kiedy wysuwam polityczno--pragmatyczne zarzuty wobec teorii konsensu, która również u Pana ma konsekwencje polityczne, może się Pan powołać na „pryncypialny" charakter Pańskiej teorii. Pańska filozofia transcendentalna jest polityczna, ale płaci Pan za to tym, że Pańska polityka staje się transcendentalnofilozoficzna.

Nadal sądzę, że Pańskie pojęcia antycypacji i koniecznej supozycji idealnej sytuacji rozmowy są bardzo owocne. Twierdzę jednak, że Pańska materialistyczna przesłanka nie pozwala Panu na wyciągnięcie konsekwencji z Pańskiego wglądu: Gdyby warunki rozumnej mowy byłyby fikcją, nie mogłyby zostać uznane jako takie, a rozumność postulatu zakładania takiej fikcji sama byłaby tylko fikcyjna. Jeśli alternatywna propozycja nazywa się metafizyką, to chętnie przyznam się do tego, że uważam ją za rozumną. Do cech wolnego od przymusu dyskursu należy to, że w każdej chwili można powrócić do rzeczy, która została uznana za przezwyciężoną, analizując krytycznie argumenty przytaczane na rzecz tego twierdzenia.

To jednak nie może być w taj chwili przedmiotem naszej wymiany korespondencji. Będę się bardzo cieszył, jeśli będziemy o tym mogli kiedyś porozmawiać.

Łączę serdeczne pozdrowienia

Robert Spaemann

16. Uwagi o problemie równości

I

O tym, że sprawiedliwość ma coś wspólnego z równością, nie trzeba specjalnie przypominać, wiedziano bowiem o tym zawsze. Trzeba raczej przypomnieć o tym, że sprawiedliwość nie jest tym samym, co równość. Równość jest relacją pomiędzy jednostkami lub grupami, sprawiedliwość zaś jest własnością osób, działań lub stanów. Sprawiedliwymi nazywamy stany, w których istniejące nierówności są usprawiedliwione dobrymi racjami. Uznanie czegoś za dobrą rację oznacza uznanie jej za możliwy przedmiot konsensu. Kiedy racje mogą być przedmiotem konsensu? Czy istnieje tu inne kryterium niż rzeczywisty konsens wszystkich? Nie zdarza się jednak, by wszyscy godzili się na jeden klucz rozdziału obciążeń i rekompensat. Pytanie brzmi: Czy możemy wmówić im taką zgodę? Wedle jakiego kryterium mielibyśmy stwierdzić, co jest insynuacją (*Zumutug*). Powstaje wrażenie, że kręcimy się w kółko. Wydaje się, że na końcu pozostaje tylko model panowania i model konfliktu w sensie Trazymacha i Dahrendorfa, zgodnie z którym aktualnie panujący określają, co jest sprawiedliwe, a ci, którzy są przez nich zdominowani, kwestionują to. Co jednak miał na myśli Dahrendorf, kiedy mówił o „obywatelskim prawie do wykształcenia"? Czy nie chodziło mu o to, że rządzący z racji sprawiedliwości powinni rozszerzyć szanse zdobycia wykształcenia? Mówienie o sprawiedliwości staje się zbędne tam, gdzie istnieje doskonały konsens wszystkich: *volenti non fit iniuria*. Marks sądził, że w społeczeństwie obfitości sprawiedliwość będzie zbędna. Mówienie o sprawiedliwości jest też zbędne tam, gdzie rezygnujemy z idei możliwego konsensu, gdyż nie możemy mieć nadziei na rzeczywisty konsens. Sprawiedliwość jest bowiem związana z możliwym konsensem — z tym, co może być przedmiotem konsensu, lub z tym, czego przyjęcia wolno oczekiwać od innych. Kto — pytamy — jest tu sędzią? Oczywiście tylko ten, kto znajduje się w takiej sytuacji, że może oczekiwać czegoś od innych — czy to dlatego, że formułuje prawa, lub też dlatego, że wydaje osądy. Innymi słowy: Sprawiedliwość jest przede wszystkim cnotą, i to cnotą tych, którzy decydują o podziale. Są oni sprawiedliwi wówczas, gdy w swoich decyzjach próbują antycypować konsens wszystkich. Istnieją kryteria, które pozwalają ocenić sprawiedliwość ich decyzji. Kryteria te są jednak ponownie kontrowersyjne i kontrowersyjna jest też sprawiedliwość rządzących. Dlatego jest rzeczą rozumną, jeśli od czasu do czasu poddaje się ją próbie rzeczywistego konsensu większości, chociaż rzeczywisty konsens większości nie jest pewnym kryterium tego, czy decyzje rządzących były możliwe do przyjęcia dla każdego. Również decyzje większości są przecież formą efektywnego panowania. Rzeczywista zgoda wszystkich nie może być kryterium sprawiedliwości już z tego powodu, że na sprawiedliwą decyzję zgadzają się tylko ci ludzie, którzy sami są sprawiedliwi, tj. ci, którzy fakt, że coś może być przedmiotem uniwersalnego konsensu, uznają za rację swojej własnej zgody. Tak czy owak mówienie o sprawiedliwości nie ma sensu, jeśli nie przyjmujemy istnienia sprawiedliwych podmiotów, czyli takich ludzi, którzy są w stanie antycypować uniwersalny konsens jako konsens możliwy i chcą to zrobić. Sprawiedliwość jest najpierw i przede wszystkim cnotą.

Cnota sprawiedliwości jest związana za antycypacją takiego klucza rozdziału obciążeń i rekompensat, który może być przedmiotem konsensu. Kiedy tego rodzaju klucz może być przedmiotem konsensu? W tym miejscu pojawia się właśnie pojęcie równości. Co oznacza postulat równości? Ponieważ nie może ona znaczyć, że ludzie muszą być we wszystkich aspektach faktycznie tacy sami, może zatem znaczyć tylko to, że nierówności w rozdziale obciążeń i rekompensat potrzebują usprawiedliwienia. Taki jest też sens zapisu równości w naszej konstytucji: Najpierw chodzi w nim tylko o zakaz dowolności. Wówczas zaś pytanie brzmi: Jakie racje mogą usprawiedliwiać nierówność? Platon i Arystoteles wprowadzili w tym kontekście pojęcie równości proporcjonalnej, odróżniając ją od równości arytmetycznej. Proporcjonalna równość oznacza, że to, co jest takie samo, powinno być traktowane tak samo. Ludzie jednak nigdy nie są w każdym aspekcie tacy sami. W jakich aspektach różne jednostki są takie same, a zatem należy je również traktować tak samo? Arystoteles wymienia trzy: dzielność, majątek, status obywatelskiej wolności. Formy rządów dzieli zależnie od tego, który z tych trzech aspektów pełni w danym przypadku główną rolę przy rozdzielaniu urzędów publicznych. Równość arytmetyczna — pisze — powinna obowiązywać w prywatnoprawnych relacjach wymiany. Nie powinien się tu liczyć wzgląd na osoby, lecz jedynie wzgląd na wymieniane dobra: Wiodąca musi tu być relacja równej wartości, niezależnie od tego, jak ją określamy.

Dla klasycznej filozofii politycznej charakterystyczne jest pierwszeństwo równości proporcjonalnej przed równością arytmetyczną. Przede wszystkim Platon uważa, że absolutna sprawiedliwość istnieje tylko tam, gdzie przy przydziale posad i szans na sprawowanie władzy bierze się pod uwagę różną wartość osób, ich „cnotę". (Nie jest tak przy podziale dochodów. Podział ten powstaje naturalnie i podlega sprawiedliwej regulacji tylko w tej mierze, w jakiej trzeba zadbać, aby różnice w bogactwie nie przekroczyły pewnej miary. Wielkie bogactwo jesz zresztą proporcjonalne do zdolności do jego zdobycia i do niczego więcej. Najlepsi ludzie w państwie nie mają właśnie takie zdolności). Również dla Arystotelesa majątek nie jest przedmiotem sprawiedliwego lub niesprawiedliwego podziału, lecz jego warunkiem — możliwym, chociaż nie najlepszym kryterium proporcjonalnego podziału korzyści związanych ze statusem. Równość arytmetyczna jest natomiast dla Platona sensowna tylko jako narzędzie korygowania sprawiedliwości proporcjonalnej. Ponieważ konsekwencją wszelkiej proporcjonalności w jednym aspekcie jest nieproporcjonalność w innych aspektach i ponieważ nikt nie może mieć absolutnego wglądu w wartość innego człowieka, dlatego pewna minimalna miara równości arytmetycznej służy kompensacji ewentualnej niesprawiedliwości związanej z zastosowaniem zasady proporcjonalności. Dlatego w klasycznej filozofii politycznej równość arytmetyczna pełni wtórną, kompensacyjną funkcję.

Zmienia się to w stoickim prawie naturalnym, które odchodzi od „cnót" w liczbie mnogiej i po raz pierwszy przyjmuje jedną ludzką naturę jako podstawę prawa. Z innego powodu *Nowy Testament* wyraźnie odrzuca ideę proporcjonalności w odniesieniu do ludzkiego przeznaczenia do zbawienia. Puenta przypowieści o robotnikach w winnicy jest taka: Dar Boży jest tak nieproporcjonalny do dokonań człowieka, że zasada wynagrodzenia dokonań staje się nieistotna. Proporcjonalność może jedynie obowiązywać w relacji pomiędzy zdolnością a dokonaniem, niezależnie, czy są one duże lub małe. O tym właśnie mówi przypowieść o talentach. Również pomiędzy charyzmatem a funkcją kościelną ma obowiązywać proporcjonalność. Absolutna wartość człowieka nie jest jednak ani funkcją jego pierwotnego wyposażenia, ani jego dających się zobiektywizować dokonań, lecz funkcją wewnętrznej proporcjonalności ich relacji. To jednak może ocenić tylko Bóg. Ponieważ liczy się wewnętrzna proporcja, a nie absolutne zdolności czy dokonania, dlatego potencjalnie wszyscy ludzie są równi. Wartości wdowiego grosza nie mierzy się jego obiektywną wartością, lecz jego relacją do majątku wdowy. Kant wyraził to później tak: Nikt nie może zrobić więcej niż to, co jest jego obowiązkiem, każdy natomiast może spełnić swój obowiązek. Nowożytna filozofia prawa — poczynając od Thomasa Hobbesa i z powołaniem się między innymi na chrześcijaństwo — równość arytmetyczną uczyniła zasadą fundamentalną. Niezależnie od zalet, jakie może posiadać człowiek, twierdzi Hobbes, każdy może zasadniczo zabić każdego. Ponieważ jednak celem państwa jest ochrona człowieka przed człowiekiem, a nie jego udoskonalenie, dlatego polityczny status wszystkich — poza suwerenem — jest równy. Jeden może być rozumniejszy od drugiego, ale w wymiarze ich początkowej wolności wszyscy są sobie równi i nikt nie jest z natury zwierzchnikiem kogoś drugiego — tak argumentują Pufendorf, Rousseau, a ostatecznie również Kant. Podstawowa idea nowożytnego państwa prawa jest taka: Jeśli nierówności — o ile nie powstały z natury — potrzebują usprawiedliwienia, to ludzie muszą być równi w tym sensie, że każdy może żądać od drugiego usprawiedliwienia jego działania i każdy zobowiązany jest do usprawiedliwienia własnego działania, jeśli żąda tego od niego ktoś inny. Oznacza to, że każdy jest podmiotem prawa, każdy może zaskarżyć drugiego z powodu naruszenia swego prawa. Wszyscy są „równi wobec prawa", niezależnie od tego, jaka jest jego treść.

II

Utartą formą krytyki zasady państwa prawa jest to, że owa formalna równość wobec prawa da się pogodzić z prawie każdą materialną nierównością, co więcej, że właśnie przez prawną neutralizację i depolityzację w pewnym sensie przyczynia się do utrwalania materialnej nierówności. Spotykamy ją już w *Drugiej rozprawie* Rousseau, gdzie prowadzi ona do wniosku, że wielkie różnice majątkowe, zwłaszcza wielkie ubóstwo, pozbawiają prawo jego sensu, gdyż dla ubogich szkodliwe skutki stanu prawa są większe ni jego korzyści. Krytykę tę podejmuje Marks, ale jego intencja jest odwrotna: Celem nie jest materialne spełnienie równości prawnej, lecz zlikwidowanie stanu prawnego jako takiego. Wobec różnorodności ludzi, różnorodności ich zdolności i potrzeb, równość wobec prawa oznacza zawsze równe traktowanie tego, co nie jest równe. Równe traktowanie tego, co nierówne, jest jednak — jeśli stosujemy pojęcie równości proporcjonalnej — jego nierównym traktowaniem[1]. Innymi słowy: Marks odrzuca nowożytną i chrześcijańską zasadę równości arytmetycznej jako równości wobec prawa. Odrzuca chrześcijańską i demokratyczną ideę, że człowiek jako człowiek, tj. każdy człowiek, jest istotą najwyższą. Wymiar możliwego usprawiedliwienia, w którym wszyscy są równi, stanowi dla Marksa nierealną sferę ideologiczną. Rzeczywiste są tylko realne interesy. Albo staną się one realnie identyczne przez to, że człowiek utożsami się z istotą gatunkową, albo zapośredniczenie pozostaje iluzoryczne. Dualizm równości proporcjonalnej i arytmetycznej, dualizm sfery interesów indywidualnych i sfery sprawiedliwości, dualizm człowieka i obywatela powinien zostać ostatecznie zniesiony. U podstaw tego dualizmu znajduje się bowiem zawsze idea autonomicznych wobec siebie podmiotów. Klasyczna idea proporcjonalności opierała się bowiem na pewnej wizji uposażenia jakościowego (*Sasein*) jednostek, ich wyposażenia naturalnego, lub określonych cnót, w odniesieniu do których można ustalić adekwatny proporcjonalny status. Chrześcijaństwo wstrząsnęło tą wizją „wymiaru absolutnego" w tym sensie, że pierwotne wyposażenie naturalne i moralne pozbawiło ów wymiar jego niepodważalnej naturalności: wyposażenie to dał Bóg — i to nie wedle miary sprawiedliwości, gdyż sprawiedliwym można być tylko w stosunku do już istniejących i określonych w pewien sposób podmiotów,

---

[1] Karol Marks, *Krytyka programu gotajskiego*.

ale nie w momencie samego ich stwarzania. U Marksa
rolę Boga przejmuje społeczeństwo: Naturalna nierówność jednostek nie jest niepodważalna, jako powstała
z natury, lecz jest zapośredniczona społecznie. Dlatego
należy dążyć do jej zniesienia. Równość arytmetyczna
może istnieć tylko wówczas, gdy równość proporcjonalna stanie się arytmetyczna, tj. przez realny zanik
różnic pomiędzy podmiotami, przez totalną przejrzystość wszystkich dla wszystkich. W drodze do tego celu
zasadą wiodącą może być tylko ścisły proporcjonalny
funkcjonalizm: „Każdy według swoich zdolności, każdemu według jego dokonań". Jest to zasada fazy przej-
ściowej socjalizmu, przy czym wartość dokonań mierzona jest celem, któremu służą — ustanowieniu bezklasowego społeczeństwa obfitości. W społeczeństwie
tym obowiązywać będzie nowa proporcja: „Każdemu według jego potrzeb", co zakłada uprzednią homogenizację
i standaryzację potrzeb, tak aby nie potrzebowały one
już „sprawiedliwego" zapośredniczenia, lecz harmoni-
zowały ze sobą w sposób spontaniczny. Sfera równości
wobec prawa, która opiera się na uznaniu niereduko-
walnych podmiotów, znika na rzecz kolektywnego procesu usuwania różnic. Twierdzenie, że wszyscy ludzie
są równi, zaciera jedynie ich faktyczną nierówność. Na
drodze do ustanowienia ludzkości jako kolektywnego
podmiotu opanowywania przyrody może obowiązywać
jedynie zasada proporcjonalności dokonań.

III

Dyskusja z perspektywą marksistowską powinna
moim zdaniem rozpocząć się od antropologicznego statusu pojęcia możliwości. Sedno krytyki Marksa jest takie: Możliwość jest niczym, jeśli nie jest procesem realnego urzeczywistnienia. Równość wobec prawa jest czysto możliwą, czyli właśnie nie realną równością, a zatem
jest fikcyjna. Idea ta stała się dzisiaj powszechna w tym
sensie, że oprócz formalnej równości wobec prawa do-

magamy się również równości szans. Chodzi o to, aby wyrównane zostały nie tylko prawne, lecz również „rzeczywiste" możliwości. Przez możliwości faktyczne rozumiemy najpierw materialne, a dokładniej finansowe warunki początkowe. To jednak nie rozwiązuje, lecz jedynie przesuwa w inne miejsce problem, który tkwi w pojęciu możliwości. Po pierwsze należy zapytać, co ma być celem i treścią szans, które należy wyrównać. Ogólna odpowiedź jest taka: Udział w produkcie społecznym, czyli pieniądze — a zatem ponownie możliwość. Na tym właśnie polega krótkowzroczność tych reform edukacji, które nie ograniczają równości szans do zrównania szans dostępu, lecz rozumieją je jako reformę nauczanych treści. W procesie edukacji chodzi o takie kształtowanie ludzkiej rzeczywistości, które rozstrzyga o tym, co możliwości mogą kiedyś znaczyć dla jednostki. Udział w produkcie społecznym jest możliwością i niczym więcej. To bowiem, czy ktoś przełoży ten udział na to, co można określić jako udane życie, jest kwestią otwartą — i rzeczywiście proces edukacji rozstrzyga o tym bardziej niż cokolwiek innego. Jeśli proces ten stawiamy przede wszystkim w służbie zaspokajania interesów, a nie rozumiemy go jako procesu kształtowania interesów, oznacza to zatem, że nie wiemy, co robimy. W swoim szeroko zakrojonym studium *Inequality* Christopher Jenks pokazał, że instytucje edukacyjne nie spełniają pokładanego w nich oczekiwania, zgodnie z którym miałyby doprowadzić do zrównania szans uzyskiwania dochodów. Jeśli — konkluduje Jenks — chcemy wyrównać dochody, to powinniśmy czynić to bezpośrednio, a nie poprzez edukację.

Jeśli mimo wszystko zainteresowanie równością zwraca się dziś coraz bardziej w stronę „organów socjalizacji", to ma to wszakże głębszy powód, który ponownie związany jest z dwuznacznością pojęcia możliwości. Materialna równość szans z formalną równością wobec prawa łączy to, że również w niej chodzi tylko o możliwość. Szansa jest szansą dla kogoś, kto może ją zrealizować. Pojęcie równości szans zakłada nadto pojęcie podmiotu wyposażonego w określone własności, których posiadanie nie może być rozumiane jako wynik sprawiedliwego podziału szans. W sensie arystotelesowskim możliwość jest zawsze korelatem „możności". Istnieje też inne pojęcie możliwości — pojęcie megaryjskie. Wedle tego pojęcia coś jest możliwe, jeśli wszystkie warunki jego urzeczywistnienia są spełnione. W takiej sytuacji jest ono jednak już rzeczywiste. Możliwość i rzeczywistość zostają tu utożsamione. Z tym megaryjskim pojęciem możliwości mamy do czynienia tam, gdzie pojęcie szansy nie odnosi się tylko do warunków materialnych, lecz zostaje spsychologizowane i rozciągnięte na własności samego podmiotu. Dokonuje się tego zazwyczaj za pomocą pojęcia motywacji. Nie wystarczy wówczas, że ktoś ma równe możliwości prawne i materialne, aby się czegoś nauczyć. Ten, kto z nich nie korzysta, nie ma wystarczającej motywacji. Ponieważ jednak inni powinni go byli motywować i tego nie zrobili lub zrobili to źle, to samo niewykorzystanie szansy jest oznaką tego, że ów ktoś nie miał żadnej szansy. „Nie mam motywacji" — słowa te słyszymy dzisiaj od dorosłych studentów, którzy wolą pojmować siebie jako przedmioty niż jako podmioty. Chcą przez to powiedzieć: „Nie mam ochoty. Nie interesuje mnie to, nie chcę". Ale pasywna formuła „Nie ma motywacji" ma tu być obroną przez nasuwającą się odpowiedzią: „A zatem daj spokój", „Zajmij się czymś innym". Własne niewykorzystanie szansy chce się tu przypisać innym jako niesprawiedliwość. I w tym miejscu jesteśmy świadkami transformacji schematu teologicznego: Tradycja augustyńskiej nauki o łasce rzeczywiście mówi, że Bóg nie tyle daje człowiekowi swoją łaskę, ale i że samo jej przyjęcie jest ponownie skutkiem działania łaski. I w tym przypadku miejsce Boga zajmuje społeczeństwo. Tym samym zmienia się jednak funkcja tego toposu. W tradycji teologicznej miał on dawać człowiekowi największą wolność i samodzielność do wyrażania wdzięczności za niezasłużenie dobry los.

Teraz „motywowanie" staje się roszczeniem skierowanym do innych, a przez to przeszkadza właśnie temu, co jest treścią tego roszczenia: móc chcieć. W tym miejscu nie możemy zgłębiać tkwiącego tu teoretycznego problemu. Oczywiście, nie możemy ignorować wyników badań nad socjalizacją (o ile nie płyną one z przesłanek ideologicznych). Wiemy, że indywiduacja, odnalezienie osobowej tożsamości jest wynikiem procesu, który nie jest obojętny na wpływ działalności innych osób. W gruncie rzeczy nowe w tym odkryciu jest tylko słownictwo. O tym, że charakter człowieka kształtowany jest przez wychowanie, wiedziano bowiem zawsze. Pytanie o to, jak odkrycie to wiąże się z innym, niezbędnym dla naszego współżycia przekonaniem, że każdy sam jest podstawą swojego bycia takim, a nie innym, jest fundamentalnym pytaniem Kantowskiej teorii wolności, której również nie możemy analizować w tym miejscu. Przedstawione tu uwagi są zasadniczo natury aporetycznej i mają służyć przygotowaniu nowej dyskusji nad problemem równości szans. Ważne jest natomiast, by dostrzec, że socjopsychologiczne rozszerzenie pojęcia równości szans prowadzi do jego rozkładu. Równe szanse mieliby bowiem wówczas tylko ci, którzy swoje szanse wykorzystali tak samo. Kiedy pojęcie równości szans zostanie użyte krytycznie przeciwko formalnej równości wobec prawa, to tym samym podlega tej samej krytyce, co krytyka pojęcia możliwości jako pozytywnego określenia antropologicznego. Ten, kto pragnie równości, może teraz pragnąć jedynie roztopienia się wszelkiej podmiotowości w homogenicznym procesie kolektywnego opanowywania przyrody.

Wraz ze zniknięciem podmiotowości sam sens żądania równości staje się jednak wątpliwy. Dlaczego właściwie ma istnieć równość? U podstaw żądania równości znajduje się zawsze idea sprawiedliwości, a u podstaw tej idei założenie, że ludzie są już w pewnym aspekcie równi — wobec zwierząt nie musimy być sprawiedliwi — i że tej równości (podobnie jak nierówności) należy oddać sprawiedliwość. Jeśli teza ta zostanie odrzucona jako metafizyczna i przemieniona w socjologiczny postulat równości, którą trzeba dopiero wprowadzić, to sam ten postulat staje się wówczas arbitralny, a ponadto paradoksalny. Służy on przede wszystkim wprowadzaniu nowych nierówności, a mianowicie tych nierówności, które płyną z rozmaitej funkcjonalnej wartości jednostek dla wprowadzenia owego przyszłego stanu równości. Ponieważ człowiek ma dopiero otrzymać swoją godność, dlatego obecne powołanie się na ludzką godność nie może stawiać granic owemu funkcjonalnemu totalitaryzmowi. Równość, która nie jest rozumiana jako ograniczenie nierówności, lecz jako ich totalne przeciwieństwo, przeradza się w nieograniczoną nierówność i przestaje się od niej różnić.

17. Skutki uboczne jako problem moralny

*„Zasada głosząca, że w działaniu należy
lekceważyć konsekwencje, i zasada druga
utrzymująca, że działanie należy oceniać
według następstw i że następstwa te należy uczynić miernikiem tego, co słuszne
i dobre — obie te zasady są w równym stopniu zasadami rozsądkowymi".*

Hegel, *Zasady filozofii prawa*, § 118

Odróżniamy działanie od dziania się. Istotną cechę odróżniającą dostrzegł już Arystoteles i nazwał ją
προαίρεσις (*prohairesis*): wyprzedzeniem, antycypacją.
Oczywiście, cecha ta dostępna jest tylko istotom działającym. Jej postrzeganie zakłada uczestnictwo w procesach interakcji i komunikacji. Antycypacja oznacza
przy tym dwie rzeczy. Po pierwsze: Przewidzenie zdarzeń, które w sposób konieczny lub możliwy następują
po tym, co robię. Po drugie: Wybór jednego z tych skutków i uznanie go za cel. Dopiero przez ten celowy wybór
działanie staje się możliwe [1]. Antycypacja jako przewidywanie nieprzeniknionego splotu skutków raczej uniemożliwiłaby działanie. Przewidywanie obejmuje coś więcej niż zamiar. Widzi ono więcej skutków niż tylko te,
o które chodzi działającemu. Ale i tu nie widzi się
wszystkich skutów. Dlatego złożoność skutków działa-

---

[1] Por. Niklas Luhmann, *Zweckbegriff und Systemrationalität*,
Suhrkamp, Frankfurt/M. 1999.

nia poddana jest podwójnej selekcji: Jednej dokonuje przez przewidywanie, drugiej poprzez zamiar. Selekcja przez przewidywanie nie stanowi ostrej cezury. Przewidywanie rozmywa tym bardziej, im bardziej skutki stają się dalekosiężne lub im bardziej wchłaniają je ogólniejsze struktury i procesy. Działanie obejmuje zatem po pierwsze skutki zamierzone, po drugie skutki przewidziane i brane pod uwagę, a po trzecie skutki nieprzewidziane. Za sprawą tych ostatnich ludzkie działanie ma jednocześnie zawsze charakter dziania się w złożonym procesie świata, a wiedza o tym jest jego częścią. Zamiar i przewidywanie z jednej strony, oraz przewidywanie i całość skutków z drugiej nie pokrywają się. Dla ludzkiego działania ta różnica jest konstytutywna. Ludzka historia jest historią ciągłego rozwiązywania niezamierzonych problemów wypływających z rozwiązywania uprzednich problemów. Nasz problem, tj. problem skutków ubocznych celowego działania, nie jest nowy, ale dzisiaj uzyskał on nowy wymiar. Wydaje się, że długofalowa absorpcja skutków ludzkiego działania przez te poprzedzające je struktury, które nazywamy przyrodą, już się nie udaje. Skutki uboczne ludzkiego działania przyjęły rozmiary, które przekraczają zdolność przyrody do ich absorpcji. Wydaje się, że celowy „aspekt wewnętrzny" działania jest coraz bardziej obojętny w stosunku do jego aspektu dziania się. Odbija się to w umacnianiu się teorii systemów i osłabieniu teorii działania. Długa historia podmiotowości wydaje się zmierzać ku końcowi. Wydaje się, że bardziej aktualny niż Abelard i Kant, którzy definiują działanie przez intencję, jest Edyp, który musi przyjąć odpowiedzialność za to, co robi bez własnej woli.

Ale czy pojęcie odpowiedzialności ma wówczas jeszcze jakiś sens? Za co podmiot działania może być odpowiedzialny? Odpowiedź, która nam się nasuwa, jest nadal taka: za stan, który chciał wywołać przez swoje działanie. Odpowiedź ta jest poantyczna i nowożytna. Edyp wyłupił sobie oczy, ponieważ wbrew swojej woli poślubił swoją matkę. Lukrecja zabiła się, ponieważ została zgwałcona. To jest archaiczne, podobnie jak błogosławieństwo, którego Izaak udziela przebranemu za Ezawa Jakubowi i którego nie możne już mu odebrać. Prawo rzymskie natomiast, a także filozofia Arystotelesa, znają już kategorię zamiaru. Dla stoików o wartości człowieka rozstrzyga wyłącznie zamiar. Autorzy chrześcijańscy, np. św. Augustyn, idą jeszcze dalej. Św. Augustyn gani Lukrecję i te kobiety, które popełniają samobójstwo chcąc uniknąć gwałtu ze strony barbarzyńców: Czystość jest sprawą serca i nie ma nic wspólnego z tym, co dzieje się z nami wbrew naszej woli[2]. To, że jedynie zamiar rozstrzyga o moralności działania, w XII wieku Abelard uczynił fundamentalną tezą filozofii moralnej[3]. Czym jednak jest zamysł? Po pierwsze może nim być świadomy cel działania, czyli subiektywne wyróżnienie tego stanu rzeczy w przyszłym stanie świata, o który wyłącznie chodzi działającemu i w relacji do którego inne stany rzeczy sprowadzone są do statusu środków lub skutków ubocznych. Środkami nazywamy te stany rzeczy, które również z zamysłem powodujemy, a zatem i one są celami, ale tylko dlatego, że są konieczne, aby spowodować ten stan rzeczy, którego właściwie chcemy. Skutkami ubocznymi nazywamy natomiast te stany rzeczy, których właściwie nie chcemy, ale godzimy się na ich jednoczesne spowodowanie dlatego, że są one nierozłącznie związane ze stanem rzeczy, którego chcemy. Gdyby odpowiedzialność opierała się jedynie na zamyśle, to bylibyśmy odpowiedzialni jedynie za środki, które wybieramy dla realizacji naszych celów, ale nie za skutki uboczne. Przeczy temu jednak nasza codzienna praktyka, w której oczekujemy od siebie nawzajem rezygnacji z osiągania pewnych celów z powodu związanych z nimi skutków ubocznych.

---

[2] Św. Augustyn, *Państwo Boże*, tłum. Władysław Kubicki, Antyk, Kęty 1998, ks. I, rozdz. 16, s. 140.

[3] Por. Abelard, *Ethica seu Scito teipsum, Pariologia Latina*, Jacques Paul Migne, vol. 1–221, Paris, 1844–1864, vol. 178.

W prawie karnym pojęcie „*dolus eventualis*" oznacza godzenie się na nieodzowne skutki przy realizowaniu celów. Czy chcemy takich skutków ubocznych, czy też ich nie chcemy? Można by powiedzieć tak: Chcemy sytuacji, której przewidzianym elementem są owe skutki uboczne, gdyż inny element tej sytuacji wyróżniliśmy jako cel. Taki warunkowy zamiar nazywamy też „godzeniem się na skutki uboczne". U podstaw takiego „godzenia się na skutki uboczne" może leżeć świadoma decyzja; może też ono dokonywać się w taki sposób, że — jak to się mówi — „zamykamy oczy" na owe skutki uboczne. To, co nazywamy winą moralną, jest prawie zawsze takim zamknięciem oczu, odwróceniem uwagi od określonej strony naszego działania, którą — nie chcąc narazić naszego celu — wolimy pozostawić temu, co się dzieje samorzutnie z natury[4].

Pozostańmy jednak na razie przy owym „godzeniu się na skutki uboczne", na które decydujemy się w sposób świadomy. Pytanie brzmi: Czy cel działania usprawiedliwia godzenie się na wszelkie skutki uboczne? Pytanie to jest podobne do znanego pytania o to, czy cel uświęca środki, ale nie jest z nim tożsame. Każdy środek sam jest bowiem celem działania. Środek musi być zatem chciany, nie wystarczy godzić się nań. Jeden z przykładów, które najczęściej przytaczane są w moralnej kazuistyce, jest taki: Śmiertelnie choremu człowiekowi można dać zastrzyk z zamysłem skrócenia mu życia, ale można też dać mu zastrzyk uśmierzający ból, którego skutkiem ubocznym jest skrócenie życia. Albo: Atak lotniczy na cele wojskowe może wyrządzić szkody również osiedlom mieszkalnym. Mogą być one jednak również bezpośrednim celem bombardowania terrorystycznego. W tym przypadku mamy do czynienia z działaniem o strukturze środek-cel, w poprzednim zaś ze skutkiem

---

[4] Por. Klee, *Der dolus indirectus als Grundform der vorsätzlichen Schuld* (1906).

ubocznym, z tak zwanym *actus duplicis effectus*[5]. Różnica dotyczy tu tylko subiektywnego zamysłu. Wydaje się, że tylko zamysł — a nie działanie jako zewnętrzne dzianie się — dopuszcza rozróżnienie pomiędzy skutkami głównymi i ubocznymi.

Ale to właśnie jest powodem nieusatysfakcjonowania, które odczuwamy w odniesieniu do tego kazuistycznego odróżnienia. Czujemy, że przyjęcie intencji za miarę moralności działania oznacza w naszym odczuciu, że ludzka zdolność do szczerości obciążona została nazbyt wysokim wymaganiem. „*Diriger l'intention*" — na tym polegała odwołująca się do Kajetana sztuka tych siedemnastowiecznych kazuistów moralnych, których Pascal w swoich *Lettres à un Provincial* przedstawił jako obiekt pogardy. „Możesz robić, co chcesz — brzmiała reguła — o ile tylko uda Ci się kierować słuszną intencją, tj. sprowadzić złe skutki Twego działania do skutków ubocznych celu, który jest moralnie bez zarzutu". Dlatego nauka o ogólnym usprawiedliwieniu przez dobry zamysł jest szkołą nieszczerości, gdyż to, co z istoty jest podmiotową bezpośredniością, intencja, staje się przedmiotem, tj. może być manipulowane. Intencja jest tym, co leży u podstaw działania. Uczynienie z intencji przedmiotu intencjonalnego działania jest równoznaczne z nieszczerością[6]. Piotr Lombard bronił tej teorii wskazując na to, że dobry zamysł, który realizowany jesz za pomocą złych środków, nie jest w istocie dobrym zamysłem, gdyż sam wybór

---

[5] We wtórnej refleksji można jednak każde chcenie środków, które chciane są *tylko* jako środki, zinterpretować jako godzenie się na nie: Godzimy się na to, że musimy chcieć środka, bez którego nie możemy osiągnąć celu — jak człowiek, który podczas sztormu wyrzuca za burtę swój majątek, aby uratować statek przed zatonięciem. Por. Arystoteles, *Etyka nikomachejska*, 1110 a (tłum. Daniela Gromska, BKF, PWN, Warszawa 1956, [2]1982).

[6] Por. Max Scheler, *Der Formalismus in der Ethik und die materiale Wertethik*, w: tenże, *Gesammelte Werke*, hrsg. von Maria Scheler, Manfred S. Frings, Francke, Bonn [5]1956, Bd. 2, s. 48 n.

środków jest częścią zamysłu[7]. Nie dotyczy to jednak w tym samym stopniu skutków ubocznych, których nie muszę przecież z zamysłem powodować. Jezuici mieli wprawdzie rację, gdy bronili się przez zarzutem, że nauczają, iż cel uświęca środki. „Diriger l'intention" oznacza jednak, że zamysł zdejmuje odpowiedzialność za skutki uboczne. To, że zamysł może się stać przedmiotem aktu intencjonalnego, związane jest z teorią wolności, według której wolne są tylko akty świadomego wyboru. Za nasze przekonania możemy być zatem odpowiedzialni tylko wówczas, gdy je „wybieramy" w sposób wolny. Płynie z tego paradoksalna konsekwencja, że intencja, która leży u podstaw tego wyboru, nie jest wolna i nie jest przedmiotem odpowiedzialności, podczas gdy — odwrotnie — „wybrany zamysł" jest tylko innym określeniem wysuniętego na pierwszy plan zamysłu. Wydaje się zatem, że przynajmniej odwołanie się do zamysłu jako jedynej instancji, która może usprawiedliwić działanie, nie jest czymś, co da się wcielić w życie. Zamysł abstrahuje od samego siebie, kieruje się ku czemuś. Owo coś nie jest ponownie zamysłem. Ale wydaje się, że właśnie ono jest tu decydujące. Jeśli jednak odróżnienie celu i skutku ubocznego nie może być zdefiniowane inaczej niż przez odwołanie się do zamysłu, to powstaje wrażenie, że dla etyki nie ma ono znaczenia. Wydaje się, że działający musi odpowiadać za wszystkie skutki swojego takiego-a-nie-innego działania. To jednak oznaczałoby, że odpowiedzialny jest też za wszystko, co wynika z tego, że zrobił A a nie B, tj. działający byłby odpowiedzialny za wszystko, co się działo, a czemu mógłby zapobiec. Rzeczywiście, zaniechanie udzielenia pomocy jest nawet obłożone karą. Jeśli jednak rozszerzymy pojęcia zaniechania, rozciągając je na wszystkie alternatywne, nie wybrane możliwości działania, a także na wszystkie stany świata,

---

[7] Petrus Lombardus, *Libri IV sententiarum* (Quaracchi 1916), s. 522; por. Odon Lottin, *Psychologie et morale aux XIIe et XIIIe siècles*, vol. IV, 3,1, Gemboux 1954, s. 310 n.

których *conditio qua non* jest nasze działanie lub zaniechanie działania, to w obliczu takiej odpowiedzialności nawet najdzielniejszy człowiek westchnąłby za Hamletem: „Czasie zwichnięty! — Jak ci nie złorzeczyć? Po cóż rodziłem się, by cię wyleczyć?"[8]. Kiedy bezpośrednio stajemy wobec wszystkich stanów świata, których powstaniu mogłoby sprzyjać nasze działanie lub zaniechanie działania, to jedynym naszym pocieszeniem jest to, że na dłuższą metę skutki indywidualnych działań zostają włączone w strumień tego, co i tak się dzieje. Jeśli chodzi o zaniechania, to filozofia średniowieczna mogła się uspokajać przynajmniej tym, że pozostawiają one świat takim, jakim byłby i tak, tak że tam, gdzie sens działania nie wydaje się nam wystarczająco jasny, możemy zawsze uciec się do jego zaniechania. Dlatego św. Tomasz z Akwinu wolność takiego lub innego działania, *libertas specificationis*, odróżnia od wolności działania lub niedziałania, *libertas exercitii*[9]. Odróżnienie to zakłada jednak taką wizję świata, w której świat, o ile nie interweniujemy w jego bieg, pozostaje taki, jaki jest. Oczywiście, również św. Tomasz zna pojęcie zaniechania. Ale idea, że każde niedziałanie jest też działaniem, tj. że *libertas exercitii* jest tożsama z *libertas specificationis*, jest wyraźnie nowożytna. Idea odpowiedzialności, której nie da się uniknąć — idea, którą znało już starożytne *polis* — staje się tu uniwersalna: z powodu ἀπραγμοσύνη (*apragmosyne*) Ateńczycy karali śmiercią tego, kto podczas wojny domowej nie zajął stanowiska. W swoim rozumowaniu zwanym „zakładem Pascala" (*le pari de Pascal*), nadał on tej idei sens teologiczny, a tym samym to, co dla starożytności było sytuacją wyjątkową, stało się sytuacją normalną: Niewiara jest nie tylko kontradyktorycznym przeciwieństwem wiary, lecz zarazem jest z nią sprzeczna. Było to bardzo chrześcijańskie. W *Nowym Testamencie* czy-

---

[8] William Szekspir, *Hamlet*, tłum. Maciej Słomczyński, Zielona Sowa, Kraków 1997, s. 43.

[9] Por. np. Św. Tomasz z Akwinu, *Questio disputata de malo* VI.

tamy: „Kto nie jest ze Mną, jest przeciwko Mnie" (*Mt* 12, 30). Dialektyczna idea, według której niedziałanie również jest formą *praxis*, a wszelka *libertas exercitii* jesz zarazem *libertas specificationis*, pochodzi z teologii. Wypowiedzenie tego twierdzenia jest oczywiście wniesieniem roszczenia boskiego, czyli roszczenia do umieszczania ludzkiego działania w absolutnym kontekście, który *istotnie* definiuje wszelkie zachowanie, tj. tak, że konsekwencje, które odnoszą się do tego kontekstu, nie mogą być nigdy uznane za skutki uboczne. Trzeba jednak mieć świadomość tego, co oznacza to twierdzenie wówczas, gdy formułowane jest ze skończonego punktu widzenia: Oznacza ono heteronomię, a tam, gdzie nie zostanie ona zaakceptowana — wojnę. Ciągle na nowo pojawiają się negatywne elementy całościowego stanu świata, które umożliwiają uznanie za zaniechanie każdego działania, które nie zmierza do ich usunięcia. Jeśli ktoś maluje obraz, zajmuje się korygowaniem wydania kwartetów Haydna lub uczestniczy w publicznej dyskusji w Salzburgu na temat irlandzko-szkockich mnichów, to czyni coś niedozwolonego. Jest współwinny za wszelkie złe stany świata, gdyż w tym momencie nie robi nic, aby je zsunąć. U podstaw tej tezy, która jest dokładnym przeciwieństwem definicji działania przez subiektywny zamiar, znajduje się następujące twierdzenie: Zamknięcie oczu nigdy nie jest dozwolone; działający jest w pełni odpowiedzialny za wszelkie przewidywalne skutki swojego działania i niedziałania. Jest odpowiedzialny za tę ogólną sytuację, do której się przyczynił się lub której nie zapobiegł. Wedle tego ujęcia działania nie definiuje przede wszystkim zamysł działającego. Jest raczej tak, że istnieje obiektywna natura działania, wobec której subiektywny cel jest tylko przygodny. Od działającego należy wymagać adekwatnego ujęcia tego obiektywnego sensu działania.

Musimy sobie uświadomić, co oznacza takie ujęcie. Jest nie do utrzymania tak samo, jak pierwsze z omawianych ujęć. Uniemożliwiłoby ono bowiem wszelkie działanie. Działanie umożliwia dopiero selektywna funkcja subiektywnego celu, odciążając działającego od równego traktowania wszystkich skutków swego działania. U podstaw tezy przeciwnej znajduje się wyobrażenie dynamicznego świata, świata jako procesu, w który jesteśmy włączeni wszyscy i za którego przebieg każdy z nas jest odpowiedzialny czy to przez swoje działanie, czy to przez jego zaniechanie. Idea ta była obca dawnej filozofii. Filozofia grecka zakładała, że kosmos jest i pozostaje taki jaki jest bez naszego udziału. Kosmos oznacza porządek, czyli sytuację normalną. Wyjątki da się zdefiniować właśnie jako wyjątki. Inaczej jest tam, gdzie świat jest pojmowany jako postępujący proces, w którym każde stadium jest niepowtarzalne. W takiej sytuacji nie istnieją „przypadki normalne". Teologia chrześcijańska widziała historię jako taki niepowtarzalny, zawierający w sobie kosmos proces. Tym, kto jedynie odpowiada za ten proces, tym, na kim spoczywa odpowiedzialność uniwersalna, jest jednak Bóg. Dla człowieka istnieją natomiast przypadki normalne. Ludzkie działanie nie może tak pokierować tym postępującym procesem, aby jakieś zakłócenie nie mogło być włączone w plan zbawienia jako jego integralna część. Dlatego dla myśli średniowiecznej ludzkie działanie czerpie swój sens i swoją normę nie z odpowiedzialności za całościowy proces, lecz ze specyficznych dla określonych ról reguł, które co najwyżej mogą być interpretowane w sensie utylitaryzmu reguł. Bóg podobny jest do księcia elektora, który dezaprobuje naruszenie reguły przez księcia Homburgu również wówczas, gdy przyczynia się ono do wygrania bitwy. Bóg przez cały czas utrzymuje bieg wszechświata, a człowiek może Mu w tym pomóc tylko pośrednio.

Jeśli jednak wyobrażenie jednolicie ukierunkowanego procesu świata zostanie oderwane od jego teologicznych założeń, to prowadzi ono do idei odpowiedzialności totalnej, która uniemożliwia odpowiedzialne działanie. Moralność totalnej odpowiedzialności jest równie zabójczą abstrakcją, jak czysta moralność intencji. Jeśli nie wolno nam zamknąć oczu na nieskończoną liczbę alternatywnych możliwości i nieskończoną liczbę możliwych aspektów naszego działania, które są niezależne od naszych subiektywnie ustanawianych celów i od normatywnych ram, w jakich rozgrywa się to działanie, to wówczas w ogóle nie możemy działać. Odpowiedzialne działanie zakłada zawsze dobrze zdefiniowaną, tj. skończoną odpowiedzialność, a zatem pewien stopień nieodpowiedzialności. Problem ten stał się dzisiaj palący. Środki masowego przekazu stawiają przed naszymi oczyma wiele ludzkiego cierpienia, któremu w większości przypadków nie możemy zaradzić. Kościoły i inne instytucje moralne kładą nam jednak to cierpienie na sumieniu jako przypadek, do którego stosuje się zasada miłości bliźniego, która zgodnie ze swoją etymologią nie odnosiła się przecież do ludzi od nas odległych. Mogą jednak słusznie wskazać na fakt, że dzisiaj pojęcia tego, co bliskie, i tego, co dalekie, zostały zrelatywizowane. Mogą też wskazań na rosnącą współzależność tego, co dzieje się na świecie. Czy jednak znaczy to, że każdy swój czyn i każde zaniechanie czynu, swoją konsumpcję i pracę, np. również sposób wykorzystania czasu pracy, trzeba mierzyć skutkami dla korzyści społecznej w wymiarze całej ludzkości? Jeśli człowiek spotka się z takim żądaniem, to musi ono doprowadzić do likwidacji idei odpowiedzialności osobistej. Zdania: „Wszyscy razem jesteśmy grzesznikami" i „Wszyscy pójdziemy do nieba" okazują się tu nazbyt bliskie. Idea totalnej odpowiedzialności działającego za wszystkie skutki, które w jakiś sposób wynikają z jego działania i zaniechania działania, a nawet za te wszystkie wydarzenia, które mogłyby nastąpić, gdyby działający postąpił w inny sposób, nie oddaje sprawiedliwości zjawisku odpowiedzialności moralnej w tym samym stopniu, co ograniczenie odpowiedzialności do subiektywnej intencji działającego.

Z dotychczasowych rozważań wynika, że teoria działania, która działającą jednostkę odnosi bezpośrednio do wszystkich zdarzeń naturalnych i historycznych, jest abstrakcją, abstrakcją, która w dużej mierze charakteryzuje przeciętną refleksję nad moralnością, a nie żywą moralność. Zwłaszcza pojęcie zaniechania pokazuje, jak bardzo refleksja ta daleka jest od rzeczywistości. W tej sytuacji warto przypomnieć wyniki subtelnych dyskusji o *actus duplicis effectus* z XVI i XVII wielu. Dyskusje te stanowiły kontynuację teorii św. Tomasz z Akwinu na temat *voluntarium indirectum*[10]. Św. Tomasz pisał, że działający jest odpowiedzialny za skutki zaniechania działania tylko wówczas, gdy „może i powinien działać" (*cum potest et debet agere*[11]). Zakłada to, że powinność (*Sollen*) nie jest prostą funkcją abstrakcyjnego porównania wartości stanów świata, które są następstwem konkretnego działania, lecz niezależną od nich stałą, która ogranicza obowiązek porównywania tych stanów. W XVI wieku hiszpański teolog, Bartłomiej z Messyny, zinterpretował tę powinność w taki sposób, że wynika ona zawsze z partykularnej roli jednostki w społeczeństwie, które opiera się na podziale ról. Przykłady są jasne: Handlarz bronią nie odpowiada za sposób, w jaki użyje jej kupujący, rzeźnik nie odpowiada za świętokradcze użycie mięsa przez kupującego, który jest Żydem, student medycyny nie jest odpowiedzialny za pobudzenie seksualne, które jest wynikiem należącego do jego obowiązków zajmowania się odpowiednimi tematami[12]. Można to odnieść do współczesnych przykładów: Fizyk lub biolog nie odpowiadają za sposób

---

[10] Por. m. in. G. H. Kramer, *The indirect voluntary and voluntarium in causa*, Washington 1953; J. Mangan, *A Historical Analisis of the Principle of Double Effect*, „Theological Studies" (1949), s. 41–61; W. Conway, *The Act of Two Effectes*, „Irish Theological Quartarely" 18 (1951), s. 125–137; Jozef Ghoos, *L'Acte à Double Effet*, „Ephemerides Theologicae Lovaniensis" 27 (1951), s. 30–52.

[11] Św. Tomasz z Akwinu, *Suma theologiae*, I–II, q. 6, a. 3.

[12] Por. Bartolomé de Medina, *Expositio in Primam Secundae Angeli Doctoris*, Salamanca 1578, 9, 74, a. 6 (cyt. za: J. Ghoos, *L'Acte à Double Effet*, cyt wyżej, przypis 10).

wykorzystania ich odkryć. U podstaw tej „subiektywi-
stycznej" tezy znajduje się idea przedustawnej harmonii
systemu społecznego, w którym zakorzenione są specyficzne dla danej roli intencje. Jeśli każdy robi swoje,
to całość musi funkcjonować dobrze, czy też, jak czytamy u Goethego, „Rób to, co należy do ciebie, a reszta
zrobi się sama". Z zasady wyklucza się tu ideę uniwersalnego uwikłania w winę, która likwiduje pojęcie
winy. Gabriel Vasquez reprezentuje natomiast obiekty-
wizm moralny, „etykę odpowiedzialności", według której należy unikać każdego, nawet bezpośredniego, wewnętrznie złego (*intrinsecus malus*) skutku działania[13].
W rzeczywistości jednak Vasquez nie może utrzymać
tej pozycji. Dopuszcza np. przyjęcie lekarstwa, którego
skutkiem ubocznym jest aborcja. Krytykę Vasqueza podejmuje Jan od św. Tomasza. Wymienia on trzy kryteria
moralnego usprawiedliwienia zgody na skutek uboczny,
którego nie wolno chcieć bezpośrednio[14]: 1. Skutek negatywny musi być rzeczywiście „*praeter intentionem*".
(Pojawia się tu zatem problem szczerości.) 2. Skutek
negatywny nie może stanowić *effectus proprius* celu, do
którego zdąża podmiot, lecz tylko skutkiem przypadło-
ściowym: Ta teza wymaga wyjaśnienia. Zakłada ona,
że istnieje coś takiego, jak specyficzna natura działania, która nie musi być tożsama z intencją działającego. W tle tego założenia znajduje się Arystotelesow-
ska teza, zgodnie z którą istnieją istotne i przypadło-
ściowe związki przyczynowe. Rozróżnienie to związane
jest z teleologiczną interpretacją związku przyczynowego: Określone przyczyny mają tendencję do wywoływania określonych skutków. I tak na przykład ogień ma
tendencję do ogrzewania i oświetlania. Jeśli jednak ktoś
tak przerazi się ognia, że dostanie ataku serca, to jest

---

[13] Gabriel Vasquez, *Commentaria et Disputationes in primam secundae partem D. Thomae*, Antwerpen 1621, disp. 73 (cyt. za J. Ghoos,
L'Acte à Double Effet, cyt wyżej, przypis 10).

[14] Por. Johannes a Sancto Thoma, *De bonitate et malitia actuum
humanorum*, Paris 1885.

to skutek przypadłościowy. Ta interpretacja przyczynowości jest antropomorficzna; przenosi ona na nieożywioną przyrodę intencjonalny model skutków głównych i ubocznych. Jan od św. Tomasza mówi zatem: O moralnym usprawiedliwieniu negatywnych skutków ubocznych nie rozstrzyga jedynie subiektywna intencja działającego. To, co zostaje uznane za skutek uboczny, również obiektywnie musi mieć charakter skutku ubocznego. Do tej sprawy, która jest tu najtrudniejsza, będziemy musieli jeszcze powrócić. Na razie przytoczmy jeszcze trzecie kryterium: 3. Wymaganie proporcjonalności. Wychodząc poza pierwsze dwa warunki wymaga się tutaj uwzględnienia skutków ubocznych. Jeśli nie znajdują się ona w rozumnej proporcji do zamierzanego celu, to zgoda na nie może zostać usprawiedliwiona. Skutek uboczny, nawet jeśli subiektywnie i obiektywnie jest rzeczywiście tylko skutkiem ubocznym, nie znajduje się poza polem odpowiedzialności moralnej. Jan od św. Tomasza wprowadza tu pojęcie „wirtualnego chcenia", którym określa to, co nazywamy „godzeniem się na skutek uboczny". W przeciwieństwie do kazuistów myślących w sposób czysto prawniczy, Jan od św. Tomasza wprowadza tu ponadto pojęcie miłości: Domaga się ona np. tego, aby to, co jest zbędne, dać ubogim. Jeśli środki te trwonię na rzeczy luksusowe, to śmierć ubogiego, chociaż jest niezamierzonym skutkiem ubocznym, jest mimo wszystko moją winą.

Musimy zapytać: Czy za pomocą pojęcia miłości nie wysuwa się tu mimo wszystko podważającego wszelką szczegółową odpowiedzialność żądania, aby porównywać ze sobą stany świata jako całości? I czy w ten sposób wprowadzone poprzednio rozróżnienie pomiędzy skutkami głównymi i skutkami ubocznymi nie staje się ponownie iluzoryczne? Tak się wydaje. Ale Jan od św. Tomasza unika idei takiej abstrakcyjnej odpowiedzialności uniwersalnej przez to, że przy interpretacji tego, czego domaga się miłość, odwołuje się wyraźnie do pewnych konwencjonalnych reguł. Na przykład pojęcie tego, co zbędne, nie określa po prostu tego, co przekracza minimum biologicznej egzystencji; literatura scholastyczna określa je zawsze jako to, co nie jest niezbędne do prowadzenia życia „właściwego dla danego stanu". W społeczeństwie stanowym jest to miara, której nie da się dowolnie przesuwać w dół lub w górę. Jeśli zaś chodzi o wymaganie odpowiedniej proporcji, to z jednej strony zawiera ono zakaz powodowania większych szkodliwych skutków niż tego wymaga cel — wymaganie, które dochodzi do głosu na przykład w zakazie przekraczania granic obrony koniecznej. Z drugiej strony może ono też oznaczać, że danego działania zmierzającego do osiągnięcia określonego celu należy w ogóle zaniechać, jeśli jego skutki uboczne są nieproporcjonalne do celu. Jakie są kryteria tej proporcji? Ówcześni autorzy wypowiadają się tutaj niejasno. Zakładają pewien konsens co do hierarchii dóbr, który zakorzeniony jest w prawie naturalnym. Nie musi to być konsens wszystkich, lecz np. Sanchez, poprzednik Jana od św. Tomasza odsyła — w duchu Arystotelesa — do oceny ludzi mądrych i umiarkowanych [15]. U podstaw tego twierdzenia leży założenie — podzielane również przez Kartezjusza — że łatwiej jest osiągnąć uniwersalny konsens w odniesieniu do tego, komu można przypisać kompetencję moralną, niż w odniesieniu do poszczególnych sądów moralnych. Przede wszystkim jednak odpowiedzialność zostaje tu sprecyzowana przez biblijne pojęcie „miłości bliźniego". Na działającym nie ciąży w każdym razie bezpośrednia odpowiedzialność za decyzję dotyczącą różnych stanów świata.

Jeszcze trudniejszy niż problem skutków ubocznych działań jest problem skutków ubocznych ich zaniechania. Zaniechania nie da się bowiem zdefiniować bez odniesienia do *debitum*, ograniczonego zakresu wymaganej odpowiedzialności. Możliwe konsekwencje wszystkich działań, które można by wykonać w określonym

---

[15] Por. Thomas Sanchez, *Opus morale in praecepta decalogi*, Antrwerpen 1624, lib. 1 u. 12.

momencie, są tak złożone, że nie da się ich ogarnąć. Dlatego redukcja tej złożoności przez najszerzej pojęte instytucje jest warunkiem możliwości odpowiedzialnego działania. Z jednej strony obyczaje i prawa definiują pewien obszar, w ramach którego działający ponosi odpowiedzialność za skutki uboczne swojego działania, a także za niedziałanie, które rozumiane jest jako zaniechanie. Z drugiej jednak strony funkcją tych samych instytucji jest uwolnienie działającego od odpowiedzialności za niemożliwą do ogarnięcia złożoność skutków ubocznych jego działania przez to, że one same przejmują tę odpowiedzialność. Ten, kto w czasie inflacji lokuje pieniądze w dobra trwałe, sprzyja tym samym pośrednio rozwojowi inflacji. Oczekiwanie od jednostki rezygnacji z tej ucieczki nie jest jednak sensowne, jeśli nikt nie może jej zagwarantować, że również inni zachowają się podobnie. Dlatego zadaniem państwa jest ustanawianie odpowiednich warunków za pomocą środków politycznych. Jeśli natomiast od przypadku do przypadku, zależnie od stanu koniunktury, mobilizuje się takie rezydua etyczne, jak oszczędność lub hojność, to oznacza to zużywanie etosu. Zadaniem praw jest ustalenie, na ile zakład, który szkodzi środowisku naturalnemu, musi za to zapłacić. Apelowanie do indywidualnej moralności bez takich praw byłoby cyniczne. Instytucje można zdefiniować jako organy neutralizacji złożonych skutków ubocznych naszego działania, co jednocześnie umożliwia samo działanie. W epoce rozwoju przemysłowego, w której skutki uboczne naszej produkcji zaczynają zagrażać warunkom niezbędnym do życia, tematyzacja ekologicznych środków ubocznych staje się centralnym zadaniem instytucji politycznych. Dopiero dzięki takim instytucjonalnym ustaleniom można obiektywnie ustabilizować odróżnienie skutków głównych i skutków ubocznych, skutków istotnych i skutków przypadłościowych — odróżnienie to jest konieczne dla działania, a nie możemy go ani zredukować do podmiotowości działającego, ani zaczerpnąć — tak jak Arystoteles — z teleologicznej teorii przyrody.

W swojej filozofii prawa Hegel odróżnił „ogólną jakość działania" od jego podmiotu zdefiniowanego przez wyabstrahowanie zamiaru, nazywając tę ogólną naturę naturą społeczną[16]. Od rozumnego podmiotu należy wymagać jej znajomości. Kierowanie samochodem po pijanemu jest czynem karalnym, chociaż upicie się jest rzeczą dozwoloną i chociaż człowiek pijany, który siada za kierownicą, nie jest poczytalny. Do istoty rozumności należy możliwość odpowiadania za całość kontekstu działania, który nie wolno dowolnie rozczłonkowywać. Za szczególną wielkość i rzetelność heroicznej samoświadomości świata starożytnego Hegel uważał to, że działający przejmował winę za skutki w całym ich wymiarze. Działanie oznacza bowiem poddanie się prawu skończoności i przypadkowości. Świat nowoczesny jest natomiast dla Hegla chrześcijański, a nie tragiczny. Wprowadza on odróżnienie pomiędzy zamysłem (*Vorsatz*) i zamiarem (*Absicht*). Zamiar skierowany jest na „ogólną naturę" konkretnego czynu, a do niej należą „konieczne następstwa wiążące się z każdym działaniem, nawet wtedy, kiedy tym, co wytwarzam, jest coś jednostkowego, bezpośredniego"[17]. Ta ogólna natura nie realizuje się poza plecami działających podmiotów, lecz są one jej świadome. Zniesienie niezamierzonych przypadkowych skutków jest według Hegla zadaniem instytucji. „Rzeczywiste w swoich szczegółowych przejawach prawo działa jednak w ten sposób, że to, co przypadkowe ze względu na ten czy inny cel, zostaje zniesione"[18]. I tak np. powstanie ubóstwa jest dla Hegla skutkiem ubocznym ogólnego wolnego dążenia do bogactwa w społeczeństwie mieszczańskim. Tego rodzaju

---

[16] Georg Wilhelm Friedrich Hegel, *Zasady filozofii prawa*, tłum. Adam Landman, BKF, PWN, Warszawa 1969, §§ 114–128, zwł. § 120––121, s. 121.

[17] Tamże, § 118, *Uzupełnienie*, s. 376.

[18] Tamże [w polskim wydaniu tego fragmentu *Uzupełnienia* brak].

skutki uboczne mają być zneutralizowane przez insty-
tucję korporacji. Jeśli Hegel nazywa państwo rzeczywistością wolności, to sens tego twierdzenia jest taki:
Nic nie dzieje się za plecami państwa. Państwo robi to,
co chce, i niczego nie robi przez przeoczenie. Tam zaś,
gdzie jego działanie powoduje szkodliwe skutki, to ich
usunięcie jest ponownie jego zadaniem. Państwo działa
widząc. Ono i tylko ono nie ma nigdy prawa do przy-
mknięcia oczu na to, z czym się godzi. Musi próbować
zdobyć możliwie pełną wiedzę na temat skutków zastosowania swoich środków. Dla niego odróżnienie pomiędzy zamiarem, zamysłem, czynem, skutkami głównymi
i ubocznymi nie jest istotne. Dla obywateli państwo nie
jest jednak prawie nigdy celem ich działań, lecz właśnie skutkiem ubocznym. Państwo może powiedzieć:
„Ten, kto nie jest przeciwko nam, jest z nami". Wszelkie
działania, które spełniane są w ustalonych z góry normatywnych ramach, reprodukują bowiem ich obowiązywanie. W konkretnym przypadku jednostka może je
podważać — w miejsce innych celów może za cel swego
działania przyjąć negację tego, co w innych wypadkach
jest ukrytą funkcją jej prywatnego celowego działania:
reprodukcję danej instytucji. Denuncjacja prywatnego
celowego działania jako „prywaty", tematyzacja ukry-
tej funkcji „stabilizacji systemu" jest sensowna tylko
tam, gdzie funkcja ta zostaje zniesiona, gdzie instytucja ma być zanegowana. Nikt nie może bowiem przejąć odpowiedzialności za instytucjonalne warunki ramowe swego działania, które z konieczności reprodukuje przez to, że działając porusza się w ich ramach.
Uwolnienie od odpowiedzialności totalnej jest właśnie
sensem instytucji. To dopiero ona stwarza tę normalność, która pozwala na uznanie skutków ubocznych
właśnie za skutki uboczne i na zdefiniowanie zaniechania działania. W związanej z instytucją władzy nakłada-
nia sankcji chodzi zaś o to, aby z buntem przeciw normalności związać takie skutki uboczne dla jednostki,
które są dla niej na tyle uciążliwe, że osiągnięcie celów

działania nie może ich zrównoważyć. Znaczy to, że w ten sposób instytucja wymusza wzięcie pod uwagę określonych indywidualnych skutków ubocznych. Sytuacjami kryzysowymi są natomiast takie sytuacje, w których pojęcie normalności traci swoją oczywistość, w których sporne staje się to, kto określa odróżnienia pomiędzy skutkami głównymi i skutkami ubocznymi i kto definiuje zaniechanie działania.

Nie jest jednak tak, że działanie państwa nie powoduje niezamierzonych skutków ubocznych. Wiedza i władza państwa są skończone. W swojej wczesnej rozprawie o prawie naturalnych Hegel uczynił z tego argument przeciw idei państwa światowego. Każde państwo jest skończone, czyli — pomimo swego roszczenia do absolutności — częściowe ślepe. Jeśli jednak państwo przeciwstawia sobie ten los jako coś zewnętrznego, np. potencjalnego wroga widzi i uznaje tylko jako wroga zewnętrznego, to w swoim wnętrzu pozostaje wolne od skończoności. Również upadek staje się jego udziałem tylko w ten sposób, że świadomie ryzykuje go w walce i w wolności. Państwo światowe — taka jest teza Hegla — wcieliłoby natomiast w siebie moment płynącej z losu skończoności jako śmiertelną truciznę[19].

Marksizm odrzucił to zastrzeżenie. Relację ruchu rewolucyjnego do historii świata rozumie tak, że ów ruch realizuje bezpośrednio sens historii. Nie ma w nim momentu skończoności. Również porażki są tylko etapami na drodze do zwycięstwa. Podmiot tego ruchu, klasa robotnicza, w odróżnieniu od konkretnego państwa nie może zostać zniszczona. Dla partii, która dysponuje wiedzą o historii, nie istnieją zatem żadne skutki uboczne i żaden los. Partia widzi wszystko. „Partia ma 1000 oczu". Ale widzenie to jest nazbyt szerokie. Wiara, które leży u jego podstaw, upada najpóźniej wówczas, gdy dwie konkurujące ze sobą grupy wnoszą roszcze-

---

[19] Georg Wilhelm Freidrich Hegel, *Über die wissenschaftlichen Behandlungsarten des Naturrechts, Werke* I: *Frühriften*, Suhrkamp, Frankfurt/M. 1986, s. 536.

nie do realizacji sensu historii. Wyniku tej konkurencji żadna z grup nie może przewidzieć, proces ten jest zatem czymś, co powstaje z natury; nie ma podmiotu, lecz jest rezultatem strategicznego działania dwóch podmiotów i wobec ich intencjonalnego działania okazuje się przypadkowy. Przede wszystkim jednak: Według teorii marksistowskiej celem dziejowego procesu jest przekształcenie gatunku ludzkiego w jednorodny podmiot stopniowego opanowywania przyrody. W tej wizji przyroda okazuje się tylko obiektem władzy. U Marksa terminem na wszechogarniający system rzeczywistości nie jest kosmos, lecz *praxis*. W dialektycznym materializmie Engelsa sama *praxis* zostaje pojęta jako zdarzenie w ramach historii naturalnej, ale takiej historii naturalnej, w której opanowanie przyrody przez człowieka osiąga najwyższą jakość, staje się przejrzyste dla samego siebie. Tymczasem ostatnio wszystkie rozwinięte kraje przemysłowe uświadomiły sobie, że proces kolektywnego opanowywania przyrody dochodzi do ostatecznych granic. Skutki uboczne tego procesu są takie, że nie mogą ich już zrekompensować nowe i jeszcze głębsze interwencje, i nie istnieje taki kolektywny cel ludzkości, który usprawiedliwiałby godzenie się na wszelkie skutki uboczne. Zdolność przyrody do neutralizacji i absorpcji tych skutków ubocznych jest bowiem tak ograniczona, jak sama przyroda. Ten wgląd może nas prowadzić do nowej wizji tego, czym jest moralność: Nie istnieją takie cele, ze względu na które moglibyśmy interpretować funkcjonalnie elementarne reguły moralności, tj. ze względu na który moglibyśmy wszystkie inne skutki uznać za skutki uboczne. Nie tylko „człowieczeństwa" w osobie każdego innego nie wolno używać tylko jako środka, lecz zarazem należy je traktować jako cel: *nie możemy i nie wolno nam niczego traktować tylko jako środek.*

Z jednej strony nie możemy uwzględniać wszystkich skutków ubocznych, ale z drugiej strony wobec zagrożeń dla ludzkości nieodpowiedzialne byłoby też unika-

nie tylko znanych i udowodnionych skutków ubocznych. Nowożytna, probabilistyczna reguła rozłożenia
ciężaru dowodowego „*in dubio pro libertate*" zakłada, że
ludzkie działanie nie zakłóca kosmosu. Odwrócenie tej
reguły sprawiłoby, że życie godne człowieka stałoby się
niemożliwe. Jeśli wobec tej sytuacji mielibyśmy sformułować fundamentalną regułę etyczną, to musiałaby
ona płynąć z wglądu, że *optimum* czegoś nie jest nigdy
jego *maximum*. Mogłaby to być zatem najstarsza reguła
etyki greckiej: „Niczego za wiele".

18. O niemożliwości uniwersalnej etyki teleologicznej (1981)

Czy czyny są dobre i złe dlatego, że ich skutki polepszają lub pogarszają jakość świata jako całości, czy też dlatego, że niezależnie od całości ich skutków same mają określone jakości, na podstawie których przypisujemy im predykaty moralne? Dyskusja na ten temat prowadzona jest współcześnie pod hasłami: „teleologiczne lub deontologiczne uzasadnienie moralności" czy też jako „debata o utylitaryzmie". Od kilku lat debata ta prowadzona jest też w ramach katolickiej teologii moralnej, gdzie wielu autorów akceptuje tezę, zgodnie z którą „rachunek dóbr" jest uniwersalną formą refleksji moralnej, a deontologiczny relikt tzw. *actus intrinsice malus* musi ustąpić wobec tej formy refleksji[1].

W istocie problem ten jest tak stary, jak sama filozofia praktyczna. Refleksja filozoficzna zaczyna się wówczas, gdy obowiązujący system norm traci swoją oczy-

---

[1] Bibliografia tej filozoficznej debaty jest obszerna. Jeśli chodzi o jej recepcję w teologii niemieckiej, to najważniejsza jest rozprawa Bruno Schüllera, *Die Begründung sittlicher Urteile*, Patmos, Düsseldorf 1973; por też. Franz Böckle, *Fundamentalmoral*, Kösel-Verlag, München 1977, s. 306 n.; tenże, *Wege analytischer Argumentation*, w: *Handbuch christlicher Ethik*, hrsg. von Anzelm Hertz i in., Herder, Freiburg i. Br. 1978, zwłaszcza 74 n.; Franz Scholz, *Wege, Auswege und Umwege der Moraltheologie*, Don Bosco Verlag, München 1976. Zwłaszcza F. Böckle podkreśla, że wspólne cechy etyki utylitarystycznej i teologicznej dotyczą tylko „normatywnych sądów o słuszności działania w przestrzeni międzyludzkiej", a nie kwestii ostatecznego uzasadnienia i hierarchii wartości. Ponieważ jednak nowszy utylitaryzm zasadniczo pozostawia te kwestie na boku, ograniczenie to nie ma istotnych konsekwencji.

wistość. Refleksja ta ma najpierw formę „teleologicznej" krytyki lub rekonstrukcji tych norm. Greckie pojęcie φύσις (physis) pełniło zrazu funkcję teleologicznej miary krytyki norm. Obowiązujące normy — nauczali sofiści — są tylko konwencjonalnymi ustaleniami. Zgodnie z naturą człowiekowi chodzi o zawsze o maksymalizacją przyjemności, „moralność naturalna" musiałaby zatem być funkcjonalnie odniesiona do tego telos. Jeśli Platon i Arystoteles krytykują hedonistyczny teleologizm, a wraz z pojęciem „pięknego czynu" rozpoczynają rehabilitację etyki niefunkcjonalnej, to nie oznacza to porzucenia pojęcia telos. Jest raczej tak, że nowa „deontologia" opiera się na teleologicznym pojęciu physis człowieka. Ponieważ człowiek — naucza Platon — z natury realizuje swoją istotę przez uczestnictwo w tym, co piękne i dobre, dlatego piękne czyny są „dla niego" dobre nawet wówczas, gdy nie przynoszą mu żadnej innej korzyści. Czym jednak są „piękne czyny"? Kiedy Platon określa je od strony treści, to w świetle namysłu teleologicznego nie są one ukierunkowane na maksymalizację przyjemności, lecz raczej na pożytek społeczny.

Do istoty refleksyjnego uzasadnienia norm należy to, że prowadzone jest ono teleologicznie. Dotyczy to również Kanta. Jak wiadomo, Kantowski imperatyw kategoryczny nakazuje człowieczeństwo zarówno we własnej osobie, jak i w osobach wszystkich innych traktować zawsze jako cel w sobie (Selbstzweck). Kant wyprowadza stąd jednak następnie wniosek o absolutnym złu określonych sposobów działania; dlatego też uważa się go zazwyczaj za prototyp „deontologa". Jeśli wszelka etyka filozoficzna — o ile przedstawia argumenty, a nie po prostu stwierdza, że coś obowiązuje — jest teleologiczna, to wydaje się, że umieszczenie spornych kwestii w ramach rozłącznej alternatywy „teleologia — deontologia" nie jest sensowne. To nie teleologia jest kontrowersyjna, lecz jedna z jej form, a mianowicie utylitaryzm. Chodzi przy tym o tę postać etycznej teleologii, która relację działania moralnego do jego celu ujmuje w aspekcie rachunku zysków i strat czy też maksymalizacji pożytku, co oczywiście musi poprzedzać ocena miary tego, co można uznać za pożytek. Jeśli w końcu XIX wieku Rudolf Paulsen zastąpił pojęcie utylitaryzmu przez pojęcie teleologii, to uczynił tak dlatego, że anglosaski utylitaryzm w swojej klasycznej formie za cel działania moralnego i za miarę oceny pożytku uznawał tylko zwiększanie kolektywnej przyjemności, *pleasure*. Przynajmniej od czasu Georga Edwarda Moore'a istnieje jednak forma utylitaryzmu, którą Ross nazywa „utylitaryzmem idealnym"[2]. Za cel uznaje on po prostu optymalizację, pomnażanie wartości, przy czym wartości moralne nie mogą być oczywiście brane pod uwagę jako postawa oceny, gdyż w przeciwnym razie definicja moralności byłaby cyrkularna. W nowszej literaturze anglosaskiej pojęcie utylitaryzmu odnoszone jest do każdej etyki, która rozumiana jest jako strategia optymalizacji, gdyż tylko ono — w odróżnieniu od pojęcia teleologii — jest wystarczająco ostre, aby móc określić jej specyficzną różnicę w stosunku do innych form uzasadnienia moralności[3].

---

[2] William David Ross, *The Right and the Good*, Oxford University Press, Oxford 1930; por. George Edward Moore, *Grundprobleme der Ethik*, Beck, München 1975; tenże, *Principia ethica*, Cambridge University Press, Cambridge 1903, (wyd. niem. *Principia ethica*, Reclam, Stuttgart 1970). W *Formalismus in der Ethik und die materiale Wertethik* (*Gesammelte Werke*, hrsg. von. Maria Scheler, Manfred S. Frings, Bd. 2, Francke, Bonn [5]1956) Max Scheler stwierdza, że w znacznej mierze zgadza się z Moorem. Skłonność „filozofów wartości" do przejmowania utylitarystycznego sposobu myślenia przy przejściu do etyki normatywnej wymagałaby osobnej analizy.

[3] Por. Marcus Singer, *Verallgemeinerung in der Ethik. Zur Logik moralischen Argumentierens*, Suhrkamp, Frankfurt/M. 1975, s. 231: „Upraszczając utylitaryzm można zdefiniować jako pogląd, zgodnie z którym słuszność lub niesłuszność działania zależą wyłącznie od jego (rzeczywistych lub prawdopodobnych) skutków. Wedle tego ujęcia działanie jest słuszne wtedy i tylko wtedy, gdy sprawia lub prawdopodobnie sprawia, przynajmniej tyle samo «dobra», co jakiekolwiek inne działanie, które mógłby wykonać działający, podczas gdy działanie jest obowiązkowe wtedy i tylko wtedy, gdy sprawia lub prawdopodobnie sprawia więcej «dobra» niż jakiekolwiek inne działanie, które mógłby wykonać działający [...] Różne odmiany utylitaryzmu są tylko różnymi ujęciami procedury, która w najlepszy sposób ma prowadzić

To, że alternatywa rozłączna „teleologia — dentologia" nie ujmuje tej różnicy, można pokazać w sposób następujący: Nieraz twierdzi się, że teleolog ocenia działania według ich skutków, podczas gdy deontolog pomija je. Tak jednak nie jest. Zdefiniowanie działania nie jest bowiem w ogóle możliwe bez uwzględnienia określonych skutków. Działanie oznacza zamierzone wywoływanie pewnych skutków. Jeśli ktoś pomija wszelkie skutki, to w ogóle nie działa. Od definicji danego działania zależy to, jakie skutki określonych ruchów ciała należą do samego opisu działania, a jakie uznane zostaną za skutki uboczne. To samo działanie można opisać słowami: „Piotr otwiera okno", „Piotr wietrzy pokój" lub też „Piotr wypuszcza papugę"[4]. Ten, kto uznaje pewne działania za złe w każdych okolicznościach, nie myśli zatem nieteleologicznie, nie izoluje określonego ruchu ciała uznając go za dozwolony lub niedozwolony, lecz jedynie wybiera kontekst, który rozstrzyga o sądzie moralnym, taki kontekst, który jest mniej złożony niż wszechświat. Mówiąc dokładniej, wybiera kontekst w taki sposób, aby mógł on wejść w opis pewnego specyficznego typu działań. Dlatego nieutylitarystyczne, „deontologiczne" jest — na przykład — nie tylko bezwarunkowe odrzucenie wszelkiego mówienia nieprawdy, lecz również wszelkie bezwarunkowe odrzucenie *określonego typu mówienia nieprawdy*, np. bezwarunkowe odrzucenie kłamstwa, które narusza uzasadnione zaufanie kogoś innego czy też bezwarunkowe odrzucenie kłamstwa przynoszącego komuś szkodę. Z utylitarystycznego punktu widzenia bowiem takie przynoszące szkodę kłamstwo może być częścią uniwersalnej strategii optymalizacji. Nawet zdradzając Jezusa Judasz mógł spowodować Jego śmierć, mając na celu zwycięstwo

---

do ustalenia skutków, do ustalenia tego, co jest «dobre», i tego, jak należy to ustalać".

[4] Por. przenikliwe analizy na temat problemu opisu działania w: David Lyons, *Forms and Limits of Utilitarism*, Calderon Press, Oxford 1965, s. 30–61.

Jego sprawy czy też przyczynienie się do odkupienia ludzkości. Nie wydaje się jednak, aby słowa Jezusa: „Wprawdzie Syn Człowieczy odchodzi, jak o Nim jest napisane, lecz biada temu człowiekowi, przez którego Syn Człowieczy będzie wydany" (*Mt* 26, 24) dopuszczały takie „strategiczne" rozumienie moralności.

Musimy zatem stwierdzić: Jeśli pojęcia „utylitarystyczny" i „deontologiczny" mają stanowić alternatywę rozłączną, to „deontologiczną" musimy nazywać wszelką ocenę działania tylko na podstawie takiego *telos*, który nie jest tożsamy z optymalizacją całościowego stanu świata i dlatego nadaje się do specyficznego opisu określonego typu działania; „utylitarystyczny" jest natomiast wybór tego całościowego stanu — w aspekcie jego optymalizacji — jako punktu odniesienia każdego sądu moralnego. To właśnie, a nie „teologia" stanowi jądro dyskusji. Problemu tego nie ujmuje również rozłączna alternatywa „etyki intencji" i „etyki odpowiedzialności". Do takiej alternatywy odnoszą się słowa Hegla: „Zasada głosząca, że w działaniu nie należy zważać na konsekwencje, i zasada druga utrzymująca, że działanie należy oceniać według następstw i że następstwa te należy uczynić miernikiem tego, co słuszne i dobre — obie te zasady są w równym stopniu zasadami rozsądkowymi"[5]. Jak zatem można rozstrzygnąć kontrowersję tego rodzaju? Co może służyć jako instancja falsyfikująca lub potwierdzająca teorię moralną? Wydaje mi się, że kryteria te można zredukować do dwóch. Po pierwsze spójność teorii: Teoria nie może wymagać działań, które bezpośrednio powodują przeciwieństwo tego, co zgodnie z tą teorią zamierza uczynić działający. Drugim kryterium jest zgodność rezultatów z odczuciem moralnym; teoria ma być bowiem jego rekonstrukcją. Wydaje się, że ta ostatnia instancja nie jest wystarczająco jednoznaczna. Do pewnego stopnia jest

---

[5] Georg Wilhelm Friedrich Hegel, *Zasady filozofii prawa*, tłum. Adam Landman, BKF, PWN, Warszawa 1969, § 118.

historycznie zmienna, zwłaszcza jeśli chodzi o jej konkretne wskazania. Instancja ta nie jest spójna, tak że rekonstrukcja filozoficzna musi mieć zarazem charakter jej krytyki. Nie mamy tu ponadto do czynienia z niezależną od teorii daną naturalną; pomiędzy odczuciem moralnym i jego teoriami zachodzi interferencja, która może zarówno oświecać, jak i wprowadzać w błąd, zarówno udoskonalać, jak i niszczyć. Filozofia moralna nie dysponuje jednak żadną inną instancją weryfikacji niż taki przedteoretyczny sąd moralny, ów „fakt rozumu", do którego musiał się w końcu odwołać Kant jako do ostatecznej, niededukowalnej przesłanki etyki.

Rozstrzygnięcie fundamentalnych debat filozoficznych jest jednak łatwiejsze — a czasami dopiero w ogóle możliwe — wówczas, gdy najpierw wyjaśniona zostanie kwestia rozkładu ciężaru dowodowego i obowiązku uzasadnienia. Jest to niezbędne przede wszystkim w przypadku kwestii moralnych, gdyż nie wchodzi tu w grę rozwiązanie sceptyczne. Tak czy inaczej musimy bowiem działać. Brak rozstrzygnięcia jest niemożliwy przynajmniej wówczas, gdy wraz z Arystotelesem przyjmiemy, że etyka filozoficzna nie jest po prostu *refleksją* nad działaniem, lecz ma je *ukierunkowywać*. Utylitaryzm nie może wnosić roszczenia, że adekwatnie odzwierciedla proste, dane w sumieniu doświadczenie powinności. Żaden utylitarysta nie będzie zapewne utrzymywał, że u podstaw tego doświadczenia leży uniwersalna refleksja teleologiczna dotycząca wszelkich możliwych alternatyw działania. Utylitaryzm jest próbą racjonalnej rekonstrukcji, porównywalną z rekonstrukcją żywego organizmu w teoriach fizyczno-chemicznych czy też w modelach cybernetycznych. Próba ta nie odnosi się — tak jak teorie oświeconego egoizmu z XVII i XVIII wieku — do formy przekonań moralnych, lecz do ich treści. Ścisły rozdział formy i treści jest właśnie jedną z charakterystycznych cech zarówno utylitaryzmu, dla którego miarą jest *pleasure*, jak i utylitaryzmu „idealnego". Świat zostaje podzielony na dwie części: Z jed-

nej strony mamy możliwe indywidualne podmioty moralne, a z drugiej strony uniwersum wartości i dóbr pozamoralnych; stałe pragnienie ich maksymalizacji kwa-
lifikuje indywidualne podmioty jako podmioty moralne.
„Relacje moralne", zaufanie, przyjaźń, małżeństwo, rodzina, Kościół, wspólnota polityczna jako wartości pozamoralne odróżnione są od aktów, które są ich nośni-
kami, wyrażają je, utrzymują i reprodukują. Dlatego nie
są reprezentującymi to, co bezwarunkowe, całościami,
które mają sens same w sobie, lecz są dla działającego
tylko cząstkowymi elementami uniwersalnego zbioru
wartości i dóbr, które należy maksymalizować.

Nie możemy tu analizować fundamentalnych kwestii
ontologicznych i aksjologicznych, które ta kontrowersja implikuje. Chodzi nam tu przede wszystkim o problem rozdziału ciężaru dowodowego, a z tego punktu
widzenia rzeczy mają się następująco: Naiwna świadomość moralna jest zawsze „deontologiczna" w tym sensie, że bezwarunkowość powinności moralnej konkretyzuje się dla niej bezpośrednio w pewnym konkretnym obowiązku. W tym sensie, już powiedzieliśmy na
początku, „deontologia" nie jest teorią moralną, lecz
fenomenologią świadomości moralnej. Teorie są natomiast próbami rekonstrukcji, które odróżniają formę
i treść powinności moralnej, próbując ustanowić między nimi więź dedukcyjną. Taką teorią jest utylitaryzm
i dlatego na nim spoczywa ciężar dowodu. Musi wykazać, że bez uciekania się do strategii immunizacji udaje
mu się dokonać takiej rekonstrukcji. Jeśli mu się to
nie udaje, to pierwotny deontologiczny fenomen bezpośredniego konkretnego doświadczenia powinności powraca na nowo, niezależnie od tego, czy innej teorii uda
się zrealizować systematyczno-dedukcyjne roszczenie
o podobnym stopniu ścisłości, czy też samo roszczenie
rekonstrukcji okaże się nazbyt ambitne[6]. Możemy tu

---

6 Każda z konkurujących teorii musi jednak zawierać odpowiedź
na pytanie o kolizję obowiązków, który leży u podstaw przynajmniej
teologicznej recepcji utylitaryzmu.

wskazać na analogię z filozofią teoretyczną: Na tym, kto twierdzi, że pies biegnie do wody dlatego, że odczuwa pragnienie, nie spoczywa taki sam ciężar dowodowy, jak na kimś, to chce zastąpić to wyjaśnienie przez biochemiczną rekonstrukcję tego fenomenu.

Dyskusje z ostatnich dziesięcioleci pokazały, że utylitaryzm — również „utylitaryzm idealny", „utylitaryzm wartości" — nie jest w stanie zrealizować swego roszczenia. Jest tak przynajmniej z pięciu powodów:

1. Utylitaryzm nie spełnia warunków spójności i niesprzeczności. W pewnych sytuacjach postawa utylitarystyczna okazuje się kontraproduktywna, tj. wywołuje przeciwieństwo tego, do czego zmierza.

2. **Wyprowadzenie konkretnego sądu moralnego** z przesłanek utylitarystycznych, tj. uniwersalnoteleologicznych, nie jest możliwe bez przyjęcia dodatkowych założeń, których nie da się uzasadnić teoretycznie.

3. Uniwersalna teleologia znosi konstytutywne dla wszelkiej świadomości moralnej odróżnienie imperatywów technicznych i moralnych. W kwestii norm materialnych sumienie zostaje poddane rozumowi instrumentalnemu.

4. Niektórych podstawowych zasad wszelkiej moralności, np. zasady sprawiedliwości, nie da się wyprowadzić z założeń utylitarystycznych, co więcej, zostają one przez konsekwentną uniwersalną teleologię zniesione.

5. Utylitaryzm w sposób systematyczny stawia działającego wobec zbyt wysokich wymagań. *In concreto* jego nauka o sytuacyjnym uwarunkowaniu wszelkich obowiązków prowadzi do odciążenia sumienia.

Przed krótkim uzasadnieniem tych pięciu tez trzeba tu jeszcze dodać uwagę na temat relacji pomiędzy utylitaryzmem reguł i utylitaryzmem zasad, tak aby przedmiot krytyki był dostatecznie jednoznaczny. Tak zwany „utylitaryzm reguł" jest pomocniczą konstrukcją, która ma pozwolić na uniknięcie szybko ujawniających się niedostatków utylitaryzmu. Utylitaryzm reguł nie pojmuje działania moralnego jako działania, które w sposób bezpośredni stawia sobie za cel optymalizację świata; jest ona tu zapośredniczona przez regułę, której ogólne obowiązywanie przyczynia się do optymalizacji. I tak na przykład w książce Kleista *Prinz von Homburg* książę elektor argumentuje zgodnie z utylitaryzmem reguł, karząc za nieposłuszeństwo, które doprowadziło do zwycięstwa. Jego argument jest taki: Jest jeszcze wiele bitew do wygrania i na dłuższą metę naruszenie wojskowego posłuszeństwa ma większy ciężar gatunkowy od jednej wygranej bitwy. Chociaż każdy dobrze rozumiany utylitaryzm musi uwzględnić moment reguły, to przecież utylitaryzm reguł nie stanowi rzeczywistej alternatywy wobec utylitaryzmu działań. Jest on bowiem albo konsekwentną postacią utylitaryzmu działań, albo wykracza poza utylitarystyczną teleologię uniwersalną i staje się szczególnie rygorystyczną formą myślenia deontologicznego. W swojej wersji utylitarystycznej utylitaryzm reguł oznacza tylko to, że działający powinien rzeczywiście wziąć pod uwagę wszelkie skutki swoich działań w całej ich złożoności. Jednym z tych skutków jest wzmocnienie lub osłabienie reguł działania — przez wprowadzenie przyzwyczajenia, przez ustanawianie precedensów czy przez przykład dawany innym — których ogólne przestrzeganie musi być elementem strategii optymalizacji. Jeśli jednak działanie niezgodne z regułami nie ma takiego efektu — np. dlatego, że pozostaje niezauważone, lub też dlatego, że nad negatywnym skutkiem niewielkiego osłabienia reguły znacznie przeważa ogólna korzyść płynąca z czynu niezgodnego z regułą — wówczas działanie takie jest dozwolone lub nakazane. W utylitarystycznym rozumieniu utylitaryzmu reguł pojedyncze działanie nadal jest bezpośrednio odnoszone do wszystkich jego skutków — a wzmocnienie lub osłabianie reguły jest tylko *jednym* z nich — tak że w rzeczywistości utylitaryzm reguł nie jest niczym innym, jak dobrze rozumianym utylitaryzmem działania. Jeśli jednak uogólniona dobroczynna reguła zobowiązuje *bezwarunkowo*, czyli również wówczas, gdy jej na-

ruszenie nie miałoby skutków dla jej dalszego obowiązywania lub też jej pozytywny skutek byłby nieporównywalnie większy niż negatywny skutek jej naruszenia,
to oznacza to, że opuściliśmy już płaszczyznę utylitaryzmu czy też teleologii uniwersalnej. Refleksja utylitarystyczna pełni tu tylko funkcję „rozumu sprawdzają-
cego prawa"[7] w ramach normowania deontologicznego.
Najlepszym przykładem jest tu Kant, który uogólnienie
maksymy *testuje* teleologicznie i przy pozytywnym wyniku testu w odniesieniu do konkretnego działania całkowicie pomija te skutki, które wykraczają poza skutki
bezpośrednie. Kant nie jest tu osamotniony; podobnie
postępuje św. Tomasz z Akwinu. Naucza on, że to, czego
należałoby sobie życzyć *„ut in pluribus"* — np. nieroze-
rwalność małżeństwa ze względu na skutki rozwodu dla
dzieci — zobowiązuje również wówczas, gdy w konkretnym przypadku pozytywny skutek nie zachodzi; to, co
pożyteczne *„ut in pluribus"*, jest bowiem „zgodne z naturą" również wówczas, gdy w konkretnym przypadku
nie daje to pożytku[8]. Mamy tu do czynienia z takim typem „utylitaryzmu reguł", który utylitarystycznie normuje tylko *regułę* działania, ale nie *samo* moralne działanie; dlatego nie można go uznać za formę utylitaryzmu czy teleologii uniwersalnej. To bowiem, że *zawsze* należy przestrzegać pewnych norm, które zostały
uzasadnione teleologicznie w sposób uniwersalny, nie
jest tu już teleologicznie uzasadniane w sposób uniwersalny. Dlatego pięć wymienionych powyżej tez wraz
z ich uzasadnieniem odnosi się wyłącznie do ulepszo-
nego przez uwzględnienie momentu reguły utylitaryzmu działań, a nie do utylitaryzmu reguł, który przechodzi w „deontologię". Dyskusja z tym ostatnim wykracza poza zakres tego artykułu.

---

[7] Por. Georg Wilhelm Friedrich Hegel, *Fenomenologia ducha*, tłum.
Adam Landman, BKF, PWN, t. I, Warszawa 1963, s. 474.

[8] Por. np. Św. Tomasz z Akwinu, *Summa contra gentiles* III, q. 125:
„Sicut naturalis inclinatio est ad ea quae sunt ut in pluribus, ita et
lex posita est secundum id quod in pluribus accidit".

Ad 1. Można sobie wyobrazić przypadki — i są takie przypadki — w których utylitarystyczna reguła działania prowadzi do gorszych skutków niż przekonanie deontologiczne. Chodzi tu zwłaszcza o przypadki interakcji, w których kierujący się złą intencją partner działania może wymusić na utylitaryście dokonanie działań ze złymi skutkami, np. zabicie człowieka niewinnego, grożąc mu jeszcze gorszymi skutkami — i to nieporównywalnie gorszymi niż skutki ulegania szantażowi. Reguła „Nigdy nie ulegaj szantażowi" jest nieuzasadniona nie tylko w ramach utylitaryzmu; również nieutylitarysta nie chciałby uczynić z niej reguły obowiązującej bezwarunkowo. Powiedziałby tylko: „Nigdy nie ulegaj szantażowi, poprzez który chce się wymusić na tobie działania, które są z natury złe". Można też przypuszczać, że reguła ta uchroni tego, o kim wiadomo, iż jej przestrzega, od pewnych form szantażu. Ponieważ zaś wymuszanie szantażem złych działań przez groźbę jeszcze gorszych działań — zwłaszcza że w interesie przyszłej wiarygodności szantażysty groźba ta często jest realizowana — jest czymś złym również z utylitarystycznego punktu widzenia, powstaje taka oto paradoksalna sytuacja, że utylitarystyczna reguła działania wywoduje gorsze skutki niż przekonanie deontologiczne[9].

Przeciw temu przekonaniu nie przemawia zarzut, że takie przypadki zdarzają się rzadko. Sam fakt, że jest to możliwe, że paradoks tego rodzaju może powstać, znosi tę zasadę jako zasadę. Dlatego rachunek dóbr może w większości przypadków pozostać rozumną formą urzeczywistniania postawy moralnej. Jeśli jednak da się skonstruować choćby jeden przypadek tego rodzaju, nie może być podstawową i zasad-

---

9 Por. David H. Hodgson, *Consequences of Utilitarianism*, Calderon Press, Oxford 1967, s. 80 n.: „It may be of a greatest utility that one accepts certain rules as obligatory, even though there are circumstances in which it would be of disutility to act upon such rules. The explanation for this is that one's acceptance of such rules could prevent these circumstances arising". Por. też: Elisabeth Anscombe, *Modern Moral Philosophy*, „Phylosophy" 33 (1958).

niczą formą tego urzeczywistniania. Tym bardziej nie można tu przedstawić przeciwnego rachunku, który pokazywałby, że również nieutylitarystyczne przekonania moralne mogą mieć negatywne skutki. Jeśli moralność nie jest rozumiana jako strategia optymalizacji, to argument ze skutków nie jest kluczowym zarzutem; jest on co najwyżej argumentem *prima facie*, argumentem, który może stanowić rację do kontroli odpowiedniej normy.

Ad 2. Z zasad uniwersalnoteleologicznych można wywnioskować konkretne wskazówki dotyczące działania tylko z pomocą dodatkowych założeń, które albo nie są uzasadnione, albo prowadzą do faktycznej rezygnacji z uniwersalnej zasady teleologicznej. Poprawne wywnioskowanie takich wskazówek wymagałoby wiedzy nieskończonej. Działający podmiot musiałby, po pierwsze, dysponować wiedzą o wszelkich możliwych całościowych stanach świata — i to w każdej chwili bezpośrednio po działaniu. Ale nawet to nie wystarczy. Jakość konkretnego ludzkiego życia nie jest bowiem niezależna od kolejności jego stanów. Wiedza musiałaby zatem dotyczyć wszelkich możliwych wariantów całościowego biegu świata, podczas gdy w rzeczywistości nie dysponujemy nawet wizją wszystkich możliwych przebiegów jednej partii szachów. Po drugie, działający musiałby potrafić ocenić funkcję swego działania w każdym z tych wariantów. Musiałby zatem znać sposób, w jaki inni ludzie zareagują na jego działanie. Od tej reakcji zależą bowiem rzeczywiste konsekwencje jego działania. Czy będzie ono przykładem czy prowokacją? Czy rezygnacja z pewnej satysfakcji będzie miała dobroczynny efekt przez to, że inni pójdą za tym przykładem, czy też — jeśli działający pozostanie sam — pomniejszy dobre samopoczucie jednego człowieka, a tym samym całościową jakość świata? (Satysfakcję, która płynie ze spokoju sumienia, musimy bowiem pominąć, gdyż spokojne sumienie jest dla utylitarysty wynikiem przestrzegania strategii optymalizacji, a zatem samo nie może być elementem rachunku). Wiedza ta jest zatem z istoty nieosiągalna [10]. To samo dotyczy także trzeciego warunku, którego spełnienia wymaga uniwersalne teleologiczne normowanie działania: Musielibyśmy dysponować kryteriami, które byłyby tak zróżnicowane i złożone, że pozwoliłyby nam na porównanie wartości nieskończonej liczby możliwych całościowych stanów świata i na ustanowienie ich jednoznacznej hierarchii. To również jest absolutnie niemożliwe. Jest to niemożliwe po pierwsze z tego samego powodu, ze względu na który nie można spełnić pierwszego warunku, tj. z powodu złożoności potrzebnej do tego wiedzy, rozsadzającej wszelkie skończone miary. Po drugie zaś dlatego,

---

[10] Konsekwencjalistyczny model decyzyjny pochodzi — u Benthama — z konktekstu socjopolitycznego, w którym jest najbardziej prawdopodobny. Tym bardziej istotne jest stwierdzenie, że współczesna nauka o przedsiębiorstwie odrzuca postulat nieograniczonego racjonalnego rozwiązania problemu optymalizacji. Do takiej optymalizacji — za pomocą odpowiedniego algorytmu w ramach zamkniętego modelu decyzyjnego — potrzeba by bowiem było „dobrze ustrukturowanych", tj. w pełni zdefiniowanych problemów decyzyjnych. To jednak zakładałoby: 1. skończoną liczbę wykluczających się nawzajem alternatywnych rozwiazań; 2. znajomość tych alternatywnych rozwiązań; 3. jasno zdefiniowanej funkcji celu, a także reguł, które służą jednoznacznemu zhierarchizowaniu alternatyw. Ponieważ wszystkie te trzy warunki nie są spełnione, już decyzje w ramach ekonomii przedsiębiorstwa uznaje się za źle ustrukturowane. Tym bardziej dotyczy to uniwersalnego etycznego programu optymalizacji, w którym funkcja celu i warunki brzegowe są zupełnie nieokreślone, a alternatywie nie da się określić jednoznacznie. Por. Edmund Heinen, *Das Zielsystem der Unternehmung. Grunglagen betriebswirtschaftlicher Entscheidungen*, Gabler, Wiesbaden 1966; Herbert Simon, *Models of Man: Social and Rational Mathematical Essays on Rational Human Behavior in a Social Setting*, John Wiley and Sons, New York 1957; Peter Koslowski, *Gesellschaft und Staat. Ein unvermeidlicher Dualismus*, Klett-Cotta, Stuttgart 1982; Patrick Suppes, *Probabilis Metaphysics*, Uppsala 1974. — W etyce istotna jest natomiast pełna określoność kryteriów decyzji, na podstawie których działanie może być nazwane dobrym albo złym, moralnie dozwolonym lub niedozwolonym. Kartezjusz skoncentrował swoją etykę właśnie na uzasadnieniu „moralnej pewności" przy obiektywnej niepewności. Por. Robert Spaemann, *Pewność praktyczna* (rozdz. 6 tej książki). Georg Edward Moore natomiast stwierdza z właściwą sobie otwartością, że „w ścisłym sensie nie da się stwierdzić, jaki jest nasz obowiązek" (*Proncipia ethica*, (cyt. wyżej, s. 355, przypis 2) s. 20).

że kiedy oceniamy bieg świata jako całość, to nie możemy utrzymać rozróżnienia wartości moralnych i pozamoralnych, wykluczając te ostatnie z teleologicznego rachunku. W ocenie całościowych stanów relacje moralne stanowią strukturalne jednostki. Relacje te są nośnikiem intencji moralnej; a ona z kolei reprodukuje te stany. Jednostek tych nie da się tak rozłożyć na ich elementy, żeby wartości pozamoralne można było powiązać w strukturze, której wartość dałoby się włączyć w utylitarystyczny rachunek. Jeśli jednak intencje moralne włączamy w ocenę stanów aksjologicznych, to nie da się uniknąć „tyranii wartości", moralizmu, który z kolei wyklucza adekwatną ocenę całościowych stanów. Jeśli zdanie „Cóż bowiem za korzyść stanowi dla człowieka zyskać świat cały, a swoją duszę utracić?" (*Mt* 8, 36) nie jest rozumiane moralizatorsko, lecz traktowane jest jako element utylitarystycznego rachunku, to wszelkie konkurujące wartości zredukuje do statusu *adiafora*. Wszelkie działanie poddane jest wówczas kryterium troski o duszę. To jednak wywoła prawdopodobnie reakcję antymoralną, której konsekwencji ponownie nie da się przewidzieć. Okazuje się zatem, że utylitaryzm obejmujący wartości moralne nie jest zabezpieczony przed kontraproduktywnymi skutkami. Jeśli stajemy po stronie potrzeby, która uczy modlitwy, to można przypuszczać, że nie nauczymy się modlić!

Problem staje się jeszcze ostrzejszy wówczas, gdy weźmiemy pod uwagę tezę Kantowskiej filozofii dziejów, zgodnie z którą postęp ludzkości nie jest wynikiem skierowanej nań intencji moralnej, lecz „nietowarzyskiej towarzyskości"[11] człowieka, jego egoizmu i płynących stąd historycznych antagonizmów. Kant był oczywiście daleki od uznania historycznego rezultatu za kryterium oceny wszelkich działań, o ile świadomie zmierzają one do tego rezultatu. Kant — podobnie jak wcześniej Leibniz i później Hegel, ale inaczej niż Marks — pozostaje

---

[11] Por. Immanuel Kant, *Idee zu einer allgemeinen Geschichte in weltbürgerlicher Absicht*, AA (por. s. 235, przypis 13) Bd. 8, s. 20.

na gruncie tradycji teologicznej, która za Pana dziejów uznaje tylko Boga, gdyż jedynie On ma adekwatny wgląd we wszelkie całościowe stany świata i dlatego jedynie On może działać w sposób uniwersalnie teleologiczny. Z tego powodu tradycja teologiczna zawsze odróżniała legislacyjną wolę Bożą od *voluntas Dei absolute dicta*, od „woli dziejowej", nie godząc się na to, aby kryteria moralności czerpać ze spekulacji na temat dziejowej woli Boga[12]. Ta nieprzekraczalna różnica płynie z różnicy pomiędzy świadomością skończoną i nieskończoną, co sprawia, że rozumienie moralności jako uniwersalnej strategii optymalizacji nie może się powieść.

Już Moore widział, że ideę optymalizacji można uratować tylko przez przyjęcie dodatkowej przesłanki, zgodnie z którą krótkofalowa optymalizacja w ograniczonym kontekście będzie miała pozytywne skutki również długofalowo i w kontekście uniwersalnym[13]. Założenie to niszy jednak w istocie podstawową zasadę teleologii uniwersalnej. Mówi ono przecież, że to nie ostateczny cel określa środki, lecz że optymalizacja „środków" czy też części pociąga za sobą optymalizację stanu całościowego. Jak już jednak pokazaliśmy, wszelka deontologia jest ograniczoną teleologią. Na przykład zakaz tortur jest zakazem podejmowania działań, które mają wywołać określone skutki w ludzkim organizmie i w określonym systemie nerwowym. Założenie Moore'a — dalekie od wyprowadzania moralności pojedynczych czynów lub reguł działania z uniwersalnego rachunku teleologicznego — prowadzi raczej do określania moralności czynów niezależnie od całości ich

---

[12] „Etsi non semper teneatur homo velle quod Deus vult, semper tamen tenetur velle quod Deus vult eum velle" (Św. Tomasz z Akwinu, *Summa Theologiae* II–II, q. 104, a. 4, ad 3). W innym miejscu św. Tomasz uzasadnia to wskazując na naszą niewiedzę na temat tego, co w konkretnym przypadku służy Bożemu planowi świata: „In particulari nescimus quid Deus velit. Et quantum ad hoc non tenemur conformare voluntatem nostram divinae voluntati". Nie tylko formalna, ale i materialna zgodność z wolą Bożą charakteryzuje *status gloriae* (por. *Summa Theologiae* I–II, q. 19, a. 10, ad 1).

[13] Por. E. G. Moore, *Principia ethica*, s. 20 i s. 216 n.

skutków, postulując następnie konwergencję moralności i biegu świata. Jest to jednak — widzieli to Kant i Fichte[14] — postulat teologiczny. Nie można go uzasadnić empirycznie[15], gdyż dotychczasowy bieg świata wcale tego nie potwierdza. Jak wiadomo, wielu rewolucjonistów — myśląc w sposób uniwersalnoteleologiczny — twierdziło, że najpierw musi być źle, aby potem było dobrze. Ale również oni nie mogą ocenić, jaką realną funkcję będzie miał ich ruch w biegu dziejów, podobnie jak Hitler nie mógł wiedzieć, że antysemityzm w Europie i zagłada milionów Żydów doprowadzi między innymi do refleksji Żydów nad ich tożsamością i do ich przeciwstawienia się procesowi asymilacji.

W obliczu etyki uniwersalnoteleologicznej i wobec skończoności naszych perspektyw musielibyśmy wszyscy westchnąć wraz z Hamletem: „Biada mi, że przyszedłem naprawiać świat". Etyka ta oczekuje rzeczywiście od człowieka tego, co według Leibniza jest dziełem Boga: Stworzenia najlepszego z możliwych światów. Leibniz twierdził, że wszystkie zdarzenia w biografii konkretnej monady można wywnioskować z jej pojęcia, a pojęcie to można wywnioskować z idei najlepszego świata, którego jest elementem. Leibniz wiedział jednak, że takie wnioskowanie możliwe tylko w przypadku świadomości nieskończonej. My natomiast nie możemy choćby w prybliżeniu zrekonstruować nawet jednej monady, gdyż rekonstrukcja taka zakładałaby rekonstrukcję wszechświata. Dla filozofii teoretycznej nie jest to zgubne, gdyż rzeczy są takie, jakie są, nawet

---

[14] Por. Immanuel Kant, *Krytyka praktycznego rozumu*, tłum. Jerzy Gałecki, BKF, Warszawa 1984, s. 200 n., J. G. Fichte, *Über den Grund unseres Glaubens an eine göttliche Weltregierung*, *Sämtliche Werke* (hrsg. von Immanuel Hermann Fichte), Bd. V, Berlin, 1945, s. 177 n.

[15] Por. G. E. Moore: „[...] założenie, które być może da się uzasadnić, ale dotąd na pewno go nie uzasadniono" (*Principia ethica*, s. 20), „Jeśli nie da się przeprowadzić takiego dowodu, to nie może wówczas z pewnością istnieć rozumna racja naszego twierdzenia, że jeden z członów alternatywy jest choćby prawdopodobnie słuszny, a drugi fałszywy" (*Principia ethica*, s. 218).

jeśli nie rozumiemy ich adekwatnie. Musimy posługiwać się abstrakcyjnymi pojęciami istot, podczas gdy właściwą prawdą świata byłby uniwersalny nominalizm teleologiczny. Filozofia praktyczna nie może się tym zadowolić. Jej przedmiotem jest ta rzeczywistość, której zasadą (*Grund*) mamy być my sami. Jeśli odpowiedzialne działanie ma być możliwe, to ostateczna zasada określenia moralnego działania musi być dana w pełni. Jeśli jednak zasadą tą jest idea najlepszego świata, której nie możemy adekwatnie uchwycić, to brakuje nam właśnie tej określoności, która umożliwiłaby wywnioskowanie wskazówek dotyczących działania. Uniwersalny nominalizm teleologiczny w etyce pozostaje postulatem, którego z zasady nie da się spełnić.

Ad 3. Teleologia uniwersalna znosi rozróżnienie pomiędzy normami technicznymi i normami etycznymi. Uznaje wprawdzie pojęcie celu w sobie i nie rezerwuje go dla przyszłego końcowego stanu świata. Dla Moore'a celami w sobie są przede wszystkim radość płynąca z kontaktów z innymi ludźmi i radowanie się pięknymi przedmiotami. Ponieważ jednak moralność działania zależy od maksymalizacji takich stanów, norma moralna przemienia się ostatecznie w normę techniczną, a mianowicie we wskazówkę, aby robić to, co najlepiej przyczynia się to wytworzenia jak największej liczby takich stanów. Oczywiście, właściwe działanie zakłada zawsze określoną wiedzę faktyczną i często również bardzo złożoną wiedzę techniczną. Aby być dobrym chirurgiem czy prowadzić politykę podatkową, nie wystarczy sama dobra intencja. Uniwersalny utylitaryzm teleologiczny oddaje jednak wszelkie normy treściowe, które konkretyzują nakaz optymalizacji, w ręce ekspertów od planowania dobrobytu ludzkości. Indywidualne sumienie prostych ludzi musi zawsze ustąpić przed strategami, chociaż — jak to pokazaliśmy w punkcie drugim — ich wiedza okazuje się ostatecznie tylko rzekoma. Szczególnie wymownego przykładu takiej kapitulacji moralności „deontologicznej" wobec sugestii utylitarystycznego imperatywu jest przeprowadzony w Stanach Zjednoczonych[16] i powtórzony przez Radio Bawarskie test, w którym ludzie zostają zaproszeni do wzięcia udziału w eksperymencie naukowym. W trakcie tego eksperymentu większość jego uczestników — pomimo początkowych oporów — była gotowa do poddania badanych osób wstrząsom elektrycznym, które sięgały granicy śmierci, ponieważ wyjaśniono im, że jest to konieczne dla uzyskania wyniku eksperymentu, który z kolei przyczyni się do znacznych ulepszeń przyszłych metod nauczania. Tylko niektórzy z uczestników odmówili deontologicznym „nie-mogę". To proste „nie-mogę" uznawał już prawodawca rzymski, dekretując: „To, co narusza dobre obyczaje, trzeba traktować jako niemożliwe"[17]. Nie wydaje się, aby utylitarystycznie można było uzasadnić postawienie moralnych granic działaniu służącemu strategii optymalizacji, jako że to, co moralne, zostaje dopiero zdefiniowane przez tę strategię. To, czy tortury, zabijanie niewinnych ludzi czy seksualna rozwiązłość są dozwolone czy nie, staje się kwestią rachunku w ramach strategii optymalizacji. Nikt nie jest wprawdzie kompetentny, aby odpowiedzieć na to pytanie. Tam jednak, gdzie taka kompetencja jest wymagana, czynią to tak czy owak „fachowcy", specjaliści od planowania i stratedzy, wobec których wszelki apel do sumienia staje się daremny.

Niewiele pomoże tu zarzut, że godność człowieka, wartości osobowe itd. pozostają wartościami najwyższymi i dlatego odpowiedzialny rachunek musi zawsze prowadzić do odrzucenia wspomnianych powyżej działań. Albo bowiem określone działania naruszają godność osoby w sposób, który jest niedozwolony każdym przypadku, a wówczas porzucamy podstawową zasadę uniwersalnoteleologiczną i opowiadamy się za

[16] Chodzi o tzw. eksperyment Milgrama.

[17] „Quae facta laedunt pietatem existimationem verecundiam nostram, et, ut generaliter dixerim, contra bonos mores fiunt, nec facere nos posse credendum est" (Digesten, XXVIII, 7, 15).

deontologią *actus intrinsice malus*, albo osobowa godność jednostki jest tylko jednym z elementów, które należy uwzględnić w utylitarystycznym rachunku. Wówczas zaś pojawia się pytanie o to, jakie czyny rzeczywiście ją naruszają. Bruno Schüller wysunął niedawno tezę, zgodnie z którą postulat Kanta, aby „człowieczeństwa w osobie każdego" nigdy nie używać jako środka, w ogóle nie da się zoperacjonalizować[18]. Nieustannie używamy siebie jako środków i nie da się powiedzieć, kiedy negujemy przy tym charakter osoby jako celu w sobie. Godność osoby jest dla Schüllera swego rodzaju transcendentalną zasadą moralności, której nie da się jednak jednoznacznie przełożyć na kategorialne normy operacjonalizacji[19]. Jest tak już dlatego, że godność osoby nie jest takim celem, który bezpośrednio mógłby być celem działania. Na podstawie takich założeń nie da się postawić moralnych granic strategii optymalizacji. Godności osoby może uczynić zadość jedynie bezstronność tej strategii. Sama strategia jest zadaniem rozumu instrumentalnego.

Ad 4. Ponieważ utylitaryzm nie jest w stanie adekwatnie zrekonstruować tego, co wszyscy mamy na myśli, gdy pewne działanie nazywamy dobrym lub złym, czyli formalnej zasady moralności, dlatego nie jest również w stanie objąć wszystkich materialnych fenomenów moralności, tj. nie potrafi ich uzasadnić utylitarystycznie. John Rawls mówi o tym obszernie w odniesie-

---

[18] Por. Bruno Schüller, *Die Personwürde des Menschen als Beweisgrund in der normativen Ethik*, „Theologie und Philosophie" 53 (1978), s. 538 n.

[19] Podobne twierdzenie znajdujemy u Böcklego: „Absolutna podstawa moralności zobowiązuje wprawdzie człowieka w sposób bezwarunkowy, ale jako istota przygodna w przygodnym świecie absolutnie wymagane «bonum» może on urzeczywistniać tylko poprzez «bona», które jako przygodne dobra i wartości są właśnie «względne»[...] Każda konkretna decyzja *musi* [...] opierać się na preferencji, w której musimy decydować o pierwszeństwie jednych dóbr i wartości nad innymi" (*Fundamentalmoral* (cyt. wyżej, przypis 1), s. 307).

niu do sprawiedliwości czy też zasady bezstronności[20]. W swojej teorii sprawiedliwości Rawls musi osobno wprowadzić zasadę bezstronności, aby w ten sposób ograniczyć utylitarystyczną zasadę maksymalizacji dóbr. Zasada możliwie największego szczęścia możliwie największej liczby osób nie zawiera bowiem reguł podziału tego szczęścia. I chociaż równość sama w sobie nie jest wartością, to jednak nierówny podział ograniczonych, ale zasadniczo podzielnych dóbr — jeśli ani nie powstał naturalnie, ani nie jest usprawiedliwiony dobrymi racjami — narusza nasze poczucie sprawiedliwości, gdyż jednemu trzeba tu zabrać to, co daje się innemu. Racje są jednak dobrymi racjami, gdy nie są jedynie utylitarystyczne, wskazując na przykład na to, że całościowa jakość życia większości znacznie się powiększa, gdy zlekceważy się prawa i dobre samopoczucie niewielkiej mniejszości. Dobrą racją jest raczej taka racja, której uznania możemy oczekiwać od *każdego*. Od mieszkającego nad Amazonką Indianina nie można żądać opuszczenia jego tradycyjnej przestrzeni życiowej po to, aby większość Brazylijczyków mogła podnieść swój standard życiowy dzięki znajdującym się tam bogactwom naturalnym. D. H. Hodgson[21] przytacza następujący przykład: Z powodu ograniczonych zasobów energii minister zabrania ogrzewania prywatnych basenów, ale mimo to nadal ogrzewa swój własny. Argumentuje przy tym nie egoistycznie, w myśl uniwersalnej teleologii: Zmniejszenie oszczędności jest minimalne, ale przyjemność i zdrowotna korzyść dla niego i jego rodziny — a przez to dla całościowej wartości świata — jest znaczna. Ponadto zadbał o to, aby cała rzecz nie wyszła na jaw, tak aby nikt go nie naśladował. Uderza to jednak w nasze poczucie sprawiedliwości. Złotej

---

[20] Por. John Rawls, *Teoria sprawiedliwości*, tłum. Maciej Panufnik, Jarosław Pasek, Adam Romaniuk, Wydawnictwo Naukowe PWN, Warszawa 1994.

[21] Por. D. H. Hodgson, *Consequences of Utilitarism*, cyt. wyżej, przypis 9.

reguły nie da się wyprowadzić z zasady utylitarystycznej. Zasada ta zabrania jedynie działania egoistycznego, tj. powiększania własnego dobra kosztem pomniejszenia całościowej wartości świata. Nakazuje ona działanie zgodne z regułą, którą da się uogólnić, tylko wówczas, gdy złamanie reguły narusza jej ogólną ważność, a ogólna korzyść zostaje pomniejszona na tyle, że pożytek, który złamanie reguły przynosi działającemu podmiotowi, nie równoważy tego pomniejszenia.

Brak bezstronności jest szczególnie wymownym przykładem użycia innych osób jako środków, przykładem naruszenia charakteru osoby jako celu w sobie. Człowiek, który postępuje w sposób stronniczy, zachowuje się pasożytniczo. Aby móc łamać regułę bez negatywnych konsekwencji, musi zakładać jej respektowanie przez innych. Przezwyciężenie egoizmu przez innych jest dla niego warunkiem zaspokojenia własnego egoizmu. Lekceważy tym samym godność innych i lekceważenie to uznajemy za niemoralne również wówczas, gdy nie ma ono negatywnych skutków dla kogoś lub dla czegoś, lecz przeciwnie — pożytek tego, kto zachowuje się pasożytniczo, powiększa nawet ogólną korzyść. Bliższe uzasadnienie tej intuicji wykracza poza ramy tego artykułu.

Ad 5. Istnieje jeszcze powód, ze względu na który uniwersalna teleologia czy też utylitaryzm nie są w stanie wyjaśnić fenomenu motywacji moralnej i dlatego nie dochodzą do konkretnego określenia zobowiązań moralnych. Jak już pokazaliśmy, cel uniwersalnej strategii optymalizacji z konieczności pozostaje abstrakcyjny i nieokreślony, co nie pozwala na wywnioskowanie zeń określonych obowiązków. Prowadzi to do paradoksalnej konsekwencji: Od podmiotu moralnego oczekuje się zarazem za mało i za dużo. Za mało — ponieważ każda ogólnie uznana norma moralna może zostać naruszona w służbie tego, co ktoś uważa za strategię optymalizacji. Cel uświęca w zasadzie każdy środek. Postulat optymalizacji sprawia jednak zarazem, że od podmiotu oczekuje się za dużo. Postulat ten nie polega bowiem na tym, że każde działanie — zarówno jeśli chodzi o jego cel, jak i o użyte środki — musi spełnić pewne ogólne kryteria. Ponieważ kryterium stanowi raczej funkcjonalność działania w ramach strategii optymalizacji, zatem treść każdego działania — jeśli ma ono być moralne — wynika z jego moralnej finalizacji. Działanie takie musi nie tylko dać się *włączyć* w całość dobrego życia, lecz musi być możliwe do *wydedukowania* z jego pojęcia. Nikt nie postępuje dobrze, jeśli nie czyni tego, co najlepsze. B. Schüller jest konsekwentny, gdy na podstawie tej przesłanki znosi tradycyjne teologiczne rozróżnienie przykazań i rad[22], jako że dla każdego to, co najlepsze, jest przedmiotem nakazu. Treść tego, co najlepsze, wynika jednak ponownie z wcielenia w życie programu optymalizacji. Pokazaliśmy już, że jest to niemożliwe. Jeśli jednak podejmuje się taką próbę, musi to prowadzić do moralnego rygoryzmu, w stosunku do którego nawet najszersza deontologia jest dość liberalna. Wszelka deontologia pozostawia bowiem jednostce przestrzeń wolności, przestrzeń arbitralnej woli i kreatywności, podczas gdy uniwersalna teleologia zobowiązuje każdego, aby zawsze wybierał ten sposób działania, który najlepiej służy optymalizacji wszechświata. Wszelkie działanie staje się częścią tego „programu". Utylitarysta zaoponuje tu, że postulowana przez niego finalizacja nie wymaga, aby każdy i w każdej chwili odnosił się bezpośrednio do tego, co najlepsze dla świata. Nie przyczynimy się do urzeczywistnienia tego, co najlepsze, jeśli wszyscy będziemy robić to samo. Jest raczej tak, że dobrze rozumiana partykularyzacja odpowiedzialności jest warunkiem jak najlepszej służby całości. Ten, kto złożył obietnicę, jest nią przede wszystkim związany. Ten, kto ma dzieci, powinien się przede wszystkim o nie troszczyć itd. Regułę partykularnego etosu Goethe wy-

---

[22] Por. Bruno Schüller, *Gesetz und Freiheit. Eine moraltheologische Untersuchung*, Patmos. Düsseldorf 1966.

raża tak: „Czyń to, co słuszne tylko w tym, co należy do ciebie. Reszta zrobi się sama".

Sktąd jednak wiemy, że „reszta zrobi się sama"? Czy z doświadczenia? Z pewnością. Wiemy to z doświadczenia normalności w ramach ograniczonego kontekstu życia. Bez takiej normalności nie istnieje ludzkie życie. Epoka nowoczesna znajduje się jednak pod wpływem innego doświadczenia, które konkuruje z tym pierwszym — doświadczenia historycznego uwarunkowania i tym samym zmiennego charakteru określonych normalności. Niewolnik, zamiast „czynić to, co słuszne w tym, co należy do niego", może próbować znieść niewolnictwo, które definiuje tę „słuszność". Normalność może być zastąpiona tylko przez lepszą normalność. Jeśli ruchy rewolucyjne zawieszają wszelkie reguły moralne, które nie pozwalają im się przebić, to czynią tak w przekonaniu, że to one w sposób wyjątkowy realizują wyzwalający sens historii. Dlatego też sądzą, że maksymy ich działania nie da się uogólnić deontologicznie, czyniąc z niej w ten sposób przypadek tego, co ogólne. Ponieważ ich uniwersalna strategia optymalizacji definiuje to, co moralne, nie da się jej poddać żadnym ograniczeniom moralnym, zakorzenionym w „normalnym" podziale obowiązków i praw[23]. Argumenty uniwersalnej teleologii przeciw temu stanowisku, które jest również uniwersalnoteleologiczne, mogą mieć co najwyżej charakter przypuszczeń dotyczących prawdopodobieństwa, ale nie mogą być natury moralnej. Ponieważ uniwersalne teleologiczne uzasadnienie wszelkiego partykularnego etosu w ramach pewnej normalności zostaje zakwestionowane przez rewolucyjną strategię optymalizacji, supozycja, że normalność jest też moralnie dobra, przestaje obowiązywać[24]. Jeśli normalność ma umożliwiać działanie, to musi być wciąż na nowo wyprowa-

---

[23] W tym sensie Lenin twierdził, że w marksizmie „nie ma ani krzty etyki".

[24] Moore uważał, że supozycja ta nie jest nawet prawdopodobna. Jeśli mimo wszystko opowiadał się za perspektywą, o której mówi Goethe, to mógł to czynić tylko dlatego, że common sense, który za-

dzana z dynamicznego pojęcia optymalizacji. Ale to właśnie jest wymaganiem ponad miarę. Zadanie tego nie da się wykonać. Jeśli wszelkie dotychczasowe dzieje są tylko wstępem do dziejów (Marks), jeśli człowiek jest tylko stadium w drodze do nadczłowieka (Nietzsche), to nie mamy żadnych kryteriów, które pozwoliłyby nam w nierelatywnym sensie odróżnić to, co lepsze, od tego, co gorsze.

Wymaga się od nas zbyt wiele nie tylko dlatego, że nie znamy całości biegu świata, z której dopiero dałoby się wywnioskować konkretne obowiązki. Nie znamy również czegoś innego: naszej indywidualnej, psychicznej i moralnej natury. Postulat, aby w sensie strategii optymalizacji zawsze czynić to, co najlepsze, ma sens tylko wówczas, gdy oznacza on: owo najlepsze, które może zrobić zawsze określony podmiot działania. Odrzucenie różnicy „przykazań" i „rad" nie oznacza, że do każdego skierowana jest ta sama rada. Skierowana do konkretnego podmiotu rada staje się jednak jego obowiązkiem. To, jaka to jest rada, wynika z poznania własnej indywidualnej natury, na podstawie której każdy zdolny jest do określonego optymalizującego sposobu działania i życia, czy też z poznania, czy dany sposób życia zbiega się z optymalnym rozwojem własnych możliwości. Problem polega jednak na tym, że możliwości własnej indywidualnej natury zazwyczaj nie ujawniają się *przed* działaniem, lecz *w* działaniu. „Możesz, ponieważ powinieneś" — pisze Kant. Zdanie to odnosi się jednak do ogólnych norm moralnych, których wypełnienia można oczekiwać od człowieka. Jeśli norma działania zostanie zindywidualizowana, to może ona tylko oznaczać: „Powinieneś, ponieważ możesz". To, czy mogę, wiem jednak dopiero wówczas, gdy spróbuję. Czy wynika stąd, że każdy musi próbować czynić to, co wyjątkowe, heroiczne, aby wiedzieć, czy jest do tego

wiera tę perspektywę, nie zaakceptował jeszcze perspektywy rewolucji światowej jako wyzwania i dlatego nie dostrzega, że sam potrzebuje uzasadnienia.

zdolny? Oczywiście nie. Nie służyłoby to też ulepszeniu świata. Czy zatem nikt nie powinien tego próbować? To znowu prowadziłoby do pogorszenia świata. Okazuje się zatem, że na pytanie o to, co i kto powinien robić, nie da się odpowiedzieć w skończonej liczbie kroków. Brakuje nam do tego dwóch danych wyjściowych: Wiedzy o tym, co nieskończenie wielkie, i wiedzy o tym, co nieskończenie małe, wiedzy o optymalnym biegu świata i wiedzy o szczegółowej naturze tego, co Arystoteles nazywał *pierwszą substancją*, a Leibniz *monadą*, tj. wiedzy o każdej poszczególnej jednostce. Wiedzę tę filozoficzna tradycja przypisuje tylko Bogu. Istnieje tu obszerne pole pomiędzy swobodą arbitralnej woli , kreatywnością i intuicyjną pewnością „powołania", którego nie da się zrekonstruować w uniwersalnoteleologicznym rachunku. Może ono prowadzić do granic, w ramach których dyskursywne zapośredniczeni nie jest w ogóle możliwe — był to wielki temat Kierkegaarda, który odkrył kategorię „wyjątku". Kategoria ta zostaje oczywiście unieszkodliwiona i strywializowana wówczas, gdy staje się zwykłym odejściem od reguły, które uzasadnia ten sam utylitarystyczny rachunek, co samą regułę.

II

Z dotychczasowych rozważań wynika, że utylitarystyczna teleologia uniwersalna nie jest w stanie zrekonstruować tego, czego doświadczamy jako moralnego zobowiązania. Dlatego próba takiej rekonstrukcji prowadzi do relatywizacji konkretnej teleologii aktu moralnego i do jej zaniku. W dziedzinie πρᾶξις (*praxis*) mamy tu do czynienia z tym samym, co w XVII wieku dokonało się w filozofii teoretycznej. Zniszczenie konkretnego myślenia teleologicznego, teoretyczne zniesienie tego, co żywe, jako rzeczywistości pierwotnej, próba jej mechanicznej rekonstrukcji dokonywała się najpierw w ramach uniwersalnej teleologicznej interpretacji świata jako wielkiej maszyny boskiego budowniczego świata.

Źdźbło trawy nie miało już być celem dla siebie, lecz rozumiane było jako środek w funkcjonalnym uniwersalnym kontekście teleologicznym, który — z wyjątkiem Leibniza — interpretowano antropocentrycznie. Naukowa analiza tego kontekstu może być tylko mechanistyczna. Wobec analizy teleologicznej jawi się ona zrazu jako swego rodzaju *vindicatio divini numinis*[25]. Wizję tę doprowadził do skrajności Leibniz, który twierdził, że indywidualną substancję ze wszystkimi jej predykatami da się wywnioskować z idei najlepszego świata. Wyciągnięcie ostatecznych konsekwencji z podstawowej idei teleologii uniwersalnej uświadomiło jednak Leibnizowi, że kontekst ten w sposób pewny może przejrzeć tylko nieskończony rozum. Ludzki rozum nie jest w stanie przekroczyć rozziewu pomiędzy tym, co ogóle, i tym, co szczegółowe, nie potrafi wyprowadzić tego, co szczegółowe, z tego co ogólne, czy też w uniwersalnoteleologicznym nominalizmie widzieć to, co ogólne zarazem jako w pełni określony konkret. Dlatego też istnieje rozziew pomiędzy moralną wolą Boga, tj. normą moralną, i Jego wolą dziejową, która realizuje swoje cele również z pomocą zła, przy czym zło nie pozostaje być złem. Cała tradycja filozofii moralnej naucza, że do tej woli nie możemy się odnosić przez nasze działanie; możemy ją tylko przyjmować. *„Principum scientiae moralis est reverentia fato habenda"*[26]. Spokój ducha w obliczu niepowodzenia naszych zamiarów jest zarówno dla stoików, jak i dla św. Tomasza z Akwinu czy Lutra sprawdzianem ich czystości: „Pewną oznaką złej woli jest to, że nie może ona znieść swego udaremnienia"[27].

---

[25] Por. Robert Spaemann, *Genetisches zum Naturbegriff des 18. Jahrhunderts*, „Archiv für Begriffsgeschichte" XI (1967), s. 59–74 (przedruk w: Robert Spaemann, *Rousseau — Bürger ohne Vaterland. Von der Polis zur Natur*, Pieper, München 1980), a także artykuł *Teleologia naturalna i działanie*, rozdz. 3 niniejszej książki.

[26] Por. Georg Wilhelm Friedrich Hegel, *3. Habilitationsthese*; *Werke in 20 Bänden*, Bd. 2 [Jeaner Schriften 1801–1907], Suhrkamp, Frankfurt/M. 1970, s. 533.

[27] Martin Luther, *Ausgewählte Werke* (hrsg. von H. H. Borcherdt u. G. Merz), Bd. 1, München 1951, s. 319.

Celem powyższych rozważań jest przede wszystkim destrukcja pewnej próby rekonstrukcji. Nie zawierają one jeszcze projektu alternatywnego, nie odpowiadają też na pytanie o kryteria wyboru punktu odniesienia dla konkretnej teleologii moralnej. Możemy tu tylko wskazać kierunek, w jakim powinien iść taki projekt. Przede wszystkim trzeba uświadomić sobie fakt, że Arystotelesowskie pojęcie *telos* od samego początku jest ambiwalentne. Z jednej strony oznacza stan lub dzieło, które mają być zrealizowane, a z drugiej strony odnosi się do „Po-co" ich realizacji. W tym sensie Arystoteles, a za nim arystotelicy średniowieczni odróżniali pomiędzy *finis quo* i *finis cuius*. *Telos* w sensie Po-co charakteryzuje przede wszystkim to, że nie trzeba go urzeczywistniać, gdyż od samego początku jest on rzeczywisty. Bożej chwały lub godności człowieka nie trzeba urzeczywistniać. Bóg jest już wszystkim, czym może być, i nic nie można do tego dodać. Godność człowieka istnieje tam, gdzie istnieje człowiek. Nie trzeba jej *urzeczywistniać*, należy ją *respektować*. Kant mówi tu o „celu obiektywnym", który „choćbyśmy mieli nie wiem jakie cele, jako prawo powinien stanowić najwyższy ograniczający warunek wszystkich subiektywnych celów lub o „celu samym w sobie", który „jest najwyższym ograniczającym warunkiem wolności czynów każdego człowieka"[28]. Relacja naszego działania do tego *telos* nie jest instrumentalna, lecz symboliczna, jest relacją wyrażania. Szacunek „okazujemy". Nie przypadkiem Kant nazywa ten cel „warunkiem ograniczającym", a nie pozytywnym celem, z którego mielibyśmy wyprowadzać cele naszych działań.

Zasługą zainspirowanej przez Schüllera rozprawy Rudolfa Gintersa jest pokazanie, że akt wyrażania (*Ausdruckshandlung*) jest odmiennym typem działania niż akt sprawczy[29]. Ginters widzi w nim bezpośredni wy-

[28] Immanuel Kant, *Uzasadnienie metafizyki moralności*, tłum. Mścisław Wartenberg, BKF, Warszawa 1984, s. 65.
[29] Por. Rudolf Ginters, *Die Ausdruckshandlung. Eine Untersuchung ihrer sittlichen Bedeutsamkeit*, Patmos, Düsseldorf 1976.

raz postaw uczuciowych, uczestniczący w ich jakości moralnej. Moralnie powinna postawa dzieli swój zobowiązujący charakter z odpowiednim aktem wyrażania. Ginters wskazuje również na to, że to samo działanie może być zarazem aktem wyrażania i aktem sprawczym. Kryterium moralnej jakości aktu wyrażania nie mogą być oczywiście jego skutki. Ich miejsce zajmuje „najbardziej trafna jakość wyrażania"[30]. Nie możemy tu bliżej analizować zalet i wad wspomnianej rozprawy. Odkrycie aktów wyrażania rozsadza w każdym razie uniwersalny schemat teleologiczny, próba zaś ich włączenia w ten schemat jest największą wadą rozprawy Gintersa. Dokonuje się to wówczas, gdy pojawia się problem konkurencji pomiędzy wyrazem i skutkiem (*Wirkung*). Ginters wyraża to w pytaniu: „Ile może kosztować akt wyrażania?"[31] Aby odpowiedzieć na to pytanie trzeba, aby kryteria oceny obydwu typów działań były współmierne, lub też należy wykazać, że z istoty nie da się ich ze sobą porównać. Idące w tym kierunku próby Gintersa są niewystarczające. Uważa on, że współmierność zapewniona jest już przez to, że „wszelkie postulaty moralne płyną ostatecznie z wartości czy też antywartości, które są charakterystyczne dla danej sytuacji"[32]. Chodzi tu o wartości i antywartości pozamoralne. Oczywiście, nie wynika stąd jeszcze odpowiedź na pytanie, w jaki sposób można porównać obydwa sposoby odnoszenia się do takich wartości. Ginters przyznaje ostatecznie pierwszeństwo — bez uzasadnienia — utylitarystycznie ocenianemu aktowi sprawczemu, twierdząc, że zachowanie wartości pozamoralnych — na przykład życia — ma pierwszeństwo przed doniosłością aktów wyrażania. I tak policjant może być zobowiązany do zastrzelenia dwunastoletniej żydowskiej dziewczynki, która błaga go o ocalenie życia, jeśli się mu grozi, że w przeciwnym razie zostanie zabita większa liczba in-

---

[30] Tamże, s. 94.
[31] Tamże, s. 96.
[32] Tamże, s. 91.

nych ludzi[33]. Obowiązek przyznawania się do własnych przekonań wiary i sumienia także nie jest bezwarunkowy, lecz ma swoją cenę. Również werbalnego zaparcia się wiary nie wolno odmawiać za wszelką cenę. Męczeństwo należy zatem poddać najpierw utylitarystycznemu rachunkowi. Można je moralnie usprawiedliwić tylko wówczas, gdy istnienie i rozwój wspólnoty wiary „wedle ludzkiej oceny" nie są zagrożone przez zdziesiątkowanie wiernych.

Teza ta zrywa z wielką filozoficzną tradycją, jak i z tradycją chrześcijańskiej teologii moralnej[34]; wypływa ona z podstawowych założeń utylitarystycznych uniwersalnej teologii i i podobnie jak one jest nie do utrzymania. Nie da się jej utrzymać między innymi dlatego, że znosi ona różnicę między działaniem i zaniechaniem działania. Sugerując, że spośród wszystkich fizycznie możliwych działań podmiot jest zobowiązany do wyboru tego, którego skutki są najlepsze, obciąża go odpowiedzialnością za każdy całościowy stan świata, który negatywnie odbiega od stanu, jaki mógłby zostać zrealizowany przez wybór innej możliwości działania. Należy tu wprawdzie udzielić rabatu ze względu na jakości wyrażania, ale wysokość tego rabatu nie jest jasna. Nie jest on w każdym razie dowolnie wysoki. Cytowane powyżej zdanie z prawa rzymskiego, zgodnie z którym czyny niemoralne należy traktować jako czyny fizycznie niemożliwe do wykonania — tak że na tym, kto odmawia ich wykonania, nie ciąży odpowiedzialność za „skutki" ich zaniechania — w tym kontekście nie ma sensu. Moralna jakość czynów jest tu bowiem wynikiem rachunku skutków wszystkich fizycznie możliwych alternatyw działania[35].

---

[33] Tamże.

[34] Towarzystwo Jezusowe przez stulecia zaprzeczało twierdzeniu, zgodnie z którym jego przedstawiciele głosili tezę, że cel uświęca środki. Wedle zwykłego poczucia moralnego imputowanie komuś takiej tezy jest bowiem wyrazem dyskryminacji.

[35] Por. Robert Spaemann, *Skutki uboczne jako problem moralny*, w niniejszym tomie, rozdz. 17, s. 341 nn.

Teza, że wszelki zakaz działania z racji jego negatywnej jakości wyrażania może zostać zawieszony, jeśli kosztuje zbyt wiele, opiera się na jeszcze innym założeniu: na zasadniczej możliwości rozdzielenia jedności duszy i ciała, tj. na możliwości oddzielenia wszelkiego wyrazu od wyrażonej postawy. Oznacza to, że można od człowieka odczekiwać takiego rozdzielenia, tj. że można od niego oczekiwać wycofania siebie jako osoby moralnej ze świata fenomenów zmysłowych. Kant odróżnił godność osoby jako tego, co nie ma ceny, od wszelkich innych „wartości". Etyka uniwersalnej teleologii przyjmuje to odróżnienie, ale jednocześnie twierdzi, że z godności osoby nie wynikają żadne konsekwencje. Nie istnieje kryterium, które pozwoliłoby nam stwierdzić, kiedy godność osoby działającego podmiotu zostaje naruszona. Nie da się ustalić, kiedy osoba używana jest tylko jako „środek", gdyż zasadniczo każdy wyraz moralnej lub niemoralnej intencji jest niewspółmierny z samą tą intencją i dlatego żaden sposób działania eo ipso i bez uwzględnienia okoliczności nie może być określony jako „zdrada", „kłamstwo", „tortury", „nierząd"[36]. Ta spirytualistyczna teza prowadzi do tego, że osoba ludzka i jej wolność jako taka nie mają natury, lecz natura jest dla niej tylko przedmiotowym medium, w którym osoba wywołuje skutki, w którym może ona dać wyraz swoim postawom, ale może też — jeśli wymaga tego utylitarystyczny rachunek — tego nie uczynić, nie tracąc przez to swojej tożsamości.

Zarówno uniwersalne teleologiczne zorientowanie działania, jak i istotne ukrycie własnego bytu za zewnętrznymi reprezentacjami, które zawsze wybierane są w sposób wolny, są u swoich podstaw wyobraże-

---

[36] F. Böckle i B. Schüller uważają, że wszelkie zdania, które zabraniają mordu, kłamstwa, zdrady małżeńskiej itd., są analityczne i orzekają tylko tyle, że: „Niesprawiedliwe zabójstwo jest niesprawiedliwe" lub „Niesprawiedliwe opuszczenie żony jest zdradą". Zdania te są jedynie wezwaniami. Ich bezwyjątkowa obowiązywalność wypływa stąd, że są tautologiami. Por. F. Böckle, Fundamentalmoral, (cyt. wyżej, przypis 1), s. 303.

niami teologicznymi. W tradycji teologicznej są one jednak prerogatywami Boga. Etyka utylitarystyczna przenosi je na człowieka, nie zdając sobie przy tym sprawy z ciężaru dowodowego, który na siebie nakłada, oraz z rozmiarów ciężaru, jaki nakłada na człowieka.

19. Odpowiedzialność jako podstawowe pojęcie etyczne (1991)

Pojęcie „etyki odpowiedzialności" charakteryzuje to, że pewne zjawisko moralne, społeczne i prawne — zjawisko odpowiedzialności — czyni modelem interpretacji całego naszego działania moralnego. To, co nazywamy „odpowiedzialnością", można zilustrować na przykładzie wziętym z życia codziennego. Lekarz zapisuje mi lekarstwo i poleca, abym trzy razy dziennie brał z niego dziesięć kropli. Przestrzegam tego polecenia. Odpowiedzialność za to, że otrzymałem właściwe lekarstwo i że sposób jego stosowania jest właściwy, spoczywa na lekarzu. Powierzyłem mu tę odpowiedzialność ze względu na jego specyficzną kompetencję w dziedzinie oceny związku pomiędzy działaniem chemicznym i zmianami organicznymi. Odpowiedzialność lekarza jest jednak wielorako ograniczona. Lekarz musi na przykład ufać, że opakowanie firmowe zawiera rzeczywiście to, o czym mówi umieszczona na nim etykietka. Musi ufać, że pielęgniarka zrobi taki zastrzyk, o jaki ją prosił. Za jej błędy nie ponosi odpowiedzialności, podobnie jak za dalsze, dotyczące innych osób skutki swojego skutecznego działania — na przykład za to, że tyran domowy, choć wszyscy chcieliby, żeby się zapadł pod ziemię, wróci do domu, zadręczy żonę i dzieci. Gdyby lekarz rozszerzył swoją odpowiedzialność, z której czerpie reguły swojego działania, na wszystkie dalsze skutki, to doprowadziłoby to do zniszczenia jego etosu lekarskiego; mielibyśmy dobry powód, aby mu nie ufać. Jeśli podejmuje taką odpowiedzialność i troszczy się o dalszy sposób postępowania swoich pacjentów, to może to czynić dopiero wówczas, gdy najpierw dopełni tego, co się wiąże z jego specyficznie lekarską odpowiedzialnością.

Odpowiedzialność jest zawsze odpowiedzialnością za coś i przed kimś. Owym kimś jest dla lekarza przede wszystkim pacjent, który powierza mu odpowiedzialność za swoje zdrowie. Po drugie może to być również wspólnota ubezpieczonych, o ile koszty leczenia obciążają innych.

Obszar odpowiedzialności pielęgniarki, która robi zastrzyk, jest węższy; w normalnym przypadku jej zadanie polega na wypełnieniu poleceń lekarza. Ciążący na niej obowiązek opieki nad pacjentem można opisać jako „odpowiedzialność", lepiej wyrażają go jednak pojęcia etyki obowiązku. Pielęgniarka odpowiedzialna jest natomiast za taki sposób przechowywania lekarstw, który redukuje prawdopodobieństwo pomyłek. Specyficzna odpowiedzialność ciąży na niej w sytuacji, gdy nie ma lekarza lub gdy lekarz wydaje takie polecenia, które wynikają z — oczywistego dla pielęgniarki — błędu lub ze złej intencji. Powinna ona wówczas odmówić spełnienia polecenia i zwrócić lekarzowi uwagę na jego błąd, a w przypadku złej intencji lekarza powiadomić wyższą instancję lub ostrzec pacjenta. Z tego, że w wyjątkowej sytuacji pielęgniarka zobowiązana jest do przejęcia odpowiedzialności, nie wynika jednak, że zawsze powinna kontrolować poprawność poleceń lekarza. Zarówno w dziedzinie zawodowej, jak i na polu polityki system poleceń i ich wypełniania przestałby funkcjonować, gdyby na osobie podporządkowanej ciążył zawsze obowiązek sprawdzania poprawności poleceń. Ludzkie współżycie nie może się powieść bez tego, co nazywamy „presumpcją", tj. bez domniemania słuszności i prawomocności poleceń. Ich sprawdzenie i skorygowanie w konkretnym przypadku wymaga specyficznych powodów.

O czym poucza ten przykład? O odpowiedzialności nie mówimy tam, gdzie w działaniu należy przestrzegać ściśle określonych zaleceń, lecz tam, gdzie komuś powierzono troskę o porządek w konkretnej, złożonej dziedzinie życia, gdzie wypełnienie tego założonego zadania wymaga od danej osoby dokonywania ocen w ramach własnej kompetencji i gdzie musi ona zdać sprawę z rezultatu swoich działań. Polityczna odpowiedzialność za wynik działań sięga przy tym dalej niż odpowiedzialność moralna. Ten, kto nie ma w polityce szczęścia, musi z niej odejść. Przełożony jest odpowiedzialny za błędy swoich podwładnych również wówczas, gdy nie ponosi za nie winy moralnej. Często sam ich wybrał i musi odpowiadać za powierzoną im odpowiedzialność. Odpowiedzialność polityczna, prawna i moralna nie muszą się zatem pokrywać. Najtrudniejsze jest przy tym jednoznaczne określenie odpowiedzialności politycznej.

Jeśli w naszej cywilizacji „zasada odpowiedzialności"[1] ma coraz większe znaczenie, to wiąże się to z czterema czynnikami:

1) z rosnącą złożonością warunków ludzkiego życia,
2) z wyodrębnianiem się różnych subsystemów społecznych,
3) z rosnącą naukową świadomością długofalowej akumulacji skutków ludzkich działań i wreszcie
4) z szybkim zmienianiem się warunków ramowych ludzkiego działania[2].

1. Rosnąca złożoność warunków ludzkiego życia prowadzi do tego, że właściwe obchodzenie się z nimi przez coraz większą liczbę działających wymaga pewnych przestrzeni dokonywania ocen. Poprawne ich dokonywanie zakłada, że działający podmiot nie stanowi

---

[1] Por. Hans Jonas, *Zasada odpowiedzialności*, tłum. Marek Klimowicz, Wydawnictwo „Platan", Kraków 1996.

[2] Por. Franz-Xaver Kaufmann, *Über die soziale Funktion von Verantwortung und Verantwortlichkeit*, w: *Verantwortlichkeit und Recht*, Ernst-Joachim Lampe (Hrsg.), („Jahrbuch für Rechtsoziologie und Rechttheorie", Bd. 14), Opladen 1989, s. 204–224.

tylko środka do celu, lecz sam posiada wiedzę o celach oraz kompetencję w ich realizacji. Jeśli np. dzisiaj karność w wojsku pełni mniejszą rolę, to jest tak dlatego, że nowoczesna wojna nie potrzebuje trybów w precyzyjnej maszynie, lecz żołnierzy, którzy zawsze są gotowi do rozwiązywania zadań. W złożonych sytuacjach trzeba być zdolnym do zmiany sposobu działania. Ale zmienić sposób działania może tylko ten, to jest wyposażony w kompetencje. Z drugiej strony odpowiedzialność znacznej liczby ludzi ulega dzisiaj zmniejszeniu. Na sprzątaczce, która pracuje w naszym instytucie, ciąży mniejsza odpowiedzialność niż dawniej. Wykonuje ona tylko czynności, które zostały jej zlecone. Wyrażenie jej etosu w kategoriach odpowiedzialności byłoby cynizmem.

2. Wyodrębnienie się subsystemów społecznych prowadzi do tego, że coraz większa liczba ludzi pełni wiele ról. Role wymagają określonych sposobów zachowania. Koordynacja różnych ról wymaga jednak ponownie decyzji, które ze swej strony nie są z góry zaprogramowane jako zachowania zgodne z rolą. Na przykład — w demokracji zadaniem urzędnika jest egzekwowanie praw i przepisów, ale jako obywatel jest on zarazem odpowiedzialny za ich ewentualną zmianę.

3. Dzięki nowoczesnej technice ludzkie działanie stało się niezwykle skuteczne. Przyroda — zarówno jako rezerwuar surowców, jak i miejsce składowania odpadków naszego życia — nie jest w już stanie neutralizować skutków ludzkiego działania i przywracać równowagę. Ponadto jednak nauka coraz dokładniej pokazuje nam skutki zakumulowanego działania ludzkiego. Jeśli dzisiaj wcześniej i częściej rozlega się alarm ostrzegający przed zanieczyszczeniem powietrza, to jest tak dlatego, że potrafimy przeprowadzać coraz lepsze pomiary. Dawniej w ogóle nie zauważyliśmy dziury ozonowej. Dzisiaj mamy uzasadnione przypuszczenia na temat jej związku z użyciem fluoru i węglowodanów. „Czego oczy nie widzą, tego sercu nie żal" — mówi przysłowie. Szer-

szy zasięg naszego działania z jednej strony i większa wiedza na temat zakumulowanych skutków ludzkiego działania z drugiej odsłaniają obszary naszej odpowiedzialności, w stosunku do których dawniej ludzie nie czuli się odpowiedzialni, np. do odpowiedzialności za zachowanie biosfery.

4. Rosnąca w sposób widoczny zmienność warunków naszego życia sprawia, że trudno jest ograniczyć się do ustalonego repertuaru schematów działania. Maksyma Goethego: „Czyń to, co słuszne tylko w tym, co należy do ciebie. Reszta zrobi się sama"[3] zakłada stabilny system oczekiwań co do wzajemnych działań. Ale czym jest „słuszne w tym, co należy do ciebie" w przypadku żołnierza, który ma do czynienia z nowoczesną bronią masowego rażenia, czy też w przypadku lekarza, który staje wobec możliwości zapłodnienia *in vitro*, manipulacji genami, transplantacji organów lub technicznego przedłużania życia ponad wszelką ludzką miarę? Tradycyjny etos żołnierza lub lekarza nie zawiera wystarczających wskazówek dotyczących sposobu obchodzenia się z tymi możliwościami. Do tego dochodzi jeszcze jedno: Dawniej sprawdzona reguła mówiła, aby w wątpliwym przypadku nie podejmować działania, które może być fałszywe. Podstawą tej reguły była myśl, że świat jest stabilnym kosmosem, który zawsze zachowuje swoją równowagę, niezależnie od tego, czy działamy, i niezależnie od tego, jak działamy[4]. W świecie, który pojmuje siebie jako historię, jako proces, wydaje się, że zarówno działanie, jak i jego zaniechanie ma konsekwencje dla tego procesu. Ten, kto odmawia dokonania wyboru, nie jest moralnie neutralny, lecz opowiada się po stronie, która wygrywa. Ponieważ nie ma takiego zła, które nie mogłoby zostać przewyższone przez jesz-

---

[3] Johan Woffgang Goethe, *Sprüche*, Bd. 1, s. 314 (Hamburger Ausgabe).

[4] Por. Św. Tomasz z Akwinu, *Questio disputata de malo*, 6; zob. też Robert Spaemann, *Skutki uboczne jako problem moralny*, w: niniejszym tomie, rozdz. 17.

cze większe zło, wydaje się, że nie ma takiego działania, które w każdych okolicznościach byłoby „złe". Wydaje się, że w pewnych okolicznościach mógłoby ono być mniejszym złem — a mianowicie wówczas, gdy skutek jego zaniechania jest gorszy niż skutek jego wykonania. Prawdopodobnie można by jeszcze uzupełnić wymienione tu czynniki. Wszystkie one sprawiają, że specyficzny fenomen odpowiedzialności moralnej stał się modelem moralności jako takiej. Budowanie etyki wyłącznie w zorientowaniu na pojęcie odpowiedzialności ma też jednak rys ideologii mieszczańskiej. Całkowicie poza polem uwagi pozostaje tu etos niższej warstwy, na przykład etos tych, którzy nie ukończyli katolickich lub ewangelickich akademii.

*

Czy chrześcijańskie rozumienie etyki da się zinterpretować w kategoriach odpowiedzialności? Idea interpretacji zachowania moralnego jako postrzegania zasad odpowiedzialności ma bez wątpienia głębokie korzenie biblijne. W *Piśmie świętym* po raz pierwszy mówi się o moralności w historii Kaina i Abla. W naszym kontekście interesujące jest pytanie, które Bóg zadaje Kainowi po jego bratobójstwie. Bóg nie pyta, czy Kain przekroczył jakieś przykazanie, lecz pyta: „Gdzie jest twój brat Kain?" (Rdz 5, 9). Znamienne jest też to, że odpowiedź Kaina nie polega na zaprzeczeniu dokonania przestępstwa — tego mu bowiem jeszcze nie zarzucono; Kain odrzuca raczej odpowiedzialność: „Czyż jestem stróżem mego brata?" Co znaczy: Czy muszę wiedzieć, gdzie on jest?

To, co moralne, zostaje tu dwojako opisane jako odpowiedzialność: jako odpowiedzialność za kogoś i jako odpowiedzialność przed kimś. Kain jest odpowiedzialny za swego brata. Brat został mu powierzony; nie tylko nie wolno mu go zabić, lecz powinien również wiedzieć, gdzie on jest. Odpowiedzialność *za* brata nie jest jednak odpowiedzialnością *przed* bratem. Od odpowiedzialności przed człowiekiem można się bowiem uwolnić — zabijając go. Nasz tekst mówi jednak, że krew Abla głośno woła do Boga. Mord nie usuwa adresata odpowiedzialności, gdyż adresat ten w ogóle nie może zostać usunięty. To, czego nie można usunąć, nazywamy Bogiem. „Stróż mego brata" — te słowa są kluczowym wyrażeniem chrześcijańskiej etyki odpowiedzialności.

Nowy Testament wielokrotnie przedstawia życie chrześcijanina jako samodzielny zarząd, z którego trzeba zdać sprawę — tak jest na przykład w przypowieści o nieuczciwym zarządcy (por. *Łk* 16, 1 n.) lub w przypowieści o talentach, w której od zarządcy żąda się więcej niż tylko skrupulatnego oddania kapitału, który powinien zostać zainwestowany (por. *Łk* 19, 11 n.). Podobnie jest z miłosiernym Samarytaninem, który widzi potrzebę i natychmiast stara się jej zaradzić — aż do pokrycia ewentualnych dodatkowych wydatków gospodarza (Łk 10, 30n.). Wydaje mi się, że dla idei własnej odpowiedzialności rozstrzygające są słowa Chrystusa z *Ewangelii według św. Jana*: „Już was nie nazywam sługami, lecz przyjaciółmi, bo sługa nie wie, co czyni pan jego..." (J 15, 15). Jeśli widzimy to w związku z faktem, że Jezus streszcza Prawo w przykazaniu miłości Boga i bliźniego, to słowa te możemy rozumieć w ten sposób: Sługa wykonuje polecenia, których sensu i celu nie zna. Dlatego nie może ani niczego zmieniać, ani podejmować własnych decyzji. Przyjaciel zrozumiał intencję Pana. Dlatego może działać odpowiedzialnie. Ma prawo działać w sposób twórczy. Jego działanie nie dzieli się już na zaspokajanie własnych interesów z jednej strony i ograniczające respektowanie przepisów i wypełnianie obowiązków z drugiej — obowiązków, które ograniczają zaspokajanie interesów. Jego działanie wypływa raczej z jednorodnego źródła: z miłości.

Istotą etyki chrześcijańskiej nie jest kodeks przepisów prawnych, lecz pozytywne podjęcie odpowiedzialności za te dobra, które chroniło prawo i które teraz zostają pozytywnie powierzone ludziom. Ta odpowiedzialność jest przede wszystkim pozytywną odpowiedzialnością za siebie nawzajem. Przytoczmy tu tylko jeden przykład z najnowszej historii: Większość Niemców mówi — co do pewnego stopnia może być prawdą — że nie wiedziała o tym, co działo się z Żydami. Czy nie jest to jednak właśnie samousprawiedliwienie? Czy po deportacji Żydów nie powinni bowiem zapytań: „Gdzie jest mój sąsiad? Gdzie jest mój współobywatel?" Czy niemieccy chrześcijanie nie powinni zapytać: „Gdzie jest mój brat?" Mówię to z pewnym oporem, gdyż zawsze łatwiej jest pod pozorem samokrytyki bić się w cudze piersi, przede wszystkim w piersi tych, którzy żyli przed nami. Przytaczam ten przykład dlatego, gdyż ze względu na dystans, który dzieli nas od tamtych czasów, jest on zrozumiały dla wszystkich.

20. Kto i za co jest odpowiedzialny? Krytyczne spojrzenie na odróżnienie etyki przekonań i etyki odpowiedzialności (1982)

I

We współczesnych debatach o podstawowych pojęciach polityki i etyki społecznej wciąż powraca wprowadzone przez Maxa Webera rozróżnienie etyki przekonań i etyki odpowiedzialności, które sam Weber uważał za ostateczną, argumentatywnie nierozstrzygalną alternatywę dwu podstawowych postaw moralnych. *Etykiem odpowiedzialności* nazywał Weber tego, kto bierze pod rozwagę wszystkie skutki swego działania, czyniąc z oceny tych skutków kryterium swej decyzji. *Etykiem przekonań* określał zaś tego, kto niezależnie od kontekstu uznaje pewne działania za moralne lub niemoralne, tj. nie biorąc pod uwagę skutków określonych działań lub ich zaniechania czyni to, co uważa za moralnie nakazane. Weber sądził, że opowiedzenia się za jedną z tych dwu postaw nie można już dalej uzasadniać. Jeśli bowiem etykowi odpowiedzialności zarzucimy, że swoim działaniem brudzi sobie ręce, odpowie nam: Godzę się na to, gdyż jest to koszt uniknięcia większego zła. Uważa on, że jest to lepsze, niż troska o zachowanie czystych rąk za cenę pozostawiania poza polem uwagi skutków dla innych. Jeśli natomiast etykowi przekonań zwrócimy uwagę na zgubne skutki jego rygoryzmu moralnego, to odpowie nam, że nie jest odpowiedzialny za te skutki, lecz jedynie za sposób swego działania. Gdyby wszyscy ludzie postępowali tak jak on, to prawdopodobnie również skutki byłyby pozytywne. Za to zaś, że wszyscy tak nie postępują, nie jest on odpowiedzialny.

Max Weber przyporządkowuje tym dwóm postawom dwa różne typy ludzi — etyka odpowiedzialności jest etyką *polityka*, etyka przekonań — etyką *świętego*. Etyk przekonań pomylił się w wyborze zawodu — twierdzi Weber — jeśli przejmuje polityczną odpowiedzialność za wspólnotę i w ten sposób każe płacić innym za skutki swojej postawy; podobnie święty skompromitowałby czystość i konsekwencję swojego sposobu życia, gdyby zaczął działać w sposób strategiczny, robiąc na każdym razem bilans wszystkich skutków swych działań lub ich zaniechania.

Weber nie bierze jednak pod uwagę tego, że świętość nie jest specyficznym zawodem ani specyficznym sposobem życia i że istnieli święci — na przykład Thomas Morus — którzy byli zarazem skutecznymi politykami. Można przypuszczać, że na ten zarzut Weber odpowiedziałby, iż Thomas Morus najpierw był skutecznym politykiem, a potem świętym, że świętym stał się dopiero wówczas, gdy przestał być politykiem, nie podporządkowując już swego działania odpowiedzialności politycznej.

Tak jednak nie jest. Postawa, która zakazywała Thomasowi Morusowi podpisania Aktu supremacji, kierowała całym jego dotychczasowym życiem. Nowa nie była postawa, lecz sytuacja. Jeśli po głębokim namyśle Morus zrezygnował z zamiaru wstąpienia do klasztoru kartuzów i stał się prawnikiem, ojcem rodziny i mężem stanu, to nie oznacza to, że z etyki przekonań nawrócił się na etykę odpowiedzialności, a w końcu życia stał się ponownie etykiem przekonań. Wybrał jedynie inny zawód z innymi obowiązkami, ale jego obowiązki jako człowieka i chrześcijanina pozostały takie same. Również jako kartuz miałby odpowiedzialność — a jako opat nawet bardzo szeroką — i jako polityk kierował się określonym przekonaniem. Gdyby nie konkretna sytuacja w Oświęcimiu, również o. Maksymilian Kolbe nie wszedłby do kalendarza świętych. W czasem rozróżnienie Webera zostało powszechnie zaakceptowane i stało się toposem w dyskusjach politycznych. Zarzut, że ktoś jest „etykiem przekonań", służy zazwyczaj jako broń w walce politycznej — na przykład przeciw pacyfizmowi, który odrzuca wszelkie przygotowania do wojny i odmawia poważnego potraktowania pytania o to, czy w ten sposób nie powiększa prawdopodobieństwa jej wybuchu. Dlatego wiodący przedstawiciele tak zwanego ruchu na rzecz pokoju starają się uchodzić za etyków odpowiedzialności w sensie Webera — twierdząc, że ich rachunek jest bardziej realistyczny niż rachunek ich przeciwników. Rzecz ma się odwrotnie w przypadku uznania odmowy służby wojskowej. Osobliwe jest to, że prawomocność takiej odnowy uznaje się zazwyczaj w przypadku tego, kto podaje się za czystego etyka przekonań, tj. nie biorąc pod uwagę kontekstu i skutków z zasady odrzuca wszelkie stosowanie broni. Do Weberowskiego schematu niepolitycznego świętego najlepiej pasują wówczas członkowie sekt religijnych.

Twierdzę, że odróżnienie etyki przekonań i etyki odpowiedzialności może być wprawdzie przydatne w psychologii społecznej, gdzie służy do opisu pewnych idealnych typów osobowości, ale niewiele nam mówi o swoistości tego, co moralne, o etyce. W przeciwstawieniu tym zarówno odpowiedzialność, jak i przekonania tracą bowiem swoje znamię moralne. Ponadto idealnych typów: „etyka odpowiedzialności" i „etyka przekonań" nie da się nawet opisać w sposób wolny od sprzeczności. Terrorysta, któremu w sądzie przyzna się status kogoś działającego z przekonania, rozumie siebie jako etyka odpowiedzialności, który rozsadza ramy konwencjonalnych, płynących z odpowiedzialności obowiązków. Nie pyta, czy dany czyn jest moralnie dobry „w sobie", lecz w interesie globalnej strategii optymalizacji dąży do celu, który dla niego uświęca każdy środek. Jeśli jego przekonanie jest fałszywe, to jest tak dlatego, że fałszywe jest jego pojęcie odpowiedzialności.

II

Alternatywa, która dominuje dzisiaj w dyskusjach w ramach filozofii moralnej i teologii, jest spokrewniona z formułą Webera, która wciąż jest obecna w świadomości publicznej. W dyskusjach tych mówi się o alternatywie deontologicznego i teleologicznego uzasadniania moralności. *Deontologiczna* jest etyka, która określonym sposobom działania przypisuje predykaty „dobry" i „zły" niezależnie od skutków; *teleologiczna* jest etyka, która za kryterium moralności czynów przyjmuje wyłącznie zamiar maksymalizacji wartości pozamoralnych — materialnych, estetycznych, ludzkich. Tego typu moralność nazywana też bywa *utylitarystyczną* lub *konsekwencjalistyczną*. Jako przykład etyki deontologicznej wymieniana jest często etyka *Kanta*, gdyż potępia on wszystkie czyny, które nie odpowiadają dającej się uogólnić maksymie.

Klasycznym przedstawicielem utylitaryzmu jest *Jeremy Bentham* ze swoją słynną formułą, zgodnie z którą największe szczęście jak największej liczby ludzi musi być celem każdego moralnego działania. Niejasność słowa „szczęście" sprawiła, że formułę tę krytykował już John Stuart Mill. Dzisiejszy tak zwany „utylitaryzm idealny", za którego początek można uznać *Principia ethica* Moore'a [1], maksymalizację przyjemności jak największej liczby ludzi zastępuje ogólnie pojętym powiększaniem aksjologicznej jakości świata.

Można by sądzić, że dyskusja ta interesuje tylko ludzi zajmujących się filozofią i nie wykracza poza ramy seminariów filozoficznych. Dyskusje filozoficzne odzwierciedlają jednak często w wyostrzonej pojęciowo postaci *problemy obecne w świadomości własnego*

---

[1] George Edward Moore, *Principia Ethica*, Cambridge [8] 1959; wyd. niem.: *Principia ethica*, Reclam, Stuttgart 1970.

czasu i oddziałują zwrotnie na tę świadomość. W tym zwrotnym oddziaływaniu teorie filozoficzne wzmacniane są przede wszystkim przez Kościół. Dlatego nie bez znaczenia jest fakt, że ostatnio większość teologów moralnych w Niemczech opowiedziało się za etyką konsekwencjalistyczną[2]. Kierunek ten widzi w rachunku dóbr jedyną zobowiązującą formę refleksji etycznej, odrzucając tradycyjne filozoficzne i chrześcijańskie przekonanie o istnieniu takich sposobów działania, które zawsze i we wszelkich okolicznościach należy odrzucić.

Na temat odróżnienia moralności deontologicznej i teleologicznej chciałbym najpierw powiedzieć coś podobnego do tego, co powiedziałem już w odniesieniu do odróżnienia Webera. Ani deontologia, ani konsekwencjalizm nie ujmują trafnie problemu moralności. Etyka czysto deontologiczna nie może istnieć. Jest ona czystą karykaturą. Człowiek, którego moralność polegałaby na tym, że niezależnie od okoliczności zawsze dokonuje pewnych działań, a innych nigdy nie wykonuje, byłby niezdolnym do życia idiotą. *Rachunek dóbr* jest normalnym sposobem moralnego, a to znaczy również rozumnego działania. Działając nie możemy nie zwracać uwagi na skutki czynów. Działanie polega bowiem na wywoływaniu pewnych skutków. Działań nie można nawet opisać jako działań bez uwzględnienia ich teleologicznego charakteru. W przeciwnym razie opisywalibyśmy tylko ruchy ciała, co w pewnych okolicznościach może mieć dość komiczny efekt.

W sporze o deontologię i konsekwencjalizm nie idzie zatem o to, *czy* jesteśmy odpowiedzialni za określone skutki naszych czynów, lecz o to, *za jakie* skutki jesteśmy odpowiedzialni — czy tylko za te, które definiują dane działanie, czy również za skutki uboczne, na które się godzimy, a jeśli tak, to w jakim wymiarze? Przy ograniczeniu odpowiedzialności do bezpośrednich skutków

---

[2] Por. artykuł *O niemożliwości uniwersalnej etyki teleologicznej*, w niniejszym tomie, rozdział 18, s. 353 nn.

naszych działań wszystko zależy ostatecznie od tego, jak te działania opisujemy. Już *Hegel* wskazał na to, że podpalenie można opisać tak, że przestanie być ono podpaleniem. Podpalacz podpalił jedynie niewielką kupkę siana. Oczywiście, kogoś, kto poważnie definiuje swoje działanie w ten sposób, być może zwolnimy z odpowiedzialności za spalenie szopy. Uznamy go za to za niepoczytalnego. W niczym nie pomoże nam tu odróżnienie deontologii i konsekwencjalizmu. Pytanie brzmi: Kto i za co jest odpowiedzialny? Co jest właściwie przedmiotem naszej odpowiedzialności moralnej wówczas, gdy działamy lub zaniechamy pewnych działań?

Konsekwencjalista odpowiada: Jesteśmy zasadniczo odpowiedzialni za wszystko, a przynajmniej za to wszystko, co mogliśmy przewidzieć. Na każdym spoczywa obowiązek, by działaniem lub zaniechaniem działania optymalizaować całościowy stan rzeczywistości. Dobry jest taki sposób działania, którego skutki w porównaniu ze skutkami wszystkich możliwych alternatywnch działań są lepsze lub przynajmniej równie dobre. Dany sposób działania jest zły, jeśli istnieją alternatywne prowadzące do lepszych skutków. Kryteriami, które stosowane są w ocenie dobra i zła skutków działania, muszą być wartości pozamoralne, gdyż w przeciwnym razie w definicji moralności popadalibyśmy w błędne koło. (Na przykład dobrego lub złego sumienia działającego podmiotu nie można zaliczać do skutków czynu.) Łatwo się domyślić, skąd pochodzi model stojący u postaw tej koncepcji. Pochodzi on z obszarów, w których *strategie maksymalizacji pożytku* stanowią adekwatną formę działania. Konsekwencjalizm jest *przeniesieniem technicznego modelu oceny do etyki*. W tym rozumieniu działanie moralne jest strategicznym działaniem skierowanym na uniwersalną funkcję pożytku, jest uniwersalną strategią optymalizacji.

W wielu sytuacjach strategiczne działanie — racjonalny wybór środków do pewnego celu — może być jedynym rozumnym, adekwatnym do sytuacji i dlatego również moralnie nakazanym sposobem działania. Przede wszystkim w życiu gospodarczym i społeczno--politycznym konsekwencjalistyczny model decyzji jest najbardziej zrozumiały. Trzeba jednak stwierdzić, że dzisiaj nawet w ekonomii przedsiębiorstwa zrezygnowano z nieograniczenie racjonalnego rozwiązywania problemu optymalizacji. Do takiej optymalizacji potrzebny byłby bowiem algorytm rozwiązywania problemów w zamkniętym modelu decyzji. To jednak zakładałoby: 1) skończoną liczbę wzajemnie się wykluczających alternatywnych rozwiązań, 2) znajomość alternatyw, 3) jasne określenie funkcji celu oraz reguł, za pomocą których można by stworzyć jednoznaczną hierarchię alternatywnych rozwiązań.

W złożonych sytuacjach decyzyjnych sytuacja taka nie występuje prawie nigdy; dlatego już struktura sytuacji decyzyjnych w ramach ekonomii przedsiębiorstwa uchodzi zazwyczaj za niedobrą. Tym bardziej dotyczy to etycznego programu optymalizacji, który ma się odnosić nie tylko do naszego działania gospodarczego, lecz do całego naszego działania, a polem jego zastosowania nie jest przedsiębiorstwo, ale cała rzeczywistość! Poddanie ocenie aksjologicznej wszystkich możliwych całościowych biegów świata, ustanawiając przy tym ich hierarchię i poddając własne zachowanie funkcji pożytku ze względu na optymalny przebieg rzeczy, jest czymś całkowicie fantastycznym. Gdyby ciążyła na nas uniwersalna odpowiedzialność tego rodzaju, to pełni rezygnacji moglibyśmy powtórzyć za Hamletem:

„Czasie zwichnięty! — Jak ci nie złorzeczyć?
Po cóż rodziłem się, by cię wyleczyć?" [3].

Media, kaznodzieje polityczni i religijni sugerują dzisiaj często odpowiedzialność tego rodzaju. Wobec niemożliwości jej rzeczywistego podjęcia prowadzi to do

---

[3] William Shakespeare, *Hamlet*, tłum. Maciej Słomczyński, Zielona Sowa, Kraków 1997, s. 43.

rezygnacji i do otępienia sumienia wobec rzeczywistych postaci odpowiedzialności. Alternatywny wobec takiej rezygnacji jest *ideologiczny fanatyzm,* który sądzi, że ma klucz do zrozumienia wszelkiego zła świata. Aby odzyskać spokój sumienia, wystarczy wówczas zaangażować się po politycznie słusznej stronie. Człowiek jest przekonany, że czyni wszystko, aby naprawić świat, gdyż dociera do wspólnych korzeni wszelkiego zła. Wielka siła oddziaływania radykalnych ruchów politycznych na wielu młodych ludzi płynie z tego konsekwencjalistycznego sposobu myślenia. U większości kończy się to jednak znowu rezygnacją.

W rzeczywistości etyczna rezygnacja nigdy nie jest jednak uzasadniona. Działanie moralne jest dziś tak samo możliwe jak zawsze dotąd. Nie polega ono na wspomnianej powyżej strategii optymalizacji, podobnie jak błędne jest również utożsamianie w każdej sytuacji dobra z tym, co najlepsze.

III

Postulat, aby zawsze czynić to, co najlepsze, prowadzi do nieznośnego rygoryzmu, którego dotyczą słowa: „Lepsze jest wrogiem dobrego". Konsekwencjalistyczne rozumienie etyki, które pojmuje siebie jako etykę odpowiedzialności, niszczy pojęcie odpowiedzialności etycznej przez jego nadmierne rozszerzenie. Konkretna odpowiedzialność działających ludzi staje się czystą *instrumentalną funkcją* w ramach fikcyjnej odpowiedzialności zbiorowej (*Gesamtverantwortug*).

Etyka konsekwencjalistyczna przyznaje wprawdzie, że na jednostce ciąży zazwyczaj tylko ograniczona odpowiedzialność. Ograniczenie to rozumie jednak jedynie funkcjonalnie. Przypomina ona odpowiedzialność podkomendnego w czasie wojny. Służy ona ostatecznie ogólnemu celowi i obowiązuje tylko o ile i dopóki spełnia tę funkcję. W ten sposób zniwelowana zostaje różnica między imperatywami instrumentalnymi i imperatywami moralnymi. Moralne sumienie jednostki podporządkowane zostaje osądowi ekspertów od strategii osiągania dobrobytu, którzy pouczają ją, jakie sposoby działania powinna wybierać w interesie ogólnego dobra. Gotowość do takiego podporządkowania została we wstrząsający sposób obnażona w eksperymencie, który — w nawiązaniu do amerykańskiego eksperymentu Milgrama — zorganizowało przed laty Radio Bawarskie. Przypadkowe, zaproszone z ulicy osoby okazały się wówczas — co prawda po pewnym wahaniu — gotowe do poddania innych badanych osób wstrząsom elektrycznym, które sięgały granicy śmierci. Wyjaśniono im, że jest to konieczne dla przebiegu eksperymentu, który z kolei przyczyni się do rozwinięcia globalnego programu nauczania. Można by nawet przyjąć, że taki program przyczyni się ostatecznie do ratowania ludzkiego życia, do zmniejszenia cierpień itd. Można przytaczać najróżniejsze „teleologiczne", konsekwencjalistyczne racje tego eksperymentu. Poddani mu ludzie nie zauważyli jednak, że nie ciąży na nich obowiązek angażowania się w ulepszanie sposobów nauczania na świecie. w tym przypadku byli natomiast odpowiedzialni za *określoną osobę* — tę mianowicie, na którą mogli oddziaływać w ramach eksperymentu. To ona — w sensie biblijnego przykazania — była ich „bliźnim".

Przytoczmy tu jeszcze inny, również rzeczywisty przykład: W ramach testowania pewnego preparatu lekarz tworzy dwie grupy osób, z których tylko jedna otrzymuje ów lek. Przyjmijmy, że w krótkim czasie lekarz przekonuje się, iż preparat ten jest bardzo skuteczny w zwalczaniu pewnej choroby. W interesie powodzenia eksperymentu musiałby jednak nadal nie przepisywać go pewnym pacjentom, tak aby druga z tych grup miał odpowiednią liczbę osób. Czy wolno mu to robić? Czy etos lekarski i zaufanie pacjenta nie zobowiązuje go do tego, aby każdego leczyć w sposób, który w jego przekonaniu najskuteczniej prowadzi do wyleczenia? Lekarzowi nie wolno podporządkować tej odpowiedzialności fikcyjnej odpowiedzialności za wyleczenie nieznanej liczby potencjalnych przyszłych chorych czy też żądaniom ministerstwa zdrowia, które zostało opanowane naukową manią. Nietrudno sobie wyobrazić, jak bardzo naruszyłaby zaufanie pacjentów do lekarza sytuacja, w której pacjent musiałby przypuszczać, że lekarz nie leczy go w optymalny sposób, gdyż jest konsekwencjalistą, który pojmuje etykę jako ogólną strategię optymalizacji.

IV

Przedstawiciel konsekwencjalizmu wysunie tu zarzut: Teraz ty sam wskazujesz na skutki, czyli argumentujesz konsekwencjalistycznie. Zgadza się. Wskazuję na to, że etos konsekwencjalistyczny zawiera w sobie *sprzeczność*. W pewnych okolicznościach nie pozwala na realizację tych dobroczynnych skutków, do których sam zmierza. Czasami prowadzi to do modyfikacji konsekwencjalizmu. Mówi się tu: Ponieważ indywidualne nastawienie na optymalizację ostatecznie przynosi więcej szkody niż pożytku, jednostka nie powinna kierować się bezpośrednio w każdym czynie osobistym wyobrażeniem sumarycznego pożytku. Powinna raczej kierować się rozumną regułą, której ogólne przestrzeganie obiecuje największy pożytek. I tak książę elektor gani księcia z Homburgu, który wprawdzie wygrał bitwę, ale przez nieposłuszeństwo, które — jeśli miałoby stać się regułą ogólną — przyniosłoby więcej porażek niż zwycięstw.

W tym kontekście odróżnia się też „utylitaryzm reguł" od „utylitaryzmu działań". Ale tak zwany *utylitaryzm reguł* jedynie ukrywa problem, albo wyraża pogląd, że zawsze należy brać pod uwagę te skutki własnego działania, które osłabiają lub wzmacniają regułę. Tak pojęty utylitaryzm reguł jest tylko ulepszoną formą utylitaryzmu działań. Utylitaryzm ten zawsze wtedy pozwoli na odstąpienie od reguły, jeśli pozostanie ono w ukryciu i dlatego nie będzie miało konsekwencji dla dalszego jej obowiązywania. Albo też wyraża opinię, że *zawsze* należy przestrzegać *ogólnie* pożytecznej reguły, nawet wówczas, gdy w konkretnym przypadku byłoby to szkodliwe i nie miałoby konsekwencji dla jej obowiązywania. Wówczas jednak nie mamy już do czynienie z utylitaryzmem, lecz ze szczególnie rygorystyczną formą deontologii.

Ten właśnie przykład pokazuje nam, że konsekwencjalizm nie potrafi adekwatnie zinterpretować fenomenu moralnego. Utylitaryzm reguł nie jest mianowicie w stanie dostrzec zasadniczej różnicy pomiędzy regułą zakazującą przechodzenia przez jezdnię na czerwonym świetle i — na przykład — regułą nakazującą dotrzymanie obietnicy danej umierającemu. Pierwsza z tych reguł służy ochronie życia i zdrowia i jest sensowna tak długo, dopóki wypełnia tę funkcję. Oczywiście, w nocy, gdy nie ma samochodów i nie widzi tego żadne dziecko, przejdę przez jezdnię na czerwonym świetle. Ale czy równie spokojnie złamię obietnicę, gdy nie ma już jedynego jej świadka i jej złamanie nie przyniesie szkody nikomu, podczas gdy jej dotrzymanie będzie miało negatywne skutki dla mnie? Czy łączna wartość świata nie zostanie przez jej niedotrzymanie powiększona — przez to mianowicie, że ja będę się miał lepiej? Czy jednak nie porusza to naszego sumienia? Dlaczego? Właśnie dlatego, że tego, co moralne, nie da się zredukować do wewnętrznej gotowości do maksymalizacji pozamoralnych dóbr czy wartości. Tego rodzaju etyka odpowiedzialności odsłania się jako to, czym nie chce być — jako czysta etyka przekonań. Pozbawia bowiem rzeczywistość jakichkolwiek jakości moralnych i umieszcza moralność wyłącznie w intencji jednostki, która pragnie podjąć swoją odpowiedzialność w ramach programu optymalizacji.

Normalna świadomość moralna rozumie siebie całkiem inaczej. Obowiązek dotrzymania obietnicy nie jest funkcją łącznego pożytku, na przykład zachowania przyjemnego poczucia, które płynie z atmosfery wzajemnego zaufania między ludźmi. Nie chodzi tu w pierwszym rzędzie o obowiązek w stosunku do nieznanej liczby nieznanych osób, które zostałyby dotknięte naruszeniem zaufania, lecz o odpowiedzialność wynikającą z konkretnej relacji moralnej, którą nawiązałem przez złożenie obietnicy. Relacja ta z istoty pociąga za sobą zobowiązanie: zobowiązanie do spełnienia obietnicy.

Odpowiedzialność płynie zawsze z sytuacji, w których się znajdujemy, z *relacji moralnych*. Relacjami moralnymi są: przyjaźń, małżeństwo, relacja dzieci i rodziców, lekarza i pacjenta, nauczyciela i ucznia, relacja pomiędzy towarzyszami pracy itd. Moralna natura człowieka rozwija się dopiero w tych relacjach. Działania moralne nie są środkami do maksymalizacji dóbr pozamoralnych, nie da się do nich zastosować schematu cel-środki.

Arystoteles używa wprawdzie werbalnie tego schematu mówiąc, że celem wszelkiego działania jest *eudaimonia*, szczęśliwość. Następnie jednak definiuje *eudaimonię* — wyraźnie przeciwstawiając ją pojęciu dążenia do przyjemności — nie jako pozamoralny cel działań moralnych, lecz jako *szczyt moralnej, tj. rozumnej praxis*. Sama *eudaimonia* jest już pojęciem nasyconym etycznie. Jest ona nazwą wypełnionego sensem stanu człowieczeństwa, ale nie „celu", który można by zdefiniować niezależnie od prowadzących do niego środków, tak że wybór środków byłby wówczas funkcją tego celu. Dlatego moralność nie jest tożsama z racjonalnością instrumentalną. Relacje moralne i działania, które odpowiadają tym relacjom, nie są środkami do celu, lecz integralnymi składnikami całości „właściwego życia". Odpowiedzialność moralna jest natomiast adekwatną, liczącą się ze stanem rzeczy realizacją relacji moralnych, która nie jest zniekształcona przez egoizm, namiętność lub fanatyzm.

V

Można tu wysunąć następujący zarzut. Jest rzeczą oczywistą, że istnieją przypadki, w których jesteśmy zwolnieni z danej obietnicy, gdyż ciąży na nas pilniejszy obowiązek. Czyż nie jest to dowód słuszności konsekwencjalizmu? Wyższe dobro, które wchodzi tu w grę, usuwa na drugi plan dobro niższe. Wydaje się, że mamy tu do czynienia z rachunkiem dóbr. Interpretacja ta nie opisuje jednak adekwatnie stanu rzeczy. Nie jest tak, że jestem zwolniony z dotrzymania obietnicy zawsze wówczas, gdy widzę, że mógłbym zrobić coś, co znacznie bardziej przyczyni się do polepszenia świata. Gdyby tak było, wówczas każda obietnica byłyby związana z zastrzeżeniem: „Chyba że w międzyczasie przyjdzie mi do głowy coś pożyteczniejszego". Obietnice są zazwyczaj związane z zastrzeżeniem, ale treść owego milczącego zastrzeżenia jest taka: „Chyba że znajdę się w sytuacji, w której będzie na mnie ciążyć pilniejsza odpowiedzialność". Może tak być na przykład wówczas, gdy muszę okazać się bliźnim człowieka, którego życiu grozi niebezpieczeństwo.

W takiej sytuacji rzeczywiście muszę porównać ze sobą dwie odpowiedzialności; w tym przypadku wynik tego rachunku jest oczywisty. Obowiązek przeprowadzenia takiego rachunku płynie jednak z konkretnej sytuacji, z konkretnej relacji moralnej, w jaki się znalazłem. Nie wynika on z czegoś takiego, jak ogólny obowiązek optymalizacji. Istnieją ponadto obietnice, które wykluczają tego rodzaju sytuacje uzasadnionej odmowy podjęcia odpowiedzialności, gdyż to one definiują dopiero tożsamość osoby i tym samym to, za co może ona odpowiadać. Dotyczy to obietnicy małżeńskiej. Mężczyzna nie jest odpowiedzialny za życie obcej kobiety, którą mógłby uratować przed samobójstwem tylko przez to, że pójdzie z nią do łóżka. *Obowiązek rachunku dóbr nie uzasadnia konkretnych odpowiedzialności, lecz z nich wynika.*

Żyjemy w wielu relacjach moralnych, które są źródłem różnych odpowiedzialności i odpowiedzialności te mogą popaść w konflikt. Nie mogę tu rozwijać teorii hierarchii takiej odpowiedzialności. Chodziło mi tylko o pokazanie, że takiej hierarchii — która zresztą nie musi wykluczać tragicznych konfliktów — nie można zastąpić formą bezpośredniej odpowiedzialności uniwersalnej każdego za wszystko i że podjęcie odpowiedzialności moralnej nie jest tym samym, co uczestnictwo w strategii optymalizacji wszechświata.

Trzeba tu jeszcze postawić dwa pytania. Po pierwsze: Czy istnieje coś takiego, jak stopnie odpowiedzialności, mniej lub więcej odpowiedzialności, lub też odpowiedzialność, którą podejmujemy działając, i inna odpowiedzialność, którą podejmujemy przez zaniechanie działania? Po drugie: Czy istnieją sposoby działania, które bez względu na okoliczności są zawsze dobre lub zawsze złe? Pytanie to możemy postawić również w ten sposób: Czy istnieje taka odpowiedzialność, którą podejmujemy tylko przez *praxis* „deontologiczną"? Zobaczymy, że obydwa te pytania mają ze sobą coś wspólnego.

Dla konkretnej etyki idea *stopni odpowiedzialności* jest niezbędna. I tak na rodzicach ciąży zazwyczaj odpowiedzialność za ogólne dobro i wychowanie ich dzieci. Pomocnicza odpowiedzialność państwa nie dotyczy — co ostatnio potwierdziła konstytucja Republiki Federalnej — optymalizacji ogólnego dobra i wychowania dziecka, tj. państwo nie może zabrać dziecka rodzicom wówczas, gdy urzędnicy są przekonani, że inne osoby wychowywałyby je lepiej. Gdyby tak było, to prawie wszystkich rodziców trzeba by było pozbawić opieki nad ich dziećmi — kto bowiem wychowuje swoje dzieci tak dobrze, że nikt inny nie mógłby ich wychowywać lepiej?

Zadaniem państwa może być tylko zapobieganie przekroczeniu pewnych minimalnych wymagań, które wynikają z ludzkiej godności dziecka, i interweniowanie wówczas, gdy wymagania te są zagrożone. I odwrotnie

— obywatel nie musi w każdym swoim działaniu kierować się bezpośrednio dobrem wspólnym; jego przyczynek do dobra wspólnego polega przede wszystkim na podjęciu jego specyficznej odpowiedzialności, a w państwie prawa polega on też na posłuszeństwu prawom; jeśli zaś mamy do czynienia ze szczególnie wpływowym obywatelem, to powinien on zrezygnować z korumpowania prawodawcy, tj. z wpływania na niego w sposób, który jest sprzeczny z dobrem ogólnym.

Szczególnie wymownym przykładem uświadomienia sobie stopni odpowiedzialności jest ponownie Tomasz Morus. Jako człowiek prywatny nie czuł się zobowiązany do aktywnego przeciwdziałania odejściu Anglii od Kościoła rzymskiego, nawet jeśli miałaby to być tylko publiczna krytyka. Problem sumienia pojawił się dla niego dopiero wówczas, gdy zażądano od niego wyrażenia zgody na to odejście. Uważał, że nie może tego zrobić. I tylko z powodu tej odmowy musiał umrzeć.

VI

W demokratycznym życiu publicznym obowiązek współdziałania poinformowanego i wpływowego obywatela w kształtowaniu spraw publicznych jest niewątpliwie szerszy. Zniesienie zróżnicowania odpowiedzialności jest jednak zawsze oznaką wspólnoty totalitarnej i totalitarnego etosu.

Św. Tomasz z Akwinu nauczał, że obowiązkiem króla jest poszukiwanie przestępcy, ale obowiązkiem jego żony jest ukrycie go przed policją. Na pytanie, czy każdy człowiek ma obowiązek chcieć tego, czego chce Bóg, św. Tomasz odpowiada zaskakująco: Nie. Nie wiemy bowiem tego, czego chce Bóg, nie wiemy, co wedle Jego woli ma się zdarzyć, lub też wiemy to dopiero wówczas, gdy już się wydarzy. Człowiek powinien chcieć tego, czego Bóg chce, aby on chciał. I tak żona jest odpowiedzialna za *bonum privatum familiae*, król — za *bonum rei publicae*, a tylko Bóg troszczy się o *bonum universi.* W języku nieteologicznym oznacza to: Orientacji dla naszego działania moralnego nie możemy czerpać ze spekulacji na temat sensu i celu dziejów. Ów sens odsłania się bowiem dopiero na ich końcu. Według św. Tomasza z Akwinu nawet Bóg nie stwarza najlepszego ze wszystkich możliwych światów, ponieważ nie może istnieć taki świat, od którego nie dałoby się pomyśleć jeszcze lepszego. Poddanie Boga *obowiązkowi optymalizacji* jest ideą nowożytną. Nowożytny jest też jezuicki przekład benedyktyńskiej maksymy: „Aby we wszystkim był Bóg uwielbiony" na postulat optymalizacji: „Wszystko na większą chwałę Boga". Leibniz i św. Ignacy muszą jednak ostatecznie pogodzić się z bardziej trzeźwymi sformułowaniami św. Tomasza.

Jak powiedziałem, ludzką odpowiedzialność powinniśmy pojmować jako odpowiedzialność stopniowalną. Istnieje przy tym jej górna i dolna granica, poza którą naszą odpowiedzialność możemy podejmować jedynie negatywnie, przez zaniechanie działania — jesteśmy jednak wówczas do tego zobowiązani z takim stopniem ścisłości i jednoznaczności, jaki w przypadku odpowiedzialności*aktywnej* nie występuje prawie nigdy. Górnej granicy dotykamy wówczas, gdy w grę wchodzi całość wszechświata czy też cały świat i cała ludzkość, a granicy dolnej wówczas, gdy naruszamy godność pojedynczej osoby.

Jeśli chodzi o świat *jako całość,* to idea odpowiedzialności jest tu nowa. Dla naszych przodków jedynie Bóg troszczył się o *bonum universi.* Dzisiaj znajdujemy się w innej sytuacji. Ludzka działalność osiągnęła takie wymiary, że przynajmniej jej niezamierzone skutki uboczne dotykają świata jako całości. Powiększa się wzajemne powiązanie różnych obszarów działania. Wkraczamy w epokę, w której pojęcia „człowieczeństwa", „kosmosu", „przyrody" i „historii" zaczynają wskazywać na swego rodzaju relację moralną, z której wynika moralna odpowiedzialność.

Dopóki ludzkość nie stanie się jednorodnym podmiotem prawnym, tj. państwem, trudno powiedzieć, jaki jest rodzaj tej odpowiedzialności i kto jest jej podmiotem. Nie jest też oczywiste, że należałoby sobie tego życzyć. Mówienie o prawach człowieka ma jednak sens tylko wówczas, gdy da się wskazać podmiot, który jest odpowiedzialny za ich przestrzeganie.

Ogólnie można powiedzieć tyle: Im więcej władzy, tym więcej odpowiedzialności. Dlatego w normalnej sytuacji przedsiębiorca nie jest odpowiedzialny za wszelkie ekologiczne skutki, które płyną ze splotu jego legalnej działalności z działalnością wielu innych ludzi. Ograniczenie tych skutków ubocznych przez ujęcie ich w ramy prawne jest odpowiedzialnością państwa. Inaczej jest wówczas, gdy w ubogich krajach potężne koncerny stają wobec słabych lub skorumpowanych rządów. Wraz z prawie polityczną władzą, jaką staje się tam udziałem takich koncernów, rośnie również ich odpowiedzialność — na przykład za polityczne i zdrowotne skutki uboczne kampanii reklamującej odżywki dla dzieci. Niemiecka ustawa o prawie do azylu pokazuje jednak, że w przejęciu odpowiedzialności można też przesadzić. Liczba ludzi na świecie, którzy z racji rzeczywistego zagrożenia ciała i życia mogliby powołać się na to prawo, jest tak wielka, że gdyby odpowiednio duży ich procent odwołał się do tego prawa, to doprowadziłoby to nasze państwo do upadku. Do takiej sytuacji odnosi się niewątpliwie to zdanie *Ewangelii*, które mówi, że jeśli ktoś zamierza zbudować wieżę, to powinien najpierw obliczyć jej koszty. Prawo człowieka do określonych świadczeń ze strony innych ludzi musi być warunkowe, gdyż jego spełnienie zakłada po pierwsze istnienie podmiotów odpowiednich obowiązków, które będą w stanie dopełnić tych świadczeń, a po drugie zakłada ono, że bardziej pilne obowiązki nie przeszkadzają tym podmiotom w zaspokojeniu owych roszczeń. Prawo do obrony, które zobowiązuje innych jedynie do tego, aby zaniechali pewnych działań, można zrealizować w każdej chwili. Dlatego też prawo to jest ściślejsze niż prawo do określonych świadczeń. Jeśli — tak jak to czynią marksiści — odwracamy tę hierarchię i elementarne wolnościowe prawa człowieka podporządkowujemy jego roszczeniom do świadczeń społecznych, to ma to daleko idące skutki.

VII

Odpowiedzialność wobec historii i przyrody, a także odpowiedzialność wobec godności człowieka jest przede wszystkim natury *negatywnej*. Nie możemy już teraz rozwiązać problemów przyszłych pokoleń. Nie możemy narzucić im naszego sposobu życia i nie wolno nam tego czynić. Nie jesteśmy odpowiedzialni za to, co uczynią oni ze swego życia. Jesteśmy odpowiedzialni za świat, który im zostawimy. Nie mamy prawa zmuszać ich — przez nieodwracalne transformacje techniczne — do sposobu życia, którego by nie chcieli. Przede wszystkim jednak mamy obowiązek przekazania im naturalnego dziedzictwa, które powstawało przez miliony lat — żyjąc z jego procentów, nie powinniśmy naruszyć samego kapitału. Gigantyczne zdziesiątkowanie — w bardzo krótkim czasie — gatunków naturalnych żyjących na Ziemi, których nigdy nie będziemy w stanie zastąpić, niewątpliwie narusza tę odpowiedzialność. Możemy jej w każdym razie zadośćuczunić bardziej przez planowe i zorganizowane zaniechanie działania niż przez interwencje pozytywne. Odpowiedzialność za planowanie i organizację takiego zaniechania działania spoczywa przede wszystkim na państwie. Nieodwracalnych szkód nie wyrządzają bowiem działania jednostki, lecz są one skutkiem ubocznym działania wielu obywateli. Ich neutralizacja jest właśnie zadaniem państwa.

Inaczej ma się rzecz z odpowiedzialnością człowieka wobec innych ludzi. Odpowiedzialność płynie z relacji moralnych, jakie nas ze sobą wiążą. Taką relację mogę nawiązać również z całkowicie obcym mi człowiekiem, jeśli jego lub moje istnienie zależy od tego, czy jeden z nas „kocha drugiego jak siebie samego". Zależność ustanawia odpowiedzialność. Przypadek aktywnej miłości bliźniego, która jest od nas wymagana *bezpośrednio*, jest tylko zależną od danej sytuacji aktywizacją fundamentalnej relacji moralnej, która wiąże nas ze wszystkimi ludźmi. Ogólną odpowiedzialność, która płynie z tej relacji, Kant wyraził w formule: „Postępuj tak, abyś człowieczeństwa tak w twej własnej osobie, jak też w osobie każdego innego używał zawsze zarazem jako celu, nigdy tylko jako środka"[4].

Wysunięto zarzut, że formuły tej nie da się zoperacjonalizować: Nieustannie wykorzystujemy siebie nawzajem jako środki do naszych celów i Kantowska formuła — podobnie jak pojęcie godności człowieka — nie wskazuje tu na jednoznaczną granicę. Tak jednak nie jest. Po pierwsze, formuła ta nie zabrania traktowania innych jako środków, ale wskazuje granicę tej instrumentalizacji. Granica ta polega na tym, że inny nie może stać się dla mnie środkiem i przedmiotem w taki sposób, że zniszczyłoby to jego status podmiotu własnych celów, w których realizacji znowu ja mogę być środkiem. Wynika stąd na przykład niemoralność niewolnictwa, które pozbawia poddanego wszelkich praw i całe jego życie oddaje do dyspozycji pana. Zarzut, który mówi, że godność człowieka jest jakością nieempiryczną i dlatego nie może być naruszona — jest zatem rzeczywiście „nienaruszalna" — pomija fakt, że ludzi nie są aniołami, lecz mają *naturę* fizyczną, która z ich osobowością jest związana tak bezpośrednio, że można bez trudności powiedzieć, kiedy jej realne lub symboliczne naruszenie stanowi naruszenie godności człowieka.

Dlatego już Arystoteles — a za nim cała tradycja europejska — mówi o takich działaniach, które niezależnie od kontekstu zawsze są naganne. Wyrażenie „niezależnie od kontekstu" nie jest jednak dobre. Każdy czło-

---

[4] Immanuel Kant, *Uzasadnienie metafizyki moralności*, tłum. Mścisław Wartenberg, BKF, PWN, Warszawa 1953, ³1984, s. 63.

wiek jest dla siebie „kontekstem", całością sensu. Zapośredniczony przez swoją organiczną naturę zdefiniowany jest przez określoną relację do siebie, ze względu na którą mówimy o podmiotowości lub osobowości. Dzięki tej *relacji do siebie* człowiek może wejść w różne inne relacje moralne. Relacja do siebie nie jest stanem rzeczy, który moglibyśmy wytworzyć; możemy jedynie sprzyjać jej powstaniu. Działania, które to robią, nazywamy „dobrymi". Nie możemy jednak raz na zawsze, niezależnie od kontekstu życia powiedzieć, jakie działania są dobre. Możemy natomiast wskazać określone sposoby działania, które zawsze naruszają tę relację, tj. godność człowieka. Tę znamienną asymetrię wyraża stare scholastyczne powiedzenie: „*Bonum ex integra causa, malum ex aliquo defectu*". Św. Tomasz z Akwinu pisze, że nie istnieją czyny, które adekwatnie i w sposób nie poddający się symulacji zawsze wyrażają miłość, czyny, których miłość domagałaby się zawsze i wszędzie. Istnieją jednak czyny, których nigdy i w żadnej sytuacji nie da się pogodzić z odpowiedzialnością wobec siebie i wobec bliźnich, a zatem nie da się ich również nigdy uznać za wyraz miłości.

VIII

Jeśli przeglądniemy tradycyjny kanon takich działań zawsze nagannych, to zobaczymy — a nie było to dotąd przedmiotem refleksji tradycji filozoficznej i teologicznej — że wyraża on bardzo dokładnie określoną strukturę osobowej samoprezentacji, prezentacji która nie zależy od człowieka, zasługuje przeto na miano „naturalnej". Istnieją trzy sfery, w których osobowość wyraża się bezpośrednio; dlatego osoba nie może się do nich odnosić instrumentalnie nie naruszając godności własnej lub godności innych: organiczne życie, język i seksualność. Dlatego w klasycznej tradycji filozoficznej i teologicznej świadome i bezpośrednie zabicie niewinnych i bezbronnych ludzi, świadome nadużycie zaufania przez mówienie nieprawdy i wyrwanie seksualności z jej integralnego kontekstu ludzkiego znajdowały się poza wszelkim rachunkiem dóbr i uznawane były za czyny zawsze nieodpowiedzialne. Jedynie w odniesieniu do *kłamstwa* pomiędzy teologami moralnymi istniały różnice zdań, które związane były z niedostatecznie jasnym pojęciem języka. Ludzka mowa obejmuje bowiem nie tylko mówiącego i jego słowa, lecz również adresata i jego sposób rozumienia słów. Opowiadanie bajki nie jest kłamstwem. Do sensu odniesionej do prawdy mowy należy to, że również adresat rozumie ją w ten sposób. Wróg w czasie wojny, policjant, który pyta, czy ukryłem poszukiwaną osobę, nie znajduje się w stosunku do mówiącego w tej moralnej relacji zaufania, która wymaga mówienia zgodnego z prawdą. Jak wiadomo, kogoś, kto jest tak czy owak przekonany, że kłamię, można oszukać przez powiedzenie prawdy. Jeśli jednak mamy do czynienia z taką relacją zaufania, w której pytający — na przykład pacjent, współmałżonek lub przyjaciel — ma prawo oczekiwać, że lekarz, współmałżonek lub przyjaciel powiedzą mu prawdę, to powiedzenie nieprawdy — nawet jeśli motywowane jest względami miłości do człowieka — ukrywa osobę za jej słowami, uderza w godność człowieka i degraduje go do statusu czystego przedmiotu (nawet jeśli jest to przedmiot troski), podczas gdy on sam sądzi, że jest partnerem w komunikacji. Kłamstwo — mówi Kant — jest w pierwszym rzędzie naruszeniem odpowiedzialności wobec siebie samego, gdyż niszczy ona konstytutywną tożsamość tego, co zewnętrzne, i tego, co wewnętrzne, która stanowi o moralnej relacji do samego siebie.

Drugim wymiarem osobowości i godności człowieka jest *seksualność*. Angażuje ona osobę jako całość w taki sposób, że jej racjonalne z uwagi na cel instrumentalne użycie w służbie maksymalizacji jakichkolwiek wartości czy dóbr jest sprzeczne z charakterem każdego człowieka jako celu dla siebie (*Selbstzweckcharakter*). Świadomość nowoczesna ma tu szczególne trudności.

Moralność seksualna klasycznej tradycji europejskiej, do której należą jeszcze Rousseau, Leibniz, Wolff, Kant i Fichte, opiera się na dwu założeniach, które stoją w opozycji do tak zwanej świadomości nowoczesnej. Pierwsze mówi, że godność człowieka zakorzeniona jest w ludzkiej zdolności do rozumnego stanowienia o sobie, czyli w relacji do siebie, która nie powstaje samorzutnie, a jej czysta realizacja — „Tam gdzie było *Id*, powinno pojawić się *Ego*", mówi Freud — udaje się rzadko.

Fakt częstego niepowodzenia, fakt, że często nie udaje się osiągnąć harmonijnej integracji struktury popędowej poddanej rozumnemu i moralnemu rozpoznaniu — był dawniej równie dobrze znany jak dzisiaj. Nie prowadził on jednak do zmiany pojęcia życia godnego człowieka, lecz interpretowany był za pomocą historii choroby — historii o grzechu pierworodnym. Kant mówi o „radykalnym złu", Fichte o wrodzonej gnuśności, Rousseau i Marks formułują świecką wersję historii grzechu pierworodnego. W naszym kontekście nie jest to jednak istotne. Założenie pozostaje zawsze takie samo: Człowiek — „tak jak stoi i chodzi" — nie jest człowiekiem „naturalnym", lecz produktem deformacji. Drugim — zdumiewającym dla świadomości nowoczesnej — założeniem klasycznej etyki seksualnej było osobowe znaczenie przypisywane zarówno różnicy płci, jak i jej realizacji w akcie seksualnym. *Różnica płci* naznaczyła głęboko nasz język; w judaizmie i w chrześcijaństwie rozumiana jest jako ludzka reprezentacja symbolizmu, który odnosił się do kosmosu i dziejów zbawienia. Dlatego cielesnej realizacji tej relacji, jak i powstrzymaniu się od jej realizacji — w duchowym i cielesnym dziewictwie — przypisywano niezwykłe znaczenie.

Obydwa wymienione tu założenia są ze sobą ściśle związane. Jeśli bowiem punktem odniesienia dla pojęcia człowieka jest ideał rozumnego stanowienia o sobie, to rezygnacja z rozumnego bycia-przy-sobie ma szczególne znaczenie egzystencjalne. Dlatego filozofia starożytna odnosiła się do seksualności ze swego rodzaju bagatelizującą pogardą. W zapomnieniu o sobie właściwym dla aktu seksualnego chrześcijaństwo widzi natomiast wyraz ludzkiej samotranscendencji i uważa je za usprawiedliwione wówczas, gdy jest ono przekroczeniem „pozostawania-przy-sobie" w ramach bezwarunkowego wzajemnego oddania się dwu osób.

Świadomość nowoczesna nie podziela tych założeń. Swoje pojęcie człowieka tworzy na podstawie *statystycznie opracowanej empirii.* Zdeformowany jest nie człowiek empiryczny, człowiek „tak jak stoi i chodzi" (Marks), lecz człowiek „naturalny".

Tego, kim jest człowiek, nie wyraża przypadek optymalny — Budda czy Chrystus — lecz przeciętny człowiek. Paradoksalnie świadomość ta szczególnie głośno domaga się dzisiaj autonomii i wolności dla istoty, w której wolność i zdolność do rozumnego stanowienia o sobie wcale nie wierzy. Drugi paradoks polega na tym, że świadomość nowoczesna chętnie rozumnie siebie materialistycznie, ale jest raczej spirytualistyczna, gdyż do własngo ciała odnosi się jak do przedmiotu, jak do obcego ciała, które jest narzędziem służącym podmiotowi do produkowania i do przyjemności. Ciało staje się wówczas rzeczywiście „czystą materią".

IX

W swoisty sposób cywilizacja nowoczesna łączy w sobie spirytualizm i materializm, zniesienie płci oraz cielesności i panseksualizm. W fascynujący sposób zostało to przedstawione w powieści *Love in the Ruins* Walkera Percy. Bohater książki, amerykański psychiatra Thomas More — potomek świętego o tym samym imieniu i nazwisku, ale pozbawiony jego świętości — mówi w tym kontekście o „angelizmie". Rozumie przez to tę własność człowieka, która pozwala mu na abstrahowanie od siebie, na życie niejako poza własnym ciałem, co prowadzi do usamodzielnienia się i do degeneracji jego pożądań.

W tej sytuacji Kościół katolicki, który prawie jako
jedyny broni dziś konsekwentnie osobowego wymiaru
cielesności i cielesnego wymiaru osobowości, ma trudności z wyjaśnianiem swego stanowiska — klasycznego
stanowiska ludzkości — przede wszystkim dlatego, że
nie może liczyć na pomoc w jego artykułowaniu ze
strony tych, którzy są do tego powołani z racji swego
zawodu. Kiedy Kościół sprzeciwił się instrumentalnemu
oddzieleniu aktu seksualnego od poczęcia dziecka przez
interwencje chemiczne w ciele kobiety, opinia publiczna
zarzuciła mu wrogość wobec rozkoszy seksualnej i ob-
sesję produkcji dzieci. Dzisiaj natomiast fakt, że Kościół
dezaprobuje oderwane od rozkoszy seksualnej „poczy-
nanie" dzieci w probówce, pokazuje, że chodzi o coś innego: o osobowy kontekst wyrażania, którego integralność polega na tym, że w relacji seksualnej człowiek
zapomina o sobie. Integralności tej nie powinniśmy poświęcić poprzez instrumentalne ograniczenie wielości
jej funkcji na rzecz konsekwencjalistycznego funkcjonalizmu. Spośród wielkich intelektualistów ostatnich
dziesięcioleci pointę tę pojął jedynie Max Horkheimer.

Wszelki rachunek dóbr kończy się oczywiście tam,
gdzie w grę wchodzi bezpośrednie zabicie bezbronnego
i niewinnego człowieka. Zabicie takie jest zawsze czynem nieodpowiedzialnym. W państwowym rachunku
dóbr zapobieżenie mu musi zajmować zawsze wyższe
miejsce niż pozytywne umożliwienie takiej lub innej
formy swobodnej realizacji osobowości. Obowiązek aktywnego zapobiegania zabójstwom podlega jednak rachunkowi dóbr, podobnie jak wszelkie obowiązki aktywnego działania i w odróżnieniu od obowiązku jego
zaniechania. Jak długo zachowana jest właściwa hierarchia dóbr, pozostaje tu zawsze przestrzeń dla etyki
odpowiedzialności w sensie Webera.

Inaczej jest wówczas, gdy w grę wchodzi zaniechanie działania złego w sobie. Takie zaniechanie jest *zawsze obowiązkiem*, a państwo — chociaż nie zawsze
i nie w każdych okolicznościach musi zapobiegać ta-

kiemu działaniu — nie może go nigdy nakazywać, finansować lub ułatwiać. Zapobieganie mu podlega rachunkowi dóbr, dokonanie go lub sprzyjanie mu — nie. To, co powiedzieliśmy, łatwo jest odnieść z jednej strony do aborcji, a z drugiej do dotyczącego jej prawodawstwa. Ma to również konsekwencje dla sposobu prowadzenia wojny. Oparcie obrony kraju — z racji oszczędnościowych lub dla skompensowania braku chęci do obrony i poświęcenia ze strony obywateli — na technicznych środkach masowego rażenia, które w większości trafiają w ludność cywilną, jest w pełni niemoralne. Istnieją jednoznaczne granice strategii odstraszania. Odstraszanie jest wiarygodne tylko wówczas, gdy opiera się na rzeczywistej gotowości — przynajmniej u żołnierzy — do użycia odpowiedniej broni. Podczas ostatniej wojny biskup Klemens August von Galen potępił tak zwane naloty odwetowe niemieckiego lotnictwa, skierowane przeciwko cywilnej ludności w Anglii. Oczywiście, również zniszczenie niemieckich miast uważał za działanie kryminalne. Jest prawdą, że w pewnych okolicznościach zagrożenie odwetem może zapobiec atakowi. Jeśli jednak odpowiedź na atak jest już tylko zemstą i jeśli z powodu rozmiaru zniszczeń trafia przede wszystkim w ludność cywilną, która staje się zakładnikiem, wówczas odpowiedź taka jest nieusprawiedliwiona. Jeśli jednak z groźbą wiąże się gotowość do jej spełnienia, to groźba ta nie ma już nic wspólnego z etyką odpowiedzialności, gdyż obejmuje ona gotowość do działania, który we wszystkich możliwych okolicznościach jest nieodpowiedzialne. Dlatego przynajmniej system tak zwanej strategicznej broni atomowej o wielkim zasięgu rażenia jest zinstytucjonalizowaną frywolnością. Frywolna jest też próba definitywnego zapobieżenia wojnie przez to, że uwalnia się ją od wszelkich ograniczeń moralnych, nadając jej wymiar katastrofy obejmującej całą ludzkość i odtąd całą nadzieję pokłada się w strachu, który budzi to zagrożenie. Również pokój potrzebuje cnót roztropności, umiarkowania, sprawiedliwości i odwagi. Społeczeństwo, które opiera się na nie poddanych żadnym ograniczeniom pasjach pożądania i strachu, nie może być przestrzenią dobrego życia.

Do działań, które są zawsze nieodpowiedzialne, należą też *tortury* (chociaż nie pojawiają się one w tradycyjnym kanonie takich czynów). Tortury nie tylko uniemożliwiają człowiekowi zrobienie tego, czego chce, ale zmuszają go do zrobienia czegoś innego — i to przez uderzenie w jego tożsamość przez skrajny ból. Robi on wówczas coś, czego nie chce, mówi coś, czego nie chce powiedzieć.

Człowieka, którego milczenie w sposób niesprawiedliwy naraża innych ludzi na wielkie niebezpieczeństwo, wolno zmusić do mówienia za pomocą groźby, w skrajnej sytuacji nawet za pomocą groźby śmierci. Również w takim przypadku *może* on nadal decydować o tym, jaką cenę gotowy jest zapłacić za swoje błędne sumienie. Nasza odpowiedzialność nie obejmuje pozytywnej troski o integralność sumienia człowieka, który wyrządza innym krzywdę. Odpowiedzialność ta pozostaje negatywna. Tortury naruszają jednak tę negatywną odpowiedzialność; pozbawiają drugiego człowieka możliwości wyboru. Łamią go jako podmiot wolności. Zmuszają go do rezygnacji z respektu dla samego siebie. Niedawno Papież słusznie stwierdził, że jest to nawet gorsze od zabicia człowieka.

Wspomnijmy w tym kontekście o *przymusowym odżywianiu*. Ono również narusza godność człowieka. Osobowa natura człowieka jest tego rodzaju, że jego czyste trwanie związane jest z wolnym działaniem, tj. z jedzeniem i z piciem. W ten sposób każdy człowiek jest ostatecznie odpowiedzialny za swoje życie. Nikt nie jest odpowiedzialny za życie drugiego człowieka tak dalece, aby mógł dowolnie ograniczać tę daną mu z natury przestrzeń wolności, na przykład przez przymusowe odżywianie poczytalnego człowieka, który odmawia przyjmowania pożywienia. Również tutaj nazbyt szerokie pojęcie odpowiedzialności prowadzi do naruszenia godności człowieka, która jest podstawowym przedmiotem naszej odpowiedzialności.

Ten, kto twierdzi, że istnieją rzeczy, których nigdy nie wolno robić, musi oczywiście przyznać, że nikogo nie wolno pociągać do odpowiedzialności za skutki zaniechania takich rzeczy. Cywilizacja ateistyczna składnia się ku totalnemu konsekwencjalizmowi w moralności już z tego powodu, że ludzie, którzy nie wierzą w Boga jako Pana dziejów, mają pokusę, aby przejąć całkowitą odpowiedzialność za to, co się dzieje, znosząc w ten sposób różnicę między moralnością i filozofią dziejów.

Zwolnienie z odpowiedzialności za skutki zaniechania złego czynu starożytny prawodawca rzymski wyraził tak: „To, co sprzeciwia się czci, pobożności, dobrym obyczajom, trzeba traktować jako niemożliwe". Sens tego tekstu jest jasny. Jak wiadomo, za skutki zaniechania tego, co fizycznie niemożliwe, nikt nie jest odpowiedzialny. Istnieją jednak również rzeczy niemożliwe moralnie i prawodawca chciał, aby traktowano je na równi z tym, co niemożliwe fizycznie.

Policjant, któremu kazano zabić dwunastoletnią żydowską dziewczynkę, błagającą go o darowanie życia, nie wysłuchał jej prośby. Sadystyczny przełożony postawił go przed alternatywą zabicia dwunastu innych niewinnych i bezbronnych osób. Policjant strzelił i zwariował. Zrobił to, czego nie musiał, gdyż nie powinien był móc tego zrobić. Każdy człowiek musi umrzeć. Gdyby policjant nie miał obu rąk, wówczas nie mógłby wziąć odpowiedzialności za śmierć dziewczynki. Czy również mając obie ręce nie mógł powiedzieć: „Nie mogę"?

Rąk, języka czy płci nie możemy w istocie używać dowolnie, tak jakby w każdym przypadku chodziło tylko do dobry ostateczny zamiar. Przesadna etyka odpowiedzialności prowadzi w rzeczywistości do nieodpowiedzialności czystej etyki przekonań. Istnieje odpowiedzialność za nas samych. Na to, co z niej wynika, wskazuje między innymi naturalna struktura osoby ludzkiej. Odpowiedzialność ta wyznacza granice wszelkiej innej odpowiedzialności. Im bardziej owa moralna granica przypomina granicę fizyczną, im bardziej zbliża się do fizycznej niemożliwości, tym lepiej. W takim przypadku mówimy o charakterze. Charakter ogranicza naszą dyspozycyjność. Tylko ci ludzi, którzy gotowi są na *wiele*, ale nie do *wszystkiego* są zdolni, zasługują na to, aby powierzono im odpowiedzialność.

21. Teleologiczne i deontologiczne uzasadnienie moralności [1] (1983)

Przedstawione w tym czasopiśmie krytyczne uwagi na temat mego wykładu (por. „Herder-Korrespondenz" October 1982, s. 509–512; „Herder-Korrespondenz", Dezember 1982, s. 603–606 i 606–609) nie przekonały mnie, że filozofia moralna, którą obecnie reprezentuje wielu niemieckich teologów moralnych, stanowi właściwą interpretację tego, co mamy na myśli mówiąc od „dobru" i „złu". Nie przekonały mnie również co do tego, że błąd etyki konsekwencjalistycznej jest nieszkodliwy. Klasyczne twierdzenie: „*Non sunt facienda mala, ut eveniant bona*" wyraża fundamentalną zasadę chrześcijańskiego humanizmu. „Etyka teleologiczna" odrzuca je definiując „dobro" i „zło" w ten sposób, że zasady tej nie da się już zastosować: Zło, które prowadzi do dobra, nie jest już złem.

Ponieważ w dalszej części tego tekstu nie korzystam z *przykładów*, chciałbym przytoczyć przynajmniej jeden na jego początku. Jak mi się wydaje, dobrze ilustruje on alternatywę, o którą tu chodzi. 28. listopada 1952 Niemiecki Sąd Najwyższy skazał za pomoc w morderstwie dwóch lekarzy, którzy w 1941 roku współdziałali w wykonaniu nakazanego przez państwo masowego

---

[1] Na wykład *Kto i za co jest odpowiedzialny?* (por. rozdz. 20) odpowiedzieli w tym samym czasopismie trzej katoliccy teologowie moraliści: Peter Müller-Goldkuhle, Antonius Elsässer i Fraz Furger. W niniejszej replice podsumowuję ich główne zarzuty. Cała dyskusja ukazała się też w tłumaczeniu na język włoski.

mordu na ludziach chorych psychicznie. Lekarze ci wpisywali owych chorych na tak zwane listy przesiedleńcze i tym samym skazywali na śmierć. Przed sądem wskazywali oni na to, że brali udział w tym procederze tylko dlatego, że chcieli uratować część chorych. Rzeczywiście, przekraczając otrzymane wskazania usunęli z list przesiedleńczych 25% chorych. Innych chorych uratowali przez śmiercią w komorze gazowej zwalniając ich z zakładów lub przenosząc do instytucji prowadzonych przez związki wyznaniowe.

Ze względu na te motywy niższe instancje wydały wyrok uniewinniający. Niemiecki Sąd Najwyższy podważył ów wyrok. W uzasadnieniu wyroku napisano: „Przyjęta powszechnie, płynąca z chrześcijańskiej nauki o moralności kulturowa wizja istoty i osobowości człowieka zabrania korzystania z zasady mniejszego zła, która ma na względzie podtrzymanie wartości rzeczowych, i określania prawnej negatywnej jakości czynu (*Tat*) na podstawie jego skutków dla całego społeczeństwa wówczas, gdy w grę wchodzi ludzkie życie [...]. Odmawiając uczestnictwa w zabijaniu ludzi chorych psychicznie oskarżeni nie sprzeciwiliby się ówczesnym poglądom odpowiedzialnych lekarzy; stwierdzono, że w wielu przypadkach rezygnowali oni raczej ze swoich posad w zakładach dla chorych psychicznie, aby nie brać udziału w masowym zabijaniu niewinnych ludzi. Od oskarżonych można było oczekiwać przestrzegania bezwarunkowego zakazu zabójstwa obecnego w prawie karnym". To, co Niemiecki Sąd Najwyższy mówi tu o „płynącej z chrześcijańskiej nauki o moralności kulturowej wizji istoty i osobowości człowieka" etyka konsekwencjalistyczna odrzuca. Nie mogę uznać tego za nieszkodliwe. Zasadę „mniejszego zła", której poddana jest większość naszych działań, zwłaszcza w dziedzinie polityki, etyka ta rozciąga również na te sposoby działania, które według tradycyjnej etyki chrześcijańskiej i chrześcijańskiej „wizji kultury" muszą pozostać poza jej zakresem.

Ponieważ moi krytycy — czasami z emfazą — mówią wiele rzeczy bezspornych, chciałbym jeszcze raz wskazać na przedmiot kontrowersji. W zgodzie z tradycją filozofii klasycznej i z całą tradycją teologiczną zaprzeczam temu, że:

1) moralna jakość naszego działania (i zaniechania działania) jest zawsze i wyłącznie funkcją zamiaru optymalizacji całościowego stanu rzeczywistości w aspekcie jego obecnych w nim wartości pozamoralnych;

2) w tej strategii optymalizacji wolno zasadniczo korzystać z wszelkich sposobów działania, żadnego z nich nie można z góry uznać za „zły". (Ściśle mówiąc punkt 2 wynika z punktu 1, gdyż zgodnie z tą wizją predykat „zły" wynika dopiero ze strategii ogólnej.)

Moja krytyka nie dotyczy tych, którzy nie bronią tych dwóch twierdzeń; dlatego — z powodu źle rozumianej solidarności grupowej — nie powinni się oni czuć współkrytykowani. Jeśli „etyka teleologiczna" nie polega na tych dwóch twierdzeniach, to wówczas jest teleologiczna tylko w tym sensie, w jakim teleologiczna była zawsze klasyczna etyka filozoficzna i teleologiczna. Etyka teleologiczna nie byłaby wówczas „nowym modelem etyki", a całe związane z nią zamieszanie byłoby niezrozumiałe. Jeśli jednak ktoś twierdzi, że rzecz jest w istocie nieszkodliwa, a katoliccy teologowie moralni nie bronią dwu wspomnianych wyżej twierdzeń, to można mu łatwo wskazać na wiele tekstów, których *sensus obvius* może bez trudności odczytać każdy, komu nie są obce elementarne prawa logiki.

II

Wydaje mi się, że po takim wyjaśnieniu tego, co jest kwestią sporną, na niewiele zda się wezwanie do życzliwości wyrażone przez Petera Müllera-Goldkuhle. Jego apel, aby w dyskusji tej unikać arogancji i pogardy, jest oczywiście godny uwagi. Słuszna jest również jego uwaga, że parze pojęć „teleologia — deontologia" brak wystarczająco *ostrego skotrastowania.* Podkreślałem to wielokrotnie, a moje własne stanowisko określałem zawsze jako etykę „teleologiczną" w pierwotnym sensie tego słowa. Oczywiście, każdy może zaproponować taką nominalną definicję tych pojęć, że można nimi będzie określić obronę lub krytykę wymienionego wyżej twierdzenia. Wówczas jednak nie można — tak jak to robi Müller-Goldkuhle — imputować „stanowisku deontologicznemu" twierdzenia, że „ponieważ normy chrześcijańskie są teonomiczne, dlatego można je rozumieć tylko heteronomicznie" (s. 607). Kilka stron dalej (s. 609) sam Müller-Goldkuhle wskazuje na to, że Kant, który uważany jest za pierwowzór deontologa, oparł swoją etykę na zasadzie autonomii rozumu. Utożsamienie deontologii z heteronomią i teleologii z autonomią nie może być zatem trafne.

Müller-Goldkuhle podejmuje psychologiczną próbę uznania deontologów za ludzi, którzy zostali nieświadomie naznaczeni dziedzictwem absolutyzmu, radząc im zastanowienie się nad tym związkiem. Rzecz ma się jednak dokładnie odwrotnie. Jeśli chciałoby się przedstawić karykaturę deontologa, to trzeba by go określić jako „etyka oporu" i zarzucić mu, że nazbyt mocno odcisnęło się na nim doświadczenie koniecznego oporu wobec absolutystycznej władzy i totalitarnych roszczeń, budząc w nim alergię wobec jakiegokolwiek naruszenia określonych tabu. Mam nadzieję, że wystarczająco jasno pokazałem, iż „normy deontologiczne" uzasadniają wyłącznie obowiązek zaniechania działania. Wszelka władza totalitarna, każdy absolutny władca zainteresowany jest jak największą dyspozycyjnością swoich poddanych i nie znosi sytuacji, w których kategoryczne przekonania moralne poddanych ustanawiają granicę udaremniającą możliwości jego interweniowania. Urzędnik państwowy jako urzędnik państwowy poddany jest zawsze imperatywowi konsekwencjalistycznemu, nawet jeśli w przypadku urzędników niższych stopni redukuje się on do posłuszeństwa poleceniom. „Deontologia" zaczyna się wówczas, gdy podporządkowanie państwu lub potencjalnie totalitarnemu „społeczeństwu" natyka się na moralne „Nie mogę", które nie pozwala na żadne targi; państwo — jak długo jest państwem moralnym — nie może nim dysponować, lecz musi je szanować.

Nie mogę tu podjąć szerszej dyskusji z wysuniętą przez Müllera-Goldkuhle tezą o *istnieniu sytuacji tragicznych*, w których nie da się uniknąć nie tylko niszczenia wartości i powodowania zła, lecz również czynienia „zła moralnego". Wydaje mi się, że tezy tej nie da się pogodzić z osobowym rozumieniem etyki; sądzę też, że — podobnie jak ja — odrzucą ją również przedstawiciele etyki teleologicznej. Inne będzie jednak uzasadnienie. „To, co najlepsze, jest *per definitionem* zawsze możliwe" — powie teleolog. „Tego, co niedozwolone, można zawsze zaniechać" — stwierdzi deontolog. Aby zakwestionować ten konsens, Müller-Goldkuhle musiałby przedstawić swoją definicję zła moralnego. Z drugiej strony znajduje się zaś chrześcijańskie przekonanie, że „nawet sprawiedliwy upada siedem razy na dzień" (*Księga Przysłów* 24, 16). Nie wyklucza to, że każdego z tych „upadków" dałoby się uniknąć. W przeciwnym razie nie byłby to bowiem upadek w sensie moralnym.

III

Według zapowiedzi redakcji Antonius Elsässer odpowiada na moje wywody „z punktu widzenia teologa moralnego". Mogę jedynie mieć nadzieję, że większość niemieckich teologów moralnych ma podobne do mego uczucie niesmaku. Rzeczywiście, na początku swoich wywodów Franz Furger ostrożnie dystansuje się od Elsässera. Elsässer zasadniczo trafnie streszcza moje tezy. W jego tekście nie znalazłem jednak żadnego argumentu, który odnosiłby się do wysuniętych w tych tezach pytań. Mówi się tam raczej o rzeczach, których nikt nie kwestionował, o „prawie do dowolnego kształtowania życia", o tym, że treść chrześcijańskiego przykazania miłości jest przede wszystkim pozytywna, o „odpowiedzialności za świat jako stworzenie i przestrzeń ludzkiego życia" itd. (Nie tylko w opublikowanym tu artykule, ale również gdzie indziej wypowiadałem się o ekologicznym wymiarze etyki i mówiłem o ciążącej na nas tu odpowiedzialności w taki sposób, że tak daleko nie chciałby się zapewne posunąć niejeden teolog moralny.)

Dla filozofa irytujący jest jednak sposób posługiwania się filozofią, który prezentuje Elsässer. Teologowie zawsze posługiwali się kategoriami filozoficznymi. Musi tak być, ale może się to udać tylko wówczas, gdy teolog jest przynajmniej częściowo filozofem i filozofii nie traktuje jako miejsca produkcji „modeli", którymi posługuje się z racji pragmatycznych, duszpasterskich lub religijnych, nie stawiając przy tym *pytania o prawdę*. W naszym przypadku, tj. w przypadku „etyki teleologicznej", chodzi o teorię, która zarówno w ramach anglosaskiej, jak i kontynentalnej dyskusji filozoficznej nie znalzła argumentów na swą obronę, ponieważ nie da się z niej wyprowadzić niektórych podstawowych zasad moralnych, których nikt nie podaje w wątpliwość. W odniesieniu do zasady bezstronności pokazał to przede wszystkim Rawls w swojej *Teorii sprawiedliwości*[2]. Czy nie powinno to zainteresować teologa moralnego, który sięga po niechodliwy towar filozoficzny?

Moim zdaniem, produktywna symbioza teologii i teorii filozoficznej może istnieć tylko wówczas, gdy teologowie nie przejmują „modeli" filozoficznych z motywów duszpasterskich, lecz gdy teologia i filozofia kierują się wspólnym zainteresowaniem prawdą, zainteresowaniem „rzeczywistym poznawaniem tego, co istnieje naprawdę" (Hegel)[3]. Jeśli zainteresowanie to zostanie wy-

---

2 Por. John Rawls, *Teoria sprawiedliwości*, cyt. wyżej, rozdział 18, przypis 21.

3 Georg Wilhelm Friedrich Hegel, *Fenomenologia ducha*, tłum. Światosław Florian Nowicki, Fundacja Aletheia, Warszawa 2002, s. 59 (wstęp).

parte przez coś innego lub zostanie postawione na drugim miejscu, wówczas pojawia się heteronomia; *ancilla theologie* staje się niewolnicą, co zresztą nie służy samej teologii. Już u Platona można przeczytać, że odnosi się to przede wszystkim do zainteresowania w odpowiedzeniu na wyniki badania opinii publicznej. Badania takie są ważne dla przepowiadania Kościoła, który powinien znać adresatów swojej misji. Jeśli jednak *treść* przepowiadania uzależnia się od opinii publicznej, to sądzę, że trzeba tu przypomnieć słowa św. Pawła z Listu do Tymoteusza. Św. Paweł przestrzega tam przed czasami, w których głosiciele *Ewangelii* kierują się tym, co chcą słyszeć słuchacze — co zresztą było zawsze oznaką fałszywego proroka.

IV

Drugim autorytetem, na który powołuje się Elsässer mówiąc o „fundamentalnie nowym ukierunkowaniu" chrześcijańskiej nauki o moralności, jest Konstytucja duszpasterska o Kościele w świecie współczesnym *Gaudium et spes* Soboru Watykańskiego II. W odróżnieniu od wyników badania opinii publicznej w Konstytucji tej nie ma absolutnie niczego, co można by przytoczyć na poparcie „etyki teleologicznej", tj. na poparcie odrzucenia bezwarunkowych zakazów działania. Wszystkie przytoczone przez Elsässera cytaty odnoszą się do kwestii, które w tym kontekście są bezsporne. Naszej kontrowersji dotyczy tylko jeden passus Konstytucji, ale passus ten jest jednoznacznie „deontologiczny". Wylicza się tam czyny, które „są czymś haniebnym, zakażając cywilizację ludzką bardziej hańbią tych, którzy się ich dopuszczają, niż tych, którzy doznają krzywdy, a jak najbardziej sprzeciwiają się chwale Stwórcy" (GS, nr 27).

Na liście tej znajdują się między innymi: ludobójstwo, aborcja, samobójstwo, eutanazja, tortury, prostytucja, niewolnictwo — aby wymienić tu tylko te czyny, których ocena nie jest już zawarta w ich definicji, lecz wynika z niej później analitycznie (co jest przedmiotem ciągłych podejrzeń konsekwencjalistów). Można wysunąć zarzut, że mamy tu do czynienia z „Konstytucją duszpasterską", której język nie jest ściśle teoretyczny, lecz parenetyczny. Nie musimy tu nad tym dyskutować. Wystarczy, abyśmy mieli jasność co do tego, że jeśli w ogóle korzystamy z niej w tym kontekście, to możemy ją przywołać jedynie w obronie bezwarunkowych zakazów określonych czynów, a nie na poparcie „teleologicznej" destrukcji.

Trudno też oczekiwać, aby było inaczej. Sobór Watykański II nie mieściłby się w tradycji nauki katolickiej, gdyby na 2000 lat chrześcijańskiego życia, chrześcijańskiej świętości i chrześcijańskiej nauki życia patrzył z taką pogardą, jaką sugeruje mu Elsässer (i z jaką sam na nie patrzy). Elsässer „nowym ukierunkowaniem teologii moralnej" oraz Soboru określa postawę, w której przesłania *Biblii* nie rozumie się już w sensie „ślepego posłuszeństwa wobec sztywnych zobowiązań prawnych". „Nowe rozumienie chrześcijańskiej moralności" oznacza, że „dzisiaj życie moralne nie polega na posłusznym spełnianiu tych nakazów moralnych — *ale też niczego więcej* — które zostaną wydane przez władzę kościelną" (s. 511). Sądzę, że tego rodzaju karykatura historii — której częścią są już słowa o „*wydawaniu* nakazów moralnych przez władzę kościelną" — nie oddaje sprawiedliwości wielkim nauczycielom Kościoła, teologom i filozofom tradycji, świętym, a także niezliczonym zwykłym chrześcijanom, którzy we wszystkich stuleciach próbowali iść drogą naśladowania Chrystusa. Przed Soborem spotkałem równie wielu takich ludzi, jak po nim. Nie sądzę, że w naszej dyskusji może nam pomóc ryczałtowa ich dyskryminacja.

V

Jeśli chodzii o teoretyczne wywody Elsässera, to już Franz Furger zauważył, że przeciwstawienie etyki obowiązku i etyki przekonań nie jest trafne. Istnieje pewna różnica pomiędzy Arystotelesowską etyką cnoty, która mówi o nabywaniu *postaw*, i etyką obowiązku lub odpowiedzialności, która ocenia *działania* normatywnie. Moralność konsekwencjalistyczna — podobnie jako etyka Kanta — jest oczywiście etyką obowiązku. Obowiązki człowieka definiuje ona jako ścisłe funkcje fundamentalnego obowiązku optymalizacji rzeczywistości. Etyka ta jest nawet szczególnie wymagającą etyką obowiązku. Bardziej niż wszelki inne formy etyki ogranicza ona „prawo do dowolnego kształtowania życia" (s. 511), ponieważ obowiązkiem staje się w niej czynienie tego, co najlepsze, co oczywiście znacznie bardziej niż kilka bezwarunkowych zakazów ogranicza przestrzeń działania. Z tego punktu widzenia konsekwentny jest Bruno Schüller SJ, który z tego powodu podważa tradycyjne odróżnienie przykazań i rad. Według Schüllera każdy jest zobowiązany czynić to, co dla niego za każdym razem najlepsze w sensie nieograniczonego rachunku dóbr. Tego rodzaju etykę można zalecać z wielu powodów, ale na pewno nie z powodu tego, że dzięki niej zyskuje się prawo do dowolnego kształtowania życia[4].

Elsässerowi chodzi zapewne o to, że etyka teleologiczna — znosząc wszystkie ogólne oceny określonych typów działań — obciąża *jednostkę* „odczytaniem konkretnego roszczenia moralnego z każdej konkretnej sytuacji" (s. 510). Jeśli jednak byłaby związana etyka sytuacyjna z „teleologiczną" ideą obowiązku optymalizacji, to nie można wprawdzie mówić o wzroście wolności kształtowania życia, ale być może zwiększa się przynajmniej wolność od podporządkowania „władzy",

---

[4] Na temat poglądów Schüllera zob. zamieszone w tym tomie artykuły *O pojęciu godności człowieka* (rozdz. 8) oraz *O niemożliwości uniwersalnej etyki teleologicznej* (rozdz. 18)

autonomia jednostki w ocenie tego, co należy i czego nie należy czynić? Tak również nie jest, na co wskazywałem już w mojej odpowiedzi Müllerowi-Goldkuhle. Gdy w grę wchodzi wiedza o długofalowych skutkach naszych działań, o prawdopodobnych przyszłych procesach i związanych z nimi wymaganiach, to istnieje tu nieunikniona hierarchia informacyjna (*Informationsgefälle*). Etyka konsekwencjalistyczna przbija się. Tego rodzaju etyka — radykalniej niż jakakolwiek inna — poddaje jednostkę autorytetowi tych, którzy twierdzą, że posiadają naukowo ugruntowaną wiedzę na temat tych czynników. Jeśli określony sposób działania zawsze jest naganny, to może o tym wiedzieć każdy. Od tego przekonania nie może go odwieść żadna zwierzchność. Na temat tego, czy na dłużą metę i z punktu widzenia całości tego rodzaju sposób działania przyniesie mimo wszystko pozytywne skutki, może spekulować każdy; wiedzę o tym, czego nie wie każdy — czego być może nikt nie wie — przypisuje sobie natomiast futurologiczna elita, „ci, którzy zawsze mają rację".

Wyraziłem obawę, że konsekwencjalizm jest wyrazem antydemokratycznej tendencji do ubezwłasnowolnienia sumienia zwykłych ludzi, a profesor Elsässer nie uczynił niczego, aby ją rozwiać. Zapewnił tylko, że bezwarunkowe moralne granice dyspozycyjności, „imperatywy zaniechania", nie są sednem chrześcijańskiego etosu, wyrażając go jedynie w sposób negatywny. Ponownie jest to ucieczka w *bezsporne* oczywistości, które jako argumenty na rzecz „nowej moralności" niczego tu nie muszą.

VI

Artykuł Franza Furgera nie zawiera ani ogólnikowych negatywnych osądów historii etyki chrześcijańskiej, ani zbędnych z punktu widzenia sedna problemu ozdobników. Próbując włączyć wybór tak zwanej etyki teleologicznej w etos chrześcijański i oddzielić ją od innych jej „modeli" Furger niewątpliwie zmniejsza dystans pomiędzy naszymi stanowiskami. Musi jednak za to zapłacić tym, że „myślowy postulat logicznej ścisłości w argumentacji etycznej", który sam wnosi, nie zostaje spełniony. Podczas gdy Elsässer stara się przez dyskryminację tradycyjnej etyki chrześcijańskiej powiększyć dystans w stosunku do niej, o tyle Furger stara się go pomniejszyć, sprowadzając „etykę teleologiczną" jedynie do kwestii metody. Ostatecznie godzi się nawet na decydujący punkt, tj. na to, „że istnieją sposoby działania, których zgodnie z całym ludzkim doświadczeniem nie da się usprawiedliwić w żadnym przypadku" (s. 605); co więcej, zgadza się ze mną nawet w tym, że wychodząc poza tradycję należy zaliczyć tortury do *actus intrinsece mali*.

Wydaje mi się, że ustępstwo to zasadniczo usuwa główną różnicę. W stosunku do „stanowiska deontologicznego" Furger stwierdza jedynie, że takie bezwarunkowe zakazy działania musiałyby być uzasadnione „w wyniku dokładnej analizy teleologicznej" (s. 605). Ten punkt nie jest jednak sporny, gdyż *każda* etyka filozoficzna uzasadnia swoje normy. Wydaje mi się nawet, że po raz pierwszy — przynajmniej w zarysie — przedstawiłem systematyczne uzasadnienie bezwarunkowego zakazu pewnych typów działania. Niestety, Furger ani słowem nie odnosi się do tej propozycji. Jego krytyka moich wywodów, w której nazywa mnie „przywódcą" pewnej „grupy", opiera się przede wszystkim na ich niezbyt dokładnej lekturze. W przeciwnym wypadku w krytyce deontologicznego zakazu kłamstwa nie przytaczałby zapewne rzeczywiście chybionego wybiegu restrykcji mentalnej i jemu podobnych. Ostatecznie przedstawiłem do dyskusji definicję kłamstwa, która ani nie dyskwalifikuje każdej fałszywej wypowiedzi jako kłamstwa, ani nie włącza w pojęcie kłamstwa negatywnej oceny moralnej, tak że „kłamstwo" byłoby tylko tym, co — jak chcą „teleologowie" — zdefiniowaliśmy już wcześniej jako niedozwolone. Należałoby oczekiwać, że chociaż jeden z trzech krytyków zwróci uwagę na tę propozycję czy też nawet podejmie z nią życzliwą dyskusję. Czemu innemu mają bowiem służyć tego rodzaju kontrowersje? O nieuważnej lekturze Furgera świadczy choćby to, że mój przykład z reklamą odżywek dla dzieci w rozwijających się krajach zrozumiał jako argument przeciw „etyce teleologicznej", odrzucając go jako błąd w interpretacji. W rzeczywistości przykład ten miał pokazać, że w tej i w wielu innych kwestiach zgadzam się z krytykowanymi przeze mnie moralistami. Ostatecznie nie opowiedziałem się przecież *przeciw*, lecz za etyką odpowiedzialności, próbując jednak dokładniej określić pojęcie odpowiedzialności.

Chociaż Furger broni teleologicznej opcji swoich kolegów, to w rzeczywistości oddala się od niej, na co wskazuje już to, że normy deontologiczne uważa za nakazane w ścisłym sensie. To, że nazywa je „drugorzędnie deontologicznymi", pokrywa się z moim ujęciem. Sam bowiem przedstawiłem takie teleologiczne uzasadnienie. Furger uważa swoją interpretację za *autentyczną autoprezentację* opcji teleologicznej. Broni się przed utożsamieniem tej opcji z „konsekwencjalizmem" i „utylitaryzmem". I tutaj się myli. To utożsamienie nie jest moim wynalazkiem, lecz ogólnie przyjętym zwyczajem językowym; jest to też trafny opis stanowiska Bruno Schüllera, który wprowadził opcję teleologiczną do niemieckiej teologii moralnej. W swoim przyczynku do wydanej przez Richarda A. McCormicka książki *Doing Evil to Achive Good"* Schüller pisze o „consequentialism or teleological theory of normativ ethics" i za „anglo-american moral philosophers" dzieli teorie normatywne na dwie klasy: „1. Teleological (utilitarian, consequentialist) i „2. deontological (formalist) theories"[5].

Uczeń Schüllera, Rudolf Ginters, tak streszcza podstawową tezę etyki teleologicznej: „Czyn lub zaniecha-

---

[5] *Doing Evil to Achieve Good*, Richard McCormick, Paul Ramsey (ed.), Loyola University Press, Chicago 1978, s. 167.

nie czynu są moralnie dobre, gdy według bezstronnego osądu wywołują więcej dobra lub mniej zła niż każda inna alternatywa działania"[6]. Powołując się na Williama Frankenę Ginters precyzuje, że w przypadku dobra i zła, które służą tu za kryterium, musi chodzić o „wartości nie-moralne", gdyż w przeciwnym razie definicja moralności popada w błędne koło. (Do działań, które trzeba poddać takiemu rachunkowi dóbr i które „czasami i przy uwzględnieniu złych skutków, mogą być moralnie słuszne" Ginters zalicza także wyparcie się własnego przekonania moralnego i własnej wiary — zgodnie z tą tezą chrześcijańscy męczennicy pierwszych trzech wieków ulegli zatem moralnotologicznemu błędowi.)

Jeśli Furger odrzuca tę powszechnie przyjętą definicję etyki teleologicznej i jej utożsamienie z konsekwencjalizmem i „idealnym utylitaryzmem", to powinien dyskutować nie ze mną, ale ze swoimi kolegami, którzy również uprawiają teologię moralną. Ponadto konsekwencjalizm i utylitaryzm nie są dla mnie, podobnie jak dla Schüllera, określeniami dyskryminującymi, ale terminami neutralnie określającymi stanowisko, do którego przyznają się Schüller i inni, podczas gdy Furger ostrożnie się od niego dystansuje.

VII

Furger chciałby w pewien sposób ograniczyć uniwersalny nakaz optymalizacji. Czyni to przez restrykcję dotyczącą *telos*. Celem nie jest powiększanie wartości obecnych w świecie jako całości, lecz „największy możliwy osobowy rozwój każdego człowieka jako obrazu Boga, któremu godności należny jest respekt" (s. 605).

Definicja ta zawiera dwie fundamentalnie słuszne idee, ale jako sformułowanie podstawowej zasady etycznej wydaje mi się niewystarczająca. Jest po pierwsze

---

[6] Rudolf Ginters, *Ausdruckshandlungen. Eine Untersuchung ihrer sittlichen Bedeutsamkeit*, Patmos, Düsseldorf 1976.

nazbyt nieokreślona i w rzeczywistości zawiera przynajmniej dwie zasady: Sprzyjanie osobowemu rozwojowi i szacunek dla godności każdego człowieka. Pierwsza z nich uzasadnia przede wszystkim obowiązki działania, druga — obowiązki jego zaniechania. To, jakie obowiązki działania wynikają z pierwszej zasady, można wiedzieć dopiero wówczas, gdy określimy, co to znaczy „rozwój". Ponieważ nie istnieje osobowy rozwój bez wymiaru moralnego, *telos* ten zawiera już elementy moralne i tym samym pozostaje w sprzeczności z podstawowymi zasadami etyki teleologicznej, które jako *telos* dopuszczają tylko dobra pozamoralne, gdyż w przeciwnym razie definicja moralności mówiłaby, że „moralnie dobre jest to, co sprzyja moralności". Formuła Furgera nie mówi też, w jakiej relacji pozostają te dwie zasady, a już zupełnie nic o tym, *jaka jest relacja* rozwoju jednego człowieka do godności innych ludzi, czy rozwój większej grupy ludzi uzasadnia naruszenie godności mniejszej grupy, czy też odwrotnie — szacunek dla godności jednego człowieka nakazuje ograniczenie osobowego rozwoju wielu innych ludzi, a także czy istnieją takie działania, które zawsze naruszają godność człowieka? (Schüller wyraźnie zaprzecza istnieniu takich działań.)

Obydwu pojęć Furgera można z powodzeniem użyć do strukturyzacji powinności moralnej w sensie tradycyjnym: Teleologiczne normowanie zasady rozwoju jest ograniczone przez deontologiczną zasadę szacunku dla godności, którego nigdy nie da się pogodzić z pewnymi sposobami działania. Gdyby taka była opinia Furgera, to bylibyśmy bardzo blisko zgody. Idei obowiązku uniwersalnej optymalizacji nie da się jednak utrzymać również w odniesieniu do zasady rozwoju. Definicja moralnego *telosu* u Furgera jest zresztą nazbyt wąska. Jest nazbyt antropocentryczna; nie oddaje sprawiedliwości przynajmniej negatywnej odpowiedzialności człowieka za stworzenia pozaludzkie. Dobrze się stało, że Kościół i teologowie moralni zaczynają uświadamiać sobie tę odpowiedzialność.

Artykuł Furgera świadczy o metodycznych trudnościach, w jakie popada katolicki teolog moralny, który próbuje tak zmodyfikować zasadę etyki teleologicznej, aby dało się ją pogodzić z przeżywanym i nauczanym etosem wspólnoty chrześcijańskiej. Furger — podobnie jak wielu jego kolegów — próbuje to uczynić *ex post.* Jego artykuł pokazuje, że mamy tu do czynienia z pewnym procesem. Jeśli katoliccy teologowie moralni, którzy interpretują chrześcijański etos, pozostają w żywym kontakcie z tradycją, z życiem i z nauczaniem Kościoła, z życiem i z nauczaniem świętych i jeśli — uprawiając teologię moralną — kierują się bardziej prawdziwie filozoficznym zainteresowaniem prawdą niż interesami pragmatycznymi, wówczas — zaryzykuję taką prognozę — „teleologiczny model etyki" spotka to, co zawsze spotyka nieadekwatne teorie: Najpierw dopasowuje się je do rzeczywistości, immunizując je na jakiś czas przez dodatkowe założenia i konstrukcje *ad hoc.* To właśnie się dzieje. Można to zrobić z każdą teorią. Później jednak przychodzi nowe pokolenie, które widzi, że cała ta gra jest intelektualnie jałowa i nie warta wkładanego w nią wysiłku — po czym po prostu odrzuca ją. I jest to najlepsza rzecz, jaka może się przydarzyć takiej teorii.

22. Dyscyplina i problem cnót wtórnych

Niedawno miałem przyjemność ponownie zobaczyć niezwykłe muzeum Picassa w Antibes. Do sali z obrazem — jeśli tak można powiedzieć — zrekonstruowanej kobiety, którą można jednocześnie widzieć z przodu i z tyłu, wkroczyła nagle wycieczka szkolna — mniej więcej dziesięcioletni chłopcy i dziewczynki wraz z młodą nauczycielką. Nauczycielka kazała dzieciom usiąść. Wszyscy natychmiast usiedli — niektórzy na krzesłach, inni na podłodze. Rozpoczęło się prawie dwudziestominutowe przypatrywanie się obrazowi. Nauczycielka stawiała pomysłowe pytania, ostrożnie kierowała uwagę na istotne aspekty, które pomagają zrozumieć obraz. Wskazała dzieciom na atmosferę, na aurę radosnego odprężenia, ale też na formalne środki malarza. Niezwykłe były własne odkrycia dzieci. Ich radość ze wspólnego odkrywania obrazu rosła aż do końca. Nauczycielka zwróciła się wówczas do innego obrazu leżącej kobiety, umiejętnie wykorzystując środki porównania, aby na nowo pobudzić uwagę i zróżnicować sposób patrzenia. Dzieciom sprawiało to najwyraźniej radość, widać było, że odkryły źródło radości na całe życie — sztukę. Warunek powodzenia tej godziny był równie oczywisty — zdyscyplinowanie dzieci: nikt nie biegał, nikt się nie oddalał. Po pięciu minutach obraz przykuł ich uwagę. Podczas tych początkowych minut trzymało je w ryzach wyuczone posłuszeństwo. Rozmowa wymagała, aby wszystkie nie mówiły naraz. Jeśli któreś

z dzieci chciało coś powiedzieć, podnosiło rękę. Tylko
w ten sposób wszystkie mogły słuchać tego, co mówiło
jedno z nich. Tylko dzięki dyscyplinie można było ograniczyć prawo głośniejszego lub bardziej upartego, dając
każdemu szansę dojścia do głosu. I tylko dlatego możliwe były przerwy, momenty ciszy, które pozwalały na
spokojne patrzenie.

Wszystko to wydaje się oczywiste i jest właściwie trywialne. Każdy to wie i ludzie wiedzieli o tym zawsze.
Koordynacja ludzkich działań, które wiodą do wspólnego celu, zakłada zdolność i gotowość każdej jednostki
do kontroli spontanicznych bodźców, do ich powstrzymania i podporządkowania wspólnemu celowi. Również
indywidualna realizacja jakiegoś celu zakłada zdolność
do panowania nad pojedynczymi bodźcami, chwilowymi
impulsami, zmianami nastroju, która umożliwia spójne
działanie. Zakłada się, że człowiek może do pewnego
stopnia zdać się na siebie. Nazywamy to samodyscy-
pliną. Bez niej życie nie może się udać.

Jeśli takie oczywistości zostają zakwestionowane, to
trzeba się najpierw zastanowić, dlaczego tak się dzieje.
O temacie „dyscyplina" mówi się dzisiaj chętnie w kontekście hasła „przemiana wartości". Owo hasło jest wynikiem długiej historii. Rozpoczyna się ona od zastąpienia pojęcia dobra pochodzącym z dziedziny ekonomii
pojęciem wartości (wiedział o tym jeszcze Kant mówiąc,
że człowiek nie ma wartości, lecz godność). Nie mogę tu
analizować przyczyn tej zamiany. Jej wynikiem i następnym etapem tej historii jest ujęcie wartości jako
funkcji wartościowań. Te ostatnie jednak podlegają historycznym przemianom. Jeśli wartości są funkcjami
wartościowań, to są tak jak one zmienne. I taka jest
rzeczywiście opinia, której w naszym kręgu kulturowym przynajmniej werbalnie broni większość wykształconych — a przede wszystkim niedokształconych — ludzi. Powiedziałem — przynajmniej werbalnie. W rzeczywistości bowiem nie są oni — na szczęście — przekonani co o prawdziwości tego twierdzenia. W rzeczywi-

stości większość z nas nadal sądzi, że pewne wartościowania są trafniejsze niż inne: Zabijanie ludzi z powodu ich rasy, deportacje ludzi do niewoli, tortury czy użycie przez Spartan podbitego przez nich ludu Helotów jako zwierzyny łownej dla *jeunesse dorée* — tego wszystkiego nie da się usprawiedliwić mówiąc, że odpowiadało to wartościowaniom danego czasu czy danego społeczeństwa. Wartościowania te były po prostu fałszywe. Jeśli ktoś sprzeciwia się torturom, to nie chce przez to powiedzieć, że on sam nie będzie nikogo torturował, lecz że inni również nie powinni tego robić i że jest to lepsze dla nich samych.

Z dyscypliną jest zasadniczo tak samo. Fakt, że w wartościowaniu naszej kultury nie stoi ona wysoko, nie oznacza, że utraciła ona swą wartość, że da się bez niej prowadzić dobre życie. W rzeczywistości braku dyscypliny człowiek rozumny mógłby życzyć tylko swojemu wrogowi. Dlaczego ma ona zatem tak złą prasę? I dlaczego słowo „dyscyplinować" stało się swego rodzaju inwektywą?

Wydaje mi się, że kwestię tę trzeba widzieć w związku z problemem tak zwanych cnót wtórnych, cnót, do których należą między innymi pilność, zamiłowanie do porządku, posłuszeństwo, dzielność i wierność. Przed laty Oscar Lafonteine, w dyskusji z ówczesnym kanclerzem Helmutem Schmidtem, wskazał na to, że cnoty te dałoby się wykorzystać również w obozie koncentracyjnym. Chodziło mu o to, że mamy tu do czynienia z cechami, których — z wyjątkiem dzielności — potrzebował także strażnik w obozie, a częściowo nawet jego więźniowie. W nawiązaniu do tej uwagi mówiono później o „cnotach obozowych". Argument ten jest oczywiście bardzo słaby. Czy mamy tu do czynienia z cechami przestępcy? Czy też znaczy to tylko, że bez tych cech nie można zrobić pewnych rzeczy — dobrych i złych — takich, które wymagają nakładu sił fizycznych. Aby pokonać obozowego strażnika, potrzeba było tych samych cnót wtórnych, w każdym razie na pewno dyscypliny.

„Cnotami wtórnymi" nazywamy takie nabyte własności, które same w sobie są aksjologicznie obojętne
wobec swej funkcji, a zatem uzyskują swoją wartość za
sprawą celu, któremu służą. Odkrywcą tego rozróżnienia był Platon. Wprowadza je w związku z pytaniem,
czy cnota, czyli to, co sprawia, że człowiek jest dobry, jest jedyna, czy też istnieje wiele cnót. Ściśle mówiąc, zrozumienie odpowiedzi Platona zakłada znajomość całej jego filozofii. Mogę ją tu tylko krótko stre-
ścić, rezygnując z głębszego uzasadnienia. Jej sedno
stanowi osławione (pozytywnie i negatywnie) twierdzenie Platona, wedle której cnota jest wiedzą. Dla Platona wiedzą nie jest jednak jakiś czysto kognitywny,
intelektualny stan. Wiedza polega na takim bezpośrednim i dogłębnym zjednoczeniu się z poznawaną rzeczą, które wyklucza wszelką wątpliwość. Dla Kartezjusza taką ostateczną pewnością była pewność tego, że
istnieję; pewności tej nie może podważyć żadna wątpliwość. Dla Platona takim ostatecznym, nie wymagają-
cym i nie potrzebującym dalszego uzasadnienia poznaniem jest poznanie dobra — przy czym musimy zawsze
pamiętać o tym, że „dobro" było dla Greków zarazem
i przede wszystkim tym, co pożyteczne dla samego działającego. Platon sądzi, że ten, kto by rzeczywiście wiedział, co znaczy słowo „dobry", byłby w posiadaniu rzeczywistej wiedzy — oczywistość ta jest porównywalna,
a nawet bardziej fundamentalna od oczywistości, która
towarzyszy nam wówczas, gdy mówimy „Ja" — nie po-
trzebowałby żadnych innych cnót. Jego działanie byłoby nieomylnym wyrazem tej oczywistości. Zobaczenie
prawdy oznacza jej przyjęcie. Rzeczywiste zobaczenie
dobra oznacza jego pragnienie. W rzeczywistości jednak większość z nas nie dysponuje taką poniekąd mi-
styczną oczywistością. Dysponujemy mniej lub bardziej
uzasadnioną opinią o dobru. Opinia ta nie jest jednak
w stanie przemówić do człowieka tak przekonująco, jak
wiedza. Pod naciskiem lęku, pokusy przyjemności lub
korzyści człowiek może zamienić prawdziwą opinię na

opinię fałszywą. Aby tego nie zrobić, oprócz właściwej opinii potrzebuje jeszcze specjalnych cnót, tj. własności, które pozwolą mu wytrwać przy swoim przekonaniu w obliczu lęku i pokusy. Aby wytrwać przy wiedzy, nie potrzebuję takich specjalnych własności. Wiedza utwierdza się sama. I tak Platon nazywa „dzielnością" trwanie przy słusznej opinii, właściwym przekonaniu o tym, czego należy się lękać — co przypomina późniejsze słowa Jezusa „Nie lękajcie się tych, którzy zabijają ciało, lecz duszy zabić nie mogą" (*Mt* 10, 28). Panowanie nas sobą, umiarkowanie, jest dla Platona trwaniem przy słusznym przekonaniu o tym, co nam rzeczywiście służy i co tylko sprawia takie wrażenie. Cechy charakteru, do których odnoszą się te słowa, mają to do siebie, że mogą funkcjonować również w związku z fałszywymi przekonaniami. Pogarda dla niebezpieczeństw może w służyć dobrej lub złej sprawie. Platon nie mówi wówczas o cnocie. Słowa „dzielność" nie odnosi do tego, kogo odwaga służy błędnemu wyobrażeniu o tym, czego warto pożądać. Dlatego cnoty wtórne są cnotami tylko wówczas, gdy służą temu, co dobre i słuszne.

Następcy Platona poszli w dwu przeciwnych kierunkach. Stoicy doprowadzili do skrajności ideę jedności cnót. Cnotliwy, dobry jest tylko mędrzec, którego jedyną jego cnotą jest mądrość. Arystoteles odrzuca natomiast ideę cnoty jako wiedzy. Cnota jest własnością, która sprawia, że w zmiennych sytuacjach człowiek wybiera to, co słuszne. W gruncie rzeczy chodzi tu jednak o różne własności. Trzeba je ćwiczyć odpowiednio do różnych dziedzin. Człowiek sprawiedliwy nie musi być dzielny, a człowiek dzielny nie musi być dobry przyjacielem. Dobry jest taki człowiek, który w możliwie wszystkich dziedzinach życia rozwinął zdolność do wybierania tego, co słuszne. W ten sposób Arystoteles docenia cnoty wtórne. W pewnym sensie wszystkie cnoty są wtórne. Nie ma jednej cnoty głównej, w stosunku do której wszystkie inne cnoty byłyby tylko instrumentalne. We wszystkich zawarte jest specyficzne odniesienie do tego, co w danych okolicznościach słuszne. Dlatego ktoś może zasługiwać na uznanie pod jednym względem, a pod innym nie. Na podziw zasługuje zaś tylko ten, kto pod każdym względem wybiera to, co słuszne.

W dziejach etyki europejskiej temat jedności i wielości cnót, a zatem również temat cnót wtórnych, jest nieustannie obecny. Chrześcijaństwo jest platońskie w tym sensie, że uznaje jedną centralną cnotę, bez której wszystkie inne cnoty tracą swoją wartość — miłość. I tak św. Paweł pisze: „I gdybym rozdał na jałmużnę całą majętność moją, a ciało wystawił na spalenie, lecz miłości bym nie miał, nic bym nie zyskał" (1 *Kor* 13, 3). Cnoty tych, którzy nie znają prawdziwej miłości Boga i bliźniego, czyli cnoty pogan, św. Augustyn nazywa „lśniącymi wadami", a w innym miejscu pisze „*Dillige et quod vis fac*", „Kochaj i czyń co chcesz". Już u św. Augustyna, a tym bardziej w średniowieczu, np. u św. Tomasza z Akwinu, obok tej *quasi*-platońskiej wizji znajdujemy jednak próbę pogodzenia dwóch wspomnianych stanowisk: Poszczególne cnoty są wartościowe same w sobie. Bez miłości wartość ta jest jednak tylko światowa i nie wystarcza, aby usprawiedliwić człowieka przed Bogiem. Z drugiej jednak strony takie własności, jak odwaga, hojność, sprawiedliwość, panowanie nad sobą przygotowują do tej cnoty miłości, której — w odróżnieniu od pozostałych cnót — nie można nabyć przez ćwiczenie, gdyż jest ona darem z góry.

Najbardziej poruszającym ze znanych mi świadectw szacunku dla takich cnót wtórnych, jak dzielność i wierność, jest pomnik, którzy mieszkańcy Lucerny postawili szwajcarskim żołnierzom poległym w obronie Tuilerie w służbie Ludwika XVI. Pod umierającym kamiennym lwem znajduje się napis: „*Pro fide ac virtute*". Nie chodzi tu o protest wobec rewolucji francuskiej. Nieistotne jest pytanie, *komu* szwajcarscy żołnierze byli wierni. Pomnik jest wyrazem czci dla wierności i dzielności.

Czy istnieją jednak granice tego, co dopuszczalne przy takiej abstrakcji? Czy rzetelność pracownika kolei, który odprawia transport ludzi do komory gazowej, zasługuje na uznanie? Czy zmysł porządku i dyscypliny u Eichmanna zasługuje wciąż na szacunek?

Samo postawienie tych pytań oznacza ich zaprzeczenie. Ale czy zdrowie nie jest wartością dlatego, że przestępcy chętnie życzylibyśmy choroby, która mogłaby mu przeszkodzić w wykonaniu jego zamiarów? Doświadczenie możliwości nadużycia tych własności przyczyniło się ponownie do platońskiego zwrotu w myśleniu, tj. do idei, że cnoty wtóre powinny niejako stać się funkcją pierwotnej, elementarnie moralnej motywacji, a ich usamodzielnienie się, ich wyrwanie z pierwotnie moralnego kontekstu jest już pierwszym krokiem do ich nadużycia. Odnosiłoby się to właśnie do dyscypliny. Dyscyplina jest represją. Represja jest jednak albo powstrzymaniem spontanicznych impulsów na rzecz własnego, dominującego celu, czyli organizacją działania z punktu widzenia własnego impulsu; wówczas nie jest jednak represją, lecz warunkiem swobodnego własnego rozwoju, udanej samorealizacji. Albo chodzi tu o podporządkowanie własnej spontaniczności obcej woli, czyli o heteronomię. Tylko w tym wypadku — taka jest dalsza treść tego argumentu — dyscyplina stawałaby się przedmiotem refleksji. Dyscyplinowanie byłoby równoznaczne z heteronomią, podporządkowaniem, abdykacją jednostki — a zatem nie byłyby wartością pozytywną. Również wówczas, gdy mamy do czynienia z włączeniem jednostki we wspólny kontekst działania, włączenie to albo zapośredniczone jest przez własny wgląd, a zatem jest dobrowolne i nie potrzebuje żadnej specjalnej cnoty zwanej dyscypliną, albo dokonuje się ono ze względu na czysty autorytet. Wówczas zaś jego motywacja jest albo zewnętrzna, uwarunkowana zewnętrzną sankcją, albo jest ona rzeczywiście dyscypliną w sensie przyzwyczajenia do posłuszeństwa zewnętrznemu autorytetowi, a w takim wypadku jest czymś raczej negatywnym.

W zarzucie tym, w którym argumentatywnie rekonstruuję idealny typ niechęci wobec dyscypliny, to, co słuszne, przemieszane jest z tym, co fałszywe. Wydaje mi się, że istotną rzeczą jest oddzielenie tych elementów. Pozostawiam tu na boku pytanie, czy słuszne jest utożsamianie dobra z autonomiczną decyzją, a zła z heteronomią. Jeśli — tak jak to uczynił Kant — nie włączamy moralnego dobra w definicję autonomicznej decyzji, lecz pozostajemy przy użyciu tego słowa w języku potocznym, to wydaje mi się oczywiste, że u niektórych ludzie często, a u nas wszystkich niekiedy, autonomiczna decyzja sprzyja czynieniu zła, a obca zapobiega czynieniu jeszcze większego zła. Niektórzy autonomicznie postanawiają na przykład ograniczać autonomię decyzji innych ludzi i można im w tym przeszkodzić tylko heteronomiczną decyzją, czyli przez zagrożenie karą. Nieprzypadkowo mówię jednak: Można im z obcej inspiracji przeszkodzić w czynieniu zła. Dobre postępowanie musi być bowiem wypływać z własnej woli. Dlatego autonomia nie jest wprawdzie tożsama z dobrem, ale jest koniecznym warunkiem, integralną częścią dobrego działania. Chciałbym przy tym dodać, że posłuszeństwo autorytetowi może być wyrazem autonomicznej decyzji — jeśli opiera się na wolnym, uzasadnionym uznaniu tego autorytetu, a nie na słabości „Ja" czy na wyuczonych odruchach. I odwrotnie, nieposłuszeństwo może być heteronomiczne wówczas, gdy jest wynikiem nacisku grupy.

Pozostawmy jednak ten problem na boku i zapytajmy o wagę zrekonstruowanego powyżej argumentu. Słuszna jest w nim krytyka abstrakcyjnej, oderwanej od wszelkiej treści i od pierwotnych motywacji pozytywnej oceny dyscypliny i jej ćwiczenia. Słuszne jest też podejrzenie, że taka rzekoma dyscyplina dla samej dyscypliny służy prawdopodobnie interesom, które muszą kryć się przed światłem. Podejrzenie to uzasadniają trzy okoliczności: 1. Nie istnieje ćwiczenie dyscypliny, które byłoby pozbawione treści i motywacji. Dyscyplina zawsze czemuś służy. 2. Każdy autentyczny treściowy motyw działania oddziałuje dyscyplinująco, tj. podporządkowuje chwilowe partykularne bodźce pewnemu celowi. 3. Wyrwanie dyscypliny z określonego kontekstu motywacyjnego, w którym została nabyta, i przeniesienie jej w inne konteksty zakłada pewne podobieństwo tych kontekstów. Struktura motywacyjna, w ramach której dyscyplina została nabyta, zabarwia niejako jej charakter, tak że nie da się jej całkowicie oderwać od dyscypliny.

Ćwiczenie woli jest podobne do ćwiczenia myślenia. Dziewiętnastowieczna pedagogika rozwinęła pojęcie tak zwanego „kształcenia formalnego". U podstaw tego pojęcia stała idea, że myślenia można się nauczyć uprawiając pewne dziedziny, np. matematykę czy łacinę, a następnie nabytą w ten sposób umiejętność przenieść na dowolne inne dziedziny. Przede wszystkim dzięki badaniom Edwarda Thorndike'a z psychologii nauczania wiemy, że tak nie jest. Wszelkie kształcenie jest i pozostaje treściowe. Dzięki matematyce uczymy się myślenia matematycznego, dzięki łacinie myślenia językowego. Zdolność myślenia można ćwiczyć, ale ćwiczenie to jest odniesione do konkretnej dziedziny. Przeniesienie nabytych zdolności jest możliwe tylko wówczas, gdy konteksty zawierają pewne wspólne elementy.

Interesujące jest to, że słowo „dyscyplina" pierwotnie i przez ponad tysiąc lat znaczyło mniej więcej to, co dzisiaj nazywamy „dyscypliną" naukową, tj. oddzieloną treściowo i metodycznie dziedzinę wiedzy czy umiejętności lub też proces nabywania tej wiedzy czy umiejętności. Od Cycerona po średniowiecze słowo jest równoznaczne ze słowem *ars*. Sztuki wyzwolone nazywają się zarówno *artes liberales*, jak i *disciplinae liberales*. *Disciplina* oznacza wówczas również szkołę — w sensie pewnej tradycji nauczania. Chrześcijańską naukę i moralność św. Ambroży nazywa *apostolica disciplina*. Czasownik *disciplinare* pojawia się w najstarszym łacińskim tłumaczeniu *Biblii*: Słowa Jezusa „Nauczajcie wszystkie narody" (*Mt* 29, 19) przetłumaczone są jako „*disciplinate omnes gentes*". Dopiero we wczesnej nowożytności następuje powolne przesunięcie znaczenia od obiektywnej treści pewnej dyscypliny do subiektywnego wymiaru dyscyplinowania. Na przykład *Codex juris Bavariae criminalis* stwierdza: „W przypadku dzieci należy uciekać się raczej do dobrej dyscypliny i pouczenia niż do złośliwych kar". Luter mówi o chcianej przez Boga „zewnętrznej dyscyplinie", która polega na tym, że należy słuchać rodziców i „być posłusznym władzy". Kiedy zaś Schiller mówi o tym, żeby „bujną wyobraźnię poddać dyscyplinie smaku", to również tutaj na pierwszym planie znajduje się moment represjonowania dzikiego wzrostu na rzecz sublimacji. Dyscyplinowanie przez smak odpowiada dyscyplinowaniu, którego Herbart oczekuje po „metodycznym myśleniu". Dyscyplina jest tu prawie synonimem staroniemieckiego słowa *zu(c)ht* (hodowla), które jest częścią słowa *Erziehung* (wychowanie). Oznacza ono formowanie, które należy do człowieczeństwa człowieka, gdyż człowiek pozostawiony samemu sobie, by tak rzec, rosnący dziko nie nauczy się ani języka, ani pionowej postawy.

Kształcenie to — inne słowo oznaczające ten sam proces formowania — odniesione jest jednak zawsze do konkretnej dziedziny rzeczywistości lub do konkretnej postawy czy sposobu zachowania. Na przykład słowo *odwaga* dotyczy sposobów zachowania, które prawdopodobnie są na tyle odmienne, że nie można przyswajać ich sobie w ten sam sposób. Średniowieczny rycerz musiał dysponować zadziwiającą zdolnością do nieustannego ryzykowania swoim życiem. Nagrodą za to było publiczne uznanie, przede wszystkim ze strony podobnych mu ludzi. Odwaga cywilna — na przykład odwaga intelektualisty, który w totalitarnym państwie publicznie krytykuje rząd, lub gotowość intelektualisty do publicznego chwalenia rządu w państwie demokratycznym — mogą iść w parze z bojaźliwością w ćwiczeniach sportowych. Obawa przed utratą poważania jest bowiem inna niż obawa przed kontuzją fizyczną. W starożytności za szlachetnego uznawano takiego człowieka, którego obawa przed utratą poważania była większa niż obawa przed kontuzją fizyczną. Zrelatywizowało to dopiero chrześcijaństwo. Kiedy we Francji Ludwika XVI pobożni arystokraci założyli stowarzyszenie, którego członkowie zobowiązywali się do odmowy uczestnictwa w pojedynkach, to potrzebowali odwagi cywilnej, gdyż niosło to ze sobą odium tchórzostwa.

Wydaje się, że dyscyplina jest rzeczywiście cnotą wtórną. Jest to jednak taka cnota, która jest potrzebna wówczas, gdy ludzie osiągają pewien poziom człowieczeństwa. Wydaje się też, że przenoszenie tej własności pomiędzy różnymi dziedzinami działania jest łatwiejsze niż w przypadku innych nabytych zdolności. Człowiek, który nauczył się zdyscyplinowanej pracy i potrafi realizować wyznaczony sobie cel, nie dając się zbić z tropu przez przelotny nastrój — robiąc różne rzeczy na raz, aż upłynie czas, którym dysponuje — potrafi wykorzystać tę zdolność w różnych sytuacjach działania. Odpowiedź na pytanie, czy istnieje współzależność między dyscypliną w samodzielnej pracy i życiu z jednej strony i zdolnością do rzetelnej kooperacji z drugiej, wymaga odwołania się do empirii. Prawdopodobnie wszystko zależy od tego, czy kooperacja zastanie rzeczywiście włączona do celów danej jednostki, czy też będzie przez nią traktowana jako mniej lub bardziej uciążliwe zło. W tym drugim przypadku ktoś może się wydawać niezdyscyplinowany tylko dlatego, że jest uparty.

Jeśli się nie mylę, usamodzielnienie się dyscypliny jako abstrakcyjnej własności zachowania, rozejście się dwu znaczeń słowa „dyscyplina" — dyscypliny jako dziedziny nauki, sztuki lub sportu i dyscyplina jako ogólnej cechy zachowania — dokonało się w wieku XVIII. Proces ten miał dwie przeciwstawne przyczyny:

Z jednej strony w nieznany dotąd sposób dyscyplina usamodzielnia się w wojsku jako dryl. Nowoczesna forma prowadzenia wojny wymagała, aby jednostka stała się godnym zaufania elementem precyzyjnej maszyny, która dokładnie odpowiadana na najmniejszy znak dowódcy i tak funkcjonuje. Osławiony dryl koszarowy służył ćwiczeniu tego abstrakcyjnego funkcjonowania. Indywidualną motywacją w tym ćwiczeniu nie mógł być jakiś przedmiot, jakiś satysfakcjonujący cel, na przykład militarne zwycięstwo; to była sprawa dowódcy. Ponadto w czasie ćwiczeń nie było zazwyczaj ani wojny, ani wroga. Dlatego ich motywacja była zewnętrzna: nadzieja na nagrodę i — przede wszystkim — obawa przed karą. Nagrodą i karą nie były przy tym wygrana lub przegrana wojna, lecz zarządzenia kaprala. W tym czasie, w którym abstrakcyjna, heteronomiczna dyscyplina osiągnęła swój szczyt, uformowała się również abstrakcyjna idea formalnego kształtowania woli w służbie radykalnej własnej inspiracji, dyscypliny jako warunku autonomii osobowości. Pomiędzy tymi dwoma formami dyscypliny rzeczywiście nie ma przejścia, gdyż motywacje ich nabywania są przeciwstawne.

Złamanie woli w celu stopienia jej z wolą kolektywną z jednej strony, triumf autonomii decyzji przez panowanie nad sobą z drugiej prowadzą do dwóch tylko zewnętrznie spokrewnionych wyników. Jak pokazuje doświadczenie, dyscyplina przyswojona wyłącznie przez sterowanie z zewnątrz zawodzi wówczas, gdy człowiek zostaje pozostawiony samemu sobie. Nie uzdalnia go automatycznie do prowadzenia własnego życia, do „wzięcia go we własne ręce".

Radykalne przeciwstawienie autonomii i heteronomii oraz płynąca stąd dwuznaczność pojęcia dyscypliny prawdopodobnie opiera się jednak na błędzie. Również w tym przypadku sprawdza się powiedzenie o spotykaniu się skrajności. Nowożytna maszyna wojenna była triumfem woli, który wyszedł poza wszelką właściwą stworzeniu pokorę. I odwrotnie — psychologia głębi pokazała, że autonomiczne osobowość nie jest tak autonomiczna, jak się wydaje. Psychologia odkryła w tak zwanym panowaniu nad sobą moment Nad-Ja, moment uwewnętrznionej heteronomii. Pokazała, że wolność wewnętrzna („indywiduacja", jak mówi Jung) zostaje nabyta w procesie integracji różnych warstw osoby, w procesie, w których dualistyczne pojęcie panowania nad sobą jest wprawdzie nadal koniecznym środkiem, ale nie określa celu. Jeśli nadal musimy panować nad sobą, to oznacza to, że cel stania się sobą nie został jeszcze osiągnięty. Oczywiście, ponieważ cel ten nigdy nie zostanie w pełni osiągnięty, zawsze musimy panować nad sobą. Ale dopóki jest to konieczne, nie jesteśmy jeszcze w pełni sobą, nie jesteśmy w pełni ze sobą tożsami.

Jak pokazał Hegel, utożsamienie się z sobą dokonuje się za pośrednictwem rzeczy, za pośrednictwem określonych treści. Nie można bezpośrednio wpływać na siebie, podobnie jak nie można bezpośrednio wychowywać. Również wychowanie dokonuje się poprzez określone treści, przez *disciplinae*. Wydaje mi się, że ma to wielkie znaczenie. Przeciwstawienie autonomii i heteronomii pojawia się bowiem dopiero tam, gdzie znikają treści, które nas ze sobą łączą. Ten, kto od swego nauczyciela uczy się matematyki lub fizyki, jeśli w końcu używa tych samych formuł, co jego nauczyciel, nie uważa, że jest sterowany heteronomicznie. Problem autonomii i heteronomii nie pojawia się, gdy mamy do czynienia z uzyskaniem wspólnego rozeznania. Rozeznanie jest tym, co dyscyplinuje nasze myślenie. Absurdalne byłoby nazwanie języka, który odsłania nam świat, formą obcej inspiracji.

Dyscyplina staje się problemem wówczas, gdy nie ma konsensu w odniesieniu do tego, co nas absorbuje, tego, przez co uzyskujemy naszą tożsamość. Jeśli cnoty pierwotne są sporne, jeśli relatywizm obejmuje nawet pojęcia „dobra" i „zła", wówczas cnoty wtórne zostają albo przesadnie wyniesione do rangi wartości samych w sobie (czym nie mogą być), albo ich wartość zostaje całkowicie zakwestionowana. Wierność staje się wówczas wartością w sobie, gdyż człowiek nie wie, komu ma być wierny, a komu nie. Gdy człowiek nie wierzy, że istnieje prawda, szczerość staje się wartością absolutną. Tożsamość ze sobą samym, wierność sobie, nieprzekupność, konsekwencja stają się ostatecznym i bezwarunkowym minimum moralnym wówczas, gdy zapominamy, że byłoby lepiej, gdyby ideologiczny tyran był skorumpowany i niewierny sobie. Wszystkie te cnoty wtórne odzyskują jednak natychmiast swoją prawdziwą wartość wówczas, gdy umieszczone zostają w kontekście moralnym. Apoteoza abstrakcyjnej dyscypliny jest wyrazem etycznego i estetycznego nihilizmu. Nihilistyczna jest jednak również pogarda dla wszelkiej dyscypliny.

Wnioski z dotychczasowych rozważań dotyczą przede wszystkim pedagogiki. Wychowanie jest dyscyplinowaniem w pozytywnym sensie tego słowa, tj. wprowadzeniem do *disciplinae*, stwarzaniem podłoża dla rozwoju zdolności, wiedzy i zainteresowań i — poprzez nie — pomocą w formowaniu własnej osobowości. Najgłębszą postacią dyscyplinowania jest uczenie się języka, który przez głębokie struktury gramatyki i przez umożliwione przez słowa rozróżnienia dopiero umożliwia myślenie, nadając mu jednocześnie strukturę za pomocą wcześniej utworzonych form. W gruncie rzeczy wszelka dyscyplina przekazywana jest wedle analogii dyscypliny językowej: przez system nagród, jak mówią psychologowie — przez system wzmocnień negatywnych i pozytywnych. Na czym jednak polega nagradzanie? Jeśli czytamy studia z psychologii nauczania powstałe w szkole Skinnera, to mamy wrażenie, że ludzie są rodzajem szczurów. Szczury za naciśnięcie odpowiedniego guzika nagradzane są jedzeniem. Za uczenie się czytania dzieci miałaby być nagradzane przerwani na zabawę itd. pomija się tu jednak fakt, że zdolność czytania jest główną nagrodą za jego naukę. Dla szczura naciskanie guzików nigdy nie stanie się źródłem zadowolenia, nie otwiera mu ono nowego wymiaru bycia szczurem. Czytanie otwiera natomiast nowy wymiar człowieczeństwa, podobnie jak wcześniej mówienie, podobnie jak sztuka, modlitwa i medytacja, podobnie jak wszelka twórcza praca — czyli *disciplinae* w klasycznym sensie tego słowa. Przeżycie powiększenia własnych umiejętności, własnego postrzegania i własnego bycia, odczucie zysku, jakim jest wspólne działanie dla każdego z jego uczestników, zadowolenie ze sprawiedliwego rozwiązania konfliktów interesów, które stało się możliwe przez zdyscyplinowany dyskurs — wszystko to jest nagrodą dyscypliny, w której uzyskaniu obca inspiracja, motywacja zewnętrzna odgrywają niezbędną i zarazem tymczasową rolę, rolę wsparcia w chwilach nieuniknionych trudności — aż pojawi się satysfakcjonujące poczucie własnej umiejętności. Kryzys dyscypliny — jeśli rzeczywiście mamy z nim do czynienia — jest w rzeczywistości kryzysem kanonu dyscyplin, kryzysem wspólnych treści tego, co stanowi o udanym życiu. W bardzo zróżnicowanym i skłonnym do innowacji społeczeństwie — takim jak nasze — dyscyplina będzie wyglądała inaczej niż w społeczeństwie statycznym i uboższym. W nowoczesnej armii nawet dryl jest przestarzały. Tym, co wymagane, jest samodzielność, samodzielne reagowanie na zmienne sytuacje. W nowoczesnym przedsiębiorstwie czas pracy jest bardziej elastyczny, a od jednostki oczekuje się aktywnego współmyślenia i wyobraźni. W nowoczesnej aleatorycznej muzyce nawet w orkiestrze muzykom pozostawia się przestrzeń dla spontaniczności. W życiu indywidualnym próbujemy dokonać integracji bodźców, dla której wzorem nie jest paradygmat władzy absolutnej. Wszystko to nie oznacza, że zrezygnowaliśmy z dyscypliny. Jest raczej tak, że potrzebujemy jej w jeszcze większej mierze. Jej wprowadzenie zależy od tego, czy uda się przezwyciężyć jałową alternatywę autonomii i heteronomii, utrzymując nowe, być może specyficzne tylko dla określonych grup, wspólne wartościowania dotyczące tych dyscyplin, we względu na które dyscyplina jest coś warta.

23. Ontologia pojęć „prawica" i „lewica" (1979)

*„niektórzy sądzą, że
lrawicy i pewicy
nie da się lomypić
ape lomyłka"*

Ernst Jandl

Chciałbym przedstawić tu hipotezę, która ma wyjaśnić trzy historyczne fakty:

1. Fakt, że od XVIII wieku świadomość polityczna naznaczona jest przez dychotomię, którą od dawna — z przygodnych powodów — określa się pojęciami „prawica" i „lewica";

2. Fakt, że obydwa te stanowiska naznaczone są wewnętrzną sprzecznością: Mają skłonność do tego, aby w rzeczywistości politycznej wywoływać przeciwieństwo tego, czego pierwotnie chcą. Jeśli zaś przyjrzymy się radykalizmowi „prawicowemu" i „lewicowemu", to — wobec ich wzajemnej nienawiści — będziemy zaskoczeni ich podobieństwem:

3. Fakt, że pojęcia „lewica" i „prawica" przestały już być wyrazem fundamentalnej alternatywy politycznej naszej epoki.

I

Moja hipoteza jest taka: Klasyczna filozofia polityczna obracała się wokół pojęcia natury i tego, co naturalne. Od czasu, gdy Platon i Arystoteles przezwyciężyli antytezę „φύσις-νόμος (*physis-nomos*)" przez finalistyczną koncepcję natury, w której człowiek jest „z natury" istotą mówiącą i polityczną, filozofia polityczną stała się teorią prawa naturalnego i jako taka przetrwała aż do wieku XVI. Wraz z odrzuceniem teleologii w koncepcji natury od XV wieku teoria polityczna popada w nieuniknioną antynomię. Na nowo pojawia się w niej przedsokratejskie rzeciwstawienie *physis-nomos*. Najprostszą formą tej antynomii jest być może ta jej odmiana, którą zaproponował Freud: zasada przyjemności i zasada rzeczywistości. Na początku noworodkiem kieruje tylko *libido*, pragnienie dobrego samopoczucia fizycznego. Wkrótce jednak dziecko styka się z obojętną rzeczywistością, która opiera się jego pragnieniu. Musi się do niej dostosować i aby móc przeżyć musi nauczyć się dyscyplinowania swoich pragnień. Zasada rzeczywistości jest tożsama z zasadą zachowania. Według Freuda *conditio humana* nigdy nie może być szczęśliwa, gdyż człowiek niechętnie poddaje się warunkom swego zachowania, nie mając innego wyjścia. W głębi swojej natury jest on zawsze *libido* i ograniczenia rzeczywistości akceptuje tylko z konieczności. Wszyscy znamy tezę Marcusego, która aż do kryzysu paliwowego z lat sześćdziesiątych XX wieku wydawała się być zwycięską tezą radykalnej lewicy. Zgodnie z tą tezą przechodzimy właśnie do społeczeństwa obfitości, które w zasadzie pozwala na ograniczenie znaczenia zasady rzeczywistości i na pełniejszy rozwój kierującej się *libido* podmiotowości. Dotyczącą końca czasów maksymę Marksa „Każdemu według jego potrzeb" zinterpretowano tu w kategoriach Freudowskich. Antyteza *libido* i samozachowania, zasady przyjemności i zasady rzeczywistości jest ścisłą i nieuniknioną konsekwencją odrzucenia celowości w całej przyrodzie, a szczególnie w ludzkiej naturze. Natura, widziana jako struktura teleologiczna, jest zarazem zasadą doskonalenia, zasadą właściwego danej istocie ruchu oraz zasadą, która ogranicza te ruchy poprzez wewnętrzny cel, jakim jest odpowiednie *optimum*. Owo *optimum*, stan doskonałości, jest zarazem stanem dobrego samopoczucia, szczęścia istoty, oraz stanem jej optymalnego utrzymania się (*Erhaltung*). Zasada doskonalenia i zasada zachowania (*Erhaltugsprinzip*) sprowadzają się ostatecznie do tego samego: do dobra.

II

Nie zajmuję się tu przyczynami, ze względu na które w końcu średniowiecza zrezygnowano z idei teleologii natury. Pierwszorzędną rolę odegrał tu niewątpliwie interes w postępującym opanowaniu przyrody. Abyśmy mogli poddawać przyrodę naszym celom, musimy odwrócić oczy od tych celów, które mogą być immanentnymi celami poszczególnych istot naturalnych. Okazuje się jednak, że człowiek, który odrzuca teleologiczną wizję natury, musi teraz zrezygnować z rozumienia siebie jako istoty naturalnej, jako części przyrody. Tak jest w przypadku Kartezjusza. Jeśli jednak człowiek nadal chce rozumieć siebie jako istotę naturalną, nie może już siebie rozumieć jako istoty, której chodzi o dobro. Tak jest w przypadku Hobbesa. Hobbes rozumie pożądanie człowieka jako ślepe i nieograniczone. Nie istnieje już dobro najwyższe, które mogło postawić dążeniu wewnętrzną granicę. Istnieje tylko najwyższe zło, czyli gwałtowana śmierć. Tylko lęk, matka mądrości, stawia granice nieograniczonym pragnieniom. Podobnie jest z zasadą rzeczywistości u Freuda. Reprezentantem tez zasady zachowania jest państwo. Ponieważ ludzkie *libido* jest nieograniczone, dlatego trzymająca je w ryzach władza musi być również nieograniczona. Opowiedzenie się za zasadą zachowania, za zasadą rzeczywistości czy zasadą rozumu w sensie przeciwstawienia „tego, co rozumne" nieograniczonemu dążeniu do przyjemności definiuje stanowisko „prawicy". Opowiedzenie się za *libido*, za przyjemnością, wyobraźnią, utopią definiuje stanowisko „lewicy". „Samozachowanie" i „samorealizacja" to dwie idee wiodące, które określają te stanowiska. Łączy je natomiast nieobecność idei naturalnej celowości człowieka i społeczeństwa. Pojęcie *telos* rozkłada się, a *disjecta membra* wyzwalają energie przypominające rozbicie atomu.

III

Swoistością roli, jaką Rousseau odegrał w historii nowożytnej, było to, że reprezentował on zarazem obydwie antagonistyczne zasady. „Nie widzę — pisze Rousseau — żadnego zadowalającego środka pomiędzy najściślejszą demokracją i najdoskonalszym hobbizmem"[1]. Rousseau zaprzecza, że można być zarazem człowiekiem i obywatelem. Również wychowanie może być tylko albo wychowaniem człowieka, *albo* wychowaniem obywatela. „Z natury" człowiek nie jest ani istotą mówiącą i rozumną, ani istotą polityczną. Rousseau rozwinął programy wychowania zarówno dla człowieka, jak i dla obywatela. Wychowaniem człowieka jest antyautorytarne wychowanie z *Emila*. Wychowaniem obywatela jest totalitarne wychowanie przedstawione w dziele *Uwagi o rządzie polskim*. Rousseau nie znosił natomiast idei wychowania mieszanego, które stwarza „podwójnego człowieka". Ponieważ natura nie jest już rozumiana teleologicznie, „wejście do państwa" oznacza wyjście z natury. W drugiej *Rozprawie* Rousseau mówi o „boskim głosie", który wzywa człowieka do wyjścia ze stanu natury. Jeśli jednak ktoś nie słyszy tego głosu, nie musi się niepokoić: Może pozostać w lesie nie rozmijając się z wewnętrzną celowością ludzkiej natury.

IV

Leo Strauss słusznie zauważył, że jeśli człowiek naturalny — w tym sensie słowa „naturalny" — wnosi

---

[1] *The Political Writings of J.-J. Rousseau*, vol. 1–2, ed. C. E. Vaughan, vol. 1, Cambridge 1915, s. 326. Por. też Robert Spaemann, *Natürliche Existenz und politische Existenz bei Rousseau*, w: *Collegium Philosophicum. Festschrift für Joachim Ritter*, Basel–Stuttgart 1965, s. 373–388.

swoje roszczenia w ramach porządku politycznego, to
w sposób nieunikniony prowadzi to do konsekwencji rewolucyjnych[2]. Nie przewidział tego Rousseau,
jego pisma nie stawiały sobie takich celów. Nie „polityczne", ale „naturalne" pisma Rousseau przygoto-
wały rewolucyjną wrażliwość przed 1789 rokiem. Dopiero po rewolucji jego pisma „obywatelskie", przede
wszystkim *Umowa społeczna*, zaczęły służyć jako doku-
menty legitymizujące ustanowienie nowego porządku.
„*Volontégénérale*" jest pojęciem „prawicowym". Reprezentuje ono zasadę zachowania w politycznej jedności
państwa. Sam Rousseau pisze, że nowożytna emancypacja doprowadziła do zniszczenia *volontégénérale*.
Zniszczenie to rozpoczęło już chrześcijaństwo, które jest
„religią człowieka", religią naturalną, a nie religią oby-
watelską.

Wszystko to dobrze zrozumiał wicehrabia de Bonald.
Jego krytyka rewolucji skupia się na pojęciu *volonté
générale*. Bonald zarzuca Rousseau, że — wbrew swoim
zapewnieniom — *volonté générale* poddał *volonté de
tous*, tj. „woli człowieka", który niestrudzenie stara się
ją zniszczyć. Ponadto Bonald jako jedyny widział związek pomiędzy tym rozbiciem świadomości nowożytnej
i dwuznacznością słowa „natura". Próbował zrehabilitować teleologiczną koncepcję tego pojęcia, odróżniając pojęcia „*naturel*" i „*natif*". W rozumieniu de Bonalda
homme naturel Rousseau jest jedynie *homme natif*. „Irokez jest człowiekiem pierwotnym (*homme natif*), Bossuet, Fénelon, Leibniz są ludźmi naturalnymi (*hommes
naturels*)[3]. Podjęta przez de Bonalda próba przywró-
cenia teleologicznego pojęcia natury prowadzi jednak
tylko do „odwróconej teleologii".

Klasyczny finalizm był transcendentny i dyna-
miczny. Jego formułami były: „*Omne ens est propter*

---

2 Por. Leo Strauss, *Prawo naturalne w świetle historii*, Instytut
Wydawniczy Pax, Warszawa 1969.

3 Louis G. A. de Bonald, *De l'état natif et de l'état naturel*, w:
Œuvres complètes, vol. 1–3, ed. Migne, Paris 1864, vol. 3, s. 450.

suam propriam operationem" i „*Omne agens agit propter finem"*. Ostatecznym celem każdej istoty skończonej była jednak reprezentacja Boga. Św. Tomasz z Akwinu pisze, że każda istota naturalna z natury kocha Boga bardziej niż siebie, podczas gdy odwrócona teleologia znajduje swoją precyzyjną formułę u Spinozy: „*Conatus sese conservandi est essentia rerum"*. Kiedy de Bonald pisze: „Człowiek żyje na ziemi dla udoskonalenia środków swego fizycznego i moralnego samozachowania"[4], to dobro rozumiane jest tu jako poddanie całego życia warunkom jego zachowania. Społeczna funkcja zachowania staje się najwyższym kryterium prawdy metafizycznej i religijnej. Przez ten rodzaj pragmatyzmu de Bonald stał się poprzednikiem Comte'a i najważniejszych teoretyków prawicy. „*La parti de Bonald"* — tak nazwał Charles Maurras *Action française*. Ukryty nihilizm nowożytnej prawicy, która broni zachowania pewnej rzeczy, nie potrafiąc zagwarantować jej wartości, jako pierwszy zauważył Péguy. Występując w obronie Rewolucji Francuskiej przeciwko uczniom Comte'a, zwolennikom Maurrasa, „intelektualistom", pojmował siebie jako obrońcę wartości dawnej Francji. Rewolucji dokonali bowiem ludzie *Ancien Régime*. Niefunkcjonalne pojęcie prawdy skłoniło też kogoś takiego, jak G. K. Chesterton do obrony jakobinów. Walka Péguy o prawdę w sprawie Dreyfusa była walką przeciw nihilizmowi lewicy i prawicy, walką przeciw instrumentalizacji prawdy w służbie zachowania lub zniszczenia ustanowionego porządku. Dlatego Péguy pisał: „Tam, gdzie zaczyna się sprawa Dreyfusa, kończy się polityka, a tam, gdzie zaczyna się polityka, kończy się sprawa Dreyfusa"[5]. Prawda jest celem samym w sobie i wszelka nienihilistyczna polityka musi się ostatecznie podpo-

---

[4] Louis G. A. de Bonald, *Théorie du pouvoir. Œuvres complètes*, I, s. 607. Por. Robert Spaemann, *Der Ursprung der Soziologie aus dem Geist der Restauration. Studien über L. G. A. de Bonald*, Stuttgart 1998 (pierwsze wydanie: München 1959).

[5] Charles Péguy, *Œuvres en prose*, vol. 1, Paris 1959, s. 639.

rządkować celom niepolitycznym. Dla antyteleologicznego funkcjonalizmu lewicy i prawicy taka prawa jest
jednak „abstrakcyjna".

W rzeczywistości stanowiska lewicy i prawicy jako
światopoglądy są abstrakcyjne. Polityka zawsze będzie
obszarem konfliktu i dlatego zawsze będziemy mieli
w niej do czynienia z mentalnością raczej lewicową i raczej prawicową. W określonej sytuacji można silniej
podkreślać prawa człowieka lub rację państwa, które
jako jedyne może zagwarantować te prawa. Ponieważ
wszelki ustanowiony porządek zawiera pewną nierówność w podziale obciążeń i rekompensat, dlatego zawsze jedni ludzie będą w pierwszym rzędzie zainteresowani pomnożeniem szans i swobód określonych grup,
a innym będzie zależało raczej na tym, aby nie ry-
zykować osiągniętego już poziom wolności i państwa
prawa. Naturalne jest też to, że perspektywa ludzi lepiej usytuowanych jest inna niż perspektywa ludzi znaj-
dujących się w gorszej sytuacji. To wszystko jest normalne. Polityczny nihilizm zaczyna się wówczas, gdy
„prawica" i „lewica" rozumieją siebie jako światopoglądy, jako wyczerpujące teorie świata i państwa. Hegel
pokazał, że każde abstrakcyjne stanowisko staje się dialektyczne wówczas, gdy rozumie siebie jako całość: Zamienia się wówczas w swoje przeciwieństwo. W naszej
epoce przykładem tego procesu jest marksizm. Marksizm jest *par excellence* lewicowy: człowiek przeciw obywatelowi, *homme* przeciw *citoyen*. Wychodząc od negacji teleologii Hegla Marks nawiązuje *expressis verbis*
do dualizmu Rousseau. Nadbudowa polityczna nie jest
już zwieńczeniem ludzkiej natury, lecz jej samowyob-
cowaniem. Dlatego wyzwolicielem ludzkości jest klasa,
która nie uczestniczy w żadnej z historycznych form
doskonalenia się człowieka — nie uczestniczy w życiu
rodziny, społeczeństwa obywatelskiego czy w religii. Rewolucja wywołuje proces kolektywnej emancypacji człowieka naturalnego, człowieka jako istoty gatunkowej.
Proces ten jest z istoty nieograniczony, tj. nie ma celu.

Rozwój sił i zdolności człowieka nie jest „doskonaleniem", lecz celem samym w sobie. Człowiek rozumianego po marksistowsku społeczeństwa przyszłości będzie dyletantem i rzeczy, którymi się będzie zajmował, nie będzie traktował poważnie. Będzie łowił ryby, polował, uprawiał krytykę literacką, ale nie będzie rybakiem, myśliwym czy pisarzem. Wszelka działalność zawodowa byłaby bowiem alienacją. Przypominamy sobie tezę Platona, wedle której w każdym dobrze ukonstytuowanym państwie wszelka aktywność przyjmuje formę profesjonalną, czy też tezę Hegla, który w alienacji człowieka widzi konieczne stadium jest przyjścia-do-siebie. Dla antyfinalizmu Marksa wszelka transcendencja człowieka jest tylko utratą jego tożsamości. Przyszłe, bezklasowe społeczeństwo, w którym nie będzie władzy, nie będzie już miało immanentnego *telos*. Jej celem będzie tylko postępujące podporządkowywanie sobie natury zewnętrznej i wewnętrznej. Aby zorganizować te postępujące opanowywanie zewnętrznej i wewnętrznej natury, trzeba jednak najpierw ustanowić porządek totalitarny i władzę absolutną. Jeśli lewica nie chce zadowolić się bezsilnym protestem przeciw rzeczywistości, to staje się technokratyczna i przejmuje idee prawicy w taki sposób, że przedstawiciele prawicy stają się teraz obrońcami wolności, która nie ma dla nich w istocie żadnego określonego sensu, żadnego Po-co. Pierwsza połowa XX wieku nauczyła nas, że rzeczywistym rezultatem Marksa jest zawsze Comte. Rzeczywistym teoretykiem społecznym naszej epoki nie jest Marks, lecz Comte. Nie udało mu się tylko zostać ojcem Kościoła. Katechizmem w państwach Comte'a jest manifest komunistyczny.

V

Stopniowe opanowywanie przyrody, „walka z przyrodą" od trzech stuleci były wiodącymi ideami europejskiego społeczeństwa. Klasyczna idea mówiła natomiast, że w przyrodzie istnieje hierarchiczny porządek istot naturalnych, z człowiekiem na szczycie, ale nie przyjmowała nieograniczonego postępu w podporządkowywaniu przyrody człowiekowi. Rozumne panowanie człowieka nad przyrodą nie powinno być despotyczne. Idea postępującego i nieograniczonego opanowywania przyrody była ideą europejskiej burżuazji, którą Marks doprowadził do szczytu. Idea ta dociera jednak dzisiaj do swoich granic. Kryzys ekologiczny jest we współczesnej świadomości wydarzeniem epokowym. Odkryliśmy, że człowiek musi ponownie pojąć siebie jako część finalnie rozumianej przyrody. Jeśli człowiek odrzuci tę wizję jako antropomorfizm, to on sam stanie się dla siebie antropomorfizmem. Idei postępującego opanowywania przyrody towarzyszy u Marksa idea, która zastępuje ideę doskonałości jako celu — idea społeczeństwa obfitości. Jest oczywiste, że tam, gdzie istnieje obfitość dóbr, może zniknąć wszelka represja. Jednak i ta idea jest martwa. Wiemy dzisiaj, że materialne zasoby człowieka są ograniczone. Dlatego Wolfgang Harich zaleca dzisiaj komunizm twierdząc, że lepiej niż ekspansywny kapitalizm daje on sobie radę z brakami[6]. Radzenie sobie z brakami jest tradycyjnym zadaniem prawicy. Jeśli — w odniesieniu do socjalizmu — Harich miałby rację, to tego rodzaju zalecenie stawia go niewątpliwie poza lewicą.

VI

W obliczu problemów ekologii kategorie prawicy i lewicy stają się przestarzałe. Rozstrzygające jest tu pytanie, czy problem ekologiczny rozumiany jest jako problem teleologiczny, czy też jako nowy problem technologiczny. Ludzie lewicy i prawicy są przede wszystkim

---

[6] Wolfgang Harich, dziennikarz, naukowiec, w latach 1949–1956 był profesorem nauk o społeczeństwie na Uniwersytecie Humboldta w Berlinie Wschodnim, 1956–65 aresztowany jako „kontrrewolucjonista", w 1979 roku opuścił NRD; m. in. autor książki *Kommunismus ohne Wachstum* (Rowohlt 1975).

technokratami. Wielkie zadanie ograniczenia ludzkich potrzeb i organizacji produkcji i podziału jest dla nich problemem organizacji i policji. Chodzi jednak o to, czy granice opanowywania przyrody uda nam się pojąć jako szansę, tj. czy będziemy potrafili na nowo odkryć podwójne znaczenie *telos* jako „granicy" i jako „sensu". Z nowymi, ekologicznie uwarunkowanymi ograniczeniami uda nam się uporać w duchu sprawiedliwości, wolności i ludzkiej godności tylko wówczas, gdy w dyskusji publicznej weźmiemy na nowo pod uwagę aspekty teleologiczne.

Postscriptum 2000

Od napisania tego niewielkiego tekstu minęło wiele lat. „Prawica" i „lewica" określają nadal mentalności, nastroje, towarzystwa i przyjęte milcząco wzorce porozumienia. Kategorie te nie wyrażają już jednak realnych alternatywnych rozwiązań naszego życia publicznego, nawet wówczas, gdy w grę wchodzi wojna i pokój. Coraz częściej okazuje się, że w konkretnym przypadku opowiadamy się za tą z alternatywnych możliwości, za którą opowiadają się również ludzie z innego „obozu" ideologicznego. Lewica pyta: „Czy jest dzisiaj lewica?" — tak jakby słowa szukały nowej treści. Dlaczego raczej nie zanikają? Mentalności i nadbudowy są jednak uparte, zwłaszcza wówczas, gdy odpowiadają im podstawe warunki bytu społecznego. W poszukiwaniu nowej tożsamości pomaga lewicy wówczas często polemiczne odniesienie do „prawicy", tak jakby pojęcie to było bardziej jednoznaczne. Jednoznaczność tę osiąga się jednak nieuczciwie wtedy, gdy „prawica" zostaje po prostu utożsamiona ze złem, na przykład wówczas, gdy definiuje ją bicie bezbronnych obcokrajowców przez młodych chuliganów. Jeśli jakiś naród z determinacją broni się przeciw bezprawnej i sprzecznej z prawami człowieka przemocy, to demagogiczne jest nazwanie tej obrony „Przymierzem przeciw prawicy", podobnie jak w latach sześćdziesiątych XX wieku demagogiczne było wykorzystanie lewicowego terroryzmu do nawoływania do przymierza przeciw lewicy. Tego, kto chce drastycznie ograniczyć imigrację do jakieś narodu lub wspólnoty państw lub chce zdefiniować naród bardziej etnicznie niż woluntarystycznie, można zwalczać politycznie. Ale z przemocą nie ma on zrazu nic wspólnego. Może nim nawet kierować pragnienie ocalenia tradycyjnej życzliwości wobec obcokrajowców we własnym kraju przed jej nadmiernym wykorzystywaniem, tak aby nie dopuścić do powstania ognisk konfliktów w przyszłości.

Przesunięcie frontów najwyraźniej widać w amerykańskiej debacie o komunitaryzmie. W obozie komunitarystów znaleźli się dawni przedstawiciele prawicy i lewicy, podobnie zresztą jak po stronie liberalnej, a więc indywidualistycznej. Znamienne jest jednak to, że również w tym przypadku mamy do czynienia z *disjecta membra* klasycznej idei prawa naturalnego. Tym razem nie przeciwstawiają się sobie momenty urzeczywistnienia i zachowania, lecz obydwie Arystotelesowskie definicje człowieka — jako rozumnej i jako politycznej istoty żyjącej, albo też moment partykularnego dobra wspólnego i uniwersalizmu „tego, co sprawiedliwe z natury". U Arystotelesa obydwie definicje człowieka są ze sobą ściśle związane. Rozum, *logos*, jest istotną cechą człowieka. Uniwersalność rozumu znajduje swój wyraz w *Logice* Arystotelesa. Logika ta nie mówi, jak myśleli już nieżyjący, wolni greccy mężczyźni, lecz naucza tego, jak powinien myśleć każdy człowiek, który nie chce się mylić. „*Logos*" oznacza jednak zarazem „słowo", a słowa, w których myślimy, są elementami partykularnego języka. Należy on do pewnej wspólnoty językowej i uczymy się go tylko we wspólnocie od innych rozumnych istot żyjących. Do uniwersalnej natury człowieka należy to, że jest ona rzeczywista w określonej historycznej wspólnocie. „Dobra wspólnego" nie da się pojąć jako indywidualnego dobra wszystkich członków społeczeństwa. Wspólne święto byłoby wprawdzie bezsensowne, gdyby nie niosło radości wszystkim jego uczestnikom. Ale radość ta jest z istoty radością ze wspólnego święta. Ze względu na nie czyni się przygotowania, starania i wydatki. Święto może się udać lub nie. W pewnym sensie jednostki stają w służbie święta, co jest szczególnie wyraźne w przypadku rytów sakralnych. Zniszczymy je, jeśli podporządkujemy je indywidualnemu zyskowi poszczególnych uczestników. I jeśli jakiś lud świętuje szabat lub niedzielę w określonym stylu, to powołuje do istnienia publiczne dobro, którego nie da się zwrotnie przekształcić w funkcje prywatnego zadowolenia.

Liberalizm wychodzi od uniwersalnego dążenia do autonomii i samorealizacji, redukując wszelkie dobra publiczne do statusu czystych środków. Komunitaryzm podkreśla partykularność wspólnot historycznych i ich formy wyrażania *bunum commune*, nie poddając jej jednak uniwersalistycznemu warunkowi zapisanemu w naturze człowieka. Warunek ten wypływa z rozumnej natury człowieka, ze względu na którą dobru wspólnemu nie odpowiada żaden taki stan, w którym ludzie nie mogą urzeczywistnić siebie jako ludzie. Istnieje niezmienne minimum warunków tego urzeczywistnienia. Nie obejmują one wszystkiego, co w cywilizacji zachodniej uznawane jest za prawo obywatela. Takim minimalnym warunkiem jest prawo do wolnej i niekontrolowanej przez władzę polityczną rozmowy z przyjaciółmi. Wolność prasy i możliwość atakowania przed milionową publicznością własnego rządu w telewizji nie jest bezpośrednią konsekwencją tego prawa człowieka, lecz zachodnią zdobyczą, której nie uzasadnia jakieś indywidualne prawo człowieka — ostatecznie tylko garstka ludzi może skorzystać z tego prawa — lecz jej znaczenie dla funkcjonowania demokracji. U jej podstaw leży interes nie prywatny, lecz publiczny.

Istnieje jednak jeszcze jeden uniwersalny warunek, który musi spełnić komunitaryzm, aby być racjonalny. Warunek ten spełniała klasyczna nauka o prawie naturalnym. Jej centralnym pojęciem było pojęcie dobra wspólnego, które rozumiane było zawsze jako dobro partykularne. Jeszcze Hegel w swoim eseju o prawie naturalnym pokazuje, że treściowe pojęcie dobra wspólnego może być urzeczywistnione tylko w formie partykularnej państwowości. Pojęcie to nie jest jednak relatywistyczne. To, czym jest dobro danej wspólnoty, nie jest poddane nieograniczonej dowolności jej członków. Istnieje nie tylko natura człowieka, ale i „natura rzeczy", ona zaś dotyczy warunków zachowania. „Jeśli jednak prawodawca, myląc się co do swego zadania, przyjmuje zasadę różną od tej, jaka wypływa z natury rzeczy [...] państwo nie przestaje ulegać wstrząsom, dopóki nie zniszczeje lub nie przekształci się, i dopóki niezwyciężalna natura nie odzyska panowania"[7].

---

[7] Jean-Jacques Rousseau, *Umowa społeczna*, tłum. Maciej Starzewski, DeAgostini, Warszawa 2002, s. 92 (II, XI).

Część II

Aktualne tematy

24. Zamach na niedzielę
(1989)

Artykuł 140 Konstytucji Niemieckiej Republiki Federalnej — przejmując treść artykułu 139. Konstytucji Republiki Weimarskiej — stwierdza: „Niedziela i dni świąteczne uznane przez państwo pozostają jako dni wolne od pracy i poświęcone duchowemu zbudowaniu pod ochroną prawa". Wyrażenie „duchowe zbudowanie" brzmi dla nas nieco staroświecko. Ma on jednak dość precyzyjny sens, który wyjaśnimy w dalszej części tego tekstu. Na uwagę zasługuje jeszcze jedno słowo tego artykułu. Nie mówi on, że niedziela *jest* lub *powinna być* chroniona. Artykuł stwierdza, że niedziela *pozostaje* pod ochroną prawa. Praktycznie oznaczało to wówczas, że pozostają w mocy odpowiednie ustalenia prawne z czasu poprzedzającego Republikę. Miało to wykluczać ekwiwalenty niedzieli. Słowo to przypomina również o tym, że niedziela nie jest tworem państwa, lecz jest znacznie starszym i bardziej podstawowym elementem naszej cywilizacji, który swego istnienia nie zawdzięcza państwu, choć potrzebuje jego ochrony. W tym względzie można ją porównać z instytucją małżeństwa.

Jeśli ochrona niedzieli stała się dzisiaj mimo wszystko przedmiotem dyskusji, to płynie to przede wszystkim stąd, że nowe metody produkcji sprawiają, iż jej przerwanie jest bardziej kosztowne niż to było dawniej. Pojawia się pytanie, czy niedziela nie powinna stać do dyspozycji produkcji w większym niż dotąd wymiarze.

Rekompensatą za to miałyby być nie tylko wyższe zarobki, ale i większa elastyczność w organizacji czasu wolnego.

W przypadku problemów, których rozwiązanie ma znaczenie praktyczne, wszystko zależy zazwyczaj od sposobu ich sformułowania oraz od rozdziału ciężaru dowodowego. To wstępne sformułowanie i rozkład ciężaru dowodowego zawierają już ich zasadnicze rozstrzygnięcie. Uświadomienie sobie tego rozstrzygnięcia jest w naszym przypadku ważne.

Dla wolnych istot ludzkich nie istnieje coś takiego, jak absolutna presja obiektywna. W każdej obiektywnej presji ukryta jest już wola, którą określają życzenia, wartościowania i preferencje. Jeśli na dworze jest oberwanie chmury, a ja nie mam parasola, to prawdopodobnie powiem: „Teraz nie mogę się ruszyć z domu". W rzeczywistości oznacza to oczywiście: „Nie chcę wyjść z domu, gdyż nie chcę przemoknąć do suchej nitki". Może się jednak zdarzyć, że jestem umówiony i że spotkanie to jest dla mnie ważniejsze niż pragnienie, aby nie zmoknąć. W takim przypadku obiektywna konieczność natychmiast znika i zastanawiam się tylko nad tym, jak mógłbym ograniczyć szkody. Obiektywne presje wynikają z uprzednich decyzji i wartościowań. Jeśli ktoś uważa je za coś absolutnego, to albo nie jest tego świadomy, albo świadomie pragnie ukryć owe decyzje i wartościowania. Wszelkie fakty i dane zaczynają być istotne dla naszej *praxis* dopiero wówczas, gdy zostają włączone w istniejący już kontekst działania, w istniejące już decyzje i wybory celów.

Dlatego w związku z naszym tematem trzeba najpierw powiedzieć rzecz następującą: Istnieją dwa całkowicie różne pytania, które można postawić w odniesieniu do naszej obecnej sytuacji. Można zapytać: „Co możemy i co powinniśmy zrobić, aby w zmienionych warunkach zachować ustawową ochronę niedzieli jako dnia wolnego od pracy służącego duchowemu zbudowaniu, a być może uczynić ją nawet bardziej skuteczną?"

Drugie pytanie brzmi zupełnie inaczej: „W jakich okolicznościach bylibyśmy gotowi na dalsze ograniczenie
ustawowej ochrony niedzieli i jakie ekwiwalenty niedzieli bylibyśmy gotowi zaakceptować?" Jeśli nie po-
dejmiemy najpierw decyzji co do tego, jak ma brzmieć
pytanie, to brakuje nam wówczas współrzędnych, w ramach których przytaczane fakty mogłyby w ogóle zyskać wymierną wartość. Nie pomogą nam one wówczas
w rozstrzygnięciu, co mamy robić. Istnieje jednak niebezpieczeństwo, że bez takiej wyraźnej i świadomej decyzji przebije się druga forma pytania, która prowadzi
do dalszego rozmywania prawa do niedzieli. Forma ta
stanowi bowiem element przeważającego trendu. Dla
wielu zwolenników określonej wizji dziejów przeciwstawienie się mu ma posmak czegoś daremnego, wstecz-
nictwa, donkiszoterii.

Musimy jednak pamiętać, że wszystko to, co naprawdę ludzkie w świecie, wszelkie struktury, wszelkie prawo jest wynikiem przeciwstawienia się trendowi.
Uniwersalny bieg rzeczy wyraża druga zasada termodynamiki. Mówi ona, że automatyzm wszelkiego niekontrolowanego rozwoju zmierza do rozbicia struktur,
do nieporządku, do niwelacji i ostatecznie do śmierci.
Wszystko to, co organiczne, całe życie, to, co ludzkie, zmierza w odwrotnym kierunku. Państwo prawa
jest wielkim przedsięwzięciem skierowanym przeciwko
trendowi, przeciwko temu, co by się stało, gdybyśmy
się mu nie przeciwstawili. Tym, co przebija się samo
z siebie, jest co najwyżej prawo silniejszego. Jeśli mamy
prawodawstwo antymonopolowe, to jest tak dlatego, że
wiemy, iż w gospodarce rynkowej zawarta jest tendencja
do samozniesienia, którą rozpoznał i na którą liczył już
Karol Marks. Właśnie tej tendencji do samozniszczenia
przeciwstawia się nasze prawo.

Z taką samą tendencją naszej cywilizacji do samozniszczenia mamy też do czynienia wówczas, gdy niedzielę postawimy do naszej dyspozycji. To, że stanie się
ona przedmiotem dyskusji, nie jest szkodliwe. Dysku-

sja ta może doprowadzić do ponownego uświadomienia sobie jej sensu i do nowych starań do jej sensowne przeżywanie.

Najbardziej niebezpieczny zamach na niedzielę ma formę na pozór niewinnego, ale w rzeczywistości podstępnego pytania: „Ile kosztuje nas niedziela?" Zamach ten podobny jest do działania starszej pani z dramatu Dürrenmatta. Starsza pani proponuje po prostu niezwykle wysoką sumę za śmierć człowieka, z którym ma rachunek do wyrównania. Jego współobywatele odrzucają najpierw z oburzeniem tę niemoralną propozycję. Starsza pani odjeżdża, ale jej propozycja działa jak powolna trucizna. Kości zostają rzucone wówczas, gdy współobywatele owego człowieka zaczynają pytać siebie, ile każdego z nich i ile ich wszystkich kosztuje życie tego człowieka. W rzeczywistości nie kosztuje ich oczywiście nic, gdyż człowiek ten niczego od nich nie chce. W grzech popadają jednak w chwili, gdy ekonomiczny sposób myślenia, w którym nieosiągnięty zysk jest stratą, zostaje rozciągnięty na życie człowieka. Już w tym momencie niejako zabili go w myślach, zgarnęli za to pieniądze i mają wrażenie, że będą musieli je oddać, jeśli pozwolą mu żyć. To zaś jest dla nich za drogie. Sto milionów za człowieka — czy to trochę nie za dużo?

W tym momencie jest już jasne, że ów człowiek jest stracony.

W takim rachunek przegrywa również niedziela. Pytanie: „Ile kosztuje nas niedziela?" lub „Jak wiele może nas kosztować niedziela?" jest pytaniem podstępnym, pytaniem, które zawiera już w sobie decydujący zamach na niedzielę. Niedziela jest bowiem niedzielą dlatego, że nic nie kosztuje i — w sensie ekonomicznym — nie daje niczego. Pytanie, ile kosztuje nas utrzymanie jej jako dnia wolnego od pracy, zakłada, że w myślach uznaliśmy już ją za dzień roboczy i obliczamy, ile możemy stracić, jeśli z niego zrezygnujemy.

Ale to właśnie ten rachunek zniszczył już fundamentalny sens, który definiuje niedzielę u chrześcijan, sobotę u żydów i piątek w islamie. Ten sens polega na tym, że niedziela nie jest częścią funkcjonalnego systemu naszej troski o byt. W tym dniu nie jesteśmy sługami, lecz panami. Nie jesteśmy dobrzy ze względu na coś, lecz po prostu jesteśmy, a wszystko inne jest dla nas dostatecznie dobre. Niektórzy może jeszcze pamiętają, że narodowi socjaliści stworzyli organizację czasu wolnego, która nosiła nazwę „Siła przez radość". Miałem 15 lat, ale już wówczas podpadła mi ta funkcjonalizacja radości i w wypracowaniu szkolnym napisałem, że siła do pracy jest dla radości, a nie radość dla siły do pracy. Nauczyciel postawił mi piątkę, ale usunął wypracowanie z zeszytu. W przypadku wizytacji mógłby mieć nieprzyjemności.

W naszym rytmie życia niedziela reprezentuje to, co nie jest funkcjonalne, co nie jest „dobre do czegoś" i co nadaje sens wszelkiej funkcjonalności. Niedziela reprezentuje sens. Wysuwa się argument, że takie niefunkcjonalne elementy życia są archaicznymi ciałami obcymi, które stanowią tylko przeszkodę na drodze ku wyzwolonej ludzkości. Amerykański psycholog Burunhus F. Skinner w książce *Poza wolnością i godnością* określa wolność i godność człowieka jako takie irracjonalne relikty, które przeszkadzają nam raczej w racjonalnej organizacji społeczeństwa[1]. Trzeba oczywiście zapytać, kto z nas chciałby żyć w totalitarnym świecie Skinnera, w którym istnieje tylko praca, konsumpcja i wywołane przez manipulację zadowolenie, ale pytań o sens całości nie wolno nawet stawiać. Rzeczywiście: Wolność i godność to pojęcia „mistyczne", jeśli przez słowo „mistyczne" rozumiemy to, czego nie można zdefiniować funkcjonalnie, przez odniesienie do celu, gdyż ono samo reprezentuje cel. Każdy lud, każda cywilizacja w swojej głębi żywi się tym, co mistyczne czy sakralne. Z przerażeniem mówimy o ludziach, dla których nic nie jest

---

[1] Por. Burrhus F. Skinner, *Poza wolnością i godnością*, tłum. Waldemar Szelenberger, PiW, Warszawa 1978.

święte, dla których wszystko da się przeliczyć i dla których wszystko jest kwestią celowości bez celu. Jeśli centrum kultury nie stanowi to, co mistyczne, święte, to wszystko staje się możliwe; każda wartość ma swoją cenę. Cena tego, co święte, tego, co bezwarunkowe, jest jednak zawsze zbyt wysoka. Ile kosztuje nas wyrzeczenie się niewolnictwa? Ile kosztuje nas rezygnacją z eksperymentów na ludziach? Ile kosztuje nas przydzielenie miejsca na cmentarze? Ile kosztuje nas utrzymywanie przy życiu ludzi starych i psychicznie chorych?

Jeśli Konstytucja nazywa niedzielę dniem „duchowego zbudowania", to przede wszystkim oznacza to, że jest to dzień, w którym stajemy ponad funkcjonalnymi koniecznościami obiektywnymi dnia codziennego i świętujemy samo życie. Można by wysunąć zarzut: Do tego wystarczy jakikolwiek wolny dzień. Nie musi to być ten sam dzień dla całego społeczeństwa. Jest to jednak całkowicie fałszywe. Z czasu wolnego można korzystać indywidualnie. Świętowanie jest czymś wspólnotowym. Nikt nie może świętować w odosobnieniu. Niedziela jako ośrodek życia danego narodu jest jako wspólne święto tym, co uniemożliwia przemienienie go w indywidualistyczne zrzeszenie produkcji i konsumpcji. Opór przeciwko takiemu przemienieniu pojawia się dzisiaj na różnych poziomach. Tak zwana kultura alternatywna jest pod wieloma względami reakcją na utratę niefunkcjonalnych elementów naszej cywilizacji i ich namiastką. Nie możemy chcieć rozszczepienia naszego społeczeństwa na przystosowanych obywateli i kontestatorów. Od tysiącleci niedziela była wspólnym zdystansowaniem się całego ludu od świata obiektywnych presji, które nieunikniony sposób określają nasze życie.

Początki niedzieli kryją się w mistycznej ciemności. Jej świętowanie nakazane jest w trzecim z dziesięciu Bożych przykazań. W dzisiejszym Izraelu można nadal zobaczyć, czym jest odpoczynek w szabat. Odpoczynek w siódmym dniu tygodnia *Biblia* uzasadnia wskazaniem na odpoczynek Boga w siódmym dniu po stworzeniu świata. Siódmego dnia Bóg przyglądnął się temu, co stworzył, i „widział, że było dobre". Co to znaczy? Mówi się przecież, że siódmego dnia Bóg odpoczywał.

To właśnie jest odpowiedź. Odpoczynek Boga, Jego przyglądanie się światu, radość z powodu stworzonego świata wieńczą Jego dzieło. Dopiero owo „widział, że było dobre" stanowi zwieńczenie. Szabat i chrześcijańska niedziela były zawsze rozumiane jako naśladowanie odpoczynku Boga. Nie tylko jako przerwa na złapanie oddechu, lecz jako dzień, w którym świat odnajduje swój sens. W tym dniu nie pokazujemy innym owoców naszej pracy, lecz sami się im przyglądamy. Znaczy to, że nie jesteśmy sługami, lecz panami.

Marks powiedział kiedyś, że filozofowie dotąd przyglądali się światu, ale chodzi o to, aby go zmienić. W odpowiedzi można tylko powiedzieć: Nie można zmienić świata na lepsze, jeśli nie zmienia się go tak, że warto mu się przyglądać. (Ponieważ filozofia rzeczywiście przygląda się światu, dlatego Hegel nazywał ją „niedzielą życia"). To, że niedziela jest dniem, w którym uprzytomniamy sobie sens życia, wyraża się w tym, że od niepamiętnych czasów była ona dniem oddawania czci Bogu. „Bóg" oznacza bowiem to, co bezwarunkowe, to, co przeciwstawia się i co poprzedza wszelką funkcjonalność, przy czym słowa „wolność", „godność człowieka", „świętość życia", itd. nie tracą swego statusu. Dlatego Konstytucja nieprzypadkowo umieściła w preambule słowa o odpowiedzialności przed Bogiem. Niedziela jest sposobem, w jaki w krajach o tradycji chrześcijańskiej, tj. w europejskich krajach, które są pochodzenia greckiego, rzymskiego, germańskiego, celtyckiego i słowiańskiego, symbolicznie urzeczywistnia się obecność tego, co bezwarunkowe, święte, tego, co nie stoi do naszej dyspozycji.

Nie zmienia tego fakt, że w naszym kraju tylko mniejszość rzeczywiście idzie w tym dniu do kościoła. Ta mniejszość nie jest podobna do innych mniejszości, jest to mniejszością, której *praxis* ma fundamentalne znaczenie dla naszej kultury. W rzeczywistości znaczna większość naszego narodu należy do któregoś z kościołów chrześcijańskich, korzysta z ich posługi w decydujących momentach swego życia i nie chce zrezygnować z ich różnorodnej działalności społecznej. Również tylko niewielka mniejszość tych naszych współobywateli, którzy nigdy nie odwiedzają kościoła, zgodziłaby się na to, aby dawne kościoły przestały służyć swemu pierwotnemu przeznaczeniu i zostały przeznaczone na cele świeckie. Centrum kościołów nie stanowi jednak to, co ceni w nich większość, lecz niedzielne oddawanie czci Bogu. Mniejszość, która to robi, utrzymuje przy życiu to, czego większość nie chciałaby utracić. Ponadto równie mistyczna idea reprezentacji była od początku centralną ideą chrześcijaństwa i centralną formą praktyki religijnej.

Sądzę, że trzeba tu było przypomnieć o religijnym, mistycznym, tj. niefunkcjonalnym sensie niedzieli. Nie to jednak porusza większość ludzi, którzy zainteresowani są w zachowaniu niedzieli. Kierują się oni raczej dalekosiężnymi skutkami tego święta, obejmującymi również tych, którzy nie pytają o ich podstawę. Najważniejszym z nich jest zapewne to, że w owym dniu ludzie spotykają się w ramach tych pierwotnych form stowarzyszania się, które nie są uwarunkowane potrzebami społecznego podziału pracy. Owe formy to: rodzina, przyjaźń, klub, sport, sąsiedztwo. Również stowarzyszenia polityczne spotykają się coraz częściej w niedzielę. To, że wybory do parlamentu odbywają się u nas w niedzielę, ma również swój sens, który przesłoniłoby przeniesienie ich na sobotę. Wybory parlamentarne są bowiem wydarzeniem, w którym co kilka lat naród jako całość staje się suwerenem. Właśnie dlatego, że wybory są czymś innym niż badaniem opinii publicznej, powinny odbywać się w niedzielę.

Przeciw zakazowi pracy w niedzielę można wysunąć jeszcze jeden poważny zarzut, wskazując na to, że zakaz ten jest już na wiele sposobów naruszany i że prawie cztery miliony ludzi pracuje w niedzielę. Prawdopodobnie zbyt wielu. Gdzie jest napisane, że praca w niedzielę musi podlegać ukrytemu prawu ekspansji? Istnieje tylko *jedno* takie prawo, a mianowicie prawo entropii, zgodnie z którym wszystko zdąża do stanu jak największej destrukturyzacji, zniwelowania i nieporządku, o ile procesowi temu nie przeciwstawią się określone siły. Wszelka kultura polega na takim oporze. Prawodawca musi od czasu do czasu przeciwstawić się wyłomom w prawie, poddając pozwolenie na pracę w niedzielę ściślejszym kryteriom.

Istnieją dwa takie kryteria. Pewne rodzaje pracy są niezbędne do zachowania życia i do zachowania miejsc produkcji. Kopalnie trzeba chronić przed zalaniem, uniwersytety i fabryki muszą być strzeżone dniem i nocą. A przede wszystkim chorym trzeba pomagać również w niedzielę. „Kto z was — mówi Jezus w *Ewangelii* — jeśli ma jedną owcę, i jeżeli mu ta w dół wpadnie w szabat, nie chwyci i nie wyciągnie jej?" (*Mt* 12, 11). W tym względzie mamy dzisiaj do czynienia z przesadnym oszczędzaniem niedzieli, czy też „weekendu", gdyż sobota zostaje — zupełnie bezzasadnie — coraz bardziej upodobniona do niedzieli. Jeśli w niedzielę nie będą się mogły rodzić dzieci, a chorym w szpitalach nie będzie wolno umierać w niedzielę, to mamy tu do czynienia z perwersją, u której podstaw nie stoi ochrona niedzieli, lecz fałszywe rozumienie czasu wolnego przez funkcjonariuszy, którzy nie są wewnętrznie związani z wykonywanym przez siebie zawodem. Tego rodzaju praca różni się jednak wyraźnie od działalności produkcyjnej.

W Izraelu wielkie wrażenie wywarła na mnie odpowiedź, jaką na moje pytanie o pracę w szabat otrzymałem w pewnym kibucu: „Oczywiście, doimy nasze krowy, gdyż jest to konieczne dla nich i dla utrzymania produkcji mleka, ale tego mleka nigdy nie sprzedajemy. Wolelibyśmy je wylać, niż nim handlować". Nie twierdzę, że chrześcijanie powinni czynić podobnie. Uzyskane w niedzielę mleko chrześcijanie przyjmą z wdzięczno-

ścią jako dar Boga. Żydzi dobrze widzą jednak niebezpieczeństwo polegające na tym, że zarabiając w ten sposób człowiek oszukuje samego siebie.

Drugim, nieporównywalnie ważniejszy rodzajem pracy jest nie praca wykonywana po prostu *w* niedzielę,
co *dla* niedzieli. Proboszcz, zakrystianin czy organista
pracują dla niedzieli. Dla niedzieli pracują również ci,
którzy przygotowują posiłek. (Czy muszą to być zawsze matki, które robią to przez cały tydzień?) Dla niedzieli pracują ci wszyscy, którzy utrzymują w działaniu
transport publiczny, ci, którzy pracują w restauracjach.
Oczywoście, i oni pracując w niedzielę zarabiają na życie. Ich praca sprawia jednak, że dla innych niedziela
jest bardziej niedzielą. Jeśli — i o ile — to robią, ich
praca w niedzielę jest uzasadniona.

Ale wszystko, co wykracza poza te dwie kategorie,
jest zamachem na niedzielę i naruszeniem jej ustawowej ochrony.

Jeśli zaś chodzi o metody produkcji, które przynoszą straty, o ile nie wykorzystamy niedzieli, to pytanie
może brzmieć tylko tak: Jak poradzimy sobie z tym problemem przy założeniu, że nie mamy niedzieli do naszej
dyspozycji? Można by taż zapytać: Dlaczego rozwijamy
metodę, która może być opłacalna tylko w warunkach
nierzeczywistych? Czegoś takiego nie robi żaden racjo-
nalnie myślący technik. Bierze on najpierw pod uwagę
rzeczywiste warunki i w odniesieniu do nich planuje
swoje działania. Elektrownie wodne w kraju, w których nie ma wody, nie mają sensu. Rozwijając wspomniane wyżej metody ktoś musiał najwyraźniej liczyć
na siódmy dzień pracy, który w naszym kręgu kulturowym nie istnieje.

Ale i teraz problem pełnej ochrony niedzieli da się
rozwiązać, jeśli prawodawca uzna, że nie ma tego dnia
do dyspozycji. Na szczęście, zwłaszcza w wolnym społeczeństwie i w wolnej gospodarce, człowiek jest niezwykle pomysłowy. Istnieje tylko jeden warunek znalezienia

wyjścia: Trzeba mieć świadomość, że stoimy pod ścianą i że nie mamy łatwiejszej drogi wyjścia.

Jakich niezwykłych wynalazków dokonano w czasie wojny! Świadomość ekologiczna ostatnich lat wskazała przemysłowi nowe drogi, gdyż zasoby przyrody przestały nagle stać do dyspozycji w takim jak dotąd zakresie. W ostatnich latach uświadomiliśmy sobie lepiej, że przyroda nie jest tylko czystym zasobem dla ludzkiej produkcji. W miastach nie wolno już ścinać starych drzew. Jako rzeczywistość, którą nie możemy już dowolnie dysponować, przestały być elementem rachunku nakładów i zysków. I właśnie młoda generacja sprawiła, że wypadły one z tego rachunku. Niedziela przypomina drzewo, w którego cieniu przyzwyczailiśmy się odpoczywać od niepamiętnych czasów. Poza tym, jako taki zasób nie pozostaje do naszej dyspozycji. Tylko wówczas, jeśli jest to jasne bez żadnych „jeżeli" i „ale", znajdziemy sposoby, które pozwolą nam żyć bez siódmego dnia pracy.

25. Nauki medyczne jako wyzwanie dla etosu lekarza (1991)

Olbrzymi postęp nauk biologicznych i technologii medycznej przynajmniej częściowo wstrząsnęły zawodowym etosem lekarza. Etos zawodowy jest kwestią normalności. Jego integralność objawia się przede wszystkim w tym, że się o nim nie mówi, a jeśli się już o nim mówi, to tylko wówczas, gdy chodzi o napiętnowanie lub ukaranie jego naruszenia.

„Czyń to, co słuszne w tym, co należy do ciebie. Reszta zrobi się sama". Te słowa Goethego bardzo dobrze określają postawę, która leży u podstaw każdego etosu zawodowego. Postawa ta zakłada jednak oczywistość tego, co „słuszne w tym, co należy do ciebie". Funkcją etosu zawodowego jest odciążenie. Zwalnia on nas w naszej działalności zawodowej od ciągle ponawianej refleksji o ostatecznych zasadach i normach moralności, refleksji, za którą każdy musiałby odpowiadać indywidualnie. Wiemy, co mamy robić w pewnej typowej sytuacji i odwrotnie — wiemy, czego nie należy robić. Takie zwolnienie z refleksji jest elementarnym warunkiem działania: W stanie pełnej normalności etos zawodowy byłby prawie tożsamy z *lex artis*. Również *lex artis* sprawia, że lekarz może zrezygnować ze zbyt dogłębnych pytań o to, co słuszne i błędne, gdyż w konkretnej sytuacji może stosować pewne uznane w swoim zawodzie standardy.

Stan pełnej normalności jest jednak podobną fikcją, typem idealnym, jak stan równowagi pełnej konkurencji w teorii ekonomicznej. W rzeczywistości nor-malność *lex artis* jest ciągle modyfikowana przez postęp naukowy i techniczny. Jest ona w pewien sposób rela-tywizowana przez to, że uświadamiamy sobie określone opcje metodologiczne, których wynikiem jest ta normal-ność. Standardy medycyny chińskiej, homeopatii i tak zwanej medycyny akademickiej nie są tożsame.

Podobnie jest z etosem zawodowym. Gdy dzięki na-ukom medycznym i technice zwiększa się skuteczność działania lekarza, to pojawiają się pytania, na które nie ma jeszcze odpowiedzi typu: „coś takiego robi się w ten sposób" lub „czegoś takiego się nie robi". Proble-matyczne stają nawet istniejące już reguły, np. reguła, która mówi, że należy zrobić wszystko, aby jak najdłu-żej utrzymać człowieka przy życiu. Reguła ta pochodzi z czasu, w którym to, co w tym względzie możliwe, było bardzo ograniczone. Postulat, aby w każdym przypadku robić wszystko, co możliwe, nie koliduje z innymi impe-ratywami, np. z imperatywem umożliwienia człowiekowi godnego umierania. Innym przykładem jest reguła „*nil nocere*". Zakłada ona, że dysponujemy jednoznacznym pojęciem szkody i nie musimy robić rachunku różnych wyrządzanych organizmowi szkód. Etosem zawodowym można też wstrząsnąć od strony jego fundamentu etycz-nego wówczas, gdy leżące u jego podstaw zasady nie mogą już liczyć na konsens społeczny. Zakłócenie nor-malności ujawnia się wówczas w tym, że trzeba o niej rozmawiać i że poszczególni lekarze muszą podejmo-wać decyzje odsłaniające ich moralne standardy. I tak w Trzeciej Rzeszy oznaką lekarzy, którzy nie przyłączyli się do narodowego socjalizmu, było wywieszenie w po-czekalnie przysięgi Hipokratesa, przysięgi, która wyklu-cza udział w aborcji i eutanazji. Dla tych lekarzy kry-terium działania nie był aktualny konsens społeczny. Swoje sumienie kształtowali zgodnie z kryteriami, które istnieją od niepamiętnych czasów.

Stoimy dzisiaj wobec podwójnego wyzwania dla za-wodowego etosu lekarza — z jednej strony przez niesłychany wzrost skuteczności i odkrycie nowych możliwości działania, a z drugiej strony przez potraktowanie etycznych podstaw naszego życia w cywilizacji europejsko-amerykańskiej jako problemu. O wstrząsie normalnością etosu zawodowego najlepiej świadczy fakt, że swoje kongresy lekarze zapraszają filozofów, czyli specjalistów od radzenia sobie z duchowymi kryzysami. Filozofia składa się bowiem z tych pytań, na których niewysuwaniu polega stabilność naszej normalnej życiowej *praxis*. Wstrząśnięcie tą stabilnością sprawia, że potrzebni stają się filozofowi, czyli ludzie, którzy mają nieco więcej praktyki w obchodzeniu się z tymi pytaniami, tak że mogą pomóc w ich metodycznym opracowaniu.

W ramach ograniczonego miejsca, które mam do dyspozycji, chciałbym to zrobić czyniąc najpierw kilka uwag na temat tak zwanego punktu widzenia „moralnego" czy „etycznego", a następnie wskazując kilka obszarów, w obrębie których na podstawie zawsze obowiązujących zasad moralnych trzeba rozwinąć — we współpracy z lekarzami, filozofami, a w razie potrzeby również z teologami — nowe standardy etyki zawodowej, które, kiedy już zostaną przyjęte, sprawią, że dalsza współpraca z nielekarzami stanie się zbędna.

Kiedy mówię o zawsze obowiązujących zasadach moralnych, to może to wywołać protest. Nie mogę tu i nie chcę zajmować się szerzej problemem relatywizmu historycznego, który leży u podstaw takiego protestu. Chciałbym tylko zwrócić uwagę na to, że etyczny relatywizm jest równoznaczny z ogólnym odrzuceniem możliwości obowiązywania oceny etycznej. Jeśli bowiem wybór standardu, ze względu na który ktoś nazywać coś „dobrym" lub „złym", nie może być dobry lub zły, lecz jest dowolny lub zdeterminowany historycznie, to używanie tych predykatów nie ma sensu. Jeśli Himmler świętował wyniszczenie Żydów jako czyn moralny, a my odrzucamy wybór standardu, do którego odwoływał się ten sąd, to odrzucając go nie sądzimy, że opowiadamy się dzisiaj za innymi standardami, lecz że opowiedzenie się za nimi jest lepsze — również lepsze byłoby dla Himmlera. Jeśli zaś tak nie sądzimy, to nie możemy w ogóle uczynić zrozumiałym, dlaczego w ogóle mamy standardy moralne i nie uważamy, że każdy może robić to, co zechce. Metahistoryczny punkt widzenia, który nazywamy „etycznym", albo jest uniwersalistyczny, albo jest tylko zbędnym zdwojeniem maksym działania, które z jakichś powodów już mamy i które niepotrzebnie wzmacniamy wyrażeniami moralnymi.

Co jednak rozumiemy przez refleksję etyczną i przez moralny punkt widzenia? Pojęcie „moralnego punktu widzenia" jest rzeczywiście mylące. Nie istnieje bowiem tego rodzaju moralny punkt widzenia, który w decyzjach dotyczących działania należałoby brać pod uwagę obok innych tak zwanych „rzeczowych punktów widzenia". To, co moralne, jest metapunktem widzenia; polega on na właściwym, odpowiedzialnym uporządkowaniu wszystkich rzeczowych punktów widzenia dotyczących danego przypadku, uporządkowaniu, które odpowiada hierarchii dóbr obecnych w danym kontekście działania. To właśnie uzasadnia swoistą nieodzowność moralnego postulatu. Powiedzenie, że w konkretnym przypadku etyczny punkt widzenia musi ustąpić przed innym punktem widzenia, nie ma bowiem sensu. Pogląd taki byłby bowiem równoznaczny z poglądem, że w pewnych okolicznościach należy zrezygnować z rzeczowo i sytuacyjnie wkazanego i adekwatnego rozwiązania konfliktu na rzecz — właśnie, na rzecz czego? Najwyraźniej na rzecz nieadekwatnego, nierzeczowego i błędnego w danej sytuacji rozwiązania, rozwiązania, które jest sprzeczne z hierarchią wchodzących w grę dóbr. Któż jednak chciałby coś takiego twierdzić? Niemoralne decyzje są równoznaczne z decyzjami nierzeczowymi, decyzjami, które nie oddają sprawiedliwości rzeczy, o którą chodzi. Opierają się albo na egoizmie — na postawie, która przyznaje własnemu interesowi nienależne pierwszeństwo — albo na altruizmie, tj. ma przyznaniu interesowi innego nienależnego pierwszeństwa przed interesem własnym, być może wyższym i pilniejszym. Niemoralne decyzje mogą płynąć z namiętności, z lenistwa, lub też — co jest jeszcze gorsze — z ideologicznego zniekształcenia rzeczywistości. Ten ostatni przypadek jest gorszy dlatego, gdyż dokonuje się w zgodzie ze zdeformowanym sumieniem i dlatego trudniej go skorygować niż błędy, które łatwiej uznajemy i do których naprawienia wystarczy dobra wola. To, że ktoś postępuje zgodnie z własnym sumieniem lub zgodnie z tym, co uważa za sumienie, nie gwarantuje, że jego decyzje są moralnie usprawiedliwione.

Ponieważ moralny punkt widzenia jest takim metapunktem widzenia, dlatego nie może popaść w rzeczywisty konflikt z innymi punkami widzenia. Kompromisy mogą być często konieczne i etycznie wskazane. Ale właśnie dlatego etyka, która rozstrzyga o dopuszczalności kompromisu, nie może sama w nie wchodzić, o ile nie chce ulec korupcji. Z jakiego punktu widzenia mielibyśmy bowiem oceniać te kompromisy, nie mówiąc już o ich usprawiedliwianiu?

Jak powiedzieliśmy, etyczne, rzeczowe są takie decyzje, które oddają sprawiedliwość hierarchii dóbr wchodzących w grę w danej sytuacji. Często słyszymy zarzut, że hierarchia dóbr czy wartości jest kontrowersyjna. W rzeczywistości nie zauważamy, że w większości przypadków hierarchia ta nie jest kontrowersyjna i że wiele kontrowersji da się rozwiązać, jeśli tylko otwarcie i jasno sformułujemy pytania.

Nie wchodząc głębiej w te sprawy, chciałbym tu przedstawić kilka uwaga na temat tego, dlaczego ludzka moralność może istnieć tylko wtedy, gdy konkretyzuje się w pewnym etosie zawodowym. Powód tego już wymieniłem — jest nim odciążenie działającego z obowiązku refleksji. Przeciążenie refleksją jest natomiast nieuniknione, gdy przyjmie się fałszywe rozumienie odpowiedzialności. To, co mam na myśli, najlepiej ilustruje jedna z kwestii z *Sumy teologicznej* św. Tomasza

(*St*, q. 19, a. 10). Św. Tomasz z Akwinu pyta w niej, czy zawsze powinniśmy robić to, czego chce Bóg, i odpowiada: Nie. Nie wiemy bowiem, czego chce Bóg. Powinniśmy raczej robić to, w stosunku do czego Bóg chce, abyśmy my tego chcieli. Możemy to wiedzieć, gdyż poucza nas o tym rozum moralny. To jednak jest różne w różnych zawodach. Św. Tomasz daje następujący przykład: Sędzia jest zobowiązany do poszukiwania przestępcy i do ukarania go. Żona przestępcy powinna jednak pomóc mu się ukryć. Jej zadaniem, jak mówi św. Tomasz, jest bowiem troska o *bonum privatum familiae*, podczas gdy sędzia troszczy się o *bonum civitatis*. Troska o *bonum universi* nie spoczywa na żadnym z nich, gdyż nikt dokładnie nie wie, na czym ono polega. Troska o nie jest sprawą Boga. O bojaźni Bożej sędziego i żony świadczy to, że nie dążą do swego celu w sposób fanatyczny, za wszelką cenę i bez poszanowania obowiązków innych, lecz są gotowi do respektowania wyniku starcia się obu tych przeciwnych dążeń.

Jeśli każdy podejmuje swoją specyficzną odpowiedzialność i nie czuje się bezpośrednio odpowiedzialny za całość, to całość wychodzi na tym lepiej. Bezpośrednia odpowiedzialność każdego człowieka za całość, która w rzeczywistości nie jest dostępna nikomu, jest oznaką totalitaryzmu. Totalitaryzm nie może zaakceptować czegoś takiego, jak specyficzny etos zawodowy — ani etosu lekarza, ani etosu prawnika, ani etosu żołnierza. Każdy etos zawodowy — również etos żołnierza — wprowadza bowiem pewien dystans jednostki w stosunku do całości politycznej, w której ona żyje. Jednostka służy całości, ale za formę swojej służby odpowiada ona sama i nikt nie może od niej żądać, aby była zdolna do wszystkiego. Ten, kto jest zdolny do wszystkiego, dla kogo nic nie jest święte, ten, kto jest tylko posłusznym narzędziem w ręku funkcjonariuszy, którzy podają się za przedstawicieli politycznej całości, jest człowiekiem pozbawionym honoru. Stare pruskie powieszenie stwierdzało: Do króla należy moje życie, ale nie mój honor. Honor, honor określonego stanu jest bezpośrednio związany z etosem zawodowym. Przykładem korupcji etosu lekarskiego są ci sowieccy psychiatrzy, którzy rozumieli siebie bezpośrednio jako funkcjonariuszy ideologicznie pojętego dobra wspólnego. Zideologizowane jest jednak każde dobro wspólne, które nie powstaje ze współdziałania różnych obszarów wyposażonych w specyficzną odpowiedzialność. Odpowiedzialność jest odniesiona do sytuacji. Nie oznacza to, że w każdej sytuacji jest inna. Istnieją sytuacje typowe i dlatego istnieją też typowe, dobrze zdefiniowane obszary odpowiedzialności. Całkowicie wyjątkowa jest tylko całościowa sytuacja świata w danej chwili. Pojęcie odpowiedzialności zostaje zniszczone, gdy pojęcie sytuacji rozszerzane jest na całościową sytuację świata. Na tak zdefiniowaną sytuację w ogóle nie możemy odpowiednio reagować.

W tym kontekście Weberowskie odróżnienie etyki przekonań i etyki odpowiedzialności wprowadziło wiele zamieszania. U Maksa Webera ma ono ściśle określony sens. Dzisiaj jednak przede wszystkim politycy używają go w sposób, który całkowicie niszczy pojęcie odpowiedzialności. Każdy chce być dziś etykiem odpowiedzialności. Etyka przekonań podejrzewana jest o oderwany od rzeczywistości fanatyzm, który jest ślepy na skutki działania i zadowala się realizacją właściwego przekonania. To jednak, co dzisiaj rozumie się często przez etykę odpowiedzialności, jest w rzeczywistości tożsame z tzw. etyką przekonań. Obie te etyki orientują się na to, co najlepsze dla świata, rozumiane w sposób, jaki działającemu przyjdzie do głowy. Jest prawdą, że działanie etyczne jest zawsze działaniem odpowiedzialnym. Alternatywą nie jest: przekonanie czy odpowiedzialność? Rzeczywiste pytanie jest takie: „Kto i za co jest odpowiedzialny?" Jeśli pojęcie „etyki odpowiedzialności" oznacza, że każdy jest bezpośrednio odpowiedzialny za dobro całej ludzkości, to pojęcie to niszczy wówczas wszelki specyficzny etos zawodowy. To właśnie jest właściwość tak zwanego konsekwencjalizmu, którego wbrew całej chrześcijańskiej tradycji broni dzisiaj niestety wielu teologów. Do idei odniesionej do pewnej dziedziny odpowiedzialności należy to, że działający nie jest odpowiedzialny za skutki zaniechania działań, których wykonanie jest sprzeczne z jego etosem zawodowym. Ponieważ spowiednik jest odpowiedzialny za dobro duszy penitentów, dlatego nie jest odpowiedzialny za przestępstwo, któremu mógłby przeszkodzić, gdyby zdradził tajemnicę spowiedzi. Ponieważ sędzia jest odpowiedzialny za prawo, dlatego nie jest odpowiedzialny za politycznie szkodliwe zamieszki, jakie może wywołać sprawiedliwy wyrok. Lekarz nie jest odpowiedzialny za szkody, jakie wyrządził człowiek, któremu uratował życie. Totalizacja pojęcia odpowiedzialności prowadziłaby do korupcji tego, co etyczne, do rozkładu moralnej tożsamości działającego.

Odpowiedzialność za wspólnotę ubezpieczonych ciąży na prawodawcy. O „dobro wspólne" troszczy się przede wszystkim prawodawca, a nie lekarz. W przyszłości będzie się z tym musiała wiązać etyka pacjenta, która obejmuje gotowość do rezygnacji. Odpowiedzialności nie można jednak złożyć na ten etos, gdyż w przeciwnym razie najwięcej otrzymają ludzie najbardziej bezczelni, ci, którzy nie chcą z niczego zrezygnować.

Rzeczywiste wyzwanie dla etosu lekarskiego nie płynie ze strony totalitarnego państwa, lecz ze strony nauki. Już Platon w *Hippiaszu mniejszym* mówił, że wiedza medyczna jest z istoty ambiwalentna. Ten, kto ją posiada, wie, jak sprawić, aby ktoś wyzdrowiał, i jak sprawić, by ktoś zachorował. Nie fachowy medyk, lecz lekarz, do którego definicji należy określony etos, *per definitionem* służy zdrowiu. Etos lekarski stawia wiedzę medyczną w służbie zdrowia. Z drugiej strony również lekarz służy nauce. Doświadczenie lekarskie zawsze było punktem wyjścia dla nowych odkryć naukowych. Ta wzajemna relacja jest jednak asymetryczna. Głównym, a właściwie jedynym celem wiedzy medycznej jest służba praktyce lekarskiej. Służba wiedzy medycznej jest natomiast zawsze tylko skutkiem ubocznym działania lekarza. Nowożytny sposób uprawiania nauki zagraża jednak asymetrii tej relacji. Określenie „nowożytne nauki doświadczalne" jest w gruncie rzeczy niewłaściwa. Konkretne doświadczenie odgrywa w nich bowiem rolę raczej marginalną. Tym, co się liczy, jest eksperyment. Eksperymentem kierują natomiast teorie naukowe, które testuje się w ten sposób. Działalności lekarskiej grozi wówczas rzeczywiście instrumentalizacja w służbie nauki. „*It was technologically so sweet*" — słowa fizyka atomowego Jacoba Roberta Oppenheimera, które wyjaśniały zainteresowanie naukowców bombą atomową, mogą też zostać odniesione do niektórych procedur medycznych. Dla relacji lekarz-pacjent istotne jest to, aby pacjent wiedział, że lekarz stosuje mu te terapie, które w jego najgłębszym przekonaniu są w tym wypadku najlepsze. Może to prowadzić do konfliktów. Jeśli dla przetestowania jakiegoś lekarstwa tworzy się dwie grupy, to może się zdarzyć, że już na podstawie wyników z pierwszej grupy lekarz wie, że lekarstwo jest rzeczywiście bardzo skuteczne, być może nawet ratuje życie. Czy wolno mu nie zastosować tego lekarstwa w drugiej grupie tylko dlatego, aby test został zakończony zgodnie z regułami nauki? Oznaczałoby to, że druga grupa nie jest leczona w sposób, który według potwierdzonego już przekonania lekarza jest najlepszy. Taki sposób postępowania podporządkowuje etos lekarski etosowi naukowca. Takie podporządkowanie oznacza jednak korupcję etosu zawodowego. „*Salus aegroti suprema lex*" (dobro pacjenta jest prawem najwyższym) — ten nakaz może się odnosić tylko do chorego, który znajduje się bezpośrednio pod opieką lekarza. Odpowiedzialność za nieokreśloną liczbę przyszłych chorych musi stać zawsze na drugim miejscu. Konkretny pacjent nie jest częścią nieokreślonej liczby, za którą lekarz jest odpowiedzialny, lecz w sytuacji leczenia on sam jest całkowitym i wyłącznym przedmiotem odpowiedzialności. Wszelka dalsza odpowiedzialność jest w pierwszym rzędzie negatywna: Lekarzowi nie wolno oczywiście szkodzić innymi ludziom, aby pomóc swoim pacjentom. Aby ich wyleczyć, nie musi robić wszystkiego, wolno mu robić tylko to, co dozwolone. Również w tym przypadku obowiązuje zasada: Lekarz nie jest odpowiedzialny za skutki zaniechania działań, do których podjęcia nie ma prawa. Zasada ta odgrywa decydującą rolę zarówno w ocenie transplantacji organów, jak i w ocenie aborcji.

Granice tego, co dozwolone, mogą być również natury ekonomicznej. Przy ciągłym wzroście możliwości terapeutycznych, nie jest rozsądnie zakładać, że wszyscy członkowie wspólnoty muszą ponosić wszelkie możliwe koszty, aby zapewnić każdemu technicznie optymalne środki ochrony zdrowia. Na dłuższą metę znacznie ważniejsze jest nadanie prawdziwie ludzkiej formy temu minimum (a to ponownie znaczy: temu, co normalne), które jesteśmy winni każdemu. Również w tym przypadku pilnie potrzebne jest zaktualizowane pojęcie normalności. Nawet jeśli dla istoty historycznej, którą jest człowiek, normalność warunków życia nie jest czymś niezmiennym, to jednak człowiek, podobnie jak inne istoty żyjące, nie może się obyć bez normalności, na którą mógłby liczyć. Im bardziej zaś zbliżamy się do najniższej, minimalnej granicy tej normalności, tym bardziej powiększa się niezmienność. To, co normalne, jest wówczas mniej więcej równoznaczne z tym, co nazywamy „naturalnym".

Jeśli założymy i uznamy to wszystko, to wyzwanie nauki i technologii stawia przed nami prawdziwe nowe pytania, pytania, które wiążą się z tym, że musimy ocenić, co dla konkretnej jednostki jest dobre, a co złe. Na szczęście lekarz nie musi odpowiadać na to pytanie w jego pełnym sensie, a tylko w odniesieniu do zdrowia. Zgubne byłoby przy tym przyjęcie definicji zdrowia zaproponowanej przez Światową Organizację Zdrowia, definicji, która obejmuje coś takiego jak ogólne dobre samopoczucie osobiste i społeczne. Zdrowie jest tu utożsamione z tym, co Grecy nazywali „*eudaimonią*". W ten sposób lekarz może się łatwo przemienić w funkcjonariusza różnego rodzaju społecznej manipulacji. Jeśli etos lekarski ma pozostać jednoznaczny, to pojęcie zdrowia musi być rozumiane dostatecznie wąsko. Również wówczas pozostaje jeszcze wiele pytań.

Chciałbym tu bronić tezy, że nie możemy brać odpowiedzialności — i dlatego również nie musimy brać odpowiedzialności — ani za istnienie, ani za jakościową tożsamość konkretnego człowieka. To, że nie możemy brać odpowiedzialności za zniszczenie niewinnego ludzkiego życia — przynajmniej w odniesieniu do człowieka po narodzeniu — jest w Niemczech częścią etosu lekarskiego w wyniku smutnych doświadczeń, w których wyprzedziliśmy inne narody. Dlatego żaden człowiek nie może oczekiwać od drugiego człowieka, a tym bardziej od lekarza, powiedzenia mu w słowach lub w czynie: „Nie powinieneś istnieć". W tym miejscu nie mogę mówić o nowych formach kwestionowania tej oczywistości.

Ale nie możemy też brać odpowiedzialności za istnienie człowieka. Na szczęście nie musimy też tego robić. Nie możemy i nie wolno nam zmuszać nikogo do istnienia — czy to przez sztuczne odżywianie wbrew jego woli, czy to przez techniczne przedłużanie życia kogoś, kto nieodwracalnie utracił świadomość i kogo organizm „chce umrzeć". To samo odnosi się do zmuszania kogoś do życia u jego początku. Gdyby któreś z moich dzieci byłoby na tyle nieszczęśliwe, że zapytałoby mnie: „Dlaczego daliście mi życie?", to mógłbym mu odpowiedzieć wraz z Gottfriedem Bennem: „Nie sądźcie, że o was myślałem, gdy byłem z waszą matką. Kiedy kochaliśmy się, jej oczy były zawsze tak piękne". I mógłbym dodać: „Nie zawdzięczasz swego życia twojej matce i mnie, lecz tej samej naturze, której również ja zawdzięczam moje życie i której Stwórca powierzył powstawanie nowego życia". Poczęcie godne człowieka jest następstwem *praxis*, a nie *poiesis*, następstwem obcowania, a nie produktem wytwarzania. Również pigułka antykoncep-

cyjna nie może symetrycznie kształtować rozkładu ciężaru uzasadnienia poczęcia i jego braku. Potrzebujemy
powodu, aby nie iść za popędem i nie poczynać dzieci.
Nie potrzebujemy powodu, aby począć dziecko, gdyż wystarczający powód poczęcia dziecka nie może istnieć.
Dlatego na pytanie mego dziecka nie mogę dać zadowalającej odpowiedzi i nie muszę jej dawać. Musiałbym ją
dać, gdybym kazał je wyprodukować w probówce. Nikt
nie może jednak wziąć na siebie takiej odpowiedzialności. Dlatego zdanie *Credo*: „*Genitum non factum*" odnosi
się nie tylko do początku Bożego Logosu, lecz również
do jedynie odpowiedniego sposobu powstawania każdego człowieka.

Nie możemy też brać odpowiedzialności za jakościową tożsamość człowieka. Tożsamość osoby ludzkiej
i jej wyjątkowość nie zależy wprawdzie od jakościowej
niepowtarzalności jej natury. Bliźniaki jednojajowe są
dwoma różnymi osobami. Osobowa tożsamość jest nu-
meryczna, a nie jakościowa. Osoby mogą znów odnosić się do wszystkiego, czym są jakościowo. Mogą być
wdzięczne, że są takie, jakie są, mogą chcieć być inne,
inaczej wyglądać lub mieć innych charakter. Mogą mieć
pragnienia w odniesieniu do swoich pragnień, np. mogą
chcieć nie mieć określonych pragnień. Ale osoba nie
jest czymś poza swoją naturą. Możemy powiedzieć, że
jej bycie jest posiadaniem określonej natury. Ten, kto
popełnia samobójstwo, wraz ze swoją naturą niszczy
samego siebie. I odwrotnie — szacunek dla ludzkiej
godności możemy zoperacjonalizować tylko przez odpowiedni sposób obchodzenia się z naturą człowieka.

Czy manipulacja strukturą genetyczną jest takim
odpowiednim sposobem obchodzenia się z nią? Zwolennicy takich interwencji utrzymywali, że natura ludzka
nie jest wynikiem bezpośredniego aktu stwórczego, lecz
łańcucha przypadków — i dotyczy to zarówno ludzkiej
natury jako takiej, jak i indywidualnej natury. Dlaczego
zastąpienie przypadku racjonalnym planowaniem miałoby być złe? Na osławionym sympozjum CIBA w latach

sześćdziesiątych usprawiedliwiano w ten sposób najbardziej fantastyczne wizje hodowli ludzi. Planowano produkcję ludzi inteligentniejszych, lepiej przystosowanych do współczesnych warunków życia, a także do potrzeb podróży międzyplanetarnych, odporniejszych na choroby, ale również ludzi, którzy, tak jak pszczoły pracownice, są genetycznymi niewolnikami i czują się dobrze wykonując niższe usługi, a zatem nie działaby się im się żadna krzywda, gdyby trzymani byli w stanie nieustannej zależności.

Musimy najpierw dokonać kilku rozróżnień. Upraszczając chciałbym się tu zająć trzema rodzajami chirurgii genetycznej: klonowaniem, interwencjami w linie zarodkowe w celu polepszenia ludzkiej natury oraz interwencjami, których celem jest eliminacja chorób. Moim zdaniem, najpoważniejszy argument przeciw klonowaniu przedstawił już Hans Jonas. Klon jest przesuniętym w czasie bliźniakiem jednojajowym. Przeciw powołaniu go do istnienia przemawia już argument, którzy przedstawiłem w związku z zapłodnieniem *in vitro*, czyli argument przeciw wytwarzaniu ludzi. W przypadku klonowania człowiek nie tylko zostaje zmuszony do istnienia, lecz panowaniu innych ludzi poddane zostaje również jego uposażenie jakościowe (*Sosein*) — tym razem jednak nie w sensie wytwarzania nowego człowieka, lecz w sensie kopiowania człowieka już istniejącego. Właściwym złem jest tu czasowe przesunięcie bliźniaka. Równoletnie bliźnięta mają otwartą przyszłość, którą same kształtują. Dopiero patrząc w przeszłość mogą zauważyć pewne wspólne wzorce ich biografii. Każdy człowiek ma prawo do otwartej przyszłości. Prawo to zostaje naruszone, gdy ktoś ma przed oczyma swojego bliźniaka, który jest od niego starszy o trzydzieści pięć lat. Ktoś taki albo zostanie sparaliżowany przez fatalizm, albo będzie odczuwał nieznośny nacisk swego środowiska, które będzie od niego oczekiwać albo powtórzenia dokonań jego bliźniaka, albo zwrócenia się przeciw temu wzorcowi i przeciw własnej naturze i czynienia odwrotności tego, do czego popychają go jego skłonności — co oznacza odwróconą zależność od jego starszego bliźniaka. Terapia, której celem byłoby uniezależnienie kogoś od obrazu starszego bliźniaka, czyniłaby cały proces klonowania absurdalnym. Jego sensem było bowiem wytworzenie kopii. Projekty technologii genetycznej zmierzają jednak dzisiaj raczej do polepszenia dziedzictwa genetycznego, tj. dążą do ulepszenia gatunku ludzkiego. Przeciw takim projektom przemawiają następujące racje: Po pierwsze, wyobrażenie, że racjonalne planowanie jest lepsze od rozwoju „naturalnego", który składa się z milionów małych kroków, jest fałszywe. W ekonomii okazało się, że racjonalne całościowe planowanie daje gorsze wyniki od współdziałania niezliczonych codziennych transakcji zwanych „rynkiem". Kraje, które poddane były władzy totalitarnej, potrzebują dziesięcioleci, a być może więcej niż stu lat, na poradzenie sobie z jej skutkami. Tego rodzaju szkody są jednak ostatecznie odwracalne. Inaczej jest w przypadku szeroko zakrojonego planowania genetycznego. Można jednak wysunąć zarzut: „Nie chodzi o centralną administrację ludzkim dziedzictwem genetycznym. Ulepszenia mają dotyczyć tylko linii zarodkowych poszczególnych jednostek i ich potomstwa. Ulepszenie ludzkiego gatunku byłoby co najwyżej długofalowym skutkiem niezliczonych pojedynczych interwencji meliorystycznych".

Prawda jest jednak taka, że w każdej z takich interwencji uważamy, że wolno nam nazbyt wiele. Nie zmniejszamy przygodności, przypadkowości naturalnego rozwoju; zwiększamy ją przez to, że przygodnym preferencjom poszczególnych jednostek lub poszczególnych pokoleń nadajemy nieodwracalnych charakter w takiej mierze, za którą nie możemy wziąć odpowiedzialności. Brakuje nam bowiem obiektywnie uzasadnionych kryteriów ulepszania. Jakiego człowieka należałoby sobie życzyć? Czy ma być inteligentniejszy, szczęśliwszy lub bardziej twórczy, czy też może łatwiejszy do usatysfakcjonowania lub bardziej przystosowany, sympatyczniejszy, silniejszy lub wrażliwszy? Wystarczy postawić te pytania, aby zobaczyć absurdalność takich wyobrażeń ulepszenia człowieka. Gdyby ludzie zawdzięczali swoje uposażenie jakościowe przypadkowym preferencjom przeszłych ludzi, oznaczałoby to nieodpowiedzialne panowanie zmarłych nad żyjącymi. Jeśli człowiek ma być celem samym w sobie, to nikt nie może decydować o tym, jak powinien wyglądać człowiek odpowiadający naszym *życzeniom*. Tożsamość takiego wytworzonego człowieka określałyby bowiem zawsze życzenia jego twórcy. Być może wiemy, jaki rodzaj świń odpowiadałby naszym życzeniom. Nie możemy jednak decydować, jaki rodzaj ludzi nam odpowiada. Nowoczesna pokusa tego rodzaju została w sposób dramatyczny przedstawiona w powieści Walkera Percy *Syndrom Thanatosa*. Przez dodanie określonych preparatów do wody pitnej na pewnym obszarze w Stanach Zjednoczonych wywołuje się głębokie zmiany w osobowości populacji. Uzasadnienie brzmi tak, że w ten sposób „natychmiast przestępstwa na ulicy zmniejszą się o 85%, pedofilia o 87%, samobójstwa wśród nastolatków o 95%, bicie żon o 73%, ciąże wśród nastolatek o 87%, pobyty w szpitalu z powodu depresji, zależności od lekarstw i nerwic lękowych o 79%, AIDS o 76%". Ceną za to jest głęboka przemiana osobowości, która sięga aż po sposób mówienia czy zachowania seksualne. W trakcie powieści okazuje się, że tak zdeformowanymi osobami można łatwo manipulować. Oczywiście, częścią tego projektu jest również eutanazja. Powieść ukazuje przerażające konsekwencje postawy, w której ludzie, w tym przypadku lekarze, uzyskują władzę nad tożsamością innych ludzi, najpierw ze względu na ich rzekomo oczywisty pożytek, ale ostatecznie w celach kryminalnych. Argumenty zwolenników tej manipulacji wydają się przekonujące. Są one przekonujące w chwili, gdy dany sobie wmówić, że jesteśmy odpowiedzialni za wszelkie zło, któremu moglibyśmy zapobiec, nawet jeśli jest to możliwe tylko poprzez takie sposoby działania, do których jako ludzie nie jesteśmy uprawnieni. Tym, za co rzeczywiście nie możemy brać odpowiedzialności, jest tożsamość człowieka.

Drugi powód, ze względu na który zależy zakazać wszelkich tego rodzaju programów, jest następujący: Ludzka osoba jest pewną postacią, całością. Każda jej własność związana jest z innymi własnościami i dopiero w tym kontekście nabiera swego znaczenia. Wszelkie oddziaływanie na określone własności przez wychowanie, ćwiczenie i samowychowanie przemienia poszczególne własności tylko w kontekście samomodyfikacji osoby jako całości. Inaczej wygląda rzecz z odizolowanym oddziaływaniem genetycznym na pojedynczy element dziedzictwa genetycznego. Ta przemiana oddziałuje na niezliczoną liczbę innych czynników, a wyniku tego oddziaływania nie możemy w żaden sposób przewidzieć. Mamy tu do czynienia nie tylko z wzajemnym oddziaływaniem w pojedynczym człowieku, lecz również z oddziaływaniem w ramach ludzkiego społeczeństwa. Konsekwencji dominacji określonych własności i określonych typów oraz zaniku innych jakości nie sposób natomiast przewidzieć. Również wychowanie w pewien sposób premiuje własności, które ceni określone społeczeństwo. Każde społeczeństwo ma swój styl życia i swój styl wychowania. Bez wychowania człowiek nie stanie się człowiekiem. Wychowanie nie niszczy jednak potencjału alternatywnego. Nie zabiera młodym ludziom możliwości takiego lub innego odniesienia się do tego, co z nich zrobiono. Nie niszczy możliwości historii. Czyni to natomiast meliorystyczna manipulacja genetyczna. Jest ona nieznośnym uwiecznieniem panowania umarłych nad żywymi.

Na szczęście przekonanie to nadal podziela w naszej cywilizacji większość ludzi. Nasze prawodawstwo zabrania do dziś jakichkolwiek interwencji w linie zarodkowe. Może się to jednak szybko zmienić — przede wszystkim dlatego, że istnieje pewien obszar, którego nie obejmuje w pełni dotychczasowa argumentacja. Jeśli nawet zgadzamy się co do tego, że nie dysponujemy ani wiedzą, ani kryteriami, które pozwoliłyby nam na wprowadzanie jakichkolwiek ulepszeń do typu „człowiek", to istnieją przecież takie interwencje, które nie służą ulepszaniu, lecz odbudowaniu przez usunięcie oczywistego defektu. Defekt nie oznacza tu nieosiągnięcia wyobrażonego optimum obiektywnych zdolności działania i subiektywnego dobrego samopoczucia w określonych warunkach cywilizacyjnych, lecz nieosiągnięcie normatywnego minimum biologicznego zdolności organizmu do samodzielnego życia bez ciągłego, wielkiego bólu. Normą jest tu zdrowie w sensie ścisłym i wąskim, a nie w utopijnym sensie definicji WHO. Istnieją choroby dziedziczne. Korzystając jeszcze raz z analogii z rynkiem możemy powiedzieć, że od dawna ma tu miejsce zakłócenie rynku, zafałszowanie naturalnego rozwoju przez możliwości nowoczesnej medycyny, które przeciwstawiają się selekcji naturalnej. Dlaczego nie można by kompensować tego zniekształcenia przez interwencje terapeutyczne na poziomie genów? Nie da się zaprzeczyć, że tak zwana somatyczna terapia genowa jest ostatecznie tylko odmianą tradycyjnych interwencji medycznych — przy założeniu, że można z pewnością wykluczyć nieprzewidziane zmiany w linii zarodkowej pacjenta. Co należy jednak powiedzieć o eliminacji ciężkich chorób dziedzicznych, zwłaszcza takich, których nosiciele są zdolni do życia tylko dzięki nieustannej pomocy medycznej? Nawet jeśli odpowiedzialność lekarza bezpośrednio dotyczy tylko jego obecnego pacjenta, to nie można przecież zakazać troski o zdrowie przyszłych pokoleń, zwłaszcza że tak czy owak wpływamy na nie przez naszą medycynę.

Zgodnie z dzisiejszym stanem rzeczy interwencje w linie zarodkowe powinny jednak pozostać zakazane również w tym przypadku — dlatego, że w próbach stworzenia zadowalającej techniki musimy uciekać się do tak zwanych „destrukcyjnych badań nad embrionami". Komórki jajowe, które zostają zniszczone w trakcie badań, miałyby szansę na ludzkie życie, gdyby nie zostały poddane takim badaniom. Dlatego dopóki wierzymy w to, że człowiek jest celem samym w sobie, nie możemy podejmować tego rodzaju badań i dążyć do uzyskania technologii, którą można rozwinąć tylko w taki sposób.

Dodatek: Fragmenty dwu wykładów

Skrajne formy przedłużania życia są ściśle związane z coraz głośniejszym domaganiem się możliwości aktywnego zakończenia życia, czyli eutanazji. W każdym przypadku trzeba coś zrobić. Albo życie, albo śmierć. O tym, że etos lekarza nie został jeszcze naruszony, świadczy fakt, że lekarze mniej lub bardziej instynktownie trzymają się odróżnienia pomiędzy pozwoleniem na śmierć a aktywnym zabijaniem, z którego to odróżnienia nie wolno zrezygnować. Odróżnienie to podważają dzisiaj w różny sposób filozofowie i teologowie. To konieczne odróżnienie jest dobrze uzasadnione; w tym miejscu nie mogę go oczywiście bliżej analizować.

Z czysto opisowego punktu widzenia wyłączenie maszyny wspierającej pracę układu krążenia jest podobne do pozytywnego aktu zabicia. Tak jednak nie jest. Musimy koniecznie utrzymać odróżnienie prośby o pozwolenie na śmierć od prośby o zabójstwo. Wskazanie, gdzie dokładnie przebiega ta granica, jest zadaniem lekarzy i być może filozofów. Zazwyczaj okazuje się, że lekarze potrafią ją wskazać lepiej niż inni. Mówiąc ogólnie, lekarze, którzy mają uformowane, wrażliwe i nie zniekształcone ideologicznie sumienie, są najlepiej przygotowani do rozwinięcia potrzebnej tu kazuistyki.

Etos zawodowy może spełnić swoją ustanawiającą normalność i odciążającą refleksję funkcję, jeśli jako etos konkretnego działającego bezpośrednio normuje jego działanie i nie jest zapośredniczony przez coś takiego, jak komisje etyczne. W skomplikowanych sytuacjach komisje mogą służyć wyjaśnieniu spornych problemów. Gotowość do zasięgnięcia rady u innych może być oznaką rzetelności — zwłaszcza u tych, którzy nie znajdują się w sytuacji przymusu działania i sytuację tę mogą być może ocenić z większą obiektywnością. Ostateczna odpowiedzialność — zarówno co do adekwatności terapii, jak i co do respektowania zasad etyki w jego działaniu — ciąży jednak na lekarzu. Jako pacjent mogę się powierzyć lekarzowi tylko wówczas, gdy wiem, że podda mnie takiej terapii, która w jego przekonaniu jest najlepsza. Oczywiście, oczekuję, że przekonanie to opiera się na obiektywnych kryteriach, oczekuję od niego pogłębiania jego wiedzy medycznej itd. Oczekuję też, że lekarz zna granice swoich kompetencji i jest zawsze gotowy przekazać mnie swemu koledze, który jest lepszym znawcą danej dziedziny. Nie powierzyłbym się jednak lekarzowi, który by powiedział: „Robię to, co jest słuszne wedle powszechnego przekonania, chociaż sam uważam to za fałszywe". Albo poszukam kogoś, kto podziela owo powszechne przekonanie, albo kogoś, kogo odmiennemu zdaniu ufam. W każdym razie lekarz musi robić to, do czego sam po starannym przebadaniu sprawy jest przekonany.

To samo dotyczy tak zwanego etycznego punktu widzenia. Lekarz, który w krytycznym przypadku poddaje swoje sumienie komisji etycznej, nie zasługuje na zaufanie swoich pacjentów. Powinien zasięgnąć rady i zrobić to, do czego jest przekonany. Jeśli nie ufam mechanizmowi, w jaki kształtuje swoje sumienie, nie mogę ufać również jemu samemu. Dlatego ważniejsze niż komisje etyczne jest sumienne ćwiczenie refleksji etycznej podczas studium medycyny i w okresie kształcenia praktycznego.

Podział zadań „tutaj lekarz, a tu etyk" byłby końcem naszej kultury etycznej — nie tylko dlatego, że istnieją już profesorowie etyki, którzy podważają prawo do życia małych dzieci i debilów, uznając je za relikt tradycji judeochrześcijańskiej i propagując zgubne rozróżnienie pomiędzy człowiekiem a osobą. Od etycznie odpowiedzialnego i wykształconego lekarza, od stabilizacji ugruntowanego, odpornego na wstrząsy zawodowego etosu lekarza zależy to, czy medycyna człowieka pozostanie ludzką medycyną.

Chciałbym zakończyć pytaniem, które stawia wielu lekarzy: „Nasz dylemat jest taki: Coraz częściej genetyka zaskakuje nas nowymi wynikami, które poważają to czy inne prawo przyrody, i za każdym razem jesteśmy spóźnieni, musimy wymyślać nowe normy i prowadzić żmudne starania o ich uznanie. Czy nie istnieje jakieś wyjście z błędnego koła kazuistyki, która nigdy się nie kończy?"

Moim zdaniem pytanie to dotyka centralnego problemu, przed którym stoi dzisiaj ludzkość. Ale odpowiedź na pytanie o to, czy istnieje takie wyjście z błędnego koła, które raz na zawsze zwolni nas z kazuistycznego nadążania za rozwojem, może być tylko negatywna: Nie, takiego wyjścia nie ma. Warto jednak uświadomić sobie, dlaczego go nie ma i dlaczego podejmowanie tej syzyfowej pracy jest zawsze sensowne.

Jak już powiedziałem na początku, przyczyny tej sytuacji trzeba najpierw szukać w szybkości postępu naukowego i technicznego otwierającego przed nami możliwości, do których oceny nie wystarcza tradycyjny etos zawodowy. Można by zapytać: Dlaczego nowe możliwości działania potrzebują specyficznych kryteriów oceny? Również w tym przypadku powód jest oczywisty. Możliwości techniczne, jak to można przeczytać już u Platona, są zawsze ambiwalentne. Ten, kto umie leczyć, potrafi też spowodować chorobę. W ciągle nowym namyśle nie może chodzić o zmienność dobra, tak zwaną przemianę wartości, lecz o zastosowanie elementarnych intuicji moralnych do nowych danych.

Z racji tej konieczności trzeba jednak uświadomić sobie podstawowe intuicje moralne. Poczucie, że nasze moralne wątpliwości nie nadążają za rozwojem nauki, jest zresztą uzasadnione, ale nie powinno nas ono zniechęcać. Osoby są zarazem podmiotami i przedmiotami. Nowoczesna cywilizacja ma tendencję do rozdzielania tych dwu stron i do patrzenia na człowieka z jednej strony w aspekcie jego subiektywnego usytuowania, a z drugiej strony do jego naukowego uprzedmiotawiania. Jeśli jednak wewnętrzną stronę człowieka oderwiemy od wszelkich realnych odniesień, nadając jej wymiar coraz bardziej wirtualny, to ona sama zostanie wydana uprzedmiotawiającej manipulacji. W rzeczywistości duch ludzki ma zawsze stronę obiektywną i naturalną, natura zaś zawsze ma stronę duchową. Obawa człowieka przed jej depersonalizacją przez stechnicyzowaną medycynę jest obiektywnie uzasadniona. Ponieważ jednak medycyna ta czyni ogromne postępy w usuwaniu cierpienia, krytyczna i roztropna refleksja na tym, co pozwalamy robić z człowiekiem, tj. co pozwalamy robić z nami, musi iść ręka w rękę z rezygnacją z uznania usuwania cierpienia za wartość najwyższą, ze względu na którą jesteśmy gotowi poświęcić wszystko — również istnienie cierpiącego.

Ponadto rola tego, kto przez swoje wątpliwości opóźnia postęp, nie jest taka zła. Słowo „postęp" w liczbie pojedynczej służy bowiem zastraszeniu; ma ono przeszkodzić w zadaniu pytania, do czego prowadzą postępy w liczbie mnogiej — do polepszenia czy do pogorszenia życia. I nic nas nie zwolni od indywidualnej tego oceny. Idea automatycznego i nieuchronnego rozwoju ku temu, co lepsze, jest mitem, który panował w Europie przez 300 lat, ale w ostatnich 20 latach uległ definitywnemu załamaniu. I załamanie to jest rzeczywiście postępem.

Fakt, że na dłuższą metę opór zostanie przełamany, i wszystko, co da się zrobić, zostanie zrobione, nie jest też powodem do rezygnacji. Opóźnienie oznacza uzyskanie czasu na zastanowienie. Ponadto powszechnym prawem rozwoju upadłego stworzenia jest druga zasada termodynamiki, entropia. Wszystkie procesy przeciwstawiające się entropii, wszelkie życie ostatecznie się kończy. Wszelkie postacie dobrego życia w dziejach uległy ostatecznie rozkładowi. Powstrzymanie rozkładu, opóźnienie upadku jest podstawową postacią ludzkiego działania — od pracy w ogrodzie i w domu do rządzenia Kościołem i państwem. Ten, kto chce stać po stronie tego, kto ostatecznie zwycięży, stoi zawsze po fałszywej stronie. Wydaje mi się, że nikt nie wie o tym tak dobrze jak lekarz. Lekarz wybrał zawód, w którym ostatecznie zawsze przegrywa. Na końcu jest bowiem śmierć. On jednak postanowił służyć życiu.

26. Czy nienarodzeni mają prawo do życia? (1974)

I. Prawo do życia jako „obrona zabytków"?

Dyskusja nad podstawowymi prawami najwyraźniej jeszcze się nie skończyła. Giselher Rüpke opublikował przenikliwy artykuł, który nie może pozostać bez odpowiedzi[1]. W odróżnieniu od większości zwolenników pełnej, ograniczonej czasowo lub dokonywanej z racji wskaźników społecznych aborcji, Rüpke dotyka sedna problemu, czyli pytania: Czy dzieci nienarodzone mają prawo do życia? Jego uzasadnienie zaprzeczenia takiemu prawu do życia odsłania swoje przerażające konsekwencje.

Sedno tezy Rüpkego jest takie: Prawo do życia wedle art. 2. ustęp 2 Konstytucji nie odnosi się do „ludzkiego życia w sensie nauk przyrodniczych", lecz do idealnego przedmiotu, który konstytuuje się dopiero przez „społeczną doniosłość, oczekiwania i wartościowania". Symbolicznie zapośredniczona interakcja i komunikacja są konstytutywne dla ludzkiego życia jako dobra prawnego. Jeśli mimo wszystko nie wolno zabijać dzieci w pierwszym roku życia, chociaż nie biorą one udziału w takiej interakcji, to jest tak tylko z racji „pełni symbolicznego znaczenia, które pozostali członkowie społeczeństwa nadają dziecku w formie oczekiwań, rela-

---

[1] Giselher Rüpke, *Persönlichkeitsrecht and Schwangerschaftsunterbrechung*, „Zeitschrift für Rechtspolitik" 7. Jg., Heft 4 (1974), s. 73 n.

cji miłości, pomocy osobistej, medycznej i ekonomicznej. Z punktu widzenia psychologii i ekonomii społecznej dziecko jest bardo ważnym członkiem społeczeństwa". Rüpke wyciąga stąd wniosek, że „bez skierowanego ku dziecku zaangażowania matki nie narzuca się bezpośrednio żadne społecznie doniosłe kryterium przyjęcia go do wspólnoty prawnej". Do tej argumentacji odnosi się to, co dotyczy idealistycznych założeń rozdziału świadomości — Ja i biologicznego substratu, „ciała" i „duszy". Z tym tylko, że zastąpienie tego idealizmu przez materialistyczną teorię socjalizacji sprawia, że sytuacja jest jeszcze gorsza i bardziej zagmatwana. Pozbawione natury Ja okazuje się teraz wynikiem społeczno-psychologicznego procesu kształtowania tożsamości, dusza jest tworem społeczeństwa. Tym samym jest też jego własnością, a prawa osoby stają się prawami własności społeczeństwa do osoby. Rüpke mówi o dialektyce jednostki i społeczeństwa. Taka dialektyka rzeczywiście istnieje, ale zapoznaje się ją, jeśli, tak jak Rüpke, pojmuje się jednostkę wyłącznie jako produkt społeczeństwa. Prawa jednostki stają się wówczas przepisami ochrony dotyczącymi „nośników znaczeń społecznych", podobnymi do ochrony zabytków, w której również nie chodzi o prawa zabytków, lecz o prawa tych, dla których zabytki mają znaczenie („doniosłość"). Taki sposób widzenia, w którym pierwotne prawa jednostek w ogóle nie istnieją, jest oznaką tak zwanego totalitaryzmu. Jeśli Rüpke sądzi, że może odrzucić ciąg skojarzeń „aborcja — eutanazja — narodowy socjalizm" dlatego, że narodowy socjalizm oceniał aborcję zupełnie inaczej, to się myli. Jeśli narodowi socjaliści zachowali karalność aborcji w Niemczech, to uzasadnieniem była jedynie polityka ludnościowa. W okupowanej Polsce aborcja była w pełni dopuszczalna. Dla narodowych socjalistów prawo do życia osób nienarodzonych miało równie niewielkie znaczenie, jak prawo do życia osób już narodzonych. Uznawali jedynie kryterium doniosłości społecznej.

II. Sprzeczność z danymi nauk społecznych i psychologii

Reductio ad Hitlerum nie zastępuje jednak *reductio ad absurdum*. Dlatego powróćmy jeszcze do rozważań Rüpkego. Na pierwszy rzut oka są one kuszące przez to, że wydają się zastosowaniem nowszej naukowej teorii socjalizacji. Niewątpliwy jest fakt, że człowiek staje się tym, co oznacza słowo „człowiek" dopiero w trakcie procesu, w którym troska ze strony dorosłych odgrywa rolę decydującą. Nie istnieje rozum bez języka i język bez komunikacji, a w dziedzinie komunikacji dziecko zdane jest na inicjatywę bliskich mu osób dorosłych. O tym, co charakteryzuje człowieka jako osobę, nie poucza nas zatem graniczny przypadek embrionu, który jest jeszcze społecznie nieukształtowany, lecz człowiek dorosły.

Z drugiej strony współczesna antropologia i zoologia porównawcza pokazały nam, że ze względu na swoją konstytucję biologiczną człowiek bardziej niż inne istoty żyjące potrzebuje społeczeństwa, aby móc zrealizować swoją specyficzną naturę gatunkową. W przypadku człowieka nie da się oddzielić — wbrew temu, co twierdzi Rüpke — „biologicznego substratu" jako przedmiotu nauk przyrodniczych od dziecięcej „osobowości" jako wytworu relacji socjopsychologicznych. U człowieka dane biologiczne może interpretować jedynie w świetle jego społecznego i osobowego „przeznaczenia"[2].

Oczywiście, mówienia „Ja" uczymy się dopiero od naszych rodziców. Później jednak mówimy: „Urodziłem się lub zostałem poczęty wtedy i wtedy". Oznacza to, że mówimy „Ja" o istocie, która w owej chwili nie mówiła jeszcze „Ja". Nie oddzielamy naszego „Ja" jako wytworu oddziaływania społecznego i psychicznego od tego samodzielnego organizmu, do którego zwracano się „Ty" i który następnie nauczył się odpowiadać „Ja".

---

[2] Por. np. Adolf Portmann, *Biologische Fragmente zu einer Lehre vom Menschen*, Schabe & Co., Basel [3]1969.

Z punktu widzenia osiągniętej rzeczywistości możemy dopiero interpretować to, czym potencjalnie już byliśmy.

Istotny punkt, o który tu chodzi, możemy unaocznić jeszcze lepiej, jeśli uświadomimy sobie swoistość „konstytuujących osobowość" aktów bliskich dziecku osób, dzięki którym — według Rüpkego — dopiero pojawia się prawo do życia. Dziecko nigdy nie wyrosłoby na zdrowego człowieka, gdyby rodzice przyjęli wobec niego postawę kogoś, kto „chce z niego coś zrobić". Matka — jak dzisiaj wiemy, w spontanicznej regresji — traktuje dziecko jako partnera komunikacji. Rozmawia z nim, uśmiecha się do niego itd. i w ten sposób prowadzi do „pojawienia się „partnera. *Troska o dziecko ma od początku charakter uznania „podmiotu"* i tylko tak — a nie jako „stworzenie" swoich rodziców — to, co jest „w sobie", może stać się „dla siebie", tj. stać się podmiotem.

III. Prawo i „rzeczywiste życie"

Wizja Rüpkego stoi w sprzeczności nie tylko z danymi nauk społecznych i psychologii, lecz również z intencją prawodawcy. Rüpke pisze, że akty prawne są „tworami społecznymi". Jest to o tyle trywialne, że wszystkie ustawy są tworami społecznymi. Istotne jest to, że ustawodawcy tworzący konstytucje w katalogu praw podstawowych uznali pewne prawa jako znajdujące się poza zasięgiem jego interwencji. Dla samorozumienia suwerenne państwo nie może tego zaniechać. Adolf Arndt pisze: „Zgodna z konstytucją interpretacja ogólnej zasady równości przez ustęp 3., artykuł 3. Konstytucji oznacza, że państwo nie może stanowić o tym, kto jest człowiekiem; państwo nie może o tym stanowić także dlatego, że zgodnie z art. 3. Konstytucji każdej istocie żyjącej, która została poczęta i zrodzona przez człowieka, przysługuje ta sama godność"[3].

---

[3] Adolf Arndt, *Strafrecht in einer offenen Gesellschaft*, w: *Verhandlungen des 47. Deutschen Juristentages* II, Nürnberg, München 1968, s. 7.

Analogicznie do pierwszego zwrócenia się człowieka ku człowiekowi sformułowania konstytucji, w których wyrażone zostały prawa człowieka, mają charakter „uznania" (niezależnie od tego, jak je uzasadniamy). Jeśli Rüpke określa to uznanie przez prawo jako rozmijające się z rzeczywistością społeczną, to zapomina o tym, że samo prawo jest rzeczywistością społeczną, która ma wiele konsekwencji (w tym również społeczno--psychologicznych). Rüpke mówi, że *nasciturus* nie jest zauważany przez społeczeństwo i dlatego nie wymaga ochrony. Tymczasem cała dyskusja na temat § 218 i sam ten paragraf świadczą o czymś wręcz przeciwnym, tj. o tym, że *nasciturus* od pierwszej chwili swego istnienia, i to w tym ścisłym sensie, pozostaje nadal w kręgu zainteresowania społeczeństwa i że przyznaje mu ono prawa podmiotowe.

Przeciwnicy prawnej ochrony nienarodzonych wysuwają zarzut, zgodnie z którym norma prawna nie ma tu odniesienia do tego, co nazywają „rzeczywistym życiem", rozumiejąc przez nie spontaniczne, bezpośrednie relacje pierwotne. Mamy tu jednak do czynienia z elementarną sprzecznością. Z jednej strony czysto bezpośrednia naturalność miałaby oznaczać, że dziecko jest tylko „biologicznym substratem", pozbawionym doniosłości społecznej. Z drugiej strony abstrakcja niezapośredniczonej społecznie spontanicznej relacji ma być jedyną „rzeczywistością", którą mają się kierować normy prawne. U Rüpkego sprzeczność ta posuwa się jeszcze dalej. Rüpke przyznaje otwarcie, że konflikt między życzeniem uniknięcia skutków niechcianej ciąży oraz zobowiązaniem do respektowania poczętego życia ludzkiego nie jest tylko konfliktem pomiędzy matkami i prawnikami, lecz że ma on miejsce w świadomości kobiety. Rüpke mówi o „ambiwalencji w ocenie" i wywołanej przez to „obawie" kobiety jako psychicznej barierze, która znajduje swój wyraz w sankcjach karnych i która zostaje przez nie wzmocniona. Od niepamiętnych czasów „obawa" uznawana jest za pierwotny objaw świadomości moralnej. Niektórzy zwolennicy kryterium czasu wskazują na to, że zniesienie sankcji karnych nie pozbawia nienarodzonego wszelkiej ochrony, lecz oddaje go pod ochronę sumienia matki. Rüpke wskazuje wyraźnie, że ową psychiczną barierę, którą nazywamy „sumieniem", chce uwolnić od aborcji i od jej karnego wzmocnienia. *W rzeczywistości chodzi o usunięcie uznanej, obecnej również w świadomości matki doniosłości, czemu służy między innymi legalizacja aborcji!* U Rüpkego widać wyraźnie, że nie chodzi tu o oddanie sprawiedliwości rzeczywistości społecznej, lecz o wpłynięcie na nią i o jej zmianę.

IV. „Emancypacja z uwarunkowań przyrodniczych"

Kierunek tej zmiany wyznacza hasło „emancypacja człowieka z uwarunkowań przyrodniczych". Formuła ta jest sugestywna. Nie wskazuje ona jednak na wyraźny i jasny cel ludzkiego działania. Nie jest przypadkiem, że formuła ta pojawia się zawsze w związku z intencją zabijania. Pełna emancypacja z uwarunkowań przyrodniczych jest w istocie równoznaczna ze śmiercią, a dokładniej mówiąc z samobójstwem. Tylko bowiem przez samobójstwo unikamy wszelkich niezależnych od nas uwarunkowań naszej egzystencji. W ostatnich latach debata na temat środowiska naturalnego pokazała, że emancypacja z przyrody, która nie jest hamowana żadną „obawą", szybko prowadzi do kolektywnego samobójstwa ludzkości. Jeśli przyroda nie jawi nam się już jako warunek naszego istnienia, z którym jednamy się przez przypomnienie, lecz jako więzi, z których musimy się wyzwolić, to zakończeniem takiego snu jest śmierć.

Emancypacja z przyrody, panowanie nad przyrodą to cel ambiwalentny. Oznacza on zawsze zarazem rozszerzenie władzy społeczeństwa nad człowiekiem, człowiek jest bowiem naturalną podstawą społeczeństwa.

Panowanie nad przyrodą implikuje panowanie człowieka nad człowiekiem. Człowiek bowiem sam jest częścią przyrody. Uznanie go za podmiot dopiero tam, gdzie nie jest już przyrodą, oznacza postawienie rzeczy na głowie. Człowiek okazuje się istotą, która przekracza przyrodę, tj. osobą, dopiero przez to, że inną istotę naturalną z własnego rodzaju uznaje za wolną, za niezależną. Już powstanie człowieka nie jest przecież dziełem człowieka. Możemy wprawdzie zapobiec poczęciu, ale związek pomiędzy aktem seksualnym i poczęciem nie jest wynalazkiem człowieka, lecz „wynalazkiem" przyrody. W tym sensie każdy człowieka wkracza do społeczeństwa z urodzenia, a nie przez dokooptowanie. Wnosi swoje prawa, których nie zawdzięcza innym ludziom. To, co Rüpke nazywa „biologizmem", jest warunkiem wolności.

Przeciw temu warunkowi skierowana jest jednak potężna tendencja nowoczesnego społeczeństwa: tendencja do totalitaryzmu. Każde dziecko — chciane czy niechciane — wnosi w zastany system element anarchiczny. Każde urodziny są rewolucją, piskiem w maszynie społecznej reprodukcji i zaspokajania potrzeb. Właśnie struktura tej grupy pierwotnej, jaką jest rodzina, zostaje nieuchronnie zrewolucjonizowana przez istnienie nowego członka. Z czasem dziecko nie tylko krzyczy, ale i wnosi roszczenie do wspólnej rozmowy. Żaden konsens społeczny czy polityczny nie obowiązuje raz na zawsze. Ci, którzy przybywają, dopiero pokażą, czy zaakceptują ten konsens. Legalizacja aborcji ma temu zapobiec. Przemienia ona społeczeństwo w *closed shop. Establishment* dokooptowuje członków lub ich wyklucza. Rüpke mówi, że „na podstawie postulowanego przez Konstytucję fundamentalnego konsensu [...] trzeba dokonać bolesnych cięć w generalizacji naszych osobistych przekonań czy zorganizowanych ideałów grupowych". To jednak jest rozstrzygający zarzut przeciw niemu i przeciw zwolennikom wprowadzenia kryterium czasu, do którego można dokonać aborcji. Postulowany przez Konstytucję fundamentalny konsens zastępują oni bowiem swoim przekonaniem, arbitralnie ograniczając krąg możliwych podmiotów takiego konsensu przez prawne ustalenie sensu pojęcia „człowiek". Dlatego pozwolenie na aborcję nie może być nigdy zgodne z fundamentalnym konsensem liberalnej konstytucji.

Rüpke próbuje interpretować Konstytucję całkowicie odwrotnie, przedstawiając „przymus rodzenia" lub też „prawnie nakazaną zmianę osobowości kobiety" jako sprzeczne z Konstytucją ograniczenia praw osoby. Propozycja ta ignoruje fakt, że sposób, w jaki powstają ludzie, nie jest wynalazkiem państwa czy społeczeństwa. Państwo i społeczeństwo ma do czynienia z ludźmi, którzy już istnieją. Dlatego ochrony życia dzieci nienarodzonych nie da się porównać z przymusem do zawierania małżeństwa. Jeśli dziecko pojawi się już w łonie kobiety, być może bez jej zamiaru, ale przy jej współudziale, z konieczności do sytuacji tej odnosi się art. 2. ustęp 2 Konstytucji. Rüpke twierdzi jednak, że prawa osobowości mają „jako bezpośrednia konsekwencja godności człowieka wyższą pozycję niż prawo do życia kogoś innego". Skutki takiego poglądu byłyby dalekosiężne. Możliwość życia jest przecież pierwszą formą rozwoju osobowości i warunkiem wszelkich innych form tego rozwoju. Dlatego teza Rüpkego oznacza, że ci, którzy są już bardziej zaawansowani w tym rozwoju mogą — ze względu na swój dalszy rozwój — ludziom mniej zaawansowanym w rozwoju udaremnić już pierwsze kroki na tej drodze. Dlaczego jednak mają to być tylko pierwsze miesiące ciąży? Długotrwała choroba, wypadek dziecka lub współmałżonka mogą mieć znacznie głębsze konsekwencje dla osobowości matki niż urodzenie zdrowego dziecka. Czy komuś przyszłoby tu do głowy, aby wobec zakazu zabijania mówić o „prawnie nakazanej zmianie osobowości"? Jest to bezsensowne już dlatego, że pytanie, w jakim kierunku będzie się rozwijała osobowość poddana zewnętrznym wpływom, jest całkowicie otwarte. Jeśli jednak Rüpke twierdzi, że państwo powinno przejąć odpowiedzialność za zmiany w osobowości, które wynikają z konfrontacji z losem, z przyjęcia zobowiązań czy w ogóle z wpływów zewnętrznych, to teza taka jest absurdalna. Wszyscy nieustannie zmieniamy naszą osobowość pod wpływem czynników zewnętrznych. Pojawienie się ciąży jest już ingerencją w osobowość. A kto powiedział, że aborcja pozostawia w kobiecie mniej śladów lub bardziej pozytywne ślady niż urodzenie dziecka? Czy likwidacja moralnej „obawy" w związku z aborcją nie jest zmianą osobowości? W próbie obciążenia prawodawcy wszelkimi ewentualnymi następstwami dla osobowości zaniechania kryminalnego czynu wyraża się hipertrofia pojęcia odpowiedzialności społecznej. Państwo, które chroni człowieka przed człowiekiem, nie jest Bogiem, tj. instancją, do której możemy kierować nasze skargi czy podziękowania z powodu tego, co się dzieje, i powodu tego, że wszystko jest takie, jakie jest.

Ale nawet wówczas, gdyby prawodawca miał odpowiadać za zmiany w osobowości, które są wynikiem przestrzegania prawa, alternatywa „godność człowieka — życie człowieka" byłaby fałszywa. Te działania i zaniechania działań, których oczekuje się od człowieka dlatego, że są one konieczne do życia innego człowieka i nie mogą zostać zastąpione przez żaden ekwiwalent, nie mogą naruszać godności człowieka. Prawda jest odwrotna. Dopiero zdolność do uznania oczekiwań tego rodzaju nadaje wyrażeniu „godność człowieka" sens, który da się uchwycić.

27. Nie istnieje dobre zabijanie (1997)

Sytuacja cywilizacyjna

Konsternacja z powodu tez Petera Singera i jego złamania panującego od 1945 roku tabu eutanazji ustępuje powoli sokratycznej refleksji nad dobrymi racjami tego tabu.

Po pierwsze musimy pamiętać o sytuacji demograficznej zachodnich krajów uprzemysłowionych. Nie ma ona precedensu w dziejach. Podczas gdy postęp medyczny doprowadził do tego, że coraz więcej ludzi dożywa podeszłego wieku, wszelkie wpływowe środki opiniotwórcze propagują styl życia, który prowadzi do tego, że jest coraz mniej młodych ludzi zdolnych do ich utrzymywania. „Pigułka" — niezależnie od tego, co o niej myślimy — sprzyja temu rozwojowi. Ponadto tak zwany kontrakt międzypokoleniowy pojmowany był nie jako kontrakt między trzema pokoleniami, lecz — niestety — jako kontrakt między dwoma pokoleniami i w ten sposób uprzywilejowywał ekonomicznie tych, którzy wolą, aby w starszym wielu utrzymywały ich dzieci innych ludzi. Można było oczekiwać, że kiedy przyjdzie odpowiedni czas, owe dzieci nie będą tym zachwycone.

Ten czas właśnie nadchodzi. Potrzeba dużej dozy naiwności, aby serio wierzyć, że czystym przypadkiem jest fakt, że w tej właśnie chwili i w tych właśnie zachodnich krajach uprzemysłowionych legalizuje się zabijanie chorych lub starszych ludzi czy też żąda się tegoż zabijania legalizacji i poważnie dyskutuje się nad tym problemem. Nie znaczy to, że sytuacja demograficzna pojawia się w tym kontekście jako argument, a eutanazja zalecana jest jako rozwiązanie. Kontekst ten oddziałuje w sposób ukryty. Również ci psychiatrzy, którzy w Trzeciej Rzeszy realizowali morderczy program eutanazji, nie powoływali się na politykę społeczną, lecz na „dobrze rozumiany" interes jednostki. „Życiem nie wartym przeżycia" nazywano wówczas to życie, które nie ma wartości dla jego podmiotu. Film Oskarżam, w którym Joseph Goebbels próbował przekonać do swego programu eksterminacji, propagował jedynie jako przynętę „zabijanie na życzenie". Zabicie miało jawić się jako akt miłości i współczucia, jako pomoc w „godnym człowieka umieraniu".

Z punktu widzenia swego celu film był zrobiony znakomicie. Zarzuty płynące ze strony etosu lekarskiego wygłasza z wielką powagą sympatyczna postać, tak że zmiana jej poglądów wywiera potem tym większe wrażenie. Nie może oczywiście zabraknąć również proboszcza, który wyzwala się ze swojej tradycyjnej roli głosiciela gotowości do podjęcia cierpienia wskazując na to, że Bóg wyposażył człowieka w rozum i człowiek powinien go używać.

Prawdopodobnie nie ma dziś jeszcze grupy wpływowych ludzi, którzy by z premedytacją instrumentalizowali współczucie w służbie polityki ludnościowej. Istnieją jednak obiektywne interesy. Istnieją trendy, które wynikają z tych interesów, i żądania, których szansa polega właśnie na ich zgodności z tymi trendami. Pewne rzeczy „wiszą w powietrzu".

Dwa czynniki wzmacniają prawdopodobieństwo słuszności żądania legalizacji eutanazji. Po pierwsze jest to ogromny wzrost możliwości przedłużania życia za pomocą aparatów. Dawna reguła etosu lekarskiego, zgodnie z którą lekarz musi robić wszystko, aby zapobiec śmierci człowieka — a to może tylko znaczyć: aby ją opóźnić — staje się problematyczna, gdy te możliwości przekraczają pewien poziom. Protezy mogą już zastępować funkcje życiowe organizmu, utrzymując sztucznie przy życiu umierających ludzi — za ich zgodą lub bez niej. Decyzja, aby nie korzystać z tych środków, lub aby w pewnym momencie przestać z nich korzystać, wydaje się równoznaczna z zabiciem przez zaniechanie, zwłaszcza wówczas, gdy przejście od działania do jego zaniechania możliwe jest tylko przez nowe działanie, np. przez wyłączenie maszyny. Ponieważ taka decyzja jest często uzasadniona, a niejednokrotnie po prostu nieunikniona, można zapytać, co odróżnia takie zaniechanie działania od „czynnej pomocy w umieraniu"? Czy jest jakaś różnica — pyta Peter Singer — pomiędzy uduszeniem dziecka przez matkę a pozwoleniem mu na śmierć z powodu odwodnienia? Singer sugeruje przy tym, że pozwolenie na śmierć z powodu odwodnienia i rezygnacja z aparatu oddechowego są takim samym rodzajem zaniechania działania, gdyż w obydwu przypadkach prowadzi to do śmierci.

Drugim i decydującym czynnikiem jest nastawienie cywilizacji zachodniej, która z jednej strony uznaje za najwyższy cel człowieka korzystanie z życia lub przynajmniej dobre samopoczucie, a z drugiej najwyższą powinność widzi w optymalizacji świata przez pomnażanie przyjemnych uczuć. (Nawet liturgia oceniana jest wedle tego, czy „było miło", nie biorąc pod uwagę tego, że ksiądz, który pojmuje siebie jako artystę estradowego, w nieunikniony sposób przegrywa z każdym klownem czy telewizyjnym prezenterem.) W tym kontekście pomocne jest Heideggerowskie pojęcia „zapomnienia o byciu". W tej wizji świat jest cenny nie ze względu na bycie ludzi, zwierząt i roślin, lecz ze względu na określone stany i przeżycia, a ludzie mają wartość tylko o tyle, o ile są nosicielami takich stanów. Tym, czego przede wszystkim nie powinno być, są nieprzyjemne stany. Cierpienie należy usunąć za wszelką cenę. Jeśli zaś nie można go usunąć inaczej, jak tylko przez usunięcie cierpiącego, to właśnie tak należy zrobić.

„Wartość życia?"

Już mówienie o „wartości życia", o życiu wartościowym i niewartościowym, opiera się na zapomnieniu o tym, że coś takiego, jak wartość, może istnieć tylko ze względu na życie. Georg Meggle, niemiecki profesor filozofii, przedstawił ostatnio rachunek, który ma pozwolić na przeliczenie wartości życia w określonym momencie na marki — i to wartości własnego życia. Jeśli bowiem pominiemy fakt, że ludzie są osobami, to wartość mojego życia dla innych można, podobnie jak życie krowy, oszacować, życie może być dla nich pożyteczne lub nie. To jednak zakłada życie innych, które samo w sobie nie poddaje się oszacowaniu. Podporządkowanie własnego życia pojęciu wartości, którą można by obliczać wedle obiektywnej skali, jest absurdalne[1].

Błąd tej próby polega na tym, że z możliwości określenia wartości pewnego fragmentu życia, na przykład wartości jednego dnia, wyciąga się wniosek o możliwości oszacowania całego życia, którego wartość miałyby być sumą wszystkich takich fragmentów. W idei tej wyraża się zatrważający stopień samowyobcowania. Zabijanie nie jest naganne dlatego, że chodzi o długość życia — zgodnie z mottem: im dłużej, tym lepiej — lecz dlatego, że w każdym ze swoich fragmentów życie obecne jest jako całość. Zniszczenie jednego dnia życia osoby oznacza zniszczenie w tym dniu życia, tj. samej osoby. W stosunku do czego możemy oszacować wartość życia osoby? Tylko w stosunku do jej nieistnienia, czyli do śmierci. Pytanie, które stawia Meggle, jest zatem takie: „Jak złe jest bycie martwym?" Złe dla kogo? Czy dla kogoś, kto jest martwy, coś może być dobre lub złe? Mamy tu do czynienia z zabawą słowami. Co najwyżej dość specyficzne i problematyczne rozumienie nieśmiertelności duszy mogłoby sprawić, że pytanie

---

[1] Na temat stanowiska Megglego por. Robert Spaemann, *Euthanasie und der Wert des Lebens*, w: „Grazer philosophiesche Studien", Bd. 41, 1991, s. 207 n.

to stałoby się zrozumiałe. Wspomniany rachunek przypomina raczej dawną studencką piosenkę: „Chciałbym być ludwikiem, kupił bym sobie za niego kufel piwa". Gdyby istotne były tylko pewne ilościowe stany, a stany te byłyby istotne nie ze względu na człowieka, ale to człowiek istniałby ze względu na nie, wówczas rzeczywiście zniknłoby wszystko to, co niewspółmierne, to, co mamy na myśli mówiąc za Kantem, że człowiek nie ma wartości, a więc i ceny, lecz „godność".

Pojęcie godności odkrywa jednak wielką rolę właśnie w związku z żądaniem możliwości legalnego zabijania. We wspomnianym filmie narodowych socjalistów mówiło się o „prawie do godnej człowieka śmierci". Katolicki teolog Hans Küng interpretuje to pojęcie dokładnie w tym samym sensie, co proboszcz z owego filmu, rezygnując tym samym z istotnego elementu tego etosu, który łączy ze sobą wszystkie wielkie religie. Godne człowieka ma być samodzielne wybranie momentu śmierci: „Czy Bóg nie dał człowiekowi rozumu?"

O ocenie samobójstwa

Z prawa do zabicia samego siebie wyprowadza się teraz prawo do bycia zabitym przez innych na własną prośbę. Wnioskowanie to jest fałszywe. Niekaralność samobójstwa jest zupełnie niezależna od jego oceny moralnej; nie oznacza też, że jest ono „prawnie dopuszczalne", lecz że z istoty wymyka się ono normowaniu prawnemu. Istnieją co prawda prawa, które „paternalistycznie" bronią człowieka przed nim samym, ale dokonuje się to zawsze wtedy, kiedy zastępczo broni się imputowanego człowiekowi zainteresowania w zachowaniu własnej egzystencji. Czyn, przez który ktoś definitywnie odrzuca to zainteresowanie, starając się opuścić sieć relacji, która łączy wszystkie istoty żyjące, ale przede wszystkim ludzi, nie może być mierzony kryteriami, które obowiązują w ramach tej sieci. Wszystkie czyny i zaniechania czynów innych ludzi, którzy zapobiegają, sprzyjają lub zastępczo wykonują akt samobójstwa, znajdują się w ramach tej sieci i podlegają jej prawom. Samobójstwo nie jest „prawem", lecz działaniem, które wychodzi poza sferę prawa. Ze sfery tej nie da się wyprowadzić ani prawa do zabicia kogoś innego, ani prawa do prośby o bycie zabitym.

Chociaż samobójstwo wyłamuje się ze sfery normowania prawnego, to jego ocena moralna ma dla wspólnoty wielkie znaczenie. Negatywna ocena samobójstwa w naszej cywilizacji nie pochodzi — wbrew wciąż na nowo powtarzanemu twierdzeniu — tylko ze źródeł judeochrześcijańskich. Wypływa ona z wielkiej tradycji filozoficznej, która obejmuje Sokratesa, Spinozę, Kanta i Wittgensteina. Platoński Sokrates widzi w życiu zadanie, którego sami sobie nie postawiliśmy i którego nie możemy własnowolnie odrzucić. Nie jesteśmy autorami ani życia, ani jego sensu; dlatego nie odsłania się on przed nami w pełni w żadnej chwili naszego życia. „Jeśli samobójstwo jest dozwolone, to wszystko jest dozwolone" — pisze Wittgenstein[2]. Najlepiej wyjaśnia to Kant. Dla Kanta samobójstwo nie jest wyrazem autonomii i wolności człowieka, lecz ich odrzuceniem, gdyż przez ten akt zniszczony zostaje podmiot wolności i moralności[3]. Dlatego samobójstwo jest aktem zapomnienia o sobie, przez który człowiek dowodzi, że samego siebie rozumie jako środek do osiągania lub utrzymywania pożądanych stanów, jako środek, który, jeśli zawiedzie, usuwa samego siebie. Nasz stosunek do życia, które jest warunkiem wszelkiego instrumentalnego, skierowanego ku celom działania, nie jest tylko instrumentalny. Celem próby uwolnienia się od cierpienia jest zawsze życie. Kto natomiast jest podmiotem „uwolnienia się od życia"? Nikt nie może przeszkodzić człowiekowi w tym, aby traktował siebie jako

---

[2] Ludwig Wittgenstein, *Tagebücher 1914–1916*, Werke, Bd. 1, Suhrkamp, Frankfurt/M. 1989, s. 187.

[3] Por. Immanuel Kant, *Metaphysische Anfangsgründe der Tugendlehre*, AA (cyt. na s. 235, przypis 13), Bd. 6, s. 422 n.

czysty środek. W większości przypadków samobójstwo jest rzeczywiście wyrazem skrajnej słabości i obniżonej poczytalności. Jeśli uznajemy je za czyn prawomocny, więcej, za wyraz godności człowieka, to z konieczności płynie z tego zgubna konsekwencja, którą wzmacnia jeszcze legalizacja czynnej pomocy w umieraniu. Tam, gdzie prawo pozwala na zabijanie lub na bycie zabitym na własną prośbę, a obyczaj to sankcjonuje, człowiek stary, chory, potrzebujący opieki musi być odpowiedzialny za wszelkie koszty, które muszą za niego ponieść jego krewni, opiekunowie i współobywatele. To nie los, obyczaj i oczywista solidarność wymaga od nich ofiary, lecz sama osoba potrzebująca opieki; to ona nakłada na nich obowiązki, od których mogłaby ich łatwo uwolnić. Każe innym płacić za to, że jest egoistą i tchórzem i nie chce usunąć się na bok. — Kto w takiej sytuacji chciałby żyć? Prawo do samobójstwa przemienia się nieuchronnie w obowiązek samobójstwa. Jak pisze Diogenes Laertios, już stoicy wyciągnęli ten wniosek, ustanawiając nawet moralną premię za samobójstwo[4]. Ten, kto dobrowolnie kończy życie, może to czynić ze świadomością, że wypełnił swój obowiązek wobec ojczyzny lub przyjaciół.

U podstaw tego poglądu znajduje się ideał stoickiego mędrca, który pojmuje siebie jako czysty podmiot rozumu, wolny od indywidualnych ludzkich poruszeń — lęku i nadziei, miłości, współczucia i nienawiści. Nie jest przypadkiem, że bezpośrednio po fragmencie o samobójstwie Diogenes Laertios mówi, że wśród stoickich mędrców panuje rozwiązłość, że zazdrość w sprawach miłości jest nieznana i że mędrcy traktują wszystkie dzieci jak własne. Nie istnieje dla nich to, co bliskie, i to, co dalekie, gdyż kategorie te charakteryzują człowieka jako istotę skończoną. Mędrcowi zaleca się samobójstwo wówczas, gdy jego racjonalna autonomia zagrożona jest przez ograniczenia biologiczne.

---

4 Por. Diogenes Laertios, *Żywoty i poglądy sławnych filozofów*, tłum. Irena Krońska, BKF, PWN, Warszawa 1968, VII, 130.

Sami stoicy nie wiedzieli jednak, czy mędrzec tego rodzaju w ogóle istnieje. Chodziło tu o „ideał", ale był to taki ideał, do którego nie można się było stopniowo zbliżać. Mądrość, która zawiera w sobie wszystkie cnoty, ma się bowiem albo w całości, albo nie ma się jej wcale. Św. Augustyn wskazywał na nieludzkość tego ideału[5]. Mędrzec „nie cieszy się tymi, którzy się cieszą, i nie płacze z tymi, którzy płaczą". Rezygnuje też z pragnienia czy z oczekiwania, aby ktoś płakał wraz z nim. Tym, co może sprawić, że człowiekowi cierpiącemu życie wyda się niewarte życia, jest przede wszystkim odmowa solidarności ze strony społeczeństwa przez moralną rehabilitację samobójstwa i przez legalizację zabijania na życzenie, czyli przez cichą zachętę: „Proszę bardzo, tutaj jest wyjście".

Przynęta

Zabijanie na życzenie jest zresztą tylko rodzajem miękkiego narkotyku, który jest pierwszym krokiem do zniesienia tabu zabijania „życia niewartego życia" — również bez zgody zainteresowanego. „Wie Pan — mówi stary ksiądz Smith w powieści *Syndrom Thanatosa* Walkera Percy'ego — do czego prowadzi sentymentalizm?... Do komory gazowej. Sentymentalizm jest pierwszą maską mordercy". W 1949 roku, po procesach przeciw lekarzom z Trzeciej Rzeszy, którzy dokonywali eutanazji, amerykański lekarz Leo Alexander napisał, że „wszyscy, którzy mieli do czynienia z pytaniem o źródło tego przestępstwa, uświadomili sobie, że zaczynało się ono od skromnych początków. Zrazu były to subtelne przesunięcia akcentów w zasadniczej postawie. Zaczynało się od przekonania, że w ruchu na rzecz eutanazji istotne jest to, że istnieją takie sytuacje, w których życie przestaje być warte życia. We wczesnym stadium postawa ta dotyczyła tylko ludzie ciężko i chronicznie chorych.

---

[5] Św. Augustyn, *Państwo Boże*, (*De civitate Dei*), tłum. Władysław Kubicki, Antyk, Kęty 1998, ks. XIX, rozdz. 4–7.

Powoli rozszerzano krąg tych, którzy podpadają pod tę kategorię, dodając do niej ludzi społecznie nieproduktywnych, niepożądanych ideologicznie i rasowo. Istotne jest jednak to, że stosunek do ludzi nieuleczalnie chorych był nikłym katalizatorem, który wywołał całkowitą zmianę sposobu myślenia". Przykład Holandii pokazuje, że nie mamy tu do czynienia z przypadkowym zbiegiem okoliczności, lecz ze ścisłą zależnością. W Holandii jedna trzecia legalnie zabijanych ludzi — a są to tysiące — nie jest zabijana na życzenie, lecz w wyniku wyroku krewnych i lekarzy, którzy decydują o tym, że w danym przypadku mamy do czynienia z życiem niewartym życia [6]. Najbardziej przerażające jest to, że ten fakt nie wywołuje krzyku przerażenia w cywilizowanym świecie. Clive Staples Lewis nie mylił się, gdy w 1943 r. w eseju *The Abolition of Man* pisał: „Proces, który, o ile nie zostanie zatrzymany, zniszczy człowieka, dokonuje się równie wyraźnie pośród komunistów i demokratów, jak pośród faszystów. Metody mogą się zrazu różnić co do stopnia brutalności. Ale wśród nas niejeden sympatyczny uczony w okularach, niejeden wzięty dramaturg, niejeden filozof amator dążą na dłuższą metę do tego samego celu, co rządzący w Niemczech naziści". To, że katastrofa ma miejsce właśnie w Holandii, czyli w kraju, który tak dzielnie przeciwstawiał się narodowemu socjalizmowi, oraz to, że Peter Singer jest potomkiem ofiar mordu, którego metody zostały wypróbowane najpierw na debilach, jest tragiczne, ale nie przypadkowe. Pewność, że tak czy owak stoi się po dobrej stronie, może łatwo przesłonić komuś fakt, że sam ulega pokusie.

    Przejście od zabijania na życzenie do zabijania bez życzenia kieruje się zresztą tą samą logiką, co przejście od społecznej akceptacji samobójstwa do legalizacji zabijania na życzenie. Zabijanie na życzenie usprawiedliwia się niezbywalnym prawem do stanowienia o so-

---

6 W międzyczasie w Holandii nawet depresję starczą uznano za wystarczającą rację zabicia osoby! Zabijanie jest wygodniejsze niż pocieszanie.

bie. Gdyby jednak argument ten wziąć poważnie, to każda prośba o zadanie śmierci wyrażona przez dorosłego, poczytalnego i poinformowanego człowieka, musiałaby być spełniona. W rzeczywistości nikt się tego nie domaga. Zawsze czyni się zastrzeżenie, że czynnej pomocy w śmierci można udzielić tylko wówczas, gdy racje prośby o śmierć są „racjonalne": racjonalne, czyli zrozumiałe dla tych, którzy mają udzielić tej pomocy. Za zrozumiałą rację uznaje się natomiast często jedynie nieuleczalną chorobę. Takie ograniczenie nie ma jednak nic wspólnego z zasadą samostanowienia, a nawet jest z nią sprzeczne. Dlaczego każdy człowiek nie miałby mieć prawa do samodzielnej oceny swego życia? Dlaczego „samobójstwo jako wynik bilansu życia" miałoby być w gorszej sytuacji? A śmierć z powodu zawodu miłosnego? Mówi się, że taki kandydat na samobójcę jest później zadowolony, jeśli przeszkodzi mu się w wykonaniu jego zamiaru. Jeśli jednak mówi mu się to w chwili, gdy jest zrozpaczony, a on odpowiada: „Wiem, że czas zmienia ocenę życia i że tak będzie również w moim przypadku. Ale właśnie to uzależnienie od czasu jest dla mnie niezośne. Chcę umrzeć jako ten, kim jestem teraz", to co mu odpowiemy? Ktoś taki argumentuje tak, jak niektóre kobiety, które odrzucają propozycję oddania dziecko do adopcji jako alternatywę aborcji. Ich argument jest taki: Już teraz wiedzą, że przywiążą się do dziecka i nie będą chciały go oddać. Nie chcą zatem, aby w ogóle pojawiła się w nich miłość do dziecka. Jeśli ktoś stanowienie o sobie stawia ponad warunkami możliwości tegoż samostanowienia, czyli ponad życie, to czy może narzucać innemu człowiekowi, jak ma rozumieć relację jego własnego życia do czasu? Czy nie jest to powrót do nieliberalnego paternalizmu? Kto może rozstrzygnąć, czy uznanie sumy szczęścia w życiu za *zasadniczo* negatywną i odebranie sobie życia z tego powodu jest nieracjonalne? Jeśli nie uznajemy, że samobójstwo *zawsze* jest nieracjonalne, to każde wprowadzające rozróżnienia kryterium racjonalności staje się nieuzasadnionym ubezwłasnowolnieniem. Jeśli ostatecznie nie chodzi o stanowienie o sobie jako takie, lecz o racjonalność prośby o śmierć, i jeśli osoby trzecie mogą rozstrzygać o racjonalności tej prośby, to również w sytuacji, w której kandydat do śmierci jest niezdolny do stanowienia o sobie, osoby te mogą rozstrzygać o jego życiu jako zastępczo broniący jego „dobrze rozumianego interesu". W ten sposób przechodzimy od śmierci na życzenie do zabijania bez życzenia i niech Bóg nas strzeże przed utratą używania rozumu lub popadnięciem w taką słabość, która uniemożliwiłaby nam obronę!

Odmowa solidarności

Postulat pozwolenia na bezkarne zabijanie uzasadniany jest paradoksalnie za pomocą dwu przeciwstawnych argumentów. Z jednej strony tym, że ludzie są osobami i stąd podmiotami bezwarunkowego stanowienia o sobie, a z drugiej tym, że pewni ludzie nie są osobami, nie mają ludzkiej godności i dlatego wolno ich zabić w ich własnym interesie lub w interesie innych. No właśnie, także w interesie innych. Peter Singer opowiada się za usuwaniem „nieudanych" noworodków, aby robić miejsce tym bardziej udanym, tj. takim, które są obdarzone większą zdolnością do korzystania z życia. Optymalizuje to bowiem stan świata, a to jest jedyna rzecz, która się liczy. W tym rozumieniu „bycie osobą" nie oznacza bycia „kimś", kto ze swej natury jest zdolny do tego, aby w pewnych okresach znajdować się w stanach, które są specyficzne dla osoby, tj. w stanie samoświadomości, przypomnienia czy świadomego zainteresowania własnym życiem, lecz „bycie osobą" oznacza tu tylko realizację tych stanów. Niemowlęta nie są wówczas osobami, podobnie jak debili i ludzie śpiący. Ta wizja osoby pochodzi od Johna Locke'a. Ale już Leibniz, Kant i Thomas Reid wskazywali na to, że jest ona sprzeczna z naszymi fundamentalnymi intuicjami i naszymi zwyczajami językowymi. Każdy z nas mówi: „Urodziłem się wtedy i wtedy", chociaż wedle tego poglądu nie powinien móc tak mówić, gdyż człowiek, który się wówczas urodził, nie był jeszcze osobą, która teraz mówi, a nawet w ogóle nie był jeszcze osobą, gdyż wówczas jeszcze nie mówił „ja". Nikt nie nauczyłby się jednak mówić „ja", gdyby jego matka nie mówiła do niego jak do osoby i nie traktowała go tak. Ludzie albo zawsze są osobami, albo nie stają się nimi nigdy.

Chociaż ludzie mogą wyrażać swoje bycie osobą i mówić „ja", to nie są jednak tym, za co uważają ich liberalni indywidualiści: Istotami, które same, w suwerennej autonomii rozstrzygają o swoim życiu i śmierci, mogąc przy tym wnosić roszczenie do profesjonalnego wykonania ich decyzji. Osoby istnieją tylko w liczbie mnogiej, tj. jako członkowie uniwersalnej wspólnoty osób. Tym, co stanowi o tej wspólnocie, jest wzajemne, pozbawione zastrzeżeń i nie związane z żadnymi warunkami uznanie istnienia każdej z nich aż do jej naturalnego końca, a nawet, współodpowiedzialność za to istnienie. W historii Kaina i Abla Bóg pyta bratobójcę: „Gdzie jest twój brat?", a Kain odpowiada: „Czyż jestem strażnikiem mego brata?" Odmowa solidarności, którą wyraża ta odpowiedź, jest w tej historii opisem postawy mordercy. Pytanie Boga nie ogranicza się do żądania pozostawienia brata przy życiu, lecz wyraża szerszy obowiązek wiedzy o tym, gdzie on jest. Pytanie to jest apelem do fundamentalnej solidarności, która łączy wszystkich ludzi. W społeczeństwie świeckim wizja ta nie przestaje być ważna tylko dlatego, że pochodzi z *Biblii*. Społeczeństwo świeckie staje się barbarzyńskie, jeśli rezygnuje z mądrości owej tradycji ludzkości. Również umieranie jest procesem, który jest co prawda zakorzeniony w naturze, ale jest też włączony w ryty ludzkiej solidarności. Jeśli ktoś chce się samowolnie wyłączyć z tej wspólnoty, musi to zrobić sam. Oczekiwać od innych — a tym bardziej od lekarzy, których etos definiuje służba życiu — pomocy w tym samowolnym wyłączeniu się, oznacza zniszczenie fundamentu wszelkiej solidarności. Oznacza to, że oczekuje się od innych powiedzenia: „Nie powinieneś już być". Takie oczekiwanie jest nie do przyjęcia. Prowadzi ono do zniszczenia etosu, co wkrótce nieuchronnie zwróci się przeciw samym cierpiącym. Wiemy dzisiaj, że pragnienie odebrania sobie życia w większości przypadków nie jest wynikiem fizycznych dolegliwości i skrajnego bólu, lecz wyrazem poczucia opuszczenia. (Badania pokazały, że w Holandii w 10 ze 187 przypadków jedyną przyczyną prośby o eutanazję był ból; w więcej niż połowie przypadków ból nie odgrywał żadnej roli.) Medycyna paliatywna zrobiła w międzyczasie takie postępy, że prawie w każdym stadium choroby można kontrolować ból, tak że nie dochodzi on do granic wytrzymałości. Intensywna troska sprawia, że pragnienie odebrania sobie życia zazwyczaj mija: wystarczy świadomość, że komuś zależy na tym, abym żył. Dla pacjenta lekarz reprezentuje afirmację jego istnienia przez wspólnotę solidarności ludzi żyjących, nawet jeśli nie zmusza go do życia. Właśnie w sytuacjach duchowej niepewności katastrofalna jest świadomość, że lekarz lub psycholog mogą liczyć na to, że wyrażę życzenie usunięcia się ze świata, i po cichu czekają na to, aby móc je spełnić. Katastrofalna jest już myśl, że mógłbym kogoś skłonić do tego, aby myślał, że nie powinienem już więcej być.

Fikcja suwerennej decyzji w sytuacji skrajnej słabości jest cyniczna, przede wszystkim w przypadku tych, którzy i tak są w trudnej sytuacji, jak ludzie biedni, samotni, również kobiety. Starsze kobiety są częściej ubogie, owdowiałe, chronicznie chore, gorzej ubezpieczone niż starsi mężczyźni. Propozycja asystowanego samobójstwa byłaby najbardziej haniebnym wyjściem, jakie może wymyślić społeczeństwo, aby uniknąć solidarności z najsłabszymi — a przy tym wyjściem najtańszym. Cywilizacja skupiona na wartościach ekonomicznych z pewnością wybierze ostatecznie najtańsze wyjście, jeśli prawo i obyczaj nie będą na tyle mocne, żeby zniechęcić tych, którzy żądają ich rozluźnienia. Doświadczenie tego rozwiązania, które przeżyliśmy w naszym kraju pół wieku temu, uprawnia nas i zobowiązuje do szczególnej stanowczości. Istnieją — wiedział o tym już Platon — przypadki graniczne, których prawo nie obejmuje i którym nie może oddać sprawiedliwości. Teologowie moralności i etycy rzucają się na nie dzisiaj z podejrzanym zainteresowaniem i na ich podstawie konstruują postulaty dotyczące sformułowań prawnych. Wyjątki nie mają już potwierdzać reguły, lecz ją znosić. Również w tym przypadku. Jeśli jednak ktoś chce rzeczywiście w taki sposób pomóc przyjacielowi znajdującemu się w skrajnej sytuacji, której nie obejmuje prawo, nie naruszając przy tym ochronnej funkcji prawa, ten będzie gotów na przyjęcie przewidzianej przez prawo kary, o ile sędzia nie będzie potrafił oddać sprawiedliwości jego wyjątkowej sytuacji. Będzie miał świadomość, że działa w zgodzie z najgłębszą intencją prawa i obyczaju i że jako wyjątek potwierdza regułę.

Nie znaczy to zresztą, że niemieckie prawo może pozostań takie, jakie jest. Trzeba je zmienić. Bezpośrednia czynna pomoc przy umieraniu, „zabicie na życzenie" jest w Niemczech karalne — tak jak prawie we wszystkich krajach — i na razie zapewne tak pozostanie. Tym, co sprawia, że niemieckie prawo jest atrakcyjne dla zwolenników eutanazji, jest fakt, że nie karze ono *pomocy* w samobójstwie. Nie miało to dotąd większego znaczenia, chociaż ustalenie to jest sprzeczne z karalnością nieudzielania pomocy. Dlatego wolno dać komuś truciznę, której ów ktoś może użyć po to, aby się zabić. Jeśli jednak już ją weźmie i zemdleje, to każdy krewny lub lekarz, czyli również ten, kto dał mu tę truciznę, jest zobowiązany do zorganizowania przeczyszczenia mu żołądka. To wszystko nie jest rozumne.

Dopóki samobójstwo było tolerowanym, ale społecznie potępianym czynem, problem pomocy w nim był marginalny. W związku z ruchem na rzecz eutanazji niemieckie prawodawstwo staje się jednak groźnym sła-

bym punktem. Europejski Urząd Patentowy opatento-
wał już preparat, który można użyć do samobójstwa.
Trybunał Europejski będzie musiał zadecydować, czy
przyznać rację tym, którzy złożyli protest. To, że firmy
zarabiają na trosce o zdrowie, jest w porządku. Czer-
panie zysków z pomocy w zabijaniu ludzi chorych lub
cierpiących na depresję jest sprzeczne z moralnością.

Przedłużanie życia za wszelką cenę?

Wśród obiektywnych powodów renesansu idei eutanazji wymieniłem nowe praktyki przedłużania życia
i eksplozję nakładów na służbę zdrowia. Zdecydowany
opór przeciw pokusie eutanazji można usprawiedliwić
i utrzymać tylko wówczas, gdy weźmiemy pod uwagę te
obiektywne czynniki i udzielimy na nie alternatywnej
odpowiedzi. Jest prawdą, że umieranie w naszym kraju
jest już od dawna niegodne człowieka. Coraz częściej
odbywa się w klinikach, czyli w miejscach, które nie są
przeznaczone do umierania, lecz do leczenia. Jest rzeczą naturalną, że w klinice nieustannie walczy się ze
śmiercią. Walka ta kończy się co prawda zawsze kapi-
tulacją, ale często kapitulacja ta następuje zbyt późno.
Ludzie chorzy lub starzy na wszelkie sposoby zmuszani
są do życia tak długo, że nie daje im się ani czasu,
ani odpowiedniego miejsca do „pożegnania się z docze-
snością". Umieranie degeneruje się do stanu czystego
„wykańczania się". Rytuały związane z umieraniem zanikają. Kiedy sytuacja staje się poważna, krewni znikają. W konsekwencji coraz częściej zdarza się tak, że
umierający nigdy nie widział śmierci. Ten nienaturalny
stan wywołuje niemy strach przed śmiercią. Czynna
„pomoc w umieraniu" jest odwrotną stroną tego akty-
wizmu, który aż do ostatniej chwili musi coś „robić".
Kiedy już nie można „zrobić" życia, wówczas trzeba „zrobić" śmierć. Pacjenci, którzy w jesieni 1996 roku w Sądzie Najwyższym Stanów Zjednoczonych złożyli skargę
przeciw stanowi Nowy Jork, domagając się eutanazji,

żyli tylko dlatego, że za własnym przyzwoleniem byli podłączeni do aparatów podtrzymujących życie. Coraz częściej zdarza się, że już początek życia jest wynikiem „produkcji" człowieka w probówce. Nie da się usprawiedliwić żadnego z tych sposobów działania. Gdyby ludzie nie powstawali naturalnie i naturalnie nie umierali, nie mielibyśmy nigdy wystarczającego powodu uzasadniającego fakt życia lub śmierci człowieka. Wszystkie nasze racje zakładają ostatecznie życie. Medycyna nie może już kierować się zasadą, zgodnie z którą należy dążyć do utrzymania ludzkiego życia tak długo, jak to możliwe. Nie może tego czynić z powodu godności człowieka, do której należy również pozwolenie na godną człowieka śmierć. Nie może też tego czynić z racji ekonomicznych. Wartość każdego ludzkiego życia jest wprawdzie niewspółmierna — dlatego istnieje bezwarunkowy zakaz zabijania. W aspekcie moralnym istnieje wszakże różnica pomiędzy nakazem działania i nakazem zaniechania. Bezwarunkowe mogą być tylko nakazy zaniechania działania, ale nie nakazy działania. Nakazy te zależą zawsze od oceny całości sytuacji, a należą do niej również środki, które mamy do dyspozycji. Nie da się ich dowolnie mnożyć. Przy ich podziale musimy zatem niewspółmierne w sobie życie człowieka uczynić za pomocą kryteriów wtórnych współmiernym. W przypadku ograniczonego zasobu organów do transplantacji jest to oczywiste. Ale musi to też dotyczyć nakładów na pomoc chirurgiczną i na korzystanie z aparatów. Czy jest sensowne, aby wydatki na zdrowie człowieka w ostatnim roku jego życia były tak nieproporcjonalnie wielkie? Jeśli chodzi o opiekę, to tak. Ale czy również w przypadku wydatków na środki medyczne? Czy 88-letnia kobieta, która miała wylew i jest nieprzytomna, na dwa dni przed śmiercią musi zostać poddana kosztownej operacji mózgu? I czy kosztami trzeba obciążać wspólnotę solidarności ludzi ubezpieczonych? Wobec ciągle rosnących możliwości medycyny etos lekarski musi rozwinąć kryteria normalności, kryteria tego, co w dziedzinie opieki i środków medycznych jesteśmy winni każdemu człowiekowi, zwłaszcza wówczas, gdy jest on stary i chory, oraz tego, co musi być zależne od wieku, szans na wyzdrowienie i okoliczności osobistych. Ten, kto piętnuje każdą rezygnację z użycia środków nadzwyczajnych jako zabicie przez zaniechanie, toruje — i to często nieświadomie — drogę do aktywnego zabijania. Ruch hospicyjny, który nie jest ruchem na rzecz eutanazji, jest odpowiedzią na naszą sytuację. Jeśli gdzie umieranie nie jest rozumiane i kultywowane jako część życia, to w tym momencie zaczyna się cywilizacja śmierci.

28. Ochrona zwierząt i godność człowieka (1979)

I

Nasze poczucie mówi nam, że odróżnienie pomiędzy osobami i rzeczami nie jest trafnym podziałem rzeczywistości i że zaliczanie zwierząt do rzeczy nie jest zgodne z „naturą rzeczy". Nie chodzi tu tylko o poczucie ludzi wrażliwych. Jeździec, który uderza swego konia w czasie wyścigu lub po pokonaniu przeszkody głaszcze mu szyję, jest przekonany, że jeśli chodzi o sposób oddziaływania tych bodźców koń jest bardziej podobny do niego samego niż do samochodu wyjściowego. A nawet dręczący zwierzęta sadysta nie robiłby tego, co robi, gdyby zwierzę było rzeczą: Sadyści nie dręczą rzeczy. Co prawda jedna ze szkół psychologicznych, behawioryzm, uczy nas uznawania bólu i przyjemności za mistyfikacje: realne miałoby być tylko „zachowanie bólowe", które można obiektywnie obserwować. Behawiorysta zapomni jednak o tej teorii najpóźniej wówczas, gdy ktoś odmówi uznania jego własnego „zachowania bólowego" za wyraz bólu. A jeśli chce twierdzić, że tylko komunikacja językowa może nas poinformować o bólu jakiejś istoty, tak że o cierpieniu może nas poinformować tylko sam zainteresowany człowiek, to musiałby nie tylko zaprzeczyć cierpieniu wszystkich głuchoniemych, lecz również bronić paradoksalnego twierdzenia, że skrajny ból, przy którym człowiek nie jest w stanie powiedzieć: Boli mnie", a jedynie krzyczy i płacze, nie jest cierpieniem. Nie, z tezą tą nie należy dyskutować już dlatego, że według starej reguły dyskusji dowodzenie tego, co dla wszystkich jest oczywiste, nie jest sensowne. Oczywiste jest natomiast to, że przynajmniej wyższe zwierzęta mogą znajdować się w stanach, które możemy sensownie opisać jedynie słowami „ból", „cierpienie", „przyjemność" i „dobre samopoczucie".

Prawo naszego kraju i prawo większości cywilizowanych państw nie tylko uznaje ten fakt, ale wyprowadza zeń zakaz dowolnego traktowania zwierząt i zadawania im cierpienia „bez rozsądnego powodu". Zanim jeszcze wprowadzono prawną ochronę zwierząt, ich dręczenie zaliczano do czynów moralnie niegodziwych, których człowiek porządny powinien zaniechać, podczas gdy chrześcijanin powinien zaliczyć je do popełnionych przez siebie grzechów. Uzasadnienie tego osądu — pozostające w ramach gorsetu rozróżnienia osób i rzeczy — było zarazem głębokie i niekonsekwentne: Od św. Augustyna do Kanta dręczenie zwierząt uważano za niemoralne dlatego, że prowadzi ono do zdziczenia człowieka i stępia jego wrażliwość na innych ludzi. Prawdopodobnie tak jest, chociaż nie uzasadnia to odwrotnego wniosku: Najokrutniejsi kaci z obozów koncentracyjnych bywali wrażliwi w stosunku do swoich psów! Dlaczego jednak do zdziczenia człowieka miałby prowadzić sposób działania, który „sam w sobie" byłby niewinną zabawą lub moralnie obojętną bezmyślnością? Mamy tu najwyraźniej do czynienia z dokonanym *ex post* przez poczucie moralne dopasowaniem potępienia dręczenia zwierząt do uprzednio przyjętego schematu myślowego, zgodnie z którym istnieć mogą jedynie obowiązki wobec ludzi. Sprzeciwia się temu jednak już sam język, który mówi o „okrucieństwie" wobec zwierząt. „Okrucieństwo" jest wyrażeniem moralnie negatywnym. Odnosi się do postawy, która jest niegodziwa sama w sobie, a nie tylko ze względu na jej możliwe negatywne skutki. Wobec kogoś, kto okrutnie traktuje zwierzę, odczuwamy spontaniczną, niezapośredniczoną przez żadne myśli niechęć i oburzenie. Jeśli w telewizyjnych programach przeciw eksperymentom na zwierzętach pokazuje się takie okrucieństwo, to robi się tak dlatego, że każdy wie, że samo pokazanie tego, co dzieje się w tej dziedzinie, jest skutecznym środkiem mobilizacji publicznego oburzenia (tak jak najlepszym sposobem przeciwstawiania się aborcji byłoby prawdopodobnie pokazanie w telewizji poddanych jej żywych embrionów i tego, co się z nimi dzieje). Istnieją rzeczy, które wystarczy zobaczyć, aby widzieć, że nie powinno ich być. Nie ma tu miejsca na pokazywanie, czym jest owo bezpośrednie „widzenie" tego-co-nie-powinno-być, z czego widzenie to wypływa i jak daleko może nas zaprowadzić. Bez wątpienia nie wystarczy ono do wydania ostatecznego moralnego i prawnego osądu, ale bez niego nie moglibyśmy takiego osądu wydać. Jest ono koniecznym, choć niewystarczającym warunkiem osądu moralnego.

Uświadomienie sobie tego faktu mogłoby zresztą zakończyć spór pomiędzy autorami takich programów i ludźmi, którzy zajmującymi się hodowlą zwierząt i eksperymentami na zwierzętach, i dlatego krytykują te programy. Ich argument brzmi mniej więcej tak: „Oczywiście, bezzasadne dręczenie zwierząt jest niemoralne. Jeśli jednak w grę wchodzą ludzkie interesy i potrzeby, którym służą określone eksperymenty na zwierzętach lub pewne formy ich hodowli, które samym zwierzętom przynoszą cierpienie, to wówczas obowiązuje zasada, że ludzkie interesy mają pierwszeństwo przed potrzebami zwierząt; mobilizacja bezpośrednich uczuć publiczności przeciw określonym praktykom nie jest fair, jeśli nie wskazuje się ceny, jaką trzeba zapłacić za zaniechanie takich praktyk". Argument ten jest słaby. Jeśli zakładamy, że określone eksperymenty na zwierzętach można w pewnych okolicznościach usprawiedliwić przez odpowiedzialny rachunek dóbr, to poddane rachunkowi dobra musiałyby najpierw — o ile rachunek taki w ogóle ma mieć miejsce — zostać postawione w polu widzenia. Można przyjąć, że chciałbym być wyleczony z ciężkiej choroby za pomocą określonej terapii, nawet jeśli znam cenę, jaką musiało za nią zapłacić wiele zwierząt. Prawdopodobnie jednak i w tym przypadku nie zaakceptuję *każdej* ceny. Ponadto pozostaje jeszcze pytanie, czy wystarczająco intensywnie próbowano rozwinąć terapie alternatywne lub alternatywne sposoby testowania praktykowanych terapii. Czy jednak odmowa postawienia nam przed oczyma ceny, którą muszą płacić miliony zwierząt, nie jest oznaką złego sumienia? Czy nie wynika ona z obawy, że niejeden palacz będzie wolał zrezygnować z palenia lub z dalszego minimalnego ograniczenia związanego z nim ryzyka, gdyby zobaczył owczarki zdychające w maskach z dymem tytoniowym? Być może wynika też z obawy, że niejedna dama zadowoliłaby się istniejącymi już kosmetykami, gdyby wiedziała, co w trakcie ich testowania przeciw możliwym rodzajom ryzyka wyrządza się tysiącom zajęcy? Jak mamy przeprowadzić publiczny rachunek dóbr, jeśli pokazuje nam się korzyści, jakie płyną dla nas z cierpienia zwierząt, ukrywając starannie przed nami samo to cierpienie? Czy zwyczaj ukrywania tego, co dzieje się w tej dziedzinie, nie jest oznaką tego, że chce się właśnie udaremnić odpowiedzialny rachunek dóbr?

Emocje nie zastępują osądu moralnego. Ale bez bezpośredniego, uczuciowego postrzegania cierpienia zwierząt nie dysponujemy elementarnym doświadczeniem wartości i antywartości, które poprzedza wszelki osąd moralny. Nie wiemy, co jest przedmiotem naszego osądu. To właśnie odróżnia dzisiejszy sposób obchodzenia się ze zwierzętami od traktowanie zwierząt w czasach archaicznych, które, jeśli nawet było okrutny, dokonywało się na oczach wszystkich i nie różniło się fundamentalnie od obchodzenia się z ludźmi, które często również było okrutne. Perwersyjność współczesnej praktyki polega na tym, że zaspokajamy naszą uszlachetnioną wrażliwość w kontakcie ze zwierzętami domowymi, a jednocześnie instytucjonalizujemy praktykę, przed którą chronimy wrażliwość i w której trak-tujemy zwierzęta jak zwykłe rzeczy. „Za wszelką cenę unikałem zbliżania się do tych, którzy mieli zostać zabici. Ludzkie relacje uważałem zawsze za bardzo ważne" — powiedział komendant obozu koncentracyjnego w Tre-blince!

Prawo Niemieckiej Republiki Federalnej stwierdza, że zwierzętom wolno zadawać cierpienie tylko „z roz-sądnego powodu". Oznacza to przede wszystkim, że zadawanie cierpienia zwierzętom wymaga usprawie-dliwienia. Dobrem, którego broni ustawa o ochronie zwierząt, nie jest własność właściciela, lecz dobro sa-mego zwierzęcia. Prawo właściciela zwierzęcia może zostać naruszone tylko przez takie zranienie zwierzę-cia, które obniża jego wymierną wartość lub powoduje koszty i dlatego uznawane jest za „uszkodzenie rze-czy". Ochrona zwierząt odnosi się jednak do samego zwierzęcia i w pierwszym rzędzie ogranicza jego wła-ściciela. Usprawiedliwienia potrzebuje *jego* działanie w stosunku do zwierzęcia. Obowiązuje tu ta sama za-sada, co w przypadku okaleczenia człowieka lub pozba-wienia go wolności. Również te działania są w pewnych okolicznościach dozwolone, ale tylko „z rozsądnego po-wodu", a to znaczy, że również one potrzebują usprawie-dliwienia. „Usprawiedliwiającym powodem" może być: w przypadku operacji — ratowanie zdrowia rannego, w przypadku kary — pokuta i obrona społeczeństwa, w przypadku napadu — obrona własna, w przypadku wojny — obrona wspólnoty. Można zauważyć, że za usprawiedliwione powody uznaje się tylko te racje, na które mógłby się zgodzić również sam zainteresowany: Albo zadaje się mu ból tylko w jego interesie i za jego zgodą, albo zadanie mu bólu jest konsekwencją pod-legającej uogólnieniu zasady, z którą jako istota ro-zumna *może* się zgodzić, nawet jeśli w tym konkretnym przypadku wolałby uniknąć jej zastosowania. Innymi słowy: Wobec człowieka możemy zastosować tylko takie środki, które z istoty nie podważają jego bycia „celem w sobie", tj. jego ludzkiej godności.

Czy w przypadku zadawania cierpienia zwierzętom „rozumne", czyli usprawiedliwiające racje są tego samego rodzaju? Oczywiście nie — przede wszystkim dlatego, że pojęcie „wymaganej zgody" (*Zumutbarkeit*) nie ma w tym przypadku sensu. Ból zwierzęcia może być lekki lub silny. Nie można jednak zakładać jego zgody lub jej odmowy, gdyż zwierzę nie jest w stanie odnieść swoich potrzeb do zasad sprawiedliwości i możliwości ich uogólnienia, i dlatego nie ma szansy na wyrażenie zgody lub niezgody na własne cierpienie. Każde zwierzę znajduje się definitywnie w centrum swego własnego świata, z którego nie może wyjść w imię perspektywy „obiektywnej" czy „absolutnej": Zwierzęta nie mogą „kochać Boga". Nie mogą też jednak uznać siebie za Boga i przeciwstawić się *obiektywnej* relatywizacji ich subiektywnej centralności. Relatywizacja ta dokonuje się w specyficznych dla danego gatunku kontekstach ekologicznych, w które zwierzęta są włączone przez instynktowną regulację zaspokajania ich potrzeb i z których nie mogą i nie chcą wyjść. Jak wiadomo, pszczoły robotnice są „nie w pełni rozwiniętymi" i „niedożywionymi" królowymi. Nie dążą jednak do emancypacji, która doprowadziłaby do zaniku całego gatunku. Fakt, że nie próbują tego robić, nie wynika z imperatywu moralnego, który zakazuje im zagrażania istnieniu ich gatunku, lecz stąd, że są takie, jakie są. Zwierzęta nie mają „obowiązków". Dlatego także z nami nie znajdują się we wzajemnej relacji prawnej.

II

Człowiek przewyższa zwierzęta na dwa sposoby: Po pierwsze inteligencją i uwolnieniem się od nacisku instynktu (*Instinktoffenheit*), które pozwalają mu stopniowo wyzwalać się z uwarunkowań naturalnych i rozszerzać swoje panowanie nad przyrodą. Otwarte pozostaje pytanie, czy wystarczy mu inteligencji, aby nie zniszczyć warunków zachowania swego gatunku. Nie jest to zresztą tylko kwestia inteligencji. Atrofia instynktu sprawia, że nic go nie zmusza do tego, by ograniczyć powiększanie swojego dobrobytu ze względu na długofalowe warunki zachowania gatunku.

Drugi rodzaj przewagi człowieka nad zwierzętami jest odwrotnością pierwszego. Polega on na komplementarnej zdolności do postawienia granic naturalnej ekspansji własnej woli mocy, na zdolności do uznania wartości, które nie są odniesione do jego potrzeb, na zdolności do uznania wolności innych. Ta „ekscentryczna pozycja" człowieka (Helmut Plessner), ta zdolność do widzenia siebie niejako z zewnątrz, do relatywizacji własnego punktu widzenia na rzecz spojrzenia ponadjednostkowego — do „miłości Boga aż do pogardy dla siebie", jak mówi św. Augustyn — stanowi o tym, co nazywamy godnością człowieka. Kot nie wie, jak czuje się mysz, z którą się bawi. Ludzie mogą zaniechać czegoś, co chcą zrobić i co jest dla nich korzystne, tylko dlatego, że przynosi to szkodę lub zadaje ból innej istocie. Mogą też zrobić coś, na co nie mają ochoty i co przynosi im szkodę, dlatego że przynosi to radość komuś innemu lub dlatego, że drugi ma prawo tego oczekiwać. Zdolność do postrzegania i do uznania takiego roszczenia nazywamy „sumieniem". Człowiek ma „godność" jako możliwy podmiot sumienia i tylko jako taki. Dlatego i tylko dlatego, że może relatywizować swoje cele, człowiek — jak mówi Kant — jest „celem samym w sobie". Dlatego i tylko dlatego, że może „panować nad sobą", ma aspiracje, by nie być czystym przedmiotem, nad którym panuje ktoś inny. Ponieważ może pomóc innym w realizacji ich zgodnego z istotą istnienia, ponieważ jest zdolny do odpowiedzialności i troski uniwersalnej, sensowne jest powiedzenie, że „cała przyroda poddana jest jego panowaniu.

Dopóki mówienie o godności człowieka traktujemy tylko jako wyrażenie, które członkowie gatunku *homo sapiens* odnoszą tylko do innych członków ich gatunku, nie ma ono jeszcze prawdziwie normatywnego sensu. W stosunku do tego, co od niego inne, gatunek ten zachowuje się tak jak każdy inny gatunek, z tym tylko, że z racji swojej inteligencji dysponuje nieporównanie większą siłą przebicia, na mocy której może się powoli pozbyć wszelkiej „obawy" (*„Scheu"*). Jeśli „godność człowieka" oznacza jednak coś, co „obiektywnie" wyróżnia człowieka, to może odnosić się tylko do jego zdolności okazywania czci temu, co jest ponad nim, obok i poniżej niego (Goethe). Wówczas jednak o godności człowieka stanowi to, że w obcowaniu z rzeczywistością potrafi oddać sprawiedliwość jej własnej istocie. Mówi się, że godność człowieka płynie z jego rozumnej natury. Jest to słuszne wówczas, gdy rozum nie oznacza jedynie instrumentalnej inteligencji, lecz zdolność do ujmowania tego, co jest, jako jego samego, a nie jako części własnego otoczenia. Dlatego człowiek nadaje rzeczom nazwy. Kot nie nazywa myszy myszą, lecz ją zjada. My natomiast nie tylko ścinamy drzewa i używamy ich do naszych celów, lecz mówimy „drzewo", mając na myśli to, czym jest drzewo, zanim jeszcze stanie się czymś „dla nas". Nie znaczy to, że w pełni rozumiemy tę „istotę" drzewa. Nie wiemy również tego, jak to jest być kotem. Ale widzimy, że kot nie jest tylko przedmiotem, który widzimy, lecz że on również nas widzi i że za tym spojrzeniem kryje się na zawsze ukryta tajemnica, która jedynie daje o sobie znać w tym spojrzeniu.

Nie przeszkadza nam to w ścinaniu drzew dla naszych potrzeb lub ze względu na korzyść innych drzew. Podobnie zabijanie zwierząt potrzebuje wprawdzie usprawiedliwienia, ale usprawiedliwienie to jest możliwe. Zwierzęta nie dysponują odniesieniem do siebie w sensie uświadomienia sobie całości ich bytowania i powiązania ich poszczególnych stanów w ponadczasową tożsamość. Nasz obowiązek wobec roślin i zwierząt odnosi się do istnienia gatunków, a nie jednostek. Wprawdzie gatunki wymierały zawsze, ale dziesiątkowanie istniejących gatunków, jakie obecnie jest dziełem ludzkości, jest grzechem wobec przyszłych pokoleń, którego nic nie może usprawiedliwić. Nie mamy obowiązku planowania ich szczęścia. Mamy jednak obowiązek — po tym, jak całe nasze życie korzystaliśmy z procentów tego kapitału — przekazania im naturalnego bogactwa rzeczywistości w stanie nienaruszonym. Cywilizacja, która nie potrafi tego zrobić, jest pasożytnicza i skazana na los pasożytów, które przez swój pasożytniczy organizm doprowadzają do śmierci również siebie. W tym sensie przeciw takiej cywilizacji można wysunąć silny argument utylitarystyczny.

III

Przeciw zadawaniu cierpienia zwierzętom nie ma takiego argumentu. Radość i ból, cierpienie i dobre samopoczucie nie są „obiektywnymi" faktami w świecie, które uzyskują swój sens przez to, że są pożyteczne lub szkodliwe dla obecnych lub przyszłych „podmiotów". Jest raczej tak, że *to one są formami przejawiania się podmiotowości*. Nie są pożyteczne lub szkodliwe dla czegoś, lecz słowa „pożytek" lub „szkoda" otrzymują swoje znaczenie dopiero w relacji do takich celów, jak radość lub dobre samopoczucie. Takie stany nie należą do świata środków, lecz do świata celów. Z radości „nie mamy niczego" — dlatego, że „mieć coś z czegoś" może ostatecznie oznaczać tylko to, że mamy z tego radość. Moralność oznacza zrazu i przede wszystkim wolne uznanie podmiotowości, nawet jeśli nie jest to własna podmiotowość. Otóż tam, gdzie zaczyna się ból, zaczyna się również podmiotowość, czyli to, co niewspółmierne, to, czego nie na się przeliczyć na żadne wartości z obszaru tego, co pożyteczne. Jeśli ludzka odpowiedzialność obejmuje podmiotowość zwierzęcą, tj. nieosobową, to konstytutywnym momentem godności człowieka jest wolne uznanie takiej subiektywności. Hasło „ochrona zwierząt jest ochroną człowieka" nie jest wprawdzie fałszywe, ale jest powierzchowne. Nie własny *interes*, lecz *szacunek dla samego siebie* nakazuje nam, abyśmy pozwolili zwierzętom żyć — krótko czy długo — zgodnie z ich specyficzną naturą i bez zadawania im wielkich cierpień. Właśnie dlatego, że zwierzęta nie mogą włączyć swego cierpienia w wyższą tożsamość świadomego kontekstu życia, „zapanowując" nad nim w ten sposób, są na nie bez reszty wydane. W bólu są tylko bólem, zwłaszcza wówczas, gdy nie mogą zareagować nań agresją czy ucieczką. Takie zadawanie bólu czy też hodowla sprzeczna z naturą danego zwierzęcia nie mogą zostać zrównoważone przez żaden inny ludzki pożytek, jak tylko przez uniknięcie porównywalnego bólu lub uratowanie życia. Korzyści lub straty gospodarcze nie mogą być tu w ogóle brane pod uwagę, a interesy badawcze tylko o tyle, o ile służą bezpośredniemu ratowaniu życia lub uniknięciu porównywalnego bólu. Interesy naukowe ograniczone są bowiem także przez ogólne normy moralności i godność człowieka.

Także w przypadku naukowych eksperymentów na zwierzętach w służbie ludzkiego zdrowia należy wziąć pod uwagę trzy punkty:

1. Nie może chodzić o eksperymenty, które służą ograniczeniu szkodliwości środków dających przyjemność — na przykład papierosów czy kosmetyków — które nie są do życia konieczne. Płacenie za taką przyjemność ciężkim cierpieniem zwierząt jest sprzeczne z ludzką godnością. Wskazuje na to fakt, że każdy normalnie wrażliwy człowiek przestałby odczuwać taką przyjemność, gdyby jednocześnie musiał oglądać jej cenę. Przyjemność tę umożliwia tylko systematyczne ukrywanie tej ceny.

2. Wraz z takimi eksperymentami należy podjąć wszelkie wysiłki, które zmierzają do znalezienia zastępczych dróg. Znane prawidłowości psychologiczne i socjologiczne mówią nam, że wysiłki takie nie zostaną podjęte w wystarczającej mierze, jeśli praktyka, którą należałoby zastąpić, nie będzie przedstawiana

jako *do czasu tolerowane prowizorium*. Dopóki zakłada się nowe, wielkie instytuty, wznosi budynki i ustanawia miejsca pracy, które służą jedynie eksperymentom na zwierzętach, jest rzeczą jasną, że rekrutacja ofiar nie zostanie przerwana. Wszelkie środki, które służą do utrwalenia praktyki eksperymentów na zwierzętach, są nie do pogodzenia ze zdecydowanym dążeniem do ich zaprzestania.

3. Trzeba ustanowić nowe kryteria „nieuniknionego stopnia cierpienia", tak aby owo „bycie-tylko-bólem" nie definiowało istotnej części życia zwierzęcia. W przyrodzie zdarza się czasami — jako mroczny los — pojawienie się podmiotowości w formie czystego bólu. Świadomej produkcji takiej podmiotowości ze względu na jakikolwiek pożytek nie da się pogodzić z ideą godności człowieka.

Trzeba wymienić jeszcze jeden postulat, który wynika z godności człowieka. Powiedzieliśmy, że podstawą godności człowieka jest możliwość przejścia od perspektywy własnego interesu do perspektywy bezstronnej „sprawiedliwości". Nie oznacza to, że tym samym przestajemy być istotami wyposażonymi w podmiotowe interesy. W konkretnym przypadku interesy te mogą wejść w silną kolizję z postulatem bezstronnej „władzy". W takich przypadkach oznaką posiadania sumienia jest ponownie fakt, że dostrzega się własne zaangażowania, uznaje się je za jeden z elementów rachunku i dlatego przekazuje się wydanie decyzji komuś innemu. Niestety, w kwestii ochrony zwierząt systematycznie ignoruje się ten elementarny obowiązek szacunku dla siebie. Legalne interesy gospodarki, rolnictwa i nauki znajdują się w potencjalnym konflikcie z interesami wykorzystywanych przez nie zwierząt. Ochrona zwierząt potencjalnie ogranicza czynienie zadość tym interesom w tym obszarze. Dlatego bezsensowne jest umieszczanie ochrony zwierząt w ministerstwie, w którym dominujący i w sposób uzasadniony wiodący interes dotyczy zwierzęcia w aspekcie jego pożytku dla człowieka, ale nie w aspekcie przeciwnej mu, definiującej inny „pożytek" i inną „szkodę" podmiotowości zwierzęcia, która jako taka nie służy naszemu pożytkowi, ale co najwyżej radości, i której uznanie jest naszym obowiązkiem. „Uznanie" znajduje się w kompetencji ministerstwa spraw wewnętrznych i ministerstwa sprawiedliwości. Jeśli przyjmiemy, że mamy tu do czynienia z uznaniem, które nie ustanawia stosunku prawnego, lecz dotyczy moralnej substancji „porządku publicznego", to miejscem ochrony zwierząt może być tylko ministerstwo spraw wewnętrznych.

Zrozumiałe jest też — chociaż nie sensie, który przynosiłby zaszczyt — że prowadzący eksperymenty badacze chcą mieć większość w komisjach etycznych, które rozstrzygają o dopuszczalności eksperymentów na zwierzętach. Dlaczego? W medycynie człowieka komisje tego rodzaju wydają się rzeczywiście czymś dość wątpliwym, gdyż zwalniają lekarza z odpowiedzialności, która z istoty należy do jego zawodu. Jako lekarz ma on służyć dobru pacjenta. Osoba przeprowadzająca eksperymenty na zwierzętach jest zobowiązana do służby ich dobru w równie niewielkim stopniu, jak ich zawodowy hodowca. Jako istota moralna powinna zatem sama domagać się, aby kwestia dopuszczalności jej eksperymentów była rozstrzygana przez ludzi, których pierwszorzędny interes nie dotyczy eksperymentu i jego wyników i dlatego nie są zaangażowani w tę kwestię. To samo dotyczy zinstytucjonalizowanej nauki. W kwestiach tego rodzaju nauka, np. Niemiecka Wspólnota Badawcza, nie może nigdy występować jako bezstronny doradca i polubowny rozjemca, gdyż w tym przypadku jest ona stroną. Badania nad zachowaniem zwierząt mają co prawda wielkie znaczenie dla poznania tego, czym jest życie właściwe dla danego gatunku, czym jest dobre samopoczucie zwierzęcia i jakie czynniki odgrywają rolę w sytuacji bólu. Ale uznanie tych danych, uznanie zwierzęcej podmiotowości jako — co prawna nie bezwarunkowego — „celu samego w sobie", który stawia granice naszemu dążeniu do celów, w tym również nauce, jest aktem wolności, aktem rozumu praktycznego, a nie teoretycznego. Jak to już widział Kant, naukowcy nie wiedzą tu więcej niż inni ludzie. A ponieważ to właśnie *ich* interesy mają być ograniczone, ich osąd musi nawet ustąpić przed osądem innych ludzi. Dlatego chwałę przyniosłoby im uznanie swego zaangażowania i rezygnacja z roli sędziów we własnej sprawie.

29. Kim jest człowiek wykształcony?
Z mowy promocyjnej
(1994)

Ludzie wykształceni nie są bardziej przydatni niż ludzie niewykształceni, a ich szanse kariery nie są lepsze. Szkoły publiczne nie są zainteresowane promowaniem ludzi wykształconych. Dla ludzi wykształconych nie jest to zarzut. Dlaczego nie? Kim jest człowiek wykształcony?

1. Człowiek wykształcony pozostawił za sobą zwierzęcy egocentryzm. Każdy z nas stanowi zrazu centrum własnego świata. Wszystko, co spotyka, sprowadza to statusu „otoczenia", przypisując mu znaczenia, które odzwierciedlają potrzeby wpisane w jego naturę. Człowiek wykształcony zaczął postrzegać rzeczywistość jako niezależną od niego. „Kształcenie" oznacza budzenie obiektywnych zainteresowań, „kształcić siebie" oznacza „rozwijać własną obiektywność". Goethe pisze: „Komunikowanie siebie należy do przyrody. Przyjmowanie tego, co komunikowane, tak jak jest dane, to wykształcenie"[1]. Przyjęcie czegoś „tak, jak jest dane", zakłada, że wiemy, iż poza nami istnieją inne centra świata i inne perspektywy patrzenia na nie. Inni nie są tylko częścią mego świata, jestem zarazem częścią ich świata. Wykształcony jest ten, kto interesuje się tym,

---

[1] Johann Wolfgang von Goethe, *Maximen and Reflexionen*, w: tenże, *Werke* (Hamburger Ausgabe), Bd. 12, s. 543. [W polskim wydaniu: *Refleksje i maksymy*, tłum. Jerzy Prokopiuk, Czytelnik, Warszawa 1977, tego fragmentu brak.]

jak wygląda świat w oczach innych, ten, kto nauczył się rozszerzać w ten sposób własne spojrzenie.

2. Człowiek wykształcony potrafi to robić świadomie. Nie pomniejsza to jego poczucia własnej wartości, lecz je powiększa. Człowiek niewykształcony traktuje siebie bardzo poważnie i uważa siebie za kogoś ważnego, lecz zarazem jego poczucie własnej wartości, jego szacunek dla samego siebie jest często niewielki. Człowiek wykształcony wie, że jest „jednym z wielu". Nie traktuje siebie nazbyt poważnie i nie uważa się za zbyt ważnego. Ale ponieważ poczucia własnej wartości nie czerpie z porównywania się z innymi, ma wyraźne poczucie własnej wartości. Relatywizacja siebie i szacunek dla siebie nie są dla niego czymś sprzecznym. To właśnie ten paradoks charakteryzuje jego stosunek do świata. Prawie wszystko jest dla niego interesujące, ale tylko nieliczne rzeczy są rzeczywiście ważne.

3. Wiedza człowieka wykształconego ma swoją strukturę. To, co wie, jest ze sobą powiązane. Jeśli zaś coś nie mieści się w tej strukturze, wówczas poszukuje takiego związku lub przynajmniej próbuje zrozumieć, dlaczego ma z tym trudności. Nie żyje w różnych światach, przechodząc nieświadomie z jednego do drugiego. Może grać różne role, ale to zawsze on je gra.

4. Człowiek wykształcony mówi zróżnicowanym, bogatym w odcienie językiem potocznym. Często potrafi posługiwać się także językiem naukowym, ale język ten nie panuje nad nim, a terminologii naukowej nie potrzebuje jako protezy do znalezienia orientacji w życiu i do porozumienia z innymi. Mówi: „Chciałbym" lub „Chcę", a nie: „Mam motywację". Przede wszystkim zaś unika żargonu psychologicznego. Psychologia — jak każda nauka — jest wiedzą o zależnościach. Jest z istoty bierna. Pomimo zapewnień spontaniczność nie jest jej tematem. Ten, czyj świat życia został tak skolonizowany naukowo, że nie ma on odwagi wyrażania prostych rzeczy w prosty sposób, i nie potrafi powiedzieć, co odczuwa, nie jest wykształcony. Nie jest nim też ten, kto po od-

rzuceniu protezy terminologii naukowej, zaczyna mówić w sposób wzniosły lub ordynarny.

5. Człowieka wykształconego charakteryzuje zdolność do cieszenia się życiem i dystans w stosunku do konsumpcji. Już Epikur wiedział, że obie te rzeczy są ze sobą ściśle związane. Ten, kto potrafi się rzeczywiście cieszyć tym, co daje mu rzeczywistość, nie potrzebuje wiele. A ten, komu wystarcza niewiele rzeczy, może być bardziej pewny, że rzadko będzie mu czegoś brakować. Brak własnej „łazienki" nie może oburzać tego, kto wie, że nie mieli jej Goethe i Mikołaj z Kuzy, i kto przebywanie z nimi przedkłada nad towarzystwo swoich współczesnych posiadaczy łazienek (N. Gomez Davila).

6. Człowiek wykształcony może się z czymś utożsamić, ale nie czyni go to naiwnym czy ślepym. Może się utożsamiać z przyjaciółmi, ale zarazem widzieć ich błędy. Może kochać swoją ojczyznę nie pogardzając ojczyznami innych ludzi, przede wszystkim tymi ojczyznami, które są przedmiotem miłości ich obywateli. To, co obce, jest dla niego ubogaceniem, bez którego nie chce żyć, ale nie jest powodem do wstydzenia się tego, co własne. Utożsamienie nie oznacza dla niego odgrodzenia, lecz „οἰκείωσις (*oikeiosis*)", przyswojenie. Kiedy podczas wigilii wielkanocnej chrześcijańska liturgia mówi o tym, że Bóg „przeprowadził tej nocy suchą nogą przez Morze Czerwone naszych ojców, dzieci Izraela", to człowiek taki nie ma trudności z powiedzeniem „nasi ojcowie" i „ta noc". Warunkiem utożsamienia się nie jest dla niego biologiczna ciągłość.

7. Człowiek wykształcony może podziwiać, zachwycać się, bez obawy, że w ten sposób przynosi sobie ujmę. Jest dokładnym przeciwieństwem człowieka kierowanego resentymentem, o którym mówi Nietzsche, człowieka, który musi wszystko pomniejszać, aby nie wydać się sobie zbyt małym. Może bez zazdrości podziwiać zalety, których sam nie ma. Poczucia własnej wartości nie czerpie bowiem z porównania siebie z innymi. Dlatego nie obawia się, że przez wdzięczność popadnie w zależ-

ność. Co więcej, nie ma niczego przeciw zależności od ludzi, którym ufa. Woli raczej narazić się na ryzyko bycia rozczarowanym przez swoich przyjaciół niż być na tyle nikczemnym, aby im nie ufać.

8. Człowiek wykształcony nie boi się wydawać ocen, sądów o wartościach nie uważa za wyraz subiektywnych odczuć. Swoje oceny wyraża z roszczeniem do obiektywnej ważności. Dlatego też jest gotowy do ich korygowania. To bowiem, co nie wnosi roszczenia do obiektywnej ważności, nie musi być korygowane. Człowiek wykształcony uważa, że potrafi poznać prawdę, ale nie uważa, że jest nieomylny. Kant uważał sądy estetyczne za zarazem obiektywnie ważne i niedowodliwe. Ludzie wykształceni rozwinęli w swoim kontakcie ze światem taką zdolność do odróżniania, która pozwala im na wydawanie sądów wartościujących. Wiedzą, że istnieją dzieła sztuki, które są ważniejsze niż inne, i że istnieją ludzie, którzy są lepsi niż inni. I nawet jeśli nie potrafią tego udowodnić, to jednak dochodzą do spontanicznej, samorzutnej zgody co do większości takich sądów.

9. Człowiek wykształcony wie, że wykształcenie nie jest najważniejsze. Człowiek wykształcony może zostać zdrajcą. Charakterystyczny dla niego wewnętrzny dystans sprawia, że jest nawet bardziej podatny na zdradę niż inni ludzie. Wykształcenie wprowadza godną człowieka normalność. Nie przygotowuje człowieka do sytuacji, w których trzeba podejmować poważne decyzje, i nie rozstrzyga o tym, jak się w nich zachowa. W *Listach o wychowaniu estetycznym* Schiller odróżnia „ocenę moralną" i „pełną ocenę antropologiczną". Ktoś może być człowiekiem dobrze wychowanym, ale mimo to ulec pokusie i złamać słowo. Ktoś inny może być człowiekiem nieokrzesanym czy hultajem, ale w decydującym momencie zachować się porządnie i nie opuścić swoich bliźnich w potrzebie. Nie każdy, kto w sytuacjach wyjątkowych postępuje moralnie dobrze, zachowuje się porządnie w innych sytuacjach.

Człowiek wykształcony nie lubi czynić dobra z potem na czole. Czasami dobro nie wygląda pięknie i wówczas może go nieco odpychać. Rzeczywiście wykształcony jest tylko ten, kto to wie. I jeśli nawet sam nie odcina sobie ręki i nie wyłupuje oka, aby wejść do Królestwa Bożego, to jednak tego, kto to robi, ceni nie mniej niż kogoś, kto z nietkniętym organizmem ląduje w piekle.

10. Jest jednak jeden punkt, w którym bycie wykształconym i bycie dobrym spotykają się w sposób spontaniczny. Człowiek wykształcony lubi przyjaźń, przede wszystkim przyjaźń z innymi wykształconymi ludźmi. Arystoteles mówi, że ludziom wykształconym radość sprawia ich własne towarzystwo. A w ogóle mają oni więcej przyjaciół niż inni ludzie. I to właśnie z tego powodu — niezależnie od przypadkowości ocen społecznych — warto być człowiekiem wykształconym.

Słowniczek terminologiczny

abbauen — dekonstuować
Absicht — zamiar
Anerkennung — uznanie
Angst — strach
Anhahme — supozycja, założenie
Anmaßung — uzurpacja
Ansatz — podejście
Antrieb — pobudka
Aufrichtigkeit — szczerość
Ausdruckshandlung — akt wyrażania
Ausgleich — ugoda

Begierde — żądza
besonnen — rozsądny
Bewußtseinszustände — stany mentalne
Böse — zło
Brechung — przełom

Dasein — egzystencja, istnienie, bytowanie (tu oto)
Daseinsentwurf — projekt istnienia
Daseinsrelativität — egzystencjalne zrelatywizowanie
das Gebotene — to, co nakazane moralnie

Einheit — jednostka

Einsicht — intuicja, przekonanie, rozeznanie
Entität — istność
Ereignis — wydarzenie, zdarzenie
Erscheinen — pojawianie się
Existenz — istnienie

Finalursachen — przyczyny celowe
Fremdbestimmung — heteronomia
Funktionszusammenhang — kontekst funkcjonowania
Furcht — lęk, obawa

Geltungsanspruch — roszczenie do obowiązywania
Gemeinwohl — dobro wspólne
Gesamtverantwortung — odpowiedzialność uniwersalna
Geschehen — dzianie się
Geschmackurteile — sądy smaku
Gesetze — prawa, ustawy prawne
Gewalt — przemoc, władza
Grund — podstawa
Gewissheit — pewność
   — praktische Gewissheit — pewność praktyczna

Haben — posiadanie
Haltung — postawa
Handlung — działanie

Inbegriff — kwintesencja
Instinktoffenheit — uwolnienie się od instynktu

Lebensform — sposób życia
Legitimität — prawomocność

Macht — władza, siła
Moral — moralność
— *gelebte Moral* — moralność praktykowana
— *vorsorgliche Moral* — moralność prowizoryczna
— *volkstümliche Moral* — moralność popularna
— *moralische Vorstellungen* — wyobrażenia moralne

nachdenden — rozmyślać
naturwüchsig — płynący z natury
Nutzen — korzyść, przydatność
Nützlichkeit — pożytek, przydatność

Objekt — obiekt
Operationalisierung — wcielenie w życie
orientieren — ukierunkowywać

Personalität — osobowość
Präjudizen — przed-sądy

Rechtfertigungsdisskurs — dyskurs usprawiedliwienia
Rede — mowa
Repressionsgewalt — represyjna przemoc
Richtigkeit — słuszność

Sachzwang — presja obiektywna

Satz — zdanie, twierdzenie
Satzung — prawo stanowione
Sein — byt, bycie
Seinvergessenheit — zapomnienie o bycie
Selbstbestimmung — autonomia, samostanowienie
Selbstlosigkeit — bezinteresowność
Selbstsein — byt w sobie, samoistny
Selbsttätigkeit — samoczynność
Selbstverhältnis — relacja do siebie
Selbstwert — wartość samoistna
Selbstzweck — cel dla siebie
Sichwohlfühlen — dobre samopoczucie
Sitte — obyczaj
sittlich — moralny
Sollen — powinność
Sprachhandlung — akt mowy

transeunt — przechodni
Tun — czyn

überlegen — rozważać, ogarniać refleksją
Um-willen — Po-co
Unbehagen — nieusatysfakcjonowanie
unterstellen — suponować, zakładać

Verhalten — zachowanie
Vermutung — domniemanie
Verselbstständigung — usamodzielnienie
verwerflich — zdrożne, naganne
Verweis — odniesienie
Vorgang — proces
Vorhandenheit — obecność
Vorläufigkeit — tymczasowość

Vorsatz — zamysł

vorsorgliche — zob. Moral

Vorstellung — wyobrażenie

Vorteil — korzyść, korzystne położenie

wahrheitsfähig — odniesiony do prawdy

Weltansicht — sposób widzenia świata

Willkür — arbitralna wola, dowolność

Wirkhandlung — akt sprawczy

Wohlergehen — powodzenie, dobrostan

Wollen — chcenie

Ziel — cel

Zufriendheit — zadowolenie

Zuhandenheit — poręczność

zumuten — oczekiwać od kogoś, insynuować

Zumutung — insynuacja

Zweck — cel instrumentalny

Zweckethik — etyka celu

Zweckrationalität — racjonalność instrumentalna

Indeks osób

Indeks pojęć i terminów

Informacje o pierwodrukach

Przedmowa — *Vorwort* — pierwodruk w niemieckim orygi-
nale niniejszej książki: Robert Spaemann, *Grenzen. Zur
etischen Dimension des Handelns*, Klett-Cotta, Stuttgart
2001, ss. 7–12.

Czym jest etyka filozoficzna? — *Was ist philosophische
Ethik?* — Wprowadzenie do: *Das gute Leben — Ethiklese-
buch*, Robert Spaemann (Hrsg.), Piper, München 1987.

Jak praktyczna jest etyka? — *Wie praktisch ist die Ethik?*
— wykład wygłoszomy 27 V 1997 na sympozjum Funada-
cji Siemensa w Monachium, pierwodruk w : Rober Spaemann, *Grenzen*. j.w., ss. 26–36.

Teleologia naturalna i działanie — *Naturteleologie und
Handlung* — wykład inauguracyjny wygłoszony w czasie
3. Międzynarodowego Kongresu Leibniza (Hannover, 12 X
1977) i opublikowany w: „Zeitschrift für philosophische
Forschung" 32 (1978), ss. 481–493; przedruk w: *Grenzen*,
j.w., ss. 37–48.

Pojedyncze czyny — *Einzelhandlungen* — pierwodruk w:
„Zeitschrift für philosophische Forschung" Bd. 54(2000),
H. 4; przedruk w: *Grenzen*, j.w., ss. 49–64.

Dwa podstawowe pojęcia moralności — *Die zwei Grundbegriffe der Moral* — wykład inauguracyjny w Wyższej Szkole
Technicznej w Stuttgarcie, wygłoszony 8 stycznia 1964.
Opublikowany w: „Philosophisches Jahrbuch" 74. Jahrgang, 2. Halbband, München 1967, ss. 368–384; przedruk w: Robert Spaemann, *Zur Kritik der politischen Utopie*,
Ernst Klett, Stuttgart 1977, ss. 1–22, potem w: *Grenzen*,
j.w., ss. 64–82.

**Pewność praktyczna. Prowizoryczna moralność Kar-
tezjusza** — *Praktische Gewißheit. Descartes' provisori-
sche Moral* — Pierwodruk w: *Epirrhosis. Festgabe für
Carl Schmidt*, hrsg. von Hans Barion, Ernst-Wolfgang
Böckenförde, Ernst Forsthoff, Werner Weber, Berlin 1968,

ss. 683–696; przedruk w: *Zur Kritik...*, j.w., ss. 41–56, potem w: *Grenzen*, j.w., ss. 82–94.

Dwuznaczność szczęścia — *Die Zweideutigkeit des Glücks* — tekst opublikowany pod tym tytułem jako publikacja prywatna wydana przez Stifterverband für die Deutsche Wissenschaft, Stuttgart 1990 (Ernst Klett Verlag); w wersji rozszerzonej w: *Zweckmässigkeit und menschliches Glück*, Bamberger Hegelwochen 1993, Bamberg 1994, ss. 15–34; przedruk w: *Grenzen*, j.w., ss. 95–107.

O pojęciu godności człowieka — *Über den Begriff der Menschenwürde* — tekst opublikowany pod tym tytułem w: *Menschenrechte und Menschenwürde. Historische Voraussetzungen* — *säkulare Gestalt* — *christliches Verständnis*, Ernst-Wolfgang Böckenförde, Robert Spaemann (Hrsg.), Stuttgart 1987, ss. 295–313; przedruk w: *Grenzen*, j.w., ss. 107–122.

To, co naturalne, i to, co rozumne — *Das Natürliche und das Vernünftige* — tekst opublikowany pod tym tytułem w: „Scheidewege. Jahreszeitschrift für skeptisches Denken", 16. Jahrgang 1986/87, ss. 1–15; przedruk w: *Grenzen*, j.w., ss. 123–136.

Znaczenie tego, co naturalne w prawie — *Die Bedeutung des Natürlichen im Recht* — tekst opublikowany pod tym tytułem w: *Kultur und Politik nach der Aufklärung. Festschrift Hermann Lübbe zum 65. Geburtstag*, hrsg. in Verbindung mir Weyma Lübbe und Hans-Martin Sass von Kurt Röttgers, Basel 1992, ss. 26–35; przedruk w: *Grenzen*, j.w., ss. 137–145.

Egzystencjalne zrelatywizowanie wartości — *Daseinsrelativität der Werte* — tekst ukazał się pod tym tytułem w: *Person und Wert. Schelers «Formalismus»* — *Perspektiven und Wirkungen*, Ch. Bermes, W. Henckmann, H. Leonardy (Hrsg.), Freiburg 2000, ss. 29–46; przedruk w: *Grenzen*, j.w., ss. 145–160.

Moralność i przemoc — *Moral und Gewalt* — pierwodruk w: *Rehabilitierung der praktischen Philosophie. Band I: Geschichte* — *Probleme* — *Aufgaben*, Manfred Riedel (Hrsg.), Rombach, Freiburg 1972, ss. 215–241; przedruk w: *Zur Kritik...*, j.w., ss. 77–103, potem w: *Grenzen*, j.w., ss. 160––181.

Nienawiść Sarastra — *Der Haß des Sarastro* — wykład na „Konferencji Wiesenthala na temat źródeł nienawiści" wygłoszony w grudniu 1998 roku (Hofburg, Wiedeń); pierwodruk: „Transit. Europäische Revue", Nr. 16, Frankfurnt/M. 1999; przedruk w: *Grenzen*, j.w., ss. 181–193.

Utopia wolności od panowania — *Die Utopie der Herr-schaftsfreiheit* — wykład na Uniwesytecie we Fryburgu Bryzgowijskim wygłoszony w 1971 roku; pierwodruk w: „Merkur", sierpień 1972; przedruk w: *Zur Kritik...*, j.w., ss. 104–126.

Utopia dobrego władcy. Dyskusja Jürgena Habermasa z Robertem Spaemannem — *Die Utopie des guten Her-rschers* — pierwodruk w: „Merkur", grudzień 1972; przedruk w: *Zur Kritik...*, j.w., ss. 127–141.

Uwagi o problemie równości — *Bemerkungen zum Problem der Gleichheit* — pierwodruk w: „Zeitschrift für Politik", Heft 22, Jahrgang 1975; przedruk w: *Zur Kritik...*, j.w., ss. 158–166.

Skutki uboczne jako problem moralny — *Nebenwirkungen als moralisches Problem* — wykład inauguracyjny wygło-szony w Monachium w 1974 roku, opublikowany w „Filo-sophisches Jahrbuch" 1975, ss. 323 nn; przedruk w: *Zur Kritik...*, j.w., ss. 167–182.

O niemożliwości etyki uniwersalnoteleologicznej — *Über die Unmöglischkeit einer universalteleologischen Ethik* — tekst ukazał się pod tym samym tytułem w „Philosophi-sches Jahrbuch", 88. Jahrgang, Mńchen 1981, ss. 70–89; przedruk w: *Grenzen*, j.w., ss. 193–212.

Odpowiedzialność jako podstawowe pojęcie etyczne — *Verantwortung als ethischer Grundbegriff* — Fragment ar-tykułu *Christliche Verantwortungsethik*, w: *Leben aus chri-stlicher Verantwortung. Ein Grundkurs der Moral*, Johan-nes Gründel (Hrsg.), I, *Grunglegungen*, Patmos, Düsseldorf 1991, ss. 113–133; przedruk w: *Grenzen*, j.w., ss. 212––218.

Kto i za co jest odpowiedzialny?. Krytyczne spojrze-nie na odróżnienie etyki przekonań i etyki odpo-wiedzialności — *Wer hat wofür Verantwortung? Kriti-sche Überlegungen zur Unterscheidung von Gesinnungs-ethik und Verantwortungsethik* — wykład z okazji nada-nia medalu Tomasza Morusa (1982); Po wstępnej publika-cji w „Herder-Korespondenz" (Juli–August 1982) opubli-kowany w: Peter Geach, Fernando Inciarte, Robert Spa-emann, *Persönliche Veratwortung*, Adamas Verlag, Köln 1982, ss. 11–32; przedruk w: *Grenzen*, j.w., ss. 218–237.

Teleologiczne i deontologiczne uzasadnienie moralno-ści — *Teleologische und deontologische Moralbegündung* — pierwodruk: „Herder-Korrespondenz" 37. Jahrgang, Fe-bruar 1983, Heft 2, ss. 79–84; przedruk w: *Grenzen*, j.w., ss. 238–248.

Dyscyplina i problem cnót wtórnych — *Disziplin und das problem der sekundären Tugenden* — pierwodruk pod tym tytułem w: „Scheidewege. Jahreszeitschrift für skeptisches Denken" 18. Jahrgang 1988/89, ss. 80–91; przedruk w: *Grenzen*, j.w., ss. 249–260.

Ontologia pojęć «prawica» i «lewica» — *Zur Ontologie der Begriffe «rechts» und «links»* — pierwodruk w: *Was die Wirklichkeit lehrt. Golo Mann zum 70. Geburtstag*, Hartmut von Hentig, Annelore Nitschke (hrsg.), Frankfurt/M. 1979, ss. 141–152; przedruk w: *Grenzen*, j.w., ss. 260–269.

Zamach na niedzielę — *Der Anschlag auf den Sonntag* — Pierwodruk: „Die Zeit" 19 V 1989; przedruk pt. *Schutz des Sonntags* (*Ochrona niedzieli*) w: Oscar Lafontaine, *Das Lied vom Teilen. Die Debatte über Arbeit und politischen Neubeginn*, Hamburg 1989, ss. 242–251; przedruk w: *Grenzen*, j.w., ss. 273–280.

Nauki medyczne jako wyzwanie dla etosu lekarza — *Die Herausforderung des ärztlichen Berufsethos durch die medizinische Wissenschaft* — krótsza wersja tego tekstu ukazała się w: „Medizinische Klinik" 86 (1991), Nr. II, ss. 598–600; dodatek to fragmenty wykładu wygłoszonego do uczestników 34. dorocznej konferencji Stowarzyszenia Lekarzy Hemopatologów i Onkologów w Hanowerze dnia 30.09.1989 oraz wykładu wygłoszonego w ramach 30. Dnia Lekarzy w Biskupstwie Essen w październiku 1997; przedruk w: *Grenzen*, j.w., ss. 336–352.

Czy nienarodzeni mają prawo do życia? — *Haben Ungeborene ein Recht auf Leben?* — pierwodruk: „Zeitschrift für Rechtspolitik" 7. Jahrgang, Heft 5 (1974), ss. 114–118; przedruk w: *Grenzen*, j.w., ss. 361–367.

Nie istnieje dobre zabijanie — *Es gibt kein gutes Töten* — pierwodruk w: R. Spaemann, Th. Fuchs, *Töten oder Sterbenlassen*, Freiburg i. Br. 1977, ss. 12–30; przedruk w: *Grenzen*, j.w., ss. 428–440.

Ochrona zwierząt i godność człowieka — *Tierschutz und Menschenwürde* — pierwodruk: *Tierschutz. Testfall unserer Menschlichkeit*, Ursula M. Händel (Hrsg.), Frankfurt/M. 1979, ss. 71–81; przedruk w: *Grenzen*, j.w., ss. 467–476.

Kim jest człowiek wykształcony? Z mowy promocyjnej — *Wer ist ein gebildeter Mensch? Aus einer Promotionsrede* — pierwodruk: „Scheidewege. Jahresschrift für skeptisches Denken", 24. Jahrgang 1994/1995, ss. 34–37; przedruk w: *Grenzen*, j.w., ss. 513–516.

Nota biograficzna

Robert Spaemann, urodzony w 1927 roku w Berlinie.

1941–1945 Uczęszcza najpierw do Dreikönigsgymnasium w Kolonii, później do Gymnasium Paulinum w Dorsten.

1945 Matura w tymże Gymnazium Paulinum w Dorsten.

1945–1952 Studiuje filozofię, romanistykę i teologię na uniwersytetach w Münster, Monachium i Fryburgu Szwajcarskim.

1952 Promocja na doktora filozofii u Joachima Rittera na Uniwersytecie w Münster na podstawie dysertacji *Der Ursprung der Soziologie aus dem Geist der Restauration.*

1952–1956 Lektor w Kohlhammer Verlag w Stuttgatcie.

1962 Habilitacja z filozofii na Uniwersytecie w Münster na podstawie pracy: *Reflexion und Spontaneität. Studien über Fénelon.*

1962–1969 Profesor filozofii i pedagogiki w Technische Hochschule w Stuttgarcie.

1969–1973 Profesor filozofii na Uniwersytecie w Heidelbergu.

1973–1992 Profesor filozofii na Uniwersytecie w Monachium.

1993 Emerytowany.

1994 Doktorat *honoris causa* Uniwersytetu Nawarry w Pampelunie (Hiszpania).

Ponadto:
Doktorat *honoris causa* Uniwersytetu we Fryburgu (Szwajcaria).
Doktorat *honoris causa* Catholic University of America w Waszyngtonie (USA).

Doktorat *honoris causa* Katolickiego Uniwersytetu Santiago de Chile.

1996   Powołany na członka Pontificie Accademia per
la Vita.

2001   Powołany na członka Europäische Akademie
der Wissenschaften.

2001   Powołany na członka Academia Chilena de
Sciencias Sociales, Politicas y Morales.

Odznaczenia

Oficer *l'Ordre des Palmes Academiques.*
Odznaczony Nagrodą Roncesvalles (Hiszpania).

Publikacje Roberta Spaemanna

Samodzielne publikacje

Der Ursprung der Soziologie aus dem Geist der Restauration. Studien über L. G. A. de Bonald, Kösel, München 1959; Klett-Cotta, Stuttgart ²1992.

Reflexion und Spontaneität. Studien über Fénelon, Kohlhammer, Stuttgart, 1963, ²1992.

Zur Kritik der politischen Utopie. Zehn Kapitel politischer Philosophie, Klett-Cotta, Stuttgart 1977.

Einsprüche. Christliche Reden, Johannes Verlag, Einsiedeln 1977.

Rousseau — Bürger ogne Vaterland. Von der Polis zur Natur. Piper, München 1980, ²1992.

Moralische Grundbegriffe, Beck, München 1982, ⁵1994.

Das Natürliche und das Vernünftige. Aufsätze zur Anthropologie, Piper, München 1987.

Glück und Wohlwollen. Versuch über Ethik, Klett-Cotta, Stuttgart 1989, ³1994.

Personen. Versuche über den Unterschied zwischen «etwas» und «jemand», Klett-Cotta, Stuttgart 1996.

Spaemann jako współautor

Wraz z Reinhardem Löwem: *Die Frage Wozu? Geschichte und Wiederentdeckung des teleologischen Denkens*, Piper, München–Zürich 1981, ³1991; przedrukowane pod zmienionym tytułem *Natürliche Ziele*, Klett-Cotta, Stuttgart 2005.

W przekładzie polskim
Książki

Szczęście a życzliwość. Esej o etyce, tłum. Jarosław Merecki, RW KUL, Lublin 1996.
Podstawowe pojęcia moralne, tłum. J. Merecki, Patrycja Mikulska, RW KUL, Lublin 2000.
Osoby. O róznicy między czymś a kimś, tłum. J. Merecki, Oficyna Naukowa, Warszawa 2001.

Wybrane artykuły

Pytanie o znaczenie pojęcia «Bóg», tłum. Kazimierz Czulak SAC, „Communio" nr 1(1982) s. 13–33.
O pojęciu natury ludzkiej, tłum. Zdzisław Krasnodębski, w: Krzysztof Michalski (red.), *Człowiek w nauce współczesnej*, Éditions du Dialogue, Paris 1988, s. 127–145.
Tożsamość religijna, tłum. Andrzej Kopacki, s. 57–72, w: *Europa i społeczeństwo obywatelskie*, K. Michalski (red.), Znak, Kraków 1994, s. 57–72.
Filozofia i chwała, tłum. P. Mikulska, „Ethos" 27(1994), s. 263–264.
Obrona człowieka przed nieograniczonymi żądaniami, tłum. J. Merecki, w: *Wokół encykliki «Veritatis splendor»*, J. Merecki (red.), Biblioteka „Niedzieli", Częstochowa 1994, s. 113––121.
Uwagi o pojęciu fundamentalizmu, tłum. Andrzej Kopacki, w: *Społeczeństwo liberalne*, K. Michalski, (red.), Znak, Kraków 1996, s. 151–167.
Czyn a piękne życie (O pojęciu natury czynu), tłum. J. Merecki, „Ethos" 33–34(1996), s. 31–41.
Kontrowersyjna natura filozofii, tłum. J. Merecki, „Ethos", 37 (1997), s. 36–50.
Inicjatywa «My jesteśmy Kościołem» i duch Soboru, tłum. J. Merecki, „Ethos" 38–39(1997), s. 365–374.
Czym zajmuje się teologia moralna? Uwagi filozofa, tłum. Zbigniew Teinert, „Poznańskie Studia Teologiczne" 1998, t. VIII, s. 131–151.
Interwencje genetyczne w naturę ludzką, tłum. J. Merecki, „Ethos" 44(1998), s. 109–117.
Chrześcijaństwo i filozofia w nowożytności, tłum. J. Merecki, „Ethos" 45–46(1999) (w druku).
Śmierć – samobójstwo – eutanazja, tłum. J. Merecki, „Ethos" 47 (1999), s. 107–114.

Seria Terminus

Terminus.

Tomy wydane

Bruce Ackerman, *Przyszłość rewolucji liberalnej*
(*The Future of Liberal Revolution*, Yale University Press 1993)
tłum. Helena Grzegołowska-Klarkowska
ISBN 83-85505-54-7, *Terminus 11* (1996)

Hans-Michael Baumgartner, *Rozum skończony*
(*Endliche Vernunft*, Bouvier 1991)
tłum. Andrzej M. Kaniowski
ISBN 83-85505-29-6, *Terminus 7* (1996)

Peter L. Berger, *Rewolucja kapitalistyczna*
(*The Capitalist Revolution*, Basic Books 1991)
tłum. Zygmunt Simbierowicz
ISBN 83-85505-35-0, *Terminus 5* (1995)

Dieter Birnbacher, *Odpowiedzialność za przyszłe pokolenia*
(*Verantwortung für zukünftige Generationen*, Reclam 1988)
tłum. Bolesław Andrzejewski, Przemysław Jackowski
ISBN 83-85505-86-5, *Terminus 19* (1999)

Hans Blumenberg, *Rzeczywistości, w których żyjemy*
(*Wirklichkeit in denen wir leben*, Reclam 1981)
tłum. Wanda Lipnik
ISBN 83-85505-30-X, *Terminus 12* (1997)

Gernot Böhme, *Filozofia i estetyka przyrody w dobie kryzysu środowiska naturalnego*
(*Für eine ökologische Naturästhetik*, Suhrkamp 1989, *Natürlich Natur. Über Natur im Zeitalter ihrer technischen Reproduzierberkeit*, Suhrkamp 1992)
tłum. Jarosław Merecki
ISBN 83-88164-49-X, *Terminus 28* (2002)

Karl Heinz Bohrer, *Absolutna teraźniejszość*
(*Das absolute Präsens. Die Semantik ästhetischer Zeit*, Suhrkamp 1994)
tłum. Krystyna Krzemieniowa
ISBN 83-88164-21-X, *Terminus 31* (2003)

Karl Heinz Bohrer, _Nagłość. Chwila estetycznego pozoru_
(_Plötzlichkeit. Zum Augenblick des ästhetischen Scheins_, Suhrkamp 1981)
tłum. Krystyna Krzemieniowa
ISBN 83-7459-008-4 (opr. twarda); ISBN 83-7459-009-2 (brosz.),
Terminus 41 (2006)

Pierre Bourdieu avec **Loïc J. D. Wacquant, _Zaproszenie do socjologii refleksyjnej_**
(_Réponses. Pur une anthropologie reflexsive_, Édition du Seuil 1992)
tłum. Anna Sawisz
ISBN 83-88164-33-3, **_Terminus 21_** (2001)

Rüdiger Bubner, _Doświadczenie estetyczne_
(_Ästhetische Erfahrung_, Suhrkamp 1989)
tłum. Krystyna Krzemieniowa
ISBN 83-7459-002-5 (opr. twarda); ISBN 83-7459-003-3 (brosz.)
Terminus 38 (2005)

Manfred Frank, _Świadomość siebie i poznanie siebie._
(_Selbstbewußtsein und Selbstverständnis. Essays zur analytischen Philosophie der Subjektivität_, Reclam 1991)
tłum. Zbigniew Zwoliński
ISBN 83-88164-56-2, **_Terminus 30_** (2002)

Hans-Georg Gadamer, _Aktualność piękna_
(_Die Aktualität des Schönen_, Reclam 1977)
tłum. Krystyna Krzemieniowa
ISBN 83-85505-15-6, **_Terminus 1_** (1993)

Jürgen Habermas, _Działanie komunikacyjne i detranscendentalizacja rozumu_
(_Kommunikatives Handeln und detranszendentalisierte Vernunft_, ©Suhrkamp, wyd. Reclam 2001)
tłum. Wanda Lipnik
ISBN 83-88164-80-5, **_Terminus 37_** (2004)

Jürgen Habermas, _Od wrażenia zmysłowego do symbolicznego wyrazu_
(_Vom sinnlichen Eindruck zum symbolischen Ausdruck_, Suhrkamp 1997)
tłum. Krystyna Krzemieniowa
ISBN 83-88164-81-3, **_Terminus 33_** (2004)

Andrzej M. Kaniowski, _Supererogacja. Zagubiony wymiar etyki_
ISBN 83-85505-81-4, **_Terminus 16_** (1999)

Jerzy Kmita, _Wymykanie się uniwersaliom_
ISBN 83-88164-11-2, **_Terminus 20_** (2000)

Zdzisław Krasnodębski, _Postmodernistyczne rozterki kultury_
ISBN 83-85505-53-9, **_Terminus 8_** (1996)

Hans Lenk, *Filozofia pragmatycznego interpretacjonizmu*
(*Pragmatische Vernunft*, Reclam 1979)
tłum. Zbigniew Zwoliński
ISBN 83-85505-28-8, **Terminus 4** (1995)

Wolf Lepenies, *Niebezpieczne powinowactwa z wyboru. Eseje na temat historii nauki*
(*Gefährliche Wahlverwandschaften. Essays zur Wissenschaftsge-
schichte*, Reclam 1989)
tłum. Anna Zeidler-Janiszewska
ISBN 83-85505-31-8, **Terminus 10** (1996)

Odo Marquard, *Apologia przypadkowości*
(*Apologie des Zufälligen*, Reclam 1981)
tłum. Krystyna Krzemieniowa
ISBN 83-85505-24-5, **Terminus 3** (1994)

Odo Marquard, *Rozstanie z filozofią pierwszych zasad*
(*Abschied vom Prinzipiellen*, Reclam 1981)
tłum. Krystyna Krzemieniowa
ISBN 83-85505-23-7, **Terminus 2** (1994)

Odo Marquard, *Szczęście w nieszczęściu. Rozważania filozoficzne*
(*Glück im Unglück. Philosophische Überlegungen*, Fink, München
1995)
tłum. Krystyna Krzemieniowa
ISBN 83-88164-23-6, **Terminus 23** (2001)

Josef Mitterer, *Tamta strona filozofii*
(*Das Jenseits der Philosophie*, Passagen 1992)
tłum. Małgorzata Łukasiewicz
ISBN 83-85505-33-4, **Terminus 9** (1996)

Josef Mitterer, *Ucieczka z dowolności*
(*Die Flucht aus der Beliebigkeit*, Fischer Taschenbuch 2001)
tłum. Anna Zeidler-Janiszewska
ISBN 83-88164-82-1, **Terminus 34** (2004)

Hermann Mörchen, *Władza i panowanie u Heideggera i Adorna*
(*Macht und Herrschaft im Denken von Heidegger und Adorno*, Ernst
Klett 1980)
tłum. Michał Herer, Robert Marszałek
ISBN 83-85505-87-3, **Terminus 18** (1999)

Ryszard Panasiuk, *Przyroda — człowiek — polityka. Z dziejów
filozofii niemieckiej XVIII/XIX wieku*
ISBN 83-88164-24-4, **Terminus 26** (2001)

Herbert Schnädelbach, *Hegel. Wprowadzenie*
(*Hegel zur Einführung*, Junius Verlag 2001)
tłum. Andrzej Noras
ISBN 83-7459-006-8 (opr. twarda); ISBN 83-7459-007-6 (brosz.)
Terminus 39 (2006)

Herbert Schnädelbach, *Rozum i historia. Odczyty i rozprawy. 1*
(*Vernunft und Geschichte*, Suhrkamp 1987)
tłum. Krystyna Krzemieniowa
ISBN 83-88164-40-6, **Terminus 24** (2001)

Herbert Schnädelbach, *Próba rehabilitacji «animal rationale». Odczyty i rozprawy. 2*
(*Zur Rehabilitierung des animal rationale*, Suhrkamp 1992)
tłum. Krystyna Krzemieniowa
ISBN 83-88164-41-4, **Terminus 25** (2001)

Marek J. Siemek, *Hegel i filozofia*
ISBN 83-85505-55-5, **Terminus 15** (1998)

Marek J. Siemek, *Wolność, rozum, intersubiektywność*
ISBN 83-88164-48-1, **Terminus 27** (2001)

Josef Simon, *Filozofia znaku*
(*Philosophie des Zeichens*, Walter de Gruyter 1989)
tłum. Jarosław Merecki
ISBN 83-88164-83-X, **Terminus 35** (2004)

Manfred Sommer, *Zbieranie. Próba filozoficznego ujęcia*
(*Sammeln. Ein philosophischer Versuch*, Suhrkamp 1999)
tłum. Jarosław Merecki
ISBN 83-88164-42-2, **Terminus 32** (2003)

Robert Spaemann, *Granice. O etycznym wymiarze działania*
(*Grenzen. Zur ethische Dimension des Handelns*, Klett-Cotta 2002)
tłum. Jarosław Merecki
ISBN 83-7459-004-1 (opr. twarda); ISBN 83-7459-005-X (brosz.)
Terminus 40 (2006)

Robert Spaemann, *Osoby. O różnicy między czymś a kimś*
(*Personen. Versuche über den Unterschied Zwischen «etwas» und
«jemand»*, Klett-Cotta 1996)
tłum. Jarosław Merecki
ISBN 83-88164-27-9, **Terminus 22,** (2001)

Ernst Tugendhat, *Bycie. Prawda. Rozprawy filozoficzne*
(*Philosophische Aufsätze*, Suhrkamp 1992)
tłum. Janusz Sidorek
ISBN 83-85505-90-3, **Terminus 17** (1999)

Ernst Tugendhat, *Wykłady o etyce*
(*Vorlesungen über Ethik*, Suhrkamp 1993)
tłum. Janusz Sidorek
ISBN 83-88164-84-8, **Terminus 36** (2004)

Bernhard Waldenfels, *Topografia obcego. Studia z fenomenologii obcego*
(*Topographie des Fremden. Studien zur Phänomenologie des
Fremden*, Suhrkamp 1997)
tłum. Janusz Sidorek
ISBN 83-88164-52-X, **Terminus 29** (2002)

Joachim Wehler, *Zarys racjonalnego obrazu świata*
(*Grundriß eines rationalen Weltbildes*, Reclam 1990)
tłum. Marcin Poręba
ISBN 83-85505-34-2, ***Terminus 13*** (1998)

Wolfgang Welsch, *Nasza postmodernistyczna moderna*
(*Unsere postmoderne Moderne*, VCH 1991)
tłum. Anna Zeidler-Janiszewska, Roman Kubicki
ISBN 83-85505-32-6, ***Terminus 14*** (1998)

Peter Winch, *Idea nauki o społeczeństwie i jej związki z filozofią*
(*The Idea of a Social Science and its Relation to Philosophy*,
Routledge & Kegan Paul Ltd. 1990)
tłum. Bohdan Chwedeńczuk
ISBN 83-85505-49-0, ***Terminus 6*** (1995)

OFICYNA 🐮 NAUKOWA
00-533 Warszawa, ul. Mokotowska 65
tel. (022) 622-02-41; fax (022) 622-02-42
e-mail: oficyna.naukowa@data.pl

Wydanie pierwsze, Warszawa 2006

Skład: Jan Jacek Swianiewicz
Druk: Orthdruk Białystok, ul. Składowa 9; tel. (085) 742-25-17